国学经典文库

图文珍藏版

治天下者以史为鉴　治郡国者以志为鉴

资政秘典

刘　凯·主编

线装书局

目　录

国学经典文库

资政秘典

·目录·

图文珍藏版

1

国学经典文库

资政秘典

·目录·

图文珍藏版

国学经典文库
资政秘典

• 图文珍藏本 •

反　经

[唐] 赵蕤 ◎ 著

导读

　　《反经》是一本谋略奇书,由唐朝大诗人李白的老师赵蕤所著。它以唐以前的华夏历史为论证素材,集诸子百家学说于一体,融合儒、道、兵、法、阴阳、农等诸家思想,所讲内容涉及政治、外交、军事等各种领域,并且还能自成一家,形成一部逻辑体系严密、涵盖文韬武略的谋略全书。为历代有政绩的帝王将相所共悉,被尊奉为小《资治通鉴》。作者赵蕤也因此显名于世,时人称"赵蕤术数,李白文章"。毛泽东也说《资治通鉴》是权谋,是阳谋,《反经》是阴谋,是诡谋。不管评价是褒是贬,《反经》的确深入地剖析了君臣谋略的利害得失,不失为官场学扬名立万的顶级范本。

赵蕤

第一卷　量才授职　国之根本（大政）

君主为国　宏观全局（大体第一）

【原文】

臣闻老子曰："以正理国，以奇用兵，以无事取天下。"荀卿曰："人主者，以官人为能者也；匹夫者，以自能为能者也。"傅子曰："士大夫分职而听，诸侯之君分土而守，三公总方而议，则天子拱己而正矣。"何以明其然耶？当尧之时，舜为司徒，契为司马，禹为司空，后稷为田官，夔为乐正，垂为工师，伯夷为秩宗，皋陶为理官，益掌驱禽。尧不能为一焉，奚以为君，而九子者为臣，其故何也？尧知九赋之事，使九子各授其事，皆胜其任以成九功。尧遂乘成功以王天下。

汉高帝曰："夫运筹于帷幄之中，决胜于千里之外，吾不如子房；镇国家、抚百姓、给饷馈、不绝粮道，吾不如萧何；连百万之军，战必胜，攻必取，吾不如韩信。三人者，皆人杰也。吾能用之，此吾所以有天下也。"

[《人物志》曰："夫一官之任，以一味协五味；一国之政，以无味和五味。故臣以自任为能；君以能用人为能。臣以能言为能；君以能听为能。臣以能行为能；君以能赏罚为能。所以不同，故能君众能也。"]

故曰，知人者，王道也；知事者，臣道也；无形者，物之君也；无端者，事之本也。鼓不预五音，而为五音主；有道者，不为五官之事，而为理事之主。君守其道，官知其事，有自来矣。

先王知其如此也，故用非其有如己有之，通乎君道者也。

[议曰：《淮南子》云："巧匠为宫室，为圆必以规，为方必以矩，为平直必以准绳。功已就矣，而不知规矩准绳，而赏巧匠。宫室已成，不知巧匠，而皆曰某君某王之宫室也。"]

孙卿曰："夫人主故欲得善射中微,则莫若羿;欲得善御致远,则莫若使王良;欲得调一天下,则莫若聪明君子矣。其用智甚简,其为事不劳,而功名甚大。"此能用非其有如己有者也]

人主不通主道者则不然。自为之则不能任贤,不能任贤,则贤者恶之,此功名之所以伤,国家之所以危。

[议曰:"《申子》云:君知其道也,臣知其事也。十言十当,百言百当者,人臣之事也,非人君之道也。"《尸子》云:"人臣者,以进贤为功;君者,以用贤为功也。"]

汤武一日而尽有夏商之财,以其地封,而天下莫敢不悦服;以其财赏,而天下皆竞劝,通乎用非其有也。

[议曰:孙卿云:"修礼者王,为政者强,取人者安,聚敛者亡。故王者富人;霸者富士;仅存之国富大夫;亡国富筐箧、实府库。是谓上溢下漏。"又曰:"天子不言多少,诸侯不言利害,大夫;不言得失。"

昔者周厉王好利,近荣公,芮良夫谏曰:"王室其将卑乎? 荣公好专利而不知大难。夫利,百物之所生也,天地之所载也。而或专之,其害多矣。天地百物皆将取焉,何可专也。所怨甚多而不备大难,以是教王,其能久乎?"后厉王果败。

魏文侯御廪灾,素服避正殿,群臣皆哭。公子成父趋入贺曰:"臣闻天子藏于四海;诸侯藏于境内。非其所藏,不有火灾,必有人患。幸无人患,不亦善乎?"孔子曰:"百姓足,君孰与不足?"由此言之,夫圣王以其地封,以其财赏,不与人争利,乃能通于主道,是用非其有者也]

故称,设官分职,君之体也;委任责成,君之体也;好谋无倦,君之体也;宽以得众,君之体也;含垢藏疾,君之体也。君有君人之体,其臣畏而爱之,此帝王所以成业也。

【译文】

我听说老子说过一句话:"以正道治国,以奇正用兵,以无为取天下,这是成大事者必须明白的最高法则。"荀子也曾说:"做帝王的,能知人善用才算是有才能;普通人,以自己能干为有才能。"西晋哲学家傅玄则说:"能让士大夫分任其职,听从命令;让诸侯国的君主分到土地并守住它;让朝廷三公总揽天下大事并参政、议政,那么天子就可以悠闲地坐在那里统治天下了。"如何知道是这样的呢? 看看尧,怎样坐天下就明白了。

在尧的时代,舜作司徒,契作司马,禹作司空,后稷管农业,夔管礼乐,垂管工匠,伯夷管祭祀,皋陶判案,益专门负责驯练用于作战的野兽。这是因为尧懂得这九个人,尧不做一件事情,悠闲地做着君主,而那九个人甘愿做臣子,是什么原因呢?

汉高祖说:"运筹帷幄之中,决胜千里之外,我不如张良;定国安邦、安抚百姓、供应军需、保证粮道畅通,我不如萧何;统领百万大军,战必胜,攻必克,我不如韩信。这三个人,都是人中的精英。但是我会使用他们,这就是我夺取天下的原因。"

[三国时的刘邵在《人物志》中说:"一个官员的责任是以一味协调五味,一个国家的统治是以无味调和五味。所以臣子们以自己能胜任某种工作为有才能;帝王却以会用人为有才能。臣子们以出谋划策、能言善辩为有才能;帝王以善于听取庶民们的意见为有才能。大臣们以能身体力行为有才能;帝王以赏罚得当为有才能。正因为他们有所不同,所以才能统筹众多有才能的人。"]

所以说，知人，是王道；知事，是臣道。无形的东西，是有形之万物的主宰；没有源头的东西，才是世事人情的根本。鼓不干预五音，却能统帅五音。掌握了王道真谛的人，不去做文武百官各自从事的具体事情，却可以成为国家的最高统治者。君主恪守他的王道，臣子了解如何做他的本职之事，这是自古以来就有的。

从前的君主知晓这一道理，所以能像使用自己的东西那样去使用不是他自己的东西，这才是通晓君道的人。

[评价说：西汉刘安的《淮南子》曾写道："巧手匠人在建造宫室时，做圆的东西必定要用圆规，做方的东西必定要用尺矩，做平直的东西必定要用准绳。事情做成后，人们不再理会这些工具，只是奖赏工匠。宫室造成后，人们也不再去管那些匠人，而只是说，这是某某君王的宫室。"

孙子说："君主想要射箭能射中微小目标，就不如用后羿；驾车要到达很远的地方，就不如王良；治国要想做到统一平定天下，就不如任用聪明正直的人。这样做省心省力，所达成就却很大。"这就是把不属于自己的东西像自己拥有一样去支配使用的意思。]

通晓王道的君主是这样，而不通晓王道的君主却不是这样。他们往往亲自做那些细微的事，不能任用贤才，就会招致贤才的厌恶。而最终结果，只能是功名、事业受损害，国家、社会出现危机。

[评价说：《申子》曾讲过："人君应当知道他治国的最高原则，群臣应当知道所负的职责。出谋划策是否适当，是各级官员的事，并不是帝王必须遵循的原则。"《尸子》也说："臣子，以举荐贤才为功绩；君主则以善用贤才为功绩。"]

商汤、周武消灭夏朝和商朝后，全部享有了夏、商的财产，他们把土地分封给有功之臣，天下的人没谁不心悦诚服；除此外，他们还把财宝赏给人们，天下的人也由此而争相效命，这也是通晓使用不是他所有的东西的道理。

[评价说：孙子说："能修明礼教的，可以称王；实行政教的，国家就强大；善于安抚人心的，社会就稳定，只知道搜刮民财的必然亡国。所以，推行王道的国家使百姓富裕；推行霸道的国家使读书人富裕；苟延残喘的国家使当官的人富裕；而将要灭亡的国家使私人的箱柜，厨库得以充实。这种情况就叫作当官的富得安溢出来，而百姓却穷得四处借贷。"他又说："当皇帝的不谈论自己有多少财产，地方诸侯不应讲求自己的利害，当官的不应计较自身的得失。"

从前周厉王爱财，因而亲近当时建议他实行专利的荣夷公，大夫芮良夫劝谏说："难道周朝的王室要衰微下去吗？荣夷公这种人，利欲熏心，不知大难就要临头了。利益，是世上万物自然产生出来的，是天地宇宙共同负载的财产可有人却想要独占它，这样危害极大。天地万物是天下众生的共同财富，每个人都要从中获取他的生存所需，怎么能独自占有呢？如果有谁执意要这样做，天下怨恨他的人可就多了！所产生的抱怨很多而又不防备大难，荣夷公用这种方法来教导国王，国家能够长久吗？后来，周厉王果真被放逐了。

战国时魏文侯的米仓发生了火灾，魏文侯身穿白衣，离开正殿，以示哀痛。大臣们都哭起来。公子成父小步跑进来祝贺说："我听说天子把财富藏在整个国家，诸侯把财富藏在他的领地。你现在把国家的财富都储藏在国库里，显然藏得不是地方，这种藏法，不发生火灾也要发生人患。幸亏没有发生人患，不也挺好了吗？"孔子说："老百姓富足了，作君主的谁不能同他们一起富足呢？"

因此说，圣明的君王用他的土地分封诸侯，用他的财物赏赐功臣，不和老百姓争夺利益。这样才算是具有君主之道的才能，使他们各自从本能胜任的事情并取得成功。尧于是凭借他们成就的功业而统治了天下。]

所以说设立官位，分派职务；委派任命官员，监督他们完成任务；喜运谋略之人而不疲倦；宽容大度而获得众人拥戴解决各种矛盾，消除各种隐患，这些都是国家最高统治者必须掌握的根本道理。能做到这一点，臣子们会敬畏并且爱戴他，这就是帝王成就一统大业的原因。

驭才之术　弃短用长（任长第二）

【原文】

臣闻料才核能，治世之要。自非圣人，谁能兼兹百行，备贯众理乎？故舜合群司，随才授位；汉述功臣，三杰异称。况非此俦，而可备责耶？

［夫刚略之人，不能理微，故其论大体则弘略而高远，历纤理微则宕往而疏越；亢厉之人，不能回挠，其论法直则括据而公正，说变通则否戾而不入；宽恕之人，不能速捷，论仁义则弘详而长雅，趋时务则迟缓而不及；好奇之人，横逸而求异，造权谲则倜傥而瑰壮，案清道则诡常而恢迂。

又曰：王化之政，宜于统大，以之理小则迂；策术之政，宜于理难，以之理平则无奇；矫亢之政，宜于治侈，以之治弊则残；公刻之政，宜于纠奸，以之治边则失其众；威猛之政，宜于讨乱，以之治善则暴；伎俩之政，宜于治富，以之治贫则民劳而下困。此已上皆偏材也。］

昔伊尹之兴土工也，强脊者使之负土，眇者使之推，伛者使之涂，各有所宜，而人性齐矣。管仲曰："升降揖让，进退闲习，臣不如隰朋，请立以为大行；辟土聚粟，尽地之利，臣不如宁戚，请立以为司田；平原广牧，车不结辙，士不旋踵，鼓之而三军之士视死如归，臣不如王子城父，请立以为大司马；决狱折中，不杀不辜，不诬不罪，臣不如宾胥无，请立以为大理；犯君颜色，进谏必忠，不避死亡，不挠富贵，臣不如东郭牙，请立以为大谏。君若欲治国强兵，则五子者存焉。若欲霸王，则夷吾在此。"黄石公曰："使智、使勇、使贪、使愚，智者乐立其功，勇者好行其志，贪者决取其利，愚者不爱其死。因其至情而用之，此军之微权也。"

《淮南子》曰："天下之物莫凶于奚毒［附子也］，然而良医橐而藏之，有所用也。麋之上山也，大章不能企，及其下也，牧竖能追之。才有修短也。胡人便于马，赵人便于舟。异形殊类，易事则悖矣。"

魏武诏曰："进取之士，未必能有行。有行之士，未必能进取。陈平岂笃行，苏秦岂守信耶？而陈平定汉业，苏秦济弱燕者，任其长也。"

由此观之，使韩信下帏，仲舒当戎，于公驰说，陆贾听讼，必无曩时之勋，而显今日之名也。故"任长"之道，不可不察。

［议曰：魏桓范云："帝王用人，度世授才。争夺之时，书策为先。分定之后，忠义为首。故晋文行舅犯之计而赏雍季之言，高祖用陈平之智而托后于周勃。"古语云："守文之代，德高者位尊；仓卒之时，功多者赏厚。"诸葛亮曰："老子长于养性，不可以临危难；商鞅长于理法，不可以从教化；苏张长于驰辞，不可以结盟誓；白起长于攻取，不可以广众；子胥长于图敌，不可以谋身；尾生长于守信，不可以应变；王嘉长于遇明君，不可以事暗主；许子将长于明臧否，不可以养人物。"此任长之术者也。］

【译文】

我听说，估量、考核人的才能，这是治理国家的首要任务之一。既然我们自己不是圣人，谁又能知晓各行各业，贯通各门各科的道理呢？所以舜统管百官，根据各自才能授予官位；汉高祖刘邦评述功臣，对张良、萧何、韩信这三人的才干各有不同的称颂。况且一般人不能和这类人相比，哪能求全责备呢？

[性格刚正豪爽的人，不善于处理琐碎的事情。所以他在论述根本道理时能高瞻远瞩，而在处理细小纤微的事情时则有些粗疏大意；刚直严厉的人在讲述法理时能引经据典，做到合理合正，而在说到变通时则凶暴猛烈不通情理；宽厚仁义的人，做事不能随机应变，讲述仁义则弘大周详宽厚文雅，把握时机则有些迟缓而失之交臂。偏好奇异的人，放荡不羁追求新异，玩弄权谋则得心应手，考察正道则有悖常理，不合实际。

还可以这么说：实行王道教化的统治，适合于全局性、长远性的治理，用来处理具体事情就显得笨拙；讲究权谋的统治，适合于临危救难，用来治理太平之世就有些平常；匡正时弊的统治，适合于纠正奢侈的风气，靠它来治理弊端就没什么效果；苛刻寡恩的统治，适用于纠正朝廷里的奸邪势力，靠它来治理中央之外的不正之风就容易失去民众；威猛暴烈的统治，适合于平定内乱，靠它来治理和平时期的百姓就有些残暴了；注重技能的统治，宜于治理富人，如果用来管理穷苦百姓，则只能劳民伤财，使百姓困顿。

以上种种，都是针对某种流弊而采取的一时之计，对治理国家而言都不是长远的方略。]

从前伊尹大兴土木的时候，让筋骨强壮的人背土，让瞎眼的人推车，让驼背的人涂抹，各自有所适合的事情，而各自的特点都得到了相同的发挥。管仲曾对齐桓公说："对各种朝班礼仪，我不如阴朋熟悉，请让他来做大行吧；开荒种地，充分发挥地利，我不如宁戚在行，请让他来做司田吧；战场之上，能使兵车不乱，士兵不逃跑，敲响军鼓能使三军将士视死如归，我不如王子城父，请任命他为大司马；判案公正，不滥杀无辜，不冤枉好人，我不如宾胥无，请让他来做大理吧；敢于昌犯君主，忠心进谏，不怕掉头，不畏权贵，我不如东郭牙，请让他作大理；您若想富国强兵，那么，有这五个人就够了。若想成就霸业，那就得靠我管仲了。"黄石公说："起用有智谋、有勇气、贪财、愚钝的人，使智者乐意立功，使勇者得遂其志，使贪者获取钱财，使愚者勇于牺牲。根据他们每个人的特殊性格来使用他们，这就是用兵时最微妙的权谋。"

《淮南子》说："天下的东西没有毒过附子这种草药的，但是高明的医生却用袋子把它收藏起来，这是因为它有独特的用处。麋鹿上山的时候，连善于奔驰的大獐都无法追上，等它下山的时候，小小的牧童却能追得上。这是因为在不同情形下，任何才能都有所长有所短。比如胡人熟悉骑马，越人熟悉乘船，形式和种类虽然都不同，却有各自所长，然而一旦换过来去做，就显得很荒谬了。"

基于这一道理，魏武帝曹操下诏说："有进取心的人，未必一定有德行。有德行的人，不一定有进取心。难道陈平德行笃厚，苏秦又恪守信义吗？可是，陈平却奠定了汉王朝的基业，苏秦却拯救了弱小的燕国，原因在于他们发挥了各自的所长。"

由此看来，让韩信当谋士，让董仲舒去打仗，让于公去游说，让陆贾去办案，谁也不会创立先前那样的功勋，也不会显露今天这样的美名。所以，"任长"的道理，不能不仔细研究。

[评价说:魏时桓范说:"帝王用人时,要估量时势,合理选用人才。争夺天下的时候,首先任用懂得军事谋略的人;天下安定之后,又要首先任用忠厚仁义之人。晋文公重耳先是遵照舅舅子犯的计谋行事夺取了政权,在夺取政权后又因雍季的忠言奖赏了他。汉高祖刘邦采用陈平的智谋,临终时把巩固政权的重任托付给了周勃。"古语说:"恪守礼义的时代,德行高尚的人地位尊贵;天下变动,战乱四起的时代,战功显赫的人奖赏丰厚。"诸葛亮说:"老子善于休养性情,却不能够临危救难;商鞅善于以法治国,却不能够施行教化;苏秦、张仪善于游说,却不能够谛结盟约;白起善于攻城取地,却不能够团结民众;伍子胥擅长图谋敌国,却不能够保全自身;尾生长于恪守信义,却不能够随机应变;王嘉长于知遇贤明君主,却不能够事奉昏昧君主;许子将长于辨明好坏优劣。却不能够容纳人才。"这就是运用别人的长处的艺术。]

审察人才　知名知实(品目第三)

【原文】

夫天下重器,王者大统,莫不劳聪明于品材,获安逸于任使。故孔子曰:"人有五仪:有庸人,有士人,有君子,有圣,有贤。审此五者,则治道毕矣。"

所谓庸人者,心不存慎终之规,口不吐训格之言[格:法],不择贤以托身,不力行以自定,见小暗大而不知所务,从物如流而不知所执。此则庸人也。

所谓士人者,心有所定,计有所守。虽不能尽道术之本,必有率也[率犹述也];虽不能遍百善之美,必有处也。是故智不务多,务审其所知;言不务多,务审其所谓[所谓:言之要也];行不务多,务审其所由。智既知之,言既得之[得其要也],行既由之,则若性命形骸之不可易也。富贵不足以益,贫贱不足以损,此则士人也。

所谓君子者,言必忠信而心不忌[忌:怨害也],仁义在身而色不伐,思虑通明而辞不专,笃行信道,自强不息,油然若将可越而终不可及者。此君子也。[油然:不进之貌也。越:过也。孙卿曰:"夫君子能为可贵,不能使人必贵己;能为可信,不能使人必信己;能为可用,不能使人必用己。故君子耻不修,不耻见污;耻不信,不耻不见信;耻不能,不耻不见用。不诱于誉,不怨于诽,率道而行,端然正己,谓之君子也。"]

所谓贤者,德不逾闲[闲:法也],行中规绳,言足法于天下而不伤其身[言满天下,无口过也],道足化于百姓而不伤于本[本亦身也],富则天下无菀财[菀:积],施则天下不病贫。此则贤者也。

所谓圣者,德合天地,变通无方,究万事之终始,协庶品之自然,敷其大道而遂成情性,明立日月,化行若神,下民不知其德,睹者不识其邻[邻:以喻界畔也]。此圣者也。

[《庄子》曰:"刻意尚行,离世异俗,高论怨诽,为亢而已矣——此山谷之士,非世之人,枯槁赴渊者之所好也。语仁义忠信,恭俭推让,为修而已矣——此平世之士,教诲之人也,游居学者之所好也。语大功,立大名,礼君臣,正上下,为治而已矣——此朝廷之士,尊主强国之人也,致功并兼者之所好也。就薮泽,处闲旷,钓鱼闲处,无为而已矣——此江海之士,避世之人也,闲暇

者之所好也。吹呴呼吸，吐故纳新，熊经鸟伸，为寿而已矣——此导引之士，养形之人，彭祖寿考者之所好也。若夫不刻意而高，无仁义而修，无功名而治，无江海而闲，不导引而寿，无不忘也，无不有也，澹然无极而众美从之。此天地之道，圣人之德也。"]

《钤经》曰："德足以怀远，信足以一异，识足以鉴古，才足以冠世，此则人之英也；法足以成教，行足以修义，仁足以得众，明足以照下，此则人之俊也；身足以为仪表，智足以决嫌疑，操足以厉贪鄙，信足以怀殊俗，此则人之豪也；守节而无挠，处义而不怒，见嫌不苟免，见利不苟得，此则人之杰也。"

[德行高妙，客止可法，是谓清节。延陵、晏婴是也。建法立制，强国富人，是谓法乎。管仲、商鞅是也。思通道化，策谋奇妙，是为术家。范蠡、张良是也。其德足以厉风俗，其法足以正天下，其术足以谋庙胜，是谓国体。伊尹、吕望是也。其德足以率一国，其治法足以正乡邑，其术足以权事宜，是谓器能。子产、西门豹是也。

清节之流，不能弘恕，好尚讥诃，分别是非，是谓臧否。子夏之徒是也。法家之流，不能创思图远，而能受一官之任，错意施巧，是为伎俩。张敞、赵广汉是也。术家之流，不能创制垂则，而能遭变用权。权智有余，公正不足，是谓智意。陈平、韩安国是也。能文著述，是谓文章。司马迁、班固是也。能传圣人之业，而不能干事施政，是谓儒学。毛公、贯公是也。辩不入道，而应对给资，是谓口辩。乐毅、曹丘生是也。胆力绝众，才略过人，是谓骁雄。白起、韩信是也。]

《家语》曰："昔者明王必尽知天下良士之名，既知其名，又知其实，然后用天下之爵以尊之，则天下理也。"此之谓矣。

【译文】

天下的重要物品，都是在材料上耗费聪明才做成的；而君主的统一大业，也都是依靠所任用的人才而获得安逸的。所以，孔子说："人有五种类型：庸人、士人、君子、圣人和贤人。分辨清楚了这五类人，国家的治理方法也就全明白了。"

被称作庸人的人，他们的内心没有严肃慎重的信念，说话没有教化法度的言辞，不会选择贤人来安身，也不会身体力行来自养，见小利忘大义而不知自己要做什么，面对复杂形势不知如何把握。这样的人就是庸人。

被称作士人的人，有信念，有原则。虽不能精通天道和人道的根本，却一定能有所揭示；虽不能把各种善行做得十全十美，但必定有值得称道之处。所以，他不要求智慧有多少，只要求能弄清楚他所知道的就行了；言语理论不求很多，只要求能说清要旨就行；做的事不要求很多，只要求能弄清原因就行。他的思想既然非常明确，言语既然扼要得当，做事既然有根有据，犹如人的性命和形体一样和谐统一，难以改变。所以富贵了，也看不出对他有何增益；贫贱了，也不会对他有什么损失。这样的人就是士人。

被称作君子的人，说话一定诚实守信，心中对人不存忌恨。秉性仁义但从不夸耀，通情达理，明智豁达，但说话从不武断。品行笃实，守道不渝，自强不息。在别人看来，十分平常，似乎可以超过他但始终不能超过。这才是真正的君子。

[对于什么是君子，荀子曾表明他的看法："君子能够做到被人尊重，但未必要让人一定尊重自己；能够做到被人相信，但未必要让人一定信任自己；能够做到被人重用，但未必要让人一定重用自己。所以君子以不修身为耻辱，不以被诬陷为耻辱；以不讲信义为耻辱，不以不被别人信任为耻辱；以无能为耻辱，不以不被任用为耻辱。不被荣誉诱惑，不因诽谤而怨恨，按照道义行

事,端方正直地约束自己,这就叫君子。"]

被称作贤人的人,品德不违背法度,行为合于规范,其言论足以被天下人奉为道德准则而不伤及自身,其道性足以教化百姓而不损伤事物的根本。自己富有,也不会使天下有积压太多的钱财;如果施舍,普济天下,就会使民众没有什么疾病和贫困。这就是贤人。

被称作圣人的人,品德合乎天地之道,善于变通;能够探究万事万物的来龙去脉,使平凡的事物协调自然;施行他的大道统治,逐渐成为自己的一种性情;贤明如同日月,品行如同神灵一样高尚;百姓不明白他的品德有多伟大,即使看见的人也不能穷尽他德行的边际。这样的人才是圣人。

[庄子曾说:"刻意崇尚自己的德行,远离凡俗尘世,高谈阔论,冷嘲热讽,都不过是为了显示自己的刚直而已。这些人是山林隐士,不是尘世中人,这类人的做法是那些形容枯槁,向往山林深渊的人所喜好的。言语仁义,忠实可信,恭敬俭朴,讲究辞让,不过是为了修养善行。这样的人是太平之世中足以教导别人的人,游居的学者就是喜欢这样的。一开口就是如何建功扬名,以及怎样事君为臣,匡正朝野,这都是为追求如何使天下太平而已。这些人是朝廷中做官,渴望尊主强国的人,致力功名争杀掠夺的人喜好这样。隐逸山泽,栖身旷野,钓鱼观花,只求无为自在而已。这是悠游江海之士,逃避现实、闲暇幽隐的人所喜好的。吹吐呼吸,吞吐空气,做一些黑熊吊颈、飞鸟展翅的运动,只不过为了长寿而已。这是导引养生、修炼气功者如彭祖一样高寿的人所喜好的。如果有人从来不刻意修养而人品高尚,不讲求仁义而德行美好,不求功名而天下太平,不处江海而闲处安适,不练气功而自然高寿,无所谓无,无所谓有,恬淡无极而众美会聚,这才是天地的大道,圣人的至德啊。"]

汉代《玉钤经》曾这样评述"英雄豪杰":"如果品德能够吸引远方之人,信义能够使不同的人趋于一致,见识能够辨别古人正误,才学能够冠绝当代,那么这样的人是人中之英;如果法度能够成全教化,品行能够修明礼义,仁爱能够获取人心,贤明能够安抚下属,那么这样的人算是人中之俊;如果形象能做表率,智谋能够决断疑难问题,操行能够警策贪财可鄙之人,信义能够容纳不同的人,那么这样的人算是人中之豪;如果恪守节义不屈不挠,多有义举,受人诬陷也不愤怒,不随便逃避疑难之事,也不随便获取不义之财,那么这种人算是人中之杰。"

[品德行为高洁美妙,进退举止皆可为人效仿,有这种品质的人叫"清节"之士。延陵、晏婴就是这样的人。能创建法规、制度,使国家强盛,使人民富足,能这样做的人叫作"法孚"之士。管仲、商鞅就是这样的人。思想与天道变化相通,计策谋略神奇美妙。这样的人叫作"术家"。范蠡、张良就是这样的人。其德行能够移风易俗,其法度能够匡正天下,其策略能够建立国家,这样的人叫作"国体"。伊尹、吕望就是这样的人。其品德可为一国之表率,其治国的方法能够改变穷乡僻壤的落后面貌,其谋略能够用来权衡时事的契机,这样的人叫作"器能"。子产、西门豹就是这一类人。

具有"清节"之风的人,不能宽宏大量,喜欢推崇一些人,讥讽另一些人,凡事认真,喜欢辨别对错,这就叫作喜欢评价人。子夏之流就是这样。"法家"这类人,虽不能创立长远谋略,但能担当一方重任,率意施行奇巧策略,这就叫作手段高明。汉宣帝时的名臣张敞和赵广汉就是这样。"术家"这类人,不能创立流传后世的制度,但能在遭遇变故时发挥权谋,扶危安倾。他们的智谋有余,而公正合理则有些久缺,这就叫作谋智高明。陈平和汉武帝时的御史大夫韩安国就是这样的人。能写传世奇文,著书立说,可以称之为做文章的大家。司马迁、班固就是这样的人。能够传承圣人的学问,但不能从事实际的政治活动,这叫作儒家的学问。汉代儒生毛公和贯公就是从事这类事情的人。论辩起来不一定舍于真理，但能对答如流，这只能叫作有口才。乐毅、曹丘生就这样的人。胆略、勇气过人，才能、谋略出众，这种人叫作"骁雄"。白起、韩信就是这样的人。]

《孔子家语》说："从前贤明的君主一定要对普天下的名流都了如指掌，既知道他们的名声，又知道他们的品质，这样才能恰如其分地授予他们相应的头衔，使他们显贵。这样一来，天下就得到治理了。"孔子在这里所说的，意思是对人才的品行之等级要有个基本估量。

才有短长　名得其所（量才第四）

【原文】

夫人才能参差，大小不同，犹升不可以盛斛，满则弃矣。非其人而使之，安得不殆乎？[傅子曰："凡品才有九：一曰德行，以立道本；二曰理才，以研事机；三曰政才，以经制体；四曰学才，以综典文；五曰武才，以御军旅；六曰农才，以教耕稼；七曰工才，以作器用；八曰商才，以兴国利；九曰辩才，以长讽议。"此量才者也。]

故伊尹曰："智通于大道，应变而不穷，辨于万物之情，其言足以调阴阳，正四时，节风雨。如是者，举以为三公。"故三公之事常在于道。

[汉文帝问陈平曰："君所主何事？"对曰："陛下不知臣驽下，使臣待罪宰相。宰相者，上佐天子，燮理阴阳，下遂万物之宜，外镇抚四夷，内亲附百姓。使公卿大夫各任其职。"上曰："善！"

汉魏相书曰："臣闻《易》曰：'天地以顺动，故日月不过，四时不忒；圣人以顺动，则刑罚清而人服。'天地变化，必由阴阳。阴阳之分，日月为纪。各有常职，不得相干。明主谨于尊天，慎于养人。故立羲和之官，以乘四时，敬授人事。君动静以道，奉顺阴阳，则日月光明，风雨时节，寒暑调和。三者得叙，则灾害不生，人不夭疾，衣食有余矣。此燮理阴阳之大体也。"事具《洪范》篇。]

不失四时，通于地利，能通不通，能利不利，如是者举以为九卿。故九卿之事常在于德。通于人事，行犹举绳，通于关梁，实于府库，如是者，举以为大夫。故大夫之事常在于仁。[蜀丞相诸葛亮主薄杨颙曰："坐而论道，谓之三公；作而行之，谓之卿大夫。"]

忠正强谏而无有奸诈，去私立公而言有法度，如是者，举以为列士。故列士之事常在于义也。故道德仁义定而天下正。[清节之德，师氏之任也。法家之才，司冦之任也。术家之才，三孤之任也。臧否之才，师氏之任也。伎俩之才，司空之任也。儒学之才，保氏之任也。文章之才，国史之任也。骁雄之才，将帅之任也。]

太公曰："多言多语，恶口恶舌，终日言恶，寝卧不绝，为众所憎，为人所疾。此可使要遮间巷，察奸伺祸。权数好事，夜卧早起，虽剧不悔，此妻子之将也；先语察事，劝而与食，实长希言，财物平均，此十人之将也；切切截截，垂意肃肃，不用谏言，数行刑戮，刑必见血，不避亲戚，此百人之将也；讼辩好胜，嫉贼侵凌，斤人以刑，欲整一众，此千人之将也；外貌作作，言语时出，知人饥饱，习人剧易，此万人之将也；

战战栗栗，日慎一日，近贤进谋，使人知节，言语不慢，忠心诚毕，此十万人之将也[《经》曰："夫将虽以详重为贵，而不可有不决之疑；虽以博访为能，而不欲有多端之惑。"此论将之妙也]；温良实长，用心无两，见贤进之，行法不枉，此百万人之将也；勖勖纷纷，邻国皆闻，出入豪居，百姓所亲，诚信缓大，明于领世，能效成事，又能救败，上知天文，下知地理，四海之内，皆如妻子，此英雄之率，乃天下之主也。

[聪明秀出，谓之英；胆力过人，谓之雄。此其大体之别名。夫聪明者，英之分也，不得雄之胆则说不行；胆力者，雄之分也，不得英之智则事不立。若聪能谋始而明不见机，可以坐论而不可以处事；若聪能谋始，明能见机，而勇不能行，可以修常而不可以虑变；若力能过人而勇不能行，可以为力人，未可以为先登；力能过人，勇能行之，而智不能料事，可以为先登，未足以为将帅。必聪能谋始，明能见机，行能决之，然后乃可以为英。张良是也。气力过人，勇能行之，智足料事，然后乃可以为雄。韩信是也。若一人之身兼有英雄，则能长世。高祖、项羽是也。]

《经》曰："智如源泉，行可以为表仪者，人师也；智可以砥砺，行可以为辅弼者，人友也；据法守职而不敢为非者，人吏也；当前快意，一呼再诺者，人隶也。故上主以师为佐，中主以友为佐，下主以吏为佐，危亡之主以隶为佐。"欲观其亡，必由其下。

故同明者相见，同听者相闻；同志者相从，非贤者莫能用贤。故辅佐左右所欲任使者，存亡之机，得失之要。

孙武曰："主孰有道？"

[昔汉王见围荥阳，谓陈平曰："天下纷纷，何时定乎？"平曰："项王为人恭敬爱人，士之廉节好礼者多归之。至于行功赏爵邑，重之，士亦以此不附。今大王慢人少礼，士之顽钝嗜利无耻者亦多归汉。诚宜各去两短，集其两长，天下指麾即定矣。"

魏太祖谓郭嘉曰："袁本初地广兵强，吾欲讨之，力不能敌，何如？"嘉对曰："刘、项之不敌，公所知也，汉祖惟智胜。项羽虽强，终为所擒。嘉窃料之，绍有十败，公有十胜，虽兵强，无能为也。绍繁礼多仪，公体任自然。此道胜一也。绍以逆动，公奉顺以率天下，此义胜二也。汉末政失于宽，绍以宽济，故不慑；公纠之以猛，而上下知制，此治胜三也。绍外宽内忌，用人而旋疑之，所任唯亲戚子弟耳；公外简易而内机明，用人无疑，唯才能所宜，不问远近，此度胜四也。绍多计少决，失在事后；公策得辄行，应变无穷，此谋胜五也。绍因累世之资，高议揖让，以收名誉，士之好言饰外者多归之；公至心待人，推诚而行之，不为虚美，以俭率下，与有功者无所吝，士之忠正远见而有实者皆愿为用，此德胜六也。绍见人饥寒，恤念之情形于颜色，其所不见，虑或不及，所谓妇人之仁耳；公于目前小事，时有所忽，至于大事，与四海相接，恩之所加，皆过其望，虽所不见，虑之所周，无不济也，此仁胜七也。绍大臣争权，谗言惑乱；公御下以道，浸润而行，此明胜八也。绍是非不可知；公所是进之以礼，所不是正之以法，此文胜九也。绍好为虚势，不知兵要；公以少克众，用兵如神，军人恃之，敌人畏之，此武胜十也。"曹公曰："吾知之，绍为人志大而智小，色厉而胆薄，忌刻而少威，兵多而分画不明，将骄而政令不一，土地虽广，粮食虽丰，适所以为吾奉也。"杨阜曰："袁公宽而不断，好谋而少决。不断则无威，少决则后事。今虽强，终为所擒。曹公有雄才远略，决机无疑，法一兵精，必能济大事也。"]

将孰有能？

[袁绍率大众攻许都，孔融谓荀彧曰："袁绍地广兵强，田丰、许攸，计谋之士也，为之谋；审配、逢纪，尽忠之臣，任其事；颜良、文丑，勇冠三军，统其兵。殆难克乎？"彧曰："绍兵虽多，而法令不整。田丰刚而犯上，许攸贪而不治，审配专而无谋，逢纪果而自用。此二人留，知后事。许攸贪而犯法必不能纵，不纵必为变。颜良、文丑，一夫之勇耳，可一战而擒也。"后许攸贪不奉法，

审配收其妻子,攸怒,奔曹公。又颜良临阵授首,田丰以谏死。皆如潆所料也。]

吾以此知胜之谓矣。"

【译文】

人的才能有大有小,就像用升无法盛下斗中的东西一样,盛不下就会溢出来,溢出来就全浪费了。用了不该用的人,哪能没有危险呢?[傅玄说:"大凡人才有九类:一是有德行的,这类人可用来树立政权的根基;二是治理之才,可以用他们来探究事物变化的规律;三是政务之才,可以让他们治理国家体制;四是学问之才,可以让他们整理书本典籍,从事学术研究;五是用兵之才,可以让他们来统帅军队;六是理农之才,可以让他们指导农民耕作;七是工匠之才,可以用他们用以制作器具;八是经商之才,可以用他们来振兴国家经济;九是辩才,可以用他们增加讽谏和议政的风气。"这样做就叫量才使用。]

成汤的辅相伊尹说:"如果心智能与天道相通,能顺应事物变化而不间断,了解万物的发展情况,言论足以用来调合阴阳,正确地核准四时,掌握风调雨顺的规律。这样的人可以推举他作三公。所以,三公的职责是不懈地研究社会和自然的发展规律。"

[当年汉文帝曾经询问陈平:"你所负责的是哪些事情?"陈平说:"陛下不嫌我愚蠢笨拙,让我当宰相。当宰相的任务就是,对上辅佐皇上,调理阴阳;对下要使万物各得其便;对外镇抚四方,对内安抚民众。此外,还要让各级官吏各尽其职。"汉文帝说:"讲得好!"

汉代魏相(宣帝时为御史大夫)上书说:"我知道《周易》中讲过:'天地协调,所以日月运行正常,四时相序;圣明的君主统治协调,那样刑罚虽少而百姓悦服。天地的运行变化,必定源于阴阳的消长。阴阳的区分以日月为准则。这些事物各有各的责任,不能相互干扰。贤明的君谨慎地遵从天理,安养百姓,所以要设立义和这一官职,以顺应四时,恭敬从事政务。君主言行合乎天道,遵顺阴阳之变,就使日月光明,风调雨顺,寒暑适宜。这三者秩序相得,就会使天灾不做,百姓安康丰衣足食。这就是为什么要燮理阴阳的主要原因。"以上道理在《洪范》中讲得很清楚。]

不违背四时节令,懂得充分利用土地资源,能把堵塞不通的环节疏通,能把没有的东西变成财富。这样的人要推举他作九卿。所以,九卿的职责在于推行德育。通达人情世故,品行端直,了解税收的关卡,充实国家的府库,这样的人要推举他作大夫。所以,大夫的职责在于施行仁爱。[诸葛亮的主薄杨颙说:"坐而论道的是三公,身体力行的是卿大夫。"]

忠心正直,敢于直谏,没有奸诈之心,大公无私,言语符合法度,这样的人要推举他作列士。所以,列士的职责是常行仁义。道、德、仁、义确立之后,天下就太平了。

[有清节德行的人,可以担任师氏之职;有法度的人,可以担任司冠之任;有策术的人,可以担任三孤之职;能评判好坏的人才,也可以担任师氏之职;懂得权谋的人,可以担任司空之职;精通儒学的人,可以担任保氏之职;会写文章的人,可以担任国史之职;有"骁雄"之才的人,可以担任将帅之职。天下就太平了。]

姜太公说:"一天到晚,嘴里尽说坏话,连睡觉时也不停歇,这样的人让人们感到厌恶。这种人可以让他管理街区,盘查坏人,发现灾祸。爱管闲事,晚睡早起,任劳任怨,这种人只能当妻子儿女的头儿;说话能预察事情,待人友善,忠厚老实而言语很少，对待财富总能做到和大家平均，这种人只能做十个人的头领；整天忧心忡忡的，神情严肃，不听劝说，好用刑罚和杀戮，刑必见血，六亲不认，这种人可以统率一百人；争辩起来总想胜人，遇到坏人坏事就用刑罚来惩治，总想统一众人言行，这种人可以统率一千人；外表谦卑，言语稀少，了解人们的生活境况，这种人可以统率一万人；谨小慎微，一天比一天谨慎，亲近贤能的人，又能出谋划策，能让人懂得何为气节，说话不傲慢，忠心耿耿，这种人是十万人的将领[《玉钤经》说：大将虽以周详稳重为贵，但是不可以犹豫不决；虽以多方了解情况为能，但不能顾忌太多，患得患失。"这可以说是评论将领的最精妙言论。]；温柔善良老实敦厚用心专一，遇到贤能的人能够举荐，依法办事，毫不冤屈，这种人是百万人的将领；功勋卓著，威名远扬，出入豪门大户，为百姓所亲近，忠诚守信，通晓治世的道理，能效法前人的伟大事业，也能补救败亡，上知天文，下知地理，普天下的老百姓，都好象他的妻子儿女一般，这种人是英雄的统帅，是天下的主人。"

真正可以称得上是"英雄"的应该具有哪些素质呢？

[聪明出众，叫作"英"；胆力超群，叫作"雄"。这是对"英雄"所做的大体上的区分。聪明，是英才的本分，如果没有雄才的胆力，他的主张就无法实行；胆力，是雄才的本分，如果没有英才的智慧，所做的事情也不会成功。假如其睿智足以在事前就有所谋划，但洞察力却看不出行动的契机，这样的人只能坐而论道，不可以让他们处理具体的事情；假如能事先谋划，洞察力也能跟上去，但没有勇气实行，这就只能处理日常工作，却不能应付突然变故；如果是力气过人，但没有勇气实行，这只可以作为出力的人，不能作为开路的先锋；力气过人，也有勇气实行，但智慧不能预谋事变，这只可以作为先锋，不能作统帅。一定要能谋划在先，明察在后，行动果断，这样才能做英才。张良就是这样。气力过人，又有勇气去做，智慧足以料事在前，这样才能做雄才。韩信就是这样。如果能一人身兼英、雄两种素质，那就能够掌管天下。汉高祖刘邦、楚霸王项羽就是这样的人。]

《玉钤经》说："智慧如同泉涌，行为堪做表率，这样的人可做导师；智慧可以磨砺他人，行为可以辅助和警策他人，这样的人可做良友；奉公守法，安守其职，不敢为非作歹的人，可以做官吏；只贪图眼前利益，别人说就连连呼应的人，只能做奴隶。所以最好的君用堪为导师的人来辅佐自己，中等的君让良友来辅佐自己，下等的君主要用官吏来辅佐自己，亡国的君主却用奴隶来辅佐自己。"要想知道一个君主是否会亡国，只要看他的手下是些什么人就行了。

所以，见识相近，志向相同的人能相互亲近，而不是贤能的人却不能使用贤能的人。因此，任用什么样的人来辅佐自己，实在是存亡的关键，得失的根本啊！

孙武说："那一方的君主有道义？"

[从前汉王刘邦在荥阳被围，他对陈平说："天下纷纷扰扰，什么时候才能安定下来啊？"陈平说："项王为人恭敬仁爱，廉节好礼的能人大多投奔了他。等到论功行赏、分封爵邑时，项王却很看重这些爵位和土地，这些有才能的人也由此和他远离。现在大王你对人傲慢不讲礼数，能人中那些顽劣愚钝和贪图小利的也大多投奔了汉军。真应该各自去掉对方的短处，吸取对方的长处，那么天下很快就会安定了。"

魏太祖曹操对郭嘉说："袁绍地广兵强，我想讨伐他，但力量不足，怎么办？"郭嘉回答说："刘邦打不过项羽，你是知道的，汉祖刘邦只是在智谋上超过项羽，所以项羽虽然强大，最终还是被刘邦打败了。我私下估计，袁绍有十个方面要败，你却有十个方面要胜。其一，袁绍虽然兵力强大,但却没有能耐。袁绍礼仪烦琐;你不讲礼节,体近自然。这在管理方法上就胜了。其二,袁绍虽然强大,但是违背上天之理;你是顺应历史潮流来率领天下百姓打伐。这在道义上就胜了。其三,汉末的统治失败在宽松和缓上,袁绍却用宽缓来拯救,所以没有威慑力;你用刚猛来纠正汉末的宽缓,从而使上下都懂得规矩。这在法治上就胜了。其四,袁绍表面宽缓内怀猜忌,任用了某人马上又怀疑他,重用的只是亲戚子弟;你外表简易内心明智,用人不疑,任人唯贤,不管远近亲疏。这在度量上就胜了。其五,袁绍虽多计谋却少决断,总是错失时机;你有了好计策就实行,不断地适应各种变化。这在谋略上就胜了。第六,袁绍凭借世代积累的钱财资本大谈谦让,以获取名声,能人中虚有其表,只会阿谀奉承的人都投奔了他;你诚心待人,实实在在做事,不喜奉承,以俭朴的作风带领下属,赏赐有功的人毫不吝啬,能人中那些忠厚正直有远见而又有实际才能的人都愿意为你效劳。这在品德上就胜了。其七,袁绍看见刚人挨饿受冻,怜悯之情马上就表现出来,看不见的时候,想也不去想,这只不过是人们常说的'妇人之仁';你对眼前的小事,有时会有所忽略,但对于那些大事,却能想到很远,给刚人的恩惠,都超过了他们自己的期望。即使看不见的,也能考虑周全,没有不救济帮助的。这在仁爱上就胜了。其八,袁绍因大臣争夺权力,被谗言所迷惑;你用自然之道来领导部下,慢慢地推行自己的主张,这在明智上就胜了。其九,袁绍不能明辨是非;你认为是对的就以礼相待,认为不对的就依法查处,这在策略上就胜了。其十,袁绍喜欢做表面文章,不懂得兵法的要旨;你以少胜多,用兵如神,你的军队仰伏你,敌人害怕你,这在军事上就胜了。"曹操说:"我知道了,袁绍为人,志大才疏,表面严厉,胆识浅薄,猜忌苛刻没有威严,兵力虽强但部署混乱,将帅骄横,政令不一,土地虽然广阔,粮食虽然丰富,都不过是给我准备的。"魏明帝的少府杨阜在谈到曹操时说:"袁绍宽厚而不果断,好谋划而少决断。不果断就没有威望;少决断就会耽误时机。现在虽然强大,最终还是要被打败的。曹操有雄才大略,决断的时候毫不犹豫,法令一致,军队精干。一定能成就大事。"]

那一方的将领有才能?

[袁绍率领大军攻打许都,孔融对曹操的谋士荀彧说:"袁绍地广兵强,有田丰、许攸这样的谋士为他出谋划策;有审配、逢纪这样的忠臣为他处理事情;有颜良、文丑这样勇冠三军的人给他统帅军队。恐怕很难战胜他吧?"荀彧说:"袁绍兵力虽然强大,但法令不完整;田丰刚直冒犯上司,许攸贪图小利而不廉明;审配专横而没有谋略;逢纪果敢但自以为是。有这几个人在他身边,其后果就不难知道了。许攸贪图小利就会犯法,袁绍一定不会放过他,不放过他就一定会生变。颜良、文丑只是匹夫之勇。伐一打就会被擒。"后来,许攸贪图小利而违法,审配收监了他的家小,许攸一气之下投奔了曹操。颜良在战场上被斩首,田丰因劝谏袁绍而死于非命。一切都如荀彧所料想的那样。]

我由此知道胜利属于谁了。

知人识智　才得其序(知人第五)

【原文】

臣闻主将之法,务览英雄之心。然人未易知,知人未易。汉光武聪听之主也,谬于庞萌;曹孟德知人之哲也,弊于张邈。何则?夫物类者,世之所惑乱也。故曰:狙者类智而非智也,愚者类君子而非君子也,戆者类勇而非勇也。亡国之主似智;亡国之臣似忠;幽莠之幼似禾;骊牛之黄似虎;白骨疑象;碔砆类玉。此皆似是而非也。

资政秘典

·反经·

图文珍藏版

16

[《人物志》曰："轻诺似烈而寡信；多易似能而无效；进锐似精而去速；诃者似察而事烦；许施似惠而无终；面从似忠而退违。此似是而非者也。亦有似非而是者：大权似奸而有功；大智似愚而内明；博爱似虚而实厚；正言似诃而情忠。非天下之至精，孰能得其实也？"]

孔子曰："凡人心险于山川，难知于天。天犹有春秋冬夏旦暮之期，人者厚貌深情，故有貌愿而益，有长若不肖，有顺怀而达，有坚而缦，有缓而钎。"太公曰："士有严而不肖者，有温良而为盗者，有外貌恭敬中心欺慢者，有精精而无情者，有威威而无成者，有如敢断而不能断者，有恍恍惚惚而反忠实者，有倭倭拖拖而有效者，有貌勇狠而内怯者，有梦梦而反易人者。无使不至，无使不遂，天下所贱，圣人所贵，凡人莫知，惟有大明，乃见其际。"此士之外貌不与中情相应者也。

[桓范曰："夫贤愚之异，使若葵之与苋，何得不知其然？若其莠之似禾，类似而非，是类贤而非贤。"杨子《法言》曰："或问难知曰：'太山之与蚁蛭，河海之与行潦，非难也。大圣与夫大佞，难也！於乎，唯能别伪者，为无难矣！'"]

知士者而有术焉。微察问之，以观其辞；穷之以辞，以观其变，与之间谋，以观其诚；明白显问，以观其德；远使以财，以观其廉[又曰：委之以财，以观其仁，临之以利，以观其廉]；试之以色，以观其贞[又曰：悦之以色，以观其不淫]；告之以难，以观其勇[又曰：告之以危，而观其勇。又曰：惧之，以验其特]。醉之以酒，以观其态[又曰：醉之以酒而观其则。又曰：醉之以酒，观其不失]。

《庄子》曰："远使之而观其忠[又曰：远使之以观其不二]；近使之而观其敬[又曰：近之以昵，观其不狎]；烦使之而观其能[又曰：烦之以事，以观其理]；卒然问焉而观其智[又曰：设之以谋，以观其智。太公曰：事之而不穷者谋]；急与之期而观其信[太公曰：使之而不隐者谓信也]杂之以处而观其色[又曰：纵之以视，观其无变]《吕氏春秋》曰："通则观其所礼；贵则观其所进[又曰：达，视其所举也]；富则观其所养[又曰：富视其所与。又曰：见富贵人，观其有礼施。太公曰：富之而不犯骄逸者，谓仁也]；听则观其所行[行则行仁]；近则观其所好[又曰：居视其所亲。又曰：省其居处，观其贞良。省其交游，观其志比]；习则观其所言[好则好义，言则言道]；穷则观其所不爱；[又曰：穷则观其所不为非。又曰：贫视其所不敢]贱则观其所不为[又曰：贫贱人观其有德守也]；喜之以验其守[守，慎守也。又曰：喜之以观其轻]；乐之以验其僻[僻，邪僻也。又曰：娱之以乐，以观其俭]；怒之以验其节[节性也。又曰：怒之仇，以观其不怨也]；哀之以验其仁[仁人，见可哀者则哀]；苦之以验其志[又曰：验之，以观其能安]。"《经》曰："任宠之人，观其不骄奢[太公曰：富之以不骄奢者，义也]；疏废之人，观其不背越；荣显之人，观其不矜夸；隐约之人，观其不慑惧；少者，观其恭敬好学而能悌[《人物志》曰："夫幼智之人，在于童齿，皆有端绪。故文本辞繁，辩始给口，仁出慈恤，施发过与，慎生畏惧，廉起不取者也。"]；壮者，观其廉洁务行而胜其私；老者，观其思慎，强其所不足而不逾。父子之间，观其慈孝；兄弟之间，观其和友；乡党之间，观其信义；君臣之间，观其忠惠。"[太公曰：付之而不转者，忠也。]此之谓观诚。

[傅子曰："知人之难，莫难于别真伪。设所修出于为道者，则言自然而贵玄虚；所修出于为儒者，则言分制而贵公正，所修出于为纵横者，则言权宜而贵变常。九家殊务，各有所长，非所谓难。所谓难者，以默者观其行；以语者观其辞；以出者观其治；以处者观其学。四德或异，所观其微，又非所谓难也。所谓难者，典说诡合，转应无穷，辱而言高，贪而言廉，贼而言仁，怯而言勇，

诈而言信，淫而言贞。能设似而乱真，多端以疑暗。此凡人之所常惑，明主所甚疾也。君子内洗其心以虚受，人立不易，方贞观之道也。九流有主，贞一之道也。内贞观而外贞一，则执伪者无地而逃矣。夫空言易设，但责其实事之效，则是非之验立可见也。”

故韩子曰：“人皆寐，盲者不知；人皆默，喑者不识。觉而使之视，问而使之对，则喑、盲穷矣。发齿吻，视毛色，虽良乐不能。必马连车蹴驾，试之行途，则臧获其驽良。观青黄，察瑕销，虽欧冶不能。必剑断狗马，水截蛟龙，虽愚者识其利钝矣。是知明试贵实，乃圣功也。”]

《人物志》曰[凡有血气者，莫不禀阴阳以立性，体五行而著形。其在体也，木骨金筋，土肌水血，五物之象也。五物之实，各有所济也]：“骨植而柔立者，谓之宏毅。宏毅也者，仁之质也[木则垂阴，为仁之质。质不弘毅，不能成仁]。气清而朗者，谓之文理。文理也者，礼之本也[火则照察，为礼之本。本无文理，不能成礼]。体端而实者，谓之贞固。贞固也者，信之基也[土必吐生，为信之基。基不贞固，不能成信也]。筋劲而精者，谓之勇敢。勇敢也者，义之决也[金能断割，为义之决。决不勇敢，不能成义也]。色平而畅者，谓之通微。通微也者，智之原也[水流疏达，为智之原。原不通微，不能成智]。五质恒性，故谓之五常。故曰，直而不柔则木[木强徵讦，失其正色]，劲而不精则力[负鼎绝髌，失其正劲]，固而不端则愚[惠己自是，陷于愚戆]，气而不清则越[辞不清顺，发越无成]，畅而不平则荡[好智无涯，荡然无已]。然则平陂之质在于神[神者，智之主也。故神平则质平，神陂则质陂也]，明暗之实在于精[精者，实之本。精清则实明，精浊则实暗]，勇怯之势在于筋[筋者，势之用也。故筋劲则势勇，弱则势怯]，强弱之植在于骨[骨者，植之机。故骨粗则植强，骨细则植弱]，躁静之决在于气[气者，决之地也。气盛决於躁，气冲决於静]，惨怿之情在于色[色者，精之候。故色悴由情惨，色怿由情怿也]，衰正之形在于仪[仪者，形之表。故仪衰由形殆，仪正由形肃]，态度之动在于容[容者，动之符。衰动则容衰，态正则容度也]，缓急之状在于言[言者，心之状。心恕则言缓，心偏则言急也]。

若质素平淡，中睿外朗，筋劲植固，声清色泽，仪崇容直，则纯粹之德也。”

“夫人有气，气也者，谓诚在其中，必见诸外。故心气粗厉者，其声沉散；心气详慎者，其声和节；心气鄙戾者，其声粗犷；心气宽柔者，其声温润。信气中易，义气时舒，和气简略，勇气壮立。此之谓听气。”

[以其声，处其实。气生物，物生有声。声有刚柔清浊，咸发乎声。听其声，察其气，考其所为，皆可知也。]

又有察色。察色谓心气内蓄，皆可以色取之。夫诚智必有难尽之色[又曰：诚志必有明达之色]；诚仁必有可尊之色[又曰：诚仁必有温柔之色]；诚勇必有难慑之色[又曰：诚勇必有矜奋之色也]；诚忠必有可观之色；诚洁必有难污之色；诚贞必有可信之色。质色浩然固以安；伪色曼然乱以烦。此之谓察色。

[《人物志》曰：“夫心质亮直，其仪劲固；心质平理，其仪安闲。夫仁固之精，愨然以端；勇胆之精，晔然以强。夫忧患之色，乏而且荒；疾疢之色，乱而垢理；喜色愉然以怿；愠色厉然以扬；垢惑之色，冒昧无常。是故其言甚怿而精，色不从者，中有违也；其言有违而精，色可信者，辞不敏也；言未发而怒色先见者，意愤溢也；言已发而怒气送之者，强所不然也。”凡此之类，虽欲违之，精色不从，威愕以明，虽变可知也。]

又有考志。考志者，谓方与之言，以察其志。其气宽以柔，其色检而不诡，其礼先人，其言后人，每自见其所不足者，是益人也。若好临人以色，高人以气，胜人以言,防其所不足,而废其所不能者,是损人也。[太公曰:"博人辩辞,高行议论,而非时俗,此奸人也。王者慎勿宠之也。"]其貌直而不侮,其言正而不私,不饰其美,不隐其恶,不防其过者,是质人也。[又曰:与之不为喜,夺之不为怒,沉静而寡言,多信而寡貌者,是质静人也。议曰:太公云:"朴其身头,恶其衣服,语无为以求名,言无欲以求得,此伪人也。王者慎勿近之。夫质人之中有如此之伪者也。"]若其貌曲媚,其言谀巧,饰其见物,务其小证,以故自说者,是无质人也。[议曰:晏子云:"谗夫佞人之在君侧,材能皆非常也。夫藏大不诚于中者,必谨小诚于外,以成其大不诚。此难得而知也。荀悦曰:察人情术,观其言行,未必合道,而悦于已者,必佞人也;观其言行,未必悦已而合于道者,必正人也。"此察人之情之一端也。]喜怒以物而色不作,烦乱以事而志不惑,深导以利而心不移,临慑以威而气不卑者,是平心固守人也。[又曰:荣之以物而不娱,犯之以卒而不惧,置义而不迁,临货而不回者,是果正人也。议曰:孔子称:"取人之法,无取健。健,贪也。夫健之弊有如此者矣。"]若喜怒以物而心变易,乱之以事而志不治,示之以利而心迁动,慑之以威而气恇惧者,是鄙心而假气人也。[又曰:若移易以言,志不能固,已诺而不决者,是情弱之人也。]设之以物而数决,惊之以卒而屡应,不文而慧者,是有智思之人。[议曰:太公云:"有名而无实,出入异言,扬美掩恶,进退为功,王者慎勿与谋。智思之人,弊于是矣。"]若难设以物,难说以言,守一而不知变,固执而不知改,是愚偶人也。[议曰:志士守操,愚偶难变,夫不变是同而愚智异者,以道为管也。何以言之?《新语》云:"夫长于变者不可穷以诈;通于道者不可惊以怪;审于辞者不可惑以言;达于义者不可动以利。故君子闻见欲众而采择欲谨,学问欲博而行己欲敦。目不淫炫耀之色,耳不乱阿谀之词。虽利以齐鲁之富而志不移,设以乔松之寿而行不改,然后能一其道而定其操,致其事而立其功,观其道业。"此其所以与愚很异也。]若屏言而勿顾,自私而不护,非是而强之,是诬嫉人也。[议曰:刘备以客见诸葛亮而贤之,亮曰:"观客色动而神惧,视低而忤数。奸形外露,邪心内藏。必曹氏之刺客。"后果然。夫奸人容止大抵如是。

何晏、夏侯玄、邓扬等求交于傅嘏而不纳也。或怪而问之,嘏曰:"太初志大其量,能合虚声而无实才;何平叔言远而情近,好辩而无诚,所谓利口覆国之人也;邓玄茂有为而无终,外要名利,内无关钥,贵同而恶异,多言而妒前。多言多败衅,妒前而无亲。以吾观此三人,皆败德也。远之犹恐祸及,况昵之乎?"后皆如嘏言。夫妒之行有如此者。]

此之谓考志。

[《人物志》曰:"夫精欲深微,质欲懿重,志欲弘大,心欲谦小。精微所以入神妙也,懿重所以崇德守也,志大所以堪物任也,心小所以慎咎悔也。故诗咏文王'小心翼翼',不大声以色,心小也;'王赫斯怒',以对于天下,志大也。"由此论之,心小志大者,圣贤之伦也;心大志大者,豪杰之俊也;心大志小者,傲荡之类也;心小志小者,拘懦之人也。]

又有测隐。测隐者,若小施而好得,小让而大争,言愿以为质,伪爱以为忠,尊其行以收其名。此隐于仁贤。[荀卿曰:"仲尼之门五尺童子羞言霸道者,何也?彼非本政教也,非服人心也,以让饰争,依乎仁而蹈利者也。小人之桀耳,曷足称大君子之门乎?"]

若问而不对,详而不详,貌示有余,假道自从,困之以物,穷则托深。此隐于艺文也。[又曰:虑诚不及而佯为不言,内诚不足而色亦有余,此隐于智术者也。《人物志》曰:"有处后特长,从众所安,似能听断者;有避难不应,似若有余而实不解;有因胜错失穷而称妙,似理不可屈者。此数似者,众人之所惑也。"]

若高言以为廉,矫厉以为勇,内恐外夸,亟而称说,以诈气临人。此隐于廉勇也。[议曰:太公云:"无智略大谋,而以重赏尊爵之故,强勇轻战,侥幸于外。王者慎勿使将。"

此诈勇之弊也。]

若自事君亲而好以告人，饰其物而不诚于内，发名以君亲，因名以私身。此隐于忠孝也。此谓测隐矣。[《人物志》曰："尤妙之人，含精于内，外无饰姿；尤虚之人，硕言瑰姿，内实乖违。人之求奇，不以精测其玄机，或以貌少为不足，或以瑰姿为巨伟，或以真露为虚华，或以巧饰为真实。"何自得哉？故须测隐焉。]

夫人言行不类，终始相悖，外内不合，而立假节以感视听者，曰毁志者也。[《人物志》曰："夫纯讦性违，不能公正，依讦似直，以讦讦善；纯宕似流，不能通道，依宕似通，行敖过节。故曰：直者亦讦，讦者亦讦，其讦则同，其所以为讦则异；通者亦宕，宕者亦宕，其宕则同，其所以为宕则异。观其依似则毁志可知也。"]

若饮食以亲，货赂以交，损利以合，得其权誉而隐于物者，曰贪鄙者也。[太公曰："果敢轻死，苟以贪得，尊爵重禄，不图大事，待利而动，王者勿使也。"]

若小知而不大解，小能而不大成，规小物而不知大伦，曰华诞者也。[文子曰："夫人情莫不有所短，诚其大略是也，虽有小过，不足以为累。诚其大略非也，闾里之行，未足多也。"]

又有揆德。揆德者，其有言忠行夷，秉志无私，施不求反，情忠而察，貌拙而安者，曰仁心者也。有事变而能治效，穷而能达，措身立功而能遂，曰有知者也。有富贵恭俭而能威严，有礼而不骄，曰有德者也。[议曰：鱼豢云："贫不学俭，卑不学恭，非人性，分处所然耳。"是知别恭俭者，必在于富贵人也。]有隐约而不慑，安乐而不奢，勤劳而不变，喜怒而有度，曰有守者也。有恭敬以事君，恩爱以事亲，情乖而不叛，力竭而无违，曰忠孝者也。此之谓揆德。

[桓范曰："夫帝王之君，历代相踵，莫不慕霸王之任贤，恶亡国之失士。然犹授任凶愚，破亡相属，其故何哉？由取人不求合道，而求合己也。故《人物志》曰：'清节之人，以正直为度，故其历众材也，能识性行之常而或疑法术之诡；术谋之人，以思谋为度，故能识策略之奇而或失遵法之良；伎俩之人，以邀功为度，故能识进趋之功而不通道德之化；言语之人，以辩折为度，故能识捷给之慧而不知含章之美，是以互相非驳，莫肯相是。凡此之类，皆谓一流。故一流之人能识一流之善，二流之人能识二流之美。尽有诸流，则亦能兼达众材矣。'"又曰："夫务名者不能出己之后，是故性同而材倾则相援而相赖也，性同而势均则相竞而相害也。"此又同体之变，不可不察也。]

夫贤圣所美，莫美乎聪明。聪明之所贵，莫贵乎知人。知人识智，则众材得其序，而庶绩之业兴矣。[又曰："夫天下之人不可尽与游处。何以知之？故观其一隅则终朝足以识之。将究其详，必三日而后足。何谓三日而后足？夫国体之人，兼有三材，故谈不三日，不足以尽之。一以论道德；二以论法制；三以论策术。然后乃能竭其所长，而举之不疑。然则何以知其兼偏而与之言乎？其为人务以流，数抒人之所长，而为之名目。如果者，谓兼也。好陈己善，欲人称之，不欲知人之所有。如是者，谓偏也。"]

是故仲尼训"六蔽"，以戒偏材之失[仁者爱物，蔽在无断；信者诚露，蔽在无隐。此偏材之常失也]。思狂狷以通拘抗之材，疾空空而无信，以明为似之难保。察其所安，观其所由，以知居止之行。率此道也，人焉庾哉，人焉庾哉？

【译文】

我听说主将的职责是：一定要了解属下英雄的内心。但是，人不容易了解，了解人也不容易。汉光武帝刘秀是善于听取臣子意见的君主,但却被庞萌所迷惑;曹操也是善于知人的贤哲,却被张邈所蒙蔽。为什么会这样呢? 这是因为各种类型的人或物,总是使世人感到迷惑不解。所以说:目空一切的人好像很聪明实际上却很愚蠢,笨拙的人像是君子实际上却是小人,刚直的人似乎很勇猛,实际上很胆小。亡国的君主似乎很有智慧,亡国的臣子似乎也很忠直;莠草在幼苗时与禾苗很相似,而黑牛身上带些黄色花纹看上去很像老虎;白色的骨头被人怀疑成象牙,而碔砆这种石头也很像玉。这些都是似是而非的事物。

[《人物志》说:"轻易许诺的人似乎很爽快,然而却少信用;转变很快似乎很有能耐,然而却没什么功效;锐意进取的人似乎精诚然而不会持久;喜欢呵斥别人的人似乎很精明,然而只能使事情烦乱;答应施舍似乎仁慈然而不会持久;当面似乎忠诚背后却阳奉阴违。这些都是似是而非的典型。也有似非而是的情况。大政治家看似奸诈,却是能成就大业;有大智慧的人看似痴愚,然而内心一片空明;博爱的人看似虚幻,实际上非常宽厚充实;正直的言辞充满诘难,但其情感却很真诚。人世间诸如此类真真假假、虚虚实实的现象,如果不是天下最精明的人,谁能分辨得清呢?"]

孔子说:"人心比山川还要险恶,知人比知天还难。天还有春秋冬夏早晨、夜晚,可人呢,表面看上去很老实,但内心世界却深藏不露,谁又能知其根底呢! 有的外貌老实,行为却骄横傲慢;有的貌似长者,其实是小人;有的外貌圆滑,内心却刚直;有的看似坚贞,实际上却很散漫;有的看上去泰然自若,实际上却总是焦躁不安。"姜太公说:"人有看似庄重而实际上不正派的;有看似温顺敦厚却做盗贼的;有外表对你恭敬,内心却诅咒、怠慢的;有貌似精诚而没有情义的;有表面威猛,实际没有成就的;有看上去果敢明断而实际上犹豫不决的;有貌似糊涂,实际忠诚老实的;有看上去拖拖拉拉,但办事却有实效的;有貌似狠辣而内心怯懦的;有自己迷迷糊糊,反而看不起别人的。有的人无所不能,无所不通,天下的人轻视他,圣明的人却推崇他;凡人不了解他,只有非常贤明的人才能看清他的真正才能。"凡此种种,都是人的外貌和内心不统一的复杂现象。

[南北朝时的政论家桓范说:"如果贤惠和痴愚的不同,只是像葵花和苋菜那样容易区别,那还有什么不知道的呢? 可是贤惠和愚劣却像莠与禾苗一样,似乎相同却不同,这就是与贤明相像却并不贤明。"战国时哲学家杨朱在《法言》中说:有人问到知人之难时说:"人和人的区别如果像泰山与蚂蚁,河海与小水洼一样,那是不难分辨的。可是如果要区别大圣与大奸,就太难了! 呜呼,只有把似是而非的现象辨别清楚后,才可以说知人不难的话!"]

要想了解土,必须借助于水;同样,要了解人,也要采取间接的方法。悄悄地询问他,了解他的言辞;询问时穷追不舍,看看他的应变能力;和它私下里谋划,观察他是否诚实;明白地询问他,看看他的德行有多高;派他外出处理有关钱财之事,看他是否廉洁;[还有一种方法,就是把钱财交给他,可以观察他是否仁义,或者让他面对有利可图的事情,看他是否廉洁];用女色试探他,可以了解他的贞操[或者让他呆在令人兴奋的美女身边,就能知道他是不是一个淫乱的人];告诉他危难的事情,看他是否英勇;[或者突然告诉他危险在即,也可以看出一个人的勇气;或者猛地恐吓他,看他是否有特别之处];让他喝醉酒,看他是否会失态,以了解他的定力。[有人用让人醉酒的方法来考验一个人会不会乱性]。

《庄子》说："派人到远处办事能知道他是否忠诚[或者说有没有二心]；让他在近处办事看他是否恭敬[还有一种说法是近在身边与他亲昵，可以看出他是不是一个轻薄无礼的人]；一个劲让他做繁杂的工作，可以看出他有没有临烦不乱的才能[或者说调理繁杂事务的能力]；突然间向一个人提问可以观察其机智[或者与他共同谋划来看他的智力。姜太公说：有连续不断的应变能力的人是有谋略的人]。可以用仓促间和他约定的办法来观察他是否守信[太公说：办事过程中不向你隐瞒消息，就可以称作有信用]。使一群人杂然而处，看某个人的神色变化，就能发现他的种种隐情[或者让他随便看各种东西，可以观察出他对什么事情是坚持不变的]。"《吕氏春秋》说："仕途通达时看他所尊敬的人是谁；显达的时候看他所推荐的人是谁[或者在一个人青云直上时要看他提拔的是些什么人]；富裕的时候要看他所抚养的人是谁[或者看他帮助些什么人。太公说：富贵了而不骄奢淫逸，就叫作仁]。听其言，观其行，可以知道他是否仁善；接近他看他喜好些什么[或者通过观察一个人的居室，就能大致估计出他的亲朋好友是些什么人，志向如何]；经常接近一个人要体味他说话的真义[是否谈论仁义道德]；穷困潦倒时看他所厌恶的是什么[或者看他不敢做什么，会不会做坏事]；贫贱时要看他不做什么事，这样就能看出他有没有骨气；在一个人高兴时能检验出他是否有自制力或者是否轻佻[或者让他快乐，看他是否俭朴]。让人发怒可以考验他的令节[或者用仇人触怒他，看他是不是个记仇的人]；让人悲伤能知道一个人是否仁爱，因为内心仁厚的人见别人悲哀也会与之同哀；让他吃苦可以考验他的志向或者是否能安于困苦。"《经》书说："受重用、宠爱的人，要看他会不会骄奢淫逸[姜太公说：富贵而不骄奢的人有仁义]；被当权者疏远、闲置的人，要看他是否背叛或有什么越轨行为；荣贵显达的人，要看他是否会夸耀；默默无闻的人，看他是不是有所畏惧；青少年要看他能否恭敬好学又能与兄弟和睦相处。[《人物志》说："从小聪慧的人，在幼年就能有所表现。所以说，文才本于辞藻丰富，辩才始于口齿伶俐，仁爱出于慈善怜恤，施善生于大方，谨慎出于畏惧，廉洁起于不拿别人的东西。"]壮年人，要看他是否廉洁实干，大公无私；老年人，要看他是否思虑慎重，增强他的不足之处而不显得过分。父子之间，看他们是否慈爱、孝顺；兄弟之间，看他们是否和睦友善；邻里之间，看他们是否恪守信义；君臣之间，看君主是否仁爱，大臣是否忠诚。"[姜太公说："给他权力但不变心的才是忠。"]

这就叫作观诚。

[傅玄说："知人的难处，莫过于辨别真伪。如果一个人的修养源于道家，他就会言谈自然，推崇玄妙虚无；如果是出自儒家，则会谈论礼仪制度，崇尚公平正直；如果是出自纵横家，就喜欢谈论权力、机变，崇尚改革、变法。诸子百家不同追求，各有不同的长处。分辨他们的不同，这不

资政秘典

·反经·

图文珍藏版

是我们所说的知人之难。所说的知人之难，是指在一个人静默时观察他的举止，在他说话时体味他的言辞，在他从政时看他如何治理，在他闲暇时看他如何治学。这四种德行也许有所不同，但观察他们的细微区别，也不是我们所说的知人之难。真正的困难是指分别下面几种情况：有的人说话引经据典，为自己的阴谋奸诈找理论根据。看风使舵，应变无穷，受了侮辱却标榜自己品德高尚；贪得无厌却满口清正廉洁；残害众生却说自己仁爱慈善；怯懦无能却说自己英勇无比；为人奸诈却要信誓旦旦；淫荡好色却说自己坚贞守节。凡此种种的伪君子，都能以假乱真，制造事端使人迷惑。这种情况是平常人时常迷惑，而贤明君主却十分痛恨的。君子清除内心污垢，虚心承受纯洁事物，即使有人干预也不改变志向，这才是真正贞直的道行。百家九流，都有他们一贯坚持的原则。内心正直，对外坚守不移，那么虚伪的小人就会无处容身。虽然空洞的言辞容易说出口，但只要考察一下实际的效果，那么谁对谁错就可以马上验证。"

所以，韩非子说："在大家都睡着的时候，就无法分辨谁是盲人；当大家都不说话的时候，就无法知道谁是哑巴。让他们醒来看东西，询问他们让他们回答，那么盲人、哑巴就无法隐藏。看口齿、观毛色，即使是最优秀的伯乐也不能分辨哪个是好马，只要让马驾车奔驰，就是不善相马的奴仆臧获也能辨别是好马还是驽马。从一把宝剑表面的颜色和铸锻的纹理去鉴定，就是善观剑的欧冶子也未必知道好坏，但只要在地上宰狗杀马，在水中斩截蛟龙，即使是最笨的人也能分辨剑的优劣。由此可知，能够明白通过实践考查事情、人物的真伪，是最高明的方法。"]

《人物志》说[由血和气构成身体的生物无一不是由阴阳会合而确定其性质，由金木水火土五种元素构成其形体。因此人的身体也可由这五种物质表示：木骨、金筋、火气、土肌、水血。这五种物质的实体，各有各的功用]。骨骼坚硬而柔和，叫作宏毅，而宏毅是仁爱的本质表现[树木垂下枝条形成树荫，这是仁爱的本质表现。本质不宏毅，就不能算作仁爱。]气质清朗而高洁，叫作文理，而文理是礼的根本[火能照亮万物，是礼的根本。如果没有文理，就无法成为礼]；形体端正而坚实，叫作贞固。这是信的根基[土能生长万物，这是信的根基。根基不坚固，就不能成为信]；筋脉强劲而精纯，就是勇敢。勇敢是义的前提[金能削切，所以是义的前提。如果没有勇气，义就不能成立]；态度平和而流畅，叫作通晓幽微的道理。而通晓幽微的道理是智慧的源泉[水流通畅，是智慧的源泉。源流不能达到细微之处，就难以成为智慧]。人的这五种属性是难以变更的，所以称之为五常。因此说，只有劲直但不柔软就是僵直[木性太僵直容易枯干，会丧失其本色]；强劲而不精纯就是空有死力[用死劲扛鼎就会压折腿骨，这是因为不会运用巧劲的缘故]；光是固执但不端正就是愚钝[只图对自己有利，自以为是，就会陷入痴愚戆直]；有血性但不精纯就会放纵[说话不清楚、不顺畅，就会过火而坏事]；性格开朗但不平直稳重就是放荡[好表现自己聪明，没有约束，就会放荡而失去自己本性]。然而，性情坦荡与否的本质取决于神[人的神主宰着智，所以神气平和的人，气质上也显得平和；神气猥琐的人气质也不佳]；聪明还是愚昧取决于精[精是心的根本，精气清爽心地就明快；精气浑浊心智就愚昧]；勇敢或怯懦取决于筋脉[筋脉是气魄的基础，筋脉强就显得有气势，弱就显得胆怯了]；坚强或懦弱的根本在于骨质[骨骼是人的质地的关键，所以骨植粗壮就强悍；骨植纤细就懦弱]；烦躁还是宁静取决于气[气是决断的基础，气盛就烦躁；气平则宁静]；悲伤欢乐的神情表现在人的神色上[气色是精气的征兆，所以内心悲惨就脸色憔悴；心情愉快就显得容光焕发]；衰弱、严肃的情形表现在人的仪表上[仪表是形体的外在表现，身体有了毛病，仪表就显得疲惫；身体肃穆，仪表也显得端正]；态度的变化表现在人的表情上[表情是内心活动的标签，内心悲哀表情也悲哀；内心镇静表情也适度]；和缓、急躁的情绪会在言谈中流露出来[言为心声，内心宽恕必然言语平和;心急必然语快]。

　　"如果是心性质朴纯洁,怡淡平和,内心聪慧,外表开朗,筋脉强劲,骨头坚硬,声音清雅,神色和悦,仪表高洁,容颜端方,这才是具有纯粹品德的人的样子啊!"

　　《人物志》还说:"人有精气,就是说内心果真充实,就一定会表现于外貌。所以,心气粗糙的人,他的声音就会沉浑散漫;心气周详谨慎的人,他的声音就显得平和有节;心气鄙陋乖戾的人,他的声音就粗犷;心气宽缓柔顺的人,他的声音就温和圆润。讲信义的人心气柔和平易,讲义气的人心气从容不迫,和气安详的人心气简易随和,有勇气的人心气雄壮奇绝。"这叫作用"听气"来观察人。

　　[凭他的声音来考察他的内心。因为精气产生物质,物质生出声音。声有刚柔清浊,听声音,观察他的气质,考察他的所作所为,就可以了解他的内心了。]

　　要想了解一个人,还可以用"察色"之法。

　　察色所以能知人,是因为人的心气虽然藏于内心,但都可以凭借他的神色来判断它。真正聪慧的人一定会表现出难以言说、无法穷尽的神色[还有一种说法:真正聪慧的往往流露出明朗、坦然的神色];真正仁厚的人一定有值得别人尊重的神色[或者说有温柔的神色];真正勇敢的人一定具有难以被震慑的神色[或曰自负奋发的神色];真正忠诚的人一定具有让人耐心观察的神色;真正高洁的人一定具有难以玷污的神色;真正坚贞的人一定具有值得信任的神色。质朴的神色浩气凛然,坚强而稳重;伪饰的神色忧郁慌乱,让人烦躁不安。这就叫作"察色"。

　　[《人物志》说:"心地光明正直的人,他的仪容显得刚劲坚强;心地平和的人神态也安详闲适。心地仁爱稳重,就会显得正直端庄;心地勇敢正直,就会显得剽悍刚直。心情忧患,神色就困乏疲惫;患上疾病,就会神色慌乱,衣冠不整;喜色让人愉快;怒色则气势汹汹;心中困惑不解,神色就莽莽撞撞,反复无常。所以,如果一个人说话动听,而表情、神色却不能和言语协调,那他的内心一定有所违背;说话虽不动听,但表情、神色充满信义,那他的内心一定真实,只是言辞表达不好而已;还没说话就怒形于色,那是因为他太激动了;话已经说出来,并且伴随着怒气,那是因为他想要强迫别人接受他的错误观点。凡是与此类似的情况,虽然当事人想用言语来掩饰,但神色表情却无法和言语协调。即便是受到了威吓或惊恐,临时改变他的面孔,仍然骗不了人。"]

　　除了"察色",知人之法还有"考志"一说。"考志"的办法是通过和他谈话来考察他的志向。如果一个人的气质宽厚温和,神色恭敬而不谄媚,先礼后言,常常显露他的不足之处,这样的人是可以给别人带来好处的人。如果一个人喜好用神色来逼迫人,总想在气势和言语上胜过别人,并且时常掩饰他的不是,这样的人只能损害别人。[姜太公说:"夸夸其谈,抬高自己的为人,喜欢高谈阔论,非难时俗的人是奸险的人。作君王的人要提高警惕,不要宠用他。]如果一个人的神情坦率而不轻慢,言谈正直而不偏颇,不夸饰自己的美德,不隐藏自己的坏处,不防备自己的过失,这是质朴的人。[姜太公还说:"帮助他不会欣喜若狂,伤害他也不会怒气冲冲,内心沉静而言语稀少,讲求仁义而不显露于外表,这样的人叫质静人。"太公说:"不打扮,不修饰,蓬头垢面,破衣烂衫,说清静无为来求取功名;讲无利无欲来获取更多利益,这样的人,是伪君子。做君王的人要小心别靠近这种人。在质朴的人中会隐藏着这样虚伪的人。"]如果一个人的神情总是讨好别人,他的言谈竭尽阿谀奉承,好做表面文章,尽量表现他微不足道的善行,因此而自鸣得意,这种人是丧失根本的人。[晏子说:"君王身边好进谗言的奸佞小人,他们的心中隐藏着极大的不诚实的人,会把小小的诚实表露出来,以便成就其居心叵测的目的,这种人是最难察知的。"荀悦说:"观察一个人,如果发现他的言行并不合乎道义,但很会取悦别人,那么这个人一定是奸佞之徒;如果他的言行虽然不一定让自己高兴,但却合乎道义,这样的人必然是正人君子。"这也是知人的一种办法。]不因为外物而心情或喜或怒,神色仍很从容;不因为烦乱的事情而使心志迷惑;在利的诱导下能坚守气节;在威武之物的震慑下而不卑不亢,这样的人是心气平和坚守大志的人。

[还有一种说法:得到足以使人荣耀的财物但不高兴得手舞足蹈,猛地惊吓他也不恐惧,坚守信义而不变动,面对财物而不动心,这才是真正的正人君子。孔子择取人的方法是这样:不取贪得无厌的人。贪取的流弊竟然如此之大!]如果由外在事物的变化而或喜或怒;因事情繁杂而心生烦乱,不能平静;见小利而弃大义;一受威胁就屈服,这种人是心性鄙陋而没有血气的人。[又说:如果一个人因为几句话就改变,不能固守心志,答应了又犹豫不决,那么这种人算是感情脆弱的人。]如果把一个人放在不同的环境中都能果断地处理事情,以无穷的应变能力面对猝然的事变,不用文采就能表现出灵秀,这是有智慧、有头脑的人。[姜太公说:"有名无实,在家里和在外面说的话不一样;宣扬自己的善行,掩饰自己的不足,当官和归隐都是为了功名。这样的人作君王的千万不能同他共谋大事。有智慧有头脑的,其弊端也恰恰在这里。"]假如一个人不能适应各种变化的情况,又不听人劝解,固守一种观念而不知变通,固执己见而不懂得改正,这是愚蠢乖戾的人。[志士坚守节操,愚蠢乖戾的人不知变通,他们不轻易改变自己是相同的,但所表现出的智慧和愚蠢却是不同的,这是因为他们所遵循的道不同。但西汉陆贾写的《新语》中讲:"长于变道的人不会被欺诈蒙蔽;通晓大道的人不会因为怪异的事感到惊奇;对言辞谨慎的人不会被谗言迷惑;通达仁义的人也不会因为小利而动摇。所以君子想见多识广,但对所见所闻的采纳选择也很谨慎,想使学问渊博,但行为却又朴实敦厚。眼睛不会被耀眼的颜色迷惑,耳朵不会被谄媚的言辞扰乱。即使用齐、鲁两地的财富来诱惑他也不改变志向,让他长寿万年也不改变品行,这样以后才能固守大道,安定操行,成就他的功业。"这就是智慧之人与愚蠢之人不同的原因。]如果别人说什么也不听,自私自利,毫不掩饰,强词夺理,颠倒是非,这种人是好诬陷他人、嫉妒他人的人。

[这里可以举例说明一下。

有一次刘备让一个客人去见诸葛亮,并说这个客人很贤明。诸葛亮见过后对刘备说:"我看客人神色游移畏惧,低着头有违礼数。在外显出奸邪的神情,在内一定隐藏着凶恶的用心。他一定是曹操派来的刺客。"后来果然证实了诸葛亮的看法。凡是奸人的容貌举止大都是这样。

西晋时的何晏、夏侯玄和邓扬等希望与傅嘏交好,遭到了傅嘏的拒绝。有人感到奇怪,问傅嘏为什么。傅嘏回答说:"夏侯玄志大才疏,徒有其名而无material其实学;何晏说话玄虚邈远,其实内心急功近利,喜欢辩论但没有诚意,这种人是所谓利口亡国之人;邓扬貌似有为,实际上有始无终,既要贪求名利,内心又没有自我约束的尺度。看重与自己意见相同的人,讨厌与自己意见相异的人,夸夸其谈,妒贤嫉能。言多伤人,易起争端;嫉贤就会失去亲近的人。依我看,这三个人都是道德败坏之辈。躲避他们都来不及呢,何况要与他们接近!"后来这三个人的结局与傅嘏说的一模一样。嫉妒他人的人都有这种表现。]

以上知人的办法,就叫作"考志"。

[《人物志》上还有一段精辟的论述,它说:"一个人的精神要深沉悠远,气质要美好凝重,志

向要远大,心态要谦虚谨慎。只有精神幽微才能探求神妙的境界,只有修养美好才能尊崇道德和情操,志向远大才能担负重任,谦虚谨慎才会谨慎小心,不会犯错。正因为此,所以《诗》中歌颂文王'小心翼翼',意思是说,连说话都不敢大声,是因为小心谨慎的缘故;'王赫斯怒',意思是说,文王有胸怀天下的大志。"由此看来。心小志大的人,是圣贤一类的人;心大志大的,属于豪杰一类;心大志小的,是狂傲放荡的一类人;心小志小的,拘谨怯懦的人。]

还有用探测人的内心世界的办法来认识人的,称之为"测隐"。

"测隐"有下面几种表现:

看一个人,如果发现他要吃小亏而占大便宜,让小利而争大得,言语恭顺装作老实,假装慈爱以充忠诚,小心翼翼地做事以博取好名声,这就是将险恶之心隐藏于仁爱贤明中的人。[荀子说:"孔子门下的孩童都以谈论霸道为耻辱,为什么呢? 霸道之类的学说不合他们的正统教育,不能驯服人心,以谦让来掩饰争斗,依靠仁义之名来行寻求利益之实。这是势利小人争霸的工具,不值得在大君子的门下述说。"]

考查一个人时,如果向他提问他不回答,详细追问他又含糊其辞;外表让人感到很有学识,打着道学的幌子放纵自己;为环境所困,穷困潦倒就故作深沉。这是将求取功名的心思隐藏于学识理论中的人。[还有一种说法是:有的人思想本身就不深刻,却以沉默不言来掩饰;本来没有诚心,但在神情上却装得诚恳之至。这是用智谋来伪装的人。《人物志》说:"有的人特别善于甘居人后,安于随波逐流,表面上能听取别人意见,做事果断;有的人善于逃避危难,不去救应,假装胸有成竹,实际一筹莫展;有的人善于趁别人工作中的成功、失败或感到困顿的时候,巧言乱语,似乎很有道理。凡此种种,人是平常人所时常感到迷惑的。"]

观察人时,如果他抬高言辞,以示廉洁,装作雷厉风行给人以勇敢的印象,内心恐惧却在虚张声势,屡屡自我矜夸,狐假虎威,盛气凌人,这是用廉正和英勇来包藏私心的人。[姜太公说:"没有超人的智谋,而因为贪求重赏和官位而逞强好胜,轻率请战,抱着侥幸的心理想在战场上达到个人目的。作君王的千万不能让这种人领兵。"这就是假装英勇的弊端。]

若侍奉君主或双亲时,喜欢向人炫耀他如何忠诚、孝顺,修饰外表而不修养内心,以侍奉君主、亲人来扬名,使自身获利。这就是将立身扬名的心思隐藏于忠诚、孝顺中的人。这就是所说的"测隐"的方法。[《人物志》说:"最为高妙的人将精纯隐藏于内心,不在外表上显示出来。最为虚伪的人总是花言巧语,其实他的内心却乖戾违背。人们想要求得奇才,不用精微的方法来探测玄机,而是或者因为容貌不理想而认为他不足,或者把华丽的外表当作内心伟大的表现,或者把真心地流露看成虚假的行为,或者把巧妙地装饰看成真心实意。"怎么才能得知一个人的真面目呢? 这就需要"测隐"。]

也可以通过为人处事的方式来考查一个人。

如果一个人言行不一,开始和结束背道而驰,内心和外表不相符合,假立名节以迷惑他人耳目,这叫失去心志的人。[《人物志》说:"违背本性,一味地攻讦别人,很难做到公正。按照这种心性行事,看上去仿佛很直率,实际上只能互相攻讦,好人受气;真正的放荡表面上很爽快,但是永远不能走上正道,依照这种性情行事,似乎很痛快,然而其行为狂傲,必将违背礼节。所以说,直率的人和狂放的人在揭人短弊这一点上是相同的,但出发点则不同。明快的人和放浪的人在率性自然这一点上是相同的,但本质却不同。考查他的出发点,就可以知道"毁志"的含义是什么了。"]

如果一个人以吃喝的方法与别人亲近，以贿赂的办法与别人结交，以损人利己而臭味相投，得到权利、荣誉而隐藏于外物之中，这样的人叫贪图而卑鄙的人。[姜太公说："一个人如果率勇敢，不怕牺牲，只不过是用来获取利益，升官禄；不图谋大事，只是因为有利而采取行动，这样的人君主不要任用他作臣子。"]

如果有人只有一些小聪明而没有大学问，只有小能耐而不能办大事，只看重小利益而不知大道理，这就叫作虚妄的人。[老子的学生文子在其《文子》一书中说："每个人都有其短处，只要大节不坏，就应该肯定；虽有微小的过失，也不应因此而背上包袱。但是如果大节不好，在乡里之地做好事，再多也不值得肯定。"]

知人还有"揆德"之法。所谓"揆德"，就是估量一个人的品德。

如果一个人言语忠实，行为稳重，守志无私，做了好事不求回报，内心忠厚而明察，其貌不扬但性情安静稳健，这是有仁爱之心的人。如果一个人遇到突然变故而能有效处理，身处穷困之境而能奋发向上，进身立功能够如愿，这是有智慧的人。如果一个人富贵显赫之后仍然恭敬勤俭而不失威严，对人礼待而不骄横，这是有德行的人。[三国时魏人鱼豢说："贫穷的人不学俭朴，卑贱的人不学谦恭，这不是人性的不同，而是人的处境决定的。所以要知道一个人是不是真正的俭恭，必须在富贵人身上才能鉴别出来。"]有的人处在简陋清贫的状况下而无所畏惧，处在安乐富裕的情况下而不奢侈，功劳卓著而不反叛，高兴或愤怒时都很有节度，这是有操守的人。有的人恭恭敬敬地侍奉君王，恩恩爱爱地孝敬父母，与人感情不和但决不背叛，力气用尽也不违反，这是忠孝的人。这就叫作"揆德"。

[桓范说："历代帝王都羡慕成就王图霸业的人能任用贤能，厌恶亡国的人失去了人才。然而他们依然要任用那些凶残愚蠢的奸臣，结果国破家亡的事连绵不绝，这是什么原因呢？原因就在于选取人才不求合乎道义，只求自己满意。《人物志》说：'高风亮节的人，以正直为标准，所以虽然阅人无数，也能依照其人品、德行是否合乎伦常而用人，对于其术是否诡诈持怀疑态度；推崇谋略的人以计谋是否高明为标准，所以能够识别策略的奇特和平庸，但是往往违背了对正确法度的遵循；玩弄权术的人以是否能立功为标准，所以能够看清进退的效用，但是不通晓道德的教化作用；讲究口才的人以能否折服别人为标准，所以能够把握辩论的技巧，但是不明白文采的内在美质，因此互相争辩但都不服输。凡此种种，都属于人才中的一流。同一个档次的人才能看清对方的长处。能够广聚人才，才能全部识遍各种人才。'"

桓范又说："追求名声的人总是不甘人后，因此本性相同而才能相差较大的，会互相帮助，相互依赖；本性相同而才能相当的人就会互相争斗，相互残杀。"这又是同气相求的一个变数，不能不详加考虑。"]

圣贤最美的品质，莫过于聪明；聪明的人之所以可贵，莫过于能够知人。能够了解人才，那么各种人才就会有各自合适的职位，国家的大小事业也会兴盛起来。

[还有一种说法：我们不可能和天下所有的人交游相处，那么我们该如何来了解人呢？所以看一个人的一个方面，用一天的时间就足够了；要想全面了解他，至少得用三天。第一天要用来谈道德；第二天用来谈法制；第三天用来谈谋略。然后才能尽显他的长处以便举荐他。但是，又凭什么知道他是全才还是偏才以便与他交谈呢？如果他在为人上务求与他人相容，不断地讲别人的长处并为之寻找相应的理由，这种人就是全才。如果是喜欢陈说自己的优点，希望别人赞赏他，而不愿看到别人的长处，这种人就是偏才。]

所以孔子教导弟子们提出"六蔽"，以训诫偏材的过失。[仁慈的人喜爱事物，过失在于没有决断;有信义的人心地坦诚,过失在于不善保密。这都是偏材经常失误的地方。]思考狂傲与耿介的偏失,以疏导有偏执拘谨或高傲刚直之缺陷的人才;痛斥空泛而无信的流弊,向人们提醒那些似是而非的人是无法信赖的;明察一个人安身立命之所在,考究他所作所为的动机,借以了解他的日常行为。依照这样的原则和办法去观察人,无论他是怎样的人,又怎么能伪装、掩饰得住呢?

察人容貌　知其人品(察相第六)

【原文】

《左传》曰:"周内史叔服如鲁,公孙敖闻其能相人也,见其二子焉。叔服曰:'谷也食子,难也收子。谷也丰下,必有后于鲁国。'"

[郑伯享赵孟于垂陇,七子从。赵孟曰:"七子从君,以宠子也。请皆赋以卒君贶。"子展赋《草虫》。赵孟曰:"善哉!人之主也。抑吾也不足以当之。"印段赋《蟋蟀》。赵孟曰:"善哉!保家之主。吾有望矣。"子展其后亡者也,在上不忘降。印氏其次也,乐而不荒。乐以安人,不淫以使之,后亡,不亦可乎?]

《汉书》曰:"高祖立濞为吴王。已拜,上相之曰:'汝面状有反相,汉后五十年,东南有乱,岂非汝耶? 天下一家,慎无反。'"

[《经》曰:"眉上骨斗高者,名为九反骨。其人恒有包藏之志。"又曰:"黄色绕天中,从发际通两颧,其两眉下各发黄色,其中正上复有黄色直下鼻者,三公相也。若下贱有此色者,能杀君父。"

《春秋左氏传》曰:楚子将以商臣为太子,访诸令尹子上。子上曰:"是人也,蜂目豺声,忍人也。不可立也。"弗听。后谋反,以宫甲围成王,缢之。

又曰:楚司马子良生子越椒,子文曰:"必杀之。是人也,熊虎之状而豺狼之声。弗杀,必灭若敖氏矣。谚曰:'狼子野心。'是乃狼也,其可畜乎?"子良不可,后果反,攻主,楚王鼓而进,遂灭若敖氏。

又曰:晋韩宣子如齐,见子雅。子雅召其子子旗,使见宣子。宣子曰:"非保家之主也。不臣。"(杜预曰:"言子雅志器宄也。")后十年来奔。"

周灵王之弟儋季卒,其子括将见王而叹。单公子愆期闻其叹也,入以告王曰:"不泣而愿大,视躁而足高,心在他矣。不杀必为害。"王曰:"童子何知?"及灵王崩,儋括欲立王子佞夫。周大夫杀佞夫。

齐崔杼帅师伐我,公患之。孟公绰曰:"崔子将有大志,不在病我,必速归,何患焉? 其来也不寇,使人不严,异于他日。"齐师徒归,果弑庄公。

鲁、楚会诸侯而盟。楚公子围设服离卫。鲁大夫叔孙穆子曰:"楚公子美矣,君哉!"(杜预曰:"设君报也。")此年子围篡位。

卫孙文子来聘,君登亦登。叔孙穆子趋进曰:"诸侯之会,寡君未尝后卫君,今吾子不后寡君,未知所过。吾子其少安。"孙子无辞亦无悛容。穆叔曰:"孙子必亡。为臣而君,过而不悛,亡之本也。"后十四年林父逐君。

初,郑伯享赵孟,七子赋诗,伯有赋《鹑之贲贲》。享卒,赵孟告叔向曰:"伯有将为戮矣。诗以言志,志诬其上而公怨之,以为宾荣,其能久乎?"

魏时管辂相何晏、邓扬当诛。死,辂舅问之,曰:"邓扬行步节不束骨,脉不制肉,起立倾倚,若无手足,谓之鬼躁。何之视候,魂不守宅,血不华色,精爽烟浮,容若枯木,谓之鬼幽。鬼躁者,为风所收;鬼幽者,为火所烧。自然之符,不可蔽也。"

宋孔熙光就姚生曰:"夫相人也,天欲其圆,地欲其方,眼欲光曜,鼻须柱梁。四渎欲明,五岳欲强。此数者,君无一焉。又君之眸子脉脉如望,羊行委曲而失步,声嘶散而不扬。其唯失其福禄,将乃罹其祸殃。"后皆谋反,被诛杀之矣]

由此观之,以相察士,其来尚矣。

故曰:富贵在于骨法,忧喜在于容色。

[《经》曰:"青主忧,白主哭泣,黑主病,赤主惊恐,黄主庆喜。凡此五色,并以四时判之。春三月青色王,赤色相,白色囚,黄黑二色皆死。夏三月赤色王,白色、黄色皆相,青色死,黑色囚。秋三月白色王,黑色相,赤色死,青黄二色皆囚。冬三月黑色王,青色相,白色死,黄与赤二色囚。若得其时、色,王、相者吉,不得其时、色,王、相若死囚者凶。

魏管辂往族兄家见二客。客去,辂谓兄曰:"若此二人,天庭及口耳之间同有凶气,异变俱起,双魂无定,流魂于海,骨归于家。"后果溺死。此略举色变之效]

成败在于决断。以此参之,万不失一。

《经》曰:"言贵贱者存乎骨骼,言修短者存乎虚实。"

[《经》曰:"夫人喘息者,命之所存也。喘息条条,状长而缓者,长命人也。喘息急促,出入不等者,短命人也。"又曰:"骨肉坚硬,寿而不乐。体肉软者,乐而不寿。"

《左传》曰:鲁使襄仲如齐,复曰:"臣闻齐人将食鲁之麦。以臣观之,将不能。齐君之语偷。臧文仲有言曰:'人主偷,必死。'"后果然。

郑伯如晋拜成,授玉于东楹之东。晋大夫贞伯曰:"郑伯其死乎?自弃也已!视流而行速,不安其位,宜不能久。"(杜预曰:"言郑伯不端谛也。")六月卒。

天王使刘康公、成肃公会晋侯伐秦。成子受脤于社,不敬。刘子曰:"吾闻之,人受天地之中以生,所为命也,是以有动作礼义威仪之则,以定命也。能者养之以福,不能者败以取祸。是故君子勤礼,小人尽力。勤礼莫如致敬,尽力莫如敦笃。敬在养神,笃在守业。国之大事,在祀与戎。祀有执膰,戎有受脤,神之大节也。今成子惰,弃其命矣。其不反乎?"五月卒于瑕。

晋侯蒐程郑,使佐下军。郑行人公孙挥如晋聘。程郑问焉,曰:"敢问降阶何由?"子羽不能对。归以语然明,然明曰:"是将死矣。不然将亡。贵而知惧,惧而思降,乃得其阶,下人而已,又何问焉?且夫既登而求降者,知人也,不在程郑。其有亡衅乎?不然,其有惑疾,将死而忧乎?"明年程郑卒。

天王使单子会韩宣子于戚,视下言徐。叔向曰:"单子其将死乎?朝有著定,会有表,衣有绘、有结。会朝之言,必闻于表著之位,所以昭事序也。视不过结、绘中,所以导容貌也。言以定之,容貌以明之,失则有阙。今单子为王官伯而命事于会,视不登带,言不过步,貌不导容,而言不昭矣。不导不恭,不昭不从,无守气矣。"此冬单子卒。

宋平公享昭子,晏饮乐,语相泣也。乐祁佐,退而告人曰:"今兹君与叔孙其将死乎?吾闻之:哀乐而乐哀,皆丧心也。心之精炎,是谓魂魄。魂魄去之,何以能久?"此年,叔孙、宋公皆卒。

邾隐公来朝,执玉高,其容仰。鲁公受玉卑,其容俯。子贡曰:"以礼观之,二君皆有死亡焉。高仰,骄也。卑俯,替也。骄近乱,替近疾。君为主,其死亡乎?"此年,公薨。

哀七年,以邾子益归,卫侯会吴于郧。吴人藩卫侯之舍。子贡说太宰喜嚭而免之。卫侯归,效夷言。子之尚幼曰:"君必不免。其死于夷乎?执焉而又说其言,从之固矣。"后卒死于楚。

鲁公作楚宫,穆叔曰:"《泰誓》云:'人之所欲,天必从之。'君欲楚也夫,故作其宫。不复适楚,必死是官。"六月辛巳,公薨于楚宫。

晋侯使郤犨送孙林父于卫。卫侯飨之,苦成叔傲。卫大夫宁子曰:"苦成家其亡乎? 古之飨食也,以观威仪、省祸福。故诗云:'兕觥其觩,旨酒思柔。彼交匪傲,万福来求。'今夫子傲,取祸之道也。"十七年,郤氏亡。

齐侯与卫侯会于商任,不敬。叔向曰:"二君者必不免。会朝,礼之经也。礼,政之舆也。政,身之守也。怠礼失政,不立,是以乱也。"二十五年,齐弑光。二十六年,卫弑剽也。]

言性灵者存乎容止。斯其大体。

夫相人先视其面。面有五岳四渎;

[五岳者,额为衡山,颏颐为恒山,鼻为嵩山,左颧为泰山,右颧为华山。四渎者,鼻孔为济,口为河,目为淮,耳为江。五岳欲耸峻圆满,四渎欲深大,崖岸成就。五岳成者,富人也。不丰则贫。四渎成者,贵人也。不成则贱矣。]

五官六府;

[五官者,口一,鼻二,耳三,目四,人中五。六府者,两行上为二府,两辅角为四府,两颧衡上为六府。一官好,贵十年。一府好,富十年。五官六府皆好,富贵无已。左为文,右为武也。]

九州八极;

[九洲者,额从左达右,无纵理,不败绝,状如覆肝者为善。八极者,登鼻而望,八方成形不相倾者为良也。]

七门二仪;

[七门者,两奸门,两阙门,两命门,一庭中。二仪者,头圆法天,足方象地。天欲得高,地欲得厚。若头小足薄,贫贱人也。七门皆好,富贵人也。总而言之,额为天,颐为地,鼻为人,左目为日,右目为月。天欲张,地欲方,人欲深广,日月欲光。天好者贵,地好者富,人好者寿,日月好者茂。上停为天,主父母贵贱;中停为人,主昆弟妻子仁义年寿;下停为地,主田宅奴婢畜牧饮食也。]

若夫颧骨才起,肤色润泽者,九品之侯也。

[又曰:腰腹相深称,臀髀才厚及高视广走,此皆九品之侯也。夫色须厚重,腰须广长。故《经》曰:面如黄瓜,富贵荣华。白如截脂,黑色如漆,紫色如椹,腰广面长,腹如垂囊,行如鹅龟,此皆富贵人也。凡论夫公侯将相已下者,不论班品也。]

辅骨小见,鼻准微端者,八品之侯也。

[又曰:胸背微丰,手足悦泽,及身端步平者,此皆八品之侯也。夫鼻须洪直而长,胸脾丰厚如龟形,手足色须赤白,此皆富贵人也。故《经》曰:手足如绵,富贵终年。手足厚好,立使在朝也。]

辅角成棱,仓库皆平者,七品之侯也。

[又曰:胸厚颈粗,臂趾匀均,及语调顾定者,此皆七品之侯也。夫颈须粗短,手臂须纤长,语须如簧及凤,此皆贵相也。故《经》曰:额角高耸,职位优重。虎颈圆粗,富贵有余。牛顾虎视,富贵无比。天仓满,得天禄,地仓满,丰酒肉也。]

天中丰隆,印堂端正者,六品之侯也。

[又曰:脑起身方,手厚腰圆,及声清音朗者,此皆六品之侯也。夫人额上连天中,下及司空,有骨若肉如环者,名曰天城,周匝无缺者大贵。有缺若门者为三公。夫声者须深实,大而不浊,小而能彰,远而不散,近而不亡,余音激沥,似若有簧,宛转流韵,能圆能长,此善者也。宫声重大沈壅,商声坚劲广博,角声圆长通彻,徵声抑扬流利,羽声奄蔼低曳,此谓正声也。]

伏犀明峻,辅角丰秾者,五品之候也。

[又曰:颈短背隆,乳阔腹垂,及鹅行虎步者,皆五品之侯也。夫人脑缝骨起,前后长大者,将军二千石,领兵相也。出发际,为伏犀,须耸峻,利公侯相也。不用宽平有坎者,迤剥有峰者,大佳。宽平者,犹为食禄。夫腹须端妍。故曰:马腹庞庞,玉帛丰秋也。]

边地高深,福堂广厚者,四品之侯也。

[又曰:头高而丰,长上短下,及牛顾龙行者,此皆四品侯也。边地,在额角近发际也。福堂在眉尾近上也。夫头须高大。故《经》曰:牛头四方,富贵隆昌。虎头高峙,富贵无比。象头高广,福禄长厚。犀头犨峷,富贵郁郁。狮头蒙洪,福禄所钟。虎行将军,雁行大富也。]

犀及司空,龙角纤直者,三品之侯也。

[又曰:胸背极厚,头深且尖,及志雄体柔者,此皆三品侯也。司空从发际直下,次天庭是也。龙角在眉头上也。]

头顶高深,龙犀成就者,二品之侯也。

[又曰:头角奇起,支节合度,及貌杰性安者,此皆二品之侯也。夫容貌慷慨,举止注翔,精炎清澄,神仪安定,言语审谛,不疾不徐,动息有恒,不轻不躁,喜怒不妄发,趋舍合物宜,声色不变其情,荣枯不易其操,此谓神有余者,主得贵位也。]

四仓尽满,骨角俱明者,一品之侯也。

[头颈皆好,支节俱成,及容质姿美,顾视澄澈者,此皆一品之侯也。]

似龙者为文吏[似龙者甚贵。龙行者为三公也];

似虎者为将军[虎行者为将军。驿马骨高,为将军也];

似牛者为宰辅,似马者为武吏[似马亦甚贵也];

似狗者为清官、为方伯[似猪似猴者,大富贵。似鼠者,惟富而已。凡称似者,谓动静并似之。若偏似一处,乃贫寒者也]。

天中主贵气,平满者宜官禄也。

[天中最高,近发际,发黄色,上入正角,至高广,参驾,迁刺史牧守。黄色如日月,在天中左右,侍天子也。黄色出天中,圆大光重者,暴见天子,有功受封。经年及井,灶恒有黄气,如悬钟鼓,三公之相也。又发黄气如龙形,亦受封也。四时官气发天部如镜光者,暴贵相也。]

天庭主上公,大丞相之气[天庭直下,次天中,有黑子,市死]。

司空出天宫,亦三公之气[司空直下,次天中,色恶,主上书,大吉]。

中正主群寮之气,平品人物之司也[中正直下,次司空,色好者,迁官转职,若司空中正发赤色而历历者,在中正为县官,在天庭为郡官。州县、兰台、尚书,各视其部也]。

印堂主天下印绶,掌符印之官也[印堂在两眉间微下,眉头少许次中正。发黄色,如连刀,上至天庭,下至鼻准,为县令;直阙庭,发色者,长史也。如车轮与辅角相应者,大贵。印堂一名阙庭也]。

山根平美,及有奇骨伏起,为婚连帝室,公主婿也[山根直下,次印堂,亦主有势无势也]。

高广主方伯之坐[从天中横列至发际,凡七,名高广位在第三。高广忽发黄色如两人捉鼓者,将军相也]。

阳尺主州佐之官[横次高广,位在第四。阳尺亦主少出方伯,有气忧,远行也]。

武库主兵甲典库之吏[横次阳尺,位在第五]。

辅角主远州刺史之官[横次武库,位在第六,骨起色好,主黄门舍人之官也]。

边地主迁州之任[横次辅角,位在第七。有黑子,落难为奴也]。

日角主公侯之坐[从天庭横列至发际,凡八:名日角。位在第一,平满充直者,宜官职]。

房心主京辇之任[横次日角,位在第二。房心左为文,右为武。骨起宜做人师。黄色见房心,上至天庭,为丞令。直见房心而光泽者,召为国师也]。

驿马主急疾之吏[横次,位在第七。驿马好色应印堂上,秋冬得官也]。

额角主卿寺之位[从司空横列至发际,凡八,名额角。横次,位第一,色红黄,大吉昌也]。

上卿主帝卿之位[横次额角,上卿跃跃,封卿大乐]。

虎眉主大将军[从中正横列发际,凡九,名虎眉。横次,位在第二。发青白色者,应行也]。

牛角主王之统帅小将[横次虎眉,位在第三。亦主封侯食禄。成角者更胜于肉也]。

玄角主将军之相[横次,位在第五。无角者不可求官。凡欲知得官在任久不,先视年上发色长短,发色长一分主一年,二分二年,以此消息则可知也。有恶色间之者,主其年有事。白色遭丧,赤色弹夺,黑色病,青色狱厄。天中有气横干者,无官也。然官色既久,忽有死厄色间之者,代人死也。若年上有好色,如连山出云雨,处处皆通,则无处不达。发际有黄气,为已得官;若黑气,未也。有黄气如衣带,发额上,迁官益禄也]。

夫人有六贱:

头小身大,为一贱[又曰:额角陷缺,天中洼下,亦为一贱。《经》曰:额促而窄,至老穷厄。蛇颈薄曲,糟糠不足。蛇头平薄,财物寥落。格头尖钝,穷厄无计也]。

目无光泽,为二贱[又曰:胸背俱薄,亦为二贱。《经》曰:陷胸薄尻及猴目,皆穷相也]。

举动不使,为三贱[又曰:声音雌散,亦为三贱。《经》曰:语声喷喷,面部枯燥,面毛戎戎,无风尘土,皆贫贱相也。夫声之恶者,鹿浊飞散,细嘎聊乱,声去则若尽,往则不还,乱涩细小,沈浊痿弊,舌短唇强,蹇吃无响,此恶相也。夫人不笑似笑,不嗔似嗔,不喜似喜,不畏似畏,不醉似醉,常如宿醒,不愁似愁,常如忧戚,容貌缺乏,如经痫病,神色凄怆,常如有失,举止张皇,恒如趋急,言语涩缩,若有隐藏,体貌低催,如遭凌辱,此并神不足也。神不足者,多牢狱厄。有官隐藏而失,有位贬逐而黜者也]。

鼻不成就,准向前低,为四贱[又曰:眇目斜视,亦为四贱。《经》曰:人中平满,耳无轮廓,皆贫贱相也]。

脚长腰短,为五贱[又曰:唇倾鼻曲,亦为五贱。《经》曰:蛇行雀趋,财物无储。鼻柱薄,主立诺。鼻头低垂,至老独吹。摇腰急步,必无所使。腰短者则被人夺职也]。

文策不成,唇细横长,为六贱[又曰:多言少信,亦为六贱。《经》曰:口薄人不,提携僻侧,为人所毁。口如吹火,至老独坐。舌色白,下贱人也。舌短,贫贱人也。凡欲知人是贱者,贵处少而贱处多,多者广也,少者狭也。六贱备具,为仆隶之人也]。

此贵贱存乎骨骼者也。

论曰:尧眉八彩,舜目重瞳,舜耳四漏,文王四乳,然则世人亦时有四乳者,此则驽马一毛似骥也。若日角月偃之奇、龙栖虎踞之美,地静镇于城垣,天辟运于掌策,金槌玉枕,磊落相望,伏犀起盖,隐鳞交映。井宅既兼,仓庾已实。斯乃卿相之明效也。若深目长颈,颊颜蹙頞,蛇行鸷立,虾喙鸟啄,筋不束体,面无华色,手无春荑之柔,发有寒蓬之悴,是则穷乏征验也。

昔姑布之卿谓子贡曰:"郑东门有一人,其长九尺六寸,河目而龙颡,其头似尧,其颈似皋陶,其肩似子产,然自腰以下不及禹三寸,垒然若丧家之犬。"[河目谓上下匡而长焉。颡,额也。]

汉高祖隆准而龙颜。[准,鼻也。颜,额颡也。两角为龙角,一角为犀角。]言高祖似龙而两眉颖骨高而鼻上隆。魏陈留王丰下兑上,有尧图之表。陈宣帝颈缜,貌若不惠。初贱时,杨忠见而奇之曰:"此人虎头,必当大贵。"后复果然。此贵贱之效也。

夫木主春,生长之行也[春主肝,肝主目,目主仁。生长敷荣者,施恕惠与之意也];

火主夏,丰盛之时也[夏主心,心主舌,舌主礼。丰盛殷阜者,富博宏通之义也];

金主秋,收藏之节也[秋主肺,肺主鼻,鼻主义。收藏聚敛者,吝啬悭鄙之情也];

水主冬,万物伏匿之日也[冬主肾,肾主耳,耳主智。伏匿隐蔽者,邪谄奸佞之怀也];

土主季夏,万物结实之月也[季夏主脾,脾主唇,唇主信。结实坚确者,贞信谨厚之理也]。

故曰:凡人美眉目,好指爪者,庶几好施人也。

[肝出为眼,又主筋,穷为爪,荣于眉,藏于魂。《经》曰:凡人眉直而头昂,意气雄强。缺损及薄,无信人也。如弓者,善人也。眼有光彩而媚好者,性识物理而明哲人也。眼光溢出脸外,不散不动,又不急不缓而精不露者,智惠人也。脸塞缩,精无光者,愚钝人也。眼光不出脸外者,藏情也,加以脸涩盗视者,必作贼也。

指者欲纤浓如鹅有皮相连者,性淳和人也。指头方戾者,见事迟人也。妍美者,嘱授人信之,恶者,人不遵承也。]

毛发光泽,唇口如朱者,才能学艺人也。

[心出为舌,又主血。血穷为毛发,荣于耳,藏于神。《经》曰:野狐鬈,难期信。殽斱鬈,多狐疑。唇急齿露,难与为友。唇宽端正,出言有章。唇口不佳,出言不信。口边无媚,好扬人恶。口啄如鸟,不可与居,恶心人也。急缓如鸟,言语撮聚者,此人多口舌。缓急不同,少信人也。]

鼻孔小缩,准头低曲者,悭吝人也。

[肺出为鼻孔,又主皮肤,又为气息,藏于魄。好鼻者,有声誉。鼻柱薄而梁陷者,多病厄人也。鼻无媚,憨蠢人也。蜣螂鼻,少意智人也。]

耳孔小,齿瓣细者,邪谄奸佞人也。

[肾出为骨,又主髓。髓穷为耳孔,骨穷为齿,藏于志。《经》曰:耳亢深广者,心虚而识玄。耳孔小者,无智而不信神理。耳边无媚,鄙拙人也。耳孔小而节骨曲戾者,无意智人也。老鼠耳者,杀人不死。又云鼠耳之人多作偷盗者也。]

耳轮厚大,鼻准圆实,乳头端净,颏颐深广厚大者,忠信谨厚人也。

[脾出为肉,肉穷为孔,又主耳轮,准鼻梁、颏颐等,藏于意。《经》曰:夫头高大者,性自在而好凌人。头卑弊者,性随人而细碎。故曰:鹿头侧长,志气雄强。兔头蔑颃,意志下劣。獭头横阔,心意豁达。夫颈细而曲者,不自树立之人也。若色斑驳或不洁净者,性随意而不坚固。夫手纤长者,好施舍。短厚者,好取,舍则庶几,取则贪惜。故曰:手如鸡足,急智祸促。手如猪蹄,志意昏迷。手如猴掌,勤劬伎俩。夫背厚阔者,刚决人也。薄者,怯弱人也。夫腰端妍者,才华人也。故曰:牛腹娄袋,财物自淹。蛤蟆腹者,懒人也。大腰端美者,则乐而能任人也。蜥蜴腰者,缓人也。夫臂髀厚广者,可任安稳人也。夫蛇行者,含毒人也,不可与之共事。鸟行跄跄,性行不良,似鸟鹊行也。鹰行雄烈。豺狼行者,性粗觅利人也。牛行性直也。马行猛烈人也。]

此性灵存于容止者也。

[范蠡曰:"越王为人长颈鸟啄,可与共患难,不可与共安乐。"

尉缭曰:"秦王始皇,隆准长目,鸷膺豺声,少恩信,虎狼心。居约易出人下,得志亦轻食人。不可与之久游。"

叔鱼生,其母视之曰:"是虎目而豕心,鸢肩而牛腹。溪壑可盈,是不可厌也。"

晋叔向欲娶于巫臣氏,其母不欲,曰:"昔有仍氏生女,黰黑而甚美,光可以鉴物,名曰玄。妻乐正，后娶之，生伯封，实有豕心，贪婪无厌，忿类无期，谓之封豕。有穷后羿灭之，夔是以不祀。且三代之亡，皆是物也。汝何为哉？天有尤物，足以移人。苟非德义，则必有祸。"叔向惧，乃止。

魏安釐王问子从曰："马回梗梗亮直，大夫之节，吾欲为相，可乎？"答曰："长目而豕视，则体方而心圆。每以其法相人，千万不失一。臣见回非不为伟其体干，然甚疑其目。"

平原君相秦将白起，谓赵王曰："武安君之为人也，小头而锐下，瞳子白黑分明，视瞻不转。小头而锐下者，断敢行也。瞳子白黑分明者，见事明也。视瞻不转者，执志强也。可与持久，难与争锋。"

王莽大口蹙颐，露目赤睛，声大而身长七尺五寸，反膺仰视，瞰临左右。或言莽所谓鸱目虎喙，豺狼之声，故啖食人，亦当为人所杀。后篡汉位，后兵败归果被杀也]

夫命之与相，犹声之与响也。声动乎几响，穷乎应，必然之理矣。虽云以言信行，失之宰予，以貌度性，失之子羽。然《传》称："无忧而戚，忧必及之；无庆而乐，乐必还之。"此心有先动而神有先知，则色有先见。故扁鹊见桓公，知其将亡；申叔见巫臣，知其窃妻。或跃马膳珍，或飞而食肉，或早隶晚侯，或初刑末王。铜岩无以饱生，玉馔终乎饿死。则彼度表扪骨，指色摘理，不可诬也。故列云尔。

【译文】

《左传》上说：周襄王派内史叔服到鲁国去参加葬礼。公孙敖听说他很善于给人看相，于是就把自己的两个儿子谷和难引见给他。叔服看过后说："你的儿子谷可以在你生前供养你，名叫难的这个儿子将来可以安葬你。谷的下颌丰满，他的子孙一定会在鲁国兴旺起来。"

[郑简公在垂陇（今郑州市西北）设宴招待赵孟，有七个人跟随着简公。赵孟说："有七个人跟随着君王，这是对我的宠幸。请让他们诵诗助兴，以示我对大王恩宠的感谢。"子展诵了《草虫》。赵孟说："好啊！这表示可作老百姓的守护者。可是我估计我还不够格啊！"印段朗诵的是《蟋蟀》。赵孟说："好啊！这是能守成的象征。我有希望了。"后来事实证明了赵孟的预测：子展亡在最后，身居高位而心情安宁；印段后来喜好歌舞而不荒废时令。乐舞本是用以安定民众的，不过分侵害百姓，亡在最后，不也是很适宜的吗？]

《汉书》上说："汉高祖封刘濞为吴王之后对他说："看你的相貌，有谋反的迹象。这以后五十年的时间内，东南方向将有大乱，难道将应验在你身上吗？天下都是我们刘姓一家的，你一定注意不要造反。"

[《相经》上说："眉上的两块骨头太高，叫'九反骨'。表示这种人常常包含反心。"又说："上额正中头发边线处的骨头叫天中，如有黄色沿着头发边一直通到两太阳穴，或两块眉骨上发黄色，或黄色从天目穴（这里的骨头叫中正）直通鼻梁，这都是位至三公的贵相。如身为下贱的人有这种骨相，那就是将要弑君杀父的预兆。"

《左传》中记载了这样几件事：楚成王想立商臣为太子，征询令尹子上的意见。子上说："商臣这个人两眼像胡蜂，声音像豺狼，这是生性残忍的面相。这样的人不能立为太子。"楚成王不听他的话，后来商臣果然造反，率领太子东宫的武士包围了楚成王，并逼他自缢而死。

楚国的司马子良生了个儿子越椒。他的兄长令尹子文说："一定要杀掉他。这小子长得像熊又像虎，声音如豺狼，现在不杀，将来肯定会使若敖氏一族灭亡。民谚说：'狼子野心。'这孩子就是狼，怎么能收养他呢？"子良不同意，后来越椒果然造反围攻楚庄王，被楚王率军打败，若敖氏也因此被灭族。

晋国的韩宣子出使到了齐国，齐大夫子雅让他儿子子旗见宣子。宣子看了子旗的面相后说:"他不是能保护你的家族的人。他的相貌很不温顺。"(杜预注释说:这里的意思是韩宣子看出了子旗容颜显得高傲。)十年后子旗果然因犯罪而出逃晋国。

周灵王的弟弟儋季去世,他的儿子儋括要去见灵王的时候连着发出一声声的叹息。单公的儿子公子愆期听到儋括的叹息声,入宫对灵王说:"儋括这人,父亲死了不哭泣。表明他志向不小。看人的时候显得烦躁不安,趾高气扬,证明他心思在别的事情上。不杀他今后肯定要危害国家。"灵王说:"小孩子家知道什么?"后来灵王一死,儋括就想扶立王子佞夫,周朝的大夫一致起来杀了佞夫,儋括逃到了别的国。

公元前548年春,齐国的崔杼率领部队攻打鲁国,鲁襄公很忧虑。孟公绰说:"崔杼有更大的志向,志不在鲁,很快就会班师回国,有什么可担忧的呢?崔杼这次来,既不到百姓那里抢劫,军纪也不严明,与往日大不相同。这说明他的目的不是要攻打鲁国。"果然崔杼空跑一趟,率兵回师。回去后就杀掉了齐庄公。

鲁国与楚国集合各国诸侯结盟。楚公子围使用了国王的服饰和仪仗离开卫国去参加会盟。鲁国大夫叔孙穆子说:"楚公子真威风啊,俨然像个国王!"这一年公子围真的发兵夺权篡位。

卫国的孙文子访问鲁国,鲁襄王上一个台阶,他也上一个台阶。叔孙穆子快步上前对他说:"诸侯会盟的时候,我们大王一向走在你的国君前面,今天你总是走在我们大王前面,不知我们有什么过错。请你慢一点儿。"孙子无言以答,也没有悔改的表示。穆叔说:"孙子肯定要灭亡了。身为大臣却要摆出一副君王的派头,有了过错又不知悔改,这就是导致灭亡的根本原因啊!"十四年后文子继位,被林父驱逐。

郑简公宴请赵孟的时候,七子赋诗,当时伯有也朗诵了《鹑之贲贲》。宴会结束后,赵简子私下对叔向说:"伯有恐怕要被处死了。诗以言志,其志在诬蔑国君,还公开在客人面前表示了他的怨恨,这样做怎么能长久的了?"

魏时管辂给何晏和邓扬相面后认为他俩将会被诛杀。等到何、邓死后,管辂的舅爷问他是怎么看出来的,他说:"邓扬走起路来节奏约束不住骨头,筋脉约束不住肌肉,起立坐卧就像没有手足,这种命相叫作'鬼躁'。何晏看人,魂不守舍,面无血色,神气飘浮,相貌有如枯木,这种命相叫作'鬼幽'。有'鬼躁'相的人,将会被风夺去性命;有'鬼幽'相的人,会被火烧死。这都是自然界物质相生相克的征兆,是遮掩不住的。"

南北朝时宋朝的孔熙光对姚生说:"相面首先要看额头是否饱满,下颌是否丰厚,眼神是否有神,鼻头是否挺直,两眼、人中和嘴要棱角分明,五官要端正圆满。这几样你一样都没有,而且你的眼神流动不止,好象老在观望旁边的什么。走路曲曲折折像羊,说话声音嘶散低哑。你不但没有命中没有福禄,而且要遭殃。"后果然因谋反被杀]

由上述这些历史事例看来,看相论人由来已久。

依《相经》的说法:"看一个人的富贵,主要是看他的骨骼。有喜有愁主要是依据他的容色。"

[不过这里应该先说说观色的依据。根据五行说,世界物质可分五类:木、金、水、火、土,五物又与五种颜色相对应:青、白、黑、赤、黄,反映到人的身心上,又分别与忧愁、哭泣、疾病、惊恐、喜庆相应。五行中的木、火、金、水各主一季,比如春季是草木生长期,所以木气最旺(即王),木所生的火次旺(即相),而金却处在被囚禁的状态,因为次旺的火克制着它。被最旺的木克制的土和因生木而被消耗的水就处在死地上。其他以此类推。五行所对应的颜色和人的身心所处的状态也与此相同:青色(忧愁)王,赤色(惊恐)相,白色(疾病)囚,黄黑两色(喜庆、疾病)死。其他类推。

下面这个例子就是说明如何用观色来预测人凶吉的。三国时的著名相术家管辂有一次去他族兄家,见到两个客人。客人走后,管对其兄说:"这两个人的脑门上和口耳之间都有凶气,预示要发生怪异的事故。且其魂魄游移不定,可能要丧身于水里,但其尸骨会回到家中。"后来这两人果然双双被淹死。]

一个人在关键时刻能不能做出决断,往往表示他是否能成就大事。所谓"当断不断,必受其乱。"以这样的原则再参考以他的相貌,就能做出万无一失的判断。

《相经》上说:"一个人的贵贱决定于骨骼,而寿命的长短则取决于其精神气质的虚实。"

[《相经》上又说:"人活的是一口气。凡呼吸均长缓慢的就寿长,相反则寿短。骨肉坚硬的人寿长但一生欢少状多,骨肉柔软的寿短但一生很快活。"

下面引述的《左传》中的这些故事可以作为以神情举止来预测命运的参考和例证。

鲁国的襄仲出使齐国,回国后说:"我在齐国听说他们准备来盗取我国的小麦。以我看他们做不到。齐王说话支支吾吾、吞吞吐吐。臧文仲说过:'做国王的说话支支含糊,就快死了。'"

郑悼公前往晋国拜谢结盟成功。在举行授受玉璧的礼仪时,两国地位相等本应站在两楹柱之间的正堂,不相等时为客的一方应站在东面楹柱的西边。郑悼公却快步走到东边。晋大夫贞伯见此情形后说:"郑伯恐怕快死了吧? 他是在自己抛弃自己! 他目光流散,脚步匆匆,不安于自己的位置,大概活不久了!"郑悼公真的死在当年六月。

公元前578年春,周简王命令刘康公和成肃公会合晋厉公去攻打秦国。成肃公在社稷神庙中接受祭肉时,态度很不恭敬。刘康公说:"我听说人受天地的中和之气而降生,这就是命。因此产生了行为、礼义和威仪的准则,为的是巩固这命。能遵守这些准则并维护它的人就可以得到福禄,否则就要遭殃。因此有德行的人对待这些准则总是很谨慎,老百姓也是尽力而为。谨慎莫过于恭敬,尽力莫过于老实。恭敬体现在供奉神灵,尽力体现在安守本分。国家的大事,就是祭祀和作战。祭礼时供献熟肉和作战前接受生肉的仪式是人神交接的重要时刻。现在成肃公那么懈怠,这是不要自己的命了。恐怕他再也不能回到本国了吧?"当年五月,成肃就死在瑕这个地方(今湖北随县境内)。

晋平公宠幸程郑,让他担任下军的辅佐。郑国负责外交的官员公孙挥出使晋国,程郑问他:"请问怎样才能降低自己的官位?"公孙挥(字子羽)回答不上来。回国后对然明讲起这件事,然明说:"程郑要死了吧? 不然就要外出逃亡。高贵而知道害怕,害怕而求降职,不会没有办法,位居人下就是了,有什么好问的? 身居高位而求下放的人是有智慧的人,程郑不是那样的人。恐怕是碰上迫不得已要逃跑的情况了吧? 要不然就是有老疑虑别人要迫害他的精神病,担心自己随时会被害死吧?"第二年程郑真的死了。

周景王派单成公到戚邑去会晤韩宣子。单成公目光低垂,言语迟缓。叔向说:"成公快要死了吧? 大臣上朝都有一定的位置,会见诸侯时进退有一定的秩序。上衣的左右襟要在胸前交会,腰带的结要打在前面。会见和上朝时所说的话,一定要让大家都听到,这是为让讲的事明明白白,有条有理。目光不能超出腰带结和衣领之间,这是为了仪表端庄。用语言明确自己要说的事情,再用容貌加强它,丧失了这些准则就会有损形象。现在成公作为周王的特派官员,在朝会中传达周王的命令时,目光高不过腰带的部位,声音传不出一步远,神情萎靡不振,言语含混不清。神情不振就无法让人敬重,言语不清就无法让人遵从。这都表明他已经没有守护身体的生气了。"单公果然就死在当年的冬天。

宋平公(应为元公。译者注)宴请鲁国大夫叔孙昭子,酒喝得很快乐,两人说话中间又哭了起来。当时乐祁陪宴,退下来后对别人说:"国君和叔孙昭子今年恐怕都活不成了吧? 我听说,该悲哀的时候却快乐,或者该快乐的时候却表现出悲哀,都是丧失心志的表现。清爽的心志才有魂魄,现在他们的魂魄都不在了,怎么能长久得了?"就在这一年,叔孙昭子和宋元公真的相继去世。

郕隐公前往鲁国朝见鲁定公,隐公拿着玉圭的手抬得很高,脸向上仰。定公接受玉圭的手放得很低,脸向下俯。如果按照礼仪观察他们,这两位国君皆有死去或逃亡的预兆。脸仰得高,是骄傲的表现;身体俯得低,是衰颓的标志。骄傲近于昏乱,衰颓近于疾病。我们国君是主人,恐怕先死的是他吧?"鲁定公真的死在这一年。

鲁哀公七年(公元前488年),鲁国放回了被俘的郕隐公。卫出公与吴国在鲁国的郧邑(今山东莒县南)会见。吴国人包围了卫出公下榻的地方。子贡向吴太宰嚭求情,才放了卫出公。出公回国后学着说吴语。子之年龄尚小,说:"君王你一定难免于灾祸,恐怕要死在吴国吧?你被人家抓起来关在那里,还要喜欢人家的语言,说明追随别人的志向是很坚定的了!"后来卫出公终于死在他国。

鲁襄公按楚国宫殿的风格建筑宫室。穆叔说:"《尚书·太誓》中说:'人们所欲望的,上天必定会听从。'大王是想到楚国去了吧,所以才修建这楚式宫殿。如果不能再去楚国。也一定会死在这宫殿里。"六月二十八日,襄公真的死在了这座宫殿里。

晋厉公派郤犨送孙林父去卫国和他见面。卫定公宴请苦成叔(即郤犨),苦成叔很傲慢。卫国大夫宁子说:"苦成叔要灭亡了吧?古人设置宴席,是为了观察威仪和思虑祸福。所以《诗经》中有诗说:'牛角杯弯弯,香甜的酒绵软。彼此交往谦恭温和,种种幸福自然光临。'现在他这么傲慢,这是要自取灭亡了!"过了三年,郤氏灭亡。

公元前552年,数国诸侯在商任(今河南安阳境内)相会的时候,齐庄公和卫国国君公孙剽态度都不恭敬。叔向说:"这两个国君必定不免于灾祸了!会见和朝见,是礼仪的经纬。礼仪,是政治的载体。政治,是身体的守卫。怠慢了礼仪,政治上就会有过失;政治上有了过失,就不能安身立命。因此必定要发生祸乱。"四年后,齐国发生了弑君事件,接着卫国的公孙剽也被杀害。]

以上这些发生在春秋时代的真实的历史事例,都说明了人的内心灵气的征兆一定会通过形容相貌、言谈举止表现出来,从而可以作为预测一个人命运的依据。上述事例,大体上可以证明这一道理。

相人先相面。传统的相面术对人的相貌做了这样的划分和界定:五岳四渎、五官六府、九州八极、七门二仪。首先用五岳来分别形容额头、下颏、鼻子和左右颧骨。用长江、黄河、淮河、济水来分别形容耳、目、口、鼻。又规定双眉为保寿官,眼是监察官,鼻是审辨官,口是出纳官,耳是采听官,总称为五官。两辅骨、两颧骨、两颐骨总称六府。双眉后、额角处为阙门,太阳穴下、颧骨后为命门,双耳下为奸门,再加面正中之庭中,共为七门。一头一足即为两仪。这些部位的完美与否,都关系到一个人的富贵与寿命。下面要一一讲到,这里就不细说了。

注:古代官衔实行九品中正制。九品官是最小的官员。这类人主要看颧骨和肤色,其次从走路的姿态也可判断。看肤色无论是白净或紫黑,一定要色正。

注:辅骨是双眉与上发际中间的额骨。八品官主要看鼻端。次看手足、步态和胸背。下面再一一论述。

注:仓、库是指额头宾角处和下颏处。七品官除辅角和仓库外,还可参看脖颈、手臂、说话音调、眼神。上额饱满表明是吃皇粮的人,下颏丰满表示一生有口福。

注:相术家把人面从中线自上到下划为十三个部位,从发际到眉心分为五等分,依次为天中、天庭、司空、中正、印堂。六品官主要看天中和印堂,次看额头其他部位和五音是否完全。

注：伏犀骨由鼻骨直上到天庭，再由天庭直贯到头顶。其状如隐伏的犀角，故称。凡此骨隐线分明，辅角丰满者，可官至五品。次看腹背与步态。

注：官位可至四品的，从额头就能看出来。要点是发际边缘隆起深广，太阳穴处饱满。次看头形与牛、虎、象等哪种兽头相仿，以及步态像虎还是像雁，可以预测其是文官还是武将。

注：龙角骨即辅骨。三品官看伏犀骨、辅骨及司空部位的气色。次看体格。

注：官至二品者，除看龙角和犀骨是否完满标准，额头是否高广有韵外，还要看通过言谈举止、喜怒哀乐表现出来的气质——神。

注：官至一品的相貌特征是：五岳四渎、九洲八极、十三部位、九种骨相都完美无缺，无可挑剔。神情气质就更不用说了。

注：驿马骨是指颧骨稍向上翘，至眉尾。所谓似牛似马等，既要看形似，更要看神似。

从额头发际到眉心的五个部位，上从天中向外横排，依次为天岳、左厢、内府、高广、阳尺、武库、辅角、边地；从天庭向外横排，依次为日角、龙角、天府、房心、父墓、上墓、四杀、战堂、驿马；从司空依次向外横排，为额角、寺篆、少府、心交、墓道、墓交、杀堂、圣贤；从中正往外排，依次为虎眉、牛角、辅骨、玄角、华盖、福堂；从印堂向外，依次为交锁、蚕室、精舍等；内眼角间鼻凹处则为山根。根据这些部位的形状和颜色可以预测一个人富贵穷通以及凶吉寿命。经文讲得较为清楚，故不逐条复述。

人有六种贱相：

一、身体各部分发育不匀称；

二、目无光泽，背胸单薄；

三、一举一动，力不从心，颠倒失常，或者声音、面色、神情都有缺陷；

四、鼻子发育不健全，鼻头低垂；

五、脚长腰短；

六、口形（文策）不好。

以上大体上都是从骨骼来预测一个人的前途命运的。文后所附的几则历史事例，说明了相面术上的一个重要原则，那就是要从身体结构的整体上把握、预测一个人的命运，绝不能只见树木，不见森林。大凡人的姿容，都以"整"为贵。这里所说的"整"，指的并不是整齐划一，而是人体的各个部分都要匀称、均衡，从而构成一个和谐有机的整体。比如就身材而论，个子可以矮一些，但是绝不能矮得像一头猪似的在那里蹲着，也可以高一些，但是绝不能高得像一棵茅草在那里立着；就形体而论，体态可以胖一些，但是绝不能胖得像一头贪吃的熊那样臃肿，也可以瘦一些，但是绝不能瘦得像一只寒鹊那样单薄——这就是所谓的"整"。背部应该浑圆而厚实，腹部应该突出而平坦，手部应该温润而柔软，手掌应该弯曲如弓。足脚应该丰厚而饱满，足心应该虚能藏蛋——这也是所谓的"整"。五短身材者大多地位高贵，两腿过长者往往命运不佳，走起路来如背负重物者必定会做高官，走起路来像老鼠那样步子细碎急促、同时两眼左顾右盼者必定贪财好利。这些都是命相的固定格局，百试百验。其他命相格局，如双手长于上身，上身超过下体，只要再配上一副上佳的骨相，一定会有公侯之封。又如皮肤细嫩柔润，宛如绫罗遍布周身，胸部骨骼隐而不露，文秀有致，只要再配上一副奇妙的神态，日后即使做不了宰相，也一定会在科考中一举夺魁而高中状元。

孔子的两个弟子所说到的郑国东门的那个人，正好从反面说明了这一原则：那人虽然有尧一样的头颅，皋陶一样的颈项，子产一样的肩膀，然而由于腿太短，所以像一条丧家之犬。这就是因为此人的相貌违反了"整"的原则。

我国的哲学思想在以天人合一的大原则下，将四时、五行与人体相对应。在这一点上相学与中医学是一致的，他们都认为，人的五官、五脏与四时、五行以及先天秉性有以下对应关系：

木主春，肝属木，目通肝，主仁，性好施善；

火主夏，心属火，舌通心，主礼，性喜宏广；

金主秋，肺属金，鼻通肺，主义，性好敛聚；

水主冬，肾属水，耳通贤，主智，性喜隐匿；

土主季夏，脾属土，其窍在唇，主信，性情忠厚。

如果人体的各部分相互照应、匹配，彼此对称、协调，就会为人带来福分。相反，如果各部分相互背离，或彼此拥挤，相貌显得散乱不正，其命运就不值得说了。

相术书上把双目称为日月。眼神、眉目在相术中非常重要，其主要原则是：

一、相目法：左眼为日，为父象；右眼为月，为母象。寐则神处于心，寤则神依于眼，所以眼是神魂游息之宫。观眼之善恶，可知其神之清浊。眼长而深，光明滋润者，大贵；黑如点漆者，聪明有文采；含薄不露，灼然有光者，富贵；细长而深者，长寿；突暴流视者，淫盗；浮而露睛者，夭亡；大而凸，圆而怒者，促寿；嘴上答应而心中怒恨者，不正之人；赤缕贯睛者，恶死。视定不怯者，其神壮；狗眼者孤而狠；短小者贱愚；卓起者，性急；眼下卧蚕者，生贵子。妇人眼白分明者，貌重；眼下赤色者，忧产厄；偷视者，淫荡；神定不流者，福全。大抵眼不欲怒，缕不欲赤，势不欲偏，神不欲困，眩不欲反，光不欲流。或圆而小，短而深，不善之相也。两眼之间，名子孙宫，欲丰满不失陷。相眼的秘诀是：目秀而长，必近君王。目似鲫鱼，必定家肥。眼大而光，多进田庄。目头破缺，家财减灭。目露四白，阵亡兵绝。目如凤鸾，必定高官。目三角，其人必恶。目短眉长，益增田粮。目眼如凸，必定夭折。赤目侵瞳，官事重重。目赤睛黄，必主少亡。目光如电，贵不可言。目长一寸，必佐帝君。龙睛凤目，必食重禄。目烈有威，万人皈依。目如卧弓，必是奸雄。目如羊目，相刑骨肉。

二、相眉法：眉者为两目之翠盖，一面之仪表，日月之彩华，主贤愚。故眉欲清而细，平而阔。秀而长者聪明。粗而浓，逆而乱，短而蹙者，性凶顽。眉盖眼者富贵；短不覆眼者乏财；穷逼昂者气刚；卓而坚者性豪；尾垂下者性懦；眉头交者贫薄，妨兄弟；眉逆生者不良，妨妻子；眉骨棱起者，凶恶多滞；眉中黑子者，聪明而贤。眉高居头中者大贵；眉中生白毫者多寿；眉上多直纹者富贵；眉上多横纹者贫苦；眉中有缺者多奸诈；眉薄如无者多狡猾。是以眉高耸秀，威权禄厚；眉毛长垂，高寿无疑;眉毛润泽,求官易得;眉交不分,早岁归坟;眉如角弓,性善不雄;眉如初月,聪明超越;垂垂如丝,贪淫无子;弯弯如蛾,好色唯多;眉长过目,忠直有禄;眉短于目,心性孤独;眉头交错,兄弟各屋;眉毛细起,不贤则贵;眉角入鬓,为人聪俊;眉毛婆娑,男少女多;眉如高直,身当清职。

　　口为语言、饮食之门,又为心之户,赏罚之所出,是非之所会。端厚不妄谓之口得,诽谤多言谓之口贼。方圆有棱主寿贵,形如角弓主官禄,口如四字主富足。尖而偏薄者寒贱,不言口动者贫苦。有黑子者主酒食。口如含丹,不受饥寒。口阔而丰,食禄千钟。为人独语,其贱如鼠。唇如口舌之城廓,舌如卫城之锋刃,舌大口小,贫薄夭折。口色宜红音宜清,口德欲端唇欲厚。口垂两角,衣食萧条。口不见唇,主有兵权。口宽舌薄,性好歌乐。

　　鼻为中岳,其形属土,鼻通肺,故鼻通塞可知肺之虚实。准头圆,鼻孔不露,富贵。鼻主寿之长短。光润丰起者,隆高有梁者寿,若悬胆而直者富贵。准头丰大,与人无害。准头尖小,为人奸诈。生黑子者多坎坷。生横纹者,主车马伤。有理纹者,养他人子。鼻梁圆而贯印堂者,主得美貌之妻。鼻孔仰露,夭折寒索。鼻有三曲,孤独破屋。鼻头三凹,骨肉相抛。准头丰起,富贵无比。准头带红,必走西东。准头垂肉,贪淫不足。准头圆肥,足食丰衣。准头尖薄,孤贫削弱。鼻耸天庭,四海驰名。准头常欲光润,山根不得促折。鼻准拱直,富贵无极。鼻上黑痣,疾在阴里。鼻上横理,忧危不已。鼻柱单薄,多主恶弱。鼻高而昂,仕宦荣昌。鼻上光泽,富贵盈宅。

　　耳通肾,贤气旺则清秀聪明。耳厚而坚,耸而长,皆为寿相。轮廓分明,聪悟。垂珠朝口者,主财寿。耳内生毫者,寿。耳有黑子,主聪明。耳门阔,主智远大。红润者,主官。白,主名望。赤黑,贫贱。耳薄向前,卖尽田园。长而耸者,禄位厚。润而圆者,衣食足。人有贵眼而无贵耳,非贵相。或有贵耳无贵眼,善相。两耳垂肩,贵不可言。耳白于面,名满天下。耳薄如纸,夭死无疑。轮廓桃红,性最玲珑。耳如鼠耳,早贫死。耳有刀环,五品高官。耳门垂珠,富贵长久。

　　相学家认为,身相可分为上中下三分,此即所谓“身相三停”。其中,头为上停,身肩至腰为中停,自腰至足为下停。相术要求上中下三停匀称合度,即大小与长短相互匹配、彼此协调,符合这些要求即为合相,合相者福寿双全,大富大贵。

　　胸为百神之掖庭,万机之枕府,血气之宫室,宫庭平广则神安气和,府库倾陷则智浅量小。因此,胸方正广阔,主智慧荣昌,凹凸狭薄,则主劳碌贫贱。

　　腹部包藏六腑,为身躯的炉冶,故以形圆、皮厚、下垂者为贵,而以扁而短者为贱。皮厚者少疾而富,皮薄者多疾而贫;近上者贱而愚,悬下者富而寿;圆如玉壶者巨富,窄如雀肚者至贫;如抱儿者贵,如蛤蟆者贱;如牛肚者积财,如狗肚者穷寒;如猪肚者贱,如羊肚者贫。

　　腰为腹的依托,以端正、直阔、丰厚为佳,以偏陷、细窄、单薄为次。腰主中年运气,为贵之表征,所以相术中有“无腰不贵”之说。故端而直,阔而厚者,福禄之人也;偏而陷,狭而薄者,卑贱之徒也。是以短薄者多成多败,广大者禄保永终,直而厚者富贵,细而薄者贫贱,凹而陷者穷下,袅而曲者淫劣。就形状论,有晰蜴腰,主性情宽和善良;有黄蜂腰,主性情卑劣邪恶。

背为一身之基址,供负重之用,所以贵厚实丰隆,看上去如龟背。前看如昂,后看如俯,为长寿厚福之相;若偏薄如坑,短狭如驼,成佝偻之状,则为短寿贫贱之相。

"足者,上载一身,下运百体。"足象征地,虽位居最下,而功劳无比。相学家认为,足宜平厚正长,忌侧而薄,横而短;脚底凹入能容鸡卵者大富,脚板厚达四寸者富贵双全。总之,脚小而厚者富贵,大而薄者贫贱。

上述有关方面都是从人的形体来预测一个人的前途命运,以及如何通过容貌、举止推测人之性情的大体方法。

[曾帮助越国雪耻复国的范蠡说:"越王这个人脖颈长,嘴长得像鸟啄。这种人只能与其共患难,不能同安乐。"

与商鞅一同参与秦国变法的尉缭子说:"秦始皇鼻梁高,眼睛长,胸脯像老鹰,声音像豺狼,寡恩薄信,心如虎狼。处境困难的时候甘居人下,一旦得志就会杀人如麻。这种人不能与之长期相处。"

叔鱼出生后,他母亲看了看说:"这孩子眼睛如虎目,心口像猪胸,鹰肩牛腹。山谷可以填满,而他将来却贪得无厌。"

晋国的叔向想娶巫臣家的女儿,他母亲不愿意。她说:"从前有仍民生了个女儿,虽然肤色很黑,但长得很美,光彩照人,取名叫玄。后来嫁给了专管音乐的后夔,生下伯封,胸如猪腹,生性贪婪,取名叫封豕,整个氏族后来被后羿消灭,再没有人祭祀他们的祖先。三代人全部灭亡,都是因为娶了玄。你为什么还要重蹈覆辙呢?上天生下绝世美人,足以改变人一生命运,假如不是有德性的人娶上,则遭祸患。"叔向害怕了,没敢娶巫臣家的这个女儿。

魏安僖王问子从:"马回性格耿直,有大夫的气节,我想提拔他当宰相,可以吗?"子从说:"马回眼睛细长,视人像猪,长相虽然方正,但内心却很狡猾。我用这一经验相人,千万个人没有看错一次。依我看,马回不是长得不魁梧,然而我对他的双眼很怀疑。"

平原君看了白起的面相后对赵王说:"白起头小下巴尖,双目黑白分明,看东西目不转睛。头小下巴尖,说明这人行动果断;两眼黑白分明,说明他见事明白;目不转睛,说明意志坚强。这种人只能与之打持久战,不能与他针锋相对地抗衡。"

王莽长相口大下巴短,眼球突出,晶体血红,声音粗大,身高七尺五寸,挺胸仰视,高高地向下看左右两边。又有人说王莽眼睛像猫头鹰,嘴巴像老虎,声音像豺狼,所以能吃人,将来也会被人杀死。后来篡夺西汉政权,兵败被杀。]

命运和相貌的关系,就好象声音与回响一样。声音从细微之处开始,回音在呼应后消失。这是必然的道理。虽说根据言语和相貌判断一个人就会发生象冤枉孔子的学生宰予和子羽那样的错误,然而《左传》上说:"没有忧虑却心情悲伤,那么忧愁一定很快到来;没有快乐的事却莫名其妙地突然欢喜起来,那么快乐也会马上降临。"这就是说,人们的心理和神志对即将来临的忧与喜有一种超前的感应,心神预感到后,就会首先在面容上反映出来。因此扁鹊见到蔡桓公就知道他不久就要死去,楚国大夫申叔见到巫臣后就知道他会偷偷地娶亡了陈国后又被楚国俘获的夏姬。有的人生来高贵,骑着高头大马,吃着美味佳肴;有的人却像猛禽一样,飞来飞去找肉吃;有的人早年给人当奴隶,晚年却封侯称王;有的人起初对山珍海味不以为然,后来却落得饿死的下场。对于这些情况,相面的人一方面要揣度准他的相貌,另一方面还要摸清他的骨骼,根据他的神情,再按照相术原理进行预测,就能知道一个人的富贵凶吉。所以对于察相一法,是不应该轻易否定的。因此单列这一章,作为知人的参考。

得名士者　天下归之(论士第七)

【原文】

臣闻黄石公曰:"昔太平之时,诸侯二师,方伯三师,天子六师。世乱则叛逆生,王泽竭则盟誓相罚,德同无以相加,乃揽英雄之心。故曰:得人则兴,失士则崩。"何以明之? 昔齐桓公见小臣稷,一日三往而不得见,从者止之。桓公曰:"士之傲爵禄者,固轻其主;其主傲霸王者,亦轻其士。纵夫子傲爵禄,吾庸敢傲霸王乎?"五往而后得见。

《书》曰:"能自得师者王。"何以明之? 齐宣王见颜触曰:"触前。"触亦曰:"王前。"[议曰:夫触前为慕势,王前为趋士;与使触为慕势,不若使王为趋士。]宣王作色曰:"王者贵乎? 士者贵乎?"对曰:"昔秦攻齐,令曰:'有敢去柳下季垄五百步而樵采者罪,死不赦。'令曰:'有能得齐王头者,封万户侯,赐金千镒。由是言之,生王之头,曾不如死士之垄。"宣王竟师之。

[宣王左右曰:"大王据千乘之地,而建千石之钟,东南西北,莫敢不服。今夫士之高者,乃称匹夫,徒步而处于农亩,下则鄙野、监门、闾里。士之贱也,亦甚矣。"触曰:"古大禹之时,诸侯万国。舜起农亩而为天子。及汤之时,诸侯三千。当今之世,南面称寡人者,乃四世。由此观之,非得失之策与? 稍稍诛灭,灭亡无族之时,欲为监门、闾里,安可得哉?《易传》不云乎:'居上位,未得其实。'故无其实而喜其名者削;无其德而望其福者约;无其功而受其禄者辱,祸必掘。故曰:'矜功不立,虚愿不至。'至皆夸其名华而无其实德也。是以尧有九佐,舜有十友,禹有五丞,汤有三辅,自古及今,而能虚成名于天下者,无有。是以君王无羞亟问,不愧下学,而成其道。老子曰:'虽贵,必以贱为本;虽高,必以下为基。'是以侯王称孤、寡、不谷。夫孤寡者,困贱、下位者也,而侯王以是谓,岂非下人而尊贵士与? 夫尧传舜,舜传禹,周成王任周公旦,而世世称名,实以明乎士之贵也。"]

谚曰:"浴不必江海,要之去垢;马不必骐骥,要之善走;士不必贤也,要之知道;女不必贵种,要之贞好。"何以明之? 淳于髡谓齐宣王曰:"古者好马,王亦好马;古者好味,王亦好味;古者好色,王亦好色;古者好士,王独不好。"王曰:"国无士耳。有则寡人亦悦之。"髡曰:"古有骅骝,今之无有,王选于众,王好马矣;古有豹象之胎,今之无有,王选于众,王好味矣;古有毛嫱、西施,今之无有,王选于众,王好色矣;王必待尧舜禹汤之士,而后好之,则尧舜禹汤之士,亦不好王矣。"

鲁仲连谓孟尝君:"君好士未也。"孟尝君曰:"文不得士故也。"对曰:"君之厩马百乘,无不被绣衣而食菽粟,岂皆骐骥、𬴊耳哉? 后宫十妃,皆衣缟绽,食粱肉,岂有毛嫱、西施哉? 色与马取于今之世,士何必待古哉? 故曰:'君好士未也。'"

张敞《与朱邑书》曰:"饥者甘糟糠,饱者饫粱肉。何则? 有无之势异也。昔陈平虽贤,须魏倩而后进;韩信虽奇,赖萧何而后信。故士各达,其及时之宜。若待古之英隽,必若伊尹、吕望而后荐之,则此人不因足下而进矣。"《淮南》曰:"待腰袅、飞兔而后驾,则世莫乘车矣;待西施、洛浦而后妃,则终身不家矣。然不待古之英隽而自足者,因其所有而遂用之也。"《语》云:"琼艘瑶楫,无涉川之用;金弧玉弦,无激矢之能。是以分絜而无政事者,非拨乱之器;儒雅而乏治理者,非翼亮之士。"何以明之? 魏无知见陈平于汉王,汉王用之。绛、灌等谗平曰:"平盗嫂受金。"汉王让魏无知。无知曰:"臣之所言者,能也;陛下所闻者,行也。今有尾生孝已之行,而无益于胜负之数,陛下假用之乎? 今楚汉相距,臣进奇谋之士,顾其计诚足以利国家耳。盗嫂受金,又安足疑哉?"汉王曰:"善。"

黄石公曰:"有清白之士者,不可以爵禄得。守节之士,不可以威胁。致清白之士,修其礼;致守节之士,修其道。"何以明之? 郭隗说燕昭王曰:"帝者与师处,王者与友处,霸者与臣处,亡国与厮役处。诎指而事之,北面受学,则百己者至;先趋而后息,先问而后默,则什己者至;人趋己趋,则若己者至;凭几据杖,眄视指使,则厮役之人至;恣睢奋击,呴藉叱咄,则徒隶之人至矣。"此乃古之服道致士者也。

黄石公曰:"礼者,士之所归;赏者,士之所死。招其所归,示其所死,则所求者至矣。"何以明之? 魏文侯太子击礼田子方,而子方不为礼,太子不悦,谓子方曰:"不识贫贱者骄人乎? 富贵者骄人乎?"子方曰:"贫贱者骄人耳。富贵者安敢骄人? 人主骄人而亡其国,大夫骄人而亡其家。贫贱者若不得意,纳履而去,安往而不得贫贱乎?"

宋燕相齐,见逐罢归,谓诸大夫曰:"有能与我赴诸侯乎?"皆执杖排班,默而不对。燕曰:"悲乎,何士大夫易得而难用也?"陈饶曰:"非士大夫易得而难用,君不能用也。君不能用,则有不平之心,是失之于己而责诸人也。"燕曰:"其说云何?"对曰:"三升之稷,不足于士,而君雁骛有余粟,是君之过一也。果园梨栗,后宫妇女,以相提挃,而士曾不得一尝,是君之过二也。绫纨绮縠,美丽于堂,从风而弊,士曾不得以为缘,是君之过三也。夫财者,君之所轻;死者,士之所重。君不能行君之所轻,而欲使士致其所重,譬犹铅刀畜之,干将用之,不亦难乎?"宋燕曰:"是燕之过也。"

《语》曰:"夫人同明者相见,同听者相闻。德合则未见而相亲,声同则处异而相应。"韩子曰:"趣舍同则相是,趣舍异则相非。"何以明之? 楚襄王问宋玉曰:"先生其有遗行欤? 何士人众庶不誉之甚?"宋玉曰:"夫鸟有凤而鱼有鲸,凤皇上击九万里,翱翔乎窈冥之上,夫蕃篱之鷃,岂能与料天地之高哉? 鲸鱼朝发于昆仑之墟,暮宿于孟津,夫尺泽之鲵,岂能与量江海之大哉?故非独鸟有凤而鱼有鲸,士亦有之。夫圣人瑰琦意行,超然独处。夫世俗之民,又安知臣之所为哉?"

[议曰:世之善恶,难得而知,苟非其人,莫见其际,何者?夫文章为武人所嗤,未必鄙也;为扬、马所嗤,此真鄙矣。夫人臣为桀、纣所毁,未必为愚也;必若尧舜所毁,此真愚矣。世之毁誉不足信也。故曰:不夜出,安知有夜行人?太公曰:"智与众同,非人之师也;伎与众同,非国工。"老子曰:"下士闻道,大笑之,不笑不足以为道。"故曰:凡人所贱,圣人所贵。信矣哉!]

《语》曰:"知人未易,人未易知。"何以明之?汗明说春申君,春申君悦之。汗明欲谈,春申君曰:"仆已知先生意矣。"汗明曰:"未审君之圣孰与尧?"春申君曰:"臣何足以当尧?"汗明曰:"然则君料臣孰与舜?"春申君曰:"先生即舜也。"汗明曰:"不然,臣请为君审言之。君之贤不如尧,臣之能不及舜。夫以贤舜事圣尧,三年而后乃相知矣。今君一时而知臣,是君圣于尧而臣贤于舜也。"

《记》曰:"夫骥唯伯乐独知之,若时无伯乐之知,即不容其为良马也。士亦然矣。"何以明之?孔子厄于陈、蔡,颜回曰:"夫子之德至大,天下莫能容。然夫子推而行之,世不我用,有国者之丑也。夫子何病焉?"[故曰:文王明夷则主可知,仲尼旅人则国可知。]《谷梁传》曰:"子既生,不免乎水火,母之罪也;羁贯成童,不就师傅,父之罪也[羁贯谓交午剪发;成童谓八岁以上];就师学问无方,心志不通,身之罪也;心志既通,而名誉不闻,友之罪也;名誉既闻,有司不举,有司之罪也;有司举之,王者不用,王者之过也。"[孔子曰:"内行不修,己之罪也;行修而名不彰,友之罪也。"]

《论》曰:"行远道者,假于车马;济江海者,因于舟楫。故贤士之立功成名,因于资而假物者。"何以明之?公输子能因人主之材木以构宫室台榭,而不能自为专屋狭庐,材不足也。欧冶能因国君之铜铁以为金炉大钟,而不能自为壶鼎盘盂,无其用也。君子能因人主之政朝以和百姓、润众庶,而不能自饶其家,势不便也。故舜耕于历山,恩不及州里;太公屠牛于朝歌,利不及于妻子。及其用也,恩流八荒,德溢四海。故舜假之尧,太公因之周文,君子能修身以假道,不能枉道而假财。

慎子曰:"腾蛇游雾,飞龙乘云,云罢雾霁,与蚯蚓同,则失其所乘矣。"韩子曰:"千钧得船则浮,锱铢失船则沉,非千钧轻而锱铢重,有势之与无势耳。故势有不可得,事有不可成,乌获轻千钧而重其身,非其身轻而重于千钧也,势不便也。离娄易于百步而难于眉睫,非百步近而眉睫远,道不可也。"

《语》曰:"夫有国之主,不可谓举国无深谋之臣,合朝无智策之士,在听察所考精与不精,审与不审耳。"何以明之?在昔汉祖,听聪之主也,纳陈恢之谋,则下南阳。不用娄敬之计,则困平城。广武君者,策谋之士也。韩信纳其计,则燕、齐举。陈余不用其谋,则泜水败。由此观之,不可谓事济者有计策之士,覆败者无深谋之臣。虞公不用宫之奇之谋,灭于晋;仇由不听赤章之言,亡于智氏;蹇叔之哭,不能济崤渑之覆;赵括之母,不能救长平之败。此皆人主之听,不精不审耳。天下之国,莫不皆有忠臣谋士也。

[议曰:天下无灾害,虽有贤德,无所施材。老子曰:"大道废,有仁义;国家昏乱,有忠臣。"《淮南子》曰:"未有其功而先知其贤者,唯尧之知舜也;功成事立而知其贤者,市人之知舜也。"陆机云:"飞辔西顿,则离朱与矇瞍收察;悬景东秀,则夜光与碔砆匿曜。是以才换世则俱因,功偶时而并劭。"以此推之,向使殷无鸣条之事,则伊尹有莘之媵臣;周无牧野之师,则太公渭滨之渔者耳。岂能勒石帝籍,策勋天府乎?故曰:"贤、不肖者,才也;遇与不遇者,时也。"诚哉,是言也。]

黄石公曰:"罗其英雄,则敌国穷。夫英雄者,国家之干;士民者,国家之半。得其干,收其半,则政行而无怨。知人则哲,唯帝难之。"慎哉!

【译文】

我听黄石公说:昔日太平的时候,诸侯有两支军队,方伯有三军,天子有六军。世道混乱就会发生叛变,王恩枯竭就结盟、立誓相互征伐。当政治力量势均力敌,无法一决高下的时候,争霸的双方才会招揽天下的英杰。所以说,得到人才国家才会兴盛,失去人才国家就会败亡。怎么知道是这样呢?从前齐桓公去见一个叫稷的小吏,一天去了三次也没有见到,侍从阻止他,桓公说:"有才能的人轻视俸禄、爵位,当然也要轻视他们的君王;君王如果轻视霸主,自然也会轻视有才能的人。即使稷敢轻视爵位和俸禄,我难道敢轻视霸主吗?"就这样,齐桓公去了多次才见到稷。

《尚书》说:"能得到贤人并拜他为师的可以霸天下。"为什么这样说呢?齐宣王召见颜触时说:"颜触你到前面来。"颜触也说:"大王你到前面来。"[颜触到前面去表明他是为权势,齐宣王到前面去说明他礼贤下士。]宣王一听就变了脸色,说:"是君王尊贵呢,还是士人尊贵?"颜触说:"昔日秦国攻打齐国的时候,曾经下过一道命令:有谁敢去柳下季的坟墓五十步之内采摘、打柴的,一律处死,不予赦免。还下过一道命令:有能得到齐王人头的,封他为万户侯,赏赐黄金二万两。由此看来,活着的大王的人头,还不如一个死士的坟墓。"于是被说服宣王,拜颜触为师父。

[当时宣王身边的人说:"我们大王拥有千乘之地,千斤之钟,四面八方,没有敢不服从的。现在名声高的士人也只是普通百姓,每天步行到地里去干活;等而下之的则住在边远偏僻的地方,做闾里、巷口的看门人。士人的低贱,真是到了极点啦!你还有什么傲慢?"颜触说:"在从前禹的时候,有诸侯万国。舜是从一个农民发展起来,成为天子的。到了汤的时候,诸侯才有三千。而到现在,南面称王的传不到四代。这难道不是由于不重视士人造成的吗?诸侯渐渐地被消灭、杀戮,等到国破家亡之时,就是想做闾里、巷口的看门人,恐不可能了。《易经》上不是说过'身居高位而不具有相应的德才吗?'所以不做踏踏实实的工作而喜欢弄虚作假、标榜虚名的,国家会日益衰弱;没有德操却祈望享福的,必然会遭到穷困窘迫的下场;没有功劳却享受俸禄的人必然要受到侮辱、遭灾殃。所以说,好大喜功,必不能建功立业;夸夸其谈而无实际行动的人,毕竟不能实现其想法。这都是爱好虚名、好浮夸,而无治国爱民实效者的必然结果。所以尧有九个帮手,舜有七个诤友,禹有五个丞相,汤有三个辅佐。自古到现在,如果得不到贤德之士的辅佐而能建功立业的从未有过。因此君王不应以经常向人求教为耻辱,不应以向别人学习为耻辱,这样才可以实现他的理想。老子说:'纵然尊贵,必须以卑贱为根本;纵然高峻,必须以低下为基础。'所以君王、诸侯自称'孤'、'寡'、'不谷'。所谓孤、寡,就是卑贱的意思,而君王们用以称自己,难道不是表示谦居人下而尊重士人吗?尧传位给舜,舜传位给禹,周成王任用周公旦,世世代代都称他们为圣明,就是因为他们懂得贤士的可贵啊!"]

俗语说:"洗澡不一定要去江海中,只要能去脏污就行;马不一定非要骐骥,只是它能跑就行;用人无须他多么贤德,只要他懂得道就行;娶妻不必出身高贵,只要她守贞节就行。"为什么这么说呢?淳于髡对齐宣王说:"从前的人喜欢马,大王也喜欢马;从前的人喜欢美味,大王也喜欢美味;从前的人喜欢美女,大王也喜欢美女;从前的人喜欢士人,然而大王却偏不喜欢。"齐宣王说:"国家没有士人啊,如果有，我就会喜欢他们的。"淳于髡说："从前有骐骥、骅骝，现在没有，大王从很多的马中挑选好马，这说明大王是喜欢好马的；从前的人好吃豹子、大象的胎儿，现在大王没有，大王从众多美味中挑选佳肴，这说明大王是喜欢美味的；从前有毛嫱、西施，现在没有，大王就从众多美女中挑选美人，这说明大王是喜欢美女的。大王一定要等尧舜禹汤时的贤士出现，才去爱惜，那么尧舜禹汤的贤士，恐怕就不会喜欢大王了。"

鲁仲连对孟尝君说："你说你很重视人才，其实不是。"孟尝君说："那是因为我没有得到真正人才的缘故。"鲁仲连说："你马厩中有成百上千匹好马，没有一匹不是不身披绸衣、吃精料的，难道都是千里驹？后宫中的十个妃子，没有不身穿绫罗绸缎，吃美味佳肴的，难道其中有毛嫱、西施？美女、骏马要用现在的，但人才为什么一定要用古代的呢？因此，你说你重视人才，其实不是。"

张敞《与朱邑书》说："饿了的人糟糠都是美味，饱人美味都厌食，什么原因呢？主因在于有还是没有。从前陈平虽然很贤德，有才能，但必须通过魏无知才能进入朝廷；韩信虽然有杰出的才干，但必须依靠萧何而后才被信任。所以每个有才能的人之发达都有个时机问题。如等有象伊尹、吕望一样的人才推荐他，那么这些人就无须通过你晋身了。"

《淮南子》说："等有腰袅、飞兔这样的骏马才去驾车，那世上就没什么车可乘；等有西施、洛神这样的美女才娶妻，那终身别想成家。只有不等古时的英才出现而能获取的人，才会凭借现有的人才去使用他们。"俗语说："用美玉做的船和桨，没有渡江的功能；金玉成的弓弦，没有发射箭矢的功能。因此一味清高而不干事的人，不是拨乱及时的人才。温文尔雅而无治理国家才能的人，不是诚信、聪慧的辅佐。"何以见得？魏无知把陈平推荐给汉王，汉王任用了他。周勃和灌婴说："陈平和他嫂子私通，还接受过贿赂。"汉王责备魏无知，魏无知却说："我所说的是才能而陛下你所说的是品行。现在即便有尾生一样坚守信约的贤人，却对胜负的命运一无所知，陛下能靠这样的人打江山吗？现在楚汉相争，你让我举荐人，只考虑到他的计谋是否确实对国家有利而已。陈平与嫂子私通，接受贿赂，又何必因此而怀疑他的才能呢？"汉王说："说得好。"

黄石公说："品行好的人，不能用爵位、俸禄打动他；坚守节操的人，不能用刑罚逼迫他。招引品行高洁的人，你要以礼相待；招引坚守节操的人，要能有助于实现他的理想。"为什么这么说呢？郭隗劝燕昭王纳贤的例子就是好的例子。郭隗说："帝王者与老师相处，君主者与朋友相处，称霸者与臣子相共处，亡国者与仆役相处。委曲求全，虚心求教，百倍于自己的人才都会前来；求贤无耐心，求教没恒心，就会得到十倍于自己的人才；人家主动前来，自己才去迎接，那只能得到才能与自己相仿的人。颐指气使，只能得到奴仆，放纵暴戾，怒吼喝叫，那就只能得到奴才的命运了。"

黄石公说："士人所依附的是礼仪，为之而死的是厚赏。把礼义和赏赐摆在那里，你所需要的人才就会来。"为什么这样说呢？魏文侯的太子向田子方行礼，田子方却不还礼，太子很不高兴，对田子方说："不知道应是贫贱的人傲慢呢，还应是高贵的人傲慢？"田子方说："当然是贫贱的人才傲慢啦！高贵的人怎敢傲慢？在高位者傲慢就会失去高位,大夫傲慢就会葬送封邑,贫贱的人却没什么可丢失的。不高兴了穿上鞋就走,没什么可留恋的,到哪儿还不是一样的贫贱?”

宋燕曾做齐国的相国,被罢免后,对手下的官员们说:“有谁愿意跟我去投奔其他国家?”大家都整齐地站在那里,谁也不回答。宋燕说:“可悲! 为什么士大夫易得而难依赖呢?”陈饶答道:“并不是士大夫易得难用,是你做人主的不用啊! 人主不用,士大夫就会怨愤。你不会任用人才,反而要责怪他们,这就是你的不对了。”宋燕说:“你这是什么意思?”陈饶回答说:“士人连三升粮食都领不到,而国王的仓库却满满的,这是你的第一个过错,你园子里的果子很多,以至于后宫的妇女们用果子互相投掷来嬉闹,而士人却连一个都吃不到,这是国君的第二个错误;后宫里漂亮的绸缎堆得都快腐烂了,士人却无法得到一件,这是国君的第三个过错。国君是轻视财物,而对于怎样死,为谁死,士却是很看重的。国君不能赏给他们自己轻视的东西,却想他们为自己卖命,这就好比把这些士人像铅做的刀子一样放在那儿着,却想有朝一日有一个干将那样会使剑的人出来,让他们发挥利剑的作用,这不是太难了吗?”宋燕说:“是我不对!”

《论语》中说:“只有眼力一样的人才能看见相同的东西,听力一样的人才能听见相同的声音。同心同德的人才会相共患难。声音的频率相同,即使在不同的地方也会互相呼应。”韩非子说:“志趣相同才会彼此吸引,志趣不同就会互相排斥。”怎么才能证明这一点呢? 楚襄王问宋玉说:“先生你莫非哪些地方做得不对吗? 为什么大家都不佩服你呢?”宋玉回答说:“鸟中有凤,鱼中有鲸。凤凰一飞,冲上九万云霄,翱翔于太空之中。那笼中的鹌鹑怎能知道天有多高? 鲸鱼早从昆仑出发,晚到孟津,水沟里的小鱼,不能知道海有多大? 所以不单是鸟中有凤,鱼中有鲸,知识分子中也有与凤和鲸一样的人啊! 圣人心志雄伟,超然独处。世俗之人,又怎会了解我的所作所为呢?”

[我们可以这样来看这一问题:世间的好坏,是很难了解的。如果不是聪明的人,是分辨不出好与坏的界限的。为什么呢? 文章被武夫嗤笑,不一定就不好;被扬雄、司马迁所嗤笑,那才是真的不好啊! 大臣被桀、纣贬斥,不一定真的愚蠢,必须被尧、舜否定,才是真的不行。世俗的毁谤与赞誉不值得相信。人常说:夜里不出门,怎知有人夜行? 姜太公说:“智慧与大众相同的人,不能做别人的老师;技艺与众人相同的人,永不能做一流的匠人。”老子说:“凡夫俗子听到‘大道’时,就会哈哈大笑,如果他不大笑,就不是‘道’了。”所以说,常人所嘲笑的,正是圣人所重视的。确确实实是这样啊!]

孔子说:“不易知人,人不易知。”为什么这么说? 汗明游劝说春申君,说得春申君十分高兴。汗明想谈谈自己的观点,春申君说:“我已经明白先生的意思了。”汗明说:“不知道你和尧相比,那一个圣明?”春申君说:“我怎么与尧比?”汗明说:“那么你看我和舜相比怎么样呢?”春申君说:“先生你就是舜。”汗明说:“不是如此。请让我为你细说。你的贤明不如尧,我的才能比不上舜。象舜这样贤能的人服侍圣明的尧,三年以后才能了解舜。现在你片刻之间就了解了我,这就等于你比尧圣明,而我比舜好。这可能吗?”

《礼记》说:“好马只有伯乐认识它,如果当时没有伯乐的看马能力,它就不会被世人当做好马。认识一个有才能的人也一样。”怎么见得呢? 孔子在陈、蔡受困,颜回说："先生的德行太好了,不容于天下。但是先生推广之,实践之,却不被世人采纳,这是国君的耻辱。先生有什么过错呢?"[从文王在羑里韬光养晦,以避纣王的迫害,就可以明白他的君主的荒唐;从孔子的流离在外,就可以知道他的国家的腐败。《谷梁传》说:"孩子出世后,不能避免水火之害,是母亲过错;到了八岁还不拜师学习,是父亲过错[古代习俗,六岁叫"羁贯","成童"指到了八岁];拜师学习,求教不得方法,心志不通,不长知识,却是自己的过错;有了志向和学识,名声还不大,是朋友的过错;名声大了,上司不举荐,是上司的过错;上司向君王举荐了,君王却不任用,才是君王的过错。"孔子说:"内在的品行不好,是自己的过;品行好而无名声,是别人的过。"

　　孔夫子说:"远涉,要借助于车马;渡江海的人,要凭借船帆。贤能的士人要成名立功,就需有人力、物力的援助。"何以见得?古代最好的木匠鲁班能用国王的木材建成宫室、台榭,却不能为自己建一间小屋,这是因为没有木料;善铸剑的欧冶子能用国王的铜铁铸成金炉与大钟,却不能给自己做一些日常用具,这是因为没有材料的缘故。君子能够通过君主的朝政,使百姓安定,对百姓施恩,却不能使自己的家庭富足,是情况不允许的缘故。所以舜在历山耕种,却不能给州里的人带来任何好处;姜太公在商朝的国都朝歌宰牛,却不能使自己的妻子儿女得到什么好处。等到他们有了权力后,他们造福于民众的恩泽遍布天下。所以舜只有通过尧,太公通过文王,才能恩流天下,德遍四海,造福于民。有道德的人只应借助大道来完成自己,而不应当打着行道的旗号来为自己谋取利益。

　　[战国时的法家慎子说:"腾蛇驾雾,飞龙乘云,等到云开雾散时,它们就和蚯蚓一样了,为什么会如此呢?因为失去了它们所凭借的东西。"韩非子说:"几千斤的重量有船的支撑就不会沉下去,细小的东西没有船的运辅也浮不起来。这不是因为千钧轻而锱铢重,是有依托和无依托而造成的。所以失去了依靠,事情就不能成功。秦国的力士乌获能举起千斤重物,使自己的身体也显得很沉重,然而却不能使自己的身体变轻而使千钧变重,因为他不能形成那样的基础。离娄如走一百步轻轻松松,却无法于眼睫毛上行走,不是百步的距离近而睫毛的距离远,是因为从道理上就不行。"

　　《论语》中说:"掌管国家的君王,不能说全国没有有深谋远虑的臣子,整个国家没有计策高明的臣子,而完全在于君王能不能精明、小心地发现人才。"为什么这样说呢?从前的汉高祖是圣明的君主,他采纳陈恢的建议,就攻下了南阳;不采用娄敬的计策,就被困于平城。广武君,是有计谋的人,韩信采纳他的计策,就把燕、齐攻下了;陈余不用他的建议,泜水之战就失败了。由此看来,不能说事情成功的有出谋划策之士,失败的就是因缺少深谋远虑之臣。虞公不采用宫之奇的计谋,被晋所灭;仇由不听赤章的话,被智氏所灭。秦国老臣蹇叔的哭泣,却不能挽救崤、函之战秦国的失败;赵括的母亲,也不能挽救赵国长平之战的失败。这都是由于国君听取意见时不小心造成的。因此说,只要在高位者善听善察,天下的忠臣谋士遍地皆是。

　　从另一方面来看,如果天下没有灾难发生,有能力的人也无处施展才能。老子说:"大道败坏,然后才有仁义产生;国家败坏,然后才有忠臣出现。"《淮南子》说:"一个人在没有建功立业的时候就想了解他的能力,只有尧对舜才能如此;功业建立之后才了解他的才能,这是平民了解舜的途径。"由此可以推断,如果殷朝没有鸣条打败夏桀一事,伊尹就只能是陪嫁到有莘国的陪臣;假如周朝没有牧野之战的成功,太公就只能是渭水河畔钓鱼的平民百姓,他们怎么能在碑刻和史籍中留下名字,将其功勋记载在国家青史中呢?所以说,贤能与不贤能,是人的才能;能不能得到君主的赏识,是机会。这话说得对啊!]

黄石公说:"搜罗英雄豪杰,敌国就会精疲力尽。英雄豪杰是国家的栋梁;有教养的国民是国家的基础。只有得到栋梁之材和民众的拥戴,国家的政策才会得以贯彻执行,天下人也不会有怨言。"由此可知,知人然后才会圣明。对于帝王来说,这是最困难的事情。千万小心啊!

政体适合　国泰民安(政体第八)

【原文】

[议曰:夫政理,得人则兴,失人则毁。故首简才,次论政体也。]古之立帝王者,非以奉养其欲也。为天下之人,强掩弱,诈欺愚,故立天子以齐一之。谓一人之明,不能遍照海内,故立三公九卿以辅翼之。为绝国殊俗,不得被泽,故立诸侯以教诲之。夫教诲之政,有自来矣。何以言之?管子曰:"措国于不倾之地,有德也。"

[周武王问於粥子曰:"寡人愿守而必存,攻而必得,为此奈何?"对曰:"攻守同道而和与严,其备也。故曰:和可以守而严不可以守,严不若和之固也;严可以攻而和不可以攻,和不若严之得也。故诸侯发政施令,政平於人者,谓之文政矣;接士而使吏,礼恭侯於人者,谓之文礼也;听狱断刑,治仁於人者,谓之文诛矣。故三文立於政,行於理,守而不存,攻而不得者,自古至今未之尝闻。"

尸子曰:"德者,天地万物之得也;义者,天地万物之宜也;礼者,天地万物之体也。使天地万物皆得其宜,当其体,谓之大仁。"文子曰:"夫人无廉耻,不可以治也;不知礼义,不可以行法也。法能杀人,不能使人孝悌;能刑盗者,不能使人有廉耻。故圣王在上,明好恶以示之,经非誉以导之,亲贤而进,贼不肖而退之,刑诸不用,礼义修而任贤得也。"又曰:"夫义者,非能尽利天下者也,利一人而天下从;暴者,非能尽害海内者也,害一人而天下叛。故举措废置,不可不审也。"]

积於不涸之仓,务五谷也。

[晁错说汉文帝曰:"今土地人民不减乎古,无尧、汤之水旱,而蓄积不及古者,何也?地有遗利,人有余力,生谷之土未尽垦辟,山泽之利未尽出,游食之人未尽归农也。当今之务,在於贵粟。贵粟之道,在於使人以粟为赏罚。今募天下之人入粟塞下,得以拜爵,得以除罪。如此,则富人有爵,农人有钱,粟有所余,而国用饶足。不过三岁,塞下之粟必多矣。"

汉景帝诏曰:"雕文刻镂,伤农事者也;锦乡纂组,害女红者也。农事伤则饥之本也,女红害则寒之原也。夫饥寒并至而能毋为非者,寡矣。朕亲耕,后亲桑,以奉宗朝,为天下先,欲天下务农。蚕素有蓄积,以备灾害。"

《盐铁论》曰:"国有沃野之饶而人不足于食者,工商盛而本业荒也。有山海之货而人不足於财者,不务人用而淫巧众也。"]

藏於不竭之府,养桑麻,育六畜也。

[汉景帝诏曰:"农,天下之本也。黄金珠玉,饥不可食,寒不可衣。其令郡国劝农桑,益种树,可克衣食物。吏发人取庸,采黄金珠玉者,坐赃;为盗二千石,听者与罪同。

《申鉴》论曰:"人不畏死,不可慑之以罪;人乐生,不可劝之以善。故在上者先丰人财以定其志也。"]

下令於流水之原,以顺人心也。

[尉缭子曰："令，所以一众心也。不审所出，则数变，数变则令虽出，众不信也。出令之法虽有小过，无更，则众不二听，即令行矣。"

《尹文子》曰："父之於子也，令有必行，有不必行者。'去贵妻，卖爱妾'，此令必行者也。因曰：'汝无敢恨，汝无敢思。'此令不行者也。故为人上者，必慎所出令焉。"

文子曰："治国有常而利人为本，政教有道而令行为右也。"]

使士於不诤之官，使人各为其所长也。

[孙卿曰："相高下，序五谷，君子不如农人；通财货，辩贵贱，君子不如贾人；设规矩，便备用，君子不如工人。若夫论德而定次，量能而授官，言必当理，事必当务，然后君子之所长。"

文子曰："力胜其任即举之，不重；能务其事则为之，不难也。"]

明必死之路，严刑罚也。

[议曰：孔子曰："上失其道而杀其下，非礼也。"故三军大败，不斩；狱犴不治，不可刑。何也？上教之不行，罪不在人故也。夫慢令致诛，贼也；征敛无时，暴也；不诫责成，虐也。政无此三者，然后刑，即可也。陈道德以先服之，犹不可，则尚贤以劝之，又不可，则废。不能以惮之，而犹有邪人不从化者，然后待之以刑矣。"

袁子曰："夫仁义礼智者，法之本也；法令刑罚者，治之末也。无本者不立，无末者不成。何则？夫礼教之法，先之以仁义，示之以礼让，使之迁善，日用而不知。儒者见其如此，因曰：治国不须刑法。不知刑法承於下而后仁义兴於上也。法令者，赏善禁淫，居理之要。而商、韩见其如此，因曰：治国不待仁义为体，故法令行于下也。故有刑法而无仁义则人怨，怨则怒也；有仁义而无刑法则人慢，慢则奸起也。本之以仁，成之以法，使道而无偏重，则治之至也。"故仲长子曰："昔秦用商君之法，张弥天之网。然陈涉大呼于沛泽之中，天下响应。人不为用者，怨毒结于天下也。"桓范曰："桀、纣之用刑也，或脯醢人肌肉，或刳割人心腹，至乃叛逆众多，卒用倾危者，此不用仁义为本者也。"故曰：仁者，法之恕；义者，法之断。是知仁义者乃刑之本。故孙子曰："令之以文，齐之以武，是谓必取。"此之谓矣。]

开必得之门，信庆赏也。

[《吕氏春秋》曰："夫信立则立，可以赏矣，六合之内皆可以为府矣。人主知此论者，其王久矣；人臣知此论者，可以为王者佐矣。"

徐干《中论》曰："天生蒸民，其情一也。刻肌亏体，所同恶也。被立垂藻，所同好也。此二者常在而人或不理其身，有由然也。当赏者不赏而当罚者不罚，则为善者失其本，望而疑其所行；则为恶者轻於国法而恬其所守。苟如是，虽日用斧钺於市，而人不去恶矣；日赏赐爵禄朝而人不兴善矣。"

蜀张裔谓诸葛亮曰："公赏不遗远，罚不阿近，爵不以无功取，刑不可以势贵免。此贤愚之所以皆忘其身也。"]

不为不可成，量人力也。

[文子曰："夫债少易偿也，职寡易守也，任轻易劝也。上操约少之分，下效易为之功，是以君为臣久而不相厌也。末世之法，高为量而罪不及，重为任而罚不胜，危为难而诛不敢。人困於三责，即饰智以待上，虽峻法严刑，不能禁其奸也。"

《新语》曰："秦始皇设刑法，为车裂之诛，筑城域以备吴越，事愈烦，下愈乱，法愈众，奸愈纵。秦非不欲治也，然失之者，举措太众、刑罚太极故也。"]

不求不可得，不强人以其所恶也。

[故其称曰："政"者，政之所行，在顺人心，政之所废，在逆人心。夫人恶忧劳，我逸乐之；人恶贫贱，我富贵之；人恶危坠，我存安之；人恶绝灭，我生育之。能逸乐之，则人为之忧劳；能富贵之，则人为之贫贱；能存安之，则人为之危坠；能生育之，则人为之绝灭。故从其四欲，则远者自

亲,行其四恶,则近者亦叛。

晏子曰:"谋度於义者必得,事因於仁者必成。反义而行,背仁而动,未闻能成也。"

《吕氏春秋》曰:"树木茂则禽兽归之,水源深则鱼鳖归之,人主贤则豪杰归之。"故圣王不务归之者,而务其所归。故曰:强令之笑不乐,强令之哭不悲。强之为道,可以成小而不可以成大也。]

不处不可久,不偷取一世宜也。

[董仲舒曰:"安边之策欲令汉与匈奴和亲,又取匈奴爱子为质。班固以匈奴桀骜,每有人降汉,辄亦拘留汉使以相报复,安肯以爱子为质?孝文时,妻以汉女,而匈奴屡背约束,昧利不顾,安在其不弃质而失重利也?夫规事建议,不图万事之固,而娱恃一时之事者,未可以经远。"

晁错说汉文帝令人入粟塞下,得以拜爵,得以赎罪,上从之。

荀悦曰:"圣人之政,务其纲纪,明其道义而已。若夫一切之计必推其公议,度其时宜,不得已而用之,非有大故,弗由之也。"]

知时者,可立以为长。

[范蠡曰:"时不至不可强生,事不容不可强成。"管子曰:"圣人能辅时,不能违时。"《语》曰:"圣人修备以待时也。"]

审于时,察于用,而能备官者,可奉以为君。

[议曰:孙卿曰:"盗王者之法,与王者之人为之,则亦王矣;盗霸者之法,与霸者之人为之,则亦霸矣;盗亡国之法,与亡国之人为之,则亦亡矣。夫与积礼义之君子为之,则王矣;与端诚信令之士为之,则霸矣;与权谋倾覆之人为之,则亡矣。三者,明主之所谨择,此能察于用也。"

管仲曰:"大位不仁,不可授以国柄;见贤不让,不可与尊位;罚避亲戚,不可使主兵;不好本事,不可与都邑。"又曰:"使贤者食于能,则上尊崇;斗士食于功,则卒轻死。使二者设于国,则天下理。"

傅子曰:"凡都县之考课有六:一曰以教课治,则官慎德;二曰以清课本,则官慎行;三曰以才课任,则官慎举;四曰以役课平,则官慎事;五曰以农课等,则官慎务;六曰以狱课讼,则官慎理。此能备官也。"]

故曰:明版籍、审什伍、限夫田、定刑名、立君长、急农桑、去末作、敦学校才艺、简精悍、修武备、严禁令、信赏罚、纠游戏、察苛克,此十五者,虽圣人复起,必此言也。

夫欲论长短之变,故立政道以为经焉。

【译文】

[任何政治制度,都是得到贤才就兴盛,否则就失败。所以首先要选拔好人才,其次才谈论政体了。]

古代设立帝王的原因,不是要满足他们的贪欲,而是因为天下的人总是以强凌弱,以诈斯愚,因此才设立天子来管理他们,好让天下公平合理,人心一致。然而由于天子一人无论多么英明,也不能管到天下所有的地方,所以才设立三公九卿和各级官吏来辅佐他。又因为偏远之地风俗不同,无法承受天子的恩泽,所以在各地设立诸侯来教诲他们。所以这种用教化来统治的方法是由来已久的。为什么这样说呢?管仲说:"使国家处于不被倾覆的稳固状态,是因为有了道德。"

[周武王问鬻子:"我希望守住基业就永存,想获得就一定成功。怎样才能做到这一点呢?"鬻子回答说:"攻与守的道理相同,只不过所用手段不同,一个是严厉的,一个是和睦的。所以

说，和睦可以守业而严厉不能守业，因为严厉不如和睦那样稳固；严厉可以进取而和睦不能进取，因为和睦不如严厉那样容易进取。诸侯发布政令，能对人民公正，是文政；对待士人，使用官史都能做到恭敬有礼，是文礼；断案用刑，以仁义待人，就是文诛。以这三种政策作为国策，作为道理来施行它们，守业不存，进取不得，这样的情况从古至今还未曾听说过。"

战国时的法家尸佼在其所著的《尸子》一书中说："德，是天下万物所需要的；义是天下万物所适宜的；礼，是天下万物最根本的。使天地万物各得其所，使形式和本质相统一，就是最大的仁。"

文子说："人无廉耻就无法管理，不懂礼义就不能实行法治。法律能杀人，但不能使人孝顺父母，和睦兄弟；可以惩罚盗贼，但不能使人知晓廉耻。所以坚明的君主，将是非善恶明白地告诉人们，通过褒贬来引导人们，亲近贤人并提拔他们，蔑视小人并罢退他们，这样就会不用刑法，修明礼义并能适当地任用人人。"又说："仁义并不能使普天下的人都得到好处，但只要使某一个人得到好处，天下的人就会去追随跟从；残暴也不可能危害所有的人，可是只要危害到某一个人，天下的人就会有反心。所以任何政策法令的实施或者放弃，不能不反复考虑，慎之又慎。"]

要想使粮仓内的粮食积蓄取之不尽，就必须重视发展农业生产。

[晁错劝汉文帝说："现在土地和人民不比古代少，也没有尧、汤时的水旱灾害，可是粮食的积蓄却不如过去多，是什么原因呢？因为土地还有潜在的肥力，民众也有多余的劳力，能生长庄稼的土地没有完全得到开垦，山林湖海的资源也没有全部利用，流民没有全部回乡务农。当务之急，在于重视粮食生产，其方法就是按照生产粮食的多少作为赏罚的标准。应当招募百姓到边疆去从事农业生产。以此，使百姓获取官位，使有罪的人免除罪罚。这样，富人有了爵位，农民有了钱，粮食有了富余，国家的财源就会富足。不过三年，边疆的粮食一定会多起来。"

汉景帝下诏说："制作只供玩赏、装饰一类的东西，将损害农业生产；华丽的刺绣只能消耗丝线，将影响成衣制作。农业受到损害将导致饥荒，缝纫受到损害就要挨冻。饥寒交迫而不为非作歹，这样的情况很少。我要亲自耕作，皇后要亲自采桑养蚕，以供奉宗庙，来带动天下民众，希望天下百姓都重视农业生产，使丝绸和粮食都有积蓄，防备灾荒之年。"

晁错写的《盐铁论》说："国家有肥沃、富饶的田野而人民却食物不足，是因为工商业兴盛，而农业有所荒废。有丰富的山林江海物产而人民却资财不足，是因为不致力于满足人们日常所用的需要，而只是满足人们赏玩的需要。"]

要想使府库有不尽的财富，就必须大力种植桑麻，饲养六畜。

[汉景帝下诏说："农业是天下的根本。黄金珠玉在人们饥饿时不能当饭吃，在人们寒冷时，也不能当衣穿。要命令各郡县和诸侯各国奖励农业生产，种桑养蚕，多植树造林，这样就可以保证人民大众的衣食日用。官吏有征发、雇佣人开采黄金珠玉的，要受处罚；对盗窃二千石以上的粮食而知情不报的要以与盗窃同罪论处。"

荀悦所写的《申鉴》中说："不怕死的人不能拿治罪来威慑他；不热爱生命的人，不能来做好事来劝他上进。所以君主应当先使人民富足，才能使他们的心志得以安定。"]

制定法令，要像平原的流水一样，顺应民心。

[曾与商鞅一同参与秦国变法的尉缭子说："颁布法令是为了使人心一致。不仔细地考虑，就定下法令，颁布之后又反复更改，这样即使有法令，也不能使百姓信服。已经颁布的法令，即使有小的错误，也不要更改，这样百姓就不会无所适从，法令也就畅通了。"

战国时的尹文在其所著的《尹文子》一书中说："父亲给儿子下的命令，有的能照办，有的却不能。比方说命令他：'赶走尊贵的妻子，卖掉喜爱的小妾。'儿子肯定会照办，因为他想再娶新欢；如果说：'你不要怨恨。你不要思想。'他肯定不听。由此可知，作为最高决策者，对待法令的颁布一定要慎之又慎。"

文子说:"治理国家有其最基本的原则,而以有利于人为根本出发点。政治与教化有其最基本的规律,而以法令畅行为最高准则。"]

任用官吏,要选择那些不争权夺势的人,同时要使百姓发挥各自所长,为国家服务。

[荀子说:"察看地势高低,安排播种五谷,读书人不如农民;流通货源,掌握行情,读书人不如商人;搞技术设计,熟悉器材,读书人不如工匠。至于品价德行安排尊次,衡量才能授予官职,说话合情合理,做事尽心尽力,这是读书人所擅长的。"

文子说:"能够担当重任就推举他,因为这对他而言不是一种负担;能够从事某种工作就让他去做,因为这对他来说不是一件难事。"]

明确告诉百姓什么样的事情该杀头,这样才能树立刑罚的威严。

[孔子说:"君主丧失道义却杀死臣子,这不符合礼义。"所以三军大败,不斩将领;牢狱得不到治理,也不随便用刑。为什么呢? 因为当权者对人民没有进行教育,责任不在民众。蔑视法律而导致被杀的是盗贼;横征暴敛的是暴君;不教诫百姓却百般苛求他们,这是暴虐的行为。政治制度没有这三种弊端,然后才能实行法治。宣扬道德来使人民心悦诚服,这样做行不通,那就树立有德行的人作为榜样来勉励人民;如果这样还达不到目的,就停止这样做。既然这样不能使百姓畏惧,而那些奸邪的人也不遵从教化,那么这时就应用刑罚来治理了。

东汉袁安说:"仁、义、礼、智,是法律的根本,法、令、刑、罚,是政治的延伸。没有基础,法治就无从建立,没有派生的东西,政治制度就无法完成。为什么这样说呢? 实施礼教,要先用仁义礼待人们,然后用谦让来给他们示范,使他们惩恶扬善,使行善成为自觉的行为。儒家看到这种情况,于是说:治理国家不需要刑法。他们不明白对下面实施法治,仁义礼让才会在上面形成。实施法治,是为了扬善抑恶,提倡文明,禁止荒淫。这是治国原理的关键。法家如商鞅和韩非子等人看到这种情况,于是说:治理国家无须以仁义为本,只需推行法治即可。结果因只有刑法而没有仁义,人民产生怨恨,有怨恨就要愤怒。有仁义而无刑法,人民就会轻慢,邪恶就会随之产生。以仁义为根本,以法令来施行,二者没有偏重,那么国家就得到治理了。"所以东汉末哲学家仲长统说:"从前秦国实行商鞅的变法,严厉推行法治。然而陈胜在大泽乡振臂一呼,天下云从响应。举国上下都不愿为朝廷效力,这都是因为百姓极度的怨恨郁结于心的缘故。"

南北朝史学家桓范说:"夏桀、商纣使用刑罚,不是把人做成肉酱,就是剖人心腹,以至反叛的人越来越多,终于因此灭亡。这正是因为他们没把仁义作为治国的根本。"所以说,法律是以仁的宽恕作为本体,以义作为断案依据。所以说,仁义是刑罚的根本。由此可以明白,孙子所说的"令之以文,齐之以武,是谓必得",就是这个道理。]

要想向人民敞开有功必赏的大门,就必须赏罚有信。

[《吕氏春秋》说:"建立了信用,就可以赏罚分明,国家也就得到治理了。懂得这个道理的国王,他的统治就能长久;懂得这个道理的臣子,就可以作帝王的辅佐。"

东汉哲学家、建安七子之一徐干在《中论》里说:"上天孕育众生,其情感是彼此相同的。身体受到伤害,是大家共同厌恶的;生前显赫,死后留名,是大家共同喜欢的。可是有人受害,有人发达,这样的事每天都在发生,然而人们依然不认真修养自身,这是什么原因呢? 就因为该赏的不赏,该罚的不罚,结果使想行善的人也失去了根本,不但怨恨暗生,而且对自己以前的善行产生了怀疑;而作恶之人则不但蔑视国法,而且对其恶行恬不知耻。倘若如此,即使每天在大街上砍头示众,恶行还是很多;每天都封官加禄,大家还是不做好事。"

蜀国的张裔对诸葛亮说:"先生赏赐不漏掉同自己关系疏远的人,惩罚不偏袒自己亲近的人。不让无功之人得到官位,不让有势之人免去惩罚。这就是无论贤愚都能舍生忘死的原因。"]

不做不能成功的事,因为凡事都要量力而行。

[文子说:"债少容易偿还,职位低容易安守,任务不重容易上进。君主把握简要的原则,臣子从事容易完成的事情,这样君臣之间就不会相互讨厌。社会到了末世,其法律的特点是繁杂而苛刻,然而真正犯罪的人却捉不住,可是动不动还要严惩重罚,于是罚不胜罚,严重危害社会的却不敢杀。人民大众为这三种重负所困扰,就变着法子来欺骗上级,即使采用严酷的刑法,也不能禁止奸诈与邪恶。"

《新语》说:"秦始皇设立刑法,用车裂杀人,修筑城墙以防备江南吴楚一带少数民族的入侵,举措越多,国家越乱,法令越多,恶人越放纵。秦始皇不是不想治理好国家,然而他的一系列举措恰恰失掉了天下,这是因为法令太多、刑罚太严的缘故。"]

不追求得不到的东西,不勉强人做他们所厌恶的事。

[所谓"政治",是指政策能够执行,在于他能顺应民心;政策之所以被废止,在于它违反民心。人民厌恶愁苦、劳累,就设法使他们安逸、快乐;人民厌恶困苦、贫贱,就设法使他们富裕、尊贵;人民厌恶危难、动荡,就设法使他们安全、稳定;人民害怕绝后、死亡,就设法使他们生育、长寿。能让人民安乐的人,人民也会为他分忧,为他受苦;能让人民富贵的人,人民也会为他甘守贫贱;能让人民安定的人,人民也会为他承受危难;能让人民休养生息的人,人民也会为他不惜生命。只要满足了人民的这四种欲望。远方的人自然会来亲近;相反,亲近的人也会背叛。

晏子说:"依照正义来谋划,定有所得;根据仁爱去做事,定能成功。违背正义和仁爱去行动,没听说过有能成功的。"

《吕氏春秋》说:"树木茂盛,禽兽才会来栖息;水流深沉,鱼鳖才会来归依;帝王贤明,豪杰才会追随。"所以,圣明的国君不刻意要求归依他的人,而是注重做好能使人才前来归依的那些事情。强迫让人笑,笑了也不快乐;强迫让人哭,哭了也不悲哀。强硬地推行某种政策,只能成就小事不能成就大事。]

不待在不长久的地方,不随便获取一时的欢乐。

[董仲舒说:"只用汉朝与匈奴和亲的策略来使边境安定,又以匈奴单于的爱子作为人质,这是达不到目的的。班固曾经认为,匈奴人凶暴、倔强,每当有人投降汉朝,他们便扣留汉朝使者来报复,怎么能指望他们拿爱子作人质呢?孝文帝时,匈奴单于娶了汉家女子为妻,可是屡次违背和约。他们如此利令智昏,怎么能希望他们不为重利而宁肯牺牲人质呢?谋略大事,议制国策,不求长治久安,只图一时的稳定。这样的人不可以策划长久大计。"

晁错劝汉文帝发展农业生产,使之得以做官或赎罪,文帝听从了他的意见。

荀悦说:"圣人的政治,在于致力制定政策,阐明道义。如果一切政策法规都要大家去评议,考虑它是否合乎当时情况,迫不得已才采用它,这样做,除非是在有重大变故时,否则不能这样。若非有重大变故,不应当这样做。"]

懂得把握时机的人,可以任命他为行政长官。

［范蠡说：“节令未到，不可以勉强植物生长；形势不允许，不应当勉强追求成功。”管仲说：“圣人能顺应时机，不能违背时机。”《论语》说：“圣人修行完成以后，就静静地等待时机到来。”］

能审时度势，对人才、资源的使用了然于胸，并能恰当地选用官吏的人，就可以推拥他为君王。

［荀子说：“盗窃了帝王的治国方法，同能做帝王的人去实行它，那就可以称王了；盗窃了称霸者的治国方法，同称霸的人去实行它，那就可以称霸了；盗窃亡国之法，与亡国的人去实行它，自然会一同灭亡。与修积礼义的君子共事，可以称王；与正直诚信的人共事，可以称霸；与妄图颠覆国家的人共事，只能自取灭亡。这三种情况国君应当谨慎对待，因为这对选用人才有帮助。”

管仲说：“执政者不讲仁义，不能把国家权力交给他；不给贤能的人让位，这样的人不能给他尊位；刑罚避开自己的亲属，这样的人不能让他掌管兵权；不喜欢从事农业生产，不能任命他做地方长官。”又说：“让有才的人靠自己的本事吃饭，那他就会尊重崇尚君主；让士兵能够以立功来进取，那他就会轻视生死。让这二种人帮助治理国家，国家就太平了。”

西晋哲学家傅玄说：“都市与郡县考察官吏的有效途径共有六种：第一，以教化来考察他的治理业绩，官吏就会重视自己品德修养；第二，以清明来考察他的本职工作，官吏就会重视自己的品行；第三，以才能来考察他的用人情况，官吏就会重视人才的推举；第四，以服役情况来考察他是否公平，官吏就会谨慎地处事；第五，以农业状况来考察他的等级，官吏就会重视农务；第六，以执法情况来考察他的断案水平，官吏就会谨慎判理案件。这样才能运用好的官吏。”］

综上所述，户籍管理清楚，村社组织健全，限定每人占有的田亩，惩罚与罪行相符，设立行政长官，加紧农桑的种植，抑制工商业，注重教育事业，考核士人的才艺，精简政府机构，充实武器装备，严明法制，赏罚分明，禁止无益的游戏，检举苛刻的官吏，这十五条，即使是圣人再世，也一定要这么说。

要想探讨一个国家的统治时间为什么有长有短，就应当把以上所阐述的为政之道作为基本的总则。

第二卷　以德治国　化流四海(德行)

历代帝王　德行评价(君德第九)

【原文】

夫三皇无言,化流四海,故天下无所归功。[伏羲、女娲、神农,称三皇也。]帝者体天则地,有言有令,而天下太平。君臣让功,四海化行,百姓不知其所以然。故使臣不用礼赏功,美而无害。

[黄帝者,顺天地之纪,时播百谷,勤心力耳目,节用水火时物,有土德之瑞,故号黄帝;颛顼者,养材以任地,载时以象天,依鬼神以制义,治气以教化,洁诚以祭祀,动静之物,大小之神,日月所照,莫不砥砺;高辛者,取地之财而节用之,抚教万人而利诲之,历日月而迎送之,明鬼神而敬事之,其色郁郁,其德嶷嶷;帝尧者,其仁如天,其智如神,就之如日,望之如云,富而不骄,贵而不舒;虞舜者,善无微而不著,恶无隐而不彰,任自然以诛赏,委群心而就制。

故能造御乎无为,运道于至和,百姓日用而不知,合德而若自有者,此五帝之德也。]

王者制人以道,降心服志。

[议曰:韩信云:"项王所过无不残灭,百姓不亲特劫于威,强服耳。名虽为霸,实失天下心。故曰其强易弱。"诸葛亮曰:"荆州之民附操者,逼兵势耳,非心服。今将军诚令猛将与豫州协规同力,破操军必矣。"由此言之,人心不服,其势易破。故王者之道,降心服志也。]

设矩备衰,有察察之政,兵甲之备,而无争战血刃之用,天下太平,君无疑于臣,臣无疑于主,国定主安,臣以义退,亦能美而无害。

[昔三代明王,启建洪业,文质殊制,而令名一致。故曰,夏人尚忠,忠之弊也朴,救朴莫若敬,殷人革而修焉。敬之弊也鬼,救鬼莫若文,周人矫而变焉。文之弊也薄,则又反之于忠。三代相循,如水济火。所谓随时之宜,救弊之术,此三王之德也。]

霸主制士以权,结士以信,使士以赏。信衰士疏,赏毁士不为用。

[《左传》曰:"楚围宋,宋如晋告急。先轸曰:'报施救患,取威定伯,于是乎在矣。'狐偃曰:'楚始得曹而新婚于卫,若伐曹、卫,楚必救之,则齐、宋免矣。'于是乎蒐于被庐,作三军,谋元帅,使郤縠将中军。晋侯始入而教其民。二年,欲用之,子犯曰:'民未知义,未安其居。'于是乎出定襄王,入务利民,民怀生矣。将用之,子犯曰:'人未知信,未宣其用。'于是乎伐原以示之信。民易资者,不求丰焉,明徵其辞。公曰:'可矣乎?'子犯曰:'民未知礼,未生其恭。'于是乎大蒐以示之礼,作执秩以正其官,人听不惑而后用之。出谷戍,释宋围,一战而霸,文之教也。"此五霸德也。]

故曰:理国之本,刑与德也。二者相须而行,相待而成也。天以阴阳成岁,人以刑德成治，故虽圣人为政，不能偏用也。故任德多，用刑少者，五帝也；刑德相半者，三王也；仗刑多，任德少者，五霸也；纯用刑，强而亡者，秦也。

[议曰：古之理者，其政有三：王者之政化之，霸者之政威之，强国之政胁之。故化之不变而后威之，威之不变而后胁之，胁之不变而后刑之。故至于刑，则非王者之所贵矣。故虞南云："彼秦皇者，弃仁义而用威力，此可以吞并，而不可以守成。此任刑之弊也。"]

或曰："王霸之道，既闻命矣。敢问高、光二帝，皆拔起坑亩，芟夷祸难，遂开王业。高祖豁达以大度，光武谨细于条目，各擅其美，龙飞凤翔，故能拨乱庇人，拯斯涂炭。然比大德，方天威，孰为优劣乎？"

曹植曰："昔汉之初兴，高祖因暴秦而起，遂诛强楚，光有天下，功齐汤武，业流后嗣，帝王之元勋，人君之盛事也。然而名不纯德，行不纯道，身没之后，崩亡之际，果令凶妇肆酷虐之心，嬖妾被人彘之刑。赵王幽囚，祸殃骨肉，诸吕专权，社稷几移，凡此诸事，岂非高祖寡计浅虑以致斯哉？然其枭将画臣，皆古今之所鲜，有历代之希靓，彼能任其才而用之，听其言而察之，故兼天下而有帝位也。世祖体乾灵之休德，禀贞和之纯精，蹈黄中之妙理，韬亚圣之懿才，其为德也，聪达而多识，仁智而明恕，重慎而周密，乐施而爱人。值阳九无妄之世，遭炎精厄会之运，殷尔雷发，赫然神举，奋武略以攘暴，兴义兵以扫残，军未出于南京，莽已毙于西都。尔乃庙胜而后动众，计定而后行师，故攻无不陷之垒，战无奔北之卒。宣仁以和众，迈德以来远，故窦融闻声而影附，马援一见而叹息。敦睦九族，有唐虞之称；高尚纯朴，有羲皇之素；谦虚纳下，有吐握之劳；留心庶事，有日昃之勤。是以计功则业殊，比隆则事异，旌德则靡僭，言行则无秽，量事则势微，论辅则臣弱，卒能握乾图之休征，立不刊之遐迹，金石铭其休烈，诗书载其懿勋。"故曰：光武其优也。

[荀悦曰："高祖起于布衣之中，奋剑而取天下，不由唐虞之禅，不阶汤武之士，龙兴虎变，率从风云，征乱伐暴，廓清帝宇，八载之间，海内克定，遂荷天衢，登建皇极，上古以来，书籍所载，未尝有也。非雄俊之才，宽明之略，历数所授，神祇所相，安能致功如此？焚鱼断蛇，异物同符，岂非精灵之感哉？"

《书》曰："天工人其代之。"《易》曰："汤武革命，顺乎天而应乎人。"斯之谓矣。

夏尚忠，忠之弊野朴，故殷承之以敬。敬之弊鬼，故周承之以文。文之弊薄，救薄莫若忠。三王之道周而复始。周秦之间，可谓文弊，秦不改，反酷刑。汉承其弊，得天统矣。

孔融曰："周武从后稷以来至其身，相承积十五世，但有鱼鸟之瑞。至如高祖，一身修德，瑞有四五，白蛇分，神母哭，西入关，五星聚。又武王伐纣，斩而枭之。高祖入秦，赦子婴而遣之。是其宽裕又不如高祖。"

虞南曰："帝者与师处，王者与友处，霸者与臣处。汉高之臣，三杰是也。光武之佐，二十八将是也。岂得以邓禹、吴汉匹于张良、韩信者乎？然汉高功臣皆强盛诛灭，光武佐命悉用。优秩安全，君臣之际，良可称也。绝长补短，抑其次焉。

由此言之，夫汉高克平秦、项，开创汉业，衣冠礼乐，垂之后代，虽未阶王道，霸德之盛也。]

或曰："班固称周云成康，汉言文景，斯言当乎？"

虞南曰："成康承文武遗迹，以周、召为相，化笃厚之氓，因积仁之德，疾风偃草，未足为喻。至如汉祖开基，日不暇给，亡赢之弊，犹有存者。太宗体兹仁恕，式遵玄默，涤秦、项之酷烈，反轩、昊之淳风，几致刑厝。斯为难矣！若使不溺新垣之说，无取邓通之梦，懔懔乎庶几近于王道。景帝之拟周康，则尚有惭德。"

［《汉文赞》曰："文帝即位二十三年，宫室园囿，车骑服御，无所增益。有不便，辄施以利人。南越尉佗，自立为帝，召贵佗兄弟，以德怀之，佗遂称臣。与匈奴结亲而背约入盗，令边备守，不发兵深入，恶烦百姓。吴王诈病不朝，赐以几杖，群臣谏说虽切，常假借纳用焉。张武等受赂金钱，觉加赏赐，以愧其心。专务以德化人，是以海内殷富，兴与礼义，断狱数百，几致刑措。呜呼仁哉！"

或问傅子曰："汉太宗除肉刑，可谓仁乎？"对曰："匹夫之仁也。夫王天下者，大有济者也，非小不忍之谓。由此言之，班固以太宗为仁，不在除肉刑矣。《景帝赞》曰：'孔子称："斯人也，三代之所以直道而行。"信哉！周秦之弊，纲密文峻而奸宄不胜。汉兴，扫除苛烦，与人休息。至于孝文，加之以恭俭。孝景遵业，五六十载之间，至于移风易俗，黎人醇厚。周云成康，汉言文景，美矣哉！'此王道也。"］

或曰："汉武帝雄才大略，可方前代何主？"

虞南曰："汉武承六世之业，海内殷富。又有高人之资，故能总揽英雄，驾驭豪杰，内兴礼乐，外开边境，制度宪章，焕然可述。方于始皇，则为优矣。至于骄奢暴虐，可以相亚，并功有余而德不足。"

［《武帝赞》曰："汉承百王之弊，高祖拨乱反正，文景务在养人，至于稽古礼文之事，犹多阙焉。孝武初立，卓然罢黜百家，表章六经，遂畴咨海内，举其俊茂，与之立功。兴太学，修郊祀，改正朔，定历法，协音律，作诗乐，建封禅，礼百神，绍周后。号令文章，焕焉可述。后嗣得遵洪业，而有三代之风。如武帝之雄才大略，不改文景之恭俭，以齐斯人，虽《诗》《书》所称，何有加焉？"

推此而言之，彼汉武秦皇，皆立功之君，非守成之主也。］

昔周成以孺子继统，而有管、蔡四国之变；汉昭幼年即位，亦有燕、盖、上官逆乱之谋。成王不疑周公，汉昭委任霍光，二主孰为先后？

魏文帝曰："周成王体圣考之休气，禀贤姒之胎诲，周召为保傅，吕望为太师。口能言则行人称辞，足能履则相者导仪。目厌威容之美，耳饱德义之声，所谓沈渍玄流而沐浴清风矣。犹有咎悔，聆二叔之谤，使周公东迁，皇天赫怒，显明厥咎，然后乃寤。不亮周公之圣德，而信金縢之教言，岂不暗哉？夫汉昭父非武王，母非邑姜，养惟盖主，相则桀、光。保无仁孝之质，佐无隆平之治，所谓生于深宫之中，长于妇人之手。然而德与性成，行与礼并，在年二七，早知凤达，发燕书之诈，亮霍光之诚。岂将启金縢，信国史，而后乃寤哉？使成、昭钧年而立，易世而化，贸臣而治，换乐而歌，则汉不独少，周不独多也。"

［大将军霍光及上官桀秉政，桀害光宠，欲诛之，乃诈为帝兄燕旦上书，称光行上林称跸等事。帝不信。］

或曰："汉宣帝政事明察，其光武之俦欤？"

虞南曰："汉宣帝起自闾阎，知人疾苦，是以留心听政，擢用贤良，原其循名责实，峻法严令，盖流出于申、韩也。古语云：图王不成，弊犹足霸；图霸不成，弊将如何？光武仁义，图王之君也。宣帝刑名，图霸之主也。今以相辈，恐非其俦。"

［议曰：元帝之为太子，尝谏宣帝，以为持法太严。帝作色曰："我汉家以霸王之道杂之，奈何纯任德化，用害政乎？"虽以此言之，知其度量不远，然宽猛之制有自来矣。昔高祖入秦，约法三章，秦人大悦。此言缓刑之美也。郭嘉说曹公云："汉末政失于宽。绍以宽济，故不摄。公纠之以猛而上下知制。"此言严刑之当也。故《传》曰："政宽则民慢，慢则纠之以猛。猛则人残，残则施之以宽。宽以济猛，猛以济宽，政是以和。"《书》曰："刑罚世轻世重。"《周礼》曰："刑新国用轻

典,刑乱国用重典,刑平国用中典。"

由此观之,但问时代何时耳。严刑恶足小哉。]

或曰:"汉元帝才艺温雅,其守文之良主乎?"

虞南曰:"夫人君之才,在乎文德武功而已。文则经天纬地,词令典策;武则禁暴戢兵,安人和众,此南面之宏图也。至于鼓瑟吹箫,和声度曲,斯乃伶官之职,岂天子之所务乎?"

[议曰:元帝多才多艺,善鼓琴瑟,虽如此,非善之善也。何则?徐干《中论》曰:"夫详小事而略大道,察近物而暗远数,自古及今,未有如此而不乱也,未有如此而不亡也。所谓'详小事、察近物'者,谓耳聪于丝竹歌谣之和,目明于雕琢彩色之章,口给于辩惠切对之词,心通于短言小说之文,手习于射御书数之巧也。所谓'远数、大道'者,谓仁足以覆焘群生,惠足以抚养百姓,明足以照见四方,智足以统理万物,权足以应变无端,义足以阜生财用,威足以禁遏奸非,武足以平定祸乱,详于听受而审于官人,达于废兴之原,通于安危之分。如此,则君道毕矣。"

昔鲁庄多伎艺,诗人刺之。鲁昭美容仪,有出奔之祸。由是言之,使人主视如离娄,听如师旷,射如夷羿,书如史籀,可谓善于有司之职,何益于理乎!

匡衡《谏元帝改政书》曰:"受命之王,务在创业垂统,传之无穷。继体之君,必存于承宣先王之德而褒大其功。今陛下圣德天覆,子爱海内,然阴阳未和,奸邪未禁者,殆议论者未丕扬先帝之盛功,争言制度不可用。臣窃恨国家释乐成之业,而虚为此纷纷也。愿陛下详览统业之事,此守文也。"]

或曰:"观伪新王莽,谦恭礼让,岂非一代之名士乎?至作相居尊,骄淫暴虐,何先后相背甚乎?"

虞南曰:"王莽天姿惨酷,诈伪人也。未达之前,徇名求誉;得志之后,矜能傲物。饰情既尽,而本质存焉。愎谏自高,卒不改寤,海内冤酷,为光武之驱除焉。"

[班固曰:"王莽始起外戚,折节力行,以要名誉。哀成之际,勤劳国家,直道而行,动见称述,岂所谓'在国必闻,在家必闻,色取仁而行违之'者也?莽既非仁而有邪佞之材,又承四父世业之权,遭汉中微,国统三绝而太后寿考,为之宗主,故得肆其奸慝,以成篡夺之祸。推此言之,亦有天时,非人力所致。及其篡位,南面处非所据,颠覆之势,险于桀、纣,而莽晏然,自谓黄、虞后出也。乃矜其威诈,滔天虐人,是以海内嚣然,丧其乐生之心,内外怨恨,远近俱发,城池不守,支体分裂,遂令天下城邑为墟,自《书》《传》所载,乱臣贼子,无道之人,未有如莽之甚者也。紫色蛙声,余分润位,为圣王之驱除云。"

吴王孙权论吕蒙曰:"子明少时孤谓不辞剧易,果敢有胆而已。长大学问开益,筹略奇至可以次于公瑾,图取关羽胜于子敬。子敬答孤书云:'帝王之起,皆在有扫除。羽不足忌。'此子敬内不能办而外为大言耳。孤亦恕之,不苟责也。"

此驱除之意也。]

夏少康、汉光武皆中兴之君,孰者为最?

虞南曰:"此二帝皆兴复先绪,光启王业,其名则同,其实则异。何者?光武之世,藉思乱之民,诛残贼之莽,取乱侮亡,为功差易。至如少康,则夏氏之灭已二代矣[羿及寒浞]。巍然遗体,身在胎孕,母氏逃亡,生于他国。不及过庭之训,曾无强近之亲,遭离乱之难,庇身非所,而能崎岖于丧乱之间,遂成配天之业,中兴之君,斯为称首。"

[魏高贵乡公问荀觊觊曰:"有夏既衰,后相殄灭,少康收辑夏众,复禹之绩。高祖拔起垄亩,艾夷秦、项。考其功德,谁为先后?"

故对曰:"造之与因,难易不同。少康功德虽美,犹为中兴,汉世祖同流可也。至如高祖,臣等以为优。"上曰:"少康先于灭亡之后,降为诸侯之隶,能布其德而兆有其谋,卒灭过、戈,复禹之绩,祀夏配天,不失旧物,非至德弘仁,岂能济斯勋乎?汉祖因土崩之势,收一时之权,为人子则数危其亲,为人君则因贤相,为人父则不能卫其子,身没之后,社稷几倾。若与少康易时而处,或未能复大禹之绩也。"推此言之,宜高夏康而下汉祖矣]

后汉衰乱,由于桓、灵二主,凶德谁则为甚?

虞南曰:"桓帝赫然奋怒,诛灭梁冀,有刚断之节焉,然阉人擅命,党锢事起,非乎乱阶始于桓帝?古语曰:'天下嗷嗷,新主之资也。'灵帝承疲民之后,易为善政,黎庶倾耳,咸冀中兴。而帝袭彼覆车,毒逾前辈,倾覆宗社。职帝之由,天年厌世,为幸多矣。"

[议曰:桓帝问侍中爰延曰:"朕何如主也?"对曰:"汉中主。""何者?""尚书令陈蕃任事则理,中常侍黄门豫政则乱。是以知陛下可与为善,可与为非。此中主之谓也。"

虞南曰:"夫泯江初发,其源可以滥觞。及其远也,方舟而后能济。元帝之时而任弘恭、石显,暨于桓、灵,加以单超、张让,既致彝伦,遂倾宗国。其所由来者渐矣。故曰:'荧荧不灭,炎炎奈何。'言慎其始也。呜呼,百代之后,其鉴之哉。"

古语曰:"寒者易为衣,饥者易为食。"晁错曰:"夫国富强而邻国乱者,帝王之资。"

由此言之,是知昏乱之君,将以开圣德矣]

自炎精不竞,宇县分崩,曹孟德挟天子而令诸侯,刘玄德凭蜀汉之阻,孙仲谋负江淮之固,三分天下,鼎足而立,皆肇开王业,光启霸图。三方之君,敦有优劣?

虞南曰:"曹公兵机智算,殆难与敌,故能肇迹开基,居中作相,实有英雄之才矣!然谲诡不常,雄猜多忌,至于杀伏后,鸩荀彧,诛孔融,戮崔琰,娄生毙于一言,桓劭劳于下拜。弃德任刑,其虐已甚,坐论西伯,实非其人。许邵所谓'治世之能臣,乱世之奸雄',斯言为当。

"刘公待刘璋以宾礼,委诸葛而不疑,人君之德,于斯为美。彼孔明者,命世之奇才,伊、吕之俦匹。臣主同心,鱼水为譬,但以国小兵弱,斗绝一隅,支对二方,抗衡上国。若使与曹公易地而处,骋其长算,肆关、张之武,尽诸葛之文,则霸王之业成矣。

"孙主因厥兄之资,用前朝之佐,介以天险,仅得自存,比于二人,理弗能逮。"

[陈寿云:"刘备机权干略,不逮魏武,所以基宇亦狭。"张辅曰:"何为其然?夫拨乱之主,当先以收相获将为本,一身善战不足恃也。诸葛孔明达礼知变,殆王佐之才。玄德无强盛之势而令委质,关侯、张飞皆人杰也,服而使之。夫明暗不相为用,能否不相为使。武帝虽以安强,不为之用也,况在危急之间乎?若令玄德据有中州,将与周室比隆,岂徒二杰而已。"

魏帝问吴使赵咨曰:"吴王何等主也?"咨曰:"聪、明、仁、知、雄、略之主也。"帝问其状,咨对曰:"纳鲁肃于凡品,是其聪也;拔吕蒙于行阵,是其明也;获于禁而不害,是其仁也;取荆州兵不血刃,是其智也;据三州虎视天下,是其雄也;屈身于陛下,是其略也。"

孙策疮甚,呼弟权曰:"举江东之众,决机于两阵之间,与天下争衡,卿不如我;举贤任能,各尽其才,以保江东,我不如卿。"陈寿云:"孙权屈身忍辱,任才尚计,有勾践之奇。人之杰也。故能自擅江表成鼎峙之业也。"]

晋宣帝雄谋妙算,诸葛亮冠世奇才,谁为优劣?

虞南曰:"宣帝起自书生,参佐帝业,济世危难,克清王道,文武之略,实有可称,而多仗阴谋，弗由仁义，猜忍诡伏，盈诸襟抱。至如示谬言于李胜，委鞫狱于何晏，愧心负理，君子不为。以此伪情，行之万物，若使力均势敌，俱会中原，以仲达之奸谋，当孔明之节制，恐非俦也。"

[吴张俨《默记》论诸葛亮、司马宣王二相优劣曰："汉朝倾覆，天下分崩，二公并遭值际会，托身明主。孔明起蜀汉之地，蹈一州之土，方之大国，盖有九分之一也。提步卒数万，长驱祁山，慨然有饮马河洛之志；仲达据天下十倍之地，仗兼并之众，据牢城，拥精锐，无擒敌之意，务自保而已。使彼孔明若此而不亡，则凉、雍不解甲，中国不释鞍，胜负之势亦已决矣。方之司马，不亦优乎？"]

或曰："晋景、文兄弟敦贤？"[魏明帝崩，立养子齐王芳，遗诏使曹爽与司马宣王辅政。宣王诛爽自专政。宣王薨，子景王名师字子元代立辅政，废齐王芳，立高贵乡公。景王薨，弟文王名昭字子上又代立辅政，杀高贵乡公，立陈留王。后陈留王以魏禅，晋武帝名炎字安世即位，平吴，天下一统。及子惠帝立，天下大乱，五胡入中原矣。]

虞南曰："何晏称：'唯深也故能通天下之志，夏侯太初是也。唯几也故能成天下之务，司马子元是也。'故知王佐之才，著于早日。及诛爽之际，智略已宣，钦、俭称兵，全军独克，此足见其英图也。虽道盛三分，而终身北面，威名振主而臣节不亏，侯服归全，于斯为美。太祖嗣兴，克宁祸乱，南定淮海，西平庸蜀，役不逾时，厥功为重。及高贵纂历，聪明夙智，不能竭忠协赞，拟迹伊周，遂乃伪谤士颜，委罪成济，自贻逆节，终享恶名，斯言之玷，不可磨也。"

[干宝《晋总论》曰："昔汉宣帝以雄才硕量，应运而仕。值魏太祖创业之初，筹画军国，嘉谋屡中，遂服舆軫，驰驱三世。性深阻有城府而能宽绰以容纳，行任数以御物而知人善采拔。故能西擒孟达，东举公孙渊，内夷曹爽，外袭王陵，屡拒诸葛亮节制之兵，而东支吴人辅车之势。于是百姓与能，大象始构矣。世宗承基，太祖继业，玄、丰乱内，钦、诞寇外，潜谋虽密而在机必兆，淮、浦再扰而许、洛不震，成衄异图，用光前烈。然后推毂钟、邓，长驱庸蜀。三关电扫，刘禅入臣。天符人事，於是信矣。始当非常之礼，终受备物之锡。至于世祖，遂享皇极，仁以厚下，俭以节用，和而不弛，宽而能断。故人咏维新，四海悦劝矣。泛舟三峡，介马桂阳，役不二时，江湘来同。夷吴、蜀之垒垣，通二方之险塞。太康之中，天下书同文，车同轨。虽太平未洽，亦足以。明吏奉其法，人乐其生，百代之一时也。武皇既崩，山陵未干，而杨骏被诛，母后废黜，朝士旧臣，夷灭者数十族。寻以二公、楚王之变，宗子无维城之助，而阋伯实沉之隙岁构。师尹无具瞻之贵，而颠坠戮辱之祸日有。方岳无钧石之镇，关门无结草之固。李辰石冰倾之於荆、扬，刘渊王弥挠之于青、冀。二十余年而河、洛为墟，戎、羯称制，二帝失尊，山陵无所。何哉？树立失权，托附非才，四维不张，而苟且之政多也。故观阮籍之行而觉礼教崩弛之所由，察庾纯、贾充之事而见师尹之多僻，思郭钦之谋而悟夷狄之有衅，核傅成之奏、《钱神》之论而睹宠赂之彰。民风国势如此，虽以中庸之才，守文之主治之，辛有。——必见之于祭祀，季札必得之于乐声，范燮必为之请死，贾谊必为之痛哭，又况我惠帝以荡荡之德而临之哉？淳耀之烈未渝，故大命重集于中宗元皇帝也。]

东晋自元帝以下，何主为贤？

虞南曰："晋自迁都江左，强臣擅命，垂拱南面，政非己出。王敦以盘石之宗，居上流之要，负才矜地，志怀问鼎，非肃祖之明断，王导之忠诚，则晋祚其移于王氏矣。若使降年永久，仗任群贤，因澶、涧之遗黎，乘刘、石之衰运，则克复中原，不难图也。"[元帝值天下崩离，创立江左，后肃祖即位，大将军王敦威震内外，将谋为逆。帝与王导、温峤等决计征敦。敦败死也。]

或曰："伪楚桓玄有奇才远略，而遂至灭亡，何也？"［桓玄字敬道，父温。大司马玄博综术艺，以雄豪自处。晋安帝以为丞相，封楚王，遂禅位。］

虞南曰："夫人君之量，必虚己应物，覆载同于天地，信誓拟于暄寒，然后万姓乐推而不厌也。彼桓玄者，盖有浮狡之小智，而无含宏之大德，值晋末衰乱，威不逮下，故玄得肆其爪牙，以侥幸之余，而逢神武之运，至于夷灭，固其宜也。"

［鬻子曰："发政施令为天下福者，谓之道。上下相亲谓之和。民不求而得所欲谓之信。除天下之害谓之仁。仁与信，和与道，帝王之器也。"

由此言之，豪雄小智，何益于乐推哉？］

宋祖诛灭桓玄，再兴晋室，梁代裴子野优之于宣武，其事云何？

虞南曰："魏武，曹腾之孙，累叶荣显，濯缨汉室，三十余年。及董卓之乱，乃与山东俱起，诛灭元凶，曾非己力。晋宣历任卿相，位极台鼎，握天下之图，居既安之势，奉明诏而诛逆节，建瓴为譬，未足喻也。宋祖以匹夫提剑，首创大业。旬月之间，重安晋鼎，居半州之地，驱一郡之卒，斩谯纵于庸蜀，禽姚绍于崤函，克慕容超于青部，枭卢循于岭外。戎旗所指，无往不捷。观其豁达，则汉祖之风；制胜胸襟，则光武之匹。惜其祚短，志未可量！此为优矣。"

［裴子野曰："宋武皇帝苛迹多于魏武，大德厚于晋宣。拔足行间，却孙恩蚁聚之众，奋臂荆、郢，扫桓玄盘石之宗，方轨长驱则三齐无坚垒，回戈内赴则五岭靡余妖，命孙季高于巨海之上而番隅席卷，擢朱龄石于百夫之下而庸蜀来王，羌胡畏威，反为表里，董率虎旅以事中原。然后请呼上帝，步骤前王，光有帝图，谓之义取者也。"

又曰："桓敬道有文武奇才，志雪余耻，校动离乱之中，奄有天下而不血刃，既而啸命六合，规模进取，未及逾年，坐盗社稷，自以名高汉祖，事捷魏晋，思专其侈以冀恭己。若王谧、桓谦以人望镇领袖，王绥、谢混以后进相光辉，群从兄弟，方州连郡，民骇其速而服其强，无异望矣。高祖于时，朱方之一匹夫也，无千百之众，纠合同盟，电击二州，未及半旬，荡清京邑，号令群后，长驱江汉，推亡楚于匪隙，援衰晋于已颓，自轩辕以来，用兵之疾，未始有也。自非雄略不世，天命底止，焉能若此者乎？于是人知攸禵而王迹兴矣。"］

宋孝武、明帝，二人敦贤？

虞南曰："二帝残忍之性，异体同心。诛戮贤良，割剪枝叶，内无平、勃之相，外阙晋、郑之亲，以斯大宝，委之昏稚，故使齐氏乘衅，宰制天下，未逾岁稔，遂移龟玉。缄縢虽固，适为大盗之资。百虑同失，可为长叹。鼎社倾沦，非不幸也。"

［孝武名骏，文帝第三子也，为江州刺史。弟劭既弑逆帝，与颜竣于江州起义征邵，平之。明帝名彧，文帝第十八子，即位，尽杀孝武诸子，务为雕饰，天下骚然，崩，子昱立，无道，萧道成杀之。］

齐建元、永明之间，号为治世，诚有之乎？

虞南曰："齐高创业之主，知稼穑之艰难，且立身俭素，务存简约。武帝则留意后庭，雕饰过度，然能委任王俭，宪章攸出，礼乐之盛，咸称永明。宰相得人，于斯为美。"

［议曰：子言卫灵公之无道，康子曰："夫如是，奚为不丧？"孔子曰："仲叔圉治宾客，祝鮀治宗庙，王孙贾治军旅。夫如是，奚为丧？"此言委任有德之美也。

田单相齐，过淄水，有老人涉淄而寒。田单解裘而衣之。襄王恶之，曰："田单之厚施，将欲以取我国乎？不早图之，恐后之。"此言委任有德之恶也。］

故齐侯恶陈氏厚德，晏子谓齐侯曰："在礼，家施不及国，大夫不收公利，可以止之。"齐襄恶田单厚施，貫珠者谓襄王曰："王不如嘉单之善，令曰：'寡人忧人之饥也，单收而食之；寡人忧人之寒也，单解裘而衣之。称寡人之意。'单有是善而王嘉之善，单之善亦王之善也。"后里闾相与语曰："单之爱人，乃王教之也。"

夫收臣下之权，宜如晏子及貫珠者。

昔汉祖疾甚，吕后问为相，曰："曹参可。"问其次，曰："王陵可。然少憨，陈平可以助之。陈平智有余，然难独任。周勃厚重少文，然安刘氏者必勃也。可令为太尉。"

宋高祖大渐，戒太子曰："檀道济虽有干略而无远志，徐羡之、傅亮当无异图。谢晦常从征伐，颇识机变，若有同异，必此人也，可以会稽处之。"

夫任贤用能，宜如汉高及宋祖矣。]

宋、齐二代，废主有五，并骄淫狂暴，前后如一。或身被贼杀，或倾坠宗社。岂厥性顽凶，自贻非命，将天之所弃，用亡大业乎？

虞南曰："夫上智下愚，特禀异气；中庸之才，皆由训习。自宋、齐已来，东宫师傅，备员而已。贵贱礼隔，规献无由，多以位升，罕由德进。此五君者，禀凡庸之性，无周、召之师，远益友之箴规，狎宵人之近习，以斯下质，生而楚言，覆国亡身，理数然也。"

[议曰：贾生云："昔成王幼，在襁褓之中，召公为太保，周公为太傅，太公为太师。保，保其身体；傅，傅之德义；师，导之教训。此三公职也。又置三少，曰少傅、少保、少师，是与太子晏者也。乃孩抱有识，三公、三少固明孝、仁、义、礼以导习之，逐去邪人，不使见恶行；选天下之端士、孝悌、博闻、有道术者以翼卫之，使与太子居处。故太子乃生见正事，闻正言，行正道。左右前后，皆正人也。

夫习与正人居，不能无正，犹生长齐地，不能不齐言也；习与不正人居，犹生长楚地，不能不楚言也。秦使赵高傅胡亥而教之狱，所习者非斩劓人则夷人之三族也。故胡亥今日即位，明日射人。忠谏者谓之诽谤，深计者谓之妖言，视杀人若刘草菅然。岂胡亥之性恶哉？从其所以导之者非其理也。"

晋惠帝太子通有罪，阎纂上书谏曰："臣伏念通长养深宫，沉沦富贵，受饶先帝，父母骄之。每见选师傅，下至郡吏，率取膏粱击钟鼎食之家，希有寒门儒素如卫绾、周文洗马舍人，亦无汲黯、郑庄之比，遂使不见事父君之道。古礼，太子以士礼与国人齿，欲令知贱，然后乃贵。自顷东宫，亦微太盛，所以致败，非但东宫。诸王师友、文学亦取豪族力能得者，岂有切磋，能相长益？今通言语悖逆，受罪之日，不失子道，尚可重选师傅。置游谈文学，皆选寒门孤臣，以学行自立者，及涉履艰难、名行素立者，使与游处。绝贵戚子弟、轻薄宾客，但道古今孝子事亲、忠臣事君，及思您改过，皆闻善道，庶几可全。"

由此观之，故太子者，选左右俾谕教之，最急也。]

梁元帝聪明才学，克平祸乱，而卒致倾覆。何也？[元帝，梁武帝第七子，名绎，为荆

州刺史。破侯景,都荆州,为西魏万纽于谨来伐,执帝害之。]

虞南曰:"梁元聪明伎艺,才兼文武,仗顺伐逆,克雪家冤,成功遂事,有足称者。但国难之后,伤夷未复,信强寇之甘言,袭褊心于怀楚,蕃屏宗支自为仇敌,孤远悬僻,莫与同忧,身亡祚灭,生人涂炭,举鄢、郢而弃之,良可惜也。"

[议曰:《淮南子》云:"夫仁智,才之美者也。所谓仁者,爱人也;所谓智者,知人也。爱人则无虐刑,知人则无乱政。此三代所以昌也。智伯有五过人之才而不免于身死人手者,不爱人也;齐王建有三过人之巧而身虏秦者,不知贤也。故仁莫大于爱人,智莫大于知人。二者不立,虽察慧捷巧,不免于乱矣。"

或曰:"周武之雄才武略,身先士卒,若天假之年,尽其兵算,必能平宇内,为一代之明主乎?"

虞南曰:"周武骁勇果毅,有出人之略,观其卑躬历士,法令严明,虽勾践、穰苴无闻於天下。此猛将之任,非人君之度量也。"

由此观之,夫拨乱反正之主,当先以收相获将为本,一身善战,不足恃也。故刘向曰:"知人者,王道也;知事者,臣道也。伎艺善战,何益哉?"]

后齐文宣帝,狂悖之迹,桀、纣之所不为,而国富人丰,不至于乱亡。何也?[宣帝名洋,后齐高欢第二子,受后魏禅也。]

虞南曰:"昔齐桓奢淫亡礼,人伦所弃,假六翮于仲父,遂伯诸侯。宣武帝鄙秽忍虐,古今无比,委万机于遵彦,保全宗国,以其任用得才,所以社稷犹存者也。"

[议曰:殷有三仁,太康有五弟,亦皆贤者而国为墟,何哉?

鬻子曰:"君子与人之谋也,能必用道而不能必见受也;能必忠而不能必见入也;能必信而不能必见信也。故虞公不用宫之奇谋,贼于晋;仇由不听赤章之言,亡于智氏。天下之国,莫不有忠臣谋士,但在用于不用耳。苟为不用,反贻君误贤,人君子安能救败乱乎?"]

陈武帝起自草莱,兴创帝业,近代以来,可方何主?

虞南曰:"武帝以奇才远略,怀匡复之志,龙跃海隅,豹变岭表,扫重氛于绛阙,复帝座于紫微。西抗周师,北夷齐寇,宏谋长算,动无遗策,实开基之令主,拨乱之雄才。比宋祖则不及,方齐高则优矣。"

隋文帝起自布衣,光有神器。西定庸蜀,南平江表,比于晋武,可为俦乎?

虞南曰:"隋文因外戚之重,周室之微,负图作宰,遂膺宝命。留心政治,务从恩泽,故能绥抚新旧,缉宁遐迩,文武制置,皆有可观。及克定江淮,咸同书轨,率土黎献,企仁太平。自金陵灭后,王心奢汰,虽威加四海,而情堕万机,荆璧填于内府,吴姬满于下室。仁寿雕饰,事将倾宫,万姓力殚,中民产竭。加以猜忌心起,巫蛊事兴,戮爱子之妃,离上相之母[猫鬼事起,秦王妃及仆射杨素母皆坐焉]。纲维已紊,礼教斯亡,牝鸡晨响,皇枝剪绝,废黜不辜,树立所爱[废太子勇为庶人,立晋王广也]。功臣良佐,诛翦无遗。季年之失,多于晋武,十世不永,岂天亡乎?"

[议曰:汉高祖欲以赵王如意易太子,叔孙通谏曰:"昔晋献公以骊姬故,废太子,立爱齐,晋国乱者数十年,为天下笑。秦以不早定扶苏,令赵高得以诈立胡亥,自使灭祀。此陛下所亲见。今陛下必欲废嫡而立少,臣愿先伏诛,以颈血污地。"帝曰:"吾直戏耳。"通曰:"太子乃天下本,本之一摇,天下震动。奈何以天下戏?"乃听之。

袁绍爱少子尚,乃以太子谭继兄后。沮授谏曰:"世称万人逐兔,一人获之,贪者悉止,分定故也。且年均以贤,德均以长,上古之制也。愿上惟先代成败之戒,下思逐兔分定之义。若其不改,祸始此矣。"绍不从,后果构隙。

·反经·

图文珍藏版

故曰:立嫡子者,不使庶孽疑焉。疑则动,两则争。子两位者家必乱,子两位而家不乱者,亲犹在也。恃亲不乱,失亲必乱。有旨哉]

或曰:"王霸之略,请事斯语矣。敢问殁而作谥,及改正朔,易服色,以变人之耳目,其事奚象?"

对曰:"古之立谥者,将以戒夫后代,随行受名,君亲无隐。今之臣子不论名实,务在尊崇,斯风替也久矣。"

昔季康子问五帝之德于孔子,孔子曰:"天有五行,木火金水及土。分时替化,育以成物。"[一岁三百六十日,五行行七十日,化生长有。]其神为五帝纬[五帝,五行之神]。古之王者,易代改号,取法五行。五行更王,终始相生,亦象其义。故其生为明王者,而死配五行。是以太昊配木[勾芒为木正也],炎帝配火[祝融为火正也],少昊配金[蓐收为金正也],颛顼配水[玄冥为水正也],黄帝配土[后土为土正也]。帝王改号,于五行之德,各有所尚。从其所王之德次焉[木家次位火也。木家尚赤,以木德义之府,循其母,兼其子也]。夏后氏以金德王而尚黑,殷人以水德王而尚白[水家尚青,而尚白者,避土家之尚青也。土家宜尚白,为土者,四行之主,主于四季。五行用事,先起于木,故土家尚木色青也]。周人以木德王而色尚赤。此三代之所以不同也。及汉之初,臣贾谊以为汉土德,以五行之传,从所不胜[传移之传也。五行相代,常从木水火土相胜之法也]。秦在水德,故谓汉据土而克之。刘向父子以为帝出于震,故庖牺氏始受木德,其后以母传子,终而复始。自神农、黄帝,下历唐虞三代,而汉得火焉。故高祖始起,神母夜号,著赤帝之符,得天统矣。昔共工以水德间于木火,与秦同运,非其次,故皆不永也。

[以吾观之,帝王之兴,各本其所出五帝之后,以定五德。何以明之?汉,尧后也。尧,火德王,故汉为火焉。袁绍时耿包曰:"赤德衰尽,袁为黄后,以为袁舜后,舜土德,君故劝进焉。"是知帝王之兴,各本其所出,五帝之后,有自来矣。今秦,颛顼后,水德也。故秦为水德焉]

以此观之,虽百代可知也。

【译文】

三皇虽然没有传下修身治国的言论,但是他们以身作则的仁德遍布四海,所以天下老百姓不知应该归功于谁。[历史上称伏羲、女娲、神农为三皇。]"帝王"一词的内涵,就是依照自然的法则,有理论,有法规,因此天下太平。有了功劳,君臣谦让,他们的美德,无形中融进了老百姓的行动,百姓当然不明白其中的奥妙。所以古代的帝王使用群臣不必有那么多的礼仪法规、赏罚奖励,就能使四海和美而不互相危害。

[作为五帝之首的轩辕黄帝,依据阴阳四时制定历法,按照农时所宜播种,充分发挥智慧、体力和视听功能,节约使用山林江河的资源,在位时有土德的瑞兆,所以号黄帝。颛顼高阳做领袖时,保护资源,整治土地,依据天象制定历法,敬拜山川之神,并按其尊卑秩序制定礼仪,依四时五行之气教化民众,虔诚地祭祀天地之神、祖先之灵。凡天下之物,有生命的禽兽,静止的草木,大到名山大川的神灵,小到丘陵坟茔的鬼魂,日月所照之处,没有不归顺的。帝喾高辛当领袖时,取山川大地的物产,节约使用,抚养教化万民,引导他们发展生产,以谋得利益,按照日月的升降制定历法,认识到鬼神的玄妙而虔诚地祭祀,整个部落的景象显得肃穆兴旺,社会风气显得

道德高尚。帝尧为领袖时,仁德涵养有如天空一样广博,智慧像神明一样微妙,人民像葵花向日般地追随他,像禾苗企盼云雨一样仰望他,富有而不骄奢,高贵而不傲慢。虞舜为领袖时,多么微小的好人好事也都要表彰,多么隐蔽的坏人坏事也都要暴露,运用自然的法则来惩恶扬善,群臣心悦诚服而后让他们遵守各种制度。

综观五帝的治国之道,都能善用无为而治,并在运用中使之体现为最高的和谐,天下百姓在日常生活中受到了实惠却不知道是怎么回事,行为合乎道义却好象生来就有这种修养。这就是黄帝、颛顼、高辛、尧、舜之仁德的具体表现。]

如果说五帝是以德治国,那么三王(夏禹、商汤、周文王)的治国之道就是征服人心了。

[这道理可以用两个人的话来证明。韩信说:"项羽经过的地方,杀人放火,恣意残害生灵,老百姓不顺从他,就用暴力胁迫。这是以势压人,名义上是称霸天下,实际上丧失了人心。他的所谓'强大'是很容易变弱的。"诸葛亮说:"荆州虽然在名义上归顺了曹操,实际上是迫于大军压境,并非心悦诚服。现在将军(孙权)只要命令猛将与刘豫州(刘备)同心协力,合力破操,一定能胜利。"由此言之,人心不附,敌人的攻势很容易被击败。所以说:"王者之道,降心服志也。"]

制定方针策略以防衰败,为政清明,国防巩固,然而并不发生战乱,天下太平,君不疑臣,臣不疑君,国家稳定,人主安详,群臣遵循仁义的规范进退有序,也可以达到美好而无患的大治景象。

[上古有过三代明王,开创大业,文采风貌虽然不同,但盛世的美名却是一样的。夏代推崇忠实,忠实过头了就产生粗野的弊端,最好的补救办法是崇敬。殷商时代,对忠的流弊进行了改变,推崇鬼神,讲尊卑,可是崇敬的流弊是迷信,最好的补救办法是教化。周代的统治者为了矫正殷商六百年的动荡不安,大力提倡文治。然而文治也有弊端,那就是人们会变得太虚伪,于是又反回来提倡忠君爱国。夏商周三代就这样因循反复,就像火大了用水救,救灭再生火,走了一个循环。因时制宜,救弊补偏,这就是三王的治国之术。]

霸主的治国之术是以权势来驾驭、以信誉来团结、以赏罚来使用人才。不讲信用,人才就会疏远;赏罚制度被破坏,人才就会离去。

[《左传》中记载:公元前633年,楚成王军队包围了宋国的都城。宋成公派使者去晋国求救。晋文公召集群臣商量。晋之名将先轸说:"报恩、救难、立威、称霸,就看这一次了。"晋文公的舅父狐偃(字子犯)说:"楚国刚刚得到曹国,最近又与卫国联姻。现在如举兵进攻曹、卫,楚必分兵援救,那么齐、宋就可以解围了。"

于是晋国在被庐这个地方大规模地检阅军队,按大国编制组建三军。经商量,任命大夫裯穀为元帅,统帅中军。

晋文公一回国就致力于训练军队。次年,文公想使用他们。子犯说:"晋国战乱多年,人民还不知道什么是义,还没有安居乐业。"于是晋文公加强外交活动,护送周襄王回国复位;回国后又积极为人民谋利益,人民开始逐渐关心生产,安于生计。不久,文公又想用兵,子犯又说:"民众还不知道什么是忠信,而且还没有向他们宣传信的作用。"于是晋文公又征伐了原(小国名),约定三天内攻不下来立即收兵。三日后晋文公真的信守诺言,退兵三十里,向国内外证明他的诚实和信用。在这一系列行动的影响下,晋国的商人做生意不求暴利,明码标价,童叟无欺,全国形成了普遍讲信誉的好风气。

于是晋文公说:"现在总可以了吧?"子犯说:"人民还不知贵贱尊卑之礼,对长官没有敬畏恭敬之心。"于是文公用大规模的阅兵来表示礼仪之威严,设置执法官来管理官员。这样一来,人民开始习惯于服从命令,不再有疑惑,这时才使用他们。城濮一战,迫使楚国撤兵谷邑,解了宋国之围,一战而称霸诸侯。这都是晋文公善于用仁德教化的结果。

这是五霸之主以仁德治国的一面。]

所以说,治国的根本问题是怎样间次应用刑法与仁德,正确的方针是二者都不偏废,相辅相成。天以阴阳二气构成一年四季,人以刑德二法形成治国之道。所以即便是圣人执政,也不可专用其一。以这样的观点来看,运用仁德较多,刑法较少的是五帝,刑德并重的是三王,刑法较多、仁德较少的是五霸,只用刑法暴力而亡国的就是秦了。

[古代治理国家,其政制可分为三类,一是王者之政——靠的是文治教育;一是霸者之政——靠的是刑法的威力;一是强权政治——靠的是暴力酷刑。其规律是教育不起作用就用刑法强迫,刑法不起作用就用暴力镇压,暴力也不起作用就采用杀戮的办法。到这一步就不为王者所赞同了。所以唐太宗的名臣虞世南说:"从前秦始皇弃仁义而用暴力,以此虽然可以吞并六国,统一天下,然而守卫天下就不行了。这就是运用刑法治国的弊端。"]

有人问:"你所说的五霸之道我已听明白了,敢问汉高祖刘邦和光武帝刘秀都是崛起于山野之间,平定了天下战乱,开创了帝王大业。刘邦豁达大度,刘秀谨慎细心,各擅其美,龙飞凤翔,所以能收拾残局,保护人才,拯救人民于危难之中。然而就其济世之大德,帝王之天威而比较,谁优谁劣呢?"

曹植说:"昔日汉室初兴,刘邦因秦王朝的残暴而起事,诛灭项羽,一统天下,光宗耀祖,功勋可比汤武,伟业流传子孙。他是帝王中的元勋,人君中的盛事啊!然而他的名声、品行毕竟不那么真正合乎道德,所以死了以后,果然让凶恶的吕后肆无忌惮地干尽残酷暴虐的坏事。爱妃戚夫人被砍去四肢,挖目薰耳,喂上哑药,扔在厕所中;赵王如意被幽囚,最后被毒药毒死。亲生骨肉连连遭受屠杀,吕氏家族独揽朝纲,国家政权几乎被吕氏篡夺。上述种种,难道不是刘邦缺乏深谋远虑的结果吗!

然而刘邦手下的文臣武将都是古今少有的奇才,只因为他能选任、重用他们,听其言观其行,所以才会统一天下,登上帝王的宝座。

汉世祖光武帝刘秀(高祖九世孙)继承了皇室家族的仁善德性,秉承了忠贞温和的纯正精华,遵循内圣外王的要则,兼有儒家的美德和才华。聪睿豁达、博学多识、仁义智慧、开明宽容、慎重周密、乐施爱人,构成了他的品道修养。他所处的时代,多灾多难,法律已经完全不起作用,正值皇家的气数已尽,世道艰难之际。在这样的时局下,他有如一声春雷,声势雄壮地举兵起事,组织武装力量来抗击强暴势力,发动起义部队扫荡败军。他的大军还没有从南京出发,王莽已经被洛阳的乱兵杀死。像刘秀这样的人,安邦定国的大计已经形成稳操胜券以后才发动群众,计划谋略确定以后才采取军事行动,所以每次进军攻无不克,每次战争都没有临阵脱逃的士兵。他用宽厚仁慈之心来团结群众,以超常的德行使远方的人才慕名而来。因此,窦融闻听他的名声就追随他,马援第一次见面就赞叹他的英明。象虞舜一样,有使九代人亲密和睦的声誉;象羲皇一样,有高尚纯朴的品质。他像周公一样不辞辛苦地谦虚听取下属的意见,留心事务像计时的仪表一样勤快。所以论功劳,他的业绩非同寻常;论尊高,他的事迹不同凡响;论道德,找不出可挑剔的瑕疵;论品行,如白璧无瑕。刘秀所拥有的势力并不大,文武辅臣也并不强,但是他最终做到了一统天下,创建了不可磨灭的功勋,让金石碑铭刻他的光辉业绩,诗书文献记载他的伟大。"所以说,汉光武帝比汉高祖更伟大。

[东汉末的史学家荀悦写道:"汉高祖刘邦出身于平民,凭武力而取天下,不是由舜尧那样的人禅让接位,也不是汤武所委任的那种高官,全凭自己奋斗,有如龙从云腾,虎挟风行,征乱伐暴,廓清天下,八年之间,海内平定,于是踏上了光明大道,登上了帝王宝座。自古以来,史书所载,未曾有过。不是英雄豪杰,没有宽容圣明的谋略,天命所授,神明扶助,哪能建立如此不朽的功勋!武王焚鱼敬受天命,高祖挥剑斩白蛇,就有神女化作老妇哭诉赤帝杀了她的儿子,预兆天命的事物虽然不同,但其道理却是一样的。"

《尚书》说:"上天在人间的工作,要让人来帮助完成。"《周易》说:"汤武革命,上顺天心,下合民意。"所讲的也正是这个道理。

夏代崇尚忠诚,其流弊是粗野、简陋,因此殷代用崇敬来纠正;崇敬的弊端是迷信,因此周代用文明礼教来纠正;可是礼教又带来了虚伪的流弊,补救虚伪弊端最好的办法是忠诚。结果夏商周三代帝王的治国之道转了一个循环,走到终点却又回到了起点。周秦之际,经过春秋战国六百年的战乱,可以说是文治流弊日益严重的时候,秦不加以改革,反而推崇酷刑,使其危害更加严重。到了汉代,鉴于法治的教训,进行彻底改革,于是取得了政权。

三国时的孔融说:"周武王从夏朝的开创者后稷到他那个时代,历时十五代,却只出现过白鱼跃入舟中、赤乌落在屋上的祥瑞征兆。至于汉高祖,只因一人修积仁德,瑞兆就有四五起。他挥剑斩白蛇,蛇母为之哭泣;两入长安,天上五星相会。周武王伐纣时,杀了纣王,高祖进入秦都长安时,却饶了二世的儿子子婴,并宽赦他。所以说,周武王在宽容大度方面也不如高祖。"

唐太宗的名臣虞世南说:"帝者与师处,王者与友处,霸者与臣处。刘邦的功臣有三杰——张良、萧何、韩信;刘秀的辅佐是二十八将——邓禹、关汉等,但二十八将怎能比得上三杰?然而刘邦的功臣在其势力强大之际几乎都被诛灭了,刘秀对他的功臣却都给予了优厚的待遇,使他们安享荣华富贵。在这一点上,刘秀很值得称颂。对这两个人的长处短处进行比较,还是次要的事情。"

这样来讲,汉高祖战胜秦国和项羽,开创汉朝基业,家族的地位和国策的创建,一直传了十多代,虽然没有走上王者之道,作为霸者的功德,也够伟大了。]

有人问:"班固歌颂周朝,推崇周成王、周康王;赞美汉朝,推崇汉文帝、汉景帝。班固的看法正确吗?"

虞世南说:"周成王继承周文王、周武王的传统,以周公、召公为相,教化愚昧憨厚的民众,因为仁德的风气日积月累,能像疾风吹拂草丛一样,自然会国泰民安,这并不值得炫耀。至于汉高祖,登基之后,日理万机,灭亡的秦国遗留下来的不利因素仍然存在。汉文帝以仁慈宽恕为本,以清静怡淡为法,扫除了秦始皇、项羽残酷暴虐的做法,恢复了黄帝、尧舜温和淳厚的风气,很少使用刑法,这样治理国家,是非常不容易的。假如他不被新垣平的妖言所惑,大搞迷信活动;不因梦见有人助他登天而宠幸邓通的话,汉文帝就非常接近王道了。至于用汉景帝与周康王相比,在德行上还有所不及。"

[《史记》称赞汉文帝说:"文帝即位,二十三年没有增加宫室园林、车骑服饰;臣民有不方便的地方,就用国家的积蓄来帮助,为人民谋福利;南越王赵陀自立为帝,文帝将赵陀的兄弟都召来,各给厚赐,以德感化,赵陀大为感动,于是改帝称臣。文帝与匈奴曾有兄弟之约,但匈奴背约入寇,文帝派遣大将镇守边关,只守不攻,担心深入匈奴腹地会侵扰百姓。被分封到东南沿海地

·反经·

图文珍藏版

区的吴王因故与文帝不和,借口有病,不肯上朝,文帝不但不加罪,反而派人送去手杖赏赐吴王,并传语吴王年老,可以免朝。群臣虽然劝文帝用宣吴王入朝的办法将其软禁,文帝表面上听从他们的意见,实际上不采纳。郎中令张武曾接受过吴王的贿赂,被文帝发觉后,不但没治罪,反而赏赐他,希望让他心怀惭愧。凡此种种,表明汉文帝一心一意以德服人,因此才出现海内殷富、国家繁荣的景象。这都是由于用仁德来振兴国家的结果啊。

"另一方面,汉文帝勘断案件数百起,很少使用刑罚。真可谓是一位仁德的君王。"

有人问傅玄:"汉文帝废除了断趾、割鼻等酷刑,这可以说是仁政吧?"傅玄说:"这是妇人之仁。作为国家的最高统治者,要为天下苍生谋求长远利益,决不能仅仅注意这些小事。正因为如此,班固也认为汉文帝的仁德并不在于废除肉刑。他在《景帝赞》中说:'孔子称这类人能继承三代一直传下来的正确的治国之道。确实如此!周代和秦国坏就坏在政策法规周密而严峻,尽管如此,奸臣、内乱仍然比比皆是。汉朝建立后,扫除烦琐苛刻的政令刑法,使人民得到休息,到了文帝,增加了以恭顺勤俭的方略,景帝遵守先辈的路线,五六十载之间,便做到了移风易俗,民风淳朴,谈周必称成康,言汉必称文景。美啊!'这才是真正的王道!"]

有人问:"汉武帝雄才大略,可以与前代的哪个皇帝相比?"

虞世南说:"汉武帝继承六代的帝业,海内殷富,又有高人相助,收拢英雄,驾驭豪杰。内政方面,提倡礼教,外交方面,开拓疆域。制度宪章,焕然可述。比起秦始皇来更见伟大。至于骄奢淫佚,残暴肆虐,也仅次于秦始皇。功劳有余,德行不足。"

[班固的《武帝赞》说:"汉朝承接了历代弊端,高祖拨乱反正,文帝、景帝注重养民,对于考究古代礼乐制度之事,还很缺乏。汉武帝一登上宝座,就深谋远虑,罢黜百家,推崇六经,独尊儒术。接着在全国访求、推荐优秀人才,使其建功立业。兴办太学,修建祠庙,改正月为一年的第一个月,确定历法,规范音乐诗歌的章法,修建祭天禅台,崇敬尊奉各种神灵,封地给周朝的后裔。汉武帝时的号令建制,光彩焕然。他作为继承人继承了先祖的伟大事业,有高祖、文帝、景帝三代人的风范,象武帝这样雄才大略的人,假如不改变'文景之治'的谦恭俭朴以救助百姓的政策,那么,就是《诗》《书》所称赞过的制度又能超过汉武帝多少呢?"

由此推断,秦皇汉武,都是创业之君,但不是守成之主。]

从前周成王年少登基,又有管、蔡之乱;汉昭帝八岁即位,也有燕王旦、益长公主和上官桀的谋反。成王不怀疑周公的忠诚,昭帝委任大将军霍光摄政。二人谁做得更好呢?

魏文帝曹丕认为:周成王体现了武王美善的气质,继承了贤母的胎教,召公为老师,吕望为太师。会说话的时候,负责诸侯晋见的官员就教他辞令,能走路的时候,负责宫廷礼仪的官员就教导带领他学习礼节。所以他从小就养成了满足于仪容要威严壮美、言谈要合乎德行的习性。就是说成王是在沐浴德行的清风中长大,骨肉里流淌着高贵的血液。即便如此,他还听信管、蔡对周公的诽谤,迫使周公率兵东征,去平定叛乱,致使上天震怒,显出凶兆来,然后他才幡然悔悟。他一直不相信周公的高尚品德,却相信密藏在金柜里周公的祷告,这不是很糊涂吗!

而汉昭帝的情况就不一样了。父亲汉武帝不像武王一样仁德,母亲"拳夫人"钩弋不像邑姜一样贤惠,伺候他幼年生活的是大姐盖长公主,辅臣是上官桀和霍光。当老师的没有仁爱慈孝的风度,作辅臣的没有治国安邦的才能,完全可以说是出生在深宫之中,成长于妇人之手。然而他的美德是天生的,他的品行与生俱来,在十四岁的时候，就表现出早熟和既有的明达，发现燕王刘旦诬陷霍光的书信有诈，不但不怀疑霍光，而且表扬了他的忠诚。昭帝不是等到开启了类似金柜的秘密，看了史官的记录才醒悟的啊。假如让成王和昭帝壮年时执政，换个时代，换了辅臣，改变原来的文化氛围治理国家，那么汉昭帝可称赞的地方不见得比周成王少。

[大将军霍光和上官桀共同执政辅佐昭帝，上官桀忌妒霍光受宠，一心要除掉他，就以燕王的名义起草了一封伪书，诬陷霍光以帝王的仪仗检阅羽林军以及种种意欲谋反的举动。昭帝没有相信。]

有人说："汉宣帝明察政事，难道不是与汉武帝相似的国君吗？"

虞世南说："汉宣帝在平民中间长大，知道民间的疾苦，所以对政务非常留心，提拔用有才能有学识的人。他之所以采取严刑重法的政策，探究其中的原因，其根源在于法家申不害、韩非子那里。古人说过：'图王不成，用其有弊病的权谋足以称霸；图霸不成，霸术中有弊病的权谋将会导致什么呢？只有身败名裂。'汉光武大仁大义，是位成就王道的皇帝。汉宣帝以法治国，是位成就霸业的皇帝。将此二人相较，恐怕不能比拟。"

[元帝在做太子时，曾向宣帝提意见，认为他执法太严。宣帝变了脸说："我汉家向来交错使用霸道、王道，怎么能只用仁德感化来使政权面临危险呢！"虽然从这句话可以知道宣帝的谋略不够远大，但是他采用或宽容或强硬的法制还是有一定道理的。从前汉高祖进入秦国，曾约法三章，秦人非常满意。这是从和缓刑法的好处方面讲。曹操的军师郭嘉劝曹操说："汉末的政治失败在太宽松，袁绍却以宽松去救偏，所以不得要领。你用强硬的法规来规正从前的失误，上下就会知道制度在哪里了。"这是说法制运用得当。《左传》说："政策宽松，国民就会散漫，这时就应当用严厉的法令来纠正；太猛烈了，民众又会变得残忍，这时就应当再实施松弛的政策。用宽松来调剂猛烈，用猛烈来调剂宽松，政治才能平衡。"《尚书》说："刑罚的使用，要时轻时重，审时度势。"《周礼》说："治理新建的国家要用轻典，治理动乱的国家要用重典，治理安定的国家要用中典。"

由此看来，法治的使用，要看在什么时候。如果时机适宜的话，怎么可以轻视严刑峻法的作用呢！]

有人问："汉元帝多才多艺，温文尔雅，是保持文治的好皇帝吗？"

虞世南说："帝王的才华，应该表现在文德武功上。论文则应体察、把握天地之意，以此为指导思想来制定政策法令；论武则应制止暴乱，平息战火，稳定社会，团结人民。这才是做帝王的宏图大略。至于鼓瑟吹箫，和诗谱曲，这是文人墨客、歌伎演员们的事情，做天子怎么应该去钻研呢！"

[汉元帝多才多艺，琴弹得很好，这并不是最大的优点。为什么这样说呢？东汉末哲学家徐干写的《中论》讲过："小事情明白，大道理迷糊，身边的人事清楚，长远的规律糊涂，自古以来没有不因此而发生动乱，不亡国的。这里所说的'详小事、察近物'，是指能听出音乐、歌曲是否和谐、美妙；能鉴别书法雕刻是否漂亮、精彩；出口成章，能言善辩，对答如流；对小说诗词心领神会；对于射击、驾车、书法、术数很有学问。所谓"远数、大道"，是指仁慈足以覆盖苍生，恩惠足以托养百姓，光明足以普照四方，智慧足以统领万物，手中的权力足以应付变化万端的时局，推行的义举足以使经济繁荣，威望足以阻止奸党歹徒的发难，武勇足以平定暴乱。能够辨别臣民们反映的情况是否真实，然后通过实际行动来考察他们。明白兴废的根源，精通安危的界线。能

·反经·

图文珍藏版

历史上,反面的事例也不少。例如从前鲁庄公能歌善舞,于是国人写了《蔽笱》一诗来讽刺他;鲁昭公善于修饰仪容,才招来流亡晋国的祸患。这样说来,做皇帝的即便视力如离娄一般锐利,听力如师旷一般敏锐,射箭像后羿一样准确,书法象史籀一样优秀,只能说是有专职人员的才能,对治理国家没有一点儿好处。

东汉丞相匡衡劝谏汉元帝的《改政书》说:"掌握国家权力的帝王,务必要继往开来,立下功勋,使先辈的光荣传统流芳百世;继承政治路线的君主,务必关心宣传先王的功德,同时要发扬光大。如今陛下圣明贤德有上天庇佑,能爱护天下百姓,然而阴阳不调,邪恶奸诈的势力没有受到限制,这恐怕是由于参政议政的官们没有弘扬先帝的丰功伟绩,反而对制度的运用与否争辩不休。国家把已经取得其成果的事业放在一边,而为那不切实际的空头理论吵吵嚷嚷,我常常为此暗自遗恨。希望陛下从大局出发,好好关心总结治理国家的经验,这才是永保文德武治的大事啊!"]

有人问:"建立过伪政权,改国号为新的王莽,起初谦恭礼让,难道不是曾被称作一代名士吗?等到他当了皇帝后,居尊傲慢,荒淫残暴,为什么前后判若两人呢?"

虞世南说:"王莽是一个生性残酷、奸诈、虚伪的人。没有发迹的时候,沽名钓誉;权力到手之后,倨傲自大,目中无人。伪装的画皮一旦撕掉,天生的真面目就暴露出来了。他不听规劝,自高自大,至死不知悔悟,四海冤狱重重,怨声载道,最终还是做了汉光武帝刘秀扫清道路的垃圾。"

[班固说:"王莽出身于皇亲国舅,最初纡尊屈贵,以身作则,为天下人行善,企图沽名钓誉。当他在汉成帝、汉哀帝在位辅政的时候,勤勤恳恳,为人处事正直谦恭,处处被人称道,莫非他就是孔子所说的'在国有名,在家有誉,口头上仁义厚道,却又表里不一'的伪君子吗?然而王莽本质上是一个邪恶不仁却有献媚取悦、虚伪奸诈之术的人,加之四位叔父王凤、王商等都是世代权臣,他凭借父辈的势力,又赶上汉室正处在衰败之际,皇位三次虚设,而王太后寿命又长,长期作为他的靠山,使他能玩弄奸诈权术,最终酿成了篡夺汉室江山的灾祸。由此推论,王莽篡位也是上天安排的,不是单凭个人奸诈所能做到的。

"王莽一旦篡夺了政权,南面称帝之后,居于本不属于他地位,被推翻的趋势比夏桀、纣王还要险恶,然而王莽却能若无其事地自命黄帝、虞舜再世。他依仗其威势和阴险的诡计,无法无天,荼毒生灵,因此全国纷扰,百姓没有了生活的乐趣,朝野怨恨,众叛亲离,四处举事,各地城池沦陷,国家分崩离析,致使全国的城镇变成了废墟。有史以来,帝王所造成的灾难没有比得上王莽的了。色秽声淫,气数短命之辈,据说向来就是准备好要给贤明的帝王扫清道路当垃圾的。"

孙权在谈到吕蒙时说:"吕蒙年轻的时候,我说他只不过是不辞繁难,果敢有为罢了。长大以后有了学问,智慧增长,谋略奇妙,仅次于周瑜,策划彻底打败关羽的麦城之战,胜过鲁肃。鲁子敬给我的奏章说:'帝王兴起之际,都要有所驱除。除去关羽无须顾忌。'这是鲁肃对内不能办事,对外说大话罢了。我也原谅他,没有有意责怪他。"]

夏代的少康、汉代的刘秀,都是中兴之君,谁更值得称道呢?

虞世南说:"这两个帝王都是复兴先人的基业,使先王的功绩得以流传后世的人。中兴之名相同,业绩的内容却不一样。为什么这样说呢?刘秀借助处乱思治的民心,诛灭独夫民贼王莽,借着混乱打败亡命之徒,成功比较容易。至于少康,夏氏灭亡已有二代(后羿和寒浞),祖先的遗业已很渺茫,母亲怀着他逃亡在外,生于异乡,没有受过父辈的教诲,没有势力强大、关系贴近的亲人,生在背井离乡的战乱之中,流离失所,但是他能在艰辛坎坷的丧乱之际奋斗,终于成就了帝王大业。在所有的中兴的君王,少康应为第一。"

[魏文帝的长孙曹髦问朝臣荀凯:"夏商已经衰落,国王和丞相也都死绝了,少康聚集夏朝的群众,复兴了大禹的事业。汉高祖崛起民间,打败了秦国和项羽,比较他们的功德,谁大谁小?"

荀凯回答道:"创造与继承,难易不同。少康功德虽美,不过是中兴而已,与汉世祖刘秀同等水平也就可以了。至于高祖刘邦,我以为更胜一筹。"

曹髦说:"少康在国破家亡之后沦落为诸侯的奴隶,然而他能广施恩德,表明他有所图谋,最终还是消灭了过、戈两个部落,恢复了大禹开创的国家,夏商的宗庙得以祭祀,祖先的遗产没有散失。不是大仁大德,哪能建立这样的功勋呢!而刘邦利用天下土崩瓦解的形势,一举取得政权。就他本人而言,为人之子,几次危害到他的亲人;为人之君,他所依靠的是贤明的宰相和能干的将军;为人之父,却不能保护自己的子女,身死之后,国家几乎被人毁灭。如果与少康易时而处,他就未必能够光复大禹的帝业了。由此推论,刘邦就该在少康之下了。"]

后汉衰落混乱,是由于汉桓帝、汉灵帝二人凶残的性格所导致的,可是谁的责任更大呢?

虞世南说:"汉桓帝因国舅梁冀把握朝纲,违法乱政,在盛怒之下,与宦官密谋将其杀死。可见桓帝很有些刚毅果断的品质,然而宦官也因此专权,李膺和太学士郭泰等二百余人联合反对宦官势力,被宦官集团以'党人乱政'的罪名逮捕下狱,后虽释放,但终身不许做官,宦官势力从此不可控制。由此看来,朝政动乱难道不是起因于汉桓帝吗?古话说:'民不聊生,天下哀号,正是新的君王开天辟地之良机。'汉灵帝即位后,国力凋敝,正好施行善政。百姓关心国事,都希望振兴朝纲。可是灵帝重蹈覆辙,又让宦官以'党锢之祸'的罪名杀害了一批大臣,危害比第一次更其严重,终于导致国破家亡。这个执掌君王权柄的人,把整个国家推向了毁灭的边沿,他自己虽然只活了34岁,总算没有死于非命,也够他幸运的了。"

[汉桓帝问他的侍从爰延:"我是一个什么水平的皇帝?"爰延回答道:"在汉朝帝王里属中等。"桓帝问:"怎么讲?"爰延说:"尚书令陈蕃主持政务,国家就可以治理好;宦官们干预朝纲,国家就发生混乱。因此知道陛下既可以让行仁政,也可以做恶事。这就是中主的意思。"

虞世南说:"在岷江的源头,水量只能飘起木杯,到了下游,乘大船才能渡过。汉元帝的时候,任用佞臣弘恭、石显,到了后汉桓帝、灵帝的时候,又有单超、张让干扰政治,既然败坏了伦常道德,皇室、国家的灭亡便无可避免了。汉朝到了这样的结果,其祸根是一步步种下的。所谓'星星之火不灭,到了燎原之势时又有什么办法呢?'可见凡事一露头就得慎重对待。呜呼,百代之后,都要引以为鉴啊!"

古话说:"寒者易为衣,饥者易为食。"晁错说:"国家富强,邻国动乱,正是有帝王之志者的大好机会。"

由此可以明白,昏君委实是在为未来的明主开路啊!]

自从汉室衰落,天下分崩,曹操(字孟德)挟天子以令诸侯,刘备(字玄德)凭借蜀地艰危,孙权(字仲谋)靠江淮险要,三分天下,成鼎立之势。这三个人都开创了帝王基业,建立了霸主宏图。三人谁优谁劣?

虞世南说:"曹操的军事谋略,几乎无人能比,所以他能打下魏国的基础。虽身居朝廷相位,实怀超人的才能。然而他谲秘诡诈,心性反常,多疑多忌,所以他杀害了伏皇后家族数百人;因意见不合便毒死他的谋士荀彧;因嫉恨不与之合作的孔融，便将其杀害；崔琰仪表堂堂，曾作为曹操的替身接见匈奴使者，事后他又觉得不对，也被他杀害；娄生只因为说错一句话就被他砍头；桓劭已经自首，跪下求饶，他说：'只要长跪不起，就可饶你不死。'最后还是把他杀了。不讲仁德，只用刑罚，可见他暴虐极了。然而他闲谈时好自比周文王，实际根本不是。汝南名士许劭给他的评价是：'治世之能臣，乱世之奸雄。'这话说得非常恰当。

"刘备对四川军阀刘璋能以礼相待，任命诸葛亮为军师从不怀疑，做君王的，这是最好的仁德表现。孔明是举世闻名的奇才，可与辅佐成汤的伊尹、武王的吕望相比。君臣同心，如鱼得水。只因国小兵弱，封闭在边远的蜀地，要同时分心对付魏、吴，与大国抗衡，显得力不从心。假如与曹操易地而处，使刘备的远大计谋得以施展，使关羽、张飞的英武得以发扬，把诸葛亮的才能全部用上，那么，他的霸主之业必然成功。

"孙权在其兄孙策建立的基础上，任用前朝的文武百官，凭借长江天险，仅能自保而已，比起前二人来，就有所不及了。"

[修《三国志》的陈寿说："刘备的雄才大略，比不上曹操，所以开拓的区域也较狭窄。"晋朝的清官张辅说："为什么会这样呢？因为拨乱反正的国王，最重要的、根本的是要得到好的将相，仅凭自身一人英勇善战是不行的。诸葛亮精通礼义，了解天下局势，算得上是辅佐一统天下的帝王之才。刘备没有强大的实力，却能让他鞠躬尽瘁；关羽、张飞都是豪杰，却能让他们忠心耿耿为他卖命，这说明刘备有独特的本领。人与人相处的原则是：光明正大的和阴险奸诈的不会互相配合，才能出众的和平庸愚蠢的不能相处融洽。曹操即使在强盛之时，这些人也不会为他效力，更何况在危难之际呢。假如让刘备拥有中原，他开创的基业将会与周王朝媲美，怎会仅仅得一个'二杰'（指刘与曹）的称号呢。"

曹丕问吴国的使者赵咨："吴王是怎样的一位君主？"赵咨回答说："是一位聪慧、明达、仁慈、智慧、雄毅、英略的君主。"曹丕问他有何具体表现，赵咨解释道：'鲁肃出身贫寒，他能任用，证明他的聪慧；吕蒙是一普通士兵，他能提拔，证明他的明达；收留了你们的大将于禁而不加害，证明他的仁慈；攻占了荆州，但不完全通过武力，证明他的智慧；占据三州，虎视天下，证明他的雄毅；委曲求全，敬奉陛下，证明他的英略。"

孙策中箭受伤养病的时候，把弟弟孙权叫到床前说："统率江东的千军万马，在战斗激烈的战场上，当机立断，与天下争雄，你不如我；举贤任能，使他们各尽其才，以保江东，我不如你。"

陈寿说："孙权屈身忍辱，任用人才，崇尚计谋，像勾践一样奇异，确是人中豪杰，所以他才能独据江淮，成就三分鼎立的霸业。"]

晋宣帝司马懿老谋深算，诸葛亮盖世奇才，哪一个更高明？

虞世南说："司马懿出身于世代儒家，参与建立魏国的政权建设，在世事危难之际能有所扶助，清理朝纲，文才武略，实有可称道的一面。然而这人好玩弄阴谋，做事不讲道德，猜疑妒忌，诡计多端。譬如他为让魏明帝自取灭亡，故意装病，河南尹李胜离京赴任前去看他，他故意装病，装得快要死了，使曹爽放松了警惕；他把何晏等人下狱后，任由狱吏审讯拷打，最后连诛三族。像这类伤天害理昧良心的事，正人君子是做不出来的。用这种虚情假意对待一切事物，倘若在势均力敌的情况下，到中原地带去会战，以他的奸谋来对抗孔明的统帅有方，恐怕就不是对手了。"

[东吴时的张俨在《默记》中谈论到司马懿和诸葛亮二人的优劣时说："汉朝灭亡，天下三分。这二人同时生活在风云际会的时代，投靠了一方之主。孔明从蜀汉开始活动，掌管的地方

只有一个州，与大国相比，只占九分之一，指挥着数万军队，屯兵于祁山一带，意气风发，大有饮马河、洛的壮志。司马懿拥有天下十倍之地，仗着大军，城垒坚固，部队精锐，不敢斩将擒敌，却只能坚守自保而已。假如孔明不是死于五丈原，凉州、雍州（今陕甘宁一带）的军队和武器装备还在，战争继续下去，谁胜谁负很明白。比起司马懿来，孔明不是更高明吗？"］

西晋前夕的景王司马师和他的弟弟文王司马昭，哪个比较贤明？

［魏明帝曹睿驾崩，立养子齐王曹芳，临终嘱托曹爽与司马懿辅佐曹芳。司马懿杀了曹爽，独揽大权。曹芳在位三年，司马懿死，儿子司马师（字子元）被封为景王辅政，司马师废掉曹芳，立曹丕的孙子曹髦。司马师死后，他的弟弟司马昭（字子上）被封为文王。又代其兄辅政，他杀了曹髦，立曹操的孙子曹奂。后来曹奂也被废掉，封为陈留王，让位给司马炎（字安世）晋武帝，从此进入西晋时期。司马炎称帝即位后，灭了东吴，统一了天下。到了晋惠帝即位，天下大乱，开始了五胡入主中原的大动荡时代。］

虞世南对司马昭兄弟的评价是：何晏说："唯有深邃，才能知晓胸怀天下的含义——夏侯玄（字太初）就是这样的人；唯有机谋，才能担负天下的重任——司马师就是这样的人。"由此可知，有将相之才的人，在青少年时期就要表现出来。在司马懿诛灭曹爽的时候，司马师镇静如常，其智慧谋略已很突出了。扬州都督毋丘俭和刺史文钦举兵讨伐他的时候，被他把军队全部歼灭，由此可以看出他的英雄气概。虽然他在谋略上胜人三分，但他能忠心保卫王室；虽然威名震主，但为人臣子的名节无可挑剔；权势显赫但能善始善终。这就很值得赞美了。

他的弟弟司马昭继承了大将军的权柄以后，镇压了扬州都督诸葛诞对他的讨伐；在南方，安定了淮海一带的局势；在西方，消灭了刘禅没落的蜀汉。司马昭部署军政大事不失时机，一切以建功立业为主。可是在曹髦即位之后，不是用其聪明才智加以辅佐；想学伊尹、周公，却诋毁有学问、有声望的人；杀了曹髦却把罪名推在门客成济身上，自己给后人留下大逆不道的劣迹，最终还是成了历史的罪人。这就是说，一个人的污点是永远洗不掉的。

［干宝的《晋总论》说："司马懿以雄才宏量，顺应时势，走上了仕途，正遇上曹操开始创立基业，使他能参与筹划军国大事，高明的谋略屡屡奏效，终于投身于军旅，三代人驰骋疆场。他生性深沉多疑，有城府，但又宽松容人，能听取别人的意见；审时度势，处理军务能放开手；知人善任，能采纳别人的意见、提拔人才，所以能西擒反复无常的孟达，平定辽东太守公孙渊的叛乱，杀死了与他同时受命辅政的曹爽，临死前还杀了扬州都督王陵。屡次抵抗诸葛亮统率的大军，还要应付东吴配合蜀军的威胁。因此老百姓一致赞扬他的才能，晋室一统天下的趋势从司马懿开始初步形成。

"司马师和司马昭继承了他创立的基业之后，内乱有夏侯玄、李丰，外乱有毋丘俭、文钦，这两起反对他的叛乱虽然策划周密，还是泄露了消息，都被司马氏镇压了。江东一带虽然战乱叠起，但他们稳坐京都，一次次想推翻他们的图谋不但都被粉碎，反而使司马家族的基业更加巩固。后来起用邓艾、钟会，长驱入蜀，迅速打败了昏庸的刘禅，蜀国投降，东吴灭亡，建立了晋朝，统一了天下。天意人事，通过这段历史，不得不相信。

"司马氏三代起初接受非同寻常的重任，最后获得军政大权，到了司马炎手里，终于登上了帝王的宝座。

"司马炎仁德宽厚，勤俭节约，平和而不放纵，宽厚而有断决，所以人人歌颂国家从此可以振兴了。当时的形势是四海欢欣，万民拥戴，放舟三峡，驰马桂阳，劳役没有耽搁江浙都来归顺，铲平了吴、蜀的堡垒，打通与这两处往来的交通障碍。在西晋武帝太康年间，书同文，车同轨，虽说不是完善的太平盛世，也基本可以满足了。清明的官吏奉公守法，人民群众安居乐业，可以称得上是百年难遇的太平盛世。

"可是等到司马炎驾崩，还没有过多久，国丈杨骏被杀，杨皇后被废为庶人，朝中旧臣被诛灭的就有数十家。不久又发生了贾后假传圣旨让楚王司马玮杀害太宰司马亮的事件，事后楚王又被贾后以擅杀大臣的罪名杀害。这样杀来杀去，导致了一有危险，都没有人帮助皇室子弟防守要地，而皇室自相残杀的事却年年发生。辅相没有尊严，不受人敬重，被杀戮侮辱的灾难却随时都会发生。全国山河没有一座可保安稳的重镇，雄关要道不费吹灰之力就能攻破。先是有李特在四川起兵，很快就攻下了荆州、扬州等地，继而刘渊在山东、河北等地兴兵叛乱，也跟着割据为王，国家开始土崩瓦解。二十多年，河、洛地区就荒芜成一片废墟，西北方的胡人纷纷称王称霸，二代皇帝大权旁落，大好河山没有一个有效的统治者。为什么会落到这步田地呢？只因为树立的接班人权力落在朝廷命官之手，父皇临终托付的重臣不是可以托付的人，国家的法纪不能贯彻实施，临时凑合的政策反倒频频出台。只要看看阮籍放浪形骸的行径，就可知道礼教崩毁废弃的根由；考究庚纯、贾充的所作所为，就可以看出辅相的荒诞乖张；想想郭钦所出的计谋，就可以明白北方各族为什么有机可乘；细看傅成的奏章和鲁褒的《钱神论》，就可以知道行贿受贿、买官邀宠的明目张胆。民风国势到了这步田地，即便有中庸之才的将相，坚持仁义道德的君王，来治理这样的国家，也无法起死回生了。即便侥幸出现这种奇迹，也只能在祭祀祖庙的时候看到，在季札听音乐论兴亡的时候见到，范燮也要为之请死，贾谊必然为之痛哭了！更何况让一个白痴晋惠帝司马衷去面对这样的局势呢！然而司马家族的耀眼的余焰还没有熄灭，所以艰巨的使命又落在了东晋元帝司马睿的身上。"]

东晋自司马睿之下，哪个皇帝比较贤明？

虞世南说："晋朝自迁都建康以后，有权势的大臣专权，皇位等于虚设，政令刑法不是出自皇帝，王敦凭借豪门望族的牢固的宗室基础，坐拥长江军事重镇的兵权，恃才自负，仗势跋扈，一心想当皇帝。要不是司马绍明断，丞相王导忠诚，晋朝的皇位几乎被王氏篡夺。可惜司马绍在位只有三年，倘若时间再长一些，依靠大批才德兼备的名流，靠洛阳一带流民的拥戴，乘称帝的刘聪和匈奴石勒正处在衰弱之际，那么收复中原并非不可能。"

[东晋元帝司马睿即位正赶上国家分裂，他乘机在建康创建基业，后晋明帝司马绍即位，大将军王敦权倾朝野，准备谋反，明帝与丞相王导、中书令温峤等决心征讨王敦。敦兵败而死。]

有人问："桓玄有奇才远谋，结果还是灭亡了，为什么？"[桓玄，字敬道，父桓温官拜大司马。桓玄博学多才，自命为英雄豪杰。晋安帝司马德宗时为丞相，封楚王，后强迫皇帝退位。]

虞世南说："做君王的要有虚怀若谷、容纳万物的恢宏气量。要能像天地一样宽广，对人许下诺言就要兑现，然后百姓才会乐于拥护爱戴。可是桓玄这种人，只有浅薄的小聪明，没有宽宏谦虚的高尚品德，只是正好赶上东晋末年天下大乱，皇室威不服众，所以桓玄才能张牙舞爪地恣意妄为，侥幸行险，以图一逞。当时正值刘裕奋发英姿、扫荡群雄之际，桓玄最终被灭族身亡，这也是他应得的下场。"

[战国时的楚大夫鬻权说："制定法律能为天下谋利益的，就是道；上下相亲相爱，就是和；民众不诉求就能得到，就是信；能消灭祸国殃民的邪恶势力，就是仁。仁与信，和与道，这是帝王的武器。"

这样看来，乱世英雄的浮浅智谋，是无法得到民众的拥护的。]

南北朝的宋武帝刘裕（字寄奴）消灭桓玄势力又帮助东晋维持了数年残破的

江山，然后才登基做皇帝。梁武帝时期的著作郎裴子野认为他比司马懿、曹操才能高，这是怎么回事？

虞世南说："魏武帝曹操是东汉曹腾的孙子（曹腾是汉桓帝时的宦官，收夏侯嵩为养子，曹操是嵩的大儿子，所以曹操的真正先祖是夏侯氏），几世显贵荣耀，几代人在汉朝享了三十多年福。等到董卓乱汉，曹操与山东群雄趁机而起，消灭了罪魁祸首董卓，这也不是曹操一人的功劳。司马懿历任魏晋的将相，权倾朝野，国家的兴亡在他手中，处在稳固安全的地位上，奉皇帝的诏书征伐、诛杀犯上作乱的人，他的地位、权势，用高屋建瓴比喻。

刘裕就不同了，他是出身一个普通老百姓，他不过首创大业，不到一月，就安定了苟延残喘的晋室。他所镇守的句章大小只有当时一个州府的一半，统率着一郡兵力，攻杀四川守将谯纵；西入长安，擒获了后秦姚泓家族；在山西大岘山又打败了南燕慕容超；在岭南又打败广州的焦循，斩首焦氏父子。兵锋所指，攻无不克，战无不胜。为人豁达恢宏，有汉高祖刘邦的遗风，看他胜算在握，可与光武帝刘秀媲美，只可惜在位时间不长，大志未酬，否则他的业绩不可限量。这就是为什么认为他比司马懿、曹操卓越的缘故。"

[裴子野说："但宋武帝刘裕劣迹比曹操多，功业比司马懿大。他从一个普通士兵发迹，几次抗击孙恩的乌合之众；振臂摧毁了荆州、郢州桓玄的牢不可破的军事家族势力；双管齐下，南征北伐，山东一带的军事重镇就荡然无存；兵锋直指江、湘，五岭的大小山头都被肃清；他又命令建威将军孙处自海道袭击番禺，席卷广州；起用资历轻微的朱龄石，收复四川；羌族匈奴被他的军威震慑，君臣、攻守之势很快倒转了过来；督率大军安定中原，假借天命，模拟前代帝王，终于登上皇帝的宝座。这可以说是以仁义取天下了吧。"

裴子野又说："桓玄有文武全才，立志雪洗国破家亡之耻辱，身处战乱之际，调兵遣将，未经浴血奋战就意外地取得群雄领袖的地位，接着向全国发号施令，策划统一大业，不到一年，逼晋安帝让位，盗窃了国家权力。他自以为名望超过了汉高祖，功勋比得上曹操、司马懿，就想当皇帝，让四海都来恭恭敬敬朝贺自己。到了他假传圣旨封赏的王谧、桓谦，利用人民渴望太平的心理镇服群雄，王绥、谢混等较后发迹的人相继出人头地，追随他的家族兄弟，都被安插各地军政部门时，老百姓为他迅速得逞而惊骇不已，不得不屈服于他的淫威之下，不敢有非分之想。当时的刘裕才是丹徒县的一个平民，参军后上司让他率领的不过几十人，后来纠集同盟，共谋起兵，讨伐桓玄，闪电般地攻下了徐州和京口，不到半月就荡平了建康，长驱江汉，号令群雄，不容桓玄有喘息之机就消灭了他，使濒临灭亡的晋室又得以续存。自轩辕黄帝以来，还没有像刘裕这样用兵神速的。如果不是旷世的雄略，如果不是东晋的气运到了尽头，怎么能这样呢？

"由此可见，当人民需要休养生息的时候，能治理丧乱的王朝自然要兴起。"]

宋孝武帝刘骏和明帝刘彧哪一个更贤明？

虞世南说："这两个皇帝的残忍虽然有不同表现，其根本上却是相同的。诛杀良臣，相残手足，朝内没有又陈平、周勃那样的丞相，外部没有唇齿相依的睦邻，把国家的最高权力交给这种昏庸无知的人，难怪能让萧道成趁机夺取大权，不到一年，国玺易手。这正如庄子所说，珍贵的东西，封锁、捆绑得越牢固，恰恰是为大盗提供连锅端的方便。千思百虑，终归还是失败，千古为之长叹！至于权力的沦丧，还不是最不幸的事！"

[宋孝武帝名骏，宋文帝第三子，官任江州刺史。他的弟弟刘劭杀害文帝，刘骏与他的主簿

颜竣于江州起事,征讨刘劭,打败刘劭,并将其父子斩首示众。宋明帝名彧,宋文帝第十八子,即位后就把孝武帝二十八个儿子全部杀死,而且又费尽心思掩饰他的罪行,致使天下大乱。明帝驾崩,子刘昱即位,更其荒淫无道,被萧道成杀死篡位,建国号为齐。]

南北朝时齐国的建元(齐高帝萧道成年号)至永明(齐武帝萧赜年号)之间(公元429~493年),曾被称为太平治世。真的是这么回事吗?

虞世南说:"萧道成是个创业之君主,知道人民的艰难,而且自己生活俭朴,衣食起居务求简单朴素。齐武帝萧赜则很爱后宫的雄伟,过度雕饰,但是他把全国政务都委托给少傅王俭,朝廷的典章法令都由王俭草撰,都说礼教文化的兴盛,就数永明年间,一致赞扬萧赜的辅相用人得当缘故。"

[孔子说到卫灵公的无道时,康子说:"这样的国君,为什么不亡呢?"孔子说:"他让仲叔围来管理外交,由祝鸵管理宗庙祭典,由王孙贾统领军队,怎么会亡呢?"这里讲的就是任用有才之人的好处。

田单做齐国的宰相时,有一次过淄水,看到有老人蹚水过河,被冻得打颤,田单解下自己的皮衣给老人穿,引起了齐襄王的反感,说:"田单这样施惠于人,是不是想夺取我的政权?不早些准备,恐怕他就要先下手了。"这里讲的是任用有德之人的坏处。

正因为此,齐襄公才嫉恨齐国陈氏的广施恩惠。晏子对齐襄王说:"从礼制上讲,个人做好事不能超出家族的范围,朝廷的命官不能假公济私,这种行为必须制止。"

齐襄公讨厌田单施舍国人,有一个以串珠玉为生的匠人对他说:"大王不如表彰田单的积德行善,下令说:'我担心有人在挨饿,田单就收容饥民到自己府上;我担心有人在挨冻,田单就脱下自己的皮衣给他们穿。他的这种行为使我很高兴。'田单做了好事,大王能表扬他,这样一来,田单做好事,也就等于你大王做了好事,人民就要感谢你了。"从此以后,人们在街谈巷议时都说:"田单所以会爱护民众,那是大王教导的结果呀!"

由此看来,国王要想收回大臣们的权利和功德,应当像晏子和串珠人所说的那样去做。

从前汉高祖病危,吕后问他身后谁当丞相合适,刘邦说:"曹参可以。"又问他曹参以后呢,他说:"王陵可以。但是王陵这人有些憨厚,陈平可以协助他。陈平这人智谋有余,但是难以独当大任。周勃宽厚稳重,但文化修养不足,然能安定刘氏天下的,必然是周勃。可以让他当太尉,掌握兵权。"

宋高祖刘裕病重时,告诫太子刘义符:"将军檀道济虽有才干,却没有远大志向。徐羡之、傅亮按说没有野心。谢晦常跟随我南征北战,颇知机变,将来有什么变故,必然是他搞的,可以用调他到会稽的办法来处理这件事。"

做君王的,在任贤用能的问题上应当像刘邦和刘裕这样。]

南北朝时期的宋朝和齐朝,被废的君主共有五人。这五个废帝都很骄淫狂暴,彼此没有什么不同,他们最后有的被杀害,有的干脆国破人亡。是不是他们本性凶顽,自取其祸,因而被上天抛弃,故意用他们来使国家灭亡呢?

虞世南说:"人所以有聪明不聪明的差别,是因为各自禀受的气质不同的原因。至于具有中庸才能的人,都是来源于培训和学习。自宋王朝和齐王朝以来,负责培养太子的老师,都无才能。高贵的和下贱的,由于服膺礼教的原因,互相隔离,良好的教育没有办法得到,导师都是由职位决定的很少根据德才选拔。这五个后来做了国王的太子,生性不好,又没有周公、召公一样的老师,良师益友的劝诫听不到,倒沾染不少委琐狎邪的小人恶习。以如此卑下的材质,生活在如此野蛮粗俗的环境中,国破身亡的下场,是注定不能避免的了。"

[贾谊说过："从前周成王还是幼儿的时候，召公为太保，周公为太傅，姜太公为太师。老师太保作用，就是保养好太子的身体；太傅的作用，就是用仁义道德辅导太子；太师的作用，就是用知识礼仪教育太子。这是三公的本职。此外，还设置了三少，叫作少傅、少保、少师，分别负责太子的饮食起居。因此，太子在懂得学习的童年时期，三公三少就用孝、仁、义、礼来教育他，让他离远邪恶的小人，不让他看到丑恶的行为，然后寻求天下端庄正直的人才，孝顺父母师长、和睦兄弟姐妹的益友，和博闻广见、有道德、懂权术的人跟随在他左右，和太子相处。所以太子见到的是正直无私的行为，听到的是正直无私的言谈，行的是正道，因为前后左右都是品行好的人。一个人习惯了与正人君子相处，自己也会不知不觉地走上正道，就像生长在齐国的会使用齐国高雅的语言一样；与奸邪小人相处习惯了，就像生长在楚国的人不能不使用楚国粗俗的语言一样。

"秦王让赵高辅导太子胡亥学习去判案，习惯的不是杀人、割鼻就是夷灭九族。所以即位以后，就用活人做靶子练习射箭。忠言规劝的说是诽谤，为他深谋远虑的说是惑众妖言，把杀人当作割草玩一样。难道胡亥是天生生恶吗？不是，是因为教导他的知识都不正"。

晋惠帝的太子司马遹犯了罪，校尉阎纂上书说："我常想，遹长期生活在宫中，沉湎尊荣富贵，凭着先帝创造的基业，生活游，父母娇爱，为他选择老师时，我见都是选自名门望族的富贵人家，很少有来自寒门的有情操、有学问的人，或者有汉武帝做太子时卫绾、周文那样的好老师，和刚正不阿的汲黯、郑庄那样的好臣下。这样一来，太子遹就无法学到忠孝之道。古代的礼仪规定：太子要以士人的交际方式与民众平等相处。这样做的目的是让他知道贫贱之后方可做贵人。如今他自己毁了太子，也伤了国家基础，其所以到了这种下场，不单单是太子的罪过。诸王子的导师、友人和来往的文人墨客也都是出身高门，和这些人相处，怎么会互相切磋、共同进步！现在太子遹言语悖逆，接受惩罚的时候，仍然恪守做儿子的规矩，还可以考虑重选老师，令其改过自新。选配游艺谈学方面的师友，应当是出身寒门，学问和品行都卓然自立的人，以及经历过艰难困苦而行为、名声清廉正直的人，使之与太子共处，杜绝他与皇亲国戚的纨绔子弟和轻薄宾客交往，只讨论古今孝子如何事奉双亲、忠臣如何报效国家，以及知过即改的道理，使他听到的都是为善之事。恐怕只有如此，才是万全之策。"

因此，对太子的教育，必须选品学皆上品的人担任，这对于国家来说是最迫切、最重大的问题了。]

梁元帝萧绎聪明博学，但最终还是国破家亡，为什么？[元帝是梁武帝萧衍的第七子，名绎，官拜荆州刺史，曾平定大将军侯景的叛乱，以荆州为都城。西魏万纽于谨入侵梁王朝，被俘后，于谨用土袋将其压死。]

虞世南说："梁元帝天资聪明，书画术数，无一不精，可以说是个通才。他凭借好的形势讨伐逆贼，一洗梁简文帝被杀的国耻家仇，因功成名就而继位，确有可成就。然而在国难刚平创伤还没有恢复的情况下，却相信强敌西魏的奉承，因偏爱江汉而留恋不去，丢弃了建康故都，把兄弟子侄都流放到偏远的地方，人为地使手足成了仇敌，一旦国家有事，都在孤独偏远地方，不能与他分忧。结果是身亡国灭，生灵涂炭，把中原全部放弃，确实令人叹惜。"

[《淮南子》说："仁和智，这是最佳的才能！仁的意思是爱人，智的意思是了解人。爱人就不会采用暴虐的处刑；知人就不会导致国家的混乱。这就是夏商周三代所以昌盛的原因。智伯有五种过人之处，仍然避免不了被人杀害，根源就在于他不爱人；齐王建有三种过人之处，仍然被秦人俘虏，饿死在共邑（今甘肃泾川北），原因就在于他不知用人。所以说，仁最关键的是爱人，智最关键的是知人，这二点不首先具备，即使明察灵敏机智，聪慧，还是不能避免国破家亡

结果。"

有人问:"周武帝宇文邕雄才大略,打仗身先士卒,可惜在位才十年,只活了三十六岁。假如寿命再长些,让他充分发挥其军事才能,他一定能统一天下,成为一代圣主吗?"

虞世南说:"周武帝骁勇善战,果断刚强,谋略超人,看他鼓舞士气能纡尊屈贵,在外征伐号令严明,相比之下越王勾践和齐国大将穰苴都比不上。然而这只是勇猛的大将所应有的气质,还不具备做皇帝的气量。"

因此,拨乱反正的君主,首要的是应当收服将相之才以为己用,这才是最主要的。不能单靠一人善战去打天下。正因为此,刘向才说:"知人是王者之事,知事是臣者之事。多才多艺,英勇善战,能有多大用处呢?"]

南北朝时北齐的文宣帝高洋沉湎酒色,淫暴恣意,他的荒淫行为,连夏桀、纣王都不能比。然而能国富人丰,没有引起国乱人亡,为什么?〔齐文宣帝名洋,后齐高欢的次子,逼后魏元见善见禅让而登基。〕

虞世南说:"从前齐桓公自己奢侈淫佚,不遵守礼义,为人伦道德所唾骂,可是他内政外交全权依靠于管仲,结果还做了诸侯的霸主。齐宣帝高洋卑鄙荒乱,暴虐残忍,他把国家政务统统交由宰相杨谙等人处理,得以保护了国家和宗族的安全,这是因为他用人得当,所以没有国破家亡。"

〔殷商有三个大臣,夏禹的孙子太康在位时有五个弟弟,都是有能力的人,可是国家终究灭亡了,京都成了废墟,为什么?

鬻子说:"国王与臣民们共同治理国家,主观上想一定要行正道,但臣民们有合乎民意的意见,他不能采纳;一心想重用忠臣,但忠臣未不能接近他;决心讲信用,但未必能付诸行动。虞公不听宫之奇唇亡齿寒的忠言,晋国灭了虢国后,在班师的路上顺便就把虞国灭了;仇由不听赤章的劝告,最终被智氏灭亡。天下无论哪个国家,都有忠臣谋士,关键在于用与不用之分。如果不用,最后将给君主和有德行的人留下无穷祸患,到那时,正人君子也无法挽救灭亡了。"]

南北朝时的陈武帝陈霸光出身于平民百姓,终于开创了帝王大业,他可以与历史上的哪个皇帝相比呢?

虞世南说:"陈武帝由于雄才,高瞻远瞩,胸怀匡复大志,有如龙跃大海,豹腾峻岭。他扫荡了笼罩皇宫的阴云,恢复了梁朝萧氏的皇位。在西部抗击北周的军队,在北方打败了北齐高欢的残余,谋略宏伟远大,政令法规又没有什么错误,实在是一位开创基业的圣主,拨乱反正的大英雄。虽然比起宋高祖刘裕来有所不及,但比起齐高帝萧道圣明多了。"

隋文帝杨坚出身一个普通百姓,掌握皇权,征服了西边的蜀国,灭亡了江南的后陈。杨坚能与晋武帝司马炎相比吗?

虞世南说:"隋文帝由于是周武帝宇文邕的国丈,在北周还衰之际,担负着辅佐君王的大任,官封大丞相、大司马,最后登位称帝。他留心于政治,凡有政事,都归功于皇恩,所以能安抚住新旧权贵,使朝廷和地方都能一心,内政和军事两方面的制度规划,都有可观的成就。等到江淮一带全部安定,又统一了全国的文字和规则。当时天下有才的人,都在企盼着天下太平。可是自从灭了金陵陈国后,开始变得奢侈,虽然威震四海,但是不再留意处理复杂的国务了。珠宝玉石堆满宫室,美女佳人充斥后院,为了构建仁寿宫,几乎把国家财政积蓄都耗尽了。这样一来,黎民百姓给弄得财力枯竭,中等生活水平的人家都快倾家荡产。加之杨坚的猜忌心理日益严重,奇怪事自然多了起来。他杀戮亲生儿子的嫔妃,离间上相杨素的母亲[因为独孤皇后的异母弟独孤陀用猫鬼巫蛊,诅咒皇后,秦王杨俊的妃子和杨秦的母亲都受了牵连]。政治因此败坏,礼教因此衰亡。杨坚出名的惧内,因此皇后独孤氏干预国家大事,几个皇子废的废,杀的杀,[废太子杨勇为庶人,立杨广为太子]。功臣大将,也逐一被诛杀,所剩无几。杨坚晚年的政治失误比司马炎还多。建国不到三十年,就亡了国,这是自取灭亡,岂是天意?"

[汉高祖想改立赵王如意为太子,叔孙通劝说:"春秋时晋献公因为宠爱骊姬要废去太子申生,立骊姬的儿子奚齐,齐国因此乱了数十年,为天下所笑。秦始皇因不立扶苏,使赵高得以假传圣旨立了胡亥,导致国家灭亡。陛下很清楚这些教训。现在陛下如果决心废长子立少子,我现在死在陛下面前,以血污地。"刘邦说:"我只不过是开一个玩笑罢了。"叔孙通说:"太子是天下的根本,根本一摇,天下就震动。怎么能拿国家大事开玩笑呢?"汉高祖听从了他的规劝。

袁绍喜欢他的小儿子袁尚,就把长子袁谭过继给他哥哥,好让次子接位。沮授劝道:"人们说,万人追逐一只野兔,其中一人捕获后,其余想得到的就都停了下来。为什么呢?因为有了所有权。再说,同年岁的,以贤为上,品德相近,以长为贵。这是上古就立下的规矩。往前,应当鉴取历代成败的经验教训;往后,应当思量以逐兔为喻的喻忘。假如固持已见,祸患就将因此而起了。"袁绍没有听从,后来袁氏兄弟果然结下了仇。

因此立亲生长子为太子,是为了不使庶出的产生怀疑,有疑心就会有行动,同时立多人,就会发生争夺。同时指定两个儿子都是继承人的,国家必然要出乱子,不出乱子那是因为国君健在。主事不乱,国君一死必乱。这是大有深意的]

有人说:"王道、霸道的想法,就照你说的办好了。敢问人死后赐谥号,以及改新的历法,改变服装式样,从而使人耳目一新,这又表示什么?"

我的答案是:古代确定谥号,是为警戒后代,依照死者生前言行事迹,给予一个有警戒意义的名号。这对国王、对亲属,都不能有所隐讳。现在的臣僚们不管名实如何,只求使死者尊贵伟大就可以。古人作风已经早就消亡了。

从前季康子问孔子"五帝之德"什么意思,孔子说:"天有五行,为金、木、水、火、土。这五行按时令交替变化着,才滋育生成万物[一年三百六十日,五行中的每一行配七十二日来生长育化]。五行由五位神祇来掌管[五帝就是主管五行的天神]。古代帝王改朝换代时都要改变国号,以仿效五行。五行主神轮流主事,有始有终,相生相克,这里也有象征的意思。因此生而为王的,死后要配五行。比如太昊配木[勾芒为木的正神],炎帝配火[祝融为火的正神],少昊配金[蓐收为金的正神],颛顼配水[玄冥为水的正神],黄帝配土[后土为土的正神]。帝王改立年号,对五行所象征的德行,各有各的崇尚,所崇尚的恰恰是其派生的德性[比如木生火,崇尚木德的,所崇尚的颜色却是火的颜色——赤色。因为木是本,木生火,所以木与火的关系就像母与子的关系一样]。

夏代的始祖后稷以金德称王,因为金生水,水色黑,所以崇尚黑色;殷商以水德称王,水生木,但殷代崇尚白[水生的木本来崇尚青色,所以尚白,后因为避讳土德的尚青。土德本应尚白,因土生金,金色白。但因土为其余四行之首,四季中都有土德主事。五行用事,最先从木开始,所以土德崇尚的颜色为木之青色]。周代以木德称王,木生火,所以尚赤。这就是夏商周三代服饰颜色不同的缘故。到了汉初,贾谊认为汉应以土德称王,因为五行的转换,应依据相生相克的法则[常根据金木水火土相克的规则决定,五行的代替]。秦朝是水德,所以汉朝是用土克制了它。刘向父子认为帝王是从木德代表的震(即东方)产生的,所以庖牺氏第一个受的是木德,其后以木克土、土克水、水克火、火克金、金克木这样的生生相克,数到汉代,应当是属火,所以汉高祖起事之初,神母才夜哭,符合了白帝死赤帝生的瑞兆,刘邦才得到天命的统治权。上古时的共工,认为水德夹在水生木、水克火之间,与秦朝是同样的命运,因为处的位置不对,所以都命不长。

[在我看来,帝王的兴衰,各依其本根,在神农至舜的五帝之后,各有其继承。怎么会这样?汉是尧的后代,尧以火德称王,五行转了一圈,正好建立了汉朝,所以汉朝也是火德。袁绍时,耿包说:"赤色的火德已经衰亡,袁是舜的后裔,舜是土德,舜在保佑你,所以积极有所为。"这是因为他知道帝王的兴起各有其本源,在五帝之后各有承继。秦是颛顼的后裔,颛顼应是水德,所以秦也是水德。]

按照这一规则推演,即使一百代人们,都可以知道其兴亡衰败趋势了。

历代臣子　德行评价(臣行第十)

【原文】

夫人臣荫芽未动,形兆未见,昭然独见存亡之机,得失之要,豫禁乎未然之前,使主超然立乎显荣之处,如此者,圣臣也。

虚心尽意,日进善道,勉主以礼义,谕主以长策,将顺其美,匡救其恶,如此者,大臣也。

夙兴夜寐,进贤不懈,数称往古之行事,以厉主意,如此者,忠臣也。

[或问袁子曰:"故少府杨阜,岂非忠臣哉?"对曰:"可谓直士,忠则吾不知。何者?夫为人臣,见主失道,指其非而播扬其恶,可谓直士,未为忠也。故司空陈群则不然,其谈语终日,未尝言人主之非,书数十上而不知,君子谓陈群于是乎长者。此为忠矣。"]

明察成败,早防而救之,塞其间,绝其源,转祸以为福,君终已无忧,如此者,智臣也。

依文奉法,任官职事,不受赠遗,食饮节俭,如此者,贞臣也。

国家昏乱,所为不谀,敢犯主之严颜,面言主之过失,如此者,直臣也。

是谓六正。

[桓范《世要论》曰:"臣有辞拙而意工,言逆而事顺,可不恕之以直乎?

臣有朴呆而辞讷,外疏而内敏,可不恕之以质乎?

臣有犯难以为上,离谤以为国,可不恕之以忠乎?

臣有守正以逆众意,执法而违私欲,可不恕之以公乎?

臣有不屈己以求合,不祸世以取名,可不恕之以直乎?

臣有从仄陋而进显言,由卑贱而陈国事,可不恕之以难乎?

臣有孤特而执节,介立而见毁,可不恕之以劲乎?

此七恕者,皆所以进善也。"]

安官贪禄,不务公事,与世沉浮,左右观望,如此者,具臣也。

主所言皆曰"善",主所为皆曰"可",隐而求主之所好而进之,以快主之耳目。偷合苟容,与主为乐,不顾后害,如此者,谀臣也。

中实险诐,外貌小谨,巧言令色,又心疾贤。所欲进则明其美,隐其恶;所欲退则彰其过,匿其美,使主赏罚不当,号令不行,如此者,奸臣也。

智足以饰非,辩足以行说,内离骨肉之亲,外妒乱于朝廷,如此者,谗臣也。

专权擅势,以轻为重;私门成党,以富其家;擅矫主命,以自显贵,如此者,贼臣也。

谄主以佞邪,坠主于不义,朋党比周,以蔽主明,使白黑无别,是非无闻;使主恶布于境内,闻于四邻,如此者,亡国之臣也。

是谓六邪。

[桓范《世要论》曰:"臣有立小忠以售大不忠,效小信以成大不信,可不虑之以诈乎?

臣有貌厉而内荏,色取仁而行违,可不虑之以虚乎?

臣有害同侪以专朝,塞下情以壅上,可不虑之以嫉乎?

臣有进邪说以乱是,因似然以伤贤,可不虑之以谗乎?

臣有因赏以偿恩,因罚以作威,可不虑之以奸乎?

臣有外显相荐,内阴相除,谋事托公而实挟私,可不虑之以欺乎?

臣有事左右以求进,托重臣以自结,可不虑之以伪乎?

臣有和同以取悦,苟合以求进,可不虑之以祸乎?

臣有悦主意以求亲,悦主言以取容,可不虑之以佞乎?

此九虑者,所以防恶也。"]

子贡曰:"陈灵公君臣宣淫于朝,泄冶谏而杀之,是与比干同也,可谓仁乎?"

子曰:"比干于纣,亲则叔父,官则少师,忠款之心,在于存宗庙而已,故以必死争之,冀身死之后而纣悔悟。其本情在乎仁也。泄冶位为下大夫,无骨肉之亲,怀宠不去,以区区之一身,欲正一国之淫昏,死而无益,可谓怀矣!诗云:'民之多僻,无自立辟。'其泄冶之谓乎?"

或曰:"叔孙通阿二世意,可乎?"

司马迁曰:"夫量主而进,前哲所韪。叔孙生希世度务制礼,进退与时变化,卒为汉家儒宗。古之君子,直而不挺,曲而不挠,大直若诎,道同委蛇,盖谓是也。"

[议曰:太公云:"吏不志谏,非吾吏也。"朱云庭诘张禹曰:"尸禄保位,无能往来,可斩也。"

班固曰:"依世则废道,违俗则危殆,此古人所以难受爵位。"由此言之,存与死,其义云何?

对曰:范晔称:"夫专为义则伤生,专为生则塞义。若义重于生,舍生可也;生重于义,全生可也。"]

或曰:"然则窦武、陈蕃,与宦者同朝廷争衡,终为所诛,为非乎?"

范晔曰:"桓灵之世,若陈蕃之徒,咸能树立风声,抗论昏俗,驱驰岨峍中,而与腐夫争衡,终取灭亡者,彼非不能洁情志,违埃雾也。悯夫世士,以离俗为高,而人伦莫相恤也。以遁世为非义,故屡退而不去。以仁心为己任,虽道远而弥厉,及遭值际会,协策窦武,可谓万代一时也。功虽不终,然其信义足以携持世心也。"

[议曰:此所谓义重于生,舍生可也。]

或曰:"臧洪死张超之难,可谓义乎?"

范晔曰:"雍丘之围,臧洪之感愤,壮矣!相其徒跣且号,束甲请举,诚足怜也。

夫豪雄之所趣舍,其与守义之心异乎?若乃缔谋连衡,怀诈算以相尚者,盖惟势利所在而已。况偏城既危,曹、袁方睦,洪徒指外敌之衡,以纾倒悬之会,忿恨之师,兵家所忌,可谓怀哭秦之节,存荆则未闻。"

[昔广陵太守张超委政臧洪,后袁绍亦与结友。及曹操围张超于雍丘,洪闻超被围,乃徒跣号泣,勒兵救超,兼从绍请兵,绍不听,超城陷,遂族诛超。洪由是怨绍,与之绝,绍兴兵围之,城陷诛死。

议曰:臧洪当纵横之时,行平居之义,非立功之士也。]

或曰:"季布壮士,而反摧刚为柔,髡钳逃匿,为是乎?"

司马迁曰:"以项羽之气,而季布以勇显于楚,身屡典军,搴旗者数矣,可谓壮士。然至被刑戮,为人奴而不死,何其下也!彼必自负其材,故受辱而不羞,欲有所用其未足也,故终为汉名将。贤者诚重其死。夫婢妾贱人,感慨而自杀者,非勇也,其计尽,无复之耳。"

[议曰:太史公曰:"魏豹、彭越虽故贱,然已席卷千里,南面称孤,喋血乘胜日有闻矣。怀叛逆之意,及败,不死而虏,囚身被刑戮,何哉?中材以上且羞其行,况王者乎!彼无异故,智略绝人,独患无身耳。得摄尺寸之柄,其云蒸龙变,欲有所会其度,以故幽囚而不辞云。"此则纵横之士,务立其功者也。

又《蔺公赞》曰:"知死必勇,非死者难也,处死者难。方蔺相如引璧睨柱,及叱秦王左右,势不过诛,然士或怯懦不敢发。相如一厉其气,威信敌国;退而让廉颇,名重泰山。其处智勇,可谓兼之矣!"此则忠贞之臣,诚知死所者也。

管子曰:"不耻身在缧绁之中,而耻天下之不理;不耻不死公子纠,而耻威之不申于诸侯。"此则自负其才,以济世为度者也。

此皆士之行已,死与不死之明效也。]

或曰:"宗悫之贱也,见轻庚业。及其贵也,请业为长史,何如?"

斐子野曰:"夫贫而无戚,贱而无闷,恬乎天素,弘此大猷,曾、原之德也。降志辱身,挽眉折脊,忍屈庸曹之下,贵骋群雄之上,韩、黥之志也。卑身之事则同,居卑之情已异。若宗元干无怍于草具,有韩、黥之度矣。终弃旧恶,长者哉!"

[宋宗悫之贱也,州人庚业丰富,待客必方丈。其为悫设,则粟饭,悫亦致饱。及为豫州,请业为长吏也。]

世称郦寄卖交,以其给吕禄也,于理何如?

班固曰:"夫卖交者,谓见利忘义也。若寄,父为功臣而执劫,虽摧吕禄,以安社稷,义存君亲可也。"

或曰:"靳允违亲守城,可谓忠乎?"

徐众曰:"靳允于曹公,未成君臣。母,至亲也,于义应去。

昔王陵母为项羽所拘,母以高祖必得天下,因自杀以固陵志,明心无所系,然后可得事人,尽其死节。

卫公子开方仕齐,十年不归,管仲以其不怀其亲,安能爱君,不可以为相。是以求忠臣于孝子之门。允宜先救至亲。

徐庶母为曹公所得,刘备乃遣庶归。欲天下者,恕人子之情,公又宜遣允也。"

[魏太祖征冀州,使程昱留守甄城。张邈叛。太祖迎吕布,布执范令靳允母。太祖遣昱说靳允,无以母敌,使固守范。允流涕曰:"不敢有二也。"]

魏文帝问王朗等曰："昔子产治郑，人不能欺；子贱治单父，人不忍欺；西门豹治邺，人不敢欺。三子之才，与君德孰优？"

对曰："君任德则臣感义而不忍欺；君任察则臣畏觉而不能欺；君任刑则臣畏罪而不敢欺。任德感义，与夫导德齐礼，有耻且格，等趋者也；任察畏罪，与夫导政齐刑，免而无耻，同归者也。优劣之悬，在于权衡，非徒钧铢之觉也。"

或曰："季文子，公孙弘，此二人皆折节俭素，而毁誉不同，何也？"

范晔称："夫人利仁者，或借仁以从利；体义者，不期体以合义。季文子妾不衣帛，鲁人以为美谈；公孙弘身服布被，汲黯讥其多诈。事实未殊而毁誉别者，何也？将体之与利之异乎？故前志云：仁者安仁，智者利仁，畏罪者强仁。校其仁者，功无以殊，核其为仁，不得不异。安仁者，性善者也；利仁者，力行者也；强仁者，不得已者也。三仁相比，则安者优矣。"

［议曰：夫圣人德全，器无不备。中庸已降，才则好偏。故曰：柴也愚，参也鲁，师也辟，由也喭。由此观之，全德者鲜矣！全德既鲜，则资矫情而力善矣！然世恶恶伪，而人贤任真。使其真贪愚而亦任之，可为贤乎？对曰：吁！何为其然？夫肖貌天地，负阴抱阳，虽清浊贤愚，其性则异，而趋走嗜欲，所规则同。故靡颜腻理，人所悦也；乘坚驱良，人所爱也；苦心贞节，人所难也；徇公灭私，人所苦也。不以礼教节之，则荡而不制，安肯攻苦食淡，贞洁公方，临财廉而取与义乎？故《礼》曰："欲不可纵，志不可满。"古语云："廉士非不爱财，取之以道。"诗云："如切如磋，如琢如磨。"皆矫伪之谓也。若肆其愚态，随其鄙情，名曰任真而贤之，此先王之罪人也。故吾以为矫伪者，礼义之端；任真者，贪鄙之主。夫强仁者，庸可诬乎？］

或曰："长平之事，白起坑赵卒四十万，可为奇将乎？"

何晏曰："白起之降赵卒，诈而坑其四十万，其徒酷暴之谓乎？后亦难以重得志矣！向使众人预知降之必死，则张虚拳，犹可畏也。况于四十万披坚执锐哉？天下见降秦之将头颅依山，归秦之众骸积成丘，则后日之战，死当死耳，何众肯服，何城肯下乎？是为虽能裁四十万之命，而适足以强天下之战。欲以一期之功，而乃更坚诸侯之守。故兵进而自伐其势，军胜而还丧其计，何者？设使赵众复合，马服更生，则后日之战，必非前日之对也，况今皆使天下为后日乎！其所以终不敢复加兵于邯郸者，非但忧平原之补缝，患诸侯之救至也，徒讳之而不言耳。且长平之事，秦人十五以上，皆荷戟而向赵矣。夫以秦之强，而十五以上，死伤过半，此为破赵之功小，伤秦之败大也。又何称奇哉？"

［议曰：黄石公称柔者能制刚，弱者能制强。柔者德也，刚者贼也。柔者人之所助，刚者怨之所居。是故纣之百克而卒无后，项羽兵强，终失天下。故随何曰："使楚胜，则诸侯自危惧而相救。夫楚之强，适足以致天下兵耳。"由是观之，若天下已定，借一战之胜，诈之可也。若海内纷

纷，雌雄未决而失信于天下，败亡之道也。当亡国之时，诸侯尚强，而白起乃坑赵降卒，使诸侯畏之而合纵。诸侯合纵，非秦之利，为战胜而反败。何晏之论当矣。]

或曰："乐毅不屠二城，遂丧洪业，为非乎？"

夏侯玄曰："观乐生与燕惠王书，其殆乎知机合道，以礼终始者欤！夫欲极道德之量，务以天下为心者，岂其局迹当时，止于兼并而已哉？夫兼并者，非乐生之所屑；强燕而废道，又非乐生之所求。不屑苟利，不求小成，斯意兼天下者也。举齐之事，所以运其机而动四海也。围城而害不加于百姓，此仁心著于遐迩矣。迈令德以率列国，则几于汤武之事矣。乐生方恢大纲，以纵二城，收人明信，以待其弊，将使即墨、莒人，顾仇其上，开弘广之路，以待田单之徒；长容善之风，以申齐士之志。招之东海，属之华裔。我泽如春，人应如草，思戴燕王，仰风声二城必从，则王业隆矣。虽淹留于两邑，乃致速于天下也。不幸之变，势所不图，败于垂成，时变所然。若乃逼之以兵，劫之以威，侈杀伤之残，以示四海之人，虽二城几于可拔，则霸王之事逝其远矣。乐生岂不知拔二城之速了哉？顾城拔而业乖也。岂不虑不速之致变哉？顾业速与变同也。由是观之，乐生之不屠二城，未可量也。"

[或曰："乐毅相弱燕，破强齐，合五国之兵，雪君王之耻，围城而不急攻，将令道穷而义服，则仁者之师，成以为谋胜武侯也。可乎？"

张辅曰："夫以五国之兵共伐一齐，不足为强。大战济西，伏尸流血，不足为仁。彼孔明包文武之德，长啸俟时。刘玄德以知人之明，屡造其庐，咨以济世，奇策泉涌。遂东说孙权，北抗大魏，以乘胜之师，翼佐取蜀。及玄德临终，禅以大位，在扰攘之际，立童蒙之主，设官分职，班叙众才，文以治内，武以折衡，然后恩泽於国中之人。其行军也，路不拾遗，毫毛不犯。勋业垂济而陨。观其遗文，谋谟弘远矣。己有功则让于下，下有阙则躬自咎。见善则迁，纳谏则改，故声烈震遐迩也。孟子曰：'闻伯夷之风，贪夫自廉。'余以为睹孔明之忠，奸臣立节。殆将与伊、吕争烈，岂徒以乐毅为伍哉？"]

或曰："商鞅起徒步于孝公，挟三术之略，吞六国之纵，使秦业帝，可为霸者之佐乎？"

刘向曰："夫商君，内急耕战之业，外重战伐之赏，不阿贵宠，不偏疏远。虽《书》云'无偏无党'，《诗》云'周道如砥，其直知矢'，《司马法》之厉戎士，周后稷之劝农业，无以易此。此所以并诸侯也。故孙卿曰：'四世有胜，非幸也，数也。'夫霸君若齐桓、晋文者，桓不倍柯之盟，文不负原之期，而诸侯信之。此管仲、咎犯知谋也。今商君倍公子卬之旧恩，弃交魏之明信，诈取三军之众，故诸侯畏其强而莫亲信也。藉使孝公遇齐桓、晋文，得诸侯之统，将合诸侯之君，驱天下之兵以伐秦，秦则亡矣。天下无桓、文之君，故秦得以兼诸侯也。卫鞅始自以为知王霸之德原，其事不伦也。昔周召公施美政，其死也，后世思之，《蔽芾甘棠》之诗是，尝舍于树下，不忍伐其树，况害于身乎？管仲夺伯氏骈邑三百户，无怨言。卫鞅内刻刀锯之刑，外深斧钺之诛，身死车裂，其去霸者之佐亦远矣！然孝公杀之，亦非也。可辅而用，使卫鞅施宽平之法，加之以恩，申之以信，庶几霸者之佐乎！"

[议曰：商鞅初因景监求见秦孝公，说以帝道，孝公不入，时时睡，后又与鞅语，不知膝之过席。景监曰："子何以中吾君？君欢甚也。"鞅曰："始吾说公以帝道，而曰：'久远矣，安能邑邑待数十百年以子孙成事乎？'吾又说以伯道，其意欲之而未能也。吾又以强国之术说君，君大悦之。

然亦难以比德于殷周矣!"

昔齐桓公与鲁庄公会于柯而盟,曹沫以匕首劫桓公反侵地。桓公许之,后悔,欲无与鲁地而杀曹沫。管仲曰:"弃信于诸侯,失天下之援,不可。"于是与曹沫三败所亡之地。诸侯闻之,皆信齐而欲附焉。山戎伐燕,燕告急于齐。齐桓公救燕而还,燕庄公送桓公入齐境。桓公曰:"非天子,诸侯送不出境。吾不可以无礼于燕。"于是分沟割燕君所至与燕君,令复修召公之政,纳贡于周,诸侯闻之皆从,齐桓公于是始霸。由此观之,商鞅深刻弃信,非霸者之佐明矣。然孝公欲速,不从鞅言,孝公过也。商鞅牵于世,迫于君,不得行其志耳。刘向以鞅无霸王之术,谬矣。]

诸葛亮以马谡败于街亭,杀之。后蒋琬谓亮曰:"昔楚杀得臣,然后文公喜可知也。天下未定,而戮智计之士,岂不惜哉?"亮流涕曰:"孙武所以能制胜者,用法明也。是以杨干乱法,魏绛戮之。四海分裂,兵交方始,若复废法,何用讨贼耶?"

习凿齿曰:"诸葛亮之不能兼上国也,岂不宜哉? 夫晋人视林父之后济,故废法而收功。楚成暗得臣之益己,故杀之以重败。今蜀僻陋一方,才少上国,而杀其俊杰,退收驽下之用,明法胜才,不师三败之道,将以成业,不亦难乎?"

[晋侯使荀桓子与楚战于郊,桓子败归而请死,晋侯欲许之。士贞子曰:"不可。城濮之役,晋师三日馆谷,文公犹有忧色。左右曰:'有喜而忧如有忧而喜乎?'公曰:'得臣犹在,忧未歇也。困兽犹斗,况国相乎!'及楚杀子玉,公喜而后可知也:'是晋再克而楚再败也。'楚是以再世不竞。今天或者大警晋也,而又杀林父,以重楚胜,其无乃不竞乎? 林父之事君也,进思尽忠,退思补过,社稷之保也。君若之何杀之? 夫其败也,若日月之蚀,何损于明?"晋侯使之复其位也。]

汉代以周勃功大。霍光何如?

对曰:"勃本高帝大臣,众所归向,居太尉位,拥兵百万,既有陈平、王陵之力,又有朱虚诸王之援,郦寄游说,以谲诸吕,因众之心,易以济事。若霍光者,以仓卒之际,受寄托之任,辅弼幼主,天下晏然。遭燕王旦之乱,诛除凶逆,以靖王室。废昌邑,立孝宣,任汉家之重,隆中兴之祚,参声伊周,为汉贤相。推验事效,优劣明矣。"

[袁盎问汉文帝曰:"陛下以绛侯周勃何如人也?"上曰:"社稷臣也。"盎曰:"可谓功臣,非社稷臣。社稷臣者,主在与在,主亡与亡。方吕后时,刘氏不绝如带,绛侯为太尉,主兵柄不能正。吕氏崩,大臣相与诛诸吕,太尉主兵适会其成功。所谓功臣,非社稷臣也。"]

后汉陈蕃上疏荐徐稚、袁闳、韦著三人。帝问蕃曰:"三人谁为先后?"蕃曰:"闳生公族,闻道渐训。著长于三辅,礼义之俗,所谓不扶自直,不镂自雕。至于稚者,爰自江南卑薄之域,而角立杰出,宜当为先。"

或曰:"谢安石为相,可与何人为比?"

虞南曰:"昔顾雍封侯之日,而家人不知,前代称其持重,莫以为偶。夫以东晋衰微,疆场日骇,况永固[符坚字也]六夷英主,亲率百万。符融俊才名相,执锐先驱,厉虎狼之爪牙,骋长蛇之锋锷,先筑宾馆,以待晋君。强弱而论,鸿毛太山,不足为喻。文靖深拒桓冲之援,不喜谢玄之书,则胜败之数,固已存于胸中矣。夫斯人也,岂以区区万户之封,动其方寸者欤? 若论其度量,近古已来,未见其匹。"

隋炀帝在东宫,尝谓贺若弼曰:"杨素、韩擒虎、史万岁三人,俱称良将,其间优劣何如?"对曰:"杨素是猛将,非谋将[议曰:胆气果敢,猛将也;渊而有谋,谋将也];韩擒虎是斗将,非领将[议曰:奋捷骄悍,斗将也;御军齐肃,领将也];史万岁是骑将,非大将[议曰:领一偏师,所向无敌,骑将也;包罗英雄,使群才各当其用,大将也]。"太子曰:"善。"

故自"六正"至于"问将",皆人臣得失之效也。古语曰:"禹以夏王,桀以夏亡;

汤以殷王,纣以殷亡。"阖庐以吴战胜,无敌于天下,而夫差以见擒于越;穆公以秦显名尊号,而二世以劫于望夷。其所以君王者同,而功迹不等者,所任异也。是以成王处襁褓而朝诸侯,周公用事也;赵武灵王年五十而饿死于沙丘,任李兑也。故魏有公子无忌,削地复得;赵任蔺相如,秦兵不敢出;楚有申包胥,而昭王反位;齐有田单,而襄王得国。因斯而谈,夫有国者,不能陶冶世俗,甄综人物,论邪正之得失,撮霸王之余议,有能立功成名者,未之前闻。

[故知量能授官,至理之德也。]

【译文】

大凡臣子能在事情还未有萌芽前,还未见出征兆时,能够看出存之得失的关键,防患于未然,使君主能够显耀,这样的臣子叫圣臣;

谦虚谨慎,每天能进善言,能以礼义勉励君主,以好的策略教导君主,光大他的美行,匡正他的缺失,这样的臣子叫大臣。

早起晚睡,能坚持推荐贤才,以史事来帮助君主定下主意,这样的臣子叫忠臣。

[有人问魏明帝时的楚郡太守袁安:"已故的少府杨阜,难道不是忠臣吗?"袁安回答道:"象杨阜这样的臣子只能称'直士',算不得忠臣。为什么这样说呢?因为作为臣子,如果发现人主的行为不合道义,当着众人的面指出他的错误,使君主的过失传扬天下,只能叫直士,不能算作忠。已故的司空陈群就不是这样,他在和其他臣子说话时,未曾说过君主的过错,只是几十次地送奏章给皇帝,指出哪些事做错了,哪个缺点必须改,而同僚们却都不知道他写过奏折。陈群向人主提了意见而不自我标榜,所以后世的人都尊他是一位德高望重的长者。这才是真正的忠臣。"]

深谋远虑,明察秋毫,清楚成功、失败的机枢在哪里,并能事先预防,采取补救的办法,堵塞某一国策实施的漏洞,把可能导致能够观察成败得失,及早防范并加以补救,堵塞政策漏洞,断绝祸害根源,转危为安,使君主没有后顾之忧,这样的臣子叫智臣。失败、动乱的因素提前消灭了,转祸为福,转危为安,使人主自始至终不必忧虑。能这样做的是智臣。

奉公守法,以身作则,忠于职守,勇于负责,为民众出了力、办了事不接受贺礼,清正廉洁,勤俭朴素。能这样做的是贞臣。

当皇帝昏庸、国家离乱的时候,不阿谀奉承,而且敢冒犯昏君的龙颜,在群臣唯唯诺诺的时候,敢当面指出昏君的过错。能这样做的,就叫作直臣。

这是六种类型的正面官员——"正臣"。

[南北朝的桓范在他写的《世要论》中说:"有些官员不善言辞,但能有妙计。如果当领导的只因他说话刺耳,就处处看不顺眼,冷落疏远他,他的才干就得不到发挥了。对这样的官吏,能不体察到他的心直口讷,而不加以宽容吗?

"有的官员相貌憨厚,说话结巴,其貌不扬,不修边幅,可是脑子聪慧敏锐,能发现、想到被别人忽略的问题。对这样的官员,当领导的不应当为了他本质上淳朴、聪敏的优点而宽容他外表鄙陋的不足吗?

"有的官员是临危授命,冒险犯难,是能担当拨乱反正大任的天才,为了国家、民族的兴旺发达,可以忍受一切诽谤屈辱。对于这样的官员,当领导的不是应当为了他的忠心为国而信任、重用他,原谅他的小节吗?

"有的官员公正廉明,为了长远利益,为了国家大利与大多数人冲突。或者为了捍卫法律的威严而大义灭亲,牺牲个人和家庭的利益。对于这样的官员,当领导的应当看到其公而忘私、大公无私的可贵,给予支持保护。

"有的官员个性倔强,道德标准很高,要想让他委曲求全,违反他的人格标准去迎合某一种意见,屈从某一种局势,他死也不干。还有的官员富贵不能淫,威武不能屈,如果让他阿谀世俗做一件事,个人可以名利双收,但这件事将给社会带来祸患,那他宁可不要这个名,也不做这种事,对于这些高风亮节,品格高尚的官员,当领导的不是应当特别加以理解、重用吗?

"有些官员在基层工作,地位不高,没有名气,路子也窄,但是爱动脑筋,有见地,能向上级领导提出很好的意见。虽然位卑人微,但敢越级反映情况,讨论国家大事。对于这种官员,当领导的不是应当体察到他们忠心为国之难能可贵吗?

"有的官员个性孤僻,作风特殊,但他保持着与众不同、超然独立的节操,这就很容易招来诽谤。当领导的应当明白这种人有着特殊的品操、才能,并加以原谅、宽容。

"这七种忠恕的官员,都是能够带来好处的官员。"]

有的人当官只是为了俸禄,对工作敷衍应付,随波逐流,瞻前顾后,左顾右盼,害怕得罪人,这种当官的,可名之曰"具臣"——滥竽充数而已。

只要是君主讲的,就说"讲得好,非常正确,非常重要";只要是君主做的,就说"做得对,带了个好头"。暗自投君主之所好,以满足君主。渐渐的,当领导的不把这类专事拍马屁的官员当外人了,互相包庇纵容,一起吃喝玩乐,不计后果,不考虑影响。这种官员就叫作"谀臣"。

内心阴险奸诈,外貌谦恭谨慎,能说会道,实际上嫉贤妒能,想提拔谁,就在上级领导面前尽说他的好话,隐瞒他的过错;对真正的人才,就在上级面前夸大他的过失,隐瞒他的优点,结果使上级赏罚不当,号令不行,政策、法规不能执行,这类官吏就是"奸臣"。

有才智,有学识,用以掩饰其罪恶,叫人们听了不由得不信服;辩论起来足以形成一家学说,小则可以挑拨离间父子兄弟反目成仇,大则可以在中央政府煽风点火,制造灾乱。这种官员就是"谗臣"。

篡夺权力,造成自己的势力,颠倒黑白,无限上纲,整倒别人,排斥异己,培植私人势力结成死党,形成自己的社会势力;假传圣旨,使自己显得无比尊贵。这类官吏就是"贼臣"。

在人主面前阿谀奉承,鼓动、促使国王往歪路上走,背后又把错误都推到国王一个人身上;结党营私,互相包庇,欺上瞒下,不让君主了解真实情况,使上下黑白不分,是非不辨;暗地里宣扬君主的过失,使全国老百姓都骂国家领导人,闹得国际上都知道。这种官吏就是"亡国之臣"。

这是六种类型的反面官员——"邪臣"。

当官的既然有六种类型的"邪臣"——不正派的官员,那么有什么办法可以防止他们混入各级机关呢?这就要讲究防邪之道。

[桓范说:"有的官员在小事情上忠心耿耿,工作干得不错,但其目的在于一旦手握大权,就能实现他的大野心,有的在小事上,在平时很讲信用,但其目的是为了在大事上搞阴谋诡计,达到反叛的目的。对这类官员不是应该预防其欺诈吗?

"有的官员表面上很有魄力,实际上很懦弱;而有的表面上非常仁义,可在行动上却与仁义相违背。这就要考虑，这些官员是不是在弄虚作假？

"有的官员专搞打击同事、贬低同僚的举动，以达到自己被信任、重用的目的，一旦委以重用，就使下情不能上达，上面的政令也不能向下传达。对这类官员，当领导的就要考虑他是不是嫉妒心理在作怪呢？

"有的官员发表歪邪的观点，以扰乱是非；或者发表貌似合情合理的意见，一旦实行，就会伤害真正的贤能之才。对于这类官员，当领导的就要考虑他是不是在进谗言？

"有些官员手中有一定的权力，就用不公正的赏赐鼓励自己满意的部下，尽管这些人没有什么功绩；或者用奖赏的办法收买人心，预支恩德；或者用不公正的处罚对待自己不喜欢的部下，以此树立权威，尽管这些人有能力、有业绩。对出于私心擅自赏罚的负责人，当领导的就得想想他是不是奸佞之人？

"有的官员居心不良，存心要陷害某人，就采用表面上抬举他，说好话，而暗地里却用阴谋诡计把他搞垮的手法；或者要谋略什么事情，总是冠冕堂皇地打着、一心为公的旗号，实际上暗中却假公济私，但手段非常高明，做得不留痕迹。当领导的，就要警觉这类官员是不是欺世盗名、欺君罔上之辈？

"有的官员专门结交领导人左右的办事人员，从而找机会向执政者说项推荐，以达到晋身的目的；或者借助领导人重用的、言听计从的人，巴结他们，依靠他们，以此巩固自己的权力和地位。当领导的就应当考虑，这类官员是不是有作伪的动机？

"有的官员永远随声附和，有时甚至违心地苟合别人，为的是不得罪任何人，一步步顺利地往上爬。对这类官员，当领导的就要考虑将来的祸患：关键时刻，利害关头，他是不是也会这样呢？

"有的官员一门心思顺着上级领导的意志，专做上面喜欢弄的事，专说上面喜欢听的话，为的是求得上级的宠爱，取得上级的亲信，而这些事、这些话对老百姓、对社会是好是坏，他一概不去多想。这种官员，就得想想他是不是佞臣？"]

春秋时郑穆公的女儿夏姬，后世称她为"一代妖姬"，是当时的名女人，陈、郑等好几个国家都亡在她手里。据说她好几十岁了还很美丽，许多诸侯都被她迷住了。最初她嫁给陈国的大夫御叔，丈夫死后，她和陈灵公及朝中大夫孔宁、仪行父私通，搞得朝廷乱七八糟。陈国的大夫泄冶看不下去，就向他们提出规谏。陈灵公自知理亏，无颜面对泄冶。就买通一个刺客，把泄冶杀了。就这件事子贡问孔子："陈灵公君臣与夏姬淫乱朝纲，泄冶规劝，招来杀身之祸。泄冶的行为与纣王时代的比干相同，能不能说泄冶的做法合乎仁道呢？"

孔子说："不能这样说，因为比干之于纣王，从血缘关系方面讲，他们是皇亲，比干是纣王的叔父；从公的方面讲，比干是皇帝的老师。比干是为保住殷商的宗庙社稷，所以他下决心牺牲自己，希望用自己的一死使纣王悔悟，所以比干当时的心理状态，是真正的仁爱之心。泄冶就不同了，他只是陈灵公的部属，地位不过是个下大夫，并没有血缘上的亲密关系，在陈国这样一个政治混乱的国家，正人君子本应挂冠而去，可是泄冶没有这样做。他以如此低微的地位，抱着不切实际的幻想，想用区区一身，纠正国家领导人的淫乱昏庸，死了也是白死，没有任何意义。像他这种作法，爱国之心还是有的，至于说到忠、仁，却毫不相干。《诗经》中有两句话：'民之多僻，无自立辟。'意思是说，寻常百姓一旦走到偏激的邪路上去的时候，是没有办法把他们拉回来的。泄冶就是这种人。"

有人问:"叔孙通顺着秦二世的心事阿谀奉承他,这是应该的吗?"

司马迁回答道:"叔孙通先生考较做君王的是不是英明,以便决定自己的进退,这个道理是前代哲人所认可的。他为了继承文化道统,期待着太平盛世,希望理想的时代一来,好成就一番事业,制定富有文化精神的体制。进退韬讳,他看得很清楚。在秦始皇那个时代,他没有办法,只好迁就当时的时代环境。他非常懂得适应时代的变化,以最强的应变能力达到最终目的,最后终于成了汉王朝的儒学宗师,开创了几千年的儒家礼仪制度。古代的君子,如同大树一样,挺直而柔韧,弯曲而不屈服,大的直如同弯曲,真正的道是曲折的,说的就是这个道理。"

[有这样一个观点:司马迁在谈到官员的标准时说:"在朝为官而不给君王提意见,这种官员要不得。"比如朱云和张禹的事吧,这两个人都是汉成帝的老师,当时正是王莽家族用权的时候,民间怨恨到了极点,各地的奏章报到中央,都被张禹压下来不给皇帝看。朱云当着皇帝的面质问张禹:"下面那么多奏章你不让圣上看,像死人一样占着一块地方,只想保住自己的乌纱帽,什么都不干,使上下的意见、消息无法沟通,该杀!"

班固对此发表意见说:"为人处世太难了,跟着时代、世俗走吧,就违背了伦理道德,违背了思想信仰;可是如果超凡脱俗,逆潮流而行,人生就马上变的举步艰难,危机四伏,至少这辈子没有饭吃,会把自己给饿死。因此古代的人给官也不做。为什么不愿做官?为什么要清高?因为他既然出来做官,就想对国家对社会有所贡献。可是如果估量一下当时的局势,当官后不但无所作为,甚至还有危险,那又何必出来?这样一想,就不轻易接收招聘了。"由这个道理看起来,推论下去,一旦面临生存还是死亡的抉择,有时候连命也得搭上,这生与死的取舍,该怎么讲呢?

范晔对这一重大问题的回答是:"一个人一天到晚,专门讲文化道德、义理之学,那么就连饭也吃不上,连谋生的办法都没有了;但是如果只讲求生,为获取钱财官位,连命都不要,伦理道德的贯彻就被堵死了。古人在生与义发生冲突时,取舍的标准是这样:假如死了比活着更有价值,就舍生取义;假如生存下来可以改变局面,干一番更大的事业,虽然是苟且偷生,但比死更有价值,那就舍义求生。否则,只能殉难以保全节了。"]

如果有人问:"如此说来,后汉的窦武、陈蕃,与把持朝政的窦后及其亲信宦官曹节、王甫抗衡斗争,最终还是死在这班外戚、宦官手里,难道他们做得不对吗?"

《后汉书》的作者范晔对这段历史是这样议论的:"汉桓帝、汉灵帝两朝,像陈蕃这样的人,都是能够建树时代风尚,对当时浑浑噩噩混日子的世俗风气发出抗议的人。以他的人品学问,道德情操,在最腐败的社会风气中,犹如骏马驰骋在崎岖的险途中一样,敢和那些权势熏天的宦官抗争,乃至不惜生命。以他的聪明才智,并不是做不到洁身自好,明哲保身,而是不屑于这样做罢了。因为他坚持自己的人格、道德标准,怜悯当时世俗庸人,像一些知识分子那样,看到世风日下,尽管反感极了,也只求远离污浊恶世,自以为清高,然而这样一来,人世间就连一些互相同情的人情味都没有了。所以他反对那些退隐避世的人,认为退隐不合人生的真义,而他自己好几次有机会退隐避祸,可就是不走,以'天下兴亡,匹夫有责'的精神,以仁义之心为己任,明知任重道远,意志更加坚定。等到政治形势一有施展才能的机会,就协同窦武扫除宦官势力,甚至不惜以生命相助。这样的死,以历史的眼光看,把时间拉长、空间放大了,是把千秋万代的事业放在一个短暂的时空内做了。他这生命的价值,在于精神的不死,千秋万代都要受人仰慕。虽然他失败了,然而他的精神、正义却世世代代作为信念的支柱在引导、支持着世道人心。"

［这就是前面所讲的义重于生、舍生取义的道理。］

［三国交战的时候，广陵（今江苏扬州一带）的太守张超把地方政务委托给臧洪去管理，后来袁绍也和臧洪成了朋友。等到曹操在雍丘（今河南杞县）包围了张超，臧洪闻讯后，光着脚哭着到处替张超求救兵，自己也出兵去救张超，因与袁绍是朋友，又向袁绍求援，可是袁绍没答应。雍丘被曹操攻破后，张超全家被杀。臧洪因此恨透了袁绍，就和他断绝交往。朋友反目成仇后，袁绍举兵围攻臧洪，城破之后，臧洪也被袁绍杀了。

后来人们在谈论起这件往事时，不但不同情臧洪，反而认为他头脑不清，稀里糊涂。三国交战的那个时代，正像春秋战国纵横错节的时代一样，是个没有正义可言的时代，说不上哪一方是仁义之师。臧洪昏头昏脑，对时代环境看不清，身家性命都保不住，还妄想像在和平安居时那样讲道义，讲友情，岂不可笑！所以说，身处乱世还想像臧洪那样去立功立业，救苦救难，只能自取灭亡。］

也许有人会问："臧洪虽然不明智，但他为救朋友张超而死，总还够得上讲义气吧？"

对此范晔也有他的看法。他说："曹操兵围雍丘，张超处境危急，臧洪为救朋友到处求救，当时就臧洪个人感情之悲愤、慷慨来说，是一种壮烈的情操。看他那副光着脚奔走呼号、带兵赴难的样子，确实值得怜悯。可是话说回来，英雄豪杰在某种特定的情势下，对于是非善恶的取舍，与普通人的信守节义，在心态上是否不一样呢？'大行不辞小让'，成大功，立大业，办大事的人，是顾不到那么多琐碎小事的，甚至挨骂都在所不惜。至于像三国时期，袁绍、曹操、张超这一帮人，和一切乱世中拥兵割据的草头王一样，有时候结盟订约，联合起来对付共同的敌人，实际上都在替自己打算，联合有利就联合，开战有利就开战，根本没有什么信义可讲，唯一的出发点是形势的需要，利害的权衡。在这种局势下，看不透这一点，而去和人讲道义，只有送命了。更何况三国时，在军阀割据的战乱局面下，雍丘是个非常危险的偏城，臧洪出于一时愤慨，只知道自己的朋友被曹操包围了，心想袁绍也是朋友，就去请袁绍出兵，却不知曹、袁当时出于利害关系的考虑，刚刚讲和，正是友好相处的时候。臧洪昏昏然想借袁绍的兵打败曹操，来解救朋友的危难，即便成功了也是前门驱狼后门进虎，是很危险的。再说，按兵法来讲，逞一时义愤，率愤恨之师，是兵家之大忌。臧洪'徒跣且号，束甲请兵'，和楚国的申包胥因楚国被吴国打败，到秦国请兵，在秦庭哭了七天七夜一样，在个人的情感上无可指责，但是对解决问题而言，一点功效也没有。借助外力解决本国的危难，只会落个把国家拱手让给他人的下场，从来没有听说这样能复国图存的。"

有人问："天下闻名的游侠季布，当年曾是项羽旗下战将，一次追击刘邦，差点杀了刘邦。后来刘邦得了天下，最恨的就是季布，悬重赏全国通缉他，同时下令，谁敢藏匿他就诛灭九族。弄得季布无处藏身，剃成光头，毁去容貌，东躲西藏，四处流窜。一个真正的英雄壮士，穷途末路，一死了之算了。像季布这样的壮士，一反昔日刚勇豪迈的气概，去做窝囊的亡命徒。这样对吗？"

司马迁在谈到季布的行为时说："在刘、项争雄的时候，以西楚霸王项羽那样'力拔山兮'的气概，季布仍然能在楚军中以威武勇猛扬名楚国，每次战役都身先士卒，率领部队冲锋陷阵，多少次冲入敌军夺旗斩将，称得上是真正的壮士。可是等到项羽失败，刘邦下令通缉他，要抓他杀他的时候，他又甘心为奴而不自杀，又显得多么下贱，一点志气都没有。季布为什么要这么做呢？他肯定是坚信自己是个了不起的人才，只是选错了道路，所以受尽了屈辱但不以为耻，盼望有机会能施展自己还没有充分发挥的潜能，所以最终还是成了汉代的名将。由他的所作所为，可以猜测出他的志气、抱负，他觉得为项羽而死太不值得，因此才那样忍辱负重，委曲求全。由此看来，一个有见识、有素养、有气魄的贤者，固然把死看得很重，可并不像愚夫愚妇一样，心胸狭隘，为了一点儿小事，就气得寻死觅活，这并不是有勇气的表现，而是计穷力竭，觉得没有办法挽回局面，走到绝路上了，所以才去自杀。而胸怀大志的人，虽然不怕死，但要看值不值得去死，只要还有一线东山再起的希望，是绝不会轻言生死的。"

[对生与义的冲突和取舍，司马迁还有一种说法："在楚汉相争的时候，魏豹和彭越这两个人，有自己的军队，能征惯战，都是一方的霸主，他们投靠哪一方，对局势有举足轻重的影响。这两个人虽然出身卑贱，一个是亡命徒，一个是打鱼的，然而乱世英雄起四方，一旦聚众呼啸，攻城略地，席卷千里，就有了称王称霸的本钱，杀人放火，气焰嚣张，天天都是他们得意的时候。这种土匪、流氓出身的投机分子，心怀叛逆，唯恐天下不乱。因为在乱世他们才有机可乘，一旦社会安定，就没他们的立身之地了。这种人失败了是不会自杀的，他们宁愿被俘虏，受尽凌辱而死，而且至死也不甘心，这是什么道理呢？"

司马迁说："像这样的行径，就是中等水平以上的人，也会觉得羞耻，更何况具有帝王之才的人呢？就连项羽失败了，都因无颜面对江东父老而自杀了。但这些人失败之后，宁可被俘也不愿自行了断，落到坐大狱、受刑戮的地步，这是为什么呢？没有别的原因，只因为他们的智慧、谋略超人，唯一忧惧的是此身不保，只要'留得青山在'，一旦抓到哪怕是不大的一点权力，就想实现他的愿望，让天下来个天翻地覆，所以他们宁愿做囚犯也不想死。"这些纵横之士，只想如何建立功勋，为此受什么委屈都在所不惜。

司马迁在《蔺相如列传》之后，赞颂蔺相如时说过："一个人明知干一件事非死不可，还要决心去做，这是需要很大的勇气的。死并不是一件难事，难的是如何处理。决定死还是生，这不但要有大勇，还要有大智。当蔺相如捧着和氏璧，眼睛看着柱子，准备人玉俱毁的时候，回过头来怒斥秦王及其部下，蔺相如已经有充分的心理准备，以一文弱书生，当面侮辱威加四海的秦王，多不过被砍头而已。可是在那种情况下，能做出这一决定是最难的，就连当时在场的文武百官，都吓得战战兢兢，大气都不敢出，然而蔺相如却能气势夺人，反而镇住了秦国上下。后来他回到赵国，因此功劳太大，位比廉颇，老将军心有不服，处处和他过不去，然而蔺相如总是百般谦让，后来廉颇负荆请罪，将相和好，名重泰山，千古流芳。像蔺相如这样处理生与死、荣与辱的，才算是智勇双全啊！"

这就是忠贞之士的典型，真正懂得何时、何地、何事上不怕死，但在另一些情况下又不轻言牺牲，是具有大智慧、大勇气的英雄。

齐桓公的名相管仲说："人们认为我被齐桓公俘虏后，关在牢里委屈求全是可耻的，可我认为有志之士可耻的不是一时身陷囹圄，而是不能对国家、社会有所作为；人们认为我所追随、拥戴的公子纠死了，我也应该跟着死，不死就可耻，可我认为可耻的是有大才而不能让一个国家称雄天下。"

管仲的这番话表明，有经世治国之才的人由于对自己的才能充满信心，以倾天覆地作为人生之目标，所以决不会把生死看得太重。季布也罢，管仲也罢，这些有才有识之士，对自己一生的行为，乃至死与不死，都有很明确的价值观念和衡量标准。]

[我们再提出一个问题来讨论一下。

魏晋南北朝末,在刘裕建立的宋朝(公元420~502年),有一个叫宗悫的落魄书生,他的同乡庾业很瞧不起他。庾业有钱有势,非常阔绰,宴请客人,一上几十道菜,酒桌都有一丈见方,可是招待宗悫的饭菜却只有用稗子等杂粮煮的粗饭,宗悫照吃不误。等到后来宗悫发达了,做了豫州太守,生杀之权集于一身,不但不记庾业轻辱他的旧恨,反而请庾业来做他的秘书长。]对宗悫这种不记恨过去折辱他的人,反而以德报怨的度量该如何理解、评价呢?

斐子野在谈到几个类似的历史人物时说:"一个人在穷困时不衰,在微贱时不苦闷,淡泊于天命和平凡,很坦然,可是绝不放弃伟大的抱负。这样的素养、气度和品德只有像曾子、原宪这两位孔子的学生才具有;还有一种人,倒霉的时候,降低自己的理想标准,低头认命,甚至人格被辱也能忍得下,低眉顺目,鞠躬屈膝,甘居庸庸碌碌、无赖泼皮之下,忍受胯下之辱也不反抗,一旦得势了,就在英雄头上跑马。韩信、黥布就是这种人。

"这两种人,卑贱的时候被人轻蔑、侮辱的情况是相同的,可是其心态却截然不同。一种是英雄情操,得志就气象非凡,不得志就忍辱负重;另一种是道德、人格的榜样,认为人生本来平淡,从不侈求荣华富贵,淡泊中养其心性。

"至于像宗悫这样的人,却兼有这两种情操、气度的长处。当年庾业在高朋满座的情况下冷落他,看不起,他不觉得惭愧,因为他有理想,有大志,这一点和韩信、黥布相象;在他得志以后,还请庾业做部下,不把过去的旧恶放在心上,这种崇高的宽厚的长者之风又和曾子、原宪一样。确实是了不起啊!"

后世的人在谈到西汉时的郦寄把朋友吕禄骗到郊外游玩,给了周勃他们推翻吕后政权的机会这件事时,认为从个人道义上讲,郦寄出卖了朋友,是不光彩的。这个道理该怎么讲呢?

班固的看法是:"所谓出卖朋友,是指那种为了荣华富贵而忘了朋友的情义,把朋友作为换取个人利益的牺牲品,才是卖友行为。至于郦寄,其父郦食其帮汉高祖打了天下,是开国元勋,而吕氏家族阴谋篡夺了政权,他在这场劫难中,虽然用欺骗手段把吕禄骗出去,摧毁他的卫戍部队,推翻吕氏家族,目的是安定国家,为了天下苍生。这不是出卖朋友,是为了拯救国难、捍卫父辈君臣开创的大业而不得已采取的一种手段。"

[曹操带兵讨伐冀州的时候,命令大夫程昱留守后方重镇甄城。就在这期间,曹操手下的将领张邈叛变。这时曹操只好亲自迎战吕布。当时的战争局势是如果吕布把范城拿下来,就可以消灭曹操,所以吕布使计把范城的守将靳允的母亲捉去,想逼迫靳允为救母亲归顺。曹操闻讯,赶紧派留守甄城的程昱去游说靳允,要靳允不必考虑母亲的安危,固守范城。结果靳允被说服,感激流涕地表示:"一定守城,绝无二心。"]

于是有人问:"靳允这样做,于母不孝,于曹操算不算是忠?"

徐众的观点是:"当程昱去游说的时候,靳允与曹操之间,还没有形成君臣关系,而母亲是至亲骨肉。所以于情于理,靳允都应该为母亲的安危而去,不该为曹操守城。

"昔日刘邦的大将王陵的母亲被项羽抓了起来,以此威迫王陵归顺他。王陵的母亲看出刘邦肯定会取得天下,项羽必定要失败。自己被软禁后,知道王陵有孝心,怕儿子为救自己而玷污一世英名,因此自杀,把遗书教人偷偷送给王陵,教他好好帮助汉高祖打天下。她用这种自杀的办法让王陵心无牵挂,一心一意去尽忠尽节,至死无悔。

"另一桩历史故事却大异其趣。战国时卫国的公子叫开方的在齐国做官,十年没有请假回国看望父母。有人说开方这样忠于职守,忠于齐国,可以提拔他为相,可是齐国的宰相管仲却把他开除了。理由是说像开方这种人,连父母都不爱,怎么会爱君王,怎能为相。

"从以上两个事例再来看靳允,就应当明白对父母孝顺的人,才会对社会、对国家有感情,才有可能做忠臣,所以靳允应该先去救母亲。

"徐庶的母亲被曹操抓起来后,徐庶进退两难。刘备得知这一情况后,就对徐庶说,我固然非常需要你帮忙,可是我不能做违背天理的事。你若留在我身边,曹操肯定会杀你母亲,使你一生都受良心的谴责。你还是去吧。"

魏文帝曹丕问他的大臣王朗等一班人:"根据史籍记载,春秋战国的时候,郑国的大臣子产,部下和老百姓不能骗他;孔子的学生子贱治理单父的时候,百姓受其道德的感化,不忍心骗他;西门豹治理邺都的时候,人们不敢骗他。这三个人能做到不能骗、不忍骗、不敢骗,你认为哪一种更好? 与你的才能相比又如何?"

王朗回答说:"上面的领导人,本身德高望重,能够爱护百姓及部下,老百姓和部下都感念他的恩义,就不忍心骗他了,就像单父的老百姓对待子贱那样;如果上面的领导人什么事都看得很清楚,下边的各级官员怕被觉察,就不能欺骗了,象子产那样;如果上面用严刑重法治理一区一国,老百姓和部下惧怕刑罚,就不敢欺骗了。这三种不欺的效果相同,但是其出发点却大不相同。要求百姓忠心,但尽忠不是单方面的事情,如果执政者多行不义,臣民就不可能忠心。当君主的按仁义道德行事,臣民自然感恩戴德,这就合乎孔子所说的'道之以德,齐之以礼,有耻且格'(用仁爱道德管理大众,使全国人民都有文明教养,即便有人做了不体面的事也好纠正),可以达到文治的最高目的;如果靠明察秋毫、严刑重法来治理,老百姓在恐惧中度日,或者有人在法网的漏洞中为非作歹,干了坏事还能逃过法律的追究,自认为高明,还恬不知耻,就和孔子说的'道之以政,齐之以刑,民免而无耻'(靠政治法令来治理国家,用刑罚来管理人民,有人干了坏事能逃过法律的制裁也不觉得羞耻)一样了。这两种情况,好坏的差别很大,关键在于领导人能权衡利弊,一文一武把握平衡,而不应斤斤计较,因小失大。"

有人问:"季文子、公孙弘这两个人,身处一人之下,万人之上,富贵荣耀却能平易近人,吃穿非常俭朴,然而在当时以至后世,对这两个人的评价一毁一誉,截然不同,这是什么道理?"

范晔说:"人对待仁的立场、动机各不相同,有的人看上去做人、做事都有利于仁,可也说不定是拿'仁'做幌子,以'仁'为手段,为在政治上达到个人目的,最终还是为了私利! 有的人看上去在身体力行地行义举,处处讲究应不应该,合不合理,可是并不一定希望做得真正合乎义的真谛。

"季文子身为宰相,他的小老婆却从不穿丝织衣服,鲁国人谈起来,都认为是自己国家的光荣。汉武帝的宰相公孙弘一辈子穿布衣,与他同朝的监察御史汲黯当着汉武帝的面就指责他伪装简朴。季文子和公孙弘的行为是一样的,可是在历史上季文子受到赞誉,公孙弘在当时就受到了诋毁,这是为什么呢?是不是行义举和弘扬仁德的目的不同呢?

"古圣人(指孔子)说过,仁义的人自己就是仁义的化身,智慧的人一言一行都有利于仁义的教化。害怕违反法规的人不是出自本心,而是勉强去做合乎仁义的事。二者比较起来,为仁为义的行为表面上看去虽然一样,但仔细比较,就不难发现,各自的心态就截然不同了。天生仁义的人,本性就很善良;言行自觉合乎仁义的人,努力用仁义的标准要求自己,并能身体力行;勉强去行仁义的,是不得已而为之。'安仁'、'利仁'、'强仁'这三者相比,当然是第一种人最好。"

[圣人是天生的道德全备,器识、才具、学问、见地、品操,没有一样不完美的。圣人以下,中等禀赋的人,就不是德才兼备了,而是各有所长,各有所好,品德、才学都有长有短。孔子评价他的学生时说:柴的缺点是愚笨,参的缺点是鲁莽,师不诚实,由有才学。由此看来,德才兼备有如圣者那样的人,实在很少了!既然全德全才的人是少数,一个人要想达到至善至美的境界,只能靠后天的努力,克服纠正自己的缺点、错误和坏习惯,由好的行为习惯慢慢影响心理素质。但是世人又讨厌做作,喜欢坦率。不过一个贪愚的人就很坦率,贪得直爽,愚得可爱,可是能因此而使他放任自流吗?能因此而信任他,把责任交给他,认为他是好的吗?

啊,道理可不能这么讲。人是依照天地的法则、形象生出来的,本身就具备阴阳之性。虽然生下来后有清秀、混浊、贤惠、愚蠢的不同,个性也个个不同,但是追求嗜欲,要吃好的,穿好的,希望荣华富贵,美貌动人……这种种欲望基本上是相同的。所以男男女女都爱修饰打扮自己,大人小孩都想坐高级车、乘骏马,觉得这样才风光气派。与此相反,苦其心志,甘愿清贫,在滚滚红尘中洁身自好,坚守节操,在世道人情上都觉得十分困难。处处为公,大公无私,真要人人做到这一点,是很痛苦的。在理论上是不错,但事实上是很难的。

所以一个人要做到历史上所标榜的忠臣孝子,必须按学问道德的标准刻苦要求自己。大多数人并非生来就德才兼备,本性仁慈,假如不在后天用仁、义、礼、智、信教育克制,克服自己的不足,任由人的天性自由发展,就会像流水一样放荡、轻浮,怎么可能吃苦耐劳,安于淡泊,做到忠贞高洁,一心为公,见财不起意,动静合规矩呢?所以《礼记》上说:"欲不可纵,志不可满。"古人说得好,清正廉洁的官员、名人不是不爱财,而是"君子爱财,取之以道"。

《诗经》上"如切如磋,如琢如磨"这句话的意思,就是叫人凭借后天的努力,象玉匠琢磨宝石那样,雕琢自己,磨炼自己,把自己不完善的伪劣的地方去掉,这样才能成为珍宝。假如任其痴愚之态放肆,随其鄙劣之情泛滥,还美其名曰"顺其自然"而自视其高,认为不用理性加以规范才是不矫情,不虚伪,那么,古代明君先哲就成了文化罪人了。

因此,我认为用后天的教育提高国民的文化素质,虽然一开始不习惯,不自然,但是通过渐进的矫正改变人性的弱点,这就是礼义的开始,而放任自流,顺其天性的结果,人就会被贪婪卑劣所主宰。即使用强制手段让国民行仁义之道,又怎么可以稀里糊涂地否定呢?]

有人问:"长平一战,白起活埋了赵国的降兵四十万,算得上是历史上的奇将了吧?"

何晏说:"白起活埋赵国的四十万大军是个大骗局。他当初答应投降了没事,结果人家投降了,他又全部活埋,这不单是个残暴的问题!从此以后,白起再也难以得志了,也增加了秦国统一六国的困难。假如赵军在投降之前就知道被活埋,这四十万人就是没有武器,赤手空拳抵抗到底,也是很可怕的,更何况这四十万大军都是全副武装呢？普天之下都看见投降秦国的将领被砍下的头颅堆成山，归顺秦国的士兵尸骨积为丘，从此以后，如果再与秦国交战，要死就死，反正投降是死，战死也是死，谁还肯再投降，哪座城还肯归顺！所以白起虽然能一夜之间坑杀四十万生灵，但是这等于告诉天下人，你们必须决一死战，绝不可投降。白起为争一时之功，结果更加坚定了六国守卫的决心。从战略上讲，这种做法是在进攻的时候削弱自己的优势，在军事上表面胜利了，在政治上却破坏了自己的整体计划。为什么这样说呢？因为赵国虽然战败了，但并没有亡国，假如赵国万众一心动员起来再战，赵国的大元帅再出来一个马服君赵奢那样的将领，那么下一次的大战一起，秦国面对的就不是前一次的对手了。况且从今以后，白起使各国都对秦国同仇敌忾了。后来秦国之所以始终不敢再出兵攻打赵国的邯郸，并不是因为赵国经此一败而由平原君赵胜出来当统帅，而是因为秦国害怕各国诸侯联合起来救赵。秦国知道这个道理，只是因忌讳不说罢了。

"再说长平之战在开战之前，秦国的兵力不足，重新变更法令，规定凡年满十五岁的青少年都要服兵役，都要拿起武器上前线和赵作战。以秦国那样强大的国家，一仗打下来，十五岁以上的军士死伤过半，因此从长远来看，长平之战打败赵国的功小，秦国大伤元气损失更大。像白起这种不懂战略、不懂政治、不懂国家长远利益的将领，怎么能称得上是奇将呢？"

［我认为，黄石公所言"柔能制刚、弱能制强"的道理很对。这里的所谓柔，是指道德上的感化；所谓刚，是指盗贼似的强硬。柔弱的人一般总会得到别人的扶助，而太霸道的人仇恨就会集中到他身上。正是由于这样的道理，纣王当年百战百胜，最后还是被周武王彻底消灭了；项羽每次都打胜仗，和刘邦大大小小打了七十二仗。七十一次都胜利了，最后一次却全军覆没，落了个乌江自刎的下场。所以汉代的学者随何说："全国各路诸侯，都不希望项羽打胜仗。项羽打了胜仗，所有的诸侯都有危机感，就彼此结盟，互相援救，所以楚国越强，对刘邦越有利。楚国项羽强大了，只会把全国的军事力量吸引过来与自己作对。"从这个道理看来，假若天下已定，前面只有一个敌人，只要一战就能解决问题，那么使用诈术一举获胜是可以的；倘若乱世英雄起四方，鹿死谁手还未定论，就不能目光短浅，急功近利。这个时候，要想获得彻底的成功，就必须取信于人，真诚相待，否则最后一定要失败、灭亡。根据这个原则，回过头来再看长平之战，当时正是七雄争霸之际，秦国统一天下的实力还不够，六国诸侯的力量还相当强大，白起一下坑了赵国四十万降卒，吓坏了各路诸侯，赶紧按照张仪的合纵之计组织联合战线齐心协力抗秦。这样一来，对秦国非常不利。白起贪求奇功，自以为得计，实为秦国的一次大失败。因此何晏的观点是正确的。］

公元前285年，燕国上将军乐毅联合赵、楚、韩、魏，合五国之兵攻打齐国。齐军全线崩溃，最后只剩下莒城（今山东莒县）、即墨（今山东平度东南）没能攻克。乐毅如果乘胜进击，攻克这两座城池完全是可能的，但他没有这样做。于是有人问："乐毅不破莒城、即墨，结果丧失了开创大业的最后机会。这是不是他的过错？"

夏侯玄说："阅读乐毅的《与惠王书》，就可以知道他是一个几乎已经参透了符合大道之玄机、能按礼义善始善终处理大事的人。大凡一个人如果立志要最大限度地贯彻道德原则，把兼济天下作为理想的时候，怎么会局限于眼前的形势，仅仅把兼并敌国、称霸诸侯当作目标呢？乐毅一方面没有把兼并其他国家看在眼里，另

·反经·

图文珍藏版

一方面,他也不想为使燕国强大而不讲道义。蔑视眼前的利益,不贪求渺小的成就,这表明他的志向是要统一天下。一连攻克齐国七十余城,是为了运用他的机谋,使四海为之震动;围攻二座残城而不伤害百姓,就可以使他的仁善的胸怀远近闻名。通过广布恩德来影响其他几个国家,就差不多类似成汤和周武王的做法了。乐毅宣扬他的远大战略,用对二城围而不歼的办法,以期得到百姓的信任,然后使齐国的残兵败将做出什么错事,使即墨、莒城的民众怨恨他们,这样就可以再放一条宽大的道路等待齐将田单等人归顺了。这时候,他就将用宽容和善的政策,也为齐国上层人物提供施展抱负的时机,在东海之滨做出榜样,在华夏大地收到效果,使我的恩泽有如春风、春雨一样和煦,让普天下的人民像春草一样受到滋润。天下老百姓感激燕王的恩德,这两座城池就会闻风而降。这样一来,帝王之业就可以大功告成了。

"乐毅虽然为了这两个城池耽搁五年之久,目的却是想尽快取得天下。至于后来情况发生了意外变化,燕昭王一死,继位的燕惠王中了田单的反间计,夺取了乐毅的兵权,让骑劫代替他,这都是无法事先预料的。乐毅在即将成功的时候失败了,完全是时势变化造成的啊!如果他不这样做,而是以狂暴的大军进攻,用凌厉的攻势洗劫,屠杀二城的居民,把自己的残暴不仁暴露于天下,虽然二城也能攻取,但是那样一来,称王图霸的事业就失败了。乐毅怎么会不知道莒城、即墨可以速战速决呢?可是他顾忌的是城虽可拨,千秋大业却被破坏了;怎么会不知道迟疑不决最后可能有不测风云呢?只是因为速战速决与时局变化,其结果是一样的啊!

"这样看来,乐毅不屠灭莒城、即墨,他的心理是不可以用常规去衡量的。"

[有人说:"乐毅辅佐弱小的燕国,打败了强大的齐国,因为齐国过去曾趁燕国内乱侵略过燕国,燕昭王为此恨极了齐闵王,决心出这口恶气。乐毅联合五国的兵力攻齐,想雪洗燕王的耻辱,在攻取了齐国七十余城后,包围了莒城、即墨却不急于夺取,意欲让其走投无路之后自己投降。这样看来,乐毅所率领的是仁者之师。后人都认为乐毅是有战略远见的将才。可是能够认为他比诸葛亮在谋略上更高明吗?"

张辅对此的看法是:"联合五个国家的军事力量攻击一个齐国,不能算是强大;在济水西岸混战一场,尸横遍野,血流成河,不能说是仁义。而孔明呢,文武之德兼而有之,待时而发。刘备因有知人之明,三顾茅庐,询问济世创业的谋略,孔明奇妙高超的策略有如泉涌,天下形势被他分析得一清二楚,因此刘备拜他为军师,接着到东吴说服了孙权,联合抵抗曹操,抓住赤壁之战的大好形势,辅佐刘备夺取了四川。到刘备临终之际,把军政大权委托给了他。孔明在战乱不息、天下纷扰的局势下,扶助幼主刘禅即位,统筹建立政府机构,配备各级官员,调整安排各种人才,在国内使用仁义的教化,运用军事谋略和武装力量保卫国防,然后广施仁政,使全国老百姓都受到实惠。诸葛亮行军打仗的时候,路不掠遗,不掠取群众的财物,可惜就在他大功告成之际不幸谢世。阅读他的遗文《出师表》,就可以明白他的志向、谋略是多么宏伟远大了。他立身处世的原则,总是有功劳记在下属身上,部下有失误就引躬自责,看到别人有长处就服从,听了正确的意见就改正,所以他的声誉才会那么有力量,不论远近,他的影响都那么强烈、久远。孟子说过:'懂得了伯夷的气节,贪婪的人应当自觉地变得廉洁。'我觉得了解了孔明之忠烈,奸臣也应当立刻变得有气节。孔明几乎是可以和伊尹、吕望一争高下的名臣,怎么能和乐毅相提并论呢!"

商鞅原是魏国旁支的后代,因不被魏惠王重用,他便以一个普通人的身份,千里迢迢去游说秦孝公,准备了帝术、王术、霸术三种方法和吞并六国的纵横捭阖策略,终于使秦成就了霸业。他能算作霸者的良师吗?

刘向认为:商鞅为使秦国富强,在内政方面致力发展农业,在军事方面重视让有战功的人受赏晋爵以鼓励将士。在执行新法的过程中,对朝廷里的权贵势力不留情面,对普通百姓不分亲疏远近。《尚书》所说的"没有偏心,不结私党",《诗经》所说的"周朝的治国之道像磐石一样公平坦白,像箭一样正直无私",就是像齐景公时的名将司马穰苴那样善于激励将士,象周朝的创始人后稷那么善于发展农业,对商君制定的一系列新法也不能再更改了。这一切,都为秦国后来兼并六国奠定了基础。"所以荀子说:"秦国四代人都有超过别国的地方,不是靠幸运,是治理得法的必然结果。"譬如曾称霸一时的齐桓公能信守诺言,归还了占领的鲁国土地,自柯邑会盟之后,各国诸侯无不敬佩桓公的信义;晋文公在围攻原邑的时候,与城中居民约定,三日城不下,就领兵而去,决不为夺城池杀伤居民,后来果然如期退兵。文公的这种做法,取得了各国诸侯的信任,所以赢得了盟主地位。桓公、文公所以能受诸侯拥护,应当归功于桓公的谋臣管仲和文公的谋臣咎犯(即狐偃,文公重耳的舅父)的智谋。

可是商君变法成功以后,在攻打魏国的时候,魏使公子卬领兵迎敌,两军对峙,还没有开战,商鞅投书给魏公子,大谈昔日在魏时的友情,并约定两人会面畅饮后,各自罢兵。结果商鞅不守信义,在会谈时埋伏武士俘虏了公子卬,偷袭了魏军。各国诸侯因此畏惧秦国的强暴无信,谁都不敢与之建立友好关系。假如秦孝公遇到的对手是齐桓公、晋文公,这样的霸主联合各路诸侯的将领,统帅天下的军队讨伐秦国,秦国灭亡定了。只因为当时天下已经再没有齐桓、晋文那样的国君,所以才使秦国逐一兼并各国诸侯。商鞅自以为懂得王霸的道理,实际上就他所做的事来看,完全是违背情理的。

从前周朝的召公实施仁善的政治,死了以后,后世的人们思念他的恩德,做了《蔽芾甘棠》的诗来赞扬他。曾经在甘棠树下住的人,因怀念他的贤德都不忍心砍树,更不用说会伤害召公本人了。晋文公因管仲有大功于国,把伯氏的骈邑三百户赏给了管仲,伯氏毫无怨言。如今商鞅对内实行严酷无情的杀人、断趾等刑法,对外穷兵黩武,东征西伐,而他自己从被封于商、於之地后,俨然一国之君,被朝中贵族和曾被他的新法处罚过的权贵联合陷害,最后车裂身死。这样看来,他离做霸者的良相还差得远呢!

不过秦孝公杀他也不对。他应当在重用商鞅的同时,施行宽松平和的法律,再配合使用恩德,处处能证明一切措施都言而有信。这才差不多是真正辅佐君王成就霸业的举措。

[历史上还有一种不同的看法是:商君起先通过秦廷姓景的太监见到了秦孝公,给他讲述帝王之道,孝公听不进去,不时要睡觉。最后一次与商鞅交谈,商鞅给他谈霸王之道,他越听越有趣,两膝不知不觉往前移,乃至跑到了座席下面。退出后,景监问商鞅:"你是用什么办法打动大王的,大王高兴极了!"商鞅说:"第一次我对他讲帝王之道,大王说:'这太遥远了,哪能闷闷不乐的等上几百年,慢腾腾的打基础,让子孙后代去成就事业呢?'我又向他讲做诸侯盟主的谋略,大王也想这么做,可是做不到。最后我给他讲富国强兵、统一天下的权术,他非常高兴,打定主意就这么干了。但是他要达到殷商、周武那样的德行,很难啊。"

从前齐桓公与鲁庄公会盟于柯邑,庄公手下的曹沫用匕首逼迫桓公归还被齐国侵占的土地,桓公当时答应了,过后又反悔,不但不想归还汶阳等地,而且要杀曹沫。管仲劝他说:"这样做在各路诸侯面前失去了信誉,以后谁都不会再支持我们。千万做不得。"于是桓公把鲁国三次打了败仗失去的土地悉数归还。消息传到各国诸侯那里,对齐国产生了信赖,都想归附了。

齐桓公在位的时候,燕国受到山戎的侵犯,燕庄公向齐国求援。桓公帮燕国打退了山戎,领兵归国时,燕庄公因对桓公感激之至,送桓公到了国境,仍然恋恋不舍,不知不觉进入了齐国领地离国界五十里的地方。桓公说:"按礼仪来说,如果不是送天子,送诸侯不该出国境。你今天把我送到这里,我不能对燕国不讲礼节,那么从今以后就从这里算作咱们两国的边界吧。"于是以燕庄公送他所到之地为界,把齐国北边五十里以外的领土都给了燕国。又因燕国是周召公的后代,桓公嘱咐燕庄公复兴召公的政治,向当时在位的周平王进贡称臣,有如周成王、康王时那样。诸侯听到这件事后,纷纷追随齐桓公,桓公从此建立了霸业。

从这些历史经验来看商鞅,他对内立法严酷苛刻,对外背信弃义,算不上霸主的良相是很显然的。不过话说回来,秦孝公急功近利,只求速成,因而使商鞅的帝王之道不能实行,商鞅是屈从于当时的形势和当权者的主观愿望才不得不退而求其次。刘向认为商君不懂真正的霸术是错误的。]

诸葛亮因马谡失守街亭,按军法论斩。事后蒋琬对诸葛亮说:"战国时楚晋交战,楚国因元帅得臣兵败被逼自刎,晋文公得信后很是高兴。可见往事不可不引以为戒。现在天下未定,处死马谡这样有智谋的大将,岂不可惜?"诸葛亮泪流满面说:"孙武所以能克敌制胜,是因为军法严明,也正因为此,晋悼公伐郑战于虎牢时,杨干仗着是悼公的弟弟,不听军令,被司马魏绛以军法论处。如今国家分裂,战争刚刚开始,如果废止了刑法,还怎么讨伐贼寇呢?"

晋代史学家习凿齿说:"诸葛亮不能兼并魏国,不是理所当然的吗?昔日晋文公在城濮之战中,看到荀林父没有及时过河,文公没有按军法处置他,结果取得了成功;楚成王不理解得臣是为了他才失败的,杀了得臣后导致了更大的失败。当时蜀国的疆域狭窄荒僻,人才比不上魏国兴旺,再把马谡这样的俊杰杀了,无可奈何收罗起用才德都较差的人,很明显是把法律看得比人才更重要。这种不记取三次北伐失败之教训的做法,还想成就大业,不是勉为其难吗?"

[还有一件战国时的故事可以作为参考。

公元前597年,晋景公命令荀林父(即桓子)率军与楚国在郊地(今河南荥阳东北)打了一仗,晋军大败。荀林父回国后请求处死自己。晋景公打算答应他,士贞子劝阻说:"不可以。晋楚城濮之战时,晋军取胜之后,占领了楚军大寨,寨中围积着大量的粮草,晋军整整吃了三天。晋文公仍旧十分担忧。"左右随从说:"有喜事还忧虑,如果有了忧愁还能高兴吗?"文公说:'楚国的元帅得臣还活着,总是忧心忡忡,高兴不起来。困兽犹斗,何况是一位国相呢!'等到楚国杀了子玉(即得臣),晋文公喜形于色,说:'这是晋国的再一次胜利,楚国的又一次失败呀!'从此以后,楚国有两代之久国力衰弱。现在上天或许是要给晋国一个严重警告吧!再把林父处死,让楚国得到双重的胜利,晋国从此以后大概再不会有与其他国家抗衡的力量了吧?荀林父侍奉你大王,处理国务的时候尽心尽力。回家休息的时候想着弥补过失。他是国家的栋梁啊!这样的忠臣,为什么要杀他呢?他这次失败,如同日月有日蚀、月蚀,怎能损害其光明呢?"晋景公听从了这一意见,恢复了荀林父的职权。]

汉代的周勃在汉高祖死后,平定了吕后乱政,恢复了刘家的天下,历来被人们认为功劳很大,霍光比起他来怎么样?

对这两个人应当这样看。

周勃是刘邦的同乡,在刘邦四处征战打天下的时候,就是刘邦的功臣,众望所归,很受群众拥戴。后来他官居太尉,手握军权,统率着百万大军,既有陈平、王陵这样的谋士帮助他,又有朱虚侯刘章等王子的援助,再加上郦寄在吕氏权臣的圈子里周旋游说,搞些阴谋诡计为他通消息,由于朝野上下人心所向,所以很容易成功。

可是霍光呢,是在汉武帝突然病重,事出仓促,将辅助八岁幼主汉昭帝的重任托付给他的。在他独揽朝政，辅佐幼主期间，整个国家被治理得很好，全国一片安定繁荣的景象。后来发生了燕王刘旦的叛乱，他将一帮参与策划叛乱的人全部处死灭族，肃清了朝廷里的反对势力。

昌邑哀王刘贺，是武帝的孙子，汉昭帝在位十三年去世后，因无亲生儿子继位，就推拥刘贺当了皇帝。可是这位公子一进长安，登上皇位后就淫乱昏愦，令人不堪。霍光与朝中文武百官商量后，废掉了刘贺，迎立流落民间的皇曾孙刘洵为汉宣帝。霍光肩负着汉家刘氏的重任，执掌大权先后二十年，威震朝野，名满天下，使汉朝中道兴隆，皇权延续，名声与伊尹、周公不相伯仲。作为汉代有贤名的辅相，从他对当时社会的稳定和国家的强盛所做的贡献看，与周勃相比，其优劣是很明显的。

[关于对周勃的评价，袁盎和汉文帝有这样一段对话。袁盎问汉文帝："陛下认为绛侯周勃是怎样的一个人？"文帝说："是社稷之臣。"袁盎说："可以说是功臣，还算不上社稷之臣。能称得上社稷之臣的，应当做到与主同在，与主同亡。在吕后篡权的时候，刘氏的子孙还很多，当时周勃身为太尉，握有兵权，可他采取睁一眼闭一眼的态度，不去制止。等到吕后死了以后，文武大臣一致要求诛灭吕氏家族，太尉又拥有兵权，正碰上这种机会，所以才能大功告成。因此说他是功臣，不是社稷之臣。"]

后汉的太尉陈蕃向汉桓帝推徐稚、袁阆、韦著。桓帝问他："这三个人谁更好一些？"陈蕃说："袁阆出身于权贵大家，通晓了安身立命之道后，洁身修行，品德越来越合乎圣人遗训；韦著很适于做京官，为人处事很有礼义，这种修养仿佛已经成了他的生活习惯，他是那种人们常说的'不扶自直，不镂自雕'的人；至于徐稚，他是南昌人氏，家境清贫，持身恭俭，卓然不群，在当地很有名声，应当说数他最为杰出。"

东晋时的谢安（字安石）作为晋孝武帝的宰相，可以和谁相比？

虞世南说："从前东吴的宰相顾雍受封为侯的那一天，连家属都不让知道，前代的人们说起来都称赞他质朴稳重，无人能比。在东晋那种整个社会动荡的时代，王朝日渐没落，全国战火四起，百姓常年惊恐不安。公元383年，曾经消灭了前凉、前燕等六个少数民族国家的前秦皇帝符坚（字永固）亲自统帅百万大军，又有符融这样英姿勃发的丞相指挥精锐部队为前锋，一百万由青壮年组成的大军水陆并进，如狼似虎，浩浩荡荡，直逼江南。符坚自恃兵强将猛，还未开战，就在淝水西岸修建了一处宾馆，准备安顿被俘的晋朝皇帝。就当时秦、晋两国的军事实力的强弱而论，用鸿毛与秦山来比喻也不过分。而谢安能在这大军压境、旦夕即亡的关头，依旧镇定自若，悠闲自得，下围棋，赌别墅。五州都督桓冲提出派三千铁骑支援他，他坚决拒绝；他的侄子谢玄拟定了一份详尽的作战方案给他，他阅后不置可否，围棋如故。他的这些行为许多人都不能理解。实际上对于如何破敌，如何取胜的整体构思，这时他早已成竹在胸了。像谢安这样的人才，怎么会因为一个小小的万户侯的封诰，就能让方寸大乱呢？就其度量之大、安如泰山的修养而论，自古以来，还没有哪个人能比得上他。"

隋炀帝在东宫做太子时，有一次问将军贺若弼："杨素、韩擒虎、史万岁三人都被誉为良将，该怎么评价他们的优劣？"

贺若弼回答说："杨素是猛将，不是谋将[胆量过人，果断勇敢是猛将；精通兵法，胸有谋略的才是谋将]。韩擒虎是斗将，不是领将[斗志冲天，行动敏捷，矫健剽悍的是斗将；统帅军队纪律严明,军容整齐,雄壮肃穆的才是领将]。史万岁是骑将,不是大将[只能率领一支部队,作战所向无敌的是骑将;能聚集英雄豪杰,并使之人尽其才的才是大将。]

隋炀帝心怀叵测地回答道:"说得好!"后来他一即位,对贺若弼非常猜忌,就找借口把他杀了。

我们从六种"正臣"研究到隋炀帝的"问将",目的在于总结当官的人品、业绩对国家兴衰之影响的经验。古人说:"大禹使夏朝兴旺,桀王却使之灭亡。成汤使商朝兴旺,纣王却使之灭亡。"阖庐使吴国战无不胜,纵横天下,而夫差却被越王勾践俘虏,国破人亡。秦穆公使秦国显赫于诸侯,得到了周王的封疆,秦二世却遭受了怨声载道的难民的洗劫。当皇帝的,名号、权势虽然相同,然而功过、成败却个个不同,根本原因就在于用的人各不相同。正因为此,周成王即位时虽然还不过是一个襁褓中的孩子,由于有周公的辅佐,各国诸侯照样要朝拜他;赵武灵王在五十岁上被公子成、太傅李兑围困在沙丘宫,活活饿死,就是由于任用了李兑这样的人;魏国因为有了公子魏无忌,被侵削的国土才一一收复;赵惠文王因为任命蔺相如出使秦国,才使秦国不敢再出兵攻打赵国;楚国因为有了申包胥去秦国哭了七天七夜,求到了救兵,才使被吴国打败流亡他国的楚昭王回国复位;齐国因为有了田单用火牛阵打败了燕国,才使齐襄王得到王位。

总结这些历史的经验,我们可以得出结论:得到了国家权力的君王,如果不能领导国家移风易俗,搞好思想道德的建设,网罗、选拔德才兼备的人才,辨别正义和邪恶的得失,综合吸取霸业和王业的经验教训,而能使国家长治久安,功成名就,永垂青史的,在历史上还从未听说有过这种先例。

[由此我们可以明白,根据一个人的才能授予他能胜任的职权,是治理国家的最高准则!]

立德之本　在于正心(德表第十一)

【原文】

孔子曰:"性相近也,习相远也。"言嗜欲之本同,而迁染之途异也。夫刻意则行不肆,牵物则其志流。是以圣人导人理性,裁抑流宕,慎其所与,节其所偏。故《传》曰:"审好恶,理情性,而王道毕矣。"治性之道,必审己之所有余,而强其所不足。盖聪明疏通者,戒于太察;寡闻少见者,戒于壅蔽;勇猛刚强者,戒于太暴;仁爱温良者,戒于无断;湛静安舒者,戒于后时;广心浩大者,戒于遗忘。

《人物志》曰:"厉直刚毅,材在矫正,失在激讦[强毅之人,恨刚不和,不戒其强之唐突,而以顺为挠,厉其亢。是故可与立法,难与入微也];柔顺安恕,美在宽容,失在少决[柔顺之人,缓心宽断,不戒其事之不摄,而以亢为烈,安其缓。是故可与循常,难与权疑也];雄悍杰健,任在胆烈,失在少忌[雄悍之人,气奋英决,不戒其勇之毁跌,而以顺为恤,竭其势。是故可与涉难,难与居屈也];精良畏慎,善在恭谨,失在多疑[精慎之人,畏患多忌,不戒其懦于义,而以勇为狎,增其疑。是故可与保全,难与立节也];强楷坚劲,用在桢杆,失在专固

[凌楷之人，秉意劲持，不戒其情之固护，而以辨为虚，强其专。是故可与持正，难与附众也]；**论辩理绎，能在释结，失在流宕**[博辨之人，论理赡给，不戒其词之浮溢，而以楷为系，遂其流，是故可与泛序，难与立约也]；**普博周洽，崇在覆裕，失在溷浊**[弘普之人，意爱周洽，不戒其交之混杂，而以介为狷，广其浊。是故可与抚众，难与厉俗也]；**清介廉洁，节在俭固，失在拘局**[狷介之人，眩清激浊，不戒其道之隘狭.而以普为秽，益其拘。是故可与守节，难与变通也]；**休动磊砢，业在攀跻，失在疏越**[休动之人，志慕超越，不戒其意之太猥，而以静为滞，果其锐。是故可与进取，难与持后也]；**沉静机密，精在玄微，失在迟懦**[沉静之人，道思回复，不戒其静之迟后，而以动为疏，美其懦。是故可与深虑，难与捷速也]；**朴露径尽，质在中诚，失在不微**[朴露之人，中疑实确，不戒其质之野直，而以谲为诞，露其诚。是故可与立信，难与消息也]；**多智韬情，权在谲略，失在依违**[韬谲之人，原度取容，不戒其术之离正，而以尽为愚，贵其虚。是故可以赞善，难与矫违也。"]

此拘亢之材，非中庸之德也。

文子曰："凡人之道，心欲小，志欲大，智欲圆，行欲方，能欲多，事欲少。"所谓"心小"者，虑患未生，戒祸慎微，不敢纵其欲也；"志大"者，兼包万国，一齐殊俗，是非辐凑，中之为彀也；"智圆"者，终始无端，方流四远，深泉而不竭也；"行方"者，直立而不挠，素白而不污，穷不易操，达不肆志也；"能多"者，文武备具，动静中仪也；"事少"者，执约以治广，处静以待躁也。

夫天道极即反，盈则损。故聪明广智，守以愚；多闻博辩，守以俭；武力毅勇，守以畏；富贵广大，守以狭；德施天下，守以让；此五者，先王所以守天下也。

《传》曰："无始乱，无怙富，无恃宠，无违同，无傲礼，无骄能，无复怒，无谋非德，无犯非义。此九言，古人所以立身也。"

《玉钤经》曰："夫以明示者浅，有过不自知者蔽，迷而不反者流，以言取怨者祸，令与心乖者废，后令缪前者毁，怒而无威者犯，好众辱人者殃，戮辱所任者危，慢其所敬者凶，貌合心离者孤，亲佞远忠者亡，信谗弃贤者昏，私人以官者浮，女谒公行者乱，群下外恩者沦，凌下取胜者侵，名不胜实者耗，自厚薄人者弃，薄施厚望者不报，贵而忘贱者不久用，人不得其正者殆，为人择官者失，决于不仁者险，阴谋外泄者败，厚敛薄施者凋。"

此自理之大体也。

[孙卿曰："口能言之，身能行之，国宝也；口不能言，身能行之，国器也；口能言之，身不能行之，国用也；口言善，身行恶，国妖也。"]

故傅子曰："立德之本，莫尚乎正心。"心正而后身正，身正而后左右正，左右正而后朝廷正，朝廷正而后国家正，国家正而后天下正。故天下不正，修之家；家不正，修之朝廷；朝廷不正，修之左右；左右不正，修之身；身不正，修之心。所修弥近，所济弥远。禹汤罪己，其兴也勃焉。"正心"之谓也。

[尸子曰："心者，身之君也。天子以天下受令于心，心不当则天下祸；诸侯以国受令于心，心不当则国亡；匹夫以身受令于心，心不当则身为戮矣。"]

【译文】

孔子说："性相近也，习相远也。"意思是说，人的嗜好、欲望从本质上来讲，是相同的,但是后天的变化发展却不同。磨炼自己意志的人,行为不至于放荡,而耽于物质享乐的人往往会丧失其志向。所以圣人在教导人、改造人的性情的时候,非常注意克服、抑制人的放浪任性的行为,对给予他些什么东西很慎重,对他的偏激嗜好努力加以节制。所以《左传》中有句话说:"审察人的好恶,陶冶人的性情,王者之道全在于此了。"

改造人性的办法,关键是一定要看清自己的长处,克服自己的不足。性格聪明爽朗的,要警惕把什么事情都看得太清楚了;孤陋寡闻的,要警惕变得无知迂腐;勇猛刚强的,要警惕遇事急躁粗暴;善良温和的,要警惕对人对事优柔寡断;恬静从容的,要警惕错过时机;心胸广阔的,要警惕做事时有遗漏偏差。

《人物志》说:"严厉正直、刚正不阿的人,他的才能适合于做纠正失误的工作,可是在处理坏事时,易犯偏激过火的错误。[坚强刚毅的人,其性格特点是凶狠强硬,很难与人和睦相处,他们不注意自己由于太刚强而言谈举止冒失莽撞,反而认为柔顺就是屈从,不断地加强其刚强、正直的一面。所以有这种性格的人可以让他搞立法工作,不能让他处理具体事务];性情温柔随和、安静宽恕的人,优点是宽容大度,缺点是对人对事下不了决心[柔弱和顺的人,遇事总是犹豫不决,处理问题抹不开面子,不是克服自己处理事物不果断的缺点,反而认为意气风发太伤人,对自己的不紧不慢心安理得。有这种性格的人,可以让他做循规蹈矩的日常工作,很难让他裁决疑难问题];英雄剽悍、精力健旺的人,优点在于肝胆照人,性情刚烈,缺点在于不太顾忌别人的情面或事情的后果[雄健剽悍的人总是意气风发,英明果断,他不警惕自己勇往直前的做法会使自己遭受挫折甚至毁灭,反而把恭顺有礼当作胆小怕事,做什么事总要把自己的精力使尽才罢休。这样的人,可以让他去办充满艰难险阻的事,很难让他在情况恶劣的环境下,完成忍辱负重的任务];精明能干、缜密畏怯的人,很善于恭恭敬敬、兢兢业业地完成所负的使命,但缺点是疑虑重重,患得患失[精明谨慎的人,瞻前顾后,顾忌重重,不是克服自己不敢见义勇为的弱点,反而认为敢想敢干是胡闹,结果加重了他的疑虑。这样的人,可以让他去做继业守成的工作,很难让他开创局面,树立榜样];坚强遒劲、干劲冲天的人,他的长处在于能起骨干作用,缺点是顽固自信,刚愎自用[凌厉劲直的人百折不挠,意志坚定,他不克服自己固执己见的缺点,反而认为明辨是非是虚无空洞的做法,结果使他变得越来越偏执,独断。这样的人可以让他起模范带头作用,不能让他去团结群众];善于论证辩驳、推理分析的人,他的才能是在解惑说理、化解矛盾方面,不足之处是容易流于夸夸其谈,不着边际[博学善辩的人,说话条理清楚,旁征博引,他不克服自己滔滔不绝的演说很容易浮华不实、泛滥成灾的习惯,反而认为耿直是束缚人的枷锁,结果使自己放任自流。这种人可以让他去搞教学工作,不宜于让他制定法规、条约];好善乐施、普济博爱的人,高尚之处在于为他人谋福,缺点是容易良莠不分,当滥好人[襟怀坦白、交际广泛的人,喜欢让所有的人都宽裕融洽,他不戒备结交的人三教九流、鱼龙混杂,反而认为性格坚贞是心胸狭窄,从而越来越扩大他糊里糊涂与人来往的范围。这种人可以让他去安抚群众,很难让他去纠正、改善不良的社会风气];清高耿介、廉洁奉公的人,具有艰苦节约、不为贫贱所移的优点,但是也有过分拘泥于小节、死板教条的局限[耿直倔强的人扬善激恶,不愿随波逐流,他不克服自己狭隘偏激、故步自封的缺点,反而认为广交朋友有辱清名,结果使他变得越来越孤僻、拘谨。这样的人可以让他去完成无损人格、气节的任务,不能让他去做灵活变通的工作];注重行动、才能卓越的人,志在攀登高峰,超越同行,不足之处是好高骛远，根基不稳[注重行动的人追求不断超越，他不警惕意志不稳、杂乱的毛病，反而认为沉静就是停滞不前，一味地鼓舞他的锐气。这种人可以让他开拓进取打先锋，不适于从事后方基础性的工作]；冷静老练、机敏周密的人，对于细微奥秘的事情很精通，缺点在于遇事迟缓怯懦[性格沉静的人，对什么事都要反复推敲，深思熟虑，他不克服自己由于冷静沉着造成的贻误良机，反而认为注重行动的人粗心大意，把自己的畏头畏尾说成是优点。这种人可以让他做需要多动脑子的类似参谋的工作，很难交给他需要快速完成的任务]；质朴坦率、一览无余的人，具有忠诚老实的品质，缺点是没有城府，容易泄密[纯朴坦白的人，心有疑惑也不愿意相信是真的，他不克服自己由于性格朴实而形成的粗犷直露的缺点，反而认为讲究谋略是一种荒诞的做法，为人处事一味坦诚相见。这种人可以去讲求信义，值得信任，但不能让他做保密工作]；足智多谋、胸怀韬略的人，做事老谋深算，诡计多端，缺点以邪恶为手段[满腹机谋的人凡事都要审时度势，把事情做得让人人满意，他不警戒所使用的计谋是否正当，反而认为坦诚是愚蠢的表现，只推崇自己的玄妙高明。这种人应当让他去做扬善积德的事情，不能让他做查处违法乱纪的工作]。

这些都是有这样或那样毛病的人才，他们都不具备适宜、完备的才干。

文子说："真正的人才，应该'心欲小，志欲大，智欲圆，行欲方，能欲多，事欲少'。"所谓"心小"，意思是说要谨慎周密，在祸患还没有发生的时候，就能考虑到预防的措施；灾祸刚刚显露出征兆的时候，就能提高警惕，有所戒备，不要放纵内心的欲望；所谓"志大"，是说立志要宏大，兼容众国之长，把各种特殊的、普遍的、正确的、错误的思想都汇集到一起，辨证的吸收，从而形成自己的正确观念；所谓"智圆"，意思是说智慧要圆融无隙，处处融合，找不到起点和终点，但是能够包容四方，源远流长，像地底深处的泉水，永远不会枯竭；所谓"行方"，意思是说行为要正直端方，不轻易屈服，纯洁清白，有如莲花，出淤泥而不染，贫穷时不改变节操，功名显赫时也不为所欲为；所谓"能多"，意思是说才能要达到文武兼备，不论是在有所作为还是默默无闻的时候，都能使自己的言行合乎道德规范；所谓"事少"，是说善于把握事物的要领和关键，统摄全局，以静制动。

天道运行的规则永远是物极必反，盈满则亏。所以要想聪明睿智，就得用愚昧来维持；要想见多识广、博学明辨，就得觉得自己浅薄，孤陋寡闻；要想勇敢猛毅，就得常持一种不狂妄自大，有所畏惧的心态；要想永保富贵，就应该对自己的物质享受有所限制；要想兼济天下，就别忘记谦让。这五点，也就是从前圣明的君王能稳坐江山的秘诀了。

《左传》中有言道："不首先制造混乱，不因富贵荣耀侮辱人，不依仗靠山有权有势胡作非为，不违背已经达成共识的协议，不傲慢无礼、目中无人，不恃才自傲，逞能欺人，不报复恼恨自己的人，不道德的不去谋取，不仁义的不去触及。"这九句话，就是古人赖以立身的原则。

《玉钤经》说："一个人把自己的本事动不动显示出来，只能证明这个人很浅薄；有了过错自己还不知道，只能证明他智商低；执迷不悟、不知悔改的，注定要被淘汰；出言不逊、招人怨恨的，大祸就要临头；言行不一、口是心非的，大家肯定要抛弃他；文过饰非、挖空心思掩盖过失的，定要灭亡；表面愤怒但没有威慑力量的，将会受到侵犯；好纠集团伙、欺辱别人的，必定遭殃；杀害自己信任重用的人，他的处境就危险了；对自己敬重的人污辱慢待，将会带来凶险；与别人相处而貌合神离、阳奉阴违的，最后将被孤立；亲信奸诈的人，疏远忠实的朋友，这种人必然灭亡；听信谗言、抛弃贤良的，这只能使自己处于昏庸无知、不明是非的状态；暗地里封官许爵的，他的寿命不会长久；让女子去拜见官员、办理公事的，必然要出现淫乱；当官的部下暗中施惠于人的，就快倒霉了；用欺凌部下的办法邀功请赏的，到头来自己要下台；有名无实、假报功绩的，经济实力将会被逐渐耗损；肥了自己，克扣下属的，最终要被唾弃；给别人带来微薄的好处就希望人家重重报答的，到头来还是落空；奖赏有成绩的人时忘掉了最下层的也应受奖，以后人家就不会为你出力；使用的人不正派，是很危险的；为了安排一个人而设立官位头衔的，将会失掉人心；让不仁不义的人出谋划策，是非常危险的；密谋的事情泄露，肯定要失败；向人民征收得多，用之于民的少，这将导致民生凋敝。"凡此种种，都是自我修养提高时必须警觉的大道理！

［荀子说："能说会做的是国宝；不会说会做的是国家的人才；会说不做的是国家的工具；说得好听做的丑恶的，是国家的妖逆。"］

所以，综合以上的论述，可以看出傅玄的观点是正确的。他说："立德的根本没有比'正心'更重要的了。心正而后才能身正，身正而后才能让左右的人正，左右正而后才朝廷正，朝廷正而后才国家正，国家正而后才天下正。反过来说，天下不正要从国家建设做起，国家不正要整顿朝纲，朝廷不正要整顿文武百官，左右不正，当皇帝的就要从加强自身修养做起，自身不正要从修心做起。修养的对象越切近，所带来的影响、效果越久远。大禹、成汤能责备自己，所以才国家兴旺，显得生气勃勃。"这就是"正心"的意义。

［尸佼说："心是身体的君主，天子把自己当作心，把天下当作身体，心不正，天下就遭殃了。诸侯把国家当作身体，把自己当作心，心不正，国家就要灭亡了。平民百姓的行为受思想的支配，思想不正确，自身也就难保了。"］

治乱之法　不可不明（理乱第十二）

【原文】

夫明察"六主"，以观君德。审惟"九风"，以定国常。探其"四乱"，核其"四危”，则理乱可知矣。

何谓“六主”？

荀悦曰：“体正性仁，心明志同，动以为人，不以为己，是谓‘王主’［议曰：王主者，谓天姿地德］；克己恕躬，好问力行，动以从义，不以从情，是谓‘治主’［议曰：治主者，谓抑情割欲］；勤事守业，不敢怠荒，动以先公，不以先私，是谓‘存主’［议曰：存主者，谓拘法守律］；悖逆交争，公私并行，一得一失，不纯道度，是谓‘衰主’；情过于义，私多于公，制度逾限，政教的失常，是谓‘危主’；亲用谗邪，放逐忠贤，纵情逞欲，不顾礼度，出入游放，不拘仪禁，赏赐行私，以越公用，贫怒施罚，以逾法理，遂非文过，而不知改，忠言壅塞，直谏诛戮，是谓‘亡主’”。［故王主能致兴平；治主能修其政；存主能保其国；衰王遭无难则庶几能全，有难则殆；危主遭无难则幸而免，有难则亡；亡主必亡而已矣］。

何谓“九风”？

君臣亲而有礼，百寮和而不同，让而不争，勤而不怨，唯职是司。此“理国之风”也［尹文子曰：“上不胜其下，下不犯其上，上下不相胜犯，故禁令行，人人无私，虽经险易而国不可侵，治国也”］。

礼俗不一，职位不重，小臣谗疾，庶人作议。此“衰国之风”也［尹文子曰：“君年长多妾媵，少子孙，疏强宗，衰国也”］。

君臣争明，朝廷争功，大夫争名，庶人争利。此“乖国之风”也。

上多欲，下多端，法不定，政多门。此“乱国之风”也［尹文子曰：“君宠臣，臣爱君，公法废，私欲行，乱国也”］。

以侈为博，以伉为高，以滥为通，遵礼谓之拘，守法谓之固。此“荒国之风”也［议曰：夫晋家尚于浮虚，所以败也。此之谓也］。

以苛为察，以利为公，以割下为能，以附上为忠。此“叛国之风”也［叔向曰：“大臣重禄而不极谏，近臣畏罪而不敢言，下情不上通，此患之大者也。”］。

上下相疏，内外相疑，小臣争宠，大臣争权。此“危国之风”也。

上不访下，下不谏上，妇言用，私政行。此“亡国之风”也［尹文子曰：“国贫小，家富大，君权轻，臣势重，亡国也。内无专宠，外无近习，支庶繁息，长幼不乱，昌国也。农桑以时，仓廪充实，兵甲劲利，封疆修理，强国也。”

文子曰：“夫乱国若盛，治国若虚，亡国若不足，存国若有余。虚者，非无人，各守其职也；盛者，非多人，皆邀于末也；有余，非多财，节欲事寡也；不足者，非无货，人鲜而费多也。”］

（原文似有误，上列共“八风”，与九之数不合。——译注）

何谓“四乱”？

管子曰：“内有疑妻之妾，此家乱也；庶有疑嫡之子，此宗乱也；朝有疑相之臣，此国乱也；任官无能，此众乱也。”

［故曰：立天子者，不使诸侯疑焉；立诸侯者，不使大夫疑焉；立正妻者，不使嬖妾疑焉；立嫡子者，不使庶孽疑焉。疑则动，两则争，杂则相伤。故臣有两位者，国必乱。臣两位而国不乱者，君犹在也，恃君不乱，失君必乱矣；子两位者，家必乱，子两位而家不乱者，亲犹存也，恃亲不乱，失亲必乱矣。臣疑其君，无不危之国；孽疑其宗，无不危之家也。］

何谓“四危”？

又曰：“卿相不得众，国之危也；大臣不和同，国之危也；兵主不足畏，国之危也；

民不怀其产，国之危也。此治乱之形也。

凡为人上者，法术明而赏罚必者，虽无言语而势自治；法术不明而赏罚不必者，虽日号令，然势自乱。"

［管子曰："理国有三器，乱国有六攻。明君若能胜六攻而立三器，故国理。不肖君不能胜六攻而立三器，故国乱。三器者何也？曰号令也，斧钺也，禄赏也。六攻者何？曰亲也，宾也，货也，色也，巧佞也，玩好也。三器之用何也？曰非号令无以使下，非斧钺无以威众，非禄赏无以劝人。六攻之败何也？曰虽不听而可以得存，虽犯禁而可以得免，虽无功而可以得富。夫国有不听而可以得存者，则号令不足以使下；有犯禁而可以得免者，则斧钺不足以威众；有无功而可以得富者，则禄赏不足以劝人。号令不足以使下，斧钺不足以威众，禄赏不足以劝人，则人君无以自定也。"］

是故势理者，虽委之不乱；势乱者，虽勤之不治。尧舜拱己无为而有余，势理也；胡亥、王莽驰骛而不足，势乱也。

［商子曰："法令者，人之命也，为治之本也。一兔走而百人逐之，非以兔可分以为百，由名分之未定也。夫卖兔者满市，盗不敢取，由名分之定也。故夫名分定，势治之道也。名分不定，势乱之道也。故势治者，不可乱也；势乱者，不可治也。夫势乱而欲治之，愈乱矣；势治而治之，则治矣。故圣人治治不治乱也。圣人为人作法，必使之明白易知，愚智偏能之。故圣人立天下而天下无刑死者，非可刑杀而不刑杀也，万人皆知所以避祸就福而皆自治也。明主因治而治之，故天下大治也。"］

故曰：善者求之于势，不责于人。是故明主审法度而布教令，则天下治矣。

［《左传》曰："国将亡必多制。"杜预云："数变法也。"］

论曰：夫能匡世辅政之臣，必先明于盛衰之道，通于成败之数，审于治乱之势，达于用舍之宜，然后临机而不惑，见疑而能断，为王者之佐，未有不由斯者矣。

【译文】

分辨清楚六种类型的君主，就可以用来考核每一位皇帝的功过得失；总结出九种类型的国家风气，就能制定出国家的法律。探讨四种乱国的表现，核定四种危国的征兆，那么国家是安定还是混乱，就可以知道了。

什么是"六主"？

东汉末史学家荀悦说："为人正直天性仁慈，头脑清醒，志在天下大同，所有的举措都是为了人民，而不是为满足自己的私欲，这是'王主'——可作帝王的君主 [王主具有先天的仁慈美德]；能克制自己的私欲，心胸宽广，能身体力行，勤学好问，办事遵循仁义的原则，不感情用事，这是'治主'——能带来一个清明盛世的君主 [治主的主要表现是克制情欲，忍痛割爱]；勤政爱民，兢兢业业地守住祖先开创的基业，丝毫不敢荒淫懈怠，处理国家大事能做到先公后私，这是'存主'——能坐江山的君主 [存主关键是奉行先主的传统法规]；各种叛乱此起彼伏，为公的，谋私的都一并运作，国家的一得一失，都不符合法度，这是'衰主'——走上穷途末路的君主；情欲压倒了礼义，私利重于公益，国家制度超过了界限，政治文化失去了常规，这是'危主'——危在旦夕的君主；亲信、重用诬陷忠良的邪恶小人，排挤、打击德才兼备的忠臣，放纵情欲，贪得无厌，不顾忌礼教法规，出入游幸放荡，不受规章制度的约束，拿着国家的财物赏赐亲信,超过了用在公共事业上的开支,一不高兴就乱加刑罚,从不依据法律,文过饰非,有错不改,忠诚的意见听不到,敢于直谏的大臣都要被杀掉,这是'亡主'——亡国的君主。"

[所以说,"王主"可以统一四海,使天下兴盛太平;"治主"可以进一步完善这种局面;"存主"可以保住江山;"衰主"如果国家不发生灾难可以勉强保住安全,有难就危险了;"危主"没有国难还算幸运了,有难必是亡国;"亡主"则必亡无疑了。]

"九风"是什么意思呢?

君臣之间亲近有礼,文武百官虽为人不同但仍然和睦相处,互相谦让,不争名夺利,勤勤恳恳为国效力,不心生埋怨,专心致志地坚守其职。这是"理国之风"——国家大治的象征[尹文子说:"上级领导不压制下属,下属不冒犯上级,上下融洽,就能做到令行禁止,每个人都不包藏私心。在这种风尚下,虽然经受艰难险阻的考验,国家仍可坚如磐石,不会受到敌国的侵犯。这才是治理得好的国家"]。

礼教风尚不能统一,当官的不受敬重,基层官员攻击国家的弊病,平民百姓议论纷纷,这是"衰国之风"——国家衰败的象征[尹文子说:"国王虽然年迈还养着许多嫔妃,子孙不多,有势力的宗族被疏远,这是国家衰败的表现]。"

君臣互相争荣誉,朝中大臣争功劳,士大夫争名声,老百姓争私利,这是"乖国之风"——众叛亲离的象征。

上层官员私欲泛滥,下层官员作恶多端,法规不稳定,政策源于多种渠道,这是"乱国之风"——国家动乱的象征[尹文子说:"国王宠幸大臣,大臣只爱君王,国家的法律废弛,人欲横流,这是乱国的表现"]。

把奢侈误以为繁荣,把骄纵误以为高贵,把自由散漫误以为开明,遵守礼义的人被认为是拘谨不知变通,奉公守法的人被认为是顽固不化,这是"荒国之风"——国家荒淫的象征[晋代崇尚玄虚、轻浮,因而才失败了。说的就是这个]。

把苛捐杂税当作精明,为国家服务是为了捞取好处,把宰割老百姓当作能耐,把谄谀奉承当作忠诚,这是"叛国之风"——国家叛乱的象征[叔向说:"大臣只想着俸禄,就是不进忠言,亲信的随从怕得罪上司不敢说真话,下面的真实情况反映不到中央,这是最大的隐患]。"

上下隔阂,内外猜疑,小官员争着讨上司的欢心,当大官的争夺权力,这是"危国之风"——国家危亡的象征。

上级官员不深入基层了解情况,下面的群众也不向上反映意见,老婆怎么说就怎么办,无视国家的法律,各干一套,这是"亡国之风"——国家灭亡的象征。

[尹文子说:"国家贫困衰弱,私人却富裕庞大;国王的权力削弱,大臣的势力增强,这就是亡国的征兆;对内没有专宠一人的现象,对外没有宠幸的弄臣,家族人丁兴旺,长幼有序,这是国家昌盛繁荣的标志;农事活动适时,粮食储存厚实,军队精锐,疆土治理得很好,这是强国的特征。"

文子说:"动乱的国家看上去好很像热闹;安定的国家看上象很空虚;灭亡的国家好象匮乏不足;图存的国家好象绰绰有余。空虚不是没有人,而是因为人人都在岗位上;热闹不是人丁多,而是因为都在追逐蝇头小利;有余不是财力富余,而是因为寡欲少事;不足不是市场无货,而是因为人们虽然收入少,但是各种税赋却很多。]

什么是"四乱"呢?

管仲说:"家中有疑忌正室的小妾,这是家乱;庶子疑忌嫡子,这是宗乱;朝廷里有疑忌宰相的大臣,这是国乱;任命的官员昏庸无能,这是众乱。"

[所以说:"确立谁为天子时,不能引起各地诸侯的疑虑;分封王侯的时候,不能让朝中大夫疑虑;立正妻的时候,不能让妾疑忌;立嫡子的时候,不能让庶子疑忌。一有疑忌就要有所行动,否则,不分等级地混杂在一起,势必引起争端和伤害。因此把同一职务任命给两个大臣,国家必然发生动乱,没有发生动乱是因为国王还健在,大臣惧怕君威所以不敢乱来。国王一死,必乱无疑。同时立两个嫡子而家庭不发生纠纷,是因为长辈还活着,嫡子二人惧怕家族的宗法压力所以不作乱,等到长辈一死,也就乱了。另外,大臣疑忌国王,没有不危害国家的;庶子疑忌长辈,没有不危害家庭的。"]

什么是"四危"呢?

管仲又说:"公卿和相国得不到群众的拥护;大臣们不能同心协力;统帅军队的元帅不足以引起敌人的畏惧;人民不关心生产,这是国家的危机,也是国家治理得好与否的外在表现。

"凡是作为最高领导者的,法策、法规严明,赏罚必定兑现的,虽然不用多少宣传口号,大势所趋,国家自然能达到大治;法令、策略不明,赏罚又不兑现的,即使天天发号召,然而必趋向大乱。"

[管仲说:"治理好国家有三件法宝,导致乱国的有六种隐患。英明的国王如果能战胜这六种隐患,掌握这三种法宝,国家必然会得到治理。昏君不能战胜六种隐患,掌握三种法宝,所以致使国家动乱。三件法宝是什么呢?一是号令,二是刑罚,三是俸禄和赏赐。什么是六种隐患呢?一是亲信,二是宾师(没有官职而被国王敬重的人),三是行贿的人,四是女色,五是善于钻营的小人,六是陪你玩赏的人。三件法宝有什么功用呢?没有号令不能驱使臣民;没有刑罚不能制服群众;没有赏禄不能鼓舞人效命。六种隐患为什么会导致败亡呢?这六种人即使不服从法令也可以安然无恙,即使犯了法也可以逃避法网,即使没有功也可以发财致富。一个国家,有了不守法也安全的人,就不能让下边的人服从号令;有违法不究的人,法律就失去了效力;有无功受禄的人,奖赏和薪水就不起作用。这样一来,当君王就失去了稳坐江山的法宝。"]

因此体制健全,格局合理的国家,即使遇到挫折也不会产生动乱;而体制不健全,格局不合理的国家,再怎么费心地整治也是治理不好的。尧舜垂拱,无为而治,都显得雍容有余,因为其体制是治理的格局;胡亥、王莽奔驰忙碌,都制止不住天下大乱,因为其体制就是致乱的格局。

[商鞅说:"政策法令,是人民的生命,治国的根本。上百个人追捕一只野兔,不是因为一只兔子可以分成一百份,而是由于兔子的所有权还没有确定。卖兔子的人市场上到处都有,但是盗贼不敢随便拿,因为归谁所有已经确定了。由此可以知道,确定名分(解决所有权),是治国的

基本原则。名分不确定,是导致动乱的因素。因此,体制是治理的体制,想乱也乱不了;体制是混乱的体制,则无法整治。是混乱的体制,越治越乱;是治理的体制,治理就很容易了。所以圣人只治理具备治理体制的国家,不治理其体制就是动乱根源的国家。圣人为人民群众制定法律,一定要使法律一目了然,通俗易懂,人人都能遵守。所以在圣人建立的国家里,没有因犯法而被杀的。倒不是该杀而不杀,而是因为人人守法,人人避祸就福,人人懂得自我约束。英明的君主凭体制可治理而治国,所以才会天下大治。"]

因此,我们说,善于治理国家的人,是在改造国家体制上下功夫,而不是把希望寄托在某一个人身上。所以英明的国家领导人反复研究审视法律制度,而后颁布命令,天下就会实现大治。

[《左传》说:"一个国家快要灭亡的时候,必然会有许多政策制度出台。"杜预说:"变法太频繁了。"]

结论:能够匡扶世道、辅佐朝政的权臣,务必要首先明白盛衰的道理,精通成败的规律,研究造成大治或大乱的局势,通晓各级领导的任用和罢免的分寸。再加上面临纷繁复杂的时局而不迷惑,遇到疑难、棘手的问题能断决——作为君王的辅相,古往今来,没有不首先从这里做起的。

第三卷　治国有术　权谋机变(权变)

仁义应乐　反道用之(反经第十三)

【原文】

[议曰:理国之要,以仁义赏罚,此其大略也。然而用失其宜,反以为害。故著"反经"一章以明之也。]

臣闻三代之亡,非法亡也,御法者非其人矣。故知法也者,先王之陈迹,苟非其人,道不虚行。故《尹文子》曰:"仁、义、礼、乐、名、法、刑、赏,此八者,五帝三王治世之术。"

故仁者,所以博施于物,亦所以生偏私。——[反仁也。议曰:在礼,家施不及国,大夫不收公利。孔子曰:"天子爱天下,诸侯爱境内,不得过所爱者,恶私惠也。"故知偏私之仁,王者恶之也。]

义者,所以立节行,亦所以成华伪。——[反义也。议曰:忘身殉国,临大节而不可夺,此正义也。若赵之虞卿,弃相捐君,以周魏齐之危。信陵无忌,窃符矫命,以赴平原之急。背公死党之义成,守职奉上之节废,故毛公数无忌曰:"于赵则有功矣,于魏则未为得。"凡此之类,皆华伪者。]

礼者,所以行谨敬,亦所以生惰慢。——[反礼也。议曰:汉时欲定礼,文帝曰:"繁礼饰貌,无益于礼,躬化为可耳。"故罢之。郭嘉谓曹公曰:"绍繁礼多仪,公体任自然,此道胜者也。"夫节苦难贞,故生惰慢也。]

乐者,所以和情志,亦所以生淫放。——[反乐也。《乐》书曰:"郑卫之者,乱代之音。桑间濮上之音,亡国之音也。"故严安曰:"夫佳丽珍怪,固顺于耳目。故养失而泰,乐失而淫,礼失而彩,教失而伪。伪彩淫泰,非所以范人之道。"]

名者,所以正尊卑,亦所以生矜篡。——[反名也。议曰:古者名位不同,礼亦异数,故圣人明礼制以序尊卑,异车服以彰有德。然汉高见秦皇威仪之盛,乃叹曰:"大丈夫当如此!"此所以生矜篡。《老经》曰:"夫礼者,忠信之薄而乱之首。"信矣哉!]

法者,所以齐众异,亦所以乖名分。——[反法也。议曰:《道德经》云:"法令滋彰,盗贼多有。"贾谊云:"法之所用易见,而礼之所为至难知也。"又云:"法出而奸生,令下而诈起,此乖分也。"]

刑者,所以威不服,亦所以生凌暴。——[反刑也];赏者,所以劝忠能,亦所以生鄙争。——[反赏也。]

《文子》曰:"圣人其作书也,以领理百事,愚者以不忘,智者以记事。及其衰也，为奸伪，以解有罪而杀不辜。"——[反书也。]

《文子》曰："察于刀笔之迹者，即不知理乱之本；习于行阵之事者，即不知庙胜之权。"庄子曰："儒以诗礼发冢，大儒曰：'东方作矣！事之何若？'小儒曰：'未解裙襦，口中有珠。《诗》固有之曰："青青之麦，生于陵坡。"生不布施，死何含珠？为接其鬓，压其颏，而以金椎控其颐，徐别其颊，无伤口中珠。'"

由此言之，诗礼乃盗资也。

其作囿也，以奉宗庙之具，简士卒，戒不虞。及其衰也，驰骋弋猎，以夺人时。——[反囿也。]

齐宣王见文王囿大，人以为小，问于孟子。孟子曰："周文王之囿，方七十里，刍荛者往焉，雉兔者往焉，与人同之，民以为小，不亦宜乎？臣闻郊关之内，有囿方四十里，杀其麋鹿者，如杀人之罪，民以为大，不亦宜乎？"楚灵为章华之台，伍举谏曰："夫先王之为台榭也，榭不过讲军实，台不过望氛祥。其所不夺穑地，其为不匮财用，其事不烦官业，其日不妨事务。夫为台榭，将以教人利也，不闻其以匮乏也。"]

其上贤也，以平教化，正狱讼，贤者在位，能者在职，泽施于下，万人怀德。至其衰也，朋党比周，各推其与，废公趋私，外内相举，奸人在位，贤者隐处。——[反贤也。]

太公谓文王曰："君好听世俗之所举者，或以非贤为贤，或以非智为智。君以世俗之所举者为贤智，以世俗之所毁者为不肖，则多党者进，少党者退，是以群邪比周而蔽贤，是以世乱愈甚。"文王曰："举贤奈何？"太公曰："将相分职，而君以官举人，案名察实，选才考能，则得贤之道。"

古语曰："重朋党则蔽主，争名利则害友，务欲速则失德也。"]

《韩诗外传》曰："夫士有五反，有势尊贵不以爱人行义理，而反以暴傲。"——[反贵也。古语曰："富能富人者，欲贫不可得；贵能贵人者，欲贱不可得；达能达人者，欲穷不可得。"梅福曰："存人所以自立也；壅人所以自塞也。"]

家富厚不以振穷救不足，而反以侈靡无度。——[反富也。]

资勇悍不以卫上攻战，而反以侵凌私斗。——[反勇也。凡将帅轻去就者，不可使镇边，使仁德守之则安矣。]

心智慧不以端计教，而反以事奸饰非。——[反智慧也。《说苑》曰："君子之权谋正，小人之权谋邪。"]

貌美好不以统朝莅人，而反以蛊女从欲。——[反貌也。

此五者，所谓士失其美质。]

太公曰："明罚则人畏慑，人畏慑则变故出。——[反明罚也。]明察则人扰，人扰则人徙，人徙则不安其处，易以成变。"——[反明察也。太公曰："明赏则不足，不足则怨长。明王理人，不知所好，而知所恶；不知所归，而知所去。使人各安其所生，而天下静矣。"

晋刘颂曰："凡监司欲举大而略小，何则？夫细过微阙，谬忘之失，此人情所必有，所固不许在不犯之地，而悉纠以法，则朝野无立人。此所谓以治而乱也。"]

晏子曰："臣专其君，谓之不忠，子专其父，谓之不孝，妻专其夫，谓之嫉妒。"——[反忠孝也。《吕氏春秋》曰："夫阴阳之和，不长一类。甘露时雨，不私一物。万人之主，不阿一人。"申子曰："一妇擅夫，众妇皆乱。一臣专君，群臣皆蔽。故妒妻不难破家也，而乱臣不难破国也。是以明君使其臣，并进辐辏，莫得专君焉。"]

韩子曰："儒者以文乱法，侠者以武犯禁。——[反文武也。曾公曰："恃武者灭，恃文者亡。"夫差、偃王是也。吴子曰："昔承桑氏之君修德废武，以灭其国；有扈之君恃众好勇，以

国学经典文库

资政秘典

·反经·

图文珍藏版

丧社稷。明主鉴兹,必内修文德,外治武训,故临敌而不进,无逮于恭。僵尸而哀之,无及于仁矣。《钤经》曰:"文中多武,可以辅主;武中多文,可以匡君;文武兼备,可任军事;文武兼阙,不可征伐。"

子路拯溺而受牛,谢孔子,孔子曰:"鲁国必好救人于患也。"子贡赎人而不受金于府[鲁国之法,赎人于他国者,受金于府也]。孔子曰:"鲁国不复赎人矣。"子路受而劝德,子贡让而止善。由此观之,廉有所在而不可公行。——[反廉也。

匡衡云:孔子曰:"能以礼让为国乎?何有?"朝廷者,天下之桢干也,公卿大夫相与修礼恭让,则人不争;好仁乐施,则下不暴;上义高节,则人兴行;宽柔惠和,则众相爱。此四者,明王之所以不严而化成也。何者?朝有变色之言,则下有争斗之患;上有自专之士,则下有不让之人;上有克胜之佐,则下有伤害之心;上有好利之臣,则下有盗窃之人。此其本也]

慎子曰:"忠未足以救乱代而适足以重非。何以识其然耶?曰:父有良子而舜放瞽瞍,桀有忠臣而过盈天下。然则孝子不生慈父之义[六亲不和有孝慈],而忠臣不生圣君之下[国家昏乱有忠臣]。故明主之使其臣也,忠不得过职,而职不得过官。"——[反忠也]。

京房论议,与石显有隙,及京房被黜为魏郡太守,忧惧上书曰:"臣弟子姚平谓臣曰:'房可谓小忠,未可谓大忠,何者?昔秦时,赵高用事,有正先者,非刺高而死,高威自此成,秦之乱,正先趣之。'今臣得出守郡,唯陛下毋使臣当正先之死,为姚平所笑。"

由此而观之,夫正先之所谓忠,乃促秦祸,忠何益哉?]

庄子曰:"将为胠箧探囊发匮之盗,为之守备,则必摄缄縢,固扃鐍。此世俗之所谓智也。然而巨盗至则负匮揭箧,担囊而趋。唯恐缄縢扃鐍之不固也,然则向之所谓智者,有不为盗积者乎?"——[反智也。孙子曰:"小敌之坚,大敌之擒也。"]

其所谓圣者,有不为大盗守者乎?何以知其然耶?昔者齐国,邻邑相望,鸡狗之音相闻,网罟之所布,耒耨之所刺,方二千余里,阖四境之内,所以立宗庙社稷,治邑屋州间乡里者,曷尝不法圣人哉?然而田成子一朝杀齐君而盗其国,所盗者,岂独其国耶?并与圣智之法而盗之,故田成有乎盗贼之名,而身处尧舜之安,小国不敢非,大国不敢诛,十二代而有齐国,则是不独窃齐国,并与其圣智之法,以守其盗贼之身乎?——[反圣法也。

昔叔向问齐晏子曰:"齐其如何?"晏子曰:"此季世也,吾勿知。齐其为陈氏矣。公弃其人而归于陈氏。齐旧四量:豆、区、釜、钟。四升为豆,各自其四,以登于釜,釜十则钟。陈氏三量,皆登一焉,钟乃大矣。以家量贷,而以公收之。山木如市,弗加于山;鱼盐蜃蛤,弗加于海;人三其力,二于公而衣食其一。公聚朽蠹而三老冻馁,国之诸市,屦贱踊贵,人多疾病,而或燠休之。其爱之如父母,归之如流水,欲无获人,将焉避之。"]

跖之徒问于跖曰:"盗亦有道乎?"跖曰:"何适而无有道耶?夫妄意室中之藏,圣也。入先,勇也。出后,义也。知可否,智也。分均,仁也。五者不备而能成大盗者,天下未之有也。"

[反汉末,董卓入朝,将篡位,乃引用名士。范晔论曰:"董卓以催阘为情,遭崩剥之势,故得蹈藉彝伦,毁裂畿服。夫以剖肝斫趾之性,则群生不足以厌其快,然犹折意缙绅,迟疑凌夺,尚有盗窃之道焉。"]

由是观之,善人不得圣人之道不立,盗跖不得圣人之道不行。天下之善人少而不善人多,则圣人之利天下也少而害天下也多矣。

——[反仁义也。

议曰：昔仲由为邵宰，季氏以五月起长沟。当此之时，子路以其私秩粟为浆饭，以饷沟者。孔子闻之，使子贡往覆其饭，击毁其器。子路曰："夫子嫉由之为仁义乎?"孔子曰："夫礼，天下爱天下，诸侯爱境内，大夫爱官职，士爱其家。过其所爱，是曰侵官。"

汉武时，河间献王来朝，造次必于仁义。武帝色然难之，谓曰："汤以七十里，文王以百里，王其勉之!"王知其意，归即纵酒。

由是言之，夫仁义兼济，必有分乃可。故尸子曰："君臣父子，上下长幼，贵贱亲疏，皆得其分理。爱得分曰仁。施得分曰义。虑得分曰智。动得分曰适。言得分曰信。皆得其分而后为成人。"

由是言之，跖徒之仁义非其分矣。]

由是言之，夫仁义礼乐、名法刑赏、忠孝贤智之道，文武明察之端，无隐于人，而常存于代，非自昭于尧汤之时，非故逃于桀纣之朝。用得其道则天下理，用失其道而天下乱。

[孙卿曰：羿之法非亡也，而羿不世出；禹之法犹存也，而夏不代王。故法不能独立，得其人则存，失其人则亡矣。

《庄子》曰：宋人有善为不龟手之药者，代以洴澼絖为事。客闻之，请买其方百金。客得之以说吴王。越人有难，吴王使之将。冬，与越人水战，大财越人，裂地而封。能不龟手一也，或以封，或不免于洴澼絖，则其所用之异。]

故知制度者，代非无也，在用之而已。

【译文】

[在讨论治国的道理时，历来人们认为仁义、赏罚是最重要的，是基本国策。但是，如果使用不当，反而于国于民有害。因此特别撰写了"反经"这一章来说明这个问题。]

我听说夏、商、周三个朝代消亡的原因，并不是因为三代的法规已经制度过时了，而是因为执政的人不是合适的人选。这证明了所谓法制，亦即前代圣君的主张与路线，却没有合适的人选，就不会凭空得以贯彻实行。战国时的尹文子说："仁、义、礼、乐、名、法、刑、赏，这八种政治措施，是五帝和三王(文王)治理国家的基本方针。"

[仁爱作为政治主张，本来是要一视同仁地、普遍地爱全国的民众，可是在实行的过程中却会生出私心来，鼓励了某些人的私欲。这就是仁爱的端。《礼记》中讲过：从原则上讲，给某一家的奖励、优待不应该普及于全国。在国家机关服务的人，做官当领导，不应该假借公家的为自己捞好处。孔子说："做皇帝的爱天下老百姓，各地诸侯爱自己境内的老百姓，都不得超过自己的范围去爱人家的人。"所以要有这样一种规范，目的就在于反对私人恩惠的出现。由此可知，作为一个圣明的国君，特别憎恶那种假公济私、收买人心的行为了。]

为了某些人哗众取宠而背弃大节的借口，而走向了节义的反面。[牺牲性命以殉国难，面对国之存亡与生死抉择而志不可夺，这才是真正的义。如果像赵国宰相虞卿那样，放宰相不做，却私下逃离赵王，来帮贫贱时朋友魏齐逃难；或者像魏公子信陵君无忌那样，偷了国家的兵符，便使国王的命令出动三军，帮助赵国的平原君打退了敌人，为平原君救了急，然而他们却都损害了国家利益。成全了朋友之间的情义，大节却废弃了，因此赵国隐士毛公责备魏无忌说："这样做，对赵国虽然有功，对于魏国却有害无益。"举凡这一类事情，都不过是为了私人情义抬高自己罢了。]

名分的设立,是为了对身份的高下有个明确的确定,但是骄慢、篡夺的野心也就因此而产生了。[这就是等级制度的副作用。人们议论说:古代官位不同,待遇级别也不同,所以德高望重的人制定出明确的有关的制度,以便使尊卑上下有序,穿什么颜色、款式的衣服,对乘什么车都有一定的规定,为的是表彰那些有德的人。然而当刘邦看到秦始皇的车辇、仪仗的威风后,就感叹道:"大丈夫就应当这个样子!"项羽更直爽地起了"吾当取而代之!"的想法。因此老子说:"礼制这个东西,是因为忠信观念淡薄了才制定的,但也是导致叛乱的开始。"这话说得一点不错。]

建立礼仪规矩,原是为了使人们的言行恭敬严谨,但是懒惰和散漫也会就同时产生,结果走向了"礼"的反面。[汉文帝的时候,有人建议制定礼仪法规,文帝说:"繁文缛节的礼仪,矫柔虚假的形象,对真正的礼没有好处,以身作则地就行了。"于是下令不再谈这个问题。郭嘉曾经对曹操讲过:"袁绍烦琐的仪礼节太多了,不像你这样本色自然,直截了当,这就你从道义上胜过了他啊!"这说明,遵守烦琐的礼节到了让人叫苦不迭的地步,但真正做到就很难了,于是人们只好行使虚伪了。]

文艺,其目的是陶冶性情、心灵的好东西,但是也会叫人淫佚放浪。[这就是乐的流弊。《乐记》指出:"郑国、卫国的音乐,是乱世的音乐,是男欢女爱的音乐,是亡国的音乐。"所以严安说:"佳丽美人,怪诞珍奇,虽然好听,好看,但淫佚放浪也就由此而生了。所以生活得太舒适了,就会滑向堕落;娱乐太过分了,就会出现荒淫;文明礼尚太过分了,只追求形式华丽的东西就流于泛滥;对教养学识要求过头了,假冒伪劣的货色就会多起来。'伪、滥、淫、泰'这些反面的东西,是决不能用来规范人。"]

建立法制法规,为了使人们的行为有一定依据,使人人都安分守己,用心本来很好,但想不到问题也恰恰出在这里——有人偏偏会去找法律的漏洞,做出十分邪恶的事来。[这就是法制的反作用。《志子》早就讲过,法令越多越细,犯法的人反越多。贾谊也说过:"法令的条款和运用是有章可循、显而易见的,然而法令以外属于伦理道德范围的准则对人的作用,就极难辨别衡量了。"又说:如"法令一台出,有人会在做坏事之前就先研究法律的漏洞了,做了坏事又不触犯法规,法律也拿他没办法。道高一尺,魔高一丈。高明的奸险谲诈之徒就是这样将产生的。这就是'乖谬'的意思。"]

刑罚的运用,目的是要威慑,惩罚犯法者,但是执法的人,会出于种种目的依靠刑法或者来欺辱犯人,甚至久而久之会使自己丧失人性,有时也会放过真正的罪犯,制造冤假错案。[这就是刑的反作用。]

奖赏的作用,目的是为了劝勉人忠心效力,尽尽其能,但是也会出现卑俗的争夺。为了争功邀赏,或由于赏罚不公而闹出许多鄙俗的事情。[这就是赏的反作用。]

文子说过:"古代有真本领的人创造出文字来,目的是指导大众,叫人理解天下之事,使聪明的人学识渊博,使愚笨的人变得聪明起来。但事与愿违,等到文化知识有了进一步发展,真正有学识的人却变得更坏了,他们把学到的文化知识作为自己为非作歹、作奸犯科的工具;为狂人辩护,冤杀无辜的人。"[这就是知识的反作用。

文子又说:"看看耍笔杆子的那些人的所作所为,就知道他们并不明了安邦治国的要领,就像习惯于行军打仗的人并不知整个国家的施政方略一样。"

庄子讲过这样一个故事,他说:"读书人都像盗墓贼,只是他们偷的不是财物,而是文化。有一次一个大知识分子带小知识分子去盗墓,大盗的问小盗的:'天快亮了,你挖的怎么样,有些什么东西?'

小的说：'死人已经挖到了，但还没有脱下他的衣服。他口中有一颗宝珠。'

大知识分子一听说死人口中有宝珠，就说：'一定要把这宝珠挖出来。《诗经》："有绿油油的麦子，生长在山坡上的句子。坟墓里的这家伙生前很吝啬的，一肚子学问不告诉别人，死了还含在嘴里不说。快把它拿出来！不过，小东西，你可得小心，你先把他的头发抓住，再按住他下巴上的胡须，用锥子敲他的双颊，慢慢撬开他的牙齿，千万别损坏了宝珠！'

从这个故事的寓意很容易看出，知识实是招引盗贼的财富。]

至于国家建筑林园，目的是为了使祖宗的灵位有个存放的地方祭祠。平时则可以防意外变故，搞军事训练。到了国力鼎盛的时候，林园便丧失了原来的，变成了驰骋军犬来打猎的地方，结果贻误农时，劳民伤财。[建筑林园便成了违背本意的事情了。孟子讲的故事就说明了这个道理。齐宣王见周文王的园林很大，而老百姓以为很小，就问孟子这是怎么回事。孟子说："周文王的花园方圆七十里，割草打柴的人能进去，打山鸡野兔的人也可以进去，与民同乐，与民同用，老百姓自然都不嫌其大，这不是理所当然的吗？我听说你的郊城也建了座花园，方圆四十里，老百姓如果进去打猎杀了一只小鹿，你也要抓起来以杀人罪论处，所以老百姓议论你修这么大的花园太奢侈了，这不也是理所当然的吗？"楚灵王修了章华台，伍子胥的祖父伍举提出反对意见说："我们祖先搞大型建筑，修亭台楼阁，是为了观察气象，训练三军。国家搞这样的建筑，要遵循四个原则，一不占人民的耕地；二不影响国家的财政；三不因用工而影响公家和私人的正常业务；四不在农忙时期动工。

重视人才的政策，目的为了提高全社会的文化教育水平，人人都奉公守法，一心向善，有道德有觉悟的人从事领导工作，有才能有经验的人管理各行各业等，物质财富和精神财富都丰富了，给全社会带来幸福，全国上下就会感怀这种政治的恩德。到了这种人的地步；他们所说的天才，也许是个大骗子，朋党把他吹捧成天才的样子。你如果根据社会舆论，把世俗群众推举的当作有贤德的人，把世俗群众诋毁的当作坏人，那么朋党多的人就会掌权，朋党少的人就会受打击，于是结成死党，蒙蔽群众的人就会利用时机，打击、陷害真正有本事的人，天下就会大乱。"

文王问道："那该怎么做才能真正地任用贤能呢？"

姜太公答道："文官和武官，职权要分开。国王要出以公心，按职务、按国事的需要选拔人才，不讲人情，实事求是，选拔优秀人才，考核他的才能、政绩。这才是获得人才的正确方法。"

古人说得好：把私营山头的利益放在第一位，掌权人就会被蒙蔽；争名于朝、夺利于市就会伤天害理，为了取利出卖朋友；急功近利、好大喜功就要损害国家、人民的利益，破坏领导者的形象，丧失威信。]

《韩诗外传》说："古代的士大夫在贵、富、勇、智、貌五种素质方面都其相反的一面。比如有些人有了权力，地位也尊贵了以后，本来应该护爱别人，护爱朋友，仗义行侠，实际上恰恰相反，出身贫贱的一旦发迹后，一阔脸就变，变得不近情理，不行仁义，残暴不仁，飞扬跋扈。"[这就是尊贵的反面。如果他能保持贫贱时的品德不变，那就非常难能可贵的。所以古人另有一种说法：发了财后能让别人也发财的，想穷也穷不了；有权后能让别人也当官的，想下也下不来了，交了好运后能让别人也交好运的，想不走运也不行。在宁波四明山归隐成仙的梅福把这一哲理总结为："成就别人的实质上是成就自己，挡别人路的最后把自己的路也堵死了。"]

家道富足了，本应周济贫困的人，扶危急人之难，可是有的富贵人家，不但不帮助穷人，投资社会公益、福利事业，广积功德，反而骄奢淫逸，挥霍无度，最后难免落个家业凋零，钱财散尽的后果。[这就是说，财富会走向它的反面。]

依恃自己年轻有力，剽悍勇猛，不是去保家卫国，而是好勇斗狠，欺负弱者，或

·反经·

图文珍藏版

者在黑社会结成流氓团伙，聚众殴斗。[这样，勇武就走向了反面，于社会反而有害了。把这个道理用到治国安邦上，执政者不应当让那些好战的将帅去镇守边疆，以免轻率地发动战争；而应当让仁爱宽厚的儒将或文臣守卫边疆，这样国家就安定了。]

有智慧的人如果不是用来干正事，做有益于国家、社会的事，而是使奸作诈，颠倒是非，[智慧就要走向反面。《说苑》说："君子也用权谋，但是为了做正义的事；小人用权谋，却为了干坏事。"]

风度翩翩，容貌姣美的本来是件好事，如果放到树立形象、讲究礼仪的场合如外交、公关之类的地方，是很恰当的，但是如果凭脸蛋漂亮去乱搞男女关系，去行淫纵欲，[那就走到美的反面去了。

一个有教养的人如果使这五种优势走向负面，那就丧失了有知识的人五种原本美好的素质。]

姜太公说："刑罚太重了，国人就会被弄得提心吊胆，战战兢兢，人如果整天处在这种状态就会生出变故，反而要出乱子。[这就是明罚的副作用。]什么事都看得那么清楚，人就觉得恐惧不安了，为了逃避骚扰，大家就要迁移，不再安居，这样容易发生动乱。"[这就是明察的反作用。姜太公又说："一有贡献就奖赏，动不动奖赏，容易诱发不满足的心理，不满足就滋长怨恨，久而久之就反目成仇。这就是明赏的反作用。贤明的国王统治管理一个国家，不应去注意臣民爱好什么，而更多的是注意臣民讨厌什么；不大去注意为什么要来归顺他，而更注意为什么要离开他。这样做就能使所有的人安定地生活。真能做到人人平安，那才是真正的天下太平。"

晋朝刘颂说："政府中负责监督稽查的官员，为什么要只注意大案要案，而对于琐细的违纪现象不大过问呢？因为微不足道的过失、缺点，偶然的遗忘、疏忽，这是人之常情，在所难免，不应当将这类过错划入违纪犯法之列而统绳之以法，否则的话，朝廷上下，就没有一个站得住脚的人了。这样做的结果，看上去是求治，实际上是制造暴乱。"]

齐国的名相晏子说：一个好的大臣，固然应对上司忠心，然而忠心的过头了，就变成专权，那就是不忠了；当儿子的孝敬父母是好事，但是如果只突出他一个人的孝顺，而其他兄弟姐妹都比下去，那就是不孝了；妻子爱自己的丈夫是好的，但是如果丈夫还有二房小妾（这是针对古代多妻制而言），做妻子的霸住丈夫独专其房，妒心大不能容纳别人，很可能导致家破人亡。[因此忠孝做得太过分了，也会引起反弹。

《吕氏春秋》说：阴阳调和滋养万物，香花毒草，不加分别。甘露雨水，普泽天下，东西南北，不遗一角。一国之君，普天同仰，老少美丑，平等对待。战国时的法家申不害说过：一个女人独霸了丈夫，其他的太太就要出现乱子；一个大臣独揽大权，其他臣子的积极性就会被压下去。所以嫉妒心太强的妻子很容易破家，权力欲大的大臣很容易亡国。有鉴于此，一个圣明的领导人，对于部下，决不偏听偏信，也不专权某人，而是共心合力，各尽其能。就像车轮上的根根辐条一样，决不让其中的某一根单独起作用。这样就不会发生专权的现象了。]

韩非子说："知识人舞文弄墨，扰乱了国家的法令；认为有武力，武功好才有用的人常常靠武力解决问题，也是对国家法令的破坏。"["儒者以文乱法，侠者以武犯禁"——这是法家反文武的理论。曹操也说："一个国家单纯依靠武力或是单纯依靠文化，都要灭亡。"夫差，与偃王，就是"恃武与文者亡"的明证。吴起说："上古时候的穷桑氏的国君治理国家，废弃了军队不用，只讲道德，结果国家灭亡了。夏代的有扈氏依仗人口众多，军事力量强大，不要文化，结果也国亡。英明的帝王吸取这个教训，提出'内修文德，外治武事'作为政治的最高原则,对内加强文明道德建设,对外加强国防军事建设,因此敌人不敢进攻,民众安定,国王从容谦恭,供奉为国牺牲的烈士,激励人民学习英勇尚武的精神而不伤害仁爱文明的修养。《素书》说过:"有文化素养又经过战火考验经过军事训练的人而又有文化素养的人,才可以辅助君王。国家如此,个人也一样,文武兼备的人才能做大将,否则不可委以军事重任,让其率领军队。"]

孔子的学生仲由有一次救了一个失足落水的人,那人父母亲非常感激,送给子路一头牛,子路愉快接受了,跑来向孔子讲述。孔子说:"你做得对,以后鲁国的人都愿意救人于危难之中了。"救了人有酬劳嘛!

孔子的另一个学生子贡很富有,养有很多奴隶,奴隶的亲人向子贡提出要赎人回去。[按照鲁国的法律,向奴隶主赎人,是要交赎金的。]但是子贡放了人却不要赎金。孔子说:"子贡做错了,你不收赎金,以后谁还敢赎人?"为什么孔子会有这样两种截然不同的态度呢?因为他认为:子路做了好事收了礼,能鼓励大家都做好事,促进了好的社会风气,这是劝人向善。子贡因自己有钱就不收人家的赎金,显得很谦恭大方,影响别的做奴隶主的都不敢释放奴隶了(得不到好处嘛)。家中有做奴隶主的也不敢去赎人了。结果堵塞了行善的路径。由此看来,在该廉洁的地方讲廉洁是应该的,但是在光天化日之下炫耀自己的廉洁,只能起到相反的作用。

[汉朝匡衡说:"孔子曾慨叹说:有谁能以礼让治国呢?到哪里去找这样的例子呢?可见以礼治国是很难的。孔子所以这样感叹,是因为作为中央政府的朝廷,是全国的神经中枢,它的所作所为,直接影响到社会风气的好坏。如果中央政府的官吏们彼此很讲礼貌,谦虚宽厚,影响到下面,就不会彼此争斗不已;中央的人好善乐施,下面就不会粗暴对上了;中央的人高风亮节,下面的风气也会跟着好转;中央宽容温和,施惠于民,下面的人彼此之间就有爱心。这几种好的社会风气,都不是靠国家领导人的命令形成的,而是以中央政府的实际行动感化教育全社会形成的。"道理何在?因为如果中央政府的官员们一对话就吵得脸红脖子粗,影响到下面,就发展成打架斗殴了;中央的人如果独断专行,下面就要寸步不让了,一毛不拔;中央的官员如果争名夺利,下面就要祸国殃民了;中央的官员如果唯利是图,下面就要盗窃成风了。这就是说,社会风气的好坏,原因在中央。]

战国时的法家慎到说:"做个忠真的臣子固然是好的,但忠臣并不能救乱世,相反,如果是处在一个混乱的、百废待兴的年代,忠臣只会加深那个时代的混乱。"如何理解这个道理呢?舜的父母很不好,却生了舜这样一个好儿子。舜的父亲多次要把亲生儿子舜置于死地,但舜每次都逃过了劫难,原谅了父亲。夏朝的桀是坏的皇帝,夏却出了不少忠臣,结果使他的过错显得格外突出,真像是罪恶滔天。孝子不会出在慈父之家里,[老子说:"六亲不和后有孝慈。"意思是,家庭有了危机与有了变故,才能看出儿女的孝心来。]忠臣不会产生在圣明的君王执政的时代。[老子说:"国家昏乱有忠臣。"只有当民族、国家处在生死存亡之时,才会有忠臣出来赴难殉国。]一个英明的领导人懂得了这个道理后,就会要求部下既要尽忠,但不能过分,所负的责任、所管的事不能超越其职权范围,否则,就走到了忠的反面。

[汉朝的名臣京房在中央政府当官的时候,因为政见不同与石显有了矛盾,后来京房被贬放到魏郡做太守,而石显还在中央。京房害怕了,就上书给皇帝说:"我的学生姚平有次对我说,我对你只是小忠,还说不上是大忠。为什么呢?从前秦始皇在位的时候,赵高专权,有一个叫正先的臣子,看出赵高居心不良,就非难、讽刺赵高,被赵高假以罪名杀了,从此赵高在政治上树立了威信,形成了赵高一手遮天、欺上瞒下的政治势力。到了秦二世,天下大乱,赵高指鹿为马,也可

以说是正先促成的。现在我京房奉你的命令出来做地方官,希望你不要让我落个忠臣正先那样的下场,那就要让我的学生姚平讪笑了。"

由京房所讲的这个故事可以看出,正先揭发赵高的阴谋,对秦始皇可说是忠了,可是这忠的结果,是自己脑袋搬家不说,反而促使赵高形成了专权的党羽和乱政的权力,最后导致天下大乱。那么这忠又有什么好处呢?]

庄子说:做扒手、小偷一类的盗贼,或是从别人的口袋里、皮包里偷东西,或是溜门撬锁,为了预防这些小偷,人们有了财宝,总是很小心放在保险柜、珠宝箱里,外面还要层层捆扎,加上大锁,生怕不牢固。这种防盗的做法,历来所世俗的人们当作是聪明的表现。可是如果一旦江洋大盗来了,把皮箱、保险柜连锅端走,这时大盗唯恐你捆得不紧,锁得不牢呢。这样看来,以前被认为有脑子的人,不正是在为强盗保管财富吗?

[这就是智慧的反弹。

至于那些被称为圣人的,能说没有不为大盗储蓄、保管物质财富和精神财富的吗?肯定是有的。怎么知道呢?田成子弑齐君盗其国就是一例。

从前,齐在姜太公的治理下,人口众多,城镇相连,一派繁荣景象。市场上摆满了奇珍,田野上人欢马叫,方圆二千余里,举国上下,国家典章制度的建立,城镇乡村的组织规划,哪一样不是依照他们的开国圣人姜太公的做法呢?等到后来窃国大盗田成子一出来,杀了齐简公,就偷窃了齐国,田成子所得的,又岂止是一个齐国,而且把齐国几百年间形成的政治制度,都偷过来了。所以历史上虽然骂田成子是窃国大盗,但他一旦权势到手,就像尧舜一样,安安稳稳地做了齐国的国王,舆论上一样恭推他,一样承认他,结果还传了十二代。由此看来,田成子不但偷了齐国,而且偷了姜太公开创的圣明的政治制度,这些法规、权势又反过来保护了这个大盗。这就是好的政治制度的副作用。

晋国大夫叔向问齐国的宰相晏子:齐国的未来怎么样?晏子说:现在已经是败亡时代,我也不知道了。齐国终究要属于陈家族的。齐国遗弃了人民,人民都投到陈家的怀抱中去了。就拿计量这件事来说吧,齐国的计量办法,原来分为豆、区、釜、钟四级,以四升为一豆,依四进一,进以四进一,十釜才是一钟。陈家居然自己设立计量标准,不用四级而用三级,每级加一倍,进到一钟,量就大多了。他以私自定的计量标准大斗借出了,以公家的标准小斗收进,结果老百姓的财产都送到他那里去了。他家的木材山货堆积如山,鱼虾海盐,也不比海里的少了。老百姓出三分力,两分归公,一分用以养家糊口,可是归公的东西都是伪劣残次,负责公务的三老,穷到不得温饱的地步。国内所有市场上的东西,普通的鞋子,大削价,但是贵重衣料,价钱高得吓人。整个国家给弄得穷的越穷,富的越富。穷苦人大多数贫病交加,到处听到关于陈家劝抚穷苦百姓的宣传。人心都被陈家骗去了,老百姓爱戴陈家像爱父母一样,像江河归入大海一样归附了陈氏。整个齐国想不被陈家收买,也是可能呢。齐国的灾祸,是难以避免的了。]

强盗问他的头目盗跖:"当强盗也存在道吗?"盗跖说:"当然有啊!天下什么事能离得了道呢?当强盗的学问大着呢!首先是'妄测'——估计某处值不值得动手,有多少财宝,要计算得十分精确周到,——圣也;动手的时候,自己先进去,别人在后面,这是要有勇于牺牲精神的,——勇也;得手之后,自己最后走,别人先撤退,有危险自己承当,——义也;判断某处可不可以去偷盗、抢劫,什么时候去才能成功,这是需要智慧的,——智也;东西抢到以后,平均分配,——仁也。仁义智勇圣,这五条标准不具备而能成大盗的,天下不可能这个道理。"

[后汉末年,汉献帝在位的时候,董卓到中央政府做官,在他图谋篡位之前,礼贤下士,很敬

当会捧时的名学者如蔡邕等人。范晔在总结董卓篡权的历史教训时写道："董卓这人本性野蛮残暴。如虎狼，碰上汉朝末年政权败亡的时候，给了他野心得逞的机会，伦理道德被他践踏，纲常制度被他破坏，毁坏分裂了中央政权。像董卓这样剁人手足，开人胸膛，残酷得吃人不吐骨头，就是杀尽了天下人都不会满意。但是就是这样坏人，对于知名度高的文人学者，还懂得故意表演礼贤下士那一套，以便一点一滴地、慢慢地侵凌篡夺了东汉政权，所以不要只看董卓残暴成性，杀人如麻，他很懂盗窃之道，很懂怎样去偷盗别人的东西。"

从董卓这类人对有文化学识的人都要笼络利用看来，仁义礼智信这些原则，好人要想成功，需要用来做依据；坏人要想成功，也不能违反这些原则。可是天下到底坏人多，好人少，所以好人依这些原则做好事，给天下众生带来的利益少，坏人依这些原则做坏事，给天下众生带来的灾祸多了。这就是仁义的副作用。]

我们再举例来讨论这个问题。

[从前孔子的学生子路去邵这个地方做官，当时鲁国的政权掌握在季氏手里，季氏想在五个月内开通出一条运河。这对老百姓来说，是太苛刻了。而这条运河正好处于子路管辖的区内，为了鼓励劳工干活，子路就掏自己的腰包，用家里的粮食弄来做饭给大家吃，以补工程费用的不足。孔子听到这个消息后，马上派子贡去，把子路做好的饭倒掉，把锅灶、饭碗毁去。子路大发脾气了，跑回去对孔子吵道："你天天教导我们做好事，教导我们行仁义，现在我这样做了，你又叫人来捣乱，是不是嫉妒我们呀？"孔子说："子路，你好笨啊中国的文化伦理是什么你知不知道？当皇帝的人说他们爱普天下的老百姓，是因为他们把天下当作是自己所有的；当诸侯的说他们爱境内的老百姓，他们把自己所管辖的领地当作是自己的；当了大夫的，只管自己职责范围以内的事；普通老百姓，只能爱自己的妻子儿女。如果超过了各自的权限干预别人的事，虽然你一片好心，也不得好报，因为你侵犯了别人的权力。"

汉武帝的时候，河间的献王刘德到长安朝见汉武帝，言谈举止、进退起居、穿着打扮都很得体，很规矩，也很有礼貌合礼制。汉武帝看了以后，场面上装出赞许的样子，内心却很不高兴，于是对献王说："汤武当年革命，根据地不过才七十里，文王也不过凭方圆百里的地方起事的。你现在管的地方，比他们造反时的领地大多了。好好去干吧！"

献王听了这几句话，吓得出了一身冷汗，回去以后，沉湎酒色，一天到晚喝的烂醉如泥，以此暗示汉武帝，以示胸无大志：不过是个酒色之徒，哪能跟汤武、文王相比？

由子路和献王这两个故事看来，要行表爱心、仁义，普遍地爱部下，帮助别人，爱集体，也要知道自己的本分。一旦你超越了自己的范围，不但行不通，而且会招惹祸患。所以战国时的法家尸子在他的著作中说："君臣父子无论上下长幼，贵贱亲疏，人人都要守本分，这就是所谓的理。对别人能恰如其分地表现仁心，就是仁；恰如其分地爱别人，就是义；恰如其分地使用自己的头脑，然后是智；恰如其分地做事，就是适；说话条条有理，就是信。总之，一言一行都不能超过自己的本分，都要适可而止，才可以说是成熟了。"由这个道理看来，前面所说的强盗好象也讲仁义道德，所谓"盗亦有

道"，但在他们在做人的原则上，他却错了，因为他未守本分。]

总之，孔孟所标榜的仁义礼乐，法家所提倡的名法刑赏，忠孝贤智这些做人的基本原则，审时度势、文韬武略这些世俗才智，每一种法制，每家的思想：都是天地间的至理，并没有向哪些人隐瞒，向哪些人显露。虽然时代变了，而真理还是代代都存在的，并不是说在三代以前，仁义道德因是圣明时代就自动出来了，到了夏桀、商纣，因是天下大乱时代，仁义道德就自己离开了人间。关键在于每个时代的领袖人物怎样去运用，用得好就天下大治，用得不好就天下大乱。治乱全在于人。

[荀子说："古代羿的思想政策并没有丧失，只不过羿在中年就死了，没有继续下去而已；大禹的法制都还存在，但因没有接班人，没有继承下来。"问题就在这里。任何法律、思想、统治方法、主义、法规，本身不能独立存在，而要靠自己去运用，用得好就存在，用得不好就灭亡。

《庄子》这本书里有一则寓言正好说明了这个道理。宋国的一家人，有一祖传秘方，冬天涂在手上不生冻疮，皮肤不会皲裂。这家人靠这个秘方世世代代漂洗为生。有人路经这里，听说这家人有此秘方，提出用一百镒金子买他们的秘方。客人买到手后，就去南方游说吴王。吴越地处海疆，守卫国土，主要靠海上军队。他游说吴王成功，做了吴国的海军总管，替吴国练兵。到了冬天，吴越两国发生了海战，吴国的水兵涂了他的防冻之药，不怕冷，不生冻疮，结果打败了越国，此人因之立了大功，割地封侯。同样一个不生冻疮的药方，有的人用来封侯拜将，而守着这个方子的那家人却世世代代给人家漂布。]

看来，同样一个东西，因为人的聪明才智不同，想法不同，结果就有天地之别。所以任何思想，任何制度，关键不是有没有，而在于用与不用和会用不会用。会用，就能求名得名，求利得利；不会用，就只有世代倒霉了。

是非之道　相反相成（是非第十四）

【原文】

夫损益殊途，质文异政。或尚权以经纬，或敦道以镇俗。是故前志垂教，今皆可以理违。何以明之？

[是曰:]《大雅》云："既明且哲，以保其身。"《易》曰："天地之大德曰生。"

[非曰:]《语》曰："士见危授命。"又曰："君子有杀身以成仁，无求生以害仁。"

[是曰:]管子曰："疑今者察之古；不知来者视之往。"古语曰："与死人同病者，不可生也；与亡国同行者，不可存也。"

[非曰:]《吕氏春秋》曰："夫人以食死者，欲禁天下之食，悖矣；有以乘舟死者，欲禁天下之船，悖矣；有以因兵丧其国者，欲偃天下之兵，悖矣。"杜恕曰："夫奸臣贼子，自古及今，未尝不有。百岁一人，是为继踵，千里一人，是为比肩。而举以为戒，是犹一噎而禁人食也。噎者虽少，饿者必多。"

[是曰:]孔子曰："恶讦恶以为直。"

[非曰:]管子曰："恶隐恶以为仁者。"魏曹羲曰："夫世人所谓掩恶扬善者，君子之大义；保明同好者，朋友之至交。斯言之作，盖闾阎之臼谈。所以收爱憎之相谤，

非笃正之至理,折中之公议也。世士不料其数而系其言,故善恶不分,乱实由之,朋友雷同,败必从焉。谈论以当实为情,不以过难为贵;相知以等分为交,不以雷同为固。是以达者存其义,不察于文,识其心,不求于言。"

[是曰:]《赵绝书》曰:"炫女不贞,炫士不信。"

[非曰:]《汉书》曰:"大行不细谨,大礼不让辞。"

[是曰:]黄石公曰:"务广地者荒,务广德者强,有其有者安,贪人有者残。残灭之政,虽成必败。"

[非曰:]司马错曰:"欲富国者,务广其地;欲强兵者,务富其人;欲王者,务博其德。三资者备,而后王业随之。"

[是曰:]《传》曰:"心苟无瑕,何恤乎无家?"《语》曰:"礼义之不愆,何恤乎人言?"

[非曰:]语曰:"积毁销金,积谗磨骨,众羽溺舟,群轻折轴。"

[是曰:]孔子曰:"君子不器,圣人智周万物。"

[非曰:]列子曰:"天地无全功,圣人无全能,万物无全用。故天职生覆,地职载形,圣职教化。"

[是曰:]孔子曰:"君子坦荡荡,小人长戚戚。"

[非曰:]孔子曰:"晋重耳之霸心也,生于曹卫;越勾践之有霸心也,生于会稽。故居下而无忧者,则思不远;覆身而尝逸者,则志不广。"

[是曰:]韩子曰:"古之人,目短于自现,故以镜观面;智疑于自知,故以道正己。"

[非曰:]老子曰:"反听之谓聪,内视之谓明,自胜之谓强。"

[是曰:]唐且曰:"专诸怀锥刀而天下皆谓之勇,西施被短褐而天下称美。"

[非曰:]慎子曰:"毛嫱、西施,天下之至姣也。衣之以皮具,则见者皆走;易之以玄緆,则行者皆止。由是观之,则玄緆色之助也。姣者辞之,则色厌矣。"

[是曰:]项梁曰:"先起者制服于人,后起者受制于人。"《军志》曰:"先人有夺人之心。"

[非曰:]史佚有言曰:"无始祸。"又曰:"始祸者死。"语曰:"不为祸始,不为福先。"

[是曰:]慎子曰:"夫贤而屈于不肖者,权轻也;不肖而服于贤者,位尊也。尧为匹夫,不能使其邻家,及至南面而王,而令行禁止。由此观之,贤不足以服物,而势位足以屈贤矣。"

[非曰:]贾子曰:"自古至今,与民为仇者,有迟有速耳,而民必胜之矣。故纣自谓天王也,而桀自谓天父也,已灭之后,民亦骂之也。由此观之,则位不足以为尊,而号不足以为荣矣。"

[是曰:]汉景帝时,辕固与黄生争论于上前。黄生曰:"汤、武非受命,乃杀也。"固曰:"不然。夫桀纣荒乱,天下之心皆归汤武。汤武与天下之心而诛桀纣,桀纣之人,弗为使而归汤武,汤武不得已而立,非受命为何?"

[非曰:]黄生曰:"冠虽蔽,必加于首;履虽新,必贯于足。何者?上下之分也。今桀纣虽失道,然君上也;汤武虽圣,臣下也。夫君有失行,臣不正言匡过,以尊天

子,反因过而诛之,代立南面,非杀而何?"

[是曰:]太公曰:"明罚则人畏慑,人畏慑则变故出;明赏则人不足,人不足则怨长。故明王之理人,不知所好,不知所恶。"

[非曰:]文子曰:"罚无度则戮而无威,赏无度则费而无恩。"故诸葛亮曰:"威之以法,法行则知恩;限之以爵,爵加则知荣。"

[是曰:]文子曰:"人之化上,不从其言,从其行也。故人君好勇而国家多难;人君好色,而国家昏乱。"

[非曰:]秦王曰:"吾闻楚之铁剑利而倡优拙。夫铁剑利则士勇,倡优拙则思虑远。以远思虚御勇士,吾恐楚之图秦也。"

[是曰:]墨子曰:"虽有贤君,不爱无功之臣;虽有慈父,不爱无益之子。"

[非曰:]曹子建曰:"舍罪责功者,明君之主也;矜愚爱能者,慈父之恩也。"《三略》曰:"含气之类,皆愿德申其志,是以明君贤臣屈己申人。"

[是曰:]《传》曰:"人心不同,其犹面也。"曹子建曰:"人各有好尚。兰芷荪蕙之芳,众人所好,而海畔有逐臭之夫;咸池有六英之发,而墨子有非之之论。岂可同哉?"

[非曰:]语曰:"以心度心,间不容针。"孔子曰:"其恕乎!已所不欲,勿施于人。"

[是曰:]管子曰:"仓廪实,知礼节。衣食足,知荣辱。"

[非曰:]古语曰:"贵不与骄期而骄自至,富不与侈期而侈自来。"

[是曰:]语曰:"忠无不报。"

[非曰:]《左传》曰:"乱代则谗胜直。"

[是曰:]韩子曰:"凡人之大体,取舍同则相是,取舍异则相非也。"《易》曰:"同声相应,同气相求。水流湿,火就燥,云从龙,风从虎。"

[非曰:]《易》曰:"二女同居,其志不同。"语曰:"一楼不两雄,一泉无二蛟。"又曰:"凡人情以同相妒。"故曰:"同美相妒,同贵相害,同利相忌。"

[是曰:]韩子曰:"释法术而以心理,尧舜不能正一国;去规矩而忘善度,奚仲不能成一轮。使中主守法术,拙匠执规矩而万不失矣。"

[非曰:]《淮南子》曰:"夫矢之所以射远贯坚者,弓弩力也;其所以中的剖微者,人心也。赏善罚暴者,政令也;其所以行者,精诚也。故弩虽强,不能独中;令虽明,不能独行。"杜怒曰:"世有乱人,而无乱法。若使法可专任,则唐、虞不须稷、契之佐,殷、周无贵伊、吕之辅矣。"

[是曰:]虑不先定,不可以应卒;兵不先办,不可以应敌。《左传》曰:"豫备不虞,古之善政。"

[非曰:]《左传》曰:"士芳谓晋候曰:'臣闻之:无丧而戚,忧必仇焉;无戎而城,仇必保焉。'"《春秋外传》曰:"周景王将铸钱。单穆公曰:'不可。古者天灾降戾,于是乎量资币,权轻重,以振救人。夫备预,有未至而设之[修国备也。预备不虞,安不忘危],有至而后救之[若救火、疗疾,量资币之属],是不相入也[二者先后各有宜,不相入]。可先而不备,谓之怠;可后而先之,谓之召灾[谓人未有患,轻而重之,离人,召匮财,是以

召灾也]。周固赢国也,天未厌祸焉,而又离人以佐灾,无乃不可乎!'"

[是曰:]《左传》曰:"古人有言:'一日纵敌,数世之患也。'"

[非曰:]晋楚遇于鄢。范文子不欲战,曰:"吾先君之亟战也有故。秦、狄、齐、楚皆强,不尽力,子孙将弱。今三强服矣[齐、秦、狄],敌,楚而已。唯圣人能内外无患。自非圣人,外宁必有内忧[骄而亢,则忧患生]。盍释楚以为外惧乎?"

[是曰:]《三略》曰:"无使仁者主财,为其多恩施而附于下。"

[非曰:]陶朱公中男杀人,囚于楚。朱公欲使其少子装黄金千镒往视之。其长男固请,乃使行。楚杀其弟。朱公曰:"吾固知必杀其弟。是长与我俱见苦为生之难,故重其财。如少弟生见我富,乘坚驱良,逐狡兔,岂知其财所从来,固轻弃之。今长者果杀其弟,事理然也,无足悲。"

[是曰:]《语》曰:"禄薄者不可与入乱,赏轻者不可与入难。"慎子曰:"先王见不受禄者不臣,禄不厚者,不与入难。"

[非曰:]田单将攻狄,见鲁仲子。仲子曰:"将军攻狄,弗能下也。何者?昔将军之在即墨,坐而织蒉,立而杖插,为士卒倡。此所以破燕。今将军东有掖邑之奉,西有菑上之娱,黄金横带,而驰乎淄渑之间,有生之乐,无死之心。所以不胜也。"后果然。

[是曰:]语曰:"贫贱之交不可忘,糟糠之妻不下堂。"

[非曰:]语曰:"交接广而信衰于友,爵禄厚而忠衰于君。"

[是曰:]《春秋后语》曰:"楚春申君使孙子为宰。客有说春申君曰:汤以亳,武王以镐,皆不过百里,以有天下。今孙子贤人也,而君藉之百里之势,臣窃为君危之。'春申君曰:'善。'于是使人谢孙子。孙子去之赵,赵以为上卿。"

[非曰:]客又说春申君曰:"昔伊尹去夏入殷,殷王而夏亡;管仲去鲁入齐,鲁弱而齐强。夫贤者之所在,其君未尝不尊,其国未尝不荣也。今孙子贤人也,君何为辞之?"春申君又曰:"善。"复使人请孙子。

[是曰:]韩宣王谓摎留曰:"吾两欲用公仲、公叔,其可乎?"对曰:"不可。晋用六卿而国分,简公用田成、阚止而简公弑,魏两用犀首、张仪而西河之外亡。今王两用之,其多力者,内树其党;其力寡者,又藉于外权。群臣或内树其党,以擅主命;或外为势交,以裂其地,则王之国危矣。"又曰:公孙衍为魏将,与其相田儒不善。季文子为衍说魏王曰:"不独不见夫服牛骖骥乎?不可百步。今王以衍为可使将,固用之也,而听相之计,是服牛骖骥之道。牛马俱死而不成其功,则王之国伤矣。愿王察之。"

[非曰:]傅子曰:"天地至神,不能同道而生万物;圣人至明,不能一捡而治百姓。故以异致同者,天地之道也;因物致宜者,圣人之治也。既得其道,虽有相害之物,不伤乎治体矣。水火之性,相灭也,善用之者,陈鼎釜乎其间,爨之煮之,而能两尽其用,不相害也。天下之物,为水火者灵矣。何忧乎相害?何患乎不尽其用耶?"《易》曰:"天地睽,而其事同也;男女睽,而其志通也;万物睽,而其事类也。"

[是曰:]陈登为吕布说曹公曰:"养吕布,譬如养虎,常须饱其肉,不饱则噬人。"

[非曰:]曹公曰:"不似卿言。譬如养鹰,饥则为人用,饱则扬去。"

[是曰:]刘备来奔曹公,曹公以之为豫州牧。或谓曹公曰:"备有雄志,今不早图,后必为患。"曹公以问郭嘉。嘉曰:"有是。然公提剑起义兵,为百姓除暴,推诚仗信,以召俊杰,犹惧其未来也。今备有英雄之名,以穷归己而害之,以害贤为名,则智士将自疑,回心择主,公谁与定天下者?夫除一人之患,以阻四海之望,安危之机,不可不察。"曹公曰:"善!"

[非曰:]傅子称:郭嘉言于太祖曰:"备有雄志而甚得众心,关候、张飞皆万人之敌也,为之死用。以嘉观之,其谋未可测也。古人有言曰:'一日纵敌,数世之患。'宜早为之所。"曹公方招怀英雄,以明大信,未得从嘉谋。

[是曰:]《家语》曰:子路问孔子曰:"请释古之道,而行由之意,可乎?"子曰:"不可也。昔东夷慕诸夏之礼,有女而寡,为内私婚,终身不嫁。不嫁则不嫁矣,然非贞节之义矣。仓吾娆取妻而美,让与其兄。让则让矣,然非礼让之让也。今子欲舍古之道而行子之意,庸知子意以非为是乎?"语曰:"变古乱常,不死则亡。"《书》云:"事弗师古,以克永代,匪说攸闻。"

[非曰:]赵武灵王欲胡服,王子成不悦。灵王曰:"夫服者所以使国,礼者所以使事。圣人观乡而顺宜,因事而制礼,所以利其人而厚其国。夫剪发文身,错臂左衽,瓯越之人也;黑齿雕题,鳀冠秫缝,大吴之国也。故礼服莫同,而其便一也。乡异而用变,事易而礼易。是以圣人谋可以利其国,不一其用;谋可以便其礼,不法其故。儒者一师而俗异,中国同礼而离教,况于山谷之便乎?故去就之变,智者不能一;远迩之服,贤圣莫能同。穷乡多异俗,曲学多殊辩。今叔父之言,俗也。吾之所言,以制俗也。叔父恶变服之名,以忘效事之实,非寡人之所望也!"公子成遂胡服。

[是曰:]移风易俗,莫善于乐。

[非曰:]孟子曰:"天道因则大,化则细。因也者,因人之情也。"

[是曰:]李寻曰:"夫以喜怒赏诛,而不顾时禁,虽有尧舜之心,犹不能致和平。善言古者,必有效于今;善言天者,必有征于人。设上农夫欲今冬田,虽肉袒深耕,汗出种之,犹不生者,非人心不至,天时不得也。"《易》曰:'时止则止,时行则行,动静不失于时,其道光明。'《书》曰:"敬授人时,故古之王者,尊天地,重阴阳,敬四时月令,顺之以善政,则和气可立致,犹桴鼓之相应也。"

[非曰:]太公谓武王曰:"天无益于兵胜,而众将所居者九。自法令不行而任侵诛;无德厚而用日月之数;不顺敌之强弱而幸于天;无智虑而候氛气;少勇力而望天福;不知地形而归过于时;敌人怯弱不敢击而信龟策;士卒不勇而法鬼神;设伏不巧而任背向之道。凡天地鬼神,视之不见,听之不闻,不可以决胜败。故明将不法。"司马迁曰:"阴阳之家,使人拘而多忌。"范晔曰:"阴阳之道,其弊也巫。"

[是曰:]翼奉曰:"治道之要,在知下之邪正。人诚向正,虽愚为用,若其怀邪,智益为害。"

[非曰:]夫人主莫不爱已也。莫知已者,不足爱也。故桓子曰:"捕猛兽者,不令美人举手;钓巨鱼者,不使稚子轻预。非不亲也,力不堪也。奈何万乘之主,而不择人哉?故曰:夫犬之为猛,有非则鸣吠,而不遑于凤夜。此自效之至也。昔宋人有沽酒者,酒酸而不售,何也?以有猛犬之故。夫犬知爱其主,而不能为其主虑酒酸

之患者,智不足也。

[是曰:]语曰:"巧诈不如拙诚。"

[非曰:]晋惠帝为太子,和峤谏武帝曰:"季世多伪,而太子尚信,非四海之主,忧不了陛下家事。"武帝不从,后惠帝果败。

[是曰:]《左传》曰:"孔子叹子产曰:'言以足志,文以足言,不言谁知其志?言之无文,行而不远。晋为伯,郑人陈,非文辞而不为功。慎辞也哉!'"《论语》曰:"诵诗三百,授之以政,不达;使于四方,不能专对,虽多,亦奚以为?"

[非曰:]汉文帝登虎圈,美啬夫口辩,拜为上林令。张释之前曰:"陛下以绛候周勃,何如人也?"上曰:"长者。"又问曰:"东阳候张相如,何如人也?"上复曰:"长者。"释之曰:"此两人言事,曾不能出口,岂效此啬夫喋喋利口捷给哉?且秦以任刀笔之吏,争以亟疾苛察相高。然其弊,徒文具耳,亡恻隐之实,以故不闻其过,陵迟至于二世,天下土崩。今陛下以啬夫口辩而超迁之,臣恐天下随风而靡,争口辩,无其实。且下之化上,疾于影响,举错之间,不可不审。"帝乃止。

[是曰:]太史公曰:"《春秋》推见至隐,《易》本隐以之显,《大雅》言王公大人而德逮黎庶,《小雅》讥小己之得失,其流及上。所言虽珠,其合德一也。相如虽虚辞滥说,然其要归,引之节俭,此与诗之讽谏何异?"

[非曰:]扬雄以为,赋者,将以讽也,必推类而言,极靡丽之辞,闳侈钜衍,竞于使人不能加也。既乃归之于正,然览已过矣。往时武帝好神仙,相如上《大人赋》以讽帝。帝反漂漂有凌云之志。由是言之,《赋》劝而不止,明矣。又颇类俳优,非法度所存。贤人君子,诗赋之正也。

[是曰:]《淮南子》曰:"东海之鱼名鲽,比目而行;北方有兽,名曰娄,更食更候;南方有鸟,名曰鹣,比翼而飞。夫鸟兽鱼鲽,犹知假力,而况万乘之主乎?独不知假天下之英雄俊士,与之为伍,岂不痛哉?"

[非曰:]狐卷子曰:"父贤不过尧而丹朱放,兄贤不过周公而管蔡诛,臣贤不过汤武而桀纣伐。况君之欲治,亦须从身始,人何可恃乎?"

[是曰:]孔子曰:"不患无位,患已不立。"

[非曰:]孔子厄于陈蔡,子路愠,见曰:"昔闻诸夫子,积善者,天报以福。今夫子积义怀仁久矣,奚居之穷也?"子曰:"由,未之识也。吾语汝。汝以仁者为必信耶?则伯夷、叔齐为不饿首阳;汝以智者为必用耶?则王子比干不见剖心;汝以忠者为必报耶?则关龙逢不见刑;汝以谏者为必听耶?则伍子胥不见杀。夫遇不遇者,时也;贤不肖者,才也。君子博学深谋而不遇时者众矣!何独丘哉?"

[是曰:]神农形悴,唐尧瘦癯,舜黎黑,禹胼胝,伊尹负鼎而干汤,吕望鼓刀而入周,墨翟无黔突,孔子无暖席。非以贪禄位,将欲起天下之利,除万人之害。

[非曰:]李斯以书对秦二世云:"申子曰:'有天下者而不恣睢,命之曰以天下桎。'若尧舜然,故谓之'桎'也。夫以人徇己,则己贵而人贱;以己徇人,则己贱而人贵。故徇人者贱,而所徇者贵,自古及今,未有不然。夫尧禹以身徇天下,谓之'桎'者,不亦宜乎?"

[是曰:]《论语》曰:"举逸民,天下之人归心焉。"魏文侯受艺于子夏,敬段干木,

过其庐，未尝不式。于是秦欲伐魏，或曰："魏君贤，国人称仁，上下和洽，未可图也。"秦王乃止。由此得誉于诸侯。

[非曰:]韩子曰："夫马似鹿，此马值千金。今有千金之马，而无一金之鹿者，何也？马为人用，而鹿不为人用。今处士不为人用，鹿类也。所以太公至齐而斩华士，孔子为司寇而诛少正卯。"

赵主父使李疵视中山可攻否，还报曰："可攻也，其君好见岩穴之士、布衣之人。"主父曰："如子之言，是贤君也，安可攻？"李疵曰："不然。夫上尊岩穴之士，则战士怠；上尊学者，则农夫惰。农夫惰则国贫，战士怠则兵弱。兵弱于外，国贫于内，不亡何待？"主父曰："善。"遂灭中山。

[是曰:]《汉书》曰:陈平云："吾多阴谋，道家所禁，吾世即废亡，已矣，终不能复起，以吾多阴祸也。"其后玄孙坐酎金失侯。

[非曰:]后汉范晔论耿弇曰："三代为将，道家所忌。而耿氏累叶以功名自终。将其用兵，欲以杀止杀乎！"

[是曰:]《易》曰："崇高莫大于富贵。"又曰："圣人之大宝曰位。"

[非曰:]孙子为书谢春申君曰："鄙谚曰：'厉人怜王。'此不恭之言也。虽然，古无虚谬，不可不审察也。此为劫杀死亡之主言也。夫人主年少而矜材，无法术以知奸，则大臣主断图私，以禁诛于己也。故杀贤长而立幼弱，废正嫡而立不义，《春秋》戒之，曰：'楚王子围聘于郑，未出境，闻王病，反问病，遂以冠缨绞王杀之，因自立也。齐崔杼之妻美，庄公通之，崔杼率其党而攻庄公，庄公走出，逾于外墙，射中其股，遂杀之，而立其弟。近代李兑用赵，饿主父于沙丘，百日而杀之。淖齿用齐，擢闵王之筋，悬于庙梁，宿昔而死。'夫厉虽肿胞之疾，上比前代，未至绞缨、射股也；下比近代，未至擢筋、饿死也。夫劫杀死亡之主，心之忧劳，形之困苦，必甚于厉矣。由此观之，厉虽怜王，可也。"

[是曰:]《易》曰："备物致用，立成器以为天下利者莫大于圣人"

[非曰:]庄子曰："圣人不死，大盗不止。虽重圣人而治天下，则是重利盗跖也。为之斗斛以量之，则并与斗斛而窃之；为之权衡以称之，则并与权衡而窃之；为之符玺以信之，则并与符玺而窃之；为之仁义以教之，则并与仁义以窃之。何以知其然耶？彼窃钩者诛，窃国者为诸侯。诸侯之门，而仁义存焉，则是非窃仁义圣智耶？故逐于大盗，揭诸侯，窃仁义，并斗斛、权衡、符玺之利，虽有轩冕之赏弗能劝，斧钺之威弗能禁，此重利盗跖。而使不可禁者，是乃圣人之过也。故曰：'国之利器，不可以示人。'彼圣人者，天下之利器也，非所以明天下也。"

[是曰:]《论语》曰："君子固穷，小人穷斯滥矣。"

[非曰:]《易》曰："穷则变，通则久。是以自天佑之，吉无不利。"太史公曰："鄙人有言：'何知仁义？以飨其利者为有德。'故伯夷丑周，饿死首阳山，而文武不以其故贬王；跖、跷暴戾，其徒诵义无穷。由此观之，'窃钩者诛，窃国者为诸侯。诸侯之门，仁义存焉'非虚言也。今拘学或抱咫尺之义，久孤于代，岂若卑论侪俗，与代沉浮而取荣名哉？"

[是曰:]东平王苍曰："为善最乐。"

［非曰：］语曰："时不与善，己独由之。"故曰：非妖则妄。

［是曰：］庞统好人伦，勤于长养，每所称述，多过于才，时人怪而问之。统曰："当今天下大乱，正道陵迟，善人少而恶人多，方欲兴风俗，长道业，不美其谈，则声名不足慕也。不足慕企，而为善少矣。今拔十失五，犹得其半，而可以崇迈代教，使有志者自励，不亦可乎？"

［非曰：］《人物志》曰："君子知自损之为益，故功一而美二；小人不知自益之为损，故伐一而并失。由此观之，则不伐者，伐之也；不争者，争之也；让敌者，胜之也。是故殺至上人，而抑下滋甚。王叔好争，而终于出奔；蔺相如以回车取胜于廉颇；寇恂以不斗取贤于贾复。物势之反，乃君子所谓道也。"

［是曰：］《孝经》曰："居家理，治可移于官。"

［非曰：］郦生落魄，无以为衣食业。陈蕃云："大丈夫当扫天下，谁能扫一室？"

［是曰：］公孙弘曰："力行近乎仁，好问近乎智，知耻近乎勇。知此三者，知所自理，知所以自理，然后知所以理人。天下未有不能自理而能理人者也。此百代不易之道。"

［非曰：］《淮南子》曰："夫审于毫厘之计者，必遗天下之数；不失小物之选者，惑于大事之举。今人才有欲平九州、存危国，而乃责之以闺阁之礼，修乡曲之俗，是犹以斧剪毛，以刀伐木，皆失其宜矣。"

［是曰：］商鞅谓赵良曰："子之观我理秦，孰与五大夫贤乎？"赵良曰："夫五羖大夫，荆之鄙人也。闻缪公之贤，而愿望见，行而无资，自鬻于秦客，被褐贩牛。缪公知之，举之牛口之下，而加之百姓之上，秦国莫敢望焉。今君之见秦也，因嬖人景监以为主，非所以为名也。"

［非曰：］《史记》曰："蔺相如因宦者缪贤见赵王。"又曰："邹衍作《谈天论》，其语宏大不经，然王公大人尊礼之。适梁，梁惠王郊迎，执宾主之礼；如燕，昭王拥彗先驱。岂与仲尼菜色陈、蔡，孟轲困于齐、梁同乎哉？"

卫灵公问陈于孔子，孔子不答；梁惠王谋攻赵，孟轲称太王去邠。持方柄欲纳圆凿，其能入乎？或曰：伊尹负鼎而辅汤以王；百里奚贩牛，缪公用霸。作先合，然后引之大道。邹衍其言虽不轨，亦将有牛鼎之意乎？

［是曰：］陈仲举体气高烈，有王臣之节；李元礼忠平正直，有社稷之能。陈留蔡伯喈以仲举强于犯上，无礼长于接下。犯上为难，接下为易，宜先仲举而后元礼。

［非曰：］姚信云："夫皋陶戒舜，犯上之征也；舜理百揆，接下之效也。故陈平谓王陵言：'面折庭诤，我不如公；至安刘氏，公不如我。'若犯上为优，是王陵当高于良、平，朱云当胜于吴、邓乎？"

［是曰：］《史记》曰："韩子称：'儒者以文乱法，而侠士以武犯禁。'二者皆讥，而学士多称于世。至如以术取宰相、卿大夫，辅翼其世主，固无可言者。及若季次、原宪[季次，孔子弟子，未尝仕，孔子称之。]读书怀独行，议不苟合当世，当世亦笑之。今游侠，其行虽不轨于正义，然其言必，其行必果，已诺必诚，不爱其躯，赴士之厄困，羞伐其德，盖亦有足多者。且缓急，人之所时有也。虞舜窘于井廪，伊尹负于鼎俎，傅说匿于傅岩，吕尚困于棘津，夷吾桎梏，百里奚贩牛，仲尼厄匡，菜色

陈、蔡,此皆学士所谓有道仁人也,犹遭此灾,况以中材而涉近代之末流乎? 其遇害何可胜道哉! 而布衣之徒,设取予然诺,千里诵义。故士穷窘而得委命,此岂非人之所谓贤豪者耶? 诚使乡曲之侠,与季次、原宪比权量力,效功于当代,不同日而论矣。曷足小哉!"

[非曰:]《汉书》曰:"天子建国,诸侯立家,自卿大夫以至庶人,各有等差。是以人服事其上,而下无觊觎。孔子曰:'天子有道,政不在大夫。'百官有司,奉法承令,以修所职,越职有诛,侵官有罚。然故上下相顺,而庶事理焉。周室既微,礼乐征伐,出自诸侯。桓、文之后,大夫世权,陪臣执命。陵夷至于战国,合纵连横,力政争强。由是列国公子,魏有信陵,赵有平原,楚有春申,皆藉王公之势,竞为游侠,鸡鸣狗盗,无不宾礼。而赵相虞卿弃国捐君,以固穷交魏、齐之厄;信陵无忌窃符矫命,杀将专师,以赴平原之急,皆以取重诸侯,彰名天下。扼腕而游谈者,以四豪为称首。于是背公死党之议成,守职奉上之义废矣。及至汉兴,禁纲疏阔,未之匡改也。魏其、武安之属,竞逐于京师;郭解、剧孟之徒,驰骛于闾阎,权行州域,力折恭侯。众庶荣其名迹,觊而慕之,虽陷刑辟,自与杀身成名,若季、路、仇、牧,死而不悔也。曾子曰:'上失其道,民散失矣。'非明王在上,示之好恶,齐之以礼法,人曷由知禁而反正乎? 古之正法:五伯,三王之罪人也;而六国,五伯之罪人也;夫四豪者,六国之罪人也。况于郭解之伦,以匹夫之细微,窃杀生之权,其罪也,不容于诛矣!"

[是曰:]《尸子》口:"人臣者,以进贤为功;人主者,以用贤为功也。"《史记》曰:"鲍叔举管仲,天下不多管仲之贤,而多鲍叔之能知人也。"

[非曰:]苏建常责大将军青曰:"至尊重而天下之贤士大夫无称焉。愿观古今名将所招选择贤者。"大将军谢曰:"自魏其武安之厚宾客,天子尝切齿。彼亲附士大夫,招贤黜不肖者,人主之柄也;人臣奉法遵职而已,何与招士?"其为将如此。

[议曰:此一是一非,皆经史自相违者。]

班固云:"昔王道既微,诸侯力政,时君事主,好恶殊方,是以诸家之术,蜂起并作,各引一端,崇其所善,以此驰说,取令诸侯。其言虽殊,譬犹火水相灭,亦能相生也。仁之与义,敬之与和,事虽相反,而皆相成也。"

《易》曰:"天下同归而殊途,一致而百虑。"此之谓也。

【译文】

废减和增益是变革法令制度的两种相反的方法,而仁义和礼乐是推行政治统治两种不同的途径。有的人崇尚用权力谋略来治理国家,有的人推崇道德教化来安定人民。因此,前代众多思想家、史学家和典籍中留下的方面的理论观念,我们都可以从中找出一正一反的言论。如何来说明这一现象呢? 下面就试以正反对照的方法来观照一番。

[正方:]《诗经·大雅》说:"既能知道善恶,又能明辨是非,才能保证安全。"《周易》说:"天地之间最大的德行就是珍爱生命。"

[反方:]《论语》说:"有知识的人遇到危险应当舍身赴难,见义勇为。"又说:"君

子只有勇于牺牲生命来成仁的,而没有因贪生怕死而害仁的。"

[正方:]管子说:"如果现实生活使人困惑,就该看看古人;如果想预见未来,就应读读历史。"古语说:"与死去的人患有同样的病,是不可能活了;与灭亡的国家执行同样的政治路线,是必定要亡国的。"

[反方:]《吕氏春秋》说:"见有人吃东西噎死了,就不吃东西,错误呀;见有人因乘船不小心淹死了,就不乘船,荒谬呀;见有人因战败而亡国,就取消天下所有的军队,荒谬呀。"三国时魏国的杜恕说:"奸臣贼子,从古到今,不是说没有,可是如果百年出一个,就认为是接踵而来;千里遇上了一个人,就认为是并肩同行,并以此作为举荐人才的成规,这就如同因为有人噎死就禁止大家吃东西一样,噎死的人虽然不多,但是饿死的人就多了。"

[正方:]孔子说:"敢抨击那些揭发别人阴欲的人,才是真正无私的人。"

[反方:]管子说:"敢抨击那些隐瞒别人恶行的人,才是有爱人之心的人。"三国时魏国的大臣曹羲说:"世人所说的替别人掩盖恶行、弘扬善举,是君子最高一级的行为准则;爱护、宣传共同的爱好,是朋友之间最深挚的情谊。这种说法,不过是市井俗人的言语罢了。其目的在于把爱憎相同的人互相诋毁对方当作有共同语言。所以这种集中起来的街谈巷议根本就不是诚实公正的真理。世上的有知识的人琢磨其中的原理,只依据书本知识来下结论,因此善恶不分,是非不辨,世道人心之混乱往往是这样造成的。朋友之间不分是非,对什么事都一味地随声附和,这样一来,失败的诱因就必定会从中发生了,当然,对任何事情,不管是发表看法,还是评论得失,都要以求实的精神为标准。大可不必苛求,相互指责。相知的朋友要以平等不欺的态度作为交往的前提,而不要把是非不分、随声附和当作是牢固的友情。因此豁达明志的人,只要大的原则一致,并不追求形式的好看。只要心灵相通,而不在乎言语的一致。"

[正方:]《越绝书》说"搔首弄姿的女子不贞洁,自我夸耀的士人不守信。"

[反方:]《汉书》说:"成大事的人不必拘泥于小节,行大礼的人不必小心谦让。"

[正方:]黄石公说:"土地贪图得太多,种不过来也会荒芜。追求仁德广施于天下,国家才能强大。看护好自己拥有的东西,能使人安分守己,贪图别人有的东西,就会发生残暴的行为。残暴的政治统治,虽然能成功一时,但终究会失败。"

[反方:]战国时秦国司马错说过:"要想使国家富强,必须扩充领土;要想军力强大,必须使人民富有;要想称王治天下,必须推行德政。这三个条件具备了,才能成就王业。"

[正方:]《左传》说:"只要心里纯洁无邪,又何必担忧没有归宿呢?"《论语》说:"只要礼义上不出差错,又何必害怕别人议论呢?"

[反方:]古谚语说:"诽谤诬陷之词多了,金子也会被熔化。诬陷不实之词多了,能把人的骨头磨灭。羽毛数量多了,也能把船压沉。轻的东西多了,同样能把车轴压断。"

[正方:]孔子说:"一般的有知识的人,不像器皿一样,什么东西都能装下,也只不过是在某些方面有所专长。而圣人运用智慧却可以应付万事万物。"

　　［反方：］列子说："天地也不是万能的，圣人也不是无所不知的，世上的万事万物也不是什么问题都能解决。所以天的职能是普育众生，地的责任是承载万物，圣人的职务是教育民众。"

　　［正方：］孔子说："君子坦荡荡，小人长戚戚。"

　　［反方：］孔子又说："晋国公子重耳有称霸的壮志，是在曹国和卫国流亡时遇到耻辱的污辱和礼遇后才萌发的；越国国王勾践有称霸的雄心，是在会稽（今浙江绍兴）被吴王夫差打败后萌生的。所以居在屈辱的地位而不忧患的人，只能说明他没志气。身在困厄中反而苟且偷安、得过且过的人，只说明他心无大志。"

　　［正方：］韩非子说："古人看不到自己的面容，才发明了镜子；智慧达到怀疑自己的认识是否正确的时候，才会用真理来反省、并修正自己。"

　　［反方：］老子说："善于借助别人的听觉来听、别人的视觉来看才是真正的聪明，能自己战胜自己的人才是真正的强大的人。"

　　［正方：］战国时唐且说："吴国的刺客专诸怀里藏着尖刀刺杀吴王僚，天下的人都仰慕他勇敢；越国的美女西施身穿粗布短衣，天下的人仍然欣赏西施漂亮。"

　　［反方：］慎子说："毛嫱、西施，是天下极美丽的女子，假如让她们穿上兽皮衣服，人们见了也会吓得跑开；假如让她们换上好看丝织衣服，连过路的人都会停下来欣赏。由此看来，美丽则是好衣服衬托的结果。美女不穿漂亮的衣服，也会姿色大减。"

　　［正方：］秦末的将领项梁说："先下手为强，后下手遭殃。"兵书上说："先下手的人有夺取人的优势。"

　　［反方：］周朝史官史佚曾经说："不要率先去闯祸，否则必死无疑。"古语说："不要做带头闯祸的人，也不要做带头享福的人。"

　　［正方：］慎到说："有贤有才的人屈从于缺德少才之人，是因为权力太小。缺德少才者能甘心服从于有德才的人，是因为后者有尊贵地位。唐尧是一个平民的时候，连他的邻居都指使不动，等到他做了帝王，就能做到号令天下。由此看来，贤德不能服人，而权力却能使贤人屈从。"

　　［反方：］西汉政论家贾谊说："自古到今，与老百姓构怨的帝王，他迟早会灭亡，而老百姓必定会胜利。尽管商纣自称天子，夏桀自称天父，灭亡之后，老百姓照样骂他们。由此看来，权势不是最让人尊崇的，地位也不是最光荣的条件。"

　　［正方：］从前辕固与黄生曾在汉景帝面前争论。黄生说："成汤和武王是通过篡夺夏桀和商纣得到王位的。"辕固说："不是的。桀纣荒淫无道，才使民心归顺于汤武。汤武顺应民心而讨伐桀纣，老百姓反戈而击，纷纷投入汤武的怀里，汤武受臣民拥戴，不得已而为王，这难道不是受天命而称王又是什么呢？"

　　［反方：］黄生说："再破旧的帽子也应戴在头上，再新的鞋子也应穿在脚下。为什么呢？因为万事万物都有个上下之制。桀纣虽无道，但毕竟还是国君，汤武虽英明，毕竟是臣下。国君有过失，做臣下的不去劝谏纠正使之尊荣，反而趁机讨伐并取而代之，这不是谋反又是什么？"

　　［正方：］姜太公说："严明的惩罚，就会使人心生畏惧，畏惧就会发生变故；奖赏

分明,会诱发人的贪心,贪心得不到满足就会怨恨。所以贤明的君王治理天下,不让人看出他厌恶什么,喜好什么。"

[反方:]文子说:"惩罚没有限制,杀人再多也没有震慑作用;奖赏没有分寸,花费再多别人也不领情。"所以诸葛亮说:"用法律树立威严,执法严明,人们才会知恩图报;用爵位鼓励有功劳的人,区分级别,人们才会感到荣耀。"

[正方:]文子说:"人民对待执政者的教化,不是跟着他的号令行事,而是上行下效。所以人君好勇,国就逞强好胜,社会就多灾多难;人君好色,国人就腐化淫乱。"

[反方:]秦王说:"我听说楚国的刀剑锐利,但歌舞音乐却很差。这说明楚国的兵士勇敢善战,君臣的图谋久远。用长远的谋略来驾驭英勇的兵士,我担心楚国是在打我们秦国的坏主意呀。"

[正方:]墨子说:"国君即使很贤明,也不喜欢没有建立功劳的臣子;父亲即使很慈爱,也不喜欢没用的儿子。"

[反方:]曹植说:"宽恕有罪的人,严格要求有功的人,才是贤明的君主;怜惜愚笨的儿子,也喜欢聪明的儿子,才是仁慈的父亲。"《三略》说:"胸怀大志的人,都希望能有一展宏图的时机,因此,明君和贤臣都应牺牲自己成全别人,为他们一个发展创造的机会。"

[正方:]《左传》说:"人心之不同,就如人的面孔。"曹植说:"人各有所好。象兰芷荪蕙的芳草,人人都喜欢,可是海边的渔人偏偏爱闻鱼腥味;《咸池》《六英》这样美的乐曲,人人都爱听,然而墨子却不爱它们。怎么能够让天下人都喜好一样东西呢?"

[反方:]古语说:"将心比心,人们才会融洽无间。"孔子说:"恕人是什么含义呢? 恕就是自己所不喜欢的东西,不要强要别人喜欢。"

[正方:]管子说:"物资丰富了,人民才知道讲究礼义,丰衣足食了,人民才懂得荣誉和廉耻。"

[反方:]古语说:"人一旦成了权贵之后,虽然事先并不想骄傲,但骄傲会不请自来;人一旦有钱之后,虽然事先并不想奢侈,但奢侈会不请自到。"

[正方:]古语说:"忠诚没有得不到酬报的。"

[反方:]《左传》说:"生逢乱世,邪恶奸诈、谗言诽谤就会胜过忠诚正直。"

[正方:]韩非子说:"人大体说来,凡是取舍相同,观点一致,就能互相赞成;取舍不同,观点相左,就往往互相排斥。"《周易》说:"同声相应,同气相求。水向潮湿的低处流,火向干燥的东西引,云跟着龙动,风伴着虎咆哮。"

[反方:]可是《周易》又说:"二个女人生活在一起,志向是不会相同。"古语说:"一个窝容不下两个雄性动物,一池水容不下两条龙。"又说:"人之常情往往是相同才互相妒。"所以说:"两个人同样美才会相互嫉妒,同样尊贵才会彼此谋害,同样得利才会相互忌恨。"

[正方:]韩非子说:"让众人各依自己的想法去解释法律,即使尧舜再生也不可能让全国的人统一看法;舍弃圆规和尺寸,忘记标准的度量,即使奚仲这样有名的工匠也造不出一个车轮。可是如果让一个只有中等才能的国君墨守法规治国,让

拙笨的工匠用圆规和直尺造车轮,都会万无一失地成功。"

[反方:]《淮南子》说:"箭头之所以能射往远处并穿透坚硬的东西,是因为它借助了弓弩的力,但是它之所以能够射中目标并使之四分五裂的根本原因,还在于人的力量。奖善罚恶,这是政令的职能,而政令之所以能得以贯彻执行的根本原因,在于人的精诚。所以,弓弩虽然有力,没有人的参与,也不可能单独射中靶子;政令虽然明确,没有人的参与,也不可能自行生效。"杜恕说:"世上有犯上作乱的人,但没有杂乱无序的法律。假如法律单靠某一个人就可以贯彻执行,那么唐尧和虞舜就不需要后稷和契了,商王和周王也不需要伊尹和太公的辅佐了。"

[正方:]事先不经过充分准备,就不可能应付突发事件;军队不预先进行战备,不可以应战。《左传》说:"上古好的统治,都善于防患于未然。"

[反方:]《左传》说:"晋国大夫士芴对晋侯说过:'我听说没有丧事却悲伤,忧愁一定随着到来;没有兵事而筑城,国内一旦有动乱,内敌必然据此顽抗。'"《春秋外传》记载:"周景王打算铸造钱币。单穆公说:'不行。在古代,天灾降临时,政府才根据灾情增加货币发行量,权衡轻重,用以救灾。货币储备,有时是在灾祸还未出现就铸好了的货币储备起来(增加货币储备,预防不测,是为做到居安思危);有时是等到灾祸已经发生,然后根据需求量铸造,用于救灾(如救水火、疾病等,就是这样)。千万不能把这两种情况下的货币铸造混为一谈(二者有先有后,不可以混淆)。可以预先储备却不去做,这就叫懈怠;可以事后进行筹备而提前做了的,这叫招灾(意思是说在民众还没有遭受灾害时,就把拯救工作放在第一位,会使民众众叛亲离,从而引起国家资财的匮乏,因此带来更重的灾难)。周本来是弱国,老天灾难没有穷尽,现在又要使老百姓离心离德来加重灾祸,恐怕不行吧?'"

[正方:]《左传》引用了古人这样一句话:"一天放过了敌人,就会造成几代人的遗患。"

[反方:]晋军和楚军在鄢陵(今河南鄢陵西北)交战。范文子不想作战,便说:"我们的先君急于作战,是事出有因。秦、狄、齐、楚都很强大,不全力奋战,子孙将会被削弱。现在齐、秦和狄这三个强敌已经降服,我们的强敌只剩下楚国了。只有圣人才能做到既无内患又无外患。我们不是圣人,外部一安定,内部必然要产生隐患。我们何不放走楚国,把它作为能转移内部矛盾的外患呢?"

[正方:]《三略》说:"不要让有仁义的人管理金钱,因为他会过多向老百姓施舍,从而收买人心。"

[反方:]范蠡次子有次杀了人,被囚禁在楚国。范蠡本想让小儿子带上一千镒黄金去楚国营救他,可是长子坚决要去救他弟弟,范蠡只好答应了。长子到了楚国后,不但没有救出他弟弟,反而连金子都没有花出去。最后楚国还是把他弟弟给杀了。范蠡说:"我事先就知道他会害了二子的,因为他与我一起经历过生活的磨难,太看重钱财了,舍不得花。我所以想让小儿子去,是因为他一生下来就见我如此富有,乘骏马,驾好车,驰骋捕猎,威风得很,怎么会知道钱财是从哪里来的呢? 他要是去了楚国,一定仗义疏财,大把花钱,救出他哥哥的。如今大儿子事情没办成,弟弟果然给杀了,人情事理就是这样,也不值得为之悲伤了。"

[正方：]《论语》说："不能让日俸的人去发生暴乱的地方办事，也不能让赏赐不丰的去完成艰巨的任务。"慎到说："古代帝王不起用不肯接受俸禄的人，对于俸禄不优厚的人，也不用他处理艰难复杂事务。"

[反方：]田单想攻打狄人，去询问鲁仲子。仲子说："将军这次去攻打狄人是不能取得胜利的。为什么这样说呢？从前将军在即墨时，坐下编筐，站起耕种，以身作则，带动士兵，所以才打败了燕国。而现在将军有掖邑的封地，有赋税供你玩乐，黄金腰带挂在腰间，高车大马驰骋在淄渑之间，只想享受人生的欢乐，却没有拼死的决心。所以说你不会取胜。"后来果然。

[正方：]古语说："贫贱之交不能忘，糟糠之妻不可弃。"

[反方：]古语说："一个人交往太广泛了，对朋友的信用就会逐渐减少；拿的薪水太优厚，对国君的忠诚就会逐渐丧失。"

[正方：]《春秋后语》记载了这样一件事：楚国的春申君让孙子当邑宰。门客中有人劝他说："成汤以亳为根据地，周武王以镐为根据地，方圆都没有超过一百里，可是后来都得了天下。现在孙子是个很贤明的人，你把方圆一百里地方交他管理，我私下为你担忧，你这样做很危险啊！"春申君说："对。"于是派人辞退了孙子。孙子离开楚国去了赵国，赵王任命他为上卿。

[反方：]过了不久，另一个门客却对春申君说："借时，伊尹离开夏国去殷商当官，结果殷有天下而夏灭亡；管仲离鲁去齐，结果鲁国因此衰弱而齐国称霸。这说明贤明的人在哪个国家，哪个国家就兴盛，那个国家也因此而光荣。孙子这样贤人，你为什么要辞退他呢？"春申君说："说得对。"于是又派人把孙子请了回来。

[正方：]韩宣王询问摎留："我想同时重用公叔和公仲，你说行吗？"摎留回答说："不行。从前晋国由于同时重用六卿，因而导致国家分裂而亡；齐简公同时重用田成子和阚止，结果自己被人杀了；魏王同时重用犀首和张仪，西河以外的领土全部丧失。现在你要是同时重用了这两人，那么两人之中，势力大的定会在国内培植私党；势力小的必定要去借助敌国的势力来支持他。大臣们，有的会在内树立党羽，以国王的名义号令臣民；有的则会与别的国家私下结交，以便分裂国土。这样一来，国家就危险了。"

摎留还对他说："公孙衍当魏国大将的时候，与宰相田儒关系不好。季文子替公孙衍高魏王说情：'大王你没见过把牛和马套在一起拉车的情况吗？牛和马同驾一车就连百步也走不了。现在大王把任公孙衍为大将，本应放手让他去干，可你偏要听从宰相田儒的计策，这就和用牛驾辕用马拉车的道理无分别。牛和马都累死了，事情还是办不成。这样使用人才，国家就会遭受损失。希望大王明察。"

[反方：]傅玄说："天和地最神妙，但是不能通过同样的方式生育万物；圣人是最英明的，但也不能用一种方法去管理普天下的人民。所以殊途同归是天下的普遍规律；因地制宜是圣人治理天下的共同原则。只要懂得这一道理，即使有互不相容甚至彼此相害的事物，也不碍从大局上统筹治理。打个比方吧，水与火在本质是相克的，可是善用水和火的人，把炊具放在水与火之间，用火来煮水做饭，使水与火各尽其用，这样做，还怕水火相害吗？天底下的事物当中水和火是最奇妙的东西，只

要善于使用它们,根本用不着担心它们会互相牵制,用不着忧虑它们不能各尽其用。"《周易》说:"天高地卑,只是形象不同,可是它们化育万物的功能却是相同。"

[正方:]东汉末,广陵太守陈登替吕布游说曹操:"大将吕布如同一头老虎,需要天天给它吃饱肉,如果哪一天吃不饱就要吃人了。"

[反方:]曹操说:"不是你所说的那样。以养老鹰来说吧,饿了才能为人所用,吃饱了便会高飞而去。"

[正方:]三国时刘备来投奔曹操,曹操任命刘备为豫州长官。有人对曹操说:"刘备胸怀大志,现在不早点儿干掉他,必为后患。"曹操就向谋臣郭嘉询问。郭嘉说:"有理。不过话又说回来,你现在起兵的目的,是为百姓铲除残暴的邪恶势力,以信誉和真诚来号召天下豪杰帮助你立业建功,如果现在杀了刘备,就怕把所有想来投靠你人才都吓跑了。现在刘备已多有英雄之名,因为无路可走才来投靠你,假如在这种情况下你害他,就要背上谋害贤能的罪名,那么有智谋有才能的人就会害怕自己找错了对象,就会掉头去重新选择主公,到那时你和谁去争夺天下呢?因害怕一人成为后患而除掉他,结果使普天下的人才都失望,值此安危之际,你不能不考虑一下利弊得失。"曹操说:"很好!"

[反方:]傅玄在讲到这段历史典故时,内容却与此正好相反。他说郭嘉对曹操说:"刘备有胸怀大志而且很得人心,关羽和张飞两位,都是万夫不当之勇之人,而且都甘愿为他尽忠效命。依我看,刘备的谋略不可度测。古人说:'一日纵敌,数代之患。'应当尽快把他杀了。"可是曹操当时正在招揽天下英雄,一心想让天下人相信他是讲信义的人,所以没有听从郭嘉的话。

[正方:]《孔子家语》中说:有一次子路问孔子:"如果抛弃古人的伦理道德,只凭我自己的意愿,随心所欲地去办事,可以吗?"孔子说:"不行。从前东方没有教化的人仰慕华夏的文明礼仪,有的女子成了寡妇之后,家里为她暗中招个夫婿,但是终身不让改嫁。不改嫁是不改嫁了,可是这种做法并不符合贞节的真正原则。仓吾这个地方有位叫娆的人娶了个妻子十分漂亮,就把妻子让给了他哥哥。让是让了,可是这种做法并不是礼义。现在你想抛开古人的伦理与规范,只按你自己的心愿做事,焉知你不是想把自己错误的当作正确的推行呢?"

古语说:"改变古人的礼制,搅乱代代相传的规定,不是死就是亡。"《尚书》说:"行事不效法古人,而想使国脉能世代相传,从来没有听说过。"

[反方:]赵武灵王想改穿胡人服饰,他叔父公子成很不高兴。赵王说:"衣服穿戴,目的是为了生活方便,有利于国家;礼仪法规,是为了方便于事。圣人也入乡随俗,因地制宜,随遇而安,从实际情况出发而制定礼仪规矩,所以才会给老百姓带来利益,使国家富强。剪发刺身,衣襟向左开,这是南方一带人民的风俗;染黑牙齿,在额头上刺上花纹,用粗劣的河豚皮缝制帽子,这是吴国一带人民的风俗。所以说礼仪服饰虽然不同,但为了方便的目的却是一样的。地方不一样,使用的东西自然也不同,事情在变化,礼倘自然也应变化。因此圣人只追求能使国家便利的总体方针,而绝不应在贯彻使用时固定不变;只追求怎样使其法规礼仪执行起来更方便有利,绝不会食古不化。老师可以相同,但学生却来自生活风俗习惯各不同的地区。

中原地区的国家还可以礼仪制度相同,文化习俗不同,更何况是生活在深山老林中的人民呢？所以舍弃还是保留,即使是聪明者也不能强求;远近服饰的差异,圣贤也不能统一。穷乡僻壤的民情风俗大多百怪千奇,邪辟怪异的学说大多不同凡响,雄辩谲异。现在叔父所谈的是一般的习俗,我所说的,是想造成一种新的习俗。叔父讨厌改变服装的样式,可是却忘了有利于办事效果这一目的。这不是我所希望的啊！"赵武灵王的一席话说服了公子成,于是他也穿起了胡装。

［正方:］移风易俗,没有比音乐更有利的了。

［反方:］孟子说:"天道的法则是遵循它就会成就大事,改变就会脆弱消亡。所谓遵循天道,还是遵循人的情志。"

［正方:］李寻说:"假如只凭一时心情好恶,而不是根据形势来奖赏或是惩罚,即使有尧舜那样的智慧仁爱,也不能使天下安宁和平。评价历史,必须是对现实有所裨益,才算得上善于论古;谈论天道,必须是对人事有所启发,才算得上是明了天意。假如一个聪明的农夫异想天开,要在严冬季节耕种田地,即使他光着膀子耕种,汗流满面,也不会长出庄稼。这倒不是没有用功,而是违背了节气。"《周易》说:"该停止的时候就停止,该动的时候就动,一静一动都不失时候,前途才会壮大。"《尚书》上说:"只因为我们崇敬天道,所以上天才赐予我们以时间。所以古代的帝王尊重天地和阴阳的变化,遵守四时节气,再用好的政治去顺应之,因此好运马上就能到来,这就像用鼓槌敲鼓,击之即应一样。"

［反方:］姜太公对武王说:"上天对战争胜负不是什么决定性因素,战争胜利的因素,将领所起的作用占有九成。军法、号令执行不下去,反而随意杀戮部下;不以厚德待人,而是一味依赖阴阳术数;不根据敌军实力强弱,而是寄希望于天;不靠智谋取胜,而是依据天象决定行动;不是鼓舞士气,而是希望上天赐福;不了解地形却去埋怨天时;敌军畏怯,却不敢英勇追击,而是观看占卜的凶吉;士卒不勇敢不采取有效措施鼓励,而是拜祭鬼神;由于埋伏不巧妙因而让敌人轻易溜掉,凡是种种,都是导致失败的因素。一切天地鬼神,听不到看不见,是不能决定胜败的,所以英明的将领从不信天。"司马迁说:"阴阳家容易使人束手束脚,瞻前顾后,多所忌讳。"范晔说:"阴阳法术的弊端是使人迷信。"

［正方:］西汉人翼奉说:"治国之道的关键在于了解下属的好坏。人若诚实正派,即使有点愚笨也可以任用之。若心术不正,越聪明反而越会坏事。"

［反方:］凡是君王没有不爱自己的。那些不了解自己的人,不值得去爱。所以

桓玄说:"捕猛兽的事,不能让女性去干;钓大鱼的事,不能让小孩子去做。不是不相信他们,而是他们能力不够不能胜任。何况是一国之主,哪能不择人而用呢? 拿猛犬来说吧,其所以厉害,是因为它,无论白天还是夜晚,一有非常情况便狂吠不已。它对主人的服务,可以说自觉到顶吧? 然而能不能说这样就很可以了呢? 从前宋国有家买酒的人,酒放酸了也没卖出去,什么原因呢? 原来是因为他家养的狗太厉害的原因。那只狗只知道爱它的主人,却不知为主人考虑顾客因怕它不也来卖酒,酒放酸卖不出去会使主人生活困难的问题。这是因为狗的智力不足。所以说,做国王的不能用能力差的人。"

[正方:]古语说:"做人乖巧狡诈不如笨拙诚实的好。"

[反方:]晋惠帝被立为太子时,中书令和峤向晋武帝进谏说:"太子虽然纯朴仁信,但现在人心险恶,他不具备做君王的素质,恐怕将来无法应付凶险的局面,继承不了你的基业。"晋武帝不听,后来晋惠帝果然使国家走上了灭亡的道路。

[正方:]《左传》有载:孔子曾赞叹子产说:"语言是用来表达思想的,可是只有讲究文采才能充分表述他的内容。话都说不好,谁能够明白他的思想呢? 说话而没有文采,就不会传播久远。晋国能作为霸主,使郑国能主动到晋国去议事,要不是子产能言善辩,文采斐然,是不可能成功的。如何讲好话,可得认真对待啊!"《论语》上说:"熟读《诗经》三百篇人,让他主持政事,不能胜任;派他出使各国,又不能使用漂亮的言辞对答。读诗再多又有什么用处呢?"

[反方:]汉文帝到上林苑的虎圈去观虎,对管理虎圈的官员的口才很赏识,要提拔他为负责上林苑的长官,张释之上前说:"陛下认为绛侯周勃这人怎么样??"文帝说:"是位有能力的人。"又问:"东阳侯张相如何?"文帝又说:"也是位有能力的人。"张释之说:"这两位长者说话,经常张口结舌,结结巴巴,哪像这位一张口就絮叨不休,能说会道呢? 陛下知道,秦朝所任的刀笔吏,争相比赛看谁办事更快捷、对人更苛刻,然而他们的缺点,就是只有空言而没有真诚地同情人的心肠。因此做国君的就很难听到自己的失误。这种坏风气一直延续到了秦二世,把个国家弄到了不可收拾的地步。如今陛下仅仅因这个管虎圈的小官吏口齿好就破格提拔,为臣恐怕天下会从此受这种风气影响,争逞口舌之能,而没有实际能力。况且下边受上边的影响,会比阳光声音传播得还要快,陛下的这种举措,可应慎重考虑啊!"于是文帝取消了他的任命。

[正方:]司马迁说:"《春秋》的笔法,是从史实中推论出它所隐含的意义,而《周易》是要以隐晦幽微的神秘中来推求明显可见道理的表现,《诗·大雅》所说的是大人王公的事情,但其目的却在于用德来教化人民,《诗·小雅》是通过讥刺小我的利弊得失,而使它的内在含义影响上阶层。它们所说的虽然不同,但它们合乎仁德的目的却是相同的。司马相如虽然文采很好、铺排夸张、然而他的目标还是想归结到节约俭朴上来,这与《诗经》的讽谏用意有什么区别呢?"

[反方:]扬雄认为,赋的作用就是用于谏讽。赋一定要夸张铺排,用最华丽的辞藻,采用富丽宏大的形式,使人不能再往上增加什么内容。可是,虽然它的目的在于正面引导人,规劝讽谏,然而看完之后,人们却把它的宗旨都忘了。从前汉武帝

追求神仙之事,司马相如就献上《大人赋》来讽谏皇帝。汉武帝读罢,反而飘飘然仰慕神仙的欲望更强烈了。由此看来,赋这种文学形式根本起不到规劝的作用。赋很像是喜剧,会被正确的法度淘汰。贤人君子的言论,才是诗赋的正统。

[正方:]《淮南子》上说:"东海有一种叫鲽的鱼,总是一起而游;北方有一种叫娄的兽,总是轮流地一个捕食,另一个在旁守候;南方有一种叫鹣的鸟,永远比翼双飞。连这些鸟兽鱼类,都知道互相扶助,更何况一国之主呢?假如万乘之主不懂得借助天下英雄豪杰的力量,并与他们同心协力来治理天下,这岂不令人痛心吗?"

[反方:]狐卷子说:"父亲再没有比尧更贤明的了,然而他的儿子丹朱却被流放;兄长再没有比周公更贤的了,然而他的两个弟弟管和蔡却被杀了;臣子再没有比成汤和武王更贤明的了,然而夏桀和纣王却遭到他们的征伐。何况当皇帝要想治理天下,就必须从身边的人开始推行他的统治路线,这样一来,哪个又是能靠得住的?"

[正方:]孔子说:"不用担心自己没有地位,而应自己品行不端正,立不起来。"

[反方:]孔子被围困在陈国和蔡国时,子路很不高兴,去对孔子说:"从前老是听您说,为人只要多做好事,上天一定会用好运来报答你。仁义道德的事先生已经做了好多了,天下闻名,影响深远,今天为什么会落到如此境地呢?"孔子回答说:"子路,这你就不懂了。来,让我来告诉你。你以为仁义的人都必定会有人相信吗?如果真是这样,伯夷和叔齐就不会饿死在首阳山了;你以为智慧的人就都会被任用吗?如果真是这样,那么比干就不会被纣王剖心了;你认为忠实的人都会得到回报吗?如果真是这样,那么夏桀的忠臣关龙逄就不会被杀头了;你以为是忠告就一定会有人听吗?如果真是这样,伍子胥就不会被吴王杀害了。因此说,贤者能不能遇到一下抱负的机会,是个时间问题;贤明不贤明,是个人的才能问题。学识渊博又有长远打算的人的君子,因没有机遇而被一生埋没的太多了,何止我一人呢?"

[正方:]神农氏面容劳累,唐尧瘦弱不堪,虞舜皮肤黝黑,禹手足磨出了茧,背鼎的伊尹辅佐成汤得了天下,屠牛的吕望辅佐武王打出了江山,墨子为了实现自己理想四处奔波,家里的烟囱都没黑,而孔子连席子都坐不暖。他们这些人,如此心力交瘁,都不是为了贪图俸禄权位,而是想使天下人都幸福,为天下苍生消灭灾患。

[反方:]李斯上书给秦二世说:"申子说过:'拥有天下而不任意横行,这叫作以天下为"桎梏"。'像唐尧和虞舜那样,就是使天下成了自己的'桎梏'了。如果别人为你效命,那么你就会显得尊贵而别人显得卑下;相反就是你卑而人贵。这种情况,自古都一样。唐尧和大禹为天下牺牲自己,因此说他们使天下成了自己的'桎梏'。这种观点不是很正确吗?"

[正方:]《论语》说:"推举在民间为人才,天下百姓就心悦归服了。"魏文侯曾受教于孔子的学生子夏,因为很尊敬孔子的另一个学生段干木,当他坐车路过段干木的住所时,每一次都下车扶着车把走的。秦国想讨伐魏国时,有人说:"魏国君主很圣明,大家都称赞他的仁义,君臣关系也很好,不可打魏国的主意。"秦王于是取消了这个主意,魏文侯因此而在各国诸侯中变得很有名气。

[反方:]韩非子说:"马的外表如果长得像鹿,那这马就会价值连城。如今有千

金之马,而无值一金之鹿,这是什么原因呢?因为马能被人使用,而鹿却不能。如果隐居的人不能被君王使用,他们就像鹿一样了。所以姜太公一到齐国,就把那些只会夸夸其谈,讲漂亮话的知识分子给杀了;孔子当司冠时也因为同样的原因杀了少正卯。

赵武灵王让李疵去中山国看看是否可以攻打它,李疵回来报告说:"可以,中山国的君王喜欢召见住在岩洞中的隐士和平民。"赵武灵王说:"照像你所说,中山君是位明君,怎么可以攻打呢?"李疵说:"不对。君主尊敬隐士,战士就会减少;君主尊崇学者,农夫就会懒惰。农夫懒惰,国家就贫困;战士少了,军力就削弱。兵弱于外,国贫于内,不亡才怪呢?"赵武灵王说:"很对。"于是就把中山国给灭了。

[正方:]《汉书》记有陈平说过:"我有许多阴险的权谋都是道家禁止使用的,这些谋略恐怕在我们这一世就要被废弃埋没了。算了吧,如果在我这一生永远没有出头的机会,那是因为我所使用的谋略有损阴德啊。"后来他的玄孙因为上贡的金子不合皇室宗庙祭祀的制度而被除去了侯位。

[反方:]后汉的范晔在谈到耿弇时说:"耿弇三代为将,所用的谋略都很阴险,道家所忌,可是耿氏家族却历代以功绩卓著而善始善终。带兵打仗,都是要以暴易暴、以杀压杀的呀!他怎么就能世世代代受此尊荣呢?"

[正方:]《周易》说:"人类最伟大事业,没有比富贵更伟大的了。"又说:"圣人最大的法宝就是权位。"

[反方:]孙子上书给春申君说:"民间有谚语:'得了癫疥病的人都怜惜做国王的人。'这话虽然说得很不敬,但是自古流传的这句谚语却没有一点虚伪和荒谬的意思,不能不好好想一下啊!这句民谚是专指那些被人杀的亡国之君而言的。作为一国之君,年轻识浅,却要恃才自傲,到处炫耀,又没有心术和办法识别奸人,这时大臣就会专擅大权图谋私利,怕的是遭受杀身之祸。为此他们或则杀长立幼,或则废嫡立庶。《春秋》曾就此劝诫道:'楚王子围要到郑国去访问,还没走出国境,听说楚王病了,于是赶忙回去问候病情,却乘机用帽子上的带子把楚王勒死了,自立为楚君王。齐国崔杼的妻子很漂亮,齐庄公与之私通,崔杼就率领他的部下攻打齐庄公,庄公翻墙逃跑时让箭射中了大腿,被崔杼追上去砍死,拥立庄公的弟弟为王。李兑在赵国当权,把灵王围在沙丘宫,百日后被饿死了。淖齿在齐国当政,把齐闵王抽了筋,悬挂在庙梁上,过了一夜就死去了。患癫疥的人虽然得的是皮肤病,还不至于像前代或近代这些人一样用帽带勒死、箭矢穿股、抽筋、饿死的办法残害国君。而那些被残杀的君王,心里所承受的痛与劳苦,身体所遭受的摧残,要比癫病患者所受的痛苦厉害多了。由此看来,说癫病患者可怜做国王的人,是有道理的。"

[正方:]《周易》上说:"能够为人民准备必要的物资,安排完备的用具谋求天下福利的,没有比圣人更伟大的了。"

[反方:]庄子说:"什么时候圣人不死,大盗也不会停止。虽然让圣人治是天下受到普遍的推崇,其实是给盗跖这种大盗提供了更大的便利。发明了斗斛以便于称量,结果连斗带升一起都被偷了;发明了称锤和称杆以便于称量,结果连锤带杆都给偷了;发明兵符和玉玺以便让人守信用,结果兵符和玉玺一起都给偷了;创造

出仁义礼制教育民众,结果仁义也被窃取走了。怎么会是这样呢?盗窃帘钩的人要被杀,而窃取国家的人却成了君王。只要是做了诸侯,也就有了仁义道德,这还不是仁义和贤明和智慧一起都被盗窃了吗?所以人人争着做大盗,争着当诸侯,纷纷去盗窃仁义,以至斗斛、称以及符玺这些实际的利益。因此,虽然有高官厚禄的诱惑,有刀铖斧锯的威胁,仍旧阻止不了这些窃国大盗。导致这种无法制止的后果,实在是圣人的错呀!所以老子说:'国家最厉害的武器是不能给别人看见的。'真正的圣贤是天下最厉害的武器,是不能把他显给天下人的。"

[正方:]《论语》说:"君子再穷也能坚守节义,小人一受穷就会无所不为了。"

[反方:]《易》上说:"穷则变,变则通,通达就能保持长久。因此天才会保佑他们,他们就吉祥而无往不胜。"太史公说:"边远之人有句俗语说:'怎样来明白仁义呢?对自己有利就是有德。'因此,伯夷反对周王伐纣,饿死于首阳山,但文王、武王并不因此而被人贬低;跖、跻暴戾无道,但盗徒们对他们却大加称颂。由此看来,'窃钩者诛,窃国者侯','诸侯之门,才有仁义存焉'并不是一句空话。现在有的人死抱住他的知识不放,固守着自己的小仁义,长期遗于世外,落后于潮流,哪如与世沉浮,顺应时代的变化,求取功名富贵实惠呢?"

[正方:]东汉时的东平王刘苍说:"成就好事是最快乐的事。"

[反方:]古语说:"时代不让人做善事,想干什么就干什么吧。"因此说:不成为奸邪,就会变得狂妄。

[正方:]三国时的庞统喜欢谈论伦理道德,善于品评人物,但他所称许的人,多数都名声超过了才能。当时的人对此很奇怪,问他为什么要这样做,他说:"当今天下大乱,正道衰败,好人少恶人多。我想改正风俗,弘扬道道,如果不大力称赞他们,那么人的名声就不会引起人们羡慕了。人们再不企慕名声,向善的人就更少了。如今我提拔十人,只有五个够格的,还能得到一半,他们受人尊重,使之名声远扬,世代传颂,使有志向的人能自己勉励自己,不也是件好事吗?"

[反方:]《人物志》上说:"有贤惠的人知道吃亏受损实际上是有好处的,所以有一份功劳却可以得到双份的美誉;见识浅薄的小人不知道自己占了便宜实际上却是一种损失,所以自夸其功,结果功劳和名誉一起损失了。由此看来,不自夸有功的,实际上是真正的夸功;不争名夺利的,实际上是名利双收;对敌方有所让步的,才是战胜了对方。正是这个道理,春秋时的至善于夸奖别人,实际上却压倒了别人,名声显得更高;王叔爱争高低,结果被迫出逃往他国;蔺相如用引车回避的办法压倒了廉颇;寇恂因为不和贾复争斗,得到了比贾复贤明的美誉。物极必反,这就是君子常说的'道'。"

[正方:]《孝经》上说:"在家过日子,能治理得井井有条,那么这个人的治家之道同样可以用到治国之道上。"

[反方:]汉高祖的参谋郦食其落魄时,都不能养家糊口。东汉名臣陈蕃说:"大丈夫应当治理天下,怎能只会收拾屋子这些小事呢?"

[正方:]西汉大臣公孙弘说:"身体力行近于仁,勤学好同近于智,能知廉耻近于勇。明白这三条道理,就懂得怎样修身自律了。知道如何修身自律,就会知道怎样

管理别人。天下还没有不能管理自己反而能管理别人的人。这是百世不变的真理。"

[反方:]《淮南子》说:"能把毫厘之差算得一清二楚的人,一定会忽略对天下形势的了解;对小事一点也不放过的人,封于大事就会感到困惑。如果现在有人胸怀平天下、救人世的大志,不让他去成就大事,反而拿类似三从四德的礼仪来限制他,让他学习遵守民情风俗,这就好比拿斧头割汗毛、用宝刀伐树木一样不近人情。"

[正方:]商鞅问赵良:"你看我治理秦国,與百里奚相比谁好?"赵良回答道:"百里奚是来自荆楚的普通百姓,他听说秦缪公贤明,就立志去拜见,但去秦国又没有盘缠,于是把自己出卖给秦国的客人当侍从,穿着破衣烂衫给人家喂牛。秦缪公知道后,把这个喂牛的人提拔起来,拜为左相,位尊权重,秦国人都不敢仰视他。现在你被秦王任用,是通遇秦王的侍从景监,不是因为你的名声才被重用的呀。"

[反方:]《史记》说:"蔺相如是由于有宦官缪贤的荐举才被赵王起用的。"又说:"邹衍作了一篇《谈天论》的文章,夸夸其谈,荒诞不经,然而权贵们照样尊重他。邹衍一到魏都大梁(今开封),魏惠王就去郊外迎接他,以宾主之礼招待他;到了燕国,燕昭王亲自清扫道路欢迎他。孔丘受困于陈、蔡,面带饥色;孟轲受困于齐、梁,那种可怜巴巴的情景怎能和邹衍相比呢?

卫灵公向孔子请教兵法,孔子一言不发就离去了;魏惠王准备攻打赵国,想听听孟子的意见,孟子却劝他让出一片土地给赵国。这就好比要把方的木棒钻入圆榫眼——怎么能钻入呢!"还有另一种看法:"伊尹擅长做饭手艺,扛着鼎去拜见商汤,后来终于辅佐商汤统一天下。百里奚给人喂牛,秦缪公起用他后,成就了霸业。可见要干一件事,就得先把前事收起来,然后把原来的道理用之于伟大的事业上来,这样才会成就伟业。邹衍的学说虽然非正统,但也隐含着施展抱负的深意呀!"

[正方:]东汉时的陈蕃性格高傲刚直,具有帝王之臣的节义,李洈忠诚正直,具有治理天下的才能。蔡邕认为陈蕃敢于冒犯龙颜,李洈对下人属平易近人。冒上最难,善于待下较易,因此陈蕃应当排名在先,李洈排名在后。

[反方:]晋人姚信说:"皋陶诚言虞舜,这是冒犯国君的表现;虞舜善于统领百官,这是平易待下的效用。所以汉丞相陈平对王陵说:'在君王面前直言敢谏,据理力争,我比不上你;至于说到巩固刘氏政权,你就比不上我了。'如果认为敢于犯上最高,那么王陵当然要比张良、陈平高了,刘秀的直臣朱云也要胜过吴汉和邓禹了。"

[正方:]司马迁在《史记·游侠列传》中说:"韩非子认为读书人以知识来败乱法度,侠士以武力挟持而犯禁法。这两种人都受到韩非子的批评,可是有学识的人却常常称赞他们。那些以权术来谋取宰相、卿大夫的人,辅佐他们那个时代的君王,他们的事迹都已记载在史书里,当然没什么好说的了。至于像孔子的弟子季次和原宪,本是穷人家的子弟,勤奋读书,胸怀高于世人的德行,不肯与世沉浮,当时的人也讥笑他们。当代的游侠之士,其行为虽然与传统的法治观念相抵触,然而他们言必信,行必果,一旦答应别人就说到做到,宁肯牺牲自己的生命,也要援救危难中的正人君子,办了好事决不自夸。这些行侠仗义的人,确实也有值得赞美的地方啊!再说,人生于世,走投无路、危难困苦的情况说不定会在什么时候发生,就连许

多圣人都免不了,如从前夔的父亲要害他,在他打井的时候掩埋了井口,把他埋在了井里;伊尹曾是有莘氏送嫁娘到殷汤的陪臣,是个厨师,背着做饭的锅,借向成汤讲烹饪技术时才受到提拔;傅学是个在傅岩这个地方打土墙的奴隶;姜太公曾被困在深山老林的滋泉以钓鱼打发时光;管仲曾被齐桓公囚禁;百里曾经给人家喂过牛;孔子受困于匡地,在陈、蔡两国挨过饿。这些人都是读书人所称道的有德、有才的仁人志士,都免不了遭受这样的苦难,更何况中等之材而又处在这种乱世呢?他们所遇到的灾难真是难以尽言啊!身处这种乱世,作为平民百姓的游侠,自己立下一诺千金济世救人的行为准则,行侠仗义的名气传颂四方。所以,每当善良正直的人们走投无路的时候,就希望得到他们的帮助,而他们也不惜为之舍身为人,这不是和人们所称颂的圣贤豪杰一样吗?即便是乡间村里的普通侠义之士,同季次、原宪这样的贤德之士比较起来,就其对当今社会的作用而言,也不是能相提并论的。所以侠义之士在信义和功德方面的意义,怎么可以看轻呢!"

　　[反方:]班固在《汉书》中却反封司马迁的这一观点,他说:"天子和诸侯建立国家,从上卿、大夫到老百姓,自上而下,都要有等级差别的。因此,人们才忠心敬上,下层的人也不敢有非分之想。孔子说:'天子统治有道,天下太平,那么国家的政权就不会落在士大夫手中。'百官各有其职,守法听令,以尽其职责,越权被诛,侵犯受罚。这样才会上下和谐,把事情治理好。周王室衰微时,礼乐制度和征伐叛逆的决策权落在了诸侯手里。齐桓公、晋文公之后,大夫掌握了国家政权,臣替天子发令。这种衰败的情况到了战国时代,又是连横又是合纵,诸侯各国竞相用武力和强权征伐称霸。于是各国的公子们,如魏国的信陵君、赵国的平原君、齐国的孟尝君、楚国的春申君,都借着王公的势力,收罗游侠,使鸡鸣狗盗之类的事屡屡发生,老百姓不得安定,而他们却受到了各国君主的礼遇。赵国的丞相虞卿抛弃国家的利益去救他的患难之交魏齐;信陵君魏无忌窃取虎符假传国王的命令,让朱亥用大锥杀死了将军晋鄙,夺取军权,去为平原君赵胜解救被包围的赵国。他们就是用这种欺上瞒下的方式得到诸侯的器重,因此而名扬天下。人们在慷慨激昂地谈论起大侠来的时候,都把信陵君、平原君、孟常君、春申君推崇为头头。这样一来,就形成了背叛国家、结党营私的局面,而忠守职责,为国效力的大义就被破坏了。等到汉代一统天下后,实行无为宽松的政策,这种不良风气没有得到彻底纠正。魏其候窦婴和武安候田蚡这些人,在京城中互相竞争谁家的死士更强;那些为非作歹之人在街头巷尾横冲直撞,骚扰人民,他们的势力可以达到郡县城乡,公侯王子对他们都得彬彬有礼。许多老百姓把他们当作大豪杰,对他们羡慕不已。这些人即便是身犯国法,锒铛入狱,还自以为能扬名后世,有如子路或李牧、季布一类的勇士,死而不悔。曾子说:'国王丧失治理天下的原则,那么人民就会长时间的妻离子散。'如果不是明智的国王当政,向全国人民讲清好坏的标准,然后用礼法来统一人们的思想和行动,人们哪里会知道国家禁止的是什么,从而走上正道呢?古代的正流看法是:对于像尧、舜和文王,春秋五霸就是坏人,而六国是五霸的罪人,以此类推,信陵君等四豪就是六国的罪人。何况象郭解这一类游侠,以一个卑微的匹夫,占有了生杀大权,他们的罪过,纵然是杀头都太客气了!"

[正方:]《尸子》上说:"臣子以推荐贤者为有功;君王以任用贤者为有功。"《史记》说:"鲍叔牙举荐了管仲,天下人很少去赞美管仲,而是称赞鲍叔牙有知人的才能。"

[反方:]苏建经常责备大将军卫青道:"你自高自大,使得天下的贤人都不称颂你。希望你像古今名将那样拉拢、选拔德才兼备的人。"大将军卫青说:"自从魏其侯、武安侯大宴宾客,招贤纳士以后,天子曾对此非常愤怒。亲近招揽贤士士大夫,罢黜不好之人,那是君主的权力;作为臣下,只要依法履行自己的职责就可以了,何必要去招贤纳士呢?"卫青作为汉武帝的大将军,终生都是这么做的。

[以上所列举的一正一反的命题,都是从经史典籍中摘录出来的自相矛盾的立论。]

班固说:"从前王道败,诸侯各国竞相于巩固自己的国家,由于当时各国的君主好恶不同,因而使诸子百家的学说蜂起。他们各执己见,到处宣扬自己的理论观点,并且到处游说,争取让诸侯采纳。他们的学说虽然各不相同,但就像水与火的关系一样,相生而又相灭。仁和义,敬与和,相反相对,然而它们却都相辅相成。"

《周易》说:"天下人们的目标是一致的,而达到目的的途径却有各种各样;天下的真理是同一的,而人们思考、推究真理的思维方式和表述方式却是千千万万的。"《周易》所说的正是这个意思。

治国方略　因时而变(适变第十五)

【导读】

本篇论述治国方略如何适应时代发展变化的问题。儒道墨法等先秦诸子,堪称政治蓝图的设计大师,他们分别提出了一些各不相同的治国方略,如孔墨之术、王霸之术、申商之术、黄老之术等。这些治国方略在不同国别和时代都曾不同程度地运用过,取得的效果也不尽相同。就理论本身而言,这些治国方略自成法度,无所谓优劣之别,关键在于是否适应社会需要。执政者应把握社会脉搏,顺应时代变化,选择实施符合社会需要的治国方略。

【原文】

昔先王当时而立法度,临务而制事,法宜其时则理,事适其务故有功。今时移而法不变,务易而事以古,是则法与时诡,而事与务易,是以法立而时益乱,务无而事益废。此圣人之理国也,不法古,不修今,当时而立功,在难而能免。

[秦孝公用卫鞅。鞅欲变法,孝公恐天下议己,疑之。卫鞅曰:"疑行无名,疑事无功。夫有高人之行者,固见非于世;有独智之虑者,必见敖于人。愚者暗于成事,智者见于未萌。人不可与虑始,而可与乐成。论至德者,不和于俗;成大功者,不谋于众。是以圣人苟可以强国,不法其故;苟可以利人,不循其礼。"孝公曰:"善。"甘龙曰:"不然。圣人不易民而教,智者不变法而治。因人而教,不劳而功成。缘法而理,吏习而人安。"卫鞅曰:"龙之所言,世俗之言。常人安于习

俗,学者溺于所闻。以此两者居官守法可也,非所以与论于法之外也。三代不同礼而王;五霸不同法而霸。智者作法,愚者制焉。贤者更礼,不肖者拘焉。"杜赟曰:"利不百,不变法;功不十,不易器。法古无过,修礼无邪。"卫鞅又曰:"治代不一道,便国不法故。故汤武不循古而王,夏殷不易礼而亡。反古者不可非,而循礼者不足多。"孝公曰:"善。"遂变法也。]

由是言之,故知若人者,各因其时而建功立德焉。[孟子曰:"虽有磁基,不如遇时;虽有智慧,不如逢代。"范蠡曰:"时不至,不可强生;事不究,不可强成。"《语》曰:"圣人修备以待时也。"]

何以知其然耶? 桓子曰:"三皇以道治,五帝用德化,三王由仁义,五伯用权智。"[说曰:无制令刑罚谓之皇,有制令,无刑罚谓之义;赏善诛恶,朝诸侯,朝事,谓之王;兴兵众,立约盟,以信义矫代谓之伯。文子曰:"帝者,贵其德也;王者,尚其义也;霸者,迫于理也。道狭然后任智,德薄然后任刑,明浅然后任察。议曰:夫建国立功,其政不同也如此。"]

五帝以上久远,经传无事,唯王霸二盛之类,以定古今之理焉。[秦汉居帝王之位,所行者霸事也。故以为德之次。]

夫王道之治,先除人害,而足其衣食。

[论曰:"五亩之宅,树之以桑,匹妇蚕之,年五十者,可以衣帛矣。百亩之田,数口之家,耕稼修理,可以无饥矣。鸡豚狗彘之畜,不失其时,老者可以食肉矣。夫上无贪欲之求,下无奢淫之人,藉税省少而徭役不繁,其仕者,食禄而已,不与人争利焉。是以产业均而贫富不能相悬也。"]

然后教以礼仪。

[故明王审已正统,慎乃在位。宫室舆服不逾礼制,九女正序于内,三公分职于外。制井田以齐之,设诸侯以牧之,使饶不溢侈,少不匮乏,然后申以辟雍之化,示以揖让之容,是以和气四塞,祸乱不生,此圣王之教也。]

而威以刑诛,使知好恶去就。

[虞帝先命禹平水土,后稷播植百谷,契班五教,皋陶修刑,故天下太平也。]

是故大化四凑,天下安乐,此王者之术。

[王者,父天母地,调和阴阳,顺四时而理五行,养黎元而育群生,故王之为言往也。盖言其惠泽,优游善养润天下,天下归往之,故曰王也。]

霸功之大者,尊君卑臣,权统由一,政不二门,赏罚必信,法令著明,百官修理,威令必行。

[夫霸君亦为人除难兴利以富国强兵,或承衰乱之后,或兴兵征伐。皆未得,遵法度,申文理,度代而制,因时施宜,以从便善之计,而务在于立功也。]此霸者之术。

[王道纯而任德,霸道驳而任法。此优劣之差也。]

《道德经》曰:"我无为而人自化。"《文子》曰:"所谓无为者,非谓引之不来,推之不往,谓其循理而举事,因资而立功,推自然之势也。"[故曰:"智而好问者圣;勇而好问者胜。乘众人之智,即无不任也;用众人之力,即无不胜也。故圣人举事,未尝不因其资而用也。]故曰:汤武,圣主也,而不能与越人乘舲舟,泛江湖。伊尹,贤相也,而不能与胡人骑原马,服缔绤。孔、墨,博通也,而不能与山居者人榛薄,出险阻。

由是观之,人智于物,浅矣,而欲以昭海内,存万物,不因道理之数,而专己之能,则其穷不远。故智不足以为理,勇不足以为强,明矣。然而君人者,在庙堂之上而知四海之外者,因物以识物,因人以知人也。

[《吕氏春秋》曰:"是天无形而万物以成,大圣无事而千官尽能,此谓不教之教,无言之

诏也。"]

夫冬日之阳,夏日之阴,万物归之,而莫之使。至精之感,弗召自来。待目而昭见,待言而使令,其于理难矣。

[《文子》曰:"三月婴儿,未知利害,而慈母之忧喻焉者,情也。"故曰:言之用者小,不言之用者大。又曰:不言而信,不施而仁,不怒而威,是以天心动化者也。施而信,言而信,怒而威,是以精诚为之者也。施而不仁,言而不信,怒而不威,是以外貌为之也。]

皋陶喑而为大理,天下无虐刑;师旷瞽而为大宰,晋国无乱政。

[庄子曰:"天地有大美而不言,四时有明法而不议,万物有成理而不说。圣人无为,大圣不作,观于天地之谓也。"]。

不言之令,不视之见,圣人所以为师。此黄老之术也。

[《文子》曰:"圣人所由曰道,所为曰事道,犹金石一调,不可更事,犹琴瑟每调,终而改调。故法制礼乐者,理之具也,非所以为理也。"

昔曹参相齐,其治要用黄老术,齐国安集。及代萧何为汉相,参去,属其后相曰:"以齐狱市为寄,慎勿少扰也。"后相曰:"治无大于此者乎?"参曰:"不然。夫狱市者,所以并容也。今君扰之,奸人安所容乎?吾是以先之。"由是观之,秦人极刑而天下叛,孝武峻法而狱繁。此其弊也。《经》曰:"我无为而人自化;我好静而人自正。"参欲以道化其本,不欲扰其末也。太史公曰:"参为汉相,清静寡欲,言合道义。然百姓离秦之酷扰,参与休息。无为,故天下俱称其美矣。"

议曰:黄老之风,盖帝道也。]

孔子闲居,谓曾参曰:"昔者明王内修七教,外行三至。七教修而可以守,三至行而可以征。明王之守也,则必折冲千里之外;其征也,还师衽席之上。"

曾子曰:"敢问'七教'?"

孔子曰:"上敬老则下益孝,上敬齿则上益悌,上乐施则下益亮,上亲贤则下择交,上好德则下无隐,上恶贪则下耻争,上廉让则下知节。此之谓七教也。"[七教者,治之本也。教定则本正矣。凡上者,人之表也,表正则何物不正也?]

昔明王之治人也,必裂土而封之,分属而理之。使有司月省而时考之,进贤,退不肖。[然则贤良者悦,不肖者惧矣。]哀鳏寡,养孤独,恤贫穷,诱孝弟,选才能,此七者修,则四海之内无刑人矣。

上之亲下也,如腹心,则下之亲上也,如幼子之于慈母矣。其于信也,如四时,而人信之也,如寒暑之必验。故视远若迩,非道迩也,见明德也。是以兵革不动而威,用利不施而亲,此之谓"明王之守,折冲千里之外者也"。

[议云:昔管子谓齐桓公曰:"君欲霸,举大事,则必从其本矣。夫齐国百姓,公之本也。人甚忧饥而税敛重,人甚惧死而刑政险,人甚伤劳而上举事不时。公轻其税,缓其刑,举事以时,则人安矣。"此谓修本而霸王也。]

曾子曰:"何谓'三至'?"

孔子曰:"至礼不让,而天下理;至赏不费,而天下之士悦;至乐无声,而天下之人和。何则?昔者明王必尽知天下良士之名。既知其名,又知其实,既知其实,然后因天下之爵以尊之。此谓"至礼不让而天下治"。因天下之禄,以富天下之士,此之谓"至赏不费而天下之士悦"。如此,则天下之明誉兴焉,此谓之"至乐无声而天下之人和"。[故曰:所谓天下之至仁者,能合天下之至亲;所谓天下之至智者,能用天下之至和;所谓天下之至明者,能举天下之至贤也。]故仁者莫大于爱人,智者莫大于知贤,政者莫大于能官。有德之君，修此三者，则四海之内，供命而已矣。此之谓"折冲千里之外"。[夫明王之征，必以道之所废，诛其君，改其政，吊其人，而不夺其财矣。]故曰：明王之征，犹时雨之降，至则悦矣。此之谓"还师祗席之上"[言安而无忧也]。故扬雄曰："六经之理，贵于未乱；兵家之胜，贵于未战。"

此孔氏之术也。[议曰：孔氏之训，务德行义，盖王道也。]

墨子曰："古之人未知为宫室，就陵阜而居，穴而处，故圣王作为宫室。为宫室之法，高足以避润湿，边足以圉风寒。宫墙之高，足以别男女之礼。谨此则止，不以为观乐也。故天下之人，财用可得而足也。当今之王为宫室则与此异矣。必厚敛于百姓以为宫室，台榭曲直之望，青黄刻镂之饰，为宫室若此，故左右皆法而象之。是以其财不足以待凶饥，振孤寡，故国贫而难理也。为宫室不可不节。[议曰：此节宫室者。]

古之人未知为衣服，时衣皮带茭，冬则不轻而暖，夏则不轻而清。圣王以为不中人之情，故圣人作，诲妇人，以为人衣。为衣服之法，冬则练帛，足以为轻暖，夏则绤绤，足以为轻清，谨此则止，非以荣耳目，观于人也。是其人用俭约而易治，其君用财节而易赡也。当今之王，其为衣服，则与此异矣。必厚敛于百姓，以为文彩靡曼之衣，铸金以为钩，珠玉以为佩。由此观之，其为衣服，非为身体，皆为观好也。是以其人淫僻而难治，其君奢侈而难谏。夫以奢侈之君，御淫僻之人，欲国无乱，不可得也。为衣服不可不节。"[议曰：此节衣服也。]

此墨翟之术也。[议曰：墨家之议，去奢节用，盖强本道也。]

商子曰："法令者，人之命也，为治之本。[慎子曰："君人者，舍法而以身治，则受赏者虽当，望多无穷；受罚者虽当，望轻无已。君舍法而以心裁轻重，怨之所由生也。是以分马者之用策，分田者之用钩，非以钩策为过人之智也，所以去私塞怨也。故曰：夫君任法而不躬为，则怨不生而上下和也。"]一兔走，百人逐之，非以兔可分为百，由名分之未定也。卖兔满市，盗不敢取者，由名分已定也。故名分未定，虽尧舜禹汤，且皆加务而逐之。名分之定，则贫盗不敢取。故尧舜圣人之为法令也，置官也，置吏也，所以定分也。[《尸子》曰："夫使众者，诏作则迟，分地则速，是何也？无所逃其罪也。言亦有地，不可不分，君臣同地，则臣有所逃其罪矣。故陈绳则木之枉者有罪，审名分则群臣之不审者有罪矣。"]名分定则大诈贞信，巨盗原悫，而各自治也。"[《尹文子》曰："名定则物不竞，分明则私不行。物不竞，非无心，由名定，故无所措其心；私不行，非无欲，由分明，故无所措其欲。然则心欲人人有之，而得同于无心无欲者，在制之有道故也。"]

申子曰："君如身，臣如手，君设其本，臣操其末。为人君者，操契以责其名。名者，天地之网，圣人之符。张天地之网，用圣人之符，则万物无所逃矣。"

[议曰：韩子曰："人主者，非目若离朱乃为明也，耳若师旷乃为聪也。不任其数而待目以为明，所见者少矣，非不蔽之术也。不因其势，而待耳以为聪，所闻者寡矣，非不欺之道也。明主者，使天下不得不为己视，使天下不得不为己听。身居深宫之中，明烛四海之内，而天下不能蔽，不能欺者，何也？匿罪之罚重，而告奸之赏厚也。"

孙卿曰："明职分，序事业，材使官能，莫不治理。如是，则厚德者进，廉节者起，兼听齐明，而百事不留，故天子不视而见，不听而闻，不虑而知，不动而功，块然独坐而天下从之。此操契以责名者也。"

《尸子》曰:"明君之立,其貌庄,其心虚,其视不躁,其听不淫,审分应辞,以立于朝,则隐匿疏远,虽有非焉,必不多矣。明君不长耳目,不行间谍,不强闻见,形至而观,声至而听,事至而应,近者不过则远者理矣,明者不失则微者敬矣。此万物无所逃也。"]

动者摇,静者安,名自名也,事自定也。

[议曰:《尸子》曰:"治水潦者,禹也;播五谷者,后稷也;听讼折衷者,皋陶也;舜无为也,而为天下父母。"此则名自名也。

太公谓文王曰:"天有常形,人有常生,与天人共其生者,而天下静矣。"此则事自定也。]

是以有道者,因名而正之,随事而定之。

[《尹文子》曰:"因贤者之有用,使不得不用;因愚者之无用,使不得用。用与不用,各得其用,奚患物之乱也?"

《尸子》曰:"听朝之道,使人有分。有大善者,必问其孰进之,有大过者,必问其孰任之,而行罚赏焉。且以观贤不肖也,明分则不弊,正名则不虚。贤则贵之,不肖则贱之。贤不肖,忠不忠,以道观之,犹白黑也。"]

昔者尧之治天下也,以名,其名正则天下治;桀之治天下也,亦以名,其名倚而天下乱。是以圣人贵名之正也。[议曰:夫暗主以非贤为贤,不忠为忠,非法为法,以名之不正也。]

李斯书曰:"韩子称'慈母有败子而严家无格虏者。何也?则罚之加焉必也。故商君之法,刑弃灰于道者。夫弃灰,薄罪也,而被刑,重罚也。夫轻罪且督,而况有重罪乎?故人弗敢犯矣。今不务所以不犯而事,慈母之所以败子,则亦不察于圣人之论矣。"

[商君之法,皆令为什伍,而相司牧犯禁,相连于不告奸者,明尊卑爵秩等级,各以差次名田宅,妻妾衣服以家次。有功者显荣,无功者虽富无芬华。务于耕战,此商君之法也。]

此商鞅、申、韩之术也。

[桓范曰:"夫商鞅申韩之徒,贵尚谲诈,务行苛刻。废礼义之教,任刑名之数,不师古,始败俗伤化。此则伊尹、周公之罪人也。然其尊君卑臣,富国强兵,守法持术,有可取焉。逮至汉兴,有宁成、郅都之辈,仿商、韩之治,专以杀伐残暴为能,顺人主之意,希旨之行,要时趋利,敢行败祸,此又商、韩之罪人也。然其抑强族,抚孤弱,清己禁奸,背私立公,亦有取焉。至于晚代之所谓能者,乃犯公家之法,赴私门之势,废百姓之务,趋人间之事,决烦理务,临时苟辩,使官无谴负之累,不省下人之冤,复是申、韩、宁、郅之罪人也。"]

由是观之,故知治天下者,有王霸焉,有黄老焉,有孔墨焉,有申商焉,此所以异也,虽经纬殊制,救弊不同,然康济群生,皆有以矣。今议者或引长代之法,诘救弊之言[议曰:救弊为夏人尚忠,殷人尚敬,周人尚文者];或引帝王之风,讥霸者之政,不论时变,而务以饰说。故是非之论,纷然作矣。言伪而辩,顺非而泽,此罪人也。故君子禁之。

【译文】

从前国王根据当时的实际情况建立规章制度,根据当时的目的制定政策,制度和政策与当时的实际情况和任务相合,才能治理好国家,才会有事业成绩。形势和任务变了,制度和政策还要死搬已经过时的一套,使制度与时代、任务与政策脱节,这样一来,即使有好的制度和法规,也是劳而无功,徒增混乱而已。所以圣人治国,一不法古，二不贪图一时之小利。因时变法，只求实利。这样，遇到烦难也容易解决。

[秦孝公用卫鞅后，想要变法，又怕天下诽议自己。商鞅说："畏首畏尾的行为没有名声，疑惑不决的事情没有功绩。且有高于常人的行为，本容易为一般人所反对。有独特见识的计谋，必为人民所诋毁。不明者，仍不明已完成的事情；聪明的人，却能预见未来的事情。行事的开始，不可与人民共谋，而只可与他们共享事业成功的利益。能谈论至德要道的人，不与世俗合流；能建立伟大功业的人，不与众人共谋。因此圣人只要可以使国家强大，就不必效法古代规章；只要可以便利人民，就不必遵循古礼。"孝公说："很好！"甘龙说："不是如此，圣人是不改变民俗来教化的，聪明的人是不改变成法来治国的。能依照民俗来教化的，不费力就能有成效；能依照旧法来治国的，官吏习惯而人民安定。"卫鞅说："甘龙所说的，是世俗之言。常人苟安于旧俗，学者拘泥于旧知识。以这两种人来做官和守法都还可以，但却不可以用以议论旧法以外的新事物。三代礼教不同，而治理天下，五霸不同法律，而成就霸业。聪明的人能制作新法，愚笨的人却受制于成法。聪明的人能变更礼教，不聪明的人就要被拘束于礼教。"杜挚说："新法利益没有旧法百倍就不变法，新器功用不及旧器十倍就不换。"卫鞅说："治世不是只用一种方针，利国不必效法古制度，所以商汤、周武不遵循古制度而能统治天下，夏桀、商纣因不革新礼教而亡国。反对古制度不一定应该受非议，遵循古礼教也不值得夸赞。孝公说："你说得很好！"于是决定了变法。]。

由此可见，像商鞅这样的人，都明白要想建立功业，富国强兵，必须顺应时代，否则只能被时代淘汰。[孟子说："即使有肥沃的土地，也不如按季节种庄稼；即使很聪明，也不如赶上好时代。"范蠡说："节令不到，就不能强迫禾苗生长；事情不经过研究。不能强求其成功。"《论语》说："圣人平时就把一切都准备好了，只等待时机的到来。"]

怎么知道这样做才是正确的呢？桓范说："三皇时代的特征是以道来治理天下，五帝是用德教化天下，三王用仁义劝导庶民，五霸却用权术和谋划征服别的国家。"[不用制度法令和刑罚就能统治的是三皇；有制度法令而没有刑罚的是五帝；赏善诛恶，分封诸侯协助天子管理国事，定期到朝廷讨论国家大事，是三王；发起战争，订立盟约，靠信义来使天下人服从命令，取代天子称霸天下的就是五霸。文子说："三皇最可贵的是在于天然地有道德；三王崇尚的是仁义；而霸者却不得不用理论、法规进行统治。大道既隐，统治者只好动用智谋了；德行缺乏后，就只好加强法律了；情况不明的统治者就只能使用间谍侦探了。"建立统治一个国家，所采取的政治策略差别就是如此之大。]

五帝以前的事已太渺茫久远，经传上也没有记载，只有"王道"和"霸道"盛传于今，只好用它们的利弊得失作为我们讨论古往今来治国的经验教训了。[秦汉两朝的帝王所推行的是"霸道"，所以不能把他们的仁德放在主要的地位上来讨论。]

王道的统治，是先铲除祸害人民的社会邪恶东西，让人民丰衣足食。

[《论语》说："有五亩大小的宅第，种上了桑树，养上蚕，就可以供五十人穿衣了。数口之家耕种百亩之田，自己就不会挨饿了。饲养猪羊，老人也可以吃到肉了。上层的官吏不多欲贪污，下层的民众不奢侈，苛捐杂税不多，徭役也不重，当官的不受贿罢了，不要去与老百姓争夺利益。这样一来，各行各业收入均衡，贫富也就不会差距太大了。"]

经济得到保证后，就应该进行文明礼貌、伦理道德的教化了。

[因此圣明的国王经常反省自己是否坚持了正当的政治路线，小心地巩固统治政治宫室與服不超过规定，三宫六院主内，三公主外。按井田制统筹农事，让诸侯来协助管理民众，丰收时不骄奢，歉收时也不感到匮乏，然后设立学校推行教化，为人民大众做出谦恭礼让的榜样，这就

　　然后建立法规、刑法来树立威信,让人民群众分清善恶,明白自己前进方向。

　　[比如虞舜的时代,就首先命令令大禹去治理洪水,然后又让后稷去播种百谷,让契分管教化,让皋陶制订刑法,因而天下太平。]

　　由此可见,最伟大的盛世,是通过多种因素,举国上下同心协力,从而使普天之下一片安乐平和的景象,这就是王者的治国道术。

　　[君的职责是以天为父,以地为母,调和阴阳,顺应四季的变化,使金、木、水、火、土五行相生相灭,教养百姓,哺育大众,所以王的含意就是万民向往。总而言之,作为一国之主,他的恩泽浩荡,惠养四方,天下众生争相投向他的怀抱,因此才称之为王。]

　　成就伟大功业的国王,能做到君尊臣卑,权力在君主一人手里,政策法令由一定机构制定,赏罚、法令严明,百官各司其职,有法必依。

　　[霸主也能为人民除害谋利以富国强兵,或者是在一个朝代衰亡之后,兴兵镇压叛乱。如果做不到这两点的话,也要遵循法制,宣扬文教,根据情况制定有效的制度,因时而动,从方便、有利出发,目的主要是为了建立功勋,成就霸业。]这就是霸主的治国之术。

　　[如果是真正的王道,就会用仁德来统治,而霸道则驳杂得多且以法治为主。这就是二者优劣和差别之所在。]

　　《道德经》说:"君主无为,人民就会自己向善。"《文子》上说:"所谓无为,并不是就叫他不来,推他不走,什么事也不做,整天坐着。无为就是指按自然规律办事,借助一定的条件去获取成功,也就是说,一切都要顺其自然。"[所以说,既有才能,又善于向人请教就是圣明;既勇敢,又善于向人请教就是优胜。能发挥大家的聪明才智,什么重任都可完成;利用群众的力量就没有不可克服的难事。因此圣人办事,尽可能发挥各方面的优势,并善于合理综合它们。]商汤和周武王虽是圣主,却不能和越人一起乘游艇,泛江湖;伊尹是贤相,却不能和胡人一道骑野马四处跑,孔、墨虽然都是博学的通才,却不能像山里人那样钻山入林。

　　由此可见,人的智力是有限的,如果想眼看四海,胸怀天下,不掌握真理,仅凭自己有限的本领,就打不破时空的限制。一人的智力,不可能穷尽全部真理;一人的勇力,不能无敌于天下。这是很明显的道理。然而,作为国家的领袖,坐在高堂之上,就能对天下形势了如指掌,其奥妙就在于他能因此知彼,因人知人,把别人的优势变成自己的优势。

　　[《吕氏春秋》说:"天没有固定的式,然而有了它万物才能生成,伟大的圣人不是事必躬亲手,而是使所有的官员各尽其能,发挥作用。这就叫没有教导的教导,没有说出来的圣旨。"]

　　天下万事万物都自觉向往冬天的向阳地方,夏天的阴凉,并没有什么人让它们这样做啊!可是在内心的感召下,万物都不请自来。如果都等别人的目示,号令的指挥,它们才这样做,这在道理上很难讲得通。

　　[文子说:"刚满三个月的小孩是不懂利害的,然而仁爱的母亲对婴儿还是要唠唠叨叨地说个不停,忧虑之情溢于脸面,这是因为心中之情使然。"所以说语言的作用是不足称道的,语言后面的至情才是真正值得赞美的。文子还说:"不说话却能使人相信,不施惠就有仁爱,不怒而有威严,这是大自然的精神。说话才能让人相信,施惠才能做到仁爱,发怒才能让人感到威严,这是内心真实情感的作用。说话也不能让人相信,施惠也做不到仁爱,发怒也不能让人害怕,这是由于装样子要人看的缘故。"]

皋陶虽然口不能言,但他作为大禹的法官时,天下没有酷刑;师旷虽是个瞎子,但他作了宰相后,晋国没有败政。

　　[庄子说:"天地有崇高的美德,四季有严格的界线,万物有各自的规律,但它们都不说话。圣人无为,更高的圣人静而不动,他们都在效法大自然的规律啊!"]

　　像这样不言语就发出了命令,不观望就无所不见,就是圣人所要师法的。这就是黄老治国之术的理论根源。

　　[文子说:"圣人所师法的是'道',按照'道'去行动叫'从道'。就好比金石只有一个音调,这是永远不能改变的,遵循'道'做事,就像琴瑟都各自有调,一曲终了必须改变调韵一样。所以说法度和礼乐,都是治国的手段,而不是'道'的本体。"]

　　从前曹参在齐国当相的时候,他就是运用黄老无为的治国之术,使齐国繁荣安定。等到代替萧何当汉丞相,要离开齐国时,嘱咐接任他的齐国宰相说:"我要把齐国的司法大权托付给你,希望你小心从事,不要过于频繁地去骚扰人民。"那位接任的齐相说:"治理国家的事难道没有比这些再大的了吗?"曹参说:"不能这么讲。刑律、监狱这类法治工作。几乎包括了其他方面的所有事情。如果过分频繁地去骚扰犯人,叫那些犯法的人何处容身呢?假如他们真的走投无路,社会的问题只会更多,更糟糕。所以我把法治一向放在重要地位。"由此看来,秦国的法律过于严厉,才导致了全国人民的奋起反抗。汉武帝刑法森严,因此制造了许多冤案。这就是法治的弊端。《道德经》说:"君无为,人民就自我向善;我宁静,人民就自觉自愿地走正道。"曹参想用黄老之道作为他治国的根本法则,而不动用其他举措来干扰根本大法。太史公说:"曹参作为汉朝的丞相,清静无欲,为政合乎黄老之道。当老百姓终于摆脱离了秦国的残暴统治后,曹参给了他们休养生息的机会。做到了无为而治,所以人民大众才都称赞他的大德。"

　　黄老的无为而治,实际上就是五帝的治国之道。]

　　孔子闲居在家对曾子说:"从前,圣明的帝王内修七教,外用三至。七教做了,就可以使内政得以巩固,有备而无忧;三至做了,才可对外用兵。明主的防守,对千里之外的敌军都有打击力量;一旦带军出击,必将心安理得地凯旋。"

　　曾子问:"老师,什么是'七教'啊?"

　　孔子说:"'七教'是指执政的人要做好以下七点:一是尊敬老人,臣民才会对有注者更加孝顺;二是尊重有德之人,臣民才会对年长的人更加敬爱;三是乐善好施,臣民才会光明磊落;四是亲近有才之人,全国人民才会选择有才的人接交;五是好德,臣民就没有隐瞒;六是远贪婪,民众才会耻于争名夺利;七是提倡谦让,臣民才会有节操。"[七教是执政的根本原则。路线明确,国家才能走上正道。执政者是人民的榜样,表率正还有什么事不能纠正呢?]

　　从前圣明的帝王治理天下,必须划分土地给诸侯,让他们分别有所归属,分别治理。然后让有关主管部门按月考查,按时考核,推荐有能力之人;辞退掉不好之辈[这样做,能人就会高兴,不良之辈就会感到畏惧];同情抚恤无夫无妻之人;抚养孤儿;救济贫穷;奖勉孝顺父母、敬重兄长的行为;选拔人才——这七项工作做好了,四海之内就不会有犯法的人了。

　　君王爱臣民如同腹心,臣民爱君王才会象幼儿爱慈母;君王守信如同一年四季一样准确无误,人民之守信才会如同寒暑一样灵验。所以君王能视远若近,并非是事物就在近处,而是因为英明的功效。所以兵未动就显出威力,不加利害就使人亲近,这就是明君防御可以对'千里之外的敌军具有攻力'的原因。

［从前管子对齐桓公说："你想当霸主，成就霸业，那就必须从根本上下手。齐国的老百姓就是你的根本。人民担心挨饿，也怕赋税太重，死亡和刑法过于严酷，人们非常担心国家动不动举办各种劳民伤财的活动，你要减轻赋税，放宽刑罚，只在必要的时候举办节俭活动，只有这样才会人心安定。这就是从根本上成就霸业的意思。"］

曾子又问："什么是'三至'呢？"

孔子说："至礼而不谦让，则天下达到极治；至赏而不浪费，则士人欢欣；至乐而无声息，则举国相和谐。"为什么这样说呢？以前英明的帝王对全国的名士全都知道。既知其名，也知其实。然后才把权力和地位授予他们，使他们受到世人的尊敬，这就叫"至礼不让而天下治"。用俸禄利益使天下的士人富足，这就叫"至赏不费而士人悦"。这样一来，光荣的美誉就因此而得以弘扬，这就叫"至乐无声而天下和"。［因此说，所谓天下最伟大的仁者，就是能够用天下人民至亲至爱的情感团结全国人民的人；所谓天下最伟大的圣明，就是能够起用全国最有德才的人。］正是从这种意义上说，仁人的最高原则是爱别人，智者的最高标准是知贤，执政者的最高原则就是善于使用人才。有德之君如果能搞好这三项工作，那么举国上下都会服从指挥命令，人人奋勇向前。这就是"对千里之外的敌军具有攻击力量"的意思。［明君之所以要发动征讨，是因为天道要废弃昏君，借他之手铲除之，变更其统治，但对其灭亡要表示哀悼，也不剥夺其家产。］所以明君的征讨就好象及时雨，在哪里降落，无不受到欢迎。这就叫心安理得地凯旋而归。所以杨雄说："六经的道理，贵在社会尚未动乱就及时加以治理；军队还没有出动就已经取得了成功。"

这就是儒家的治国之道。［孔子追求仁义道德，所推崇的实际上是三王的治国之道。］

墨子说："古人还不知道建造宫室，只是在山高之地的岩洞居处，到了三王的时代才开始建造房屋。其办法是选择高处以避潮湿雨水，选择边地抵御风寒，墙高只要能够无碍男女防就行了，所以非常简单，不足以观赏。因此，那时人民都感到财用充足。而现在的王侯，所造的宫室就大不相同了。他们向人民横征暴敛来建造宫室台榭，是为了看起来宏伟壮丽。用各种颜色刻镂彩画，左右上下人竞相模仿，结果财用匮尽，难以抵御凶年饥荒，无法赈济孤寡贫民。国家的贫困到了难以治理的地步。因此建造宫室不能不讲求节约一点。

"古人知制衣服，那时候披着兽皮，挂树叶，冬天穿的笨重但暖和，夏天挂的轻便却清爽。三王觉得这样不好，于是就教妇女织做衣裳。冬天用丝制成棉衣，既轻又暖和，夏天用麻布做纱衣，既轻又凉爽——仅此而已。那时穿衣不是为了使自己好看，让他人观看。所以，当时人们生活节俭，易于管理。当时的帝王生活很简朴，很容易侍奉。现在国王的服装可就大不同了，他们对老百姓大加搜刮，以便制作华美飘逸的服装，用黄金铸制钩带，用美玉制作佩玉。他们穿衣服本不是为了身体的保暖需要，更是为了美观好看。上行下效，因此人们变得越来越淫逸无度了，越来越无法管理。国君奢侈腐化，不听忠言。以奢侈腐化的君主来统治淫逸邪僻的臣民，要想国家不乱，那是不可能的。所以说，制作衣服也不可不省俭。"

这就是墨家的治国之道。［墨家的学说，主要是提倡勤俭节约，反对奢侈浪费，以便从根本上使国家富强。］

商鞅说："法令如人的生命，治理天下的本根。"［慎子说："统治者舍弃法律，想用自己的道德理想来治理天下,结果受赏的人虽然感到很高兴,但人的欲望是无穷无尽的;受罚的即使也感到很得当,但总是希望无休止的减轻自己的受罚制度。国君如果放弃法律,只凭自己的想法揣度来量刑,怨恨就会产生。因此,分马的人采用抽签的办法,分田的人采用抓阄的方法,这并不是说抽签、抓阄比人高明,只是因为这样做可以排除私心,堵塞怨恨。所以治国要用法令而不能靠个人的意愿。这样,人们就不会产生怨恨,全国上下就会和睦相处。"]一只兔子在前面跑,后面可能达到一百个人追赶,不是一只兔子可分为百份,而是这只兔子归属于的名分还没有确定,因而谁都可以据为己有。卖了的兔子满街都是,盗贼却不敢去拿,那是因为这些兔子属于谁的名分已定。所以,名分未定,就是尧、舜、禹、汤也都可能去追逐,名分定了,就是再穷的盗贼也不敢去夺。圣人制定法令,安置官吏,实际上就是在定名分。[尸子说:"发动民众,圣旨已下还迟迟不见行动,如果是分地,动作则非常迅速。为什么呢?因为无可脱责。由言语形成的名分,也像分地一样,不能不分清职权范围。国君如果和大臣共同分担责任,那么大臣们就有推脱罪责的地方了。就像用墨斗划线,校正弯曲的木头,木头无法投机取巧一样,一考查到名分职责,大臣们如有失职而又想隐瞒的,就是有罪了。"]名分确定以后就是骗子也会变得纯洁守用,就是大盗也会变得诚实不欺人,他们自觉地安分守己了。"[尹文子说:"名分已定,万物不争了;职责分明,私欲行不通。人不争,不是因为无心争,而是因为名分已定,所以争也是白用心;私欲不行,并不是没有欲求,而是职责已明,所以有欲望也不管用。然而私欲、私心无人不有,能使人无私欲的根本原因,是因为制止私心私欲的方法得当。"]

申不害说:"君王如人身子,臣如手足,君设置根本,臣操持实际政务。作为如君主就是要拿法律公文来核查臣下看看是否名实相符。名分就好象是天地之网,圣人之符节张网持符,天下万物就无处逃遁了。

[韩非子说:"人主的眼睛虽不像离朱那样明亮,耳朵不像师旷那样敏锐,但如果不借别人的眼睛和耳朵去看去听,只凭自己耳聪目明后才去看、听,那么看到听到的东西就太少了。这可不是使自己不被蒙蔽欺骗的办法啊!明君是让整个天下为自己去听去看的人,他虽身处深宫,却能明察天下,全国上下既不能隐瞒他,也不能欺骗他,这是什么原因呢?只因为隐瞒之罪重,而举报之赏厚。"

荀子说:"职责分明事业有序,材尽其用,官尽其能,天下就没有不治理是不可能。如果这样,品德好的人就会更加上进,廉洁的人就会越来越多,加上善于倾听各方面的意见,那么就会事会清楚明白,无所遗漏。一个国家的领袖之所以能够做到不看而能会,不听而能听,不思考而能知道,不行动而能使事业成功,岿然不动而能使天下顺从他的意志,就是因为牢牢抓住了名分这个根本东西。"

尸子说:"圣明的国王要想确保自己的统治,就应当形象端庄,心境空灵,目视九州而不烦,眼观红尘而不失对文武百官的职权明白于心与人言谈得体。如果能达到这种境界,那么他就能久立于朝堂之上,纵然有所隐瞒遗漏,忽略,也一定不会太多了。圣明君王无须派耳目或间谍去侦察刺探,也不勉强去听去看。有物来则观看,有声则听,事到则应付,身边的事情不让轻易溜过,远处的事情也能得到妥善处理。不让贤明的人才流失,微贱的人也会对他毕恭毕敬。这就是万事万物都不能逃脱他的控制之奥秘。"]

让该动的时候去运动,让该静的时候去安静,各负其责,事有归着。整个国家就会显得井然有序。

[尸子说:"治理洪水的是大禹;播种五谷的是后稷;掌管刑罚的是皋陶。舜虽然没去办什么具体的事情,然而他却是全国人民的父母。"这就是'名自名'的意思。

姜太公对周文王说:"天有固定的形式,人有固定的生存,能与上天和人民同呼吸共命运,天下就会太平安定。"这就是'事自定'意思。]

因此知道如何治国之君要用名分来纠正一切不合名分的现象,并实事求是地去确定。

[尹文子说:"因为有能力的人很有用处,人君便不得不任用他们;因为愚笨的人没用,所以人君不能任用他们。用与不用,各得其所,又何必担心天下大乱呢?"

尸子说:"上朝议事,国君听了朝臣们的奏章后,使每个人各负其责,各行期事。发现有特别好的大臣,一定要问清是谁举荐的;有重大过失的也一定要问清是谁任命的。然后决定赏罚,并用这种办法来考察好坏,使该负其责的大臣不敢徇私舞弊。文武百官就不会徒有其名。优秀的就会受到尊重,失职的就会受到蔑视。好与坏,忠与奸,用这一办法来鉴别,就白黑分明了。"]

从前尧治理天下时,就是以名分来处理日常事务的,因为分正了名,所以天下大治;桀治理天下,也是以名分来处理政务,然而因为名分不正,所以才天下大乱。因此,圣人对名的正与不正是很重视的。"[昏君以不贤为贤,把不忠当作忠,以非法为法,就是因为名分不正。]

李斯在给秦二世的书中说:"韩非子认为:'慈爱的母亲养出败家子,而严厉的主人却没有强悍的奴仆。'原因何在呢?原因就在能不能实行严厉的惩罚。商鞅变法,对在路上随便倒垃圾的都处以重刑。随便倒垃圾是小事,而判刑却是重罚。轻罪且要严惩,更何况重罪?所以人人都不敢犯法。现在如果不致力于设法使人不犯法,而去学慈母娇惯败家子的做法,这就太不理解圣贤的理论了。"

[商鞅规定以伍家编为'伍',十家编为'什',一家犯法,四家连,九家要举告,不告发者连坐有罪。同时明确尊卑、爵位、等级,贵族所拥有的田宅、奴婢、衣服等都依照爵位高低而定。有军功感到荣耀,无军功的虽富有也没有光彩。注重农、战之事,这就是商鞅变法的根本。]

商鞅、申子和韩非的治国之术就是如上。

[桓范说:"商子、申子、韩非这些人,看重人的狡猾才能,因而推行法制特别严厉。废除礼义的教化,用刑名律法统治天下,不师法古人的仁政,致使全国普遍的伤风败俗。因此说,他们是伊尹、周公的罪人。然而他们使人君尊,臣卑,富国强兵,信守法度,坚持法制,在这些方面还是有一定作用的。到了汉朝,又有宁成、郅都之类的酷吏,效仿商、韩,专门以残暴的杀戮、惩罚为事,迎合君主的心愿,趋势赴炎,争名于朝廷,争利于下面,肆无忌惮地干尽了败坏朝纲、祸害百姓的事情,这又是商、韩的罪人了。然而酷吏在抑制豪强望族,抚慰孤独贫弱,自身清正廉洁,使各级官吏出于畏惧奉公守法、一心为公方面,还是有一定作用的。到了后来世人所谓的能人,就都是一些执法犯法,仰仗权势,不为老百姓办事,只想徇私舞弊,临到处理日常事务的时候,玩忽职守,又敷衍了事,做官不担心受刑法处置,根本不体察同情老百姓的苦衷,这就又是申、韩、宁、

图文珍藏版

郅的罪人了。"]

因此看来,理国之法林林总总,有王霸之术、黄老之术、孔墨之术、申商之术,他们之间不但有差别,而且理论根源也不一样,纠正前代政制流弊的方式也各不同,然而他们都有振兴国家、救济众生的愿望。现在,有的人或者援引施行比较久远的制度,非难今人拨乱反正的改革观念[所谓救蔽是指夏人尚诚,商人尚敬,周人尚文];有的人以前代帝王的礼乐,讥讽成就霸业的政治措施,不顾时代的变化,而用所谓不变之法、不变之理来为自己的学说狡辩。因此,对变革赞同与反对的意见,纷纷出笼。虚伪的措辞还要诡辩,附会观点的荒谬,仿佛也能自圆其说。凡此种种,都是历史的罪人啊!因此,君子应该制止这种做法。

诸子蜂起　百家争鸣(正论第十六)

【原文】

[议曰:"反经"、"是非"、"适变"三篇,虽博辩利害,然其弊流遁漫,羡无所归。故作"正论"以质之。]

孔子曰:"六艺于治一也。《礼》以节人,《乐》以发和,《书》以导事,《诗》以达意,《易》以神化,《春秋》以义。"

[司马谈曰:"《易》著天地阴阳四时五行,故长于变;《礼》经纪人伦.故长于行;《书》记先王之事,故长于政;《诗》记山川溪谷禽兽草木牝牡雌雄,故长于风;《乐》所以立,故长于和;《春秋》是非,故长于理人也。"]

故曰"入其国,其教可知也。其为人也,温柔敦厚,《诗》教也;疏通知远,《书》教也;广博易良,《乐》教也;洁净精微,《易》教也;恭俭庄敬,《礼》教也;属辞比事,《春秋》教也。故《诗》之失愚;《书》之失诬;《乐》之失奢;《易》之失贼;《礼》之失烦;《春秋》之失乱。其为人也,温柔敦厚而不愚,则深于《诗》也。"

[子夏曰:"声成文谓之音。治世之音安以乐,其政和;乱世之音怨以怒,其政乖;亡国之音哀以思,其民困。故正得失,动天地,感鬼神,莫近于《诗》。"

太史公曰:"《大雅》言王公大人,而德逮黎庶,《小雅》讥小己之得失,其流及上。所言虽殊,其合德一也。"晋时王政陵迟,南阳鲁褒著《钱神论》,吴郡蔡洪作《孤愤》。前史以为乱世之音怨以怒,其政乖。此之谓也。]

疏通知远而不诬,则深于《书》也[《书》著帝王之道,典谟训诰誓命之文,三千之徒并受其义也]。

广博易良而不奢,则深于《乐》也。

[《乐》书曰:"凡音者,生人心者也。情动其中,故形于声,声成文谓之音。是故治世之音安以乐,其政和;乱世之音怨以怒,其政乖;亡国之音哀心思,其民困。声音之道,与政相通。宫为君,商为臣,角为民,徵为事,羽为物。五音不乱,则无沾滞之音矣。宫乱则荒,其君骄;商乱则陂,其臣坏;角乱则忧,其人怨;徵乱则哀,其事勤;羽乱则危,其财匮。五音皆乱则诬佚相陵,谓之慢。如此,国灭亡无日矣。夫上古明王举乐者,非以娱心快意,所以动荡血脉,流通精神,而和

正心也。故宫动脾而和正圣,商动肺而和正义,角动肝而和正仁,徵动心而和正礼,羽动肾而和正智。故闻宫音者,使人温舒而广大;闻商音者,使人方正而好义;闻角音者,使人恻隐而爱人;闻徵音者,使人乐善而好施;闻羽音者,使人整齐而好礼。夫礼由外入,乐自内出。故圣王使人耳闻《雅》《颂》之音,目视威仪之礼,足行恭敬之容,口言仁义之道。故君子终日言而邪僻无由入也。"

班固曰:"乐者,圣人之所乐也,而可以善人心,其感人也深。故先王著其教焉。夫人有血气心知之性,而无哀乐喜怒之常。应感起动,然后心术形焉。故纤微憔悴之音作,而民思忧;阐谐慢易之音作,而民康乐;粗厉猛奋之音作,而民刚毅;廉直正诚之音作,而民肃静;宽裕顺和之音作,而民慈爱;流僻邪散之音作,而民淫乱。先王耻其乱也,故制《雅》《颂》之声。本之情性,稽之度数,制之礼义,合生气之和,导五常之行,使之阳而不散,阴而不集,刚气不怒,柔气不慑,四畅交于中,而发作于外。足以感人之善心,而不使邪气得接焉。是先王立乐之方也。"

《吕氏春秋》曰:"亡国戮人,非无乐也,其乐不乐。溺者,非不笑也;罪人,非不歌也;狂者,非不舞也。乱世之乐,有似于此。"范晔曰:"夫钟鼓,非乐之本,而器不可去:三牲,非孝之主,而养不可废。夫存器而亡本,乐之失也。调气而和声,乐之盛也。崇养以伤,行孝之累也。行孝以致养,孝之大也。"

议曰:东方角主仁;南方徵主礼;中央宫主信;西方商主义;北方羽主智。此常理也。今太史公以为:徵动心而和正智,羽动肾而和正礼。则以徵主智,羽主礼,与旧例乖殊。故非末学所能详也。]

洁净精微而不贼,则深于《易》也[《易》之精微,爱恶相攻,远近相取,则不能容人近相害之]。恭俭庄敬而不烦,则深于《礼》也。

[太史公曰:"余至大行礼官,观三代损益,乃知缘人情而制礼,依人性而作仪。人道经纬万端,规矩无不贯,诱进以仁义,束缚以刑罚,故德厚者位尊,禄重者宠荣,所以总一海内而整齐万人也。人体安驾乘,为之金舆错衡以繁其饰;目好五色,为之黼黻文章以表其能;耳乐钟磬,为之调谐八音以荡其心;口甘五味,为之庶羞酸咸以致其美;情好珍善,为之琢磨圭璧以通其意。故大路越席,皮弁布裳,朱弦洞越,大羹玄酒,所以防其淫侈,救其凋敝。是以君臣朝廷尊卑贵贱之序,下及黎庶车舆衣服宫室饮食嫁娶丧祭之分,事有适宜,物有节文。周衰,礼废乐坏,大小相逾,管仲之家,遂备三归。循法守正者,见侮于世;奢溢僭差者,谓之显荣。自子夏,门人之高弟也,犹云'出见纷华盛丽而悦为阻夫子之道而乐,二者心战,未能决',而况中庸以下,渐渍于失教,被服于成俗乎?孔子必正名,于卫所居不合。岂不哀哉!"

班固曰:"人涵天地阴阳之气,有喜怒哀乐之情,天禀其性而不节也。圣人能为之节而不能绝也。故象天地而制礼乐,所以通神明,立人伦,正情性,节万事也。人性有男女之情,妒忌之别,为制婚姻之礼;有接长幼之序,为制乡饮之礼;有哀死思远之情,为制丧祭之礼;有尊尊敬上之心,为制朝觐之礼。哀有哭踊之节,乐有歌舞之容,正人足以副其诚,邪人足以防其失。故婚姻之礼废,则夫妇之道苦,而淫僻之罪多;乡饮之礼废,则长幼之序乱,而争斗之狱烦;丧祭之礼废,则骨肉之恩薄,而背死忘生者众;朝聘之礼废,则君臣之位失,而侵凌之渐起。故孔子曰:'安上治人,莫善于礼;风易俗,莫善于乐。揖让而治天下者,礼乐之谓也。'"]

属辞比事而不乱,则深于《春秋》也。

[壶遂曰:"昔孔子何为作《春秋》哉?"

太史公曰:"余闻之董生曰:'由周道衰微,孔子为鲁司寇,诸侯害之,大夫壅之。孔子知言之不用,道之不行也,是非二百四十二年之中,以为天下仪表,贬天子,退诸侯,讨大夫,以达王事而已矣。'子曰:'我欲载之空言,不如见之于行事之深切著明也。'夫《春秋》,上明三王之道,下辨人事之纪,别嫌疑,明是非,定犹豫,善善恶恶,贤贤贱不肖,存亡国,继绝代,补弊起废.王道之大者也。拨乱代反之正道,莫近于《春秋》。《春秋》之中,弑君三十六,亡国五十二,诸侯奔走不得保其社稷者,不可胜数。察其所以,皆失其本也。"

壶遂曰:"孔子之时,上无明君,下不得任用,故作《春秋》,垂空文以断礼义,当一王之法。今夫子上遇明天子,下得保其社稷者,不旷守职,夫子所论,欲以何明?"

太史公曰:"伏羲至纯厚,作八卦。尧舜之盛,《尚书》载之,礼乐作焉。汤武之隆,诗人歌之。《春秋》采善贬恶,推三代之德,褒周室,非独刺讥而已。汉兴以来,至明天子,受命于穆清,泽流罔极,臣下百官力诵圣德,独不能宣尽其意。且士贤能而不用,有国之耻也;主上明圣,而德不布闻,有司之过也。且余掌其官,废明圣,罪莫大焉。余所谓述,非所谓作也,而君比之于《春秋》,谬矣。"]

自仲尼没而微言绝,七十子丧而大义乖。战国纵横,真伪分争,诸子之言,纷然散乱矣。

儒家者,盖出于司徒之官,助人君顺阴阳,明教化者也。游文于六经之中,留意于仁义之际,祖述尧舜,宪章文武,崇师仲尼,此其最高也。然惑者既失精微,而僻者又随时抑扬,违离道本,苟以哗众取宠,此僻儒之患也。

[司马谈曰:"儒者,博而寡要,劳而少功,是以其事难尽从,然其叙君臣父子之礼,列夫妇长幼之别,不可易也。夫儒者,以'六艺'为法,经传以千万,累世不能通其学,当年不能究其礼,故曰'博而寡要,劳而少功'。若夫列君臣父子之礼,叙夫妇长幼之别,虽百家勿能易也。"

范晔曰:"夫游庠序,服儒衣,所谈者仁义,所传者,圣法也。故人识君臣父子之纲,家知违邪归正之路。自桓、灵之间,朝纲日陵,国隙屡启,中智以下,靡不审其崩离,而刚强之臣息其窥盗之谋,豪俊之夫,屈于鄙生之议者,民诵先王之言也,下畏逆顺之势也。至如张温、皇甫嵩之徒,功定天下之半,声驰四海之表,俯仰顾盼,则大业移矣,犹鞠躬昏主之下,狼狈折礼之命,散成兵就绳约而无悔心者,斯岂非学者之效乎?故先师褒励学者之功笃矣。"]

道家者,盖出于史官,历纪成败,秉要执本,清虚以自守,卑弱以自持,此君人南面者之术也。合于尧之克让,《易》之谦谦,此其所长也。及放者为之,则欲绝去礼乐,兼弃仁义,独任清虚,何以为治?此道家之弊也。

[司马谈曰:"道家使人精神专一,动合无形,赡足万物,其为术也,因阴阳之大顺,采儒墨之善,撮名法之要,与时迁徙,应物变化,立俗施事,无所不宜。约而易操,事少而功多。夫道家无为又曰无不为,其实易行,其辞难知,其术以虚无为本,以因循为用,无成势,无常形。故能究万物之情,不为物先,不为物后,故能为万物主。有法无法,因时为业,有度无度,因物与合。故曰圣人不朽,时变是守。虚者,道之常;因者,君之纲,君臣并至,使自明也。"]

阴阳家者,盖出于羲和之官,敬顺昊天,历象日月星辰,敬授人时,此其所长也。及拘者为之,则牵于禁忌,泥于小数,舍人事而任鬼神,此阴阳之弊也。

[司马谈曰:"阴阳之术,大详而众忌讳,使人拘而多畏,然其叙四时之大顺,不可失也。夫阴阳四时,八位十二度,二十四节,各有教令。曰顺之者昌,逆之者亡,未必然也。故曰使人拘而多忌。夫春生夏长,秋收冬藏,此天之大经,弗顺则无以为天下纪纲。故曰叙四时之大顺,不可失也。"

《汉书》曰:"天人之际,精祲有以相荡,善恶有以相推。事作乎下,象动乎上,阴阳之理,各应其感。阴变则静者动,阳蔽则明者暗,水旱之灾随类而至。故曰日蚀、地震皆阳微阴盛也。臣者,君之阴也;子者,父之阴也;妻者,夫之阴也;夷狄者,中国之阴也。《春秋》日蚀三十六,地震五十二。或夷狄侵中国,或政权在臣下,或妇乘夫,或臣子背君父。事虽不同,其类一也。是以明王即位,正五事。五事:貌、言、视、听、思也。建大中以承天心,则庶征序于下,日月理于上。

如人君淫溺后宫，般乐游田，五事失于躬，大中之道不立，则咎征降而六极至。凡灾异之发，各象过失，以类告人。”

《传》曰：“田猎不宿，饮食不享，出入不节，夺人农时，及有奸谋，则木不曲直。”又曰：“弃法律，逐功臣，杀太子，以妾为妻，则火不炎上。”又曰：“好治宫室，饰台榭，内淫乱，犯亲戚，侮父兄，则稼穑不成。”又曰：“好攻战，轻百姓，饬城郭，侵边城，则金不从革。”又曰：“简宗庙，不祷祠，废祭祀，逆天时，则水不润下。”

管辂曰：“贵人有事，其应在天。在天则日月星辰也。兵动人扰，其应在物。在物则山林鸟兽也。”又曰：“夫天虽有大象布不能言，故运星精于上，流神明于下，驱风云以表礼，役鸟兽以通灵。表异者必有沉浮之候，通灵者必有宫商之应。是以宋襄失德，六退飞；伯姬将焚，鸟唱其灾；四国未火，融风已发；赤云夹日，殃在荆楚。此乃上天之所使，自然之明符也。”

后汉窦武上书曰：“间者有喜禾、芝草、黄龙之瑞见。夫瑞生必于嘉土，福至实由吉人。在德为瑞，无德为灾。陛下所行不合天意，不宜称庆。”又裴楷曰：“按春秋以来及古帝王，未有河清者也。臣以为河者，诸侯位也。清者属阳，浊者属阴。河当浊而反清者，阴欲为阳，诸侯欲为帝也。京房《易传》曰：‘河水清，天下平。’今天垂异，地吐妖，民疠疫，三者并时而有河清，犹春秋麟不当见而见。孔子书以为异也。”

魏青龙中，张掖郡玄川溢涌宝石负鼎，状麟凤龙马，炳焕成形，时人以为魏端，任令于绰赍以问张臸，臸密谓绰曰：“夫神以知来，不追已往。以祯祥先见，然后废兴从之。汉已久亡，魏已得之，何所追废兴祯祥乎？此石当今之变异，而将来之祯祥。”后司马氏果代魏。

汉武时，巫为上致神君，神君但闻其声，不见其形。荀悦曰：“《易》称有天道焉，有地道焉，有人道焉。各当其理而不相乱，乱则有气变而然。若夫大石自立，僵柳复生，此形之异也；男化为女，死而复生，此含气之异也；鬼神仿佛在于人间言语声音，此精神之异也。夫形神之异，各以类感。善则生吉，恶则生凶，精气之际，自然之符异也。故逆天之理，则神失其节而妖神妄兴；逆地之理，则形失其节而妖形妄生；逆中和之理，则含气失其节而妖物妄出。此其大旨也。若夫神君之类，精神之异也。”

《春秋传》曰：“作事不时，怨仇动于人，则有非言之物而言。当汉武之时，赋敛繁众，人民凋敝，故有无形而言至也。其于《洪范》言僭则生时妖。此盖怨仇而生妖之类也。故通于道，言正身，则精神万物形气各返其本也。”

后汉陈蕃上书曰：“昔春秋之末，周德衰微，数十年间无复灾眚者，天所弃也。天之于汉，恨恨无已，故殷勤勤于变，以悟陛下除妖去孽，实在修德。故《周书》曰：‘天子见怪则修德，诸侯见怪则修政，大夫见怪则修职，士庶见怪则修身。’神不能伤道，妖不能害德。”

《汉书》曰：“夫动人以行不以言，应天以实不以文。此天人之大略也。”]

法家者，盖出于理官，信赏必罚，以辅礼制，此其所长也。及刻者为之，则亡教化，去仁爱，专任刑法，而欲以致治，至于残贼至亲，伤恩薄厚，此法家之弊也。

[司马谈曰：“法家严而少恩；然正君臣上下之分，不可改也。夫法家不别亲疏，不殊贵贱，一断于法，则亲亲尊尊之恩绝矣。可使行一时之计，而不可长用也。故‘严而少恩’。至于尊主卑臣，明职分不相逾越，虽百家不能改也。”]

名家者，盖出于礼官，古者名位不同，礼亦异数。孔子曰：“必也正名乎？”此其所长也。及缴者为之，则苟钩鈲析乱而已，此名家之弊也。

[司马谈曰：“名家使人俭而善失真。然其正名实，不可不察。夫名家，苛察缴绕，使人不得反其意，专决于名而失人情，故曰‘使人俭而善失真’。若夫控名责实，参伍不失，此不可不察也。”]

墨家者，盖出于清庙之守，茅屋采椽，是以贵俭；养三老五更，是以兼爱；选士大射,是以上贤;宗祀严父,是以右鬼[右,信也];顺四时而行,是以非命[言无吉凶之命,但有贤、不肖、善恶也];以孝示天下,是以上同[言皆同于治也]。此其所长也。及蔽者为之,见俭之利,因以非礼,推兼爱之意,而不知别亲疏。此墨家之弊也。

[司马谈曰:"墨者俭而难遵,是以其事不可偏循。然其强本节用,不可废也。夫墨者亦上论尧舜,言其德行曰:'堂高三尺,土阶三等,茅茨不翦,采椽不斫。饭土簋,啜土刑,粝粱之食,藜藿之羹。夏日葛衣,冬日鹿裘。'其送死,桐棺三寸,举音不尽其哀。教丧礼,必以此为万人率。使天下法若此,则尊卑无别。夫世异时移,事业不同,故曰'俭而难遵'也。要曰:强本节用,则家给人足之道。此墨家之所长,虽百家莫能废也。"

汉武帝问董仲舒策曰:"盖俭者不造玄黄旌旗之饰,及至周室,设两观,乘大辂,八佾陈于庭而颂声兴。夫帝王之道,岂异旨哉?"对曰:"制度文采玄黄之,所以明尊卑,异贵贱,而劝有德也。故春秋受命,所先制者,改正朔,易服色,所以应天也。然则宫室旌旗之制,有法而然者也。孔子曰:'奢则不逊,俭则固。'俭非圣人之中制,故曰奢不俭上,俭不逼下,此王道也。"]

纵横家者,盖出于行人之官。孔子曰:"**使乎,使乎!**"言当权事制宜,受命而不受辞,此其所长也。及邪人为之,则上作谖而弃其信。此纵横之弊也。

[荀悦曰:"世有三游,德之贼也。一曰游侠,二曰游说,三曰游行。夫立气势,作威福,结私交,以立强于世者,谓之游侠;饰辩辞,设诈谋,驰逐于天下,以要时世者,谓之游说;色取人,合时好,连党类,立虚誉,以为权利者,谓之游行;此之三者,乱之所由生,伤道害德,败法惑世,先王之所慎也。凡三游之作,主于季世,周秦之末尤甚焉。上不明,下无正;制度不立,纲纪弛废;以毁誉为荣辱,不核其真;以爱憎为利害,不论其实;言论者,计厚薄而吐辞;选举者,度亲疏而下笔。然则利不可以义求,害不可以道避。是以君子犯礼,小人犯法,饰华废实,竞取时利,薄骨肉之恩,笃儦友之厚,忘修身之道,而求众人之誉,苟茸盈于门庭,聘问交于道路,于是流俗成而正道坏矣。游侠之本生于武毅,不挠久要,不忘平生之言,见危受命,以救时难而济同类,以正行之者,谓之武义。其失之甚者,至于为盗贼矣。游说之本生于是非,使于四方,不辱君命。出疆,有可以安社稷,利国家,则专对解结,辞之绎矣,民之莫矣。以正行之者,谓之辨智。其失之甚者,至于诈矣。游行之本生于道德仁义,泛爱容众,以文会友,和而不同,进德及时以立功业于世。以正行之者,谓之君子。其失之甚者,至于因事害私为奸宄矣。甚相殊远,岂不哀哉?故大道之行,则三游废矣。"]

杂家者,盖出于议官,兼儒墨,合名法,知国体之有此,见王理之无不贯,此其所长也。及荡者为之,则漫羡而无所归心,此杂家之弊也。

农家者,盖出于农稷之官,播百谷,劝耕桑,以足衣食。孔子曰:"所重人食。"此其所长也。及鄙者为之,则欲君臣之并耕,悖于上下之序,农家之弊也。

[班固曰:"司马迁《史记》,其是非颇谬于圣人。论大道则先黄老,而后六经;序游侠则退处士而进奸雄;述货殖则崇利势而羞贫贱。此其所弊也。然其善序事理,辩而不华,质而不俚,其文直事核,不虚美,不隐恶,故世谓之实录。"]

文子曰:"圣人之从事也,所由异路而同归。秦楚燕魏之歌,异转而皆乐;九夷八狄之哭,异声而皆哀。夫歌者,乐之微也;哭者,哀之效也。憎憎于中而应于外,故在所以感之矣。"

论曰:范晔称:"百家之言政者,尚矣!大略归乎宁固根柢,革易时弊也。而遭运无恒,意见偏杂,故是非之论,纷然乖当。"

尝试论之:夫世非骨庭,人乖觳饮,理迹万肇,情故萌生。虽周物之智,不能研其推变;山川之奥,未足况其纤险,则应俗适事,难以常条。何以言之? 若夫玄圣御代,则大同极轨,施舍之道,宜无殊典。而损益迭运,文朴递行,用明居晦,回遹于曩时,兴戈陈俎,参差于上世。及至戴黄屋,眼绨衣,丰薄不齐,而致治则一。亦有宥公族,黥国仇。宽躁已隔,而防非必同。此其分波而共源,百虑而一致者也。若乃偏情矫用,则枉直必过。故葛屦履霜,弊由崇俭,楚楚衣裳,戒在穷奢。疏禁厚下,以尾大陵弱,敛威峻法,以苛薄分崩。斯曹魏之刺,所以明乎国风;周秦末轨,所以彰于微灭。故用舍之端,兴败资焉。

是以繁简唯时,宽猛相济,刑书镂鼎,事有可详,三章在令,取贵能约。大叔致猛政之褒,国子流遗爱之涕。宣孟改冬日之和,平阳修画一之法。斯实驰张之弘致,庶可以征其统乎?

数子之言,当世失得,皆悉究矣。然多谬通方之训,好申一隅之说。贵清净者,以席上为腐议;束名实者,以柱下为诞辞。或推前王之风,可行于当年,有引救弊之规,宜流于长世。稽之笃论,将为弊矣。由此言之,故知有法无法,因时为业,时止则止,时行则行,动不失其时,其道光明。非至精者,孰能通于变哉?

【译文】

["""是非""适变"三篇论文虽然对各家各派学说的利与弊进行了广泛的辨别,然而不足之处是对某些问题很少涉及,有的阐述也比较散漫,使人无所归依。因此作这篇"正论"使之进一步完善。]

孔子说:"《礼记》《诗经》《乐经》《尚书》《周易》和《春秋》这六部经文虽然内容不同,但其教育人民、讲求政治的想法却是一致的。《礼》用来规范人的行为规则,《乐》可以培养平和纯洁的心志,《书》用来指导人们为人处事,《诗》用来表达感情,《易》用来预测命运,《春秋》用来明辨道义。"

[司马谈说:"《周易》是阐明天地、阴阳、四时与五行之原理的,所以以变化为主;《礼记》是阐述人伦道德的,所以注重于为人处事;《尚书》记叙的是尧舜禹三代的事迹,故以政治为主;《诗经》记载山川、溪谷、禽兽、草木、雌雄,故长于风土人情;《反经》论述音乐,因而以和谐为主;《春秋》辨正是非,因此以说理明心为主。"]

因此,到了一个国家,很容易知道出这个国家是用什么来教化民众的。如果民风淳朴敦厚,这是用《诗》的结果;民众通达事理,有远见卓识,是用《书》的结果;心胸大度,平易善良,是用《乐》教化的结果;心志纯洁,见识精微,是用《易》教化的结果;恭敬俭朴,谦逊庄重,是用《礼》教化的结果;善于言辞,言简意赅,是用《春秋》教化的结果。因此,失去《诗》,人就显得愚昧;失去《书》教,人则多诬陷不实之言;失去《乐》教,浮奢淫逸;失去《易》教,民众则狡猾不正;失去《礼》教,社会风气则浮躁;失去《春秋》的教导,朝野混乱秩序不定。民风温和敦厚而不愚昧,这是由于深受《诗经》熏陶教育的结果。

[子夏说:"不同的声调变化之后,就是音乐。盛世的音乐安详而和乐,由此可以推知这个国家的政治一定非常和祥;乱世的音乐怨恨而愤怨,其政治则异常乖戾;亡国之音忧思却悲怆,这个国家的人民一定是处在灾难之中。所以正得失,动天地,感鬼神,没有比《诗》更贴近了。"

太史公说:"《诗·大雅》说的是大人王公的事情,但其旨意却在于用德性来教化人民,《诗·小雅》是通过讥刺小我的利弊得失,而使它的内在含义影响上层统治者。它们所说的内容虽然各不同，但它们合乎仁德的目的却是一致的。"晋时王政衰微，南阳的鲁褒写了《钱神论》，吴郡的蔡洪写了《孤愤》。从前的史书认为'乱世之音怨而怒，其政乖'，这些著作正好可作正证。]

民众如果既通达事理，有远见卓识，诚实正直，这是对《书》教领会的结果。

[《书》阐述帝王的治世之道，其中都典谟、训诰、誓命之类的文章，孔子的弟子们都很精通其中的教义]。

心胸宽广、平易善良而不淫逸骄奢，这是对《乐》教深刻领会的结果。

[《乐经》说："大凡乐音都是有感于人心而发。感情萌动于心中就表现为声音，声音组成一定的曲调后就是音乐。盛世的音乐安详而和乐，由此可以推知这个国家的政治一定非常安定；乱世的音乐怨恨而忧伤，其政治则异常乖戾；亡国之音悲怆而沉痛，这个国家的人民一定是处在灾难之中。所以音乐往往和政治的兴衰有着很密切的联系。五音中的宫调低沉重，就像统领天下的君主；商调比较刚正坚定，就像分管政务的文武百官；角调柔和亲切，就像民众；徵调细腻轻扬，就像纷繁的事务；羽调轻松高昂，就像自然万物。如果这八种音调谐和统一了就没有滞涩杂乱的音调出现。如果宫音散乱，则流于散漫，说明国君纵；商音散乱，则流于奸邪，说明臣子不忠；角音混乱，则流于抑郁，说明民众怨忿；徵音散乱，则流于哀怒，说明人民过分痛苦；羽音散乱，则流于危亡，说明财物匮乏。如果五音全部混乱不调，相互干扰抵触，这叫杂漫，那么国家的灭亡大概就不迟了。上古圣明的国君提倡音乐的本意，并不是为使自己赏心悦意，满足感官的享受，而是希望借此激荡人心，振奋精神，从而和谐调整心态，治理万民。五音与人的内心情性息息相通。宫音与脾与信，宫音与肺与义，角音与肝与仁，徵音与心与礼，羽音与肾与智一一相应，当五音发起时，刚与其相应的五脏发生感应，并对信、义、仁、礼、智发生作用，从而对人的思想情绪给予调和与净化作用。所以听到宫音，会使人心情舒畅温柔，胸襟因而开阔；听到商音，会使人刚正不屈，向往正义；听到角音，会使人恻隐怜悯，待人温和有礼；听到徵音，会使人乐善好施，宽厚仁慈；听到羽音，会使人庄严肃穆，彬彬有礼。礼是对人外在行为的约束，进而深入心里去调和情志；音乐则是由于对人内心情志的感应，从而向外扩展来影响人的外在行为举止。所以圣明的君主一定要人洗耳恭听雅正和颂赞的音乐，目睹庄严肃穆的礼仪，走路要仪表恭敬，言谈要不离仁义。所以有道德的人即便整天不停地讲话，然而邪僻不好的思想与感情永远也不会有机会污染他的心灵。"

班固说："音乐，是圣人所喜欢的。音乐可以使人心地善良，具有强烈的感染力量。所以历代的帝王都很重视音乐的感化作用。人有血气心智的性情，可是哀乐喜怒却没有规定。人受到音乐的感染，心一有所动，就会通过情感表露出来。因此，当轻柔伤感的音乐发起时，听的人就会悲伤忧愁；当平和舒缓的音乐响起时，听的人就会感到安乐舒适；当粗犷猛烈的音乐响时，听众就会有刚强勇毅的反应；当率真坦诚的音乐响起时，听的人就会向往庄严肃穆；当宽裕祥和的音乐响起时，听众就会显出慈爱的心情；当放纵邪僻的音乐响起时，听众就会受到淫荡骚乱的诱惑。古代的君王为听淫荡的音乐而感到耻辱，所以创作了雅正、赞颂的音乐让人听。他们依据人的情性，遵循节律，以礼仪为其内容，注入蓬勃的生机，以伦理纲常的内容来引导听众，不使阳刚之气任意发泄，不使阴柔之气郁积不散，使阴阳刚柔和畅而交融而后再用中正平和的乐音表现出来。这样，就能感召激发人善心，而不使邪淫之情侵害人们的心灵。这就是先王创立音乐的根本出发点。"

《吕氏春秋》说："国家灭亡或行刑杀人，不是没有了音乐，但是这种音乐却不会使人快乐。落水快要淹死的人，可能也会发出笑声；被判罪的人，也可能会唱歌；发狂的人，也可能会舞蹈。乱世的音乐，和这三种人的歌舞很有点相似之处。"范晔说："钟鼓不是音乐的根本但是乐器离不了钟鼓；猪牛羊这些东西不是用以表示孝敬的主要目的。然而赡养双亲却不能没有它们。只看重乐器的重要而忘记了音乐的根本宗旨，音乐就失去了意义。用和谐的韵律来协调内心的气质,这才是音乐的盛事。因为崇尚赡养老人而伤害了双亲,反而是受了不能正确理解孝道的拖累。履行孝道而又能合理抚养老人。这才是最大的孝。"

东方角,音与仁,南方、徵音与礼,中央、宫音与信,西方、商音与义,北方、羽音与智——一一相应,这是乐理之常识。司马迁却认为徵音与心、智相应,羽音与肾、礼相应。这与旧例不合。这不是末流学者所能知道的。]

纯洁心志,见识精微却不邪恶,这是对《周易》深刻领会的结果[《周易》奥妙精微,爱与恶相生相克,从遥远与近身的天地万物都有所吸取,不让人过于亲近以致互相伤害]。恭敬俭朴,谦逊庄重却不浮躁,这是对《礼》运用于事的结果。

[司马迁说:"我曾到过秦代掌管礼仪的大行官署,在那里看了夏、商、周三代礼制的相沿变革情况,才真正明白了从来依据人情制定礼法,必须依照人性规定各种行为规范。人情道理千差万别,要把这些事情安排好,就需要有规矩贯穿于其中的各个方面,用仁义道德诱导人们向善,用刑罚规范约束不于邪恶行为,由此使德行高尚者地位尊贵,使爵禄厚重者蒙受恩宠。用这些手段来一统天下。人们的身体既然喜欢乘坐豪华车马,那就在车身和车辕上涂绘金色纹饰;既然眼睛喜欢缤纷的五色,就用衣服上制作的各种不同的图案和花纹来美化仪容;既然耳朵喜欢美妙动听的声音,就用调和金石丝竹的方法来振奋人的精神;口舌喜欢品尝多种美味,就制作了各种各样的美味佳肴;人之常情是都喜欢珍奇美物,于是就打磨圭璧玉器来满足人们好奇心。古代贤王祭天所用的大车,只铺一块不收边的席子;上朝的服饰也不过是鹿皮做的王冕而已,白色质料的衣裳;欣赏音乐,乐器也不过是朱红色丝弦和低部有孔的瑟而已;祭祀的祭品,也只是些没有调料的肉汤和水酒而已。其目的在于防止淫侠奢侈,补救由于过分奢华而造成的缺点。因此上至朝廷君臣的尊卑贵贱的秩序,下到老百姓的衣食住行、婚丧嫁娶,天子的恩泽滋润无边,文武百官大力颂扬天子的盛德,总觉得不能表达自己的全部心意。自从周王室衰微之后,礼乐制度都被废弃破坏,君臣上下,无不超越了自身应有的限度。譬如管仲的家,富贵可与诸侯相比,娶了三姓之女。循规蹈矩,坚守止道的人常受欺侮,奢华腐败、僭越礼制的却被认为是显贵荣耀。拿子夏来说,他是孔子最优秀的弟子,尚且还说'当我在外面看到社会上的繁华瑰丽时,心里很喜欢,可当我回来听了先生的教导,心里也很高兴,这两种不同的感受,常在我心里交战,可又往往无法取舍判断。'子夏尚且如此,何况那些中等品质以下卜的人,受不良教化的影响,能不被腐化的社会风气征服吗?孔子说:'必须端正名分。'可是他在卫国与当权者的主张格格不入。岂不令人悲痛!"班固说:"人吸收了天地间的阴阳之气,有喜怒哀乐的情感,先天而成的人性不能节制,圣人能找到办法加以节制,可是圣人不能灭绝人性。效法自然规律制定礼乐制度,目的就是为了通神明,立人伦,修正人的情性,节制人事使之恰当适中。人性有男女之情,有生来的妒忌,因而制定婚姻的礼仪来规范它;有交接之道和长幼之序,因而制订宴饮的礼仪;有哀悼死者、思念远方亲人的人之常情,因而制订丧礼和祭祀;有尊重长者、效忠国君之心,因而制定朝拜觐见的礼制。悲痛时有哭泣顿足的节奏,高兴时有载歌载舞的举动,使雅正之人能名副其实,邪僻之人防止失常。因此说,婚姻的礼法废弃了,夫妇关系就有苦难,犯淫乱罪的人就会增加;宴饮的礼仪废弃了,长幼之序就会混乱,争斗的事件就会频繁;丧礼、祭祀的礼仪废弃了,骨肉之情就会淡薄,不热爱生活的人就会大量出现;朝拜礼聘的规矩废弃了,君臣的地位就会颠倒,犯上作乱的事情就会发生。所以孔子说:'安定朝纲,治理天下,没有比礼制更好的了;移风易俗,没有比音乐更好的了。所谓以谦恭礼让治理天下,指的就是礼乐啊!][上大夫壶遂问司马迁道:"以前孔子为什么要做《春秋》呢?"

太史公回答说:"我听董仲舒说过:'王道衰微的周朝时,孔子正作鲁国的司寇,想振兴王道。可是诸侯打击他,大夫阻挠他。孔子知道再说也没有用处,自己的主张在当时不会被人采纳。于是便把自己的是非褒贬寓于作所记有二百四十二年历史的《春秋》之中,作为天下人的行为准则。他贬斥僭越礼的诸侯，声讨犯上的大夫，只不过是为了实行王道罢了。'孔子说：'我想与其用空洞的说教去教育人们，还不如记载具体历史事件人因事见义，反而为深切显明。'《春秋》一书，上能阐明三王之道，下能分辨人事的人伦纲常，明辨是非，判别嫌疑，论定难决犹豫之事，彰贬善恶，尊重贤能，贬斥不肖。保存亡国的史迹，接续断绝的世系，弥补残缺，振兴衰废，这些都是王道的要点。拨乱反正，没有比《春秋》更好的了。在《春秋》中，记载有弑君事件三十六起和亡国事件五十二起，诸侯流亡国外不计其数不能，保住社稷的。考察其原因，都是因为不把礼义作为一为君治国的根本。"

壶遂说："春秋那个时代，上无贤明的君主，下面的臣子又不被重用，所以才做《春秋》，留下议论标准，以便判断礼义，作为统一的王法。如今您上遇贤明的天子，当官任职，上下各得其所，先生还要著书立说，想要说明什么呢？"

太史公说："不！我听父亲说：'伏羲最为淳厚，他作了《易经》的八卦。在《尚书》里记载，尧舜的盛德，礼乐由此而兴。商汤、周武王功业兴隆，受到诗人的歌颂。《春秋》扬善抑恶，推崇夏、商、周三代盛德，褒扬周王室，却不仅仅是讽刺而已。'汉朝建国以来，到现在的英明圣上，承受天命，朝野上下充满肃穆清和的气氛，天子的恩泽滋润无边，文式武官大力都颂扬天子的大德，总觉得不能表达自己的全部心意。况且天下有贤能的人如果得不到重用，那是国君的污点；如果主上圣明而其恩德得不到扬传，则是主管官员的过错，何况我专管记史之事，如果不去记载明君的功德，这是巨大的罪过。我只不过是记述历史，并不是什么著作呀，而你却拿它与《春秋》相比，这就您的不对了。"]

自从孔子去世后，他的精微要妙的言论就断绝了，孔子的七十位弟子去世后，儒家的要旨就乘乱不堪了。战国时形势纵横交错，造成真伪纷争的局面，诸子百家的学说纷然杂乱。

儒家，大概都是出自主管文教的司徒官之流，辅佐君主，和顺阴阳，昌明教化。儒家的信徒在遍读六部经典，注重仁义道德品质的修养之际，师法尧舜，效法文王、武王，以孔子为宗师，这是儒家的高明之处。然而迷惑的人却偏持一端，已经失去了儒学的精妙的宗旨，不守正统的人又随时代的变迁加以贬低或抬高，从而背离了儒家之道的根本目的，也有用儒家学说哗众取宠独树一帜的。这都是浅薄的儒生所带来的祸患。

[司马谈说："儒家学说虽然广博而缺乏要领，用力处多而收效甚少，因此它所提倡的难以办到。但是他们制定的君臣父子夫妻之间的礼仪，夫妻长幼之间的区别，万万不能更改的。儒家把'六艺'作为标准，《六经》除经文本身外，加上以后的注传和解说文字千千万万，就是祖孙几代世治一经，也无法精通它的学说，一辈子也不能完全通晓它的礼制。所以说儒说'广博但缺乏要领，用力虽多而收效甚少'。可是分别君臣父子之间的礼节，区别夫妇长幼尊卑之间秩序，任哪一家也不可能更改的。"

范晔说："身穿儒衣，游学求教，经常谈论时口不离仁义，先生所传授的，都是圣人的意思。所以人人学习到的是君臣父子的纲常，人人都知道改邪归正的方法。自汉人人桓帝灵帝以来，朝纲逐渐被衰败，国内的矛盾频频暴发，中等才智以下的人臣，没有不知道国家所以破裂之原因的，然而刚正不阿的大臣也只能做识破心怀叵测的奸贼的阴谋罢了。胸怀大志的英雄志士，屈从于卑鄙浅薄之儒生的议论，而人民只会重述开国之君的教导，身处乡野，只能屈从于反动的潮流，苟且偷生。至于张温、皇甫嵩之流，也只是使国家的半壁江山稍有些安定，名声却远扬天下，一时之际，天下又风云变幻，功业风流云散。即便国家处在这样一种乱世英雄起四方的动荡时局中，全国臣民仍然忠心耿耿地维护着昏君的统治，处境尴尬地奉行君命，收集残兵败将，遵守各路豪杰的讨贼盟约,毫无悔意,这难道不是儒学的功效在起反作用吗? 由此可见,前辈尊师们鼓舞激励后来学生们的功劳,实在是太忠诚不渝了!"]

道家大都是源于史官,他们经历、记载了历代的成败、存亡、祸福的经验教训,懂得执政的要点和根本原则,清静无为,善守本性,主张卑下柔弱,为的是保持自己的本来。他们把这一原则作为君临天下、治国安邦的根本准则。道家的精神与尧的克己谦让、《周易》的谦恭十分接近,这是道家的长处。等到后世放浪形骸的人模仿道家的做法,便抛弃了礼乐制度的制约,同时抛弃了仁义的原则,说只要清静虚无,就能治理天下。这是道家的不足。

[司马谈说:"道家教导人,形、精合一,一言一行都要合乎无形的'道',认为物性自足,不能欲求。他们的学说,源本于阴阳四时的次序,吸取了儒家和墨家的长处,名家和法家的精华,随着时代的变化、人事的变迁来待人处事,这样做则无处不好。道家学说宗旨简明而又易于把握,用力少却收效大。道家宣扬无为,又说无不为,其实际主张是很容易办到的,但是他们所讲的话,一般人却不易理解。他们的学术以虚无为理论基础,以顺应天道规律为实践原则,既没有一成不变的成法,也没有常居不动的形体,所以能彻底明白万物的实际情况。应付万物,既不能抢先,也不滞后,所以能够主宰万物。法则的有无,只能顺应时势来确定;制度的兴废,根据事物的变化来决定。所以他们说:'圣人之所以能永垂不朽,是因为他们能把握住因时而变这个原则。'无为是道家的根本,因循是帝王执政的纲领,君臣各尽其才,使他们各自都有自知之明,这才是统治天下的最高办法。"]

阴阳家大多是源于负责天文历法的官史中。他们尊重上天,推算日月星辰的运行规律,勤勉地通知关系到农业生产的四时节令变化。这是阴阳家的长处。到后来食古不化的人,则拘泥于诸多忌讳,只注意卜卦之事、鬼神仙道之类的术数,放弃人事而信奉鬼神。这是阴阳家的不足。

[司马谈说:"阴阳家的法术,博大详尽,太多忌讳,使人受到许多限制,总是怕这怕那。但他们主张顺应四季的节令变化从事农业生产,却是不能不遵守的。阴阳家对于四季变化、八卦方位、十二星次、二十四节气都有明确的划分与忌讳。告诉人们如果顺从这些规范,就会走运得福,否则就会有难。其实未必完全是这样。所以说阴阳家'使人拘而多畏'。可是阴阳家所说的春生、夏长、秋收、冬藏,这是大自然运行的规律,如果不遵守,那么天下的一切事物就都没有定规了,所以说它所规定的'叙四季之大顺不可失也'。"

《汉书》说:"天人之际,如果两者的精气互相抵触,就要彼此发生震荡,善与恶之间互相斗争,也会发生彼此推动作用。事情出现在人,征兆却会在星空显示出来。所以阴阳之理,就在于各自都有感应上。阴气发动,寂静的就会出来,阳气会被掩盖,明亮的东西就会变阴暗,这时水旱之灾就会降临。所以说,日蚀、地震都是阴盛阳衰的表现。对于君王,臣是阴,依此类推,儿是父之阴,妻是夫之阴,夷狄是华夏之阴。据《春秋》所载,日蚀有三十六次,地震五十二次。当时有的应验到了夷狄侵入中原,或者国君手中政权失去,或者妻子凌驾于丈夫之上,或者大臣忤逆国君、儿子忤逆父亲。事情虽然不同,性质却是一样的。因此贤明的国王一旦继位,首先要修正五事:貌、言、视、听、思。建立大的社稷祭坛,上告天心,下顺民风,使阴阳之理遍布四方。假如人君淫溺于后宫,歌舞娱心,游宴打猎,不亲自端正这五事,就会错失于躬身亲王,大中之道不确立,那么灾难的征兆就会降临,六种大的灾难就会到来。凡是灾祸的发生,各种怪异的、象征人事异兆的现象就会发生,用来告诫世人。"

《左传》说:"在夜间打猎,饮食时不祭祀,出入不遵循礼制,夺农人农时,或者朝中出现了奸臣,国内有了奸谋,树木也要出现该直不直、该曲不曲的现象。"又说:"法规废弃,驰逐功臣,以妾为妻,有了这各种不正常的事情,那么燃烧火焰都不会向上。"又说"大兴土木,建造宫殿楼台,宫中淫秽污乱,侵犯皇亲国戚,侮辱父兄,那么农业生产就不会取得丰收。"又说:"一个国家如果好战,不把老百姓的疾苦放在心上,修建城郭,侵略附近国家,那么刀枪之类的武器连兽皮都割不破。"又说:"简化宗庙的排场,不设置祈祷上天的祠堂,不顺天时,废除祭祀,那么连河水都不会向上流了。"

管子说:"高贵的人有什么事情都会在天象上有所体现。在天上是指日月星辰。如果要发生战争,或者人为的叛乱,就会在事物上有所应验。在物是指山林中鸟兽之类。"又说:"上天如有重大的异象但不能说出来,只能把其精气表现在星象上,或者表露神明在鸟兽物事上,驱动风云来显示异象,役使鸟兽来宣告神奇。显示异象时一定会有或沉或浮的症状,显示神奇时一定会有声音的响动。因此,当宋襄公失政的时候,就有六只鹢鸟从国都上空倒退着飞过;伯姬将要自焚的时候,也有鸟来预示她的灾难;四国还没有发生火灾,火神祝融已经刮起了大风;红云夹拥着太阳,灾难就在楚国降临。这是天人感应的例证。"

后汉窦武上书说:"近来,出现有嘉禾、芝草、黄龙的祥瑞征兆。出现祥瑞一般来说总是发生在美好的土地上,福运的降临实质上是由于吉祥之人的出世。有德才有端,无德则是灾。陛下的行为,不合天意,因此不应当作喜庆祝贺。"裴楷说:"自从春秋战国以来以及古代帝王时代,从来黄河没有清澈过。我以为黄河是象征诸侯的权位的,清属阳,浊属阴。黄河本应混浊,现在反而变清了,这说阴性的东西渴望变成阳性的东西,也就是说诸侯想篡位。"《易传》说:"'天下平时河水清'。如今上天垂示异象,国内异象叠出,民间流行瘟疫,三者同时出现而黄河却变清,这就好比春秋时麟本不该出现却出现了。孔子记载了这件事,认为这是反常的现象。"

魏国青龙年间(公元233年),张掖郡的玄川涌出一块背着鼎的宝石,形状像麟象凤象龙又像马,用火一烤就个个显现原形。当时人们认为这是魏国的祥兆,魏王命令于绰,携带着财宝去请教当时隐士张臶,张偷偷告诉于绰:"神明预言未来,而不论述以往。先用祥兆预告未来,然后随之而来兴盛还是衰落。汉朝消亡已久了,曹魏已得天下,还追述什么兴废之兆呢?这块宝石今天的变异,只会是将来之吉兆。"果然后来司马氏取代了曹魏政权。

汉武帝时,巫师为皇帝召来了神君,可是人们看不见它的形体只能听到神君说话的声音。荀悦对此解释说:"《周易》认为有三道:天道、地道和人道。三道各有其准则,不能混乱。乱就会精气变幻。比如巨石自己立起来,死去的柳树复活,这是有形之物的变异;男化为女,死而复生,这是人的变异;鬼神人间说话,这是精气的变异。形体和精神的变异,又各以其类互相感应。善生吉祥,恶生凶厄,精灵与人之间,自然的精灵会与人的精灵感应而发生变异。因此,假如人道违逆了天理,神灵也就会失去常规,妖精就会作乱;违逆了地理,形体失去调节,妖异就会出现;违背了阴阳中和的人理。人体内的神气失去调节,就会出现妖物。这就是《周易》的主要内容。象神君之类的现象。就是精神的变异一种。"

《春秋》说:"办事不合常轨,人就会生怨恨之心,那么本来不会说话的物体就会说话。"汉武帝时,赋税繁重,人民生活于困苦之中,所以出现无形之物说话的现象。在《洪范》书中也有因犯上作乱就产生妖异的记载。这都是人心怨气会生妖的证明。所以通大道,言正而身正,精神形气就会各归本体。

后汉陈蕃进言说:"春秋末期,周王朝衰微,而数十年间没有出现过灾害,那是因为周代已被上天抛弃的缘故。而现在上天对于汉朝念念不忘,不停地降灾,这是为了告诫陛下除灭妖孽,摒弃邪婪,实实在在修政啊。所以《周书》上说:'天子看见怪异就去修德,诸侯看见怪异就去修政,大夫看见怪异就去修职,士人百姓看见怪异就去修身。'神灵不能伤害道,妖孽不能伤害美德。"

《汉书》说:"是行动而不是言辞感动人,是事实而不是文采顺应天。"这都是对天人感应之道理的简略说明。]

法家大多出身于主管司法的官员。他们讲求信用,赏罚分明,用法辅助礼制来治理天下。这是法家的长处。到了后来,法令严酷实行法治,而不讲教育,抛开了仁爱,只用刑法了,而且为了达到大治,一味迷信刑法,甚至于残害亲人,把厚恩变为无情。这是法家的不足。

[司马谈说:"法家严酷而少情,刻薄而少恩,然而他们端正君臣、上下之别,却很清楚,这一点是不能改变的。法家不分关系的亲疏,也不管地位的尊卑,一律断之以法,这样就把爱亲属、尊师长的恩谊人伦断绝了。这只可以作为临时措施,决不可以长期实行。因此说法家'严而少恩'。至于法家主张别尊贵、臣卑贱,划清职责权限,谁也不准超越,这是各家学说都不能改变的。"]

名家大多出身于掌管礼仪的官员。古人由于身份地位不同,礼仪也不同。所以孔子说:"一定要正名呀!"正名分是名家的长处。到后来吹毛求疵的人利用它来治理天下,就只辨析名分的小节而不重视实际情形,把名分搞得乱七八糟。这就是名家的不足。

[司马谈说:"名家使人俭约,可是失去其真实性,但是它循名求实,却是不能不注意研究的。名家过于明察,纠缠不清,使人不能推求它的真意,只专注于名词概念的注释,反而失去了易于把握的常情,所以说名家使人俭而善失真'。至于名家循名责实,综合考察事物的本质这一点,倒是应当不予以认真考虑的。"]

墨家大多出身于掌管宗庙祭祀之官。他们住的是柞木橼了搭的茅屋,贵节俭;赡养有德、有能力、好为善和有社会经验的老人,以兼爱为荣;选拔贤士举行典礼,提倡尊重人才,宗庙祭祀敬重长辈,崇信鬼神;顺从四时行事,因此不相信天命[是指不相信有吉凶的天命,只相信贤愚、善恶];用孝敬明示天下,所以崇尚行为统一。这些都是墨家的长处。后来的淡薄者实行墨家的主张,只看俭约的好处,于是否定礼制,只知兼爱,而不分别亲近与疏远。这是墨家的不足之处。

[司马谈说:"墨家过于俭约,因此他们所提倡的无法完全实行,难以遵守,但是他们务实节用的宗旨,是不可以废弃的。墨家也崇尚尧舜,引述尧舜的言论说:'他们住在三尺高的堂室里,土打的台阶不过三级,不修剪茅草屋顶,不雕饰柞木屋橼。吃饭用陶器饮水用瓦器,吃粗米饭饮清水汤。夏天穿葛衣,冬天穿鹿皮。'他们埋葬死者,只用三寸厚的桐木棺材,也不悲哀哭丧。他们教育人民要以此标准举行丧礼。若使天下都像这样就没有尊卑分别了。时代变化,世道不同,事业也就不同,所以说墨家'俭而难遵'。总之,墨家主张强本节用,则是兴国富民的好办法。这是墨家的长处,其他学派都不能废弃的。"

汉武帝问董仲舒说:"提倡简约的人是不会去制作黑黄色旌旗的。到了周代,设立两观,乘高大的辂车,用六十四人的舞礼陈列于朝廷并使到处颂声。帝王的朝政,难道有各不相同意旨吗?"董仲舒回答说:"制度文采、玄黄大旗,这些仪仗都是用来区别尊卑、贵贱,从而勉励有德行之人的。所以春秋以来受天命而称帝的帝王,首先需要制定的政策是:更改历法,重新确定每年起始的第一个月,变易服装的颜色,其目的是顺应天道。然而有关宫室建造、旌旗制作的规定,是有一定规定的。孔子说:'奢侈就不会谦逊,勤俭才会长久。'俭约并不是圣人所推崇的最适中的政制,所以说奢侈而不使君上俭约,俭约也不强求下面的人执行,这才是王道。"]

纵横家大多是从接待宾客、出使外邦的外交官员中分离出来的。孔子说:"出使吧! 这是一份难做的差事啊。"意思是说应当因事制宜,权衡判断,因为在接受使命时,不可能也无法教给你全部外交辞令。这是纵横家的长处。后来投机取巧的人搞外交,开始崇尚欺诈,不讲信义。这是纵横家的缺点。

[荀悦说:"世上有'三游',他们都是道德的盗贼。一是游侠,一是游士一是游行。游侠制造了一种势力,作威作福,结成私党,在社会上逞强斗狠;善于游说的人讲求谋略,巧言善辩,阴险险诈,他们驰骋天下,以求得到民众的赞赏;爱搞游行的人善于以队伍的壮大博取民众的信任,迎合时尚所好,联络同党,树立虚假的声势,目的是为了获得某一方面的权益。这三类人,都是使天下产生不稳定的隐患,他们伤害国家治理,危害道德文明,败坏法律,蛊惑人心,古代的明君就特别防止这三种人。'三游'之风是在末世之际形成的,周、秦二代末年,'三游'才特别盛行。在上的君主不贤明,在下的大臣才不正道;政策法令松弛荒废,制度不健全;以是否受到诽谤或赞誉作为荣辱的标准,而不考查其真实情况;以亲爱和憎恶作为有利还是有害的根据,从来不管其实际内容;发表意见时首先在心中盘算一下,权衡利弊才讲话;选择批准的时候,首先考虑与自己的关系亲疏远近才下笔。然而世界上的利益是不能全用仁义来求取的,危害也不是能用道德来逃避的,因此正人君子便开始触犯礼仪,小人跟着触犯刑法,世人全部追求表面的东西而抛弃真实的内容,纷纷谋取私利,骨肉之间的恩情开始变淡了。相反,人们重视的是同事和朋友之间的情谊,修身养性之事被忘得一干二净,一心一意只想博得世人的一声叫好。送礼行贿的人到有权势的人家门庭若市,人们公开在大街上招聘、咨询——由于形成上述种种社会风气,结果导致了正直高尚的政治、道德被破坏。"游侠源于武勇好斗的武士阶层,他们不愿意拒绝有求于他们的人长期要求,对于自己讲过的话记在心中,一旦接受了人家的请求,舍上生命也要帮助他人排忧解难,或者接济与之同一类型的人。游侠如果走上正道,就可以称之为有正义;但如果走上邪路,那就是变成利社会的人了。游说本来源于明辨是非,出使四方各国,陈述天下大事,以便完成国君交给的使命。代表国家进行国际性活动,可以达到安定、有利于祖国的外交目的。游说主要是为解决国与国纠纷,以达到相互谅解,消除困惑。如果正当地行使这一职责,那么就是一种智慧与口才的较量;一旦运用得太过火了,就会变成欺骗和诡诈。最初,游行的目的是为追求仁义道德,实行泛爱思想,在天下广交朋友。以文会友,相互宽容,求同存异,以便加强自身修养,顺应时代的要求,为国为民建功立业。如果做正当那就是正人君子;一旦走上了邪路,就会成为损害他人的行为,甚而成为犯上作乱之徒。一正一邪,相差如此之大,这不是很可悲的吗?所以说,只有最清明的治国之道能推行,'三游'就自然会被淘汰。"]

杂家大多出身于议事之官。杂家兼容儒家和墨家与其他各家思想。他们明白治理国家,实现太平盛世,必须融会贯通诸子百家的学说。这是杂家的长处。后来才知浅的人做起杂家来,就恣意放松,务求广博,没有中心,使人抓不住要害。这是杂家的不足。

农家大多出身于主管农业生产的官员。他们种植农业,鼓励耕种和养织,以达到人民丰衣足食的目的。孔子说:"最为重要的是:人民和粮食。"这是农家的最大长处。后来见识浅薄的人,却主张让国君和大臣也去耕种,这就违背了君臣上下关系。这是农家的不足。

[班固说:"司马迁的《史记》,评判是非,很多观点与圣人相互。论述最高的政治原则,最高推崇道家的黄老学说,其次才是六经;讲述游侠的事迹,却贬低隐士而抬高奸邪;叙述财政经济,则推崇财富的权势,以贫贱为羞耻。这些都是《史记》的不足之处。但《史记》擅长叙述事理的原委,质朴而不华美,通俗而不俗气,他秉笔直书,叙述的历史事件真实完备,不做虚假的赞美,不掩饰丑恶的东西,所以后世称赞《史记》为真实的历史记录。"]

文子说:"圣人做事,路不同,目的却一样。秦楚燕魏的民歌,虽然曲调不同但都表达了欢乐之情;各少数民族的哭声,虽然哭声相异却都是悲伤的表现。因此说,歌声是快乐的体现;哭泣是悲伤的体现。内心和悦闲适,外表就必然要流露出来,凡有流露,就会使其他人也受到感染而一起快乐或忧伤。"

范晔说:"诸子百家关于政治的学说,是很难得的啊!其要点是从根本上巩固政治制度,革除弊政,顺应时代的变化。然而国家命运和政治形势不是一成不变的,因而导致各种意见偏颇杂乱,所以对任何事情的是非评论,都会互相矛盾争论不已。"

对此可以再作一些评论:现在的时代已经不是远古的赫胥氏、大庭氏的那个含哺而嬉、鼓服而游的时代了,这时代人们的欲求也不是易于满足。世界上的道理千头万绪,人们各种的欲望和情感也在不断地萌生。即便有应付一切事物的大知,也不可能去穷尽这世道人心的变化;就是高山大川的险峻幽深,也无法拿来与人心之难测相比。那么。顺应时尚和世事之推移变化,就不能用常规的办法解决了。为什么这样说呢?假如由大圣人来治理天下,那么所要达到的天下大同和最高典规,以及为普天下的老百姓谋幸福的政策措施,其政治制度也不应该有什么不同。然而法规以及制度的增补废除或交替使用,文明和简化的交替施行,或者是发弘光明,或者是保守传统,也只能在过去的范围内转来转去。兵戈打仗与和平交往,也只是与上一代的方式有所不同而已。就是坐在皇帝的宝座上,摆出皇帝的架子,穿上天子的服装,虽然厚薄华美不同,但他们把国家治理好的目的却是一致的。或者有时为了政治的需要,给权贵平反昭雪,对乱臣贼党施以刑罚,虽然宽松的程度有不同,但是防范为非作歹的宗旨必然是相同的。这就是说,不同时代的政治制度,形式虽然不同,本质却是相同的;思维方式虽然各不相同,但目标却是一致的。至于假如故意矫情用事,就会出现矫枉过正的弊端。打个比方说吧,穿着凉鞋过冬,就犯了太俭朴的毛病;天天都要衣冠楚楚,就应当反对穷奢极侈;禁令不严,对下属太宽松,就容易出现尾大不掉、以大欺下的情况;权力过于集中,刑法过于严厉,又容易导致分崩离析的局面。在曹魏时期,文人写诗撰文,极尽讥刺,就可以知道那个时期的国家风气;周王朝末期和秦朝末年的政治衰败,在很细小的事情上就已经表现出来了。所以采用或是舍弃什么样的制度,实在是决定一个国家的兴盛还是衰败的前提条件啊!

由此看来,政策法规繁还是简,要根据时代的情况决定,宽松的政策与刚猛的政策要互为补充。刑书铸刻在鼎上,固然详细,然而约法三章,其可贵之处就在于简明有效。太叔因为使用了强硬的政治想来改变国家的衰败局面,结果王室的皇子皇孙只有悲悼了。而春秋时晋国的赵盾一上台就改变他父亲赵衰平和的政策,而平阳侯曹参代萧何为相后,却一如既往,对萧何当相国时的法令一字不动。这些都是弛张宽猛之政治的极端例子,难道可以强求它们都整齐划一吗?

　　都详细认真地加以研究。然而世人对治国之道大多存在误解,只偏好于某一种学说。尊崇清静无为学说的道家,视儒家学说为迂腐;拘泥名实的名家,却仅认为道家学说荒诞;有的人推崇古代的王者之风,认为现在依然可以实行;有的人征引能求时弊的成规,认为可以流传于后世。其实如果认真考探,这些认识都各有各的不足。由此可见,有法与无法,应当根据时代的不同加以讨论,时代结束了,实用于那个时代的政治方针也就失去了作用;时代向变化了,政治制度也要随时代而发展。只要行动不错过时机,前途必然光明。不具有聪明智慧的人,谁能够通晓权变的玄妙呢?

第四卷 历代霸业 兴衰经验（霸纪上）

成败之数 盛衰之理（霸图第十七）

【原文】

臣闻周有天下，其理三百余年。成康之隆也，刑措四十余年而不用；及其衰也，亦三百余年。［太公说文王曰："虽屈于一人之下，则申于万人之上，唯贤人而后能为之。"于是文王所就而见者六人，求而见者十人，所呼而友者千人，友之友谓之朋，朋之朋谓之党，党之党谓之群，以此友天下贤人者二，人而归之，故曰："三分天下有其二，以服事殷。"此之谓也。］故五伯更起。伯者常佐天子，兴利除害，诛暴禁邪，匡正海内，以尊天子。五伯既没，贤圣莫续，天子孤弱，号令不行，诸侯恣行，强凌弱，众暴寡。［吴王问伍胥曰："伐楚如何？"对曰："楚执政众而乖，莫适任患。若为三师以肄之，一师至，彼必皆出，彼出即归，彼归即出，楚必道敝，亟肄以疲之，多方以误之。既疲，而后以三军继之，必大克。"阖闾从之。楚于是乎始病。越王勾践问于大夫种曰："伐吴如何？"对曰："伐吴有七术，其略云尊天事鬼，以空其邪；遗之好美，以荧其志；遗之巧工，使起宫室，以尽其财；遗之谀臣，使之易伐；强其谏臣，使之自杀；坚甲利兵，以承其弊。越王于是饰美女西施，献之吴王。吴王悦之。子胥谏，不受。吴王诛子胥。越又为荣盾，镂以黄金献之吴王。吴王受之，而起姑苏之台，五年乃成，百姓道死。越又蒸粟种遗吴王，吴王付人种之，不生，吴大饥。齐桓公欲弱楚，乃铸钱市生鹿于楚。楚闻之，喜，废耕而猎鹿，桓公藏粟五倍。楚足钱而乏粟。桓公乃闭关，楚降者十四五。及柯之盟，桓公欲倍曹沫之约，管仲因而信之，诸侯由是归齐。"故其称曰："知与之，为取政之宝也。"郑桓公欲袭邻，先问邻之豪杰、良臣、辩士，书其名姓，择郊之良田赂之，为官爵之名而书之，因为疆场郭门之外而埋之以鸡狐之血。邻君以为内难也，尽杀之。桓公因袭邻。此皆诸侯恣行，天子之令不行也。"］田常篡齐，六卿分晋，并为战国。此人之始苦也。［齐侯与晏子坐于露寝，公叹曰："美哉！兹室其谁有此乎！"晏子曰："如君之言，其陈氏乎？陈氏虽无大德，而有施于人，豆区釜钟之数，其取之公也薄，其施之人也厚。公厚敛焉，陈氏厚施焉，人归之矣。诗云：'虽无德与汝，式歌且舞。'陈氏之施，人歌舞之矣。后世若少堕，陈氏而不亡，则国其国也已。"后果篡齐。智伯从韩魏之君伐赵，韩魏阴谋叛。智果曰："二王殆将有变，不如杀之；不杀，则遂亲之。"智伯曰："亲之奈何？"智果曰："魏宣子之谋臣赵葭，韩康子之谋臣段规，是皆能移其君之计。君与二君约破赵，则封二子万家之县各一。如是，则二主之心可以无变。"智伯不从。韩魏果反，杀智伯。］于是强国务功，弱国务守，合纵连横，弛车毂击，介胄生虮虱，人无所告诉。

及至秦蚕食天下，并吞战国，一海内之政，坏诸侯之城，法严政峻，诐谀者众。使蒙恬将兵北攻胡，尉佗将卒以戍粤，宿兵无用之地，人不聊生。始皇崩，天下大叛,陈胜、吴广举于陈[陈涉、吴广戍渔阳,屯大泽。会天雨,道不通,度已失期,失期当斩。二人乃谋曰:"今已失期当斩。今举大计亦死,死为国可乎?"乃先说鬼神威众,因斩尉。召令徒属曰:"公等遇雨,皆已失期,失期当斩。藉第令毋斩,而戍死者固十六七耳。壮士不死,则亡已;死则举大名。侯王将相,宁有种乎?"徒属皆曰:"敬受命。"遂分将徇地,自立为陈王。]武臣张耳举于赵,[武臣略定赵地,号武信君。蒯通说范阳令徐公曰:"范阳百姓,蒯通也。窃悯公之将死,故吊。虽然贺公得通而生也。"徐公再拜曰:"何以吊之?"通曰:"足下为令十年矣,杀人之父,孤人之子,断人之足,黥人之手,甚众。然而慈父孝子所以不敢事刃公之腹中者,畏秦法也。今天下大乱,秦政不施,然而慈父、孝子将争接刃公之腹,以复其怨,而成其名,此通之所以吊也。"曰:"何以贺得公而生也?"通曰:"赵武信君不知通不肖,使人候通,问其死生,通见武信君而说之曰:'必将战,胜而后略地,攻得而后取天下城,臣窃以为殆矣。用臣之计,无战而略地,不攻而下城,传檄而千里可定矣。'彼将曰:'何谓也?'臣因说曰:'范阳令宜整顿其士卒,以守战者也。怯而畏死,贪而好富者,故欲以其城先下君,先下君而不利,则边地之城皆将相告曰:范阳令先降而身死。必将婴城固守,皆若金城汤池,不可攻矣。为君计者,莫如以黄屋朱轮迎范阳令,使驰骛于燕赵之郊,则边城皆相告曰:范阳令先下而身富贵矣。必相率而降,犹如坂上走丸也。'此臣之所谓传檄而千里定者也。"徐公再拜,具车马遣通。通遂以此说武臣。武臣以车百乘、骑二百、侯印,迎徐公。燕赵闻之,降者三十余城,如蒯通策也。]项梁举吴,[梁令项羽杀假守通,便举兵起吴。]田儋举齐,景驹举郢,周市举魏,韩广举燕。穷山通谷,豪杰并起,而亡秦族矣。

汉高祖名邦,字季,姓刘氏,沛国丰邑人,为泗上之亭长。秦二世元年,陈胜等起,胜自立为楚王。[张耳陈余谏曰:"将军出万死之计,为天下除害,今始至陈,而自立为王,是示天下之私也。不如立六国后,自为树党,进师而西,则野无交兵,城无守壁,诛暴秦,据咸阳,以令诸侯,天下可图也。"胜不听。]沛人杀其令,立高祖为沛公。时,项梁止薛,沛公往从之,共立义帝。[范增说项梁曰:"秦灭六国,楚最无罪。自怀王入秦,不反楚,人怜之。故语曰:'楚虽三户,亡秦必楚'。今陈胜首事,不立楚后而自立,其势不长。今君起江东,楚锋起之,将皆争附君者,以君代代楚将,为将复立楚后也。"梁因求怀王孙心立之。]约曰:先入咸阳者王之。

秦将章邯,大败项梁于定陶。梁死,章邯以为楚不足忧,乃北伐赵。楚使项羽等救赵,遣沛公别将西入关。沛公遂攻宛,降之。[沛公攻宛,南阳太守吕齮保城不下。沛公欲遂西,张良曰:"强秦在前,宛兵在后,此危道也。"乃围宛。宛急,齮欲自杀,有舍人陈恢,逾城见沛公曰:"宛吏人惧降必死,固坚守,足下尽日攻之,死殇者必众,引兵而去,宛必随之。足下前失咸阳之约,后有强宛之患。不如约降,封其守,引其甲卒而西,诸城未下者,必开门而待足下。"沛公曰:"善。"封吕齮为殷侯。]攻武关,大破秦军。[赵高杀二世,立子婴,遣兵拒关。张良曰:"秦兵尚强,未可轻也。愿益张旗帜诸山上,为疑兵。令郦食其持重宝啖秦将。"秦将果欲连和俱西。沛公欲听之。良曰:"此独其将欲叛,恐士卒不从。士卒不从,必危。不如因其懈而击之。乃击秦军,破叛。]入咸阳,与秦人约法三章。[秦人献牛、酒。沛公让,不受。于是人知德矣。]遣兵拒关,欲王关中。是时项羽破秦军于河北,率诸侯兵四十万至鸿门,欲击沛公,沛公因项伯自解于羽。

羽遂杀子婴而东都彭城。立沛公为汉王,王巴、汉。[汉王不肯就国,欲攻楚。萧何曰:"王虽王汉,之恶不犹愈于死乎?且诗曰'天汉',其称甚美。夫能屈于一人之下,而申于万人之上,汤武是也。愿大王王汉中,抚其士人,以致贤人,收巴蜀,还定三秦,天下可图。"]于是用韩信策,乃东伐,还定三秦。[汉王之国也。韩信亡楚,从入蜀,无所知名。数与萧何语,何奇之,荐为大将军。信拜礼毕,王曰:"丞相数言将军,将军何以教寡人计策?"信谢,因问王曰:"今东向争权天下者,岂非项王耶?"曰:"然。"信曰:"大王自料勇悍、仁强孰与项王比?"汉王默然良久,曰:"不如也。"信再拜贺曰:"虽信亦以为大王不如也。然臣尝事之,请言项王之为人也。项王喑哑叱咤,千人皆废,然不能任属贤将,此特匹夫之勇也。项王见人恭敬慈爱,言语呕呕,人有疾病,涕泣分食饮。有功当封爵者,印刓弊,忍不能与,此所谓妇人之仁也。项王虽霸天下而臣诸侯,不居关中而都彭城,有背义帝之约,而以亲爱王,诸侯不平。诸侯之见项王迁逐义帝置江南,亦皆归逐其主而自王善地。项王所过,无不残灭者,天下多怨,百姓不亲附,特劫于威,强服耳。名虽为霸,实失天下心。故曰其强易弱。今大王诚能反其道,任天下武勇,何所不诛!以天下城邑封功臣,何所不服!义兵从思东归之士,何所不散!且三秦王为秦将,将秦子弟数岁矣,杀亡不可胜计,又欺其众降诸侯,至新安,项王计坑秦降卒二十余万,唯独邯、欣、翳得脱,秦父兄怨此三人,痛入骨髓。今楚强以威而王此三人,秦人莫爱也。大王之入武关,秋毫无所害,除秦苛法,与民约法三章耳。秦民无不欲得大王王秦者。于诸侯之约,大王当王关中,关中民咸知之。大王失职入汉中,秦人无不恨者。今大王举而东,三秦可传檄而定也。"于是汉王大喜,遂听信计。初,汉王之国也。张良送至褒中,说汉王曰:"王何不烧绝所过栈道,示天下无还心,以固项王意。"汉王乃使张良还,因烧之。楚以此无忧汉王之心也。]田荣怨项王之不己立,杀田市,自立为齐王。羽北击灭齐,[项羽以吴令郑昌为韩拒汉。张良遗项羽书曰:"汉王失职之蜀,欲得王关中,如约即止,不敢反。"又以齐反书遗羽曰:"齐欲灭楚。"羽以故不西行,而北击齐。]而使九江王杀义帝于郴。汉王为之缟素发丧,临三日,以告诸侯。[董公说汉王曰:"臣闻顺德者昌,失德者亡;兵出无名,事故不成。故曰明其为贼,敌乃可服。项王为无道,放杀其主,天下之贼也。夫仁不以勇,义不以力,三军之众为之素服,以告诸侯,为之东伐,四海之内,莫不仰德。此三王之举也。汉王曰:"善。"]

汉王因羽之击齐,率诸侯之师五十六万,东袭楚,破彭城。羽闻之,留其将击齐,自以精兵三万归击汉。汉王与羽大战彭城下。汉王不利,出梁地,至虞,谓左右曰:"孰能为使淮南王黥布,令发兵背楚,留项王于齐数月,我之取天下可以万全。"随何乃使淮南,说布背楚。[随何说淮南王曰:"汉王使使臣敬进书与大王御者,窃怪大王与楚何亲也?"淮南王曰:"寡人北面而臣事之。"随何曰:"大王与项王俱列为诸侯,北面而臣事之,必以楚为强,可以托国也。项王伐齐,身自负版筑,以为士卒先。大王宜悉发淮南之众,自身将之,以为楚军前锋。今乃发四千人以助楚,北面而臣事人者,固若是乎?夫汉王战于彭城,项王未出齐也,大王宜扫淮南之兵渡淮,日夜会战彭城下。大王抚万人之众,无渡淮者,垂拱而观孰胜?夫托国于人者,固若是乎?大王提空名以向楚,而欲厚自托,臣窃为大王不敢也。然大王不背楚者,以汉为弱也。夫楚兵虽强,天下负之以不义之名,以其背约而杀义帝也。然而楚王将以战胜自强,汉王收诸侯,还守荣阳,下蜀汉之粟,深沟高垒,分卒守徼乘塞。楚人还兵,间以梁地,深入敌国八九百里,欲战则不得,攻城则力不能,老弱转粮千里之外;楚兵至荣阳、成皋,汉坚守而不动,进则不得攻,退则不得解。故曰楚不足恃也。使楚胜,则诸侯自危惧而相救。夫楚之强,适足以致天下之兵耳。故楚不如汉,其势易见也。今大王不与万全之汉,而自托于危亡之楚,臣窃为大王惑之。臣非以淮南之兵足以亡楚也。大王发兵而倍楚,项王必留;数月,汉之取天下可以万全。臣请以大王提剑而归汉,汉必裂土地而分大王,又况淮南?必大王有也。故使臣进愚计,愿大王留意也。"淮南王曰:"请奉命。"阴许叛楚与汉,未敢泄。楚使者在淮南,方急责英布发兵,舍传舍,随何直入,坐楚使者上坐,曰:"九江王已归汉,楚何以得令发兵?"布愕然。楚使者起。何因说布曰:"事已构矣。独杀楚使,无使归,而疾走汉并力。"乃如汉使者教。于是杀楚使者,因起兵攻楚也。]

汉王如荥阳,使韩信击魏王豹,虏之。[汉王问郦生曰:"魏王大将谁也?"曰:"柏直。"王曰:"此其口尚乳臭,不能当韩信骑将冯敬。"王曰:"不能当灌婴部将项他。"王曰:"不能当曹参。在,吾无患矣。"王乃以信为左丞相击魏。信进兵,为陈船欲渡临晋,魏聚兵拒之。信乃伏兵,从夏阳以木罂度军,袭安邑,虏魏王豹,便进兵伐赵也。]汉遂于楚相距于荥阳,楚围汉王,用陈平计,间得出。[汉王急问陈平:"策安出?"陈平曰:"彼项王骨鲠之臣亚父、钟离末之属,不过数人。大王能出捐数万金,行反间,间其君臣,以疑其心,项王为人意忌信谗,必内相诛。汉因举攻之,破楚必矣。"汉王乃以四万斤金与平,恣其所为,不问出入。平既多以金纵反间,于楚军宣言,诸将钟离末等为项王将功多矣,然终不能裂地而封:"欲与汉为一,以灭项氏,分王其地。"项王果疑。使使至汉。汉为太牢之具,举进见楚使,即佯惊曰:"吾以为亚父使,乃项王使也。"复持去,以恶具进楚使。使归,具报项王。项王大疑亚父。亚父欲急击汉王,项王不信亚父。亚父闻项王疑,乃曰:"天下事大定矣!君王自为之。愿赐骸骨。"项王从之。]入关收兵,欲复东。辕生说汉王:"出军宛、叶,引项王南渡,使韩信等得集河北。"羽军引兵南渡,如其策。[辕生说曰:"汉与楚相拒于荥阳、成皋数月,汉尝困。愿王出武关,项王必引兵南走,王深壁,令荥阳、成皋间且得休息。使韩信等集于河北赵地,君王乃复走荥阳。如此,则楚备者多,力分,汉得休息,复与之战,破楚必矣。"汉王从此计,出军宛、叶间。项王闻汉王在宛,果引兵南渡,如辕生之策。]韩信与张耳,以兵数万,东下井陉击赵,破之。乃报汉,因请立张耳为赵王,以抚其国。汉王从之。[初,赵王与成安君陈余闻汉且袭之,聚兵井陉口。广武君李左车说曰:"闻汉将韩信涉西河,虏魏王,擒夏悦,新喋血阏与。今乃辅以张耳,议欲下赵,此乘胜而去国远斗,其锋不可挡。臣闻千里馈粮,士有饥色,樵苏后爨,师不宿饱。今井陉之道,车不得方轨,骑不得成列,行数百里,其势粮食必在后。愿足下假臣奇兵三万人,从间道出,绝其辎重。足下深沟高垒,坚营勿与战,使前不得斗,退不得还。吾奇兵绝其后,野无所掠卤。不至十日,而两将之首可致于戏下。愿足下留意臣之计。否,必为二子所擒。"成安君不听广武君,广武君策不用。信闻知之,大喜,乃进军击赵,破之。赵之破也,韩信令军中无杀广武君,有能生得者,购千金。于是有缚广武君而至戏下者。信乃解其缚,师事之。问曰:"仆欲北攻燕,东伐齐,何若而有功?"广武君辞谢曰:"臣闻败军之将,不可与言勇;亡国之大夫,不可与图存。今臣败亡之虏,何足以权大事乎!"信曰:"仆闻百里奚居虞而虞亡,在秦而秦霸,非愚于虞而智于秦,用听与不用听也。试令成安君听足下计,若信者亦为擒矣。仆委心归计,愿足下勿辞。"广武君曰:"臣闻智者千虑,必有一失;愚者千虑,必有一得。故曰'狂夫之言,圣人择焉'。顾恐臣计未必足用,愿效愚忠。夫成安君有百战百胜之计,一旦而失之,军破鄗下,身死泜上。今将军涉西河,虏魏王,擒夏悦阏与,一举而下井陉,不终朝破赵二十万众,诛成安君,名闻海内,威震天下,农夫莫不辍耕释耒,工女下机,褕衣甘食,倾耳以待命。若此者,将军之所长也。然而众劳卒疲,其实难用。今将军欲举倦弊之兵,顿燕坚城之下,欲战恐不得,攻城不能拔,情见势屈,旷日粮竭。而弱燕不服,齐必距境以自强也。燕、齐相持而不可下,刘、项之权未有所分也。若此者,将军之短也。臣愚,窃以为过矣。故善用兵者,不以短击长,而以长击短。"韩信曰:"然则何由?"广武君曰:"方今为将军计,莫如按甲休兵,以镇赵,抚其孤弱,百里之内,牛酒日至,以飨士大夫醳兵,北首燕路,而后遣辩士奉咫尺之书,暴所长于燕,燕必不敢不听。燕已从,使喧言者东告齐,齐必从风而服,虽有智者,亦不知为齐计矣。如是,则天下事可图也。兵固有先声而后实者,此之谓矣。"韩信曰:"善。"从其策,发使燕、齐,从风而靡也。]

十二月,汉王拒楚于成皋,飨师欲复战。郎中郑忠说曰:"王高垒深壁,勿与战,使刘贾佐彭越入楚地,焚其积聚,破楚师必矣。"项羽乃东击彭越,留曹无咎守成皋。

时，汉数困荥阳、成皋，计欲捐成皋以东，屯巩洛以距楚，用郦生计，复守成皋。[郦生说曰："臣闻知人之天者，王事可成；不知人之天者，王事不可成。王者以人为天，而人以食为天。夫敖仓，天下转输久矣，臣闻其下有藏粟甚多。楚人拔荥阳，不坚守敖仓，乃引而东，令适卒分守成皋，此乃天所以资汉也。方今楚易取而汉反却自夺其便，臣以为过矣。且两雄不俱立，楚汉久相持不决，百姓骚动，海内荡摇，农夫释耒，工女下机，天下之心未有所定。愿足下急复进兵，收荥阳，据敖仓之粟，塞成皋之险，杜太行之路，拒飞狐之口，守白马之津，以示诸侯效实形制之势，则天下知所归矣。今燕、赵已定，唯齐未下。今田广据千里之齐，田间将二十万之众，军于历城，诸田宗强，负海阻河、济，南近楚，人多变诈。足下虽遣数十万师，未可以岁月破也。臣请得奉明诏说齐王，使为汉而称东藩。"王曰："善。"乃从其画，复守敖仓。而使郦生说齐王曰："王知天下之所归乎？"王曰："不知也。"曰："王知天下之所归，则齐可得而有也。若王不知天下之所归，即齐未可得保也。"齐王曰："天下何归？"郦生曰："天下归汉。"王曰："先生何以知之？"郦生曰："汉王与项羽戮力西向击秦，约先入咸阳者，王之。汉王先入咸阳，项王负约不与，而王之汉中。项羽迁杀义帝，汉王闻之，起蜀汉之兵击三秦，出武关，而责义帝之处，收天下之兵，立诸侯之后。降城即以侯其将，得赂即以分其士，与天下同其利，英豪贤士皆乐为之用。诸侯之兵四面而至，蜀汉之粟万船而下。项王有负约之名，杀义帝之罪；于人之功无所记，于人之罪心不忘；战胜而不得其赏，拔城而不得其封；非项氏莫能用事；为人刻印而不能授；攻城得赂，积财而不能赏；天下叛之，贤才怨之，而莫为之用。故天下之士归于汉王，可坐而策。夫汉王发蜀汉，定三秦；涉西河之外，拔上党之兵；下井陉之路，诛成安之罪；北破魏，举三十二城；此蚩尤之兵，非人力也，天之福也。今已据敖仓之粟，塞成皋之险，守白马之津，杜大行之路，拒飞狐之口，而天下后服者先亡矣。王疾先下汉王，齐国社稷可得而保也。不下汉王，危亡立可待也。"田齐以为然，乃听郦生说，罢历下兵守。淮阴侯乃夜渡兵平原袭齐。齐王烹郦生，引兵东走。初，郦生见沛公，沛公方倨床使两女子洗足，而见郦生。郦生入，长揖不拜，曰："足下欲助秦攻诸侯耶？且欲率诸侯破秦耶？"沛公骂曰："竖儒！天下同苦秦久矣，故诸侯相率而攻秦，何谓助秦攻诸侯乎？"郦生曰："必欲聚徒合义兵诛无道之秦，不宜倨见长者。"于是沛公辍洗足，起而谢之也。]羽初东，嘱曹咎曰："汉挑战，慎勿与战，勿令汉得东而已。"咎乃出战死，汉王遂进兵取成皋。[汉挑曹咎战，楚军不出。使人辱之数日。咎怒，渡兵汜水上。士卒半渡，击破之，尽得楚国宝货。]羽闻咎破，乃还军广武间，为高坛，置太公于其上。汉王遣侯公说羽，求太公。羽乃与汉约：中分天下，割鸿沟以西为汉，以东为楚。归汉王父母及吕氏。

项王解而东，汉王欲西，张良曰："今汉有天下大半，而诸侯皆附，楚兵疲，食尽，此天亡楚之时，不如因其东而取之。"汉王乃追羽。与齐王韩信、魏相彭越期，会击楚，皆不会。用张良计，信等皆进兵围羽垓下，遂灭项氏。[汉王问张良曰："诸侯不从奈何？"良曰："楚兵且破，信、越未有分地，其不至固宜，君王能与共天下，可立致也。齐王信之立，非君王意，信亦不自坚。彭越本定梁地，始，君以魏豹故，越得拜为相国。今豹死，越亦望王，而君王不早定。今能取睢阳以北至谷城，以王彭越；从陈以东傅海与齐王信。信家在楚，其意欲复得故邑。能出捐此地，以许两人，使各自为战，则楚易破。"于是汉王发使，使韩信、彭越、刘贾等皆引兵围羽垓下。]都洛阳。用娄敬策，徙都长安。[娄敬说王曰："陛下都洛，岂欲与周室并隆哉？"曰："然。"敬曰："陛下取天下与周室异，周之先自后稷，尧封之于邰，积德累善十有余世。公刘避桀居邠，太王以戎狄故去邠，杖马棰居岐，国人争归之。及至文王为西伯，断虞、芮之讼，始受命，吕望、伯夷自海滨来归之。武王伐纣，不期而会孟津之上者八百诸侯，皆曰："纣可伐矣。"遂灭殷。成王即位，周公之属傅相焉，乃营成周洛邑，以此为天下之中也。诸侯四方咸纳职贡，道道均矣，有德则易以王，无德则易以亡。凡居此者，欲令周务以德致人，不欲依险阻，令后世骄奢以虐人也。及周之盛时，天下和洽，四夷向风慕义，怀德附离，而并事天下。不屯一卒，不战一士，四夷大国之民莫不宾服，效其贡职。及周之衰也，分而为两，天下莫朝，周不能制。非其德薄，形势弱也。今陛下起丰沛，收卒三千人，以之径往而卷蜀、汉，定三秦，与项籍战于荥阳，争成皋之口，大战七十，小战四十，使天下之民肝脑涂地，父子暴骨于中野，不可胜数，哭泣之声未绝，伤夷之卒未起，而欲比隆于成康之时，臣窃以为不侔矣。且夫秦地被山带河，四塞以为固，卒然有急，百万之众可具，此所谓天府也。陛下入关而都之，山东虽乱，秦之故地可全而有。夫与人斗，不扼其喉而拊其背，未能全胜也。今陛下入关而都长安，业秦之故地，此亦扼天下之喉而拊其背。"高祖以问群臣。群臣皆山东人，争言周王七百年，秦二世即灭，不如都洛阳。洛阳东有成皋，西有崤、渑，背河，向伊、洛，其固亦足恃也，留侯曰："洛阳虽有此固，其中小，小过数百里，地薄，四面受敌，此非用武之国也。夫关中左崤、函，右陇、蜀，沃野千里，南有巴蜀之饶，北有胡宛之利，阻三面而独守一面，东制诸侯。诸侯安定，河、渭漕挽天下，足以西给京师；诸侯有变，顺流而下，足以委输。此所谓金城千里，天府之国，娄敬说是也。"于是高祖即日驾，西都关中。]

有告楚王韩信反，用陈平计擒之，废为淮阴侯。[高帝问诸将，将曰："亟发兵抗竖子耳。"高帝默然。问陈平，平曰："人之上书言信反，人有闻知者乎？"曰："未有。"曰："信知之乎？"曰："不知。"平曰："陛下精兵孰与楚？"曰："不能过。"平曰："陛下诸将用兵，有能敌韩信乎？"上曰："莫及也。"平曰："今兵不如楚精，将又不及，而举兵击之，是趣战也，窃为陛下危之。"上曰："为之奈何？"平曰："古者天子巡狩，会诸侯。南方有云梦，陛下弟出伪游云梦，会诸侯于陈。陈，楚之西界。信闻天子以好出游，其势必郊迎谒。而陛下因擒之，此特一力士之事。"高祖以为然，发使者告诸侯。上因随行。信果迎道中。帝预具武士，见信，即执缚之。田肯贺上曰："甚善。陛下得韩信，又治秦中。秦，形势之国，带河阻山，悬隔千里，持戟百万，秦得百二焉。地势便利，其以下兵于诸侯，譬犹居台之上建瓴水也。夫齐，东有琅邪、即墨之饶，南有泰山之固，西有浊河之限，北有渤海之利，地方二千里，持戟百万，悬隔千里之外，齐得十二焉。此东西秦也，非亲子弟，莫可使王齐者。"上曰："善。"赐金五百斤。]陈豨为代相，与韩信、王黄等反，豨自立为代王，上自往破之。[高祖赦赵、代吏人为豨所诖误者，赵相奏斩常山守、尉，曰："常山二十五城，豨反，亡其二十五城。"上问曰："守、尉反乎？"对曰："不反。"上曰："是力不足也。"赦之，复以为守、尉。上既至邯郸，喜曰："豨不南据漳水，北守邯郸，吾知其无能为也。"问周昌曰："赵亦有壮士可令为将者乎？"对曰："见有四人焉。"谒，上谩骂曰："竖子能为将乎？"各封之千户，以为将。左右谏曰："从入蜀、汉，伐楚，功未遍行，今此何功而封？"上曰："非尔所知也。陈豨反，邯郸以北皆豨有也，吾以羽檄征天下兵，未有至者，今惟邯郸中兵耳。吾何爱四千户不封此四人以慰赵子弟心！"皆曰："善。"于是上曰："陈豨将谁也？"曰："王黄、曼兵臣，皆故贾人。"上曰："吾知之矣。"乃各以千金购黄、臣等。其黄、臣等麾下受购赏，皆生得。以故，陈豨军遂败。初，韩信知汉畏恶其能。与陈豨谋反，高帝自将击豨，信称疾不从行，欲从中起。信舍人得罪信，囚之，欲杀舍人。(舍人)弟告信反状于吕后。吕后欲召，恐其党不就，乃与萧相国谋，诈令人从上所来，言豨已死矣，列侯群臣皆贺。相国诈信曰："虽病，强入贺。"信入，吕后使武士缚信，斩之长乐宫。]尉佗王南越反，高祖使陆贾赐尉佗印绶，为南越王，令称臣，奉汉约。[陆生至南越，尉佗椎髻箕踞见陆生。陆生因进说曰："足下中国人，亲戚、昆弟、坟墓在真定。今足下反天性，弃冠带，欲以区区之越与天子抗衡为敌国，祸且及身矣。且夫秦失其政，诸侯豪杰并起，唯汉王先入关，据咸阳。项王背约，自立为西楚霸王，诸侯皆属，可谓至强。然汉王起巴、蜀，鞭笞天下，制诸侯，遂诛项羽灭之。五年间，海内平定，此非人力，天之所建。天子闻君王王南越，不助天下诛暴逆，将欲移兵而诛王，天子怜百姓新劳苦，且休之，遣臣授君王印绶，剖符通使，君王宜郊迎，北面称臣，乃欲以新造未集之越，屈强于此。汉诚闻之，掘王先人冢，夷灭王宗族，使一偏将将十万众以临越，则越杀王以降，如反覆手耳。"于是尉佗蹶然起，谢陆生。卒拜尉佗而还。初，南海尉任嚣病，且死，召龙川令赵佗谓曰："闻陈胜作乱，豪杰叛秦相立，番禺负山险，阻南海，东西数千里，颇有中国人相辅，此一州之主也，可以立国。"即以佗行东海尉。事嚣死，佗移檄告诸郡曰："盗兵即至，急绝新道，聚兵自守，因稍以法诛秦所置长吏，以其党为假守，自立为南越武王。"]

高祖在位十二年，崩，年六十二。惠帝立，吕后临政。[吕后时，陈平燕居深念。陆生曰："何念之深也？"平曰："生揣吾何念？"陆生曰："足下位为上相，食三万户侯，可谓极富无欲矣。然有忧念，不过患诸吕、少主耳。"平曰："然。为之奈何？"陆生曰："天下安，注意于相；天下危，注意于将。将相和，则士豫附；士豫附，天下虽有变，则权不分；权不分，则社稷计在两君掌握耳。何不交欢太尉，深相交结？"平用其计，竟诛诸吕。初，吕后之崩也，大臣诛诸吕。吕禄为将北军，太尉勃不得入北军。时，郦商子寄与吕禄善。于是乃使人劫郦商，其子往绐说吕禄。吕禄信之，故与出游，而太尉乃得入北军诛吕氏也。]景帝时，吴楚反，征平之。[帝使太尉周亚夫东击吴楚，亚夫问父客邓都尉曰："策将安出？"客曰："吴兵锐甚，难与争锋；楚兵轻，不能持久。方今为将军计，莫若引兵东，壁昌邑，以梁委吴，吴必尽锐攻之。将军深沟高垒，使轻兵绝淮泗口，吴粮道绝，使吴梁相弊。而粮食竭，乃以全制其极，破吴必矣。"条侯曰："善。"因请上曰："楚兵剽轻，难与争锋，愿以梁委之，绝其粮道，乃可制也。"上许之。亚夫至荥阳，吴方急攻梁，梁急，请救。亚夫引兵东北走昌邑，深壁而守。梁王使使请亚夫，夫守便宜，不肯往，坚不出，而使弓高侯等屯吴、楚兵后，绝其饷道。吴、楚兵乏粮，饥，欲退，数挑战，终不出。吴、楚既饿，乃引兵而去。亚夫出精兵追击，大破吴也。]崩，太子彻立。[是为武帝。]崩，子弗陵立。[是为昭帝。霍光辅政，上官桀害光宠诈为帝兄燕王旦上书，称光行上林称跸，又私调校尉。帝不信，而上官桀伪果发，伏诛。]崩，立武帝孙昌邑王贺。[贺，昌邑哀王髆之子。好位二十七日，事有千一百二十七条，霍光废贺为海昏侯也。]废，立武帝曾孙询。崩，立太子奭。崩，立太子骜。[是为成帝，委政诸舅王凤等，同日拜凤兄弟五人为侯，号曰："五侯。"五侯皆专政也。]崩，立宣帝孙定陶孝王子欣。崩，立帝弟中山孝王衍。[是为平帝。帝年幼，为王莽所酖。崩，立宣帝玄孙婴。是为孺子，莽废婴自立。]

伪新室王莽者，成帝舅王曼之子，元帝王皇后之侄也。元帝崩，成帝即位，以元舅凤为大司马，兄弟五人皆为侯。[元帝皇后，魏郡王禁之女。生成帝时，凤秉政。同日封兄弟五人为侯。]曼早卒，凤将薨，以莽托太后，封为新都侯。五侯竟为僭，起治第舍，莽幼孤贫，独折节恭谨。当世名士，多为莽言，上由是贤之，拜为侍中。[莽结交将相，收赡名士，赈施宾客，故虚誉隆洽，倾炽其诸父矣。]时，成帝废许后，立赵飞燕，飞燕女弟为昭仪。昭仪害后宫皇太子，帝无嗣，乃立定陶王欣为皇太子。[欣者，宣帝孙，成帝弟之子。初，王祖母傅太后阴为求为汉嗣，私事赵皇后、昭仪及帝舅王凤，故劝立之。]莽以发定陵侯淳于长大奸，拜为大司马，[初，长与许皇后姊嬺私通，因嬺赂遗长。长许欲白上为左皇后。时，王根辅政，久病。长尝代根。莽心害长宠，白根曰："长与许贵人私交通，见将军久病，私喜。"根怒，令莽白长，长下狱死。]时年三十八。成帝崩，哀帝即位。立皇后傅后。[后即帝祖母，定陶恭太后从女弟也。]封后父傅晏为孔乡侯。帝母丁后曰恭皇太后，舅丁明为安阳侯。莽乞骸骨，避丁、傅也。哀帝崩，时莽以侯在第。太皇太后令莽备佐丧事，复为大司马。征立中山王为帝，太皇太后临朝，莽秉政，百官总己以听于莽。[附顺者拔擢，忤恨者诛灭，以王寻、王邑为腹心，甄丰、甄邯主击断，平晏典枢机，刘歆典文章，孙建为爪牙，皆以才能并任显职。莽色厉而方言，欲有所为，微见风采，党与承意而显奏之。莽因固让，示不得已，上以感太后，下以取信于众庶。越裳氏重译献白雉一，黑雉二。莽令益州讽群臣，奏言莽功德比周公，宜赐号"安汉公"。]平帝崩，莽征宣帝玄孙广成侯子婴立之，年三岁。遂谋居摄，如周公故事。[时，元帝统绝。宣帝曾孙五人，莽恶其长者，托以卜相宜吉，乃立婴也。]

东都太守翟义反，败死。莽自谓威德遂盛，获天人之助，用铜匮符命，遂即真。其九年，赤眉贼起。十四年，世祖起兵，与王匡等共立刘圣公为更始皇帝。[更始，即世祖族兄。世祖及兄伯升与新市、平林兵士王匡等合军攻棘阳。]莽遣王寻、王邑击更始。二人兵败于昆阳，汉兵遂入城中，人皆降。莽走渐台，藏于室中北偶间，校尉公孙宾斩莽，遂传首诣更始于宛。

世祖光武皇帝讳秀，字文叔，南阳蔡阳人。高皇帝之九代孙也。王莽末，天下连岁灾蝗，寇盗蜂起。[莽末，南方饥馑，人民群入野泽，掘凫茈食，更相侵夺。新市人王匡等为平理争讼，遂推为渠帅。]时世祖避吏新野，因卖谷宛，宛人李通以图谶说世祖。[通父守，好谶记。通素闻守说云："刘氏复兴，李氏为辅。"私尝怀之。及下江、新市兵起，通弟轶乃共计议曰："今四方扰乱，新室且亡，汉当更兴。南阳宗室独刘伯升兄弟泛爱容众，可与谋大事。"通曰："吾意也。"会世祖避事在宛，通闻之，即遣轶迎世祖，遂相约结。初，世祖与伯升、邓晨俱之宛，与穰人蔡少公等燕语。少公颇学图谶，言刘秀为天子。或曰："是国师刘秀乎？"世祖笑曰："何用知非仆耶？"坐者皆大笑，晨心独喜。后因谓世祖曰："王莽残暴，盛夏斩人，此天亡之时。往时会宛，语独当应耶！"世祖笑。及汉兵起，邓晨遂往从之。]世祖于是与通弟李轶起于宛，兄伯升起于春陵，邓晨起于新野，会众兵击长聚。公，世祖族兄也。避吏平林，王匡等立之。初，伯升自王莽篡汉常愤，怀匡复社稷之虑。不事家人之居业，倾身破产，交结天下雄俊。王莽末，盗贼群起。伯升召诸豪杰计议，于是使宾客邓晨起新野，世祖、李轶起于宛，伯升发春陵，子弟七八千人，部署宾客，自称："柱天都部"，使刘嘉诱新市、平林兵王匡、陈牧等合军而进，屠长聚。诸将议立刘氏，以从人望，豪杰咸欲归伯升。而新市、平林将帅乐放纵，惮伯升威明，贪圣公懦弱，先定策，立之，然后召伯升示其议。伯升曰："诸将军欲尊立宗室，德甚厚焉，愚鄙之见，窃未有同。今赤眉起青徐众数十万，闻南阳立宗室，恐赤眉复有所立，如此，将内自争。今王莽未灭，而宗室相攻，是疑天下而自损，权非所以破莽也。且首唱号，鲜有能遂，陈胜、项羽即其事也。春陵去宛三百里耳，未足以攻而遽自尊立，为天下准的，使后人承吾弊，非计之善者也。今且称王以号令，若赤眉所立者贤，则相率而往从之；若无所立，破莽，除赤眉，然后举尊号亦未晚也，愿善详思之。"诸将不从，遂立圣公。由是，豪杰失望。伯升都部将刘稷勇冠三军，闻更始立，怒曰："本起兵图大事者，刘伯升兄弟也。更始何为者耶？"更始君臣闻而心忌之。乃陈兵数千收稷，将诛之，伯升固争。李轶、朱鲔因劝更始并执伯升，即日害之。李轶与世祖既隙，后因冯公孙致密书，求效诚节，咸劝秘之。世祖乃班露轶书曰："李季文多诈，不信人也。"今移其书告守、尉。书既宣露，朱鲔使人杀轶也。]号更始元年。更始使世祖为偏将军，徇昆阳。王莽闻汉帝立，大惧。遣大司徒王寻、大司空王邑，将兵百万，击世祖于昆阳。世祖破之。[初，伯升拔宛已三日，世祖尚未知，乃伪使人持书报城中，云"宛下兵到"，而佯堕，下其书，寻、邑得之不喜。诸将既经屡捷，胆气益壮，无不一当百，世祖乃与敢死者三千人，从城西出，冲中坚。寻、邑阵乱，乘锐奔之，遂杀王寻。莽兵大溃，走者自相腾践，奔殪百余里。间会大雷风，雨下如注，滍水盛溢，虎豹皆战栗，溺死者以万数，水为之不流。]三辅豪杰，共诛王莽，传首诣宛。更始以世祖行大司马事，持节北渡河，镇慰州郡。[邓禹杖策北渡河,追世祖。世祖见禹甚欢,谓曰:"我得专封拜,先生远来,宁欲仕乎?"禹曰:"不愿也。明公威德加于四海,禹得效其尺寸,垂功名于竹帛耳。"世祖笑,因留宿禹。进说曰:"更始虽都关西,今山东未安。赤眉、青犊之属,动以万数,三辅假号往往群聚。更始既未有所挫,而不自听断。诸将皆庸人崛起,志在财帛,争用威力,朝夕自快而已。非有忠良明智、深虑远图、欲尊主安民者也。四方分崩离析,形势可见。明公虽建蕃辅之功,犹恐未可成立。于今之计,莫如延览英雄,务悦人心,立高祖之业,救万人之命,以公而虑之,天下不足定也。"世祖大悦,及从至广阿,披舆地图指示禹曰:"天下郡国如是,今始得其一。子前言以吾虑之,天下不足定,何也?"禹曰:"今海内散乱,人思明君,犹赤子之慕慈母也。古之兴者,在德厚薄,不以小大。"世祖笑悦,又冯异说世祖曰:"人思汉久矣。今更始诸将,纵横暴虐,所至虏掠,百姓失望,无所依戴,今公专命方面,施行恩德。夫有桀纣之乱,乃见汤武之功。人久饥渴,易为充饱,宜急分遣官属巡行郡县,理冤结,布惠泽。"世祖纳之也。]王郎诈为成帝子子舆,立为天子,都邯郸,遣使降下郡国,世祖灭之。[王昌一名王郎,赵国邯郸人也。素为卜相,常以河北有天子气,时赵缪王子林好奇数,任侠于赵、魏间,而郎与之善。初,王莽篡位,长安中或称成帝子子舆者,莽杀之。郎缘是称真子舆云。更始元年冬,林等率车骑数百,晨入邯郸城,立郎为天子。世祖进攻邯郸,郎少傅李立为反间,开门内汉军,遂拔邯郸,斩王郎。收文书,得吏人与郎交关,谤毁者数千章。世祖不省,会诸将烧之,曰:"令反侧子自安也。"]

世祖威声日盛,更始疑虑,乃遣使立世祖为萧王,令罢兵,与诸将有功者还长安。遣苗曾为幽州牧,韦顺为上谷守,并北之郡。[时世祖居邯郸官,耿弇请间,说曰:"今更始失政,君臣淫乱,诸将擅命于畿外,贵戚纵横于都内,天子之命不出城门,所拜牧守辄自迁易,百姓不知所从,士人莫敢自安,虏掠财物,劫掠妇女,怀金玉者,至不生归。元元叩心,更思王莽。又铜马、赤眉之属数十辈,数及百万,圣公不能辨也,其败不久。公首举事南阳,破百万之军。今定河北,据天府之地,以义征伐,发号响应,天下可驰檄而定。天下至重,不可令他姓得之。闻使者从西方来,欲罢兵,不可从也。今吏士死亡者多,弇愿北归幽州,益发精兵,以集大计。"世祖大悦。弇归上谷,斩韦顺等。]世祖辞不就征,斩苗曾等,自是始贰于更始。

是时,长安政乱,四方背叛,皆平之。[梁王刘永擅命睢阳,公孙述称王巴、蜀,李宪自立为淮南王,秦丰自号为楚黎王,张步起琅邪,董宪起东海,岑延起汉中,田戎起夷陵,并置将帅,侵略郡县。又有赤眉、铜马之属,不可胜计。初,铜马降,降者犹不自安。世祖知其意,敕令各归营勒兵马,乃自乘轻骑按行部阵。降者更相语曰:"萧王推赤心置人腹中,安得不投死乎!"由是悉服。世祖使耿弇讨张步。步闻之,乃使其大将费邑军历下,又分兵屯于祝阿,别于太山、钟城列营数十以待弇。弇乃渡河,先击祝阿,自旦攻城,日未中而拔之,故开围一角,令其众得奔归钟城。钟城人闻祝阿溃,大惧,遂空壁亡去。费邑分遣其弟敢守巨里。弇留兵胁巨里,使多伐树木,扬言以填塞坑堑。数日,有降者言邑闻弇欲攻巨里,谋来救之。弇乃令军中曰:"后三日当悉力攻巨里城。"阴缓生口,令得亡归。归者以弇期告邑。邑至日果自将救之,弇喜谓诸将曰:"吾所以修攻具者,欲诱致邑耳。今来,适所求也。"即分三千人守巨里,自引精兵上岗坂,乘高合战,临阵斩邑。既而,收首级以示巨里。城中凶惧,费敢悉众亡归张步。步时都剧,使其弟蓝守西安,诸郡太守守临淄,相去四十里。弇进军居二城之间。弇视西安城虽小,而坚,临淄虽大,而实易攻。乃敕诸部,后五日攻西安城。蓝闻之,晨夜警守。至期夜半,弇敕诸将皆蓐食,会明至临淄城。出其不意,半日拔之,入据其城。张蓝惧,遂将其众亡归剧。弇乃令军士无得妄掠剧下,须张步至乃取之,以激怒步。步闻之,大笑,至临淄攻弇。弇先出临淄水上,突骑欲纵。弇恐挫其锋,令步不敢进,故示弱以盛其气,乃引归小城,陈兵于内。步气盛,直攻弇营,与刘歆合战,弇升王宫坏台望之,视歆锋交,乃自引精兵以横突步阵,大破之。步走降世祖。弇欲招其故众,令陈俊追斩诸贼,悉平之。]赤眉贼入函关,攻更始。世祖遣邓禹引兵而西,以乘更始、赤眉之乱,[赤眉贼樊崇立刘盆子为天子,入长安,杀更始,寇掠关中。]于是诸将上尊号,乃命有司设坛于鄗南千秋亭五城陌,即皇帝位。[诸将上奏曰:"汉遭王莽,宗庙废绝,豪杰愤怒,兆人涂炭。王与伯升首举义兵,更始因其资以据帝位,不能奉承大统而败乱纲纪,盗贼日多,群生危蹙。大王初征昆阳,王莽自溃;后拔邯郸、北州、弭定,三分天下有其二;跨州据土,带甲百万,言武力莫之敢抗,论文德则无所与辞。臣闻帝王不可以久旷,天下不可以谦拒。唯大王以社稷为计,万姓为心。"又强华自关中奉赤伏符曰:"刘秀发兵捕不道,四夷云聚,龙斗野,四七之际,火为主。"然后即皇帝位。]十月,驾东都洛阳,赤眉降。[大司徒邓禹、冯异、刘弘等征赤眉,异曰:"异前与拒华阴,经数十日,虽屡获雄将,余众尚多,可稍以恩信,倾诱难卒,用兵破也。上今使诸将屯渑池,要其东,异以兵击其西,一举而取之,此万成计也。"禹、弘不从,遂大战赤眉。佯败,弃辎重走。车皆载土。以豆覆其上,兵士饥,争取之。赤眉引还击弘等,弘等军溃乱,异与禹救之。赤眉小却,异归壁约期会战。异使壮士变服色与赤眉同,伏于道侧。旦日,赤眉使万人攻异前部,异裁出兵救之。贼见势弱,遂纵众攻异。异纵兵大战。日昃,贼气衰,伏兵卒起,衣服相乱,赤眉不复识,遂惊溃。赤眉君臣面缚,奉皇帝玺绶降世祖。]平隗嚣,灭公孙述,天下大定。崩于南宫,时年六十三。

末孙灵帝用奄人曹节等,矫制诛太傅陈蕃、李膺,其党人皆禁锢。中平九年,黄巾贼起。[巨鹿张角自称"大贤良师",奉事黄老,畜养子弟,连结郡国,期三月五日内外俱起。唐周告之,角便起,著黄巾为标帜也。]灵帝崩,太子辩即位。董卓入朝,因废帝为弘农王,而立献帝,李傕逼帝东迁;曹操迁帝都许,操薨,帝逊位于曹丕。

魏太祖武皇帝,沛国谯人也。姓曹,讳操,字孟德。灵帝时为典农校尉。

汉末,奄竖擅权,何进谋诛奄竖,太后不听。进乃召四方猛将,使引兵向京师,欲以恐劫太后。[陈琳进谏曰:"《易》称'即鹿无虞',谚有曰'掩目捕雀'。夫物微,尚不可欺以得志,况国之大事而可诈立乎?今将军总皇威,握兵要,龙骧虎视,高下在心,以此行事,无异于鼓洪炉而燎毛发。但当速发雷霆,行权立断,违经合道,天人顺之。而反释其利器,更征外助,大兵一聚,强者为雄,所谓'倒持干戈,授人以柄',必无成功,只为乱阶。"进不纳其言。]—董卓至,废帝为弘农王,而立献帝,京师大乱。

太祖亡出关,至陈留,散家财,合义兵于己吾。与后将军袁术、冀州刺史韩馥、豫州刺史孔伷、兖州刺史刘岱、渤海太守袁绍同时俱起,合兵数万,推绍为盟主,[设坛场,共盟折。臧洪操盘血而盟曰:"汉室不幸,皇纲失统。贼臣董卓,乘衅纵暴,害加至尊,毒流百姓。大惧沦丧,剪覆四海。兖州刺史刘岱、豫州刺史孔伷等纠合义兵,并赴国难。凡我同盟,齐心勠力,以致臣节,殒首丧元,必无二志。有谕此盟,俾堕其命,无克遗育。皇天后土,祖宗明灵,实皆鉴之。"洪慷慨涕泗泗下,闻者激扬。]曹公行称奋武将军。卓闻兵起,乃徙天子都长安。卓留兵屯洛阳,司徒王允与吕布杀卓。杨奉、韩暹以天子还洛阳。太祖至洛阳卫京邑,暹遁去。太祖以洛阳烧焚残破,奉天子都许。不诏责袁绍以地广兵强,专自树党,不闻勤王之师。[绍时并公孙瓒,兼四州之地。]绍遂攻许,太祖破之官渡,绍呕血死。[袁绍,字本初,汝南人也。为司隶校尉。董卓议废立,绍不听,卓怒,绍悬节于上东门,奔冀州。卓购求绍。伍琼为卓所信,阴为绍说曰:"夫废立大事,非常人所及。袁绍不达大体,恐惧出奔,非有他志。今急购之,势必为变。袁氏树恩四世,门生故吏遍于天下,若收豪杰以聚徒众,英雄因之而起,即山东非公所有也。不如赦之,拜一郡守,绍喜于免罪,必无患矣。"卓以为然,乃遣授绍渤海太守。绍与孔伷等同起义,袭夺韩馥冀州,据河北。练精卒十万,骑万匹,欲进攻曹操于许。沮授进说曰:"近讨公孙师徒历年,百姓疲弊,赋役方殷,此国之深忧也。宜先献捷天子,务农选民,若不得通,乃表曹操隔我王命。然后进屯黎阳,渐营河南,益作舟船,缮治器械,分遣精骑,抄其边鄙,令彼不得安,我取其逸。如此,可坐定也。"郭图、审配曰:"兵书之法,十围五攻,敌则能战。今以明公神武,连河朔之强众以伐曹操,其势譬如覆手。今不时取,后难图之。"授曰:"盖闻救乱诛暴,谓之义兵,恃众凭强,谓之骄兵。兵义无敌,骄者先败。曹操奉定天子,建宫许都。今举兵相向,于义则违。且庙胜之策,不在强弱。曹操法令既行,士卒精练,非公孙瓒坐受围者也。今弃万安之术,而兴无名之师,窃为公惧之。"图曰:"武王伐纣,不为不义,况兵加曹操而云无名!且公师徒精锐,将士思奋,而不早定大业,所谓天与不取,反受其咎,此越之所以霸,吴之所以亡。监军之计在于持牢,而非见时知机之变也。"绍遂不用沮授之计。曹公军官渡。绍时悉众而南,田丰说绍曰:"曹公善用兵,变化无方,众虽少,未可轻也。不如以久持之。将军据山河之固,拥四州之众,外结英雄,内修农战。然后简其精锐,分为奇兵,乘虚迭出,以扰河南,救右则击其左,救左则击其右,使敌疲于奔命,人不得安业;我不劳而彼已困,不及三年,可坐克也。今释庙算之策,而决成败于一战,若不如志,悔无及也。"绍不从,遂攻操于官渡。绍自引兵至黎阳,沮授临行,散其资财,会宗族以与之曰:"势在威无不加,势亡则不保其身,哀哉!"其弟宗曰:"曹操士马不敌。君何惧焉?"授曰:"以曹兖州之明略,又挟天子以为资,我虽克伯珪,众实疲敝,而主骄将汰,军之破败在此举也。杨雄有言'六国嗟嗟,为嬴政若姬'殆今之谓耶!"及渡河,临舟叹曰:"上盈其志,下务其功。悠悠黄河,吾将济乎?"绍果为曹公所败。绍进保武阳与操相持。沮授又说曰:"北兵虽众,而果劲不及南,南谷虚少,而财货不及北;南利在于急战,北利在于缓搏,宜修持久,旷以日月。"绍不从。连营渐逼官渡。许攸进曰:"曹操兵少,而悉师拒我,许下余守,势必虚弱。若分遣轻骑,星行袭许,拔,则操为成擒。如其未溃,可令首尾奔命,破之必也。"绍又不能用。会攸家犯法,审配收击之。攸不得志,遂奔曹公。而说操袭取淳于琼。琼时督军,屯在乌巢,去绍军四十里。操自将急击之。时张郃说绍曰:"曹公兵精,往必破琼。琼破,则将军事去。宜引兵救之。"郭图曰:"郃计非也,不如攻其本营,势必还,此为不救而自解也。"郃曰:"曹公营固,攻之必不拔。若琼等见擒,吾属尽为虏矣。"绍但遣轻骑救琼,而以重兵攻操营,不能下。曹公破琼,焚其积聚。绍军溃散奔北,曹公遂破绍,乃威震天下也。]**太祖讨绍子谭、尚于黎阳,尚与熙奔辽东。太守公孙康斩尚、熙,送其首,遂平河北。**[初,太祖讨谭、尚于黎阳,连战数克,诸将欲乘胜攻之,郭嘉曰:"袁绍爱此二子,莫适立也。郭图、冯纪为之谋臣,定交斗其间,还相离也。急之则相持;缓之而后争心生,不如南向荆州征刘表,以待其变。变成而后击之,可一举而定也。"太祖曰:"善。"太祖方征刘表,谭果与弟尚争冀州。谭遣辛毗乞降,请赦。太祖以问群臣。群臣多以表为强,宜先平之,谭不足忧也。荀攸曰:"天下方有事,而表坐保江汉间,其无四方之志可知矣。袁氏据四州之地,带甲十万。绍以宽得众,欲使二子和睦以守其成业,则天下之难未息。今兄弟构恶,其势不两全。若有所并则力全,力全则难图也。及其乱而取之,则天下不足定也,此时不可失也。"太祖曰:"善。"乃许谭和破袁尚。]**太祖征刘表,会表卒,子琮降。**[刘表,字景升,山阳高平人。初平元年,诏以表为荆州刺史,南接五岭岭,北据汉川,地方数千里,带甲十余万。曹操与袁绍相持于官渡,绍遣人求助,表许之,而不至,亦不援操,且欲观天下之变。刘先说表曰:"今豪杰并争,两雄相持,天下之重,在于将军。将军若有所为,起乘其弊可也。如其不然,固将择所宜从,岂可拥甲十万,坐观成败?求援而不能助,见贤而不能归,此两怨必集于将军,恐不得复中立矣。曹操善用兵,其贤俊多归之,其势必举袁绍,然后移兵向江汉,恐将军不能御也。今之胜计,莫若以荆州降操,操必重德将军;长享福祚,垂之后嗣。此万全之策也。"表不从。十三年,曹操自将征表,未至,表疽发背,卒。操军新野,傅巽说琮归降,琮曰:"今与诸君据全楚之地,守先君之业,以观天下,何为不可?"巽曰:"逆顺有大体,强弱有定势。以人臣逆人主,逆道也;以新造之楚而御中国,必危也;以刘备而敌曹公,不当也。三者皆短，欲以抗王师之锋，必亡之道也。将军自料何如刘备？"琮曰："不若也。"巽曰："诚以备不足御曹公，即难保全楚，不足以自存；诚以刘备足敌曹公，则备不能为将军用。愿将军勿疑。"琮遂举众降。时，刘备奔在荆州，表不能用。闻荆州降，遂奔夏口]关中诸将马超、韩遂、成宜等反，曹公破之。[曹公与马超等夹关为界。曹公急持，而潜遣徐晃等夜渡蒲坂津，据河西为营。公自潼关北渡，未济，超赴船急战。丁斐放牛马以饵贼。贼乱，取牛马，公乃得渡，结营谓南。超遣信，求割地、任子以和，公伪许之。韩遂请与公相见。至期，交马上。语移时，不及军事，但说京都故旧，拊手欢笑。既罢，超问遂何言，遂曰："无所言。"超疑之。他日，公又与遂书，多所改灭点窜，如遂改定者，超愈疑遂。曹公乃与战，大破之。关中平。诸将问公曰："初，贼守潼关，渭北道缺，不从河东击冯翊而反守潼关，引日而后北渡，何也？"公曰："贼守潼关，若吾入河东，贼必引守诸津，则西河未可渡也，吾故盛兵向潼关；贼必悉众南守，西河之备虚，故二将得擅取西河；然后引军北渡，贼不能与吾争西河者，以有二将之军。连车树栅为甬道而南者，既为不可胜，且以示弱。渡渭为坚垒，虏至而不出，所以骄之也。故贼不为营垒，而求割地。吾顺言许之，所以从其意，使自安而不为备，因蓄士卒之力，一旦击之，所谓疾雷不及掩耳，卒电不及瞑目。兵之乘变，固非一道也。"]

天子策命公为魏王。[孙权称吴王，据江东；刘备袭益州牧刘璋，据蜀。天下遂三分矣]二十五年，薨于洛阳。子丕嗣，受汉禅。崩，子睿嗣。崩，子齐王芳立。废，高贵乡公髦立。废，常道乡公璜立。璜禅晋。

晋高祖宣皇帝名懿，字仲达，姓司马，河内温人也。仕于魏武之世，历文明二帝，居将相之位，平孟达[达为新城太守，反]，灭公孙度[度世称燕王，据辽东]，擒王凌[凌谋立楚王为帝。兵败自杀]。魏明帝崩，遗诏使帝为太尉，与大将军曹爽辅少主[少主齐王芳也]，帝诛曹爽[爽谋为不轨，宣帝谢病避之。爽党李胜为荆州别驾。帝诡为耄昏，云并州近胡，可为其备。胜退，谓爽曰："司马公尸居残气，神形已离，不足虑也。爽于是专恣，恶太后知政，迁于永宁官。嘉平元年，天子谒陵，爽兄弟权兵从出。宣帝乃启奏永宁官，废爽。然后勒兵至洛水，迎天子，奏爽与其党谋反，皆诛]。宣帝崩，子师代为相[师字子元，是为肃宗景皇帝]。镇东将军母丘俭，扬州刺史文钦反，征平之[俭钦初反也，景帝问王肃曰："安国宁主，其术安在？"肃答曰："昔关羽率荆州之众降于禁于汉滨，遂有北向争天下心。后孙权取其将士家属，羽士众一旦瓦解。今淮南将士父母皆在州，但急往御之，使不得前，必有关羽土崩之势。"景王从之，遂破俭等也]景帝崩，弟昭代为相[昭字子上，是为太祖文帝]，辅政为司空。诸葛诞据寿春，反，奉诏征平之。伐蜀，擒刘禅，于时政出权臣，人君主祭而已。魏帝不能容，自勒兵攻相府，太祖用长史贾充计，逆战，舍人成济执杀魏帝[高贵乡公也，名髦，字士彦。乃伪令皇太后下令废少帝，又委罪成济，诛其三族]。太祖崩，子炎受魏禅[炎字子安，文帝太子，是为世祖武皇帝]。即受魏禅，用羊祜、杜预计，征吴，平之。立二十五年崩，太子衷立[字正度，是为惠帝，武帝太子]。

惠帝不惠，妃贾充女，为皇后，后秉权，杀扬骏，废太后[贾后淫妒，遇姑无礼，乃诈诬太后父杨骏反，使帝诛之，废太后于金墉城，饿杀之]，诛太宰汝南王亮，太保卫瓘[亮、瓘并以名德执政，后意不得行，乃使帝弟楚王玮，矫诏诛亮、瓘，因又诛玮]，戮楚王玮，殒太子遹[贾后无子，乃诈有娠，养贾谧子为太子。遹，官人谢氏生也，少而聪慧，贾后恶之，谮太子，废之金墉城，又遣小黄门杀太子]。用赵王伦为相国，伦恶司空张华，仆谢裴顾正直，矫诏诛之。伦遂篡帝位。于是齐王攸之子冏，与帝弟成都王颖等起义兵诛伦。颖于是镇邺，并州刺史东瀛公腾，安北将军王浚，又起兵讨颖。颖败，挟天子南奔洛。后惠帝复位,帝弟长沙王又潜问,诛之。由是戎狄并兴,四方阻乱,遂分为三十六国[刘元海为匈奴质子,在洛阳,晋武帝与语,说之。谓王浑曰:"元海容仪机鉴,由余,日磾无以加也。"浑对曰:"元海容仪实如圣者,然其文武才干贤于二子远,陛下若任之以东南之事,吴会不足平也。"帝称善。孔恂、杨珧曰:"臣观元海之才,当今无比,陛下若轻其众,不足以成事;若假之威权,平吴之后,恐其不复北渡也。非吾族类,其心必异,任之本部,臣窃为陛下寒心。若举天阻之固以资之,无乃不可乎?"帝默然。后秦凉覆没,帝畴咨将帅,李𪟝曰:"陛下诚能发匈奴五部之众,假元海一将之号,鼓行而西,指期可定也。"孔恂说:"李公之言,未尽殄患之理。元海若能平凉州,斩树机能,恐凉州方有难耳。蛟龙得云雨,非复池中物也。"帝乃止。惠帝失驭,寇贼蜂起。成都王颖镇邺,有元海行宁朔将军,监五部军事。及王浚等讨颖,元海说颖曰:"今二镇跋扈,众十余万,恐非宿卫及近郡士众所能御之,请为陛下还,说五部众,以赴国难。"颖从之。元海至国,左贤王刘宣等上大单于之号,二旬之间,众以五万,遂冠平阳,陷之,入浦。于时五胡乱中原矣。石勒者,上党羯胡也,据于赵。幽州牧王浚署置百官,勒有并吞之意,欲先发使以观之,议者佥曰:"宜如羊祜、陆抗之事,亢书相闻。"时张宾有疾,勒就而谋之,宾曰:"王浚假三部之力,图称南面,虽曰晋藩,实怀僭逆之志,必思协英雄,图济事业。将军威震海内,去就为存亡,所在为轻重。浚之欲将军,犹楚之招韩信也。今权谲遣使,无诚款之形,脱生猜疑,图之兆露,后虽奇略无所设也。夫立大业必无为之卑,当称藩推奉,尚恐不信,羊祜之事,臣未见其可也。"勒曰:"君侯之计是也。"乃遣其舍人王子春赍珍宝奉表推崇浚,浚谓子春曰:"石公一时英武,据有旧赵,成鼎峙之势,何谓称藩于孤,其可信乎?子春曰:"石将军英才峻拔,士马强盛,实如圣者,仰推明公,州郡贵望,累甚重光,出镇藩兵,威声播于八表。因以胡越钦凤,华夷歌德,岂唯区区小府而敢不钦任神阙者乎?昔陈婴岂其鄙王而不王,韩信薄帝而不帝哉?但以帝王不可以勇略力争故也。石将军之拟明公,犹阴精之比太阳,江河之比洪海耳!项籍子阳覆车不远,是石将军之明鉴也,明公亦何怪乎?自古诚胡人而为名臣者,实有之矣,帝王则未之有也。石将军非以恶帝王而让明公也,顾取之不为天下所许也。愿公勿疑。"浚大悦,遣使报勒。勒复遣使奉表于浚,期亲诣幽州,上尊号。亦修牋于枣嵩,乞并州牧平公。以见,必信之诚。勒纂兵戎,期袭浚,而惧鲜卑及刘琨为其后患,沉吟未发。张宾曰:"夫袭敌国当出其不意,军严经日不行,岂顾有三方之患乎?"勒曰:"然,为之奈何?"奈曰:"王彭祖之据幽州,唯伏三部,今皆叛离,还为寇仇,此则外无声援以抗我也;幽州饥俭,人皆蔬食,众叛亲离,此内无强兵以御我也。若大军在郊,必土崩瓦解。今三方未靖,将军便能悬兵千里以征幽州也,轻军往反,不出二旬,就使三方有动,势足旋趾,宜应机电发,勿后时也。且刘琨,王浚虽同名晋薄,其实仇敌。若修牋于琨,送质请和,琨必欣于得我,喜于浚灭,终不救浚而袭吾也。"勒曰:"善!"于是轻骑袭幽州,勒至蓟北门,叩门者开门,疑有伏兵,先驱牛羊数千头,声言上礼,实填诸街巷,使兵不得动发。勒入,浚乃惧。勒入其听事,今甲士执浚送于襄国市,斩之,此三十六国之大略也]。

惠帝立十四年,崩。弟豫章王炽立[字丰度,是为怀帝],都长安,为刘聪所杀[后魏拓跋氏以晋怀帝永嘉三年,自云中入雁门,北有沙漠,南据阴山,众数十万。至孝文,乃改拓跋为元氏,都洛阳。肃宗崩,大都督尔朱荣谋立庄帝,荣害灵太后及王公二千人,立庄帝。帝杀尔朱荣。左仆射尔朱世隆率荣部曲自晋阳袭京师,执庄帝,杀之,而立恭帝。又废之。高欢乃知广平。王子修后为斛律斯椿所胁,走入关。周太祖宇文黑獭奉帝都长安,披草莱立朝廷,是为西魏。诏授宇文泰为丞相。泰又害出帝,立南阳王宝炬,是为文帝。文帝崩,立王子为帝,又废之而立景帝,泰为太师,泰薨,子觉嗣封周公。魏帝禅位于觉,泰之第三子,受禅,国号周。至宣帝,帝崩,禅位于隋。初,尔朱荣之杀庄帝也,高欢为晋州刺史,起兵诛之,立魏出帝,欢为丞相。后魏既西入关,乃立清河王之子善见为帝,迁都邺,是为东魏,高欢薨,子齐王洋受东魏禅,国号齐。至温公纬为周所灭,周为隋所灭。隋文帝既受周禅,又南灭陈,天下一统矣]。怀帝崩,立吴王晏子业,是为愍帝。亦为刘聪所杀[此时胡乱中原,晋元乃迁都江左也]。

中宗元皇帝睿,乃兴于江东[睿字景文。景文,宣帝曾孙也。元帝幼而聪敏,及中原丧乱,乃与王敦等渡江抚绥江左,甚得众心。后王敦于武昌反,至石头,帝攻之,不克,乃委政于敦。敦还镇武昌郡],帝在位十六年崩,太子绍立[绍字道畿,是为肃宗明皇帝]。王敦威振内外,将谋为逆,肃宗征破之[用温峤等决计征之。初,敦之谋反也,温峤为其从事中郎,夙夜综其府事,伪相亲善,京兆尹缺,峤说敦曰:"宜自树腹心,以间构人主。愚谓钱凤可用。"敦曰:"莫若君。"峤伪辞让,临别之际,峤自起行酒。峤伪醉,以手板击钱凤帻,帻为之堕,乃作色曰:"钱世仪何人,温太真自行酒而敢不饮?"凤不悦,以醉为解。明日,峤将发,凤说敦留之。敦曰:"峤常云钱世仪精神满腹,昨小加声色,岂得以此相谗耶?"峤至都,陈敦反逆状]。三年,肃宗崩,至孝武帝昌明立,简文皇帝三子。羝贼苻坚寇淮南,晋冠军将军谢玄等人大破坚于淝水[苻坚以百万之众至淝水。谢玄乃选勇士八千人涉渡淝水,玄遣使谓坚曰:"阻水为阵,旷日持久,请小却与君周旋。"秦诸将闻前军却,谓已失利。朱序之徒声云坚败。大军退,自相填籍,闻风声鹤唳,皆云南军至也。遂大败]。坚还长安[苻坚以此卒亡灭也]。二十一年,帝崩。自后遂干戈相继,至安帝为桓玄所灭。宋祖刘裕平玄。至恭帝,遂禅位于宋。

高祖武皇帝姓刘,名裕,字德舆,彭城人。桓玄篡晋[伪楚桓玄,字敬德,谯国龙亢人也。形貌怀特。为江州刺史,袭杀荆州刺史殷仲堪。会稽王世子元显专政,以玄跋扈,遣军征之。玄闻见讨,即率众下至京师,杀元显。诏以玄为丞相,封楚王,遂禅位]。高祖与刘毅,何无忌等潜谋匡复,起兵平玄[时桓玄使桓弘镇广陵,刘道规为弘中军参军,今道规袭弘。桓修镇丹徒,高祖为修中军参军,自袭修。克期同发,刘毅,道规等既袭广陵,斩桓弘,以其众南渡;高祖、何无忌袭京师,斩桓修,率二州之众千二百人进舍竹里,移檄京师。曰:"夫成败相因,理不常泰,狡焉纵虐,或值圣明。自我大晋,屡扬阳九之厄。隆安以来,皇家多故,贞良死于豺狼,忠臣碎于虎口。桓玄敢肆侵慢,阻兵荆郢,肆暴都邑,天未忘难。凶力实繁,逾年之间,遂倾皇祚,主上播越,流幸非所,神器沉辱,七庙堕坠。虽夏后之罹泥、浞,有汉之遭莽、卓,方之于玄,未足为喻。自玄篡逆于今,历载弥年亢旱,民不聊生:士庶病于转输,文武困于版策。室家分析,父子乖离,岂惟《大东》有抒轴之悲,摽梅有倾筐之怨而已哉?仰观天文,俯察人事,此而可存,孰有可亡?凡在有心,谁不扼腕?裕等所以叩心泣血,不遑启处,夕寐宵兴,思奖忠烈,潜构崎岖,过于履虎,乘机奋发,义不图全。辅国将军刘毅,广武将军何无忌等,忠烈断金,精诚贯日,投袂荷戈,志在毕命。义众既集,文武争先,咸谓不有一统,事无以辑,辞不获己,遂总军要,庶上凭祖玄之灵,下竭义夫之力,剪馘逋逆,荡清华夏。公侯诸君,或世树忠贞,或身宠爵禄,而并俯眉猾坚,无由自效。顾瞻周道,宁不吊乎?今日之事,良其会也。裕以虚薄,才非古人,受任于既倾之运,接势于已替之机,丹诚未宣,感奋填激,望霄汉以咏怀,顾山川而增伫。投檄之日,神驰贼廷。"何无忌之辞也。桓玄使桓谦屯东陵,卞范之屯覆舟山。义军朝食,并其余,进造覆舟山东,令羸兵登山,多张旗帜,布满山谷,高祖率众奔之,士皆殊死战,谦军一时溃走,玄单骓走江陵,玄将入蜀,奔至枚回州,逢益州参军费恬之党,射杀之],奉天子反正,因居将相之任。封豫州郡公,蜀贼谯纵称王,高祖遣将征平之[高祖使朱龄石率众二万,自江陵伐蜀。高祖诫曰:"刘敬宣往出黄武,无功而退。今者师出应道青衣,贼料我当出其不意,复从内水。如此,则涪城之戍必有重兵,若逼黄武,正堕其计。今军自外水出,取城都,疑兵向黄武,此制敌之上策。为书于函,署曰:"至白帝发。"诸将虽行,未知所趋。及至白帝,乃发书,言众军悉由外水,藏熹自中水出广汉。使羸弱乘高槛千余向黄武。谯纵果至,谯道福重兵守涪城,朱龄石次彭模,拒成都二百里。谯纵大将侯晖等屯彭模。朱龄石谓刘钟曰:"天方暑热,贼今固险,攻之难拔,只困吾师,欲蓄锐息甲，伺隙而进，卿以为何如？"钟曰："不然。前扬声言大众由内水，故谯道福不敢舍涪。今重兵卒至，出其不意，侯晖之徒已破胆矣。晖之阻兵非坚壁也。因其惧而攻之，其势易克，克彭模，鼓行而前，成都不能守矣。缓兵相持，虚实将见，涪军复来，难以敌也，若进不能战，退无所资，二万余人同为蜀子虏矣。"从之。明日，遂攻，皆克，斩侯晖。于是遂进克诸诚，诸城守相次瓦解，纵自缢而死]。**姚泓僭号于西京，高祖征平之，擒泓**[高祖既灭秦，入长安，留子义真镇长安，而还江南。时赫连都统万，闻之大悦，谓王买德曰："朕将进图长安，卿试言进取之方略。"买德曰："刘裕灭秦，所谓以乱易乱，未有德政以济苍生，关中形胜之地，而以弱才小儿守之，非经远之规。狼狈而反者，欲速成篡事，无暇有意于中原。陛下以顺伐逆，义贯幽显，百姓悬命待陛下旗鼓，以日为岁。清泥上洛，南师之要冲，宜置游军断其去来之路，然后杜潼关，塞崤峡，绝其水陆之道，声檄长安，申布恩泽，三辅之人皆壶浆以迎王师矣。义真独坐空城，逃窜无所，一旬之间必见缚于麾下。所谓兵不血刃，不战而自定也。"勃勃善之，南伐长安。高祖惧，召义真东镇洛阳，以朱龄石守长安，长安人逐龄石而迎勃勃，遂失关中也]。**鲜卑慕容超据守青州，称燕王。高祖征擒超**[初，超叔父德盗有三齐，德死超袭其位，遂寇淮北。高祖将有事中华，因其侵也，乃北伐超。大将军公孙五楼说超曰："吴兵轻锐，难与争锋，断截大岘，使不得入，上策也；坚壁青野，芟除麦苗，中策也；据城待战，下策也。"超曰："引，使过岘，我以铁骑践之，成擒矣。何处青野自取羸弱乎？"初谋是役也，谏者申贼若严守大岘，则坚壁广固，守而不出，军无所资，何能自支。高祖曰："不然，鲜卑姓贪，略不及远，既幸其胜，且爱其谷。谓我孤军，将不及久，必将引，我且示轻战，师一入岘，吾何患焉？"既逾岘，虏军未出，高祖喜曰："天赞我也。"众曰："军未克，公何悦焉？"高祖曰："师既过险，士有必死之志；余粮栖亩，军无溃乏之忧，虏堕吾计，胜可必也。"六月，慕容超使五楼据临朐，羸老守广固。闻军近，超亦会焉。拒临朐四十里有巨蔑水，超使五楼往据之，曰："晋军得水则难败也。"五楼驰进。前锋孟龙符奔就争先，得据之。五楼退，大军有四千人，分为两翼，方轨徐进未及，临朐贼骑交至。龙符等拒之，日向昃，战犹酣。高祖谓檀韶等曰："虏之精兵悉于是矣，临朐留守必将寡弱。子以潜军逾其后，往必克城，多易旗帜，此韩信所以克赵也。且吾前言兵自海道往，必声之。"韶等鼓行而进。贼望曰："海军至。"超弃城走，遂克之。军闻城陷，惧而不敢动，高祖亲哀，士兵感奋，大奔崩之。超奔广固，进军围之，城陷获超，归于京师，斩于建康市]。**贼卢循据南海，因高祖北伐，乘虚下袭建业。高祖还，乃平之。刘毅据荆州，二于高祖。高祖遣将征，诛毅**[裴子野曰："义旗同盟，莫有能全其功名者，何也？相与见畴日之娇捷，不知王业之艰难。彼则褰裳濡足，唯利是视；我则芟夷群丑，宁或负人。刘希乐，诸葛长民皆人杰也，岂其暗于天命，亦势使之然欤？假如何孟龄石长道庶其血食。善哉，武王之作周也，八百诸侯皆同会曰："纣可伐也。"尚还师于孟津，岂不知顺人行戮恶？欲速多祸也。高祖东方之师疾则疾矣，而侥幸之衅于是乎繁。呜呼，仁义之弊至于偷薄，而况奇功哉]。**荆州刺史司马休之反，征之**[裴子野曰："书称虑善以动，动惟厥时。若司马休之之动，非其时。囷敢知吉。已虽得众，能违天乎？五运推移，无有不亡之国。为

废姓,处乱朝,贤若三仁,且犹颠沛,而况豪侠者哉?昔中原殄灭,衣冠道尽,于是四海争奉中宗,岂徒系于晋德,实大有礼仪,故能遂兼南国,其兴也勃焉。至于义熙,不欲异于是矣,而宗室交流,未忘前事,波迸越逸,祸败相寻,岂夆黎之伐弘多,将咎周之徒孔炽,不达兴废,何其黯欤!]。晋帝加高祖位相国,总百揆,扬州牧,封十郡,为宋公。晋安帝崩,大司马琅琊王即位,征帝入辅,禅位于宋[帝奉表陈让,表不获通。宋台臣劝进,犹不许。太史令骆达陈天文符应曰:"按晋义熙元年至元熙元年,太白昼见,经天。凡七占,曰:"太白昼经天,人更主,异姓兴。义熙七年,五虹见于东方。占曰:"五虹见,天子黜,圣人出。九年,镇星,岁星,太白,荧惑聚于东井。十三年,镇星入太微。占曰:镇星守太微,有立王,有徙王。元熙元年,黑龙四登于天,《易经》曰:"冬龙见,天子亡社稷,大人受命。"汉建武至建安末一百九十六年而禅魏,魏自黄初至咸熙末四十六年而禅晋,晋自太始至今百五十六年。三代揖让,咸穷于六六亢位也。"帝乃从之]。

永初元年六月丁卯,即帝位于南郊。设坛,柴燎告天。礼毕,备法驾幸建康宫,临太极前殿。大赦改元。在位三年崩[初,大渐,召太子,诫之曰:"檀道济虽有干略而无远志;徐羡之与傅亮当无异图;谢晦常从征伐,颇识机变,若有同异,必此人也。可以会稽处之。后皆如言也"],立太子义符[是为荥阳王。即位昏乱,司空徐羡之辅政,废为荥阳王]。废,立宜都王宜隆[是为义帝,帝,高祖第二子。为太子劭所杀。初,劭及弟睿并多乖礼度,惧上知,乃为巫蛊咒诅。帝闻之,大怒,将废劭而杀睿,更议所立。持疑未定,以事语睿母潘淑妃。以告劭,劭悖凶,乃弑帝于合殿,劭即位也]。弑,立武陵王骏[是为孝武皇帝,文帝第三子也。劭弑帝,骏起义兵至宋,诛劭]。崩,立太子业[是为前废帝。帝凶悖。左右寿寂之杀之]。崩,立湘东王或[是为明帝,义帝第十八子也。孝武诸子,江州刺史晋安王勋,寻阳王子房等并举兵反,皆征平之]。崩,立太子昱[是为后废帝,在位凶悖。常欲杀扬玉夫,玉夫惧。是夜七夕,令玉夫伺织女渡报己。王敬则先与玉夫通谋,玉夫候帝眠熟,遂斩之,送首与齐王萧道成也]。崩,立顺帝准[是为顺皇帝,明帝第三子也],逊位于齐萧道成,凡八代六十六年。

齐太祖高皇帝讳道成,姓萧氏,东海兰陵人也。为辅国将军。宋明帝初,会稽太守寻阳王子房及在东诸郡起兵。徐州刺史薛安都据彭城,归魏,遣从子素儿攻淮阴。晋安王勋遣临川内史张淹自鄱阳道入三吴,帝并讨平之,使镇淮阴。七年,征返还都[宋明帝嫌帝非人臣相,而人间流言帝为天子,愈以为疑。帝初见征,部下劝勿就征,帝曰:"主上自诛诸弟,为太子幼弱,作万岁后计,何关他族?唯应速发,缓当见疑。骨肉相残,自非灵长之运;祸患方兴,与卿等戮力也]。至,拜常侍。明帝崩,遗诏使与袁粲共掌机事。江州刺史桂阳王休范举兵反,帝讨平之[初,范举兵,朝廷惶骇。帝与褚彦回,集中书省计议,莫有言者。帝曰:"昔上流谋逆,皆因淹缓以败。休范必远惩前失,轻兵急下,乘吾无备,请顿新亭以当其锋。"因索笔下议,余并注同。乃单车白服出新亭,筑垒未毕,贼骑交至,乃解衣高卧,以安众心,竟破之也]。迁中领军,苍梧王深相猜忌[帝昼卧,裸袒。苍梧王率数十骑直入领军府,立帝于室内,画腹为射的,自引满射之,左右玉夫固谏曰:"领军腹大,是佳射埛,而一箭便死,后无复射,不如以骲箭射之。"一箭中脐,苍梧投弓于地也],常语左右杨玉夫:"伺织女渡,报我。"是夜七夕,玉夫惧,取千牛刀杀之[玉夫与王敬则通谋,杀苍梧。赍首送领军府,报帝。帝乃戎服夜入殿中。明旦,召袁粲等计议。粲欲有言,帝鬚须尽张,眼光如电。敬则拔刀跳跃,麾众曰:"天下之事皆应决萧公,敢有开一言者,染敬则刀。"乃自取白纱帽加帝首,令即位。曰:"事须及热。"帝正色曰:"卿都不自解也。"]帝乃迎立顺帝。荆州刺史沈攸之反,帝讨之[初,攸之称太后命,已下都,袁粲、刘秉等见帝威名目盛,不自安,与攸之通谋,举事殿内。帝命王敬则于殿内诛之]。**进位相国,封齐公,备九锡**[策曰:"朕以不造,凤罹旻凶。嗣君失德,书契未纪,威侮五行,虔刘九族,神厌灵致,海水群飞,缀旒之殆,未足为譬,岂直《小宛》兴刺,《黍离》作歌而已哉?天赞皇宋,实启明宰,爰登寡昧,纂承大业,高勋至德,振古绝伦,虽保衡翼殷,博陆匡汉,方斯蔑如也。今将受公典礼,其敬听朕命,乃者袁刘构祸,实繁有徒,子房不臣,称兵协乱,顾瞻官掖,将成茂草,言念邦国,翦为仇雠。当此之时,人无固志,投袂徇难,超然奋发。登戎车而戒路,执金版而先驱。麾钺一临,凶党冰泮。此则霸业之基,勤王之始也。安都背叛,窃据徐方,敢率犬羊,陵虚淮浦。索儿愚悖,同恶相济,天祚无象,背顺归逆,北鄙黔黎,奄坠涂炭。公受命宗祊,精贯朝日,拥节军门,气逾霄汉;破釜之捷,斩馘蔽野;石梁之战,枭其渠帅;保境全人,江甸即序,此又公之功也。张淹迷昧,不顾本朝,爰自南区,志图东夏,潜军间入,窥觎不虞,于是江服未夷,皇途荐阻。公忠义奋发,在险弥亮;以寡制众,所向风偃,朝廷无东顾之忧,闽越有来苏之望,此又公之功也。匈奴野心,侵略疆场,丑羯伺张,势振彭泗。公奉辞伐罪,戒旦晨征,兵车始交,氛祲时荡,吊死扶伤,弘宣皇泽,俾我淮浥,复沾盛化,此又公之功也。自兹阙后,狼犹孔炽,封豕长蛇,重窥上国,而世故相仍,师出已老,角城高垒,指日沦陷。公眷言王事,发愤忘食,躬擐甲胄,视险若夷,分疆划界,开创青兖,此又公之功也。桂阳负众,轻问九鼎,裂冠毁冕,拔本塞源,烈火焚于王城,飞矢集于君室,群后忧惶,元戎无主,公挺剑凝神,则奇谋不世;把旄指麾,则懦夫成勇,信宿之间,宣阳底定,此又公之功也。苍梧肆虐,诸夏糜沸,淫刑以逞,谁则无辜,黔首相悲,朝不谋夕,高祖之业已沦,文明之轨谁嗣?公远稽殷汉之义,近遵魏晋之典,猥以眇身,入奉宗社,七庙清谧,九区反政,此又公之功也。袁刘携二,成此乱阶,丑图潜构,危机密发,据有石头,志犯应路,神漠内运,霜锋外举,祅氛载澄,国途悦穆,此又公之功也。沈攸包藏,岁月滋彰,蜂目豺声,阻兵安忍,乃眷西顾,缅同异域,而经纶维始,九伐未申,长恶不悛,遂逞凶逆,公伏钺出关,凝威江甸,正情与皎日同亮,明略与秋云竞爽,至义所感,人百其心,积年逋诛,一朝显戮,湘浦安流,章台顺轨,此又公之功也。公有济天下之勋,加之以明哲,道庇生灵,志匡宇宙,戮力肆心,劬劳王室,险阻艰难,备尝之矣。若乃缔构宗室之勋,造物资始之泽,云布雾散,光被六合,弼余一人,永清四海。遐方款关而慕义,荒服重译而来庭。汪哉邈乎,无得而名之也]。**四月,宋帝禅位于齐。甲午,即皇帝位。于南郊柴燎告天**[曰皇帝臣道成敢用玄牡,昭告于皇皇后帝,夫肇自生灵,树以司牧,所以阐极则天,开元创物,肆兹大道,惟命不于常。昔在虞夏、受终上代;粤自汉魏,揖让中叶。咸焕诸方册,载在典漠。水德既微,仍世多故,实赖道成匡救之功,以弘济于阋难,大造颠坠,再构区宇,诞惟天人,罔弗和会,乃仰协归运,景属与能,用集大命于兹,辞德匪嗣,至于累仍,而群公卿士庶尹御事,爰及黎献,暨于百戎,佥曰:"皇天眷命,不可以固违,人神无统,不可以旷主,畏天之威,敢不祗顺鸿历,敬简元辰,虔奉皇符,登坛受禅,告类上天,以答人衷,式敷万国,唯明灵是飨"],**礼毕备法驾幸建康宫,临太极前殿,大赦改元。建元四年崩,立太子赜**[是为世祖武皇帝也]。**崩,立太孙昭业**[是为郁林王,即位无道,武帝梓宫下渚,帝于端门内奉辞,韫辌车载入阁,即奏湖伎,高宗杀之]。**崩,立弟昭文**[废为海陵王也]。**废,立西昌侯鸾,**[是为高宗明皇帝,始安贞王道生子也。即位巫行诛戮,且寝疾经年,预为梓宫。之故地,高武诸子扫地无余也]。**崩,立太子宝卷**[是为东昏侯,即位凶暴,以金花帖地,令潘妃行其上,曰:"此步步生莲花也。"又于宫中为市,自为市吏,以潘妃为市令。义师至,为左右所杀]**崩,立和帝宝融**[明帝第八子也]。**以位禅梁**[先是,文惠太子与才人共赋七言诗,句后辄云愁,和帝是验矣。东昏侯宫里作散叛髻,反根向后。东昏时天下散叛矣。又立帽,蹇其口而舒两翅,名曰:"凤渡三桥"。裂裙向后,总而结之,名曰:"反缚黄鹂"。梁武宅在三桥,而凤渡之。凤翔之验也。黄鹂者,皇离也,而反缚之,东昏戮死之应也。先是,百姓及朝士以帛填胸,各曰:"假两"。假者,非正名也。储两而假之,明不得真也。东昏诛,

子废为庶人,假两之意也]

梁高祖皇帝名衍,姓萧氏,为巴陵王法曹,后为竞陵王子良八友[初,皇考之薨,不得志,及至郁林失德,齐明帝作辅,将为废立计,常欲助齐明,倾齐武之嗣,以雪心耻。齐明亦知之,每与帝谋。时齐明将追随王,恐不从。又以王敬则在会稽,恐为变。以问,帝曰:"随王虽有美名,其实庸劣,既无智谋之士,爪牙唯仗司马垣历生,武陵太守卞白龙耳。此并唯利是为。若啖以显职,无不载驰。随王止须折简耳。敬则志安江东,穷其富贵,宜选美女以娱其心。"齐明曰:"吾意也"。果如其策]魏将王肃攻司州,帝破之,以功封建康郡男,齐明帝崩,东昏即位。遗诏以帝为都督,雍州刺史[东昏时,刘暄等六人更直省内,分日帖敕,世谓"六贵"。又有御刀等八人,号曰:"八要"。皆口擅王言,权行国宪。帝谓王弘策曰:"政出多门,乱是阶矣,当今避祸,唯有此地,勤行仁义,可坐作西伯;但诸弟在都,恐罹时患也,须与益州图之耳。"时上长兄懿罢益州,还仍行郢州事,帝与谋,不从,寻被害也]长兄懿被害,帝起义[召僚佐集于厅事,告以举兵,是日建牙。先是东昏以刘山阳为巴西太守,使过荆州就行事,萧颖胄以袭襄阳,帝知其谋,乃遣王天武诣江陵,遍与州府人书,论军事。天武既发,帝谓弘策曰:"今日坐收天下矣,荆州得天武至,必回惶无计,若不见同,取之如拾芥耳。断三峡,据巴蜀,分兵定湘中,便全有上流。以此威声,临九派,断彭蠡,传檄江南,风之靡草,不足比也。政小延引日月耳。江陵本惮襄阳人,加唇亡齿寒,必不孤立,宁得不见同耶?以荆雍之兵,扫定东夏,韩白重出,不能为计,况以无算昏主役御刀应敕之徒哉?"及山阳至巴陵,帝复令天武赍书与颖,胄兄弟。去后,帝谓张弘策曰:"用兵之道,攻心为上,攻城次之;心战为上,兵战次之,今日是也。"近遣天武,往州府人皆有书,今只有两封与行事兄弟,云一一具天武口。及问天武,口无所说。天武是行事心膂,彼闻必谓行事兄弟共隐其事,则人人生疑。山阳惑于众口,判相嫌二,则行事进退无以自明,是驰两空函定一州也。山阳至江安,果疑不上。颖胄乃斩天武,送与山阳,信之。至荆州,驰入城,将逾阓悬门,发折其辕,投车而走。陈秀拔戟逐之,斩于门外。颖,胄即遣驰使传首于帝,仍以南康王尊号之议来告曰:"时不利,当须待来年二月。"帝答曰:"今坐甲十万,粮用日竭。若顿兵十旬,必生悔吝。且太白出西方,仗义而动,天时人谋,有何不利?昔武王伐纣,行逆大岁,复须待来年耶?帝不从,乃赫然大号也]。戊申,帝发自襄阳[帝留弟守襄阳城,谓曰:"当置心襄阳人腹中,推诚信之,勿疑也,天下一家,乃当相见也。"]郢鲁诸诚及诸将并降[初,东昏遣吴子阳十三军救郢州,进据巴口。帝命王茂潜师袭加湖,子阳窜走,众尽溺于江。郢鲁二城相视夺气。先是东昏使陈伯之镇江州,为子阳声援。帝谓诸将曰:"夫征讨未必须实力,听威声耳。今加湖之败,谁不惊服?"陈武牙,即伯之之子,狼狈奔归。彼人之情当凶惧我。谓九江可传檄而定也。因命搜所获俘囚,得伯之僮主苏隆之,厚加赏赐,使致命焉,鲁山城郢并降。伯之及子武牙见帝至,并束甲请罪]。壬午,帝镇石头,命众军围六门,卫尉张稷斩东昏,以黄油裹首送军[帝命吕僧珍勒兵封府库。收潘妃,诛之。以宫女二千人分赍将士也]。平京邑,齐和帝以位禅梁。帝即位。太清元年,齐司徒侯景以十三都内属。侯景反。至京师,幽帝而崩[天监中,释宝志为诗曰:"昔年三十八,今年八十三,四中复有四,城北火酣酣"。帝记之。帝三十八克建业,八十三遇火灾。元年四月十四日同泰寺火灾。皆如其言,此之谓也]。侯景立武帝太子纲为帝,又为景所杀[追尊为太宗简文皇帝也]。湘东王绎于荆州,使王僧辩等平侯景,传首江陵[僧辩等劝进曰:"军众以今月戊子总集建康,分勒武旅百道同趋,轰然大溃,群凶四灭。伏惟陛下,咀痛茹衰,婴愤忍酷。自紫庭绛阙,胡尘四起,披垣好畤,冀马云屯,豺狼一道,非止一人,鲸鲵不枭,经五载矣。天威既振,冤耻并雪,百司岳牧,仰祈宸鉴。咸以锡圭之功。既归有道;当璧之礼,允属圣明。而优诏谦冲,杳然凝邈;飞龙可跃,而乾父在四;帝闻云叫,而阊阖未开;讴歌再驰,是用翘首。岂可久稽群议,有旷夷则也]景子湘东王即位于江陵[是为孝元皇帝，武帝第七子也]魏使万纽，于谨来攻，梁王萧誉率众会之，帝见执，魏人戕帝[初，武陵之平，议者欲固具舟舰迁都建邺，宗懔、黄罗汉皆楚人，不愿移。曰："建业王气已尽，诸宫州已满百，于是留，寻而岁星在井，荧惑守心。"帝观之，慨然谓朝臣曰："吾观玄象，将恐有贼，但吉凶在吾，运数由天，避之何益？"寻为魏军所逼，城陷见执，进土而殂之，古老相传云："洲满百，荆州出天子。"桓玄为荆州刺史，内怀逆意，乃遣凿一洲，以应百数。随而崩破，竟无所成。宋文帝为宜都王，在藩一洲，自立。俄而文帝篡统。太清末，枝江扬闾浦生一洲。明年，而梁元帝立。承圣末，其洲与大岸通也]江陵既陷，王僧辩，陈霸先等议立帝子方智[是为敬皇帝，元帝第九子]，于江州奉迎至建业即位。太平二年，禅位于陈。

陈高祖武皇帝姓陈氏名霸先，吴兴长城人也。梁武帝时为直阁将军。侯景反，高祖率所领与侯景大战，侯景死，湘东王即位，授南徐州刺史，还镇京口。承圣三年，西魏攻陷西台，高祖与王僧辩立晋安王，进帝位。司空僧辩又与齐氏和新、纳贞阳侯[高祖叹曰："嗣主高皇之孙，元皇之子，竟有何辜，生见废黜，假立非次，此情可知也。"]。高祖以为不义，潜师袭王僧辩于石头，克之，是夜缢僧辩，贞阳侯逊位，晋安王复立。徐嗣徽北引齐师，遣萧轨等四十六将，济江至幕府山，高祖并破之。进位丞相，进爵为陈王。永定三年，梁帝禅位于陈。三年，上崩[时上长子衡阳王为质于周，乃立高祖弟始兴烈王长子也]，立弟子倩[是为世祖文皇帝也]。崩，立太子伯宗[是为废帝]。废，立顼[是为高宗宣皇帝，始兴烈王第二子也]。崩，立太子叔宝，是为长城公也。叔宝在东宫，好学，有文艺。及即位，耽酒色[左右佞嬖珥貂者五十人，妇人美貌丽服者千余人。尝使孔贵妃等八人夹坐，江总、孔范等十人预宴，号曰："狎客"。先令八妇人襞彩笺，置五言诗，十客人一时继和，迟则罚酒。君臣酣饮，从昏达旦。以此为常也]。

隋文帝初受周禅，甚敦邻好。宣帝崩，遣使赴吊，修敌国之礼，书称各顿首。而后主骄奢，书末云："想彼统内如宜此宇宙清秦"。隋文帝不悦，以示朝臣。贺若弼、杨素等以为主辱，再拜请罪，并求致讨。文帝曰："我为人父母，岂可限一衣带水而不拯之乎？"命作战船[人请密之，文帝曰："吾将显行天诛，何密之有？使投柿于江，若彼能改，我又何求？"]，以晋王广为元帅，督八十总管以致讨[初，隋师送玺书，暴后主恶，三十万纸，遍谕江东诸军，既下江镇，或相继奏闻，沈客卿掌机密，抑而不言。隋军临江，后主曰："王气在此，齐兵三度来，周兵再度至，无不摧没。虏今来必自败。"纵酒作诗不辍。隋军或进拔姑执，或断曲河之冲，乃下诏曰："犬羊凌纵，侵窃郊几，蜂虿有毒，宜时扫定。"以萧摩诃为皇畿大都督，分兵守要，僧尼道士执役。隋军南北道并进，众军溃败。]韩擒虎入自南掖门，文武各官皆遁，擒后主[隋师之入也，仆射袁宪劝端坐殿上，正色待之。后主曰："锋刃之下未可交当，吾自有计。"乃逃于井，隋军以绳引之，惊其太重，乃与张贵妃，孔贵人同乘而上。隋文帝闻之大惊。鲍宏对曰："东井于天文为秦分，今王都所在。投井，其天意也。"先是江东多唱王献之桃叶辞，云：桃叶复桃叶，渡江不用楫。'但度无所苦，我自迎接汝。及晋王广军于六合镇，其山名"桃叶"，果乘陈船而渡之也]。晋王广入据台城，送后主于东宫。三月癸已，后主与三公百司发自建邺，之长安。及至京师，列阵舆服，引后主及王公。使宣诏让后主，后主屏息不能对。封长城公[隋文帝东巡，登芒山，后主侍饮，赋诗曰："日月光天德，山河壮帝居。太平无以报，愿上东封书。"及出，隋文帝目送之曰："此败岂不由诗酒，将作诗功夫，何如思安时事也。"]至仁寿四年，终于洛阳[先是，蒋山众鸟鼓翼抚膺曰"奈何帝，奈何帝。"后主在东宫时，有鸟一足，集其殿庭，以嘴画地成文。曰："独足上高台，盛草化为灰，欲知吾家处，朱关当水开。”解者以为“独足”言后主独行无众，“盛草”言荒秽。隋承大运，得火而灰。及至京师，家于都水台，所谓“高台当水”也。有会稽人史溥曾梦着朱衣人，武冠自天而下，以手执金牌，溥往看，上文曰：“陈氏五主三十四年”，陈亡果如梦。梁末童谣曰：“可怜巴马子，一日行千里，不见马上邓，但见黄尘起，黄尘污人衣，皂荚相埋。”僧辩灭，群臣以谣言奏，言僧辩本乘巴马击侯景。“马上郎”，王字也；“尘”谓陈也；而不解“皂荚”之谓。既而陈灭于隋，说者以为江东以羯羊角为皂荚，隋氏姓杨，杨，羊也。言终灭于隋。北齐末，诸省官多称省主，主将见省也。则兴亡之兆尽有征云]。

秋七月，唐公将西图长安，使白旗誓众于太原之野，被甲三万。留公子元吉守太原。义师次霍邑，隋武牙郎王。遂禅位焉，改号开皇元年。九年，平陈，废太子勇为庶人，立晋王广为皇太子。高祖崩，太子即位[是为炀帝]。

炀帝无道，盗贼蜂起。十三年幸江都，李密设坛于巩，自署为魏公[密，辽东人，蒲山公宽之子也。少倜傥有大志，常有思乱之心。与杨玄感为刎颈交，玄感以势凌之。密怒曰：“决机两阵之间，喑哑叱咤，三军披靡，邀功一时，密不如公；若涉彼长途，驱策贤俊，使各申其用，公不如密。岂可以一阶一级而轻天下士大夫耶？”及玄感反，密归之，为其谋主。后玄感败，密变姓名，奔翟让。让立密为魏公，开幕府，置僚属，有九十余万人]。梁归都据夏州，刘武周杀太原留守王恭，举兵反。窦建德自号夏王，朱粲自号楚王，刘元进据吴都。炀帝闻群贼起，大惧，使冯慈明征兵东都[炀帝闻盗贼蜂起，召群臣问之。皆曰：“此鼠窃狗偷，何足以忧”侍御史韦德裕曰：“今海内土崩，纲纪大坏，而内史侍郎虞世基，御史大夫裴蕴等阿媚陛下，隐秘不言。所谓积薪已燃，宗庙必不血食矣。《周书》曰：‘绵绵不绝，将成江河’，陛下勿以谀言不以介意。”乃诏冯慈明诣东都征兵，将以讨密，为缴逻所获，归之李密。密闻慈明至，大悦，谓慈明曰：“皇天无亲，唯德是辅。主上毒流四海，天下咸知。密纠合苍生，思平宇内。熊罴之士，百万有余。据敖仓之粟，带成皋之险，干戈精练，甲胄坚实，决东海可西流，蹴泰山可东倾，以此御敌，何敌不摧？以此攻城，何城不陷？东都危急，不日将降。幸少留意，同建功名。”慈明曰：“蒲山公策名先帝，位极朝端，明公不思造我之恩，翻怀反噬之志，弃隋之大德，即枭感之顽嚣，恶积祸盈，败不旋踵，网漏吞舟，至于今日，昔巨君以天下之众，弊于光武；处仲以江左之师，穷乎明帝。明公以乌合之卒，不越数千，狼顾鸱张，强梁村坞，唯德是辅，公何预焉？”密乃幽之司徒府，慈明密令人诣东都，事泄，翟让杀之]。诏唐国公渊镇太原。五月甲子，唐公举义兵，遥尊炀帝为太上皇，立代王侑为天子，行伊霍故事。传檄天下，闻之响应。

隋高祖姓杨氏名坚，周武帝初为隋州刺史，女为太子妃。周宣帝立，拜为大司马。宣帝崩，立靖帝，进爵为隋将宋老生拒义师，时连雨不霁，粮运不给，又讹言突厥将袭太原。唐公惧，命旋师。用秦王谏，乃止[秦王谏曰：“独夫肆虐，天下崩离，狼顾蜂飞，跨州连县。丈夫不得耕耘，女子不得纺绩。故伏剑汾晋，举旆秦墟，将斩封豕以安万人，戮鲸鲵而清四海。据崤函之固，挟天子之威，令诸侯，定天下。是以闻之响应，投赴如归。今遇小敌，便将反旆。恐义师一朝解体，大事去矣，势不可全。归守太原，则一城贼耳，恐不旋踵，祸变仍生。”乃止也]冬十月，义师次长乐宫。卫文升挟代王乘城拒守。十一月，平京师，尊代王为天子，改元义宁[遣使四出徇郡县，隋行官唐公悉罢之。后官，还其亲属。初，隋将多侵百姓，百姓患之。及义师至，秋毫无犯，皆曰：“真吾君也。”]时炀帝将之丹阳，而大臣将卒皆北人，不愿南迁，咸思归。宇文化及因百姓之不堪命，杀炀帝于江都，隋室王侯无少长皆斩之。立嗣王浩为天子，化及为丞相[上曾梦见青衣儿谓曰：“去亦死，往亦死，不若乘船渡江水。”裴蕴、虞世基皆南人，赞成其事。将帅不愿南迁，将因会鸩之。南阳公主惧杀其婿，以谋告宇文士及。士及告其兄化及，遂反，执帝。帝曰："吾何负于天地而至此乎？"马文举对曰："臣闻万姓不可无主，故立君以抚之，是知一人养万姓，非万姓养一人。高祖文皇帝粤有下国，丕隆大宝，除苛政，布恩德。南战强陈，北灭狡虏，二十余年，河清海宴，既而弃世升遐。陛下即位，违远社稷，委弃京师，巡游行幸，略无宁岁。洿通河洛，控引江淮。丁壮倦劳苦，老弱疲转饷。高颎、贺若弼，先朝重臣，勋德俱茂；薛道衡英华冠世，经纶之才，咸被非辜，卒遭夷戮，贤哲之士退，谄佞之子升。又频年讨辽，征役不息，行者不返，国用空虚，白骨被于原野，肝胆涂于草泽。悠悠冤魂，有谓上帝，将假手于人矣。及在雁门，取辱虏庭，重围既解，理须宁息，方更巡游吴越，翱翔江上。头会箕敛，以供行乐。士卒无短褐，后宫厌罗绮。士卒无糠糟，犬马贱粟肉。甲胄生虮虱，戎马不解鞍，拒谏饰非，无心反驾。遂使九县瓜分，八纮幅裂。以天下之富，四海之贵，一旦弃之，犹曰无罪，臣窃为陛下羞之。"乃默然，缢杀之]。

五月戊子，天子侑逊位于别宫，禅位于唐，都长安[大业末，谣曰："桃李子，洪水远扬山，宛在花园里。"李，唐姓也；洪水者，唐王讳也；杨，隋姓也；花者，叶不实也；园圃者，代王名侑，与圃同音；会杨侑虽为帝，终于历数有归，唐王当践其位也]。已巳，王世充、段达等立越王侗为皇帝于洛阳。六月，宇文化及自江都至彭城，据黎阳，称许。李密率大军，壁清淇。敦煌张守一闻密之拒化及也，说越王以讨。越王不用其策，用孟琮计，与密连和。[张守一说曰："臣闻鸿鹄之翔之未就，冲天之情已萌；武豹之文未备，食牛之心已成。今陛下据全周之地，背河面洛，带甲十万，粟支数十年，此霸王之资，非待翔成文备之势也。固城自守，不以济世为心，何异夫群蚁之婴一穴乎？窃为陛下不取。越王曰："若之何？"对曰："三王之兴，五伯之举，莫不由兵以成大业。故夏启有甘野之师，齐桓起召陵之众，皆以征讨不庭，伐叛威愿也。今天下土崩，英雄竞起，为陛下腹心之患者，莫过夏魏。夏遣师涉河，则东都非陛下之地；魏遣师逾洛，洛口之粟非陛下所有。累卵之危，无以加也。臣闻兵以正合，而以奇胜。韩信所以斩成安，子房所以降秦也。请选精锐之士二万人守洛阳；三万人循河而守，以备夏寇之来；亲率大军出洛口，掩魏之师，魏之群臣谓陛下从天而降，仓卒之间，智者不为计矣。李密既灭，则建德慑气，备守边疆，相时而动，则文皇之业可修，世祖之基不坠。"越王曰："朕新受命，人神未附，兵革屡兴，恐士大夫解体于我。"守一曰："陛下以累圣之资，继二祖之业，虽夏人之思禹德，复戴少康；汉室之恋刘宗，重尊光武。以今况古，彼有惭德，况密有可伐之者三，何则？始密与翟让同起乌合之众，大业已就，密乃杀让而夺其位。士卒初丧其主，鬼神新失其祀。人神未附，一也。地广兵众，法令不明，赏罚不信，二也。精锐之卒并拒秦王，巩洛所留悉皆老弱，乘其虚而袭之，必得志矣，三也。志曰：'夺人之先'，又曰：'天时不如地利，地利不如人和'，陛下兼此三事，又居之以先，无不克矣。"王将从之。孟琮曰："化及率思归之众，其锋不可当；李密英雄，勇略不世，非密无以灭化及；且袭之不得，复生一化及。臣请说以利害，示以大节，使为元戎，以除凶秽，徐议其后，未为晚也。"王曰："善。"孟琮乃说密曰："明公以乌合之卒，密迩王城，罕慕德之人，无山泽之固，兵法所谓四分五裂，特所忌焉。念东有化及之师，西有东都之众。来拒化及，则王师袭其后；备东都而不行，则化及之师日至，于是六军屯洛口，化及下武牢，诚恐不暇转旋，败亡已及。今皇帝世宗成帝之子，世祖明帝之孙也，以累世之资，当乐推之运，士马百万，据有旧都。宇文化及怀音蓄闻，亲行枭獍。主人枕戈待旦，将卒蓄力待明。将军诚能率先启行，诛锄凶暴，则有磐石之安，无累卵之危也。晋文舍斩袪，齐桓置射钩。况主上圣哲自天，宽和容众，勿以畴昔之失，过望于皇帝也。狐裘羔袖，将军择焉。"]密初闻张守一之谋，大惧；及琮至，大悦。使记事李俭朝，越王大悦，拜密为太尉魏国公。李密无东都之虑，尽锐攻化及，破之。密自败化及，益以骄傲，越王命王世充击密，密不用祖彦君计，密师败绩。遂西奔京师，寻谋叛，杀之。[王世充之击密也，密会群僚议之。裴仁基曰："世充今悉锐而至，洛下必空，但坚守其要路，无令得东而已。以锐卒三万循河曲而上，示逼东都，东都必急，世充必救。待其至洛，然后还军。如此，吾有余力，彼劳奔命，兵法所谓'彼出则归，彼归则出；数战以疲之，多方以误之'也。"密曰："公知其一，不知其二。今世充之兵不可当者三：兵仗精锐，一也；决计深入，二也；食尽求战，三也。我但乘城固守，蓄力待时。彼欲战不得，求走无路。不盈十日，世充之首可致麾下。诸君以为何如？"单雄信曰："以乐战之兵当思归之卒，食饱不敌，战必克矣。"祖彦君曰："不可，夫师曲为劳，师止为直；曲则为饥，直则为饱。世充挟隋室之威，不可为曲；主公以逆为名，不可为直。裴光禄之谋，一时之上也；主公之策，持久之上也；单将军之谋，灭亡之下也。夫物不两大，胜无常资。故庆者在闾，吊者在门。诚恐乘时化及，必殆于世充。请按甲息兵，候时观衅，世充志大而体强，心勇而多悍，忸于自伐，必有异图。不盈数年，祸将作矣。然后伏顺而举，应天顺人；嵩岳为城，洛水为池；武臣勒兵经略于外，文吏儒士守之于内。孰与邀一时之功，坠万全之业？欲取之，先与之；将弱之，必强之，欲取而不与，必受天咎；将弱而不强，必受天殃。愿主公始与之而强，我承其弊，以全制其后，无弗捷矣。"密曰："智哉"。欲不战。王伯当，单雄信曰："天下安乐，百姓无事，耨文采墨，从容于庙堂，武不如文；四海沸腾，英雄竞起，角帝图王，荡清氛祲，文不如武。各有其时，不可戾也。越王淫虐之余，天厌之久矣。且天命不常，能者伐之，何曲直之有？请以定乱属武臣，制治属文吏。今日不战，大事去矣。"密遂用单雄信策。合战，密师败绩。世充乘胜趋洛口。密左长史邴元真以仓城降。密奔武牢，不敢入。北渡河，遂奔唐。初，王伯当与单雄信，徐世勣俱为密将，军中号为三杰。故密信之而大战。]**大唐武德二年，王世充杀越王侗于洛阳，僭称尊号，隋氏灭矣。**[梁时沙门宝志为书曰："牛三来就九，索房下殿走。意欲东南游，厄在彭城口。"今兹三月，江东童谣曰："江水何冷冷，杨柳何青青，人今正好乐，已复戍彭城。"牛三就九，十二年也；戍言输也；吴人谓北人为虏，江都西有彭城村，村有彭城水，上引其水入西阁之下，果于此被执。初，上在江都，闻英雄竞起，皆曰：此乃狂贼，终无所成。及闻义师起，上方卧，惊起曰："此得之矣！杨广博览多闻，而不知学，渊为天子，安用圣为？"抚心而叹，久之复卧，曰："王者不死，天自成人也。"]

论曰：干宝称："帝王之兴，必俟天命，苟有代谢，非人事也。尧舜内禅，体文德也；汉魏外禅，顺大名也；汤武革命，应天人也；高光争伐，定功业也。各因其运而得天下。隋时之义大矣哉。"范晔曰："自古丧大业，绝宗禋，其所以致削弱祸败者，盖渐有由矣。三代以婐色取祸，嬴氏以奢虐致灾，西京自外戚失祚，东都缘阉尹倾国。"成败之来，虽亦有数，然大抵得之者，皆因得贤豪，为人去利除害；其失之者，莫不因任用群小，奢汰无度。孔子曰：'以约失之者鲜矣。'又曰：'远佞人，去僻恶。'有旨哉！[昔秦王见周之失统丧权于诸侯，遂自恃任人，不封立诸侯，及陈胜楚汉成由布衣，非封君有土而并灭秦。高祖既定天下，念项王从函谷入，而已由武关到，惟修关梁，强守御，内充实三军，外多发长戍。及王翁之夺取，乃不犯关梁，而坐得其处。王翁见以专国秉政得之，即抑重臣，收下权。及其失之，又不从大臣生焉。更始见王翁以失百姓心亡天下，既西到京师，恃人悦声，则自安乐，不纳谏臣。赤眉围于外，近臣又反于城，遂以破败。由是观之，夫患害非一，何可胜为防备哉！贾谊曰："夫事有招祸，法有起奸，唯置贤良，然后无患矣！"]

【译文】

我听说周代拥有天下，它的太平治世有三百多年，成康盛世时，刑罚放在一边四十多年不用，到了它衰败的时候，也有三百多年。[太公对周文王说："位居于一人之下，然而却高居于万人之上的人，只有有能力之士能做到。"于是周文王礼贤下士亲近才见到只有六人，经过寻找后见到的有十人，但一经呼唤即成为朋友的有上千人。由友及朋，由朋及党，由党及群,与自己志同道合的人像滚雪球一般越来越多。用这种办法来笼络天下贤能之人有三分之二。人民也都归顺他。所以说:"周文王得了天下地区的三分之二,仍然向商纣称臣。"说的也就是这个道理。]因此五霸相继而起。这些霸主常常辅佐天子,兴利除害,诛除暴虐,禁止邪恶之事,扶正四海,使天子得到万人尊敬。五霸死后,圣贤之人没有继续出现,天子于是孤弱起来。号令不被施行,诸侯恣意乱行,以强凌弱,以众欺寡。[吴王问伍子胥:"你认为可以攻打楚国吗?"伍子胥回答说:"楚国执掌大权的人很多,但却不团结,没有一个能在忧患时担当重任的。如果派三支军队骚扰楚军,第一军到,楚军必定会全部出动。他们出动,我撤退,他们撤退,我出动,这样楚军一定疲败不堪。多次骚扰楚军,再多方面对它进行误导。等到疲乏之后,再以全力来攻打它。这样必定能大败。"吴王阖闾听从了伍子胥的建议。楚军因此开始衰败。越王勾践问大夫文种:"你以为我们攻打吴国怎么样?"文种回答:"攻打吴国有七种方法,策略如下:尊天命,事鬼神,控制邪异之说;赠送贵重的东西,取悦吴王的心,使其自尊自大;赠送能工巧匠,建造华美高大的宫室,使吴国财物困竭;赠送阿谀奉承的奸臣,向吴王献媚,使吴王狂妄自大;怂恿进谏的大臣向吴王进言,使吴国内乱;乘吴国衰弱之时,用精锐的部队攻打。"鉴于此,越王勾践把美女西施进献吴王,吴王很高兴。伍子胥进谏不听,吴王不听,反而杀了伍子胥。越国又把雕刻着黄金的精美栏杆进献给吴王,吴王开始建筑姑苏台,花了很长时间才建成,老百姓尸横遍野。越国又蒸粟米种送给吴国。吴国发给老百姓播种,结果颗粒不生,于是全国发生大饥荒。齐桓公想要削弱楚国的力量,就铸造大量的钱币高价收买楚国大量的活鹿。楚人听说鹿贵,大喜,纷纷放弃生产猎鹿。齐桓公储藏粮食到平常的五倍。楚国人虽然钱多,却没有粮食,齐桓公断绝与楚交往,楚国降齐国的人有十分之四五。到了在柯地会盟,齐桓公想背弃信义,不归还鲁国土地,管仲劝说桓公,不背曹沫之约,树立了齐国的威望。各个诸侯国果然由此归顺齐国,所以说:知道施予,是获取政权的秘法。郑桓公想要偷袭邻国,先打听邻国豪杰、良臣、善辩之士的姓名,然后挑选邻国的土地赐给他们,继而封以高官、厚禄,并把这些封赐书写在册籍上,埋在城门外的战场上,用鸡狐之血来祭祀。邻国国君认为国内发生阴谋,把这些豪杰、良臣、辩士全都杀了。郑桓公于是偷袭邻国。以上这些都是诸侯恣意周行,天子的号令不被施行的例子。]田常篡夺齐国的政权,范、中行、知、赵、魏、韩把持晋国朝政,后来,范、中行、知三家败亡,赵、魏、韩三家分晋,却成为战国时的诸侯国。从此之后,百姓开始遭难。[齐桓公与晏子坐在大厅之上。齐桓公感叹道:"真壮观,还有谁会拥有像这样的宫室呢!"晏子说:"你所说的话,是与陈氏相比吗?陈氏虽然没有大的功德,却有恩惠于别人,官爵俸禄这些东西,他从你这儿索取的少,施与别人的却多。你横征暴敛,陈氏优厚乐施,所以人民都归附他。《诗经》说:'虽无德与汝,式歌且舞。'陈氏施恩的行为,必定得到人民的称道。你的后代如果稍微一衰落怠惰,陈氏那时还健在,那么齐国将成为陈氏的天下了。"后来陈氏果然篡夺齐国政权。智伯令韩、魏的君主跟随自己攻打赵国,韩魏两国阴谋造反。智果劝智伯说:"韩、魏二王大概要反叛,不如杀掉他们,否则就亲近他们。"智伯说:"亲近他们该怎么办?"智果说:"魏宣子的谋臣赵葭,韩康子的谋臣段规,都是能说动其君主改变计策的人,你与这两个人约定一同攻打赵国,然后再分封这两个人每人万户之县。如果这样,韩魏二王就不会背叛。"智伯不听智果的建议。后来韩魏两家果然反叛,杀了智伯。]当此之际,强国攻打弱国,弱国忙于守备。合纵连横,战乱四起,士兵的头盔铠甲长满了虱子,百姓有苦难言。

等到秦国吞并天下,扫除六国,天下政权统归于秦,各诸侯的城池都遭到破坏。秦法律严酷,政治凶残,阿谀谄媚的朝臣多。秦派大将蒙恬在北攻匈奴,派大将尉佗讨征南海,驻兵荒凉毫无用处之地,民不聊生。秦始皇驾崩,天下大乱,义军蜂起,陈胜吴广在陈起义,[陈涉、吴广去渔阳服徭役,路经大泽乡,赶上天下大雨,道路不通,估计已经过了预定期限。按秦法律,超期要被杀头。陈、吴二人商议:"现在已经失期,按法律当斩。现在造反是死,可是为了夺取国家政权而死不是更值得吗?"于是二人先用鬼神之事让众人信服,然后杀了押送他们的军官。二人招呼一同戍边的民众说:"大家在这里遇上大雨,已经过期,按法律当被杀,假使不必斩首,那么戍边的人也有十分之六七是死,在这种情况下,壮士不死则已,死也当成就大业,死得有意义。王侯将相难道都是天生的吗?"属众都赞同道:"愿意听从你的命令。"于是二人分派将领,攻占土地。陈胜自立为陈王。]武臣张耳在赵地起义,[武臣刚刚平定赵地,自封为武信君。蒯通劝说范阳县令徐公:"我蒯通是范阳一个普通百姓,因怜悯你快要死了,所以来吊唁。虽然如此还是祝贺你遇到我而得以起死回生。"徐公再次拜谢问道:"你凭什么吊唁呢?"蒯通回答:"你在范阳做县令已经十多年了,杀害别人的父亲使别人的幼子成为孤儿,砍断了别人的手脚,伤天害理之事干得太多了。但是受害者家属之所以不敢杀掉你,是畏惧秦朝严酷法律。现在天下大乱,秦朝的政治法律不能施行,慈父孝子必定乘此机会争先恐后要来杀掉你,来平复他们心中的怨气,成就他们的名声。这就是我来吊唁你的原因。"徐公又问:"凭什么祝贺我得到你又可以起死回生呢?"蒯通回答道:"赵武信君知道我蒯通有才能,

所以派人来拜访我,询问将来之事,我将去拜见并游说他:'通过战争来夺取土地,夺得天下的城池。以我看,这是很危险的事。如果你使用我的计策,可以不必通过战争就能夺取土地,攻下城池。只要传递檄文,千里之地就可以取得了。'赵武信君一定会问:'你这是什么意思?'我就说:'你前来攻打范阳,范阳令当然要整顿军队,守卫城池,准备作战。而城中贪生怕死、贪图富贵的人,必定想让范阳先投降你,先投降却没得到用处,其他城池就会相互转告:范阳令先投降而被杀,我们一定要筑城固守,使城池固若金汤,不被攻破。现在你的万全之计,不如用高大的宫室、华贵的马车结交范阳令,让他奔走燕赵周围,那样边地的其他地区就会相互转告:范阳令先投降而富贵。他们必定会如斜地上滚动的泥丸纷纷投降了。'这就是我所说的传递檄文,千里之地可成安定的计策。"徐公再次感谢。于是准备车辆马匹派遣蒯通游说武信君。蒯通就以前事来劝说赵武信君。赵武信君用车二百乘、马二百匹、侯爵的印绶拜徐公。河南、河北之地的其他城池听说后,归降的有三十多个城池。一切都如蒯通的计策那样。]项梁在吴地举兵,[项梁命令项羽杀掉代理郡守殷通,便从吴地举兵起义]田儋在齐地起义,景驹在郢地举兵,周市在魏地举兵,韩广在燕地举兵,普天之下,豪杰并起,最终灭掉了秦朝。

汉高祖刘邦,字季,沛国丰邑人,早年担任泗水亭长,秦二世元年陈胜等人造反,陈胜自立为楚王。[张耳、陈余进谏道:"将军你冒着生命危险,为天下百姓除害,现在刚刚到陈地,就自立为王,这是告诉人们你把私有天下的财产,这对你是很不利,你不如立六国的

后代为王，让他们自树党羽，你向西进攻，不必交战就会畅通无阻。诛戮残暴之秦，据守咸阳，传令诸侯，天下可以掌握在你的手中了。"陈胜未听从这一建议。]沛地人杀掉他们的长官，立刘邦为沛公。此时，项梁驻于薛地，刘邦去跟随他，一起立楚怀王孙子为义帝，[范增劝说项梁："秦朝消灭六国，楚国最可惜，不应当灭，自从楚王入秦国，再没返回楚国，天下百姓都可惜。所以说'楚国哪怕只剩三户之地了，那么灭掉秦朝的，必定还是楚国'。现在，陈胜首先起事，不立楚国后代，其势焰肯定不会长久。你从江东造反，楚地之人蜂起归附你，是因为你家世代为楚将，即将立楚国的后代为王。"项梁于是寻找楚怀王的孙子能心，立他为怀王。]约定：先攻打进咸阳的，就做关中王。

秦将章邯在定陶大败项梁的军队。杀死项梁，章邯认为楚军不值得忧虑了，于是向北攻赵地。楚王派项羽等率军解了赵地之围，派沛公为别将向西入关。沛公于是攻打宛城。宛城投降了。[沛公攻打宛城，南阳太守吕齮坚守城池，一时没有攻下。沛公想舍弃宛城继续向西进兵。张良进谏："前有强大秦兵，后有宛兵追击，此时向西，必要处于危险的境地。"于是沛公围定宛城。宛城告急，太守想要自杀，有个舍人陈恢，逃出城来见沛公："宛城官吏怕投降后仍是死，于是坚守城池。你如果整天攻打它，死伤的人必定很多。如果你率军撤退，宛兵必定也从后追赶你的军队。这样你一方面失掉先入咸阳为王的机会，另一方面又有强大的宛军为后患，不如招宛降城，封赏宛城的将领，然后带宛兵向西入关，其余各城未被攻下的，必定开门迎接你。"沛公说："好！"封吕齮为殷侯。]去攻打武关，大败秦军[赵高杀了秦二世，立子婴为皇帝，派兵拒守武关。张良对沛公说："秦军现在还很强，不可轻敌。希望多用旗帜插在各山上，来迷惑秦军。再派郦食其带贵重的礼物贿赂秦将。"秦朝将领果然想联合沛公一同向西入咸阳。沛公想要答应这一建议。张良进谏："这只是将帅想要背叛秦朝，恐怕士兵不会随从。士兵不跟从，必定会出现危险，不如乘着现在疲劳攻打它。"于是沛公派军攻打秦军，大胜秦军。]沛公攻入咸阳，与秦人约法三章。[秦人送牛肉、美酒给沛公，沛公不要。秦人知道沛公是有德行的人。]沛公派兵坚守武关，想要称王关中。此时，项羽在黄河以北大败秦军，率领诸侯的军队四十万到达鸿门，想要在天明攻打沛公。沛公由于项伯救助，得以逃脱。

项羽于是杀掉秦王子婴，向东定都于彭城。封沛公为汉王，统治汉中之地。[刘邦不肯去巴蜀上任，想要攻打楚国。萧何说："大王虽然称王巴、汉，汉地虽险恶，但不是比死还强吗？况且《诗经》上说'天汉'，这个称呼也很吉利。能够屈居于一人之下，而高居于万人之上，是汤武这样的圣人。希望大王能任王汉中，安抚汉中百姓，收罗有能力之人，取得巴蜀的土地，再平定三秦。这样天下的大权就可以谋取了。"]于是汉王用韩信的计策，向东进攻，再次平定三秦之地。[汉王到巴蜀就任，韩信从项羽那儿逃出来，跟从汉王入蜀，没有什么名望。多次与萧何接触后，萧何认为韩信是个难得人才，推荐给汉王刘邦，拜信为大将。韩信拜谢，汉王问道："萧何多次在我面前夸赞将军，将军用什么途径来教我成就霸业呢？"韩信拜谢，问汉王刘邦："现在和你争夺天下统治的，难道不就是项羽吗？"刘邦点头称是。韩信说："大王你自觉勇敢、剽悍、仁义、强大几个方面上与项羽比怎么样？"刘邦沉默不语，许久说道："不如项羽。"韩信又施礼祝贺道："假使是我也觉得大王在这些方面赶不上项羽。然而我曾经在项羽手下为事，请允许我说说项羽的为人。项羽武力高强，风云叱咤，有万夫不当之勇，然而却不善于任用手下的有能力将士。所以这种勇敢也只不过是匹夫之勇罢了。项羽遇见普遍士兵，恭敬又慈爱，说话语气温和，士兵生病，项羽哀痛哭泣，把自己的饮食分给病人，到用人打仗应当封赏的时候，却把持已经刻好的印绶，不忍封赏。这是妇人的仁义，项羽称霸天下使诸侯臣服，不定都关中却定都彭城，背弃先前与义帝订立的和约，任用亲信的人为王，诸侯们对此十分不满。诸侯见项羽把义帝放逐到江南,也都放逐自己君主,而自己在富饶之地称王。项羽军队所过之处,到处残害百姓,天下怨声载道,百姓归顺,也只不过是迫于暴力,勉强顺从罢了。项羽名虽为霸王,其实已经失去了民心。所以说,他的强大是表面的。现在大王假如能反其道而行之,任用天下有武勇的人,什么人不可以攻打!用天下的土地分封有功之人,有谁会不服从!用想要东归的士兵攻打东方的敌人,敌人怎么会不败!况且三秦之地的诸侯,都是秦朝旧将,率领秦朝士卒已经多年了,战死的人不计其数。但他们又诳骗部下投降项羽,到新安,项羽用欺诈活埋秦兵二十多万人,唯独邯、欣、翳三人得以逃脱,秦地的百姓已对这三个人恨之入骨。现在楚国强用武力手段封这三个人为王,三秦的百姓不会拥戴他们的。大王你一入武关,秋毫无犯,废除秦朝严苛的法律,与秦地百姓约法三章。三秦的人都想让大王你称王三秦之地的。按照以前与诸侯订立的和约,大王你应当称王关中,这些关中百姓都是知道这一点的。大王你失去关中王的职位,进了汉中,秦地人都报怨项羽的。现在大王你要举兵向东,三秦之地可通过传递檄文而平定了。"听了这番话后,刘邦很高兴,于是听从韩信的策划。当初,汉王到巴蜀之地上任,张良送到褒中,劝说汉王道:"大王为什么不烧掉所有的栈道,以表示你没有归还关中之心,让项羽放心?"汉王于是派人回去,烧掉所有经过的栈道。楚王项羽也因此不再担心汉王有归关中之心了。]田荣怨恨项羽不立自己为王,于是杀掉齐王田市,自立为齐王,项羽率军北灭了齐。[项羽拜吴地县令郑昌为韩王攻打汉王,张良送信给项羽说:"汉王失掉关中王的职位,到蜀就任,想称王关中,履行约定立即停止,不敢谋反"又把齐王谋反的信拿给项羽看,说"齐想灭掉楚"项羽因此不攻打刘邦却向北攻打齐田荣。]项羽派遣英布在郴地杀死了义帝。汉王刘邦为义帝大办丧事,披麻戴孝,哀痛哭吊三天,把此事遍告天下诸侯。[董公对汉王刘邦说:"我听说顺应民德的人必定成功,失掉民德的人必定灭亡。出兵无名,事情就不会成功。所以说让天下明白对方是寇贼,人民才有可能归服。项羽行惨无人道之事,放逐杀害义帝,是天下的盗贼。行仁义不靠勇力,讲义气不靠武力,三军士卒才能心悦诚服。你把这件事遍告诸侯,再进行东伐,那样四海之内没有不敬仰你的德行,这才是夏、商、周。三王的义举了。"汉王点头称是。]

　　因为项羽去攻打田荣,刘邦率了诸侯的军队五十六万人,向东攻打楚国,攻破了彭城。项羽听到了这个消息,留下自己的属下攻打齐国,自己率领三万精锐部队回师攻打汉王,汉王刘邦与项羽在彭城下展开会战。汉军失败,奔出梁地,退到虞地,刘邦问左右大臣:"谁能出使淮南王,劝说淮南王英布举兵叛楚王,使楚王的军队滞留在齐国,几个月后我夺取天下就不会再有危险了。"大臣随何于是出使淮南,劝说英布背叛楚王。[随何游说淮南王说:"汉王派了人敬进书信与大王,我奇怪,大王与楚王是什么关系?"淮南王说:"我对楚王称臣。"随何说:"大王你与项羽本同是诸侯,但你却对楚王向北称臣,必定是认为由于楚王强大,可以得到依托。楚王攻打齐国,都亲自背着版筑,身先士卒。大王你应当倾淮南所有的军队,亲自为将,作为楚王的先头部队。可是现在你才派四千兵协助楚王,对楚王向北称臣,怎能这样的呢?汉王攻打彭城,项羽未从齐国撤军之时,大王你应当派淮南的所有士兵北渡过淮河,日夜与汉军激战在彭城下。大王你拥有上万的部队,却不发兵渡过淮河,只是在隔河观望谁是赢家,难道把国家托付给别人的,是应当这样做的吗?大王你假装来向楚王称臣,是想从中得到好处。我私下为大王感到担心。大王你不背弃楚王,是认为汉王势力太弱小。但楚兵虽然强大,但天下的人却把它看作是不义之师,因为楚军背弃前约杀死了义帝,楚王靠武力取胜,强大起来,汉王兼并诸侯,归守荥阳,收走蜀汉的粮食,加强工事,分兵把守各个边界要塞。楚军回兵,劫掠梁地,军队深入敌国上千里,想要作战却不能,想要攻城实力不够,老弱之兵从千里之外转运粮食。楚王兵到荥阳、成桌,汉军坚守不战。楚军既不能攻,又退不能守,所以说楚军是会失败的。假如楚军胜汉军,那么诸侯害怕楚国,相互之间就会救助项羽。所以说楚军的强大，只不过是使自己成为天下攻击的对象罢了，所以说楚王的前途不如汉王，形势是显而易见的。现在大王你不亲附有前途的汉王，却于在危亡中的楚结为一体，我私下为大王的行为感到迷惑不解。我不认为你们淮南的军队足能够消灭楚军。但大王你发兵背叛楚国，项羽必定停留齐地，几个月后，汉王夺取天下可以成功了。我请大王率领军队归顺汉王，汉王必定会分土地给大王，更何止淮南这一小小地盘呢？必定也是大王你的。所以汉王派我向你献计，希望大王你好好考虑一下。"淮南王说："就听你的嘱咐办吧。"于是暗地里答应背叛楚王亲附汉王，却不敢泄露消息。这时楚王的使者正到淮南，正急着催促黥布发兵。住在旅舍里，随何直接坐到楚使者的上坐上，说："九江王已经归顺汉王，楚王凭什么命令他发兵救急。"黥布听了随何的话非常惊恐。楚王的使者起身走了。随何于是劝说黥布："事情已到了这地步，不如暗自杀了楚王的使者，不要让他回去，快些归顺汉，与汉王携手并力攻打项羽。"于是英布按随何说的那样做了。杀掉了楚王使者，发兵攻打楚王。

汉王到了荥阳，派韩信攻打魏王豹，活捉了魏王。[汉王问郦食其："魏王的大将有谁？"郦生回答："是柏直。"汉王说："此人太年轻，还不能抵上韩信的骑兵将领冯敬，灌婴的步兵将领项他，以及曹参，有他们在，我没有可担心的了。"汉王任命韩信为左丞相去攻打魏王。韩信进兵，摆开船只要渡临晋，魏王聚集兵力抵挡。于是韩信命士兵用木罂（木制容器）从夏阳渡过临晋，偷袭安邑，俘虏了魏王豹，之后便立即进兵攻打赵地。]汉军与楚军在荥阳对峙。楚军包围了汉军，汉王采用陈平离间计策才得以解围。[汉王着急地问陈平："你有什么计策没有？"陈平说："项羽手下有能力大臣像亚父、钟离昧之类的人也不过几个而已。大王如果能够拿出数万黄金，使用反间，离间他们君臣关系使项羽对他们产生疑心，楚军内部必定会内讧。因为项王为人好猜忌，听信谗言。汉军乘机举兵攻打它，楚国肯定失败了。"汉王于是拿四万斤黄金给了陈平，让他恣意使用。不问进出数目及用处。陈平拿到许多黄金，大胆地施行反间计。他在楚军中散布谣言："像钟离末这些人为项王立下了汗马功劳，却最终不能分得土地、获得王。他们想与汉王合作，消灭项王，分项王的土地。"项王果然起了疑心，派了使者到汉军。汉军为使者准备了最好的饮食，进献时，却假装惊讶道："我以为是亚父派的使者，原来是项王的使者。"于是把东西换走，以差的食物供给楚军使者食用。使者回去，把情况都汇报给项王听。项王又对范增起了疑心。范增想要攻打汉王，项王却不相信他。范增听说项王怀疑自己，叹息道："天下大事已经定了，大王你好自为之吧。希望让我告老还乡。"项王答应了他。]汉王入武关，集结部队，想要再次东征。辕生劝说汉王："请大王你发兵宛、叶，诱项王军队南渡，派韩信等人得以聚兵黄河北攻打项王。"汉王听从了辕生建议，出兵宛、叶，项羽果然派军南渡，象辕生说的那样。[辕生劝说道："汉军与楚军在荥阳、成皋相互攻打了几个月，汉军曾经遭到失败。希望大王你现在能派军出武关，那样项王必会引军南渡。大王你再深修军垒抵抗项王。使荥阳、成皋两地的士兵轮流休息。韩信等人得以集兵黄河北的赵地。大王你再转进荥阳。这样，楚军就会多方面受敌，力量分散了，汉军得以休整后，再与楚军抗战，定会大败楚军。"汉王采用这个建议，发兵宛、叶。项王听说汉王驻军于宛，果然领军南渡，正像辕生所说那样。]韩信和张耳领兵几万，东下井陉，攻下赵地，于是报告汉王，张耳请求为赵王，治理赵国。汉王答应了。[当初，赵王与成安君陈余听说汉军到，将偷袭。于是聚兵井陉路口。广武君李左车劝成安君道："听说汉将韩信曾渡西河，俘虏了魏王，擒住夏悦，新近又在阏与打了个胜仗。现在来帮助张耳，打算攻打赵国。这是乘胜远来战斗，锐气正旺不可抵挡。我说千里行军必然亡粮，战士面带饥色。先打柴草后才做饭，军队还整天吃不饱。现在井陉大路上，不能够并行车，骑兵不成行列，要行几百里路，粮食必定拖在后面。希望大王给我精兵三万偷袭敌军，从小道出发，截断汉军的粮。你深挖城堑，加高城墙，坚守营地，不要与汉军交战。使汉军向前不能攻,后退不能守。我用奇兵断绝他们的退路,使他们在野外找不到可以充饥之物。不用十天,张耳韩信脑袋可以拿到戏下。希望你能考虑我的建议,不然,一定被这两个人拿住。"成安君不听广武君。广武君的计策未被使用,韩信知道后,大喜。于是进军去攻打赵国。大败赵军。攻打赵后,韩信命令军中士卒不要杀了广武君,谁能够活捉广武君的赏黄金一千两。于是有人捉广武君到了戏下。韩信亲自下堂为广武君解开绳子,以军师的礼节来对待他,问道:"我想要向北攻打燕国,向东攻伐齐地。怎样才能取胜利?"广武君拜谢推辞说:"我听说打了败仗的将军不可以跟他谈论军事;国家灭亡的臣子,不可以与他谋划国事。现在我只是败军的一个俘虏,怎么能够权衡大事呢?"韩信说:"我听说百里奚居住虞国时,虞国却灭亡,住秦时,而秦国却称霸于诸侯,这不是在虞国他愚策,在秦就聪明了,只不过君主用不用、听不听的不同。假使成安君听了你的建议,像我韩信这样的人,也要失败了,我真心听从你的策划,希望你不要隐瞒。"广武君说:"'智者千虑,必有一失;愚者千虑,必有一得。'所以说'狂人的话,圣人也有选择地专听'。我的计策恐怕未必有用,但愿能向你报效我的愚忠。成安君有必胜的计策。一旦失算,即军败敝山下,身死于泜水边。现在将军你渡过了西河,俘虏了魏王,在阏与擒住了夏悦,一举攻下井陉。很快打败赵军二十万,杀了成安君,声名震天下,威震海内,农夫不务农,妇女不织布,准备了华服美食,听取等待你的命令,这是将军你的优势。然而现在将士疲乏,不能再战,你想要带领这些倦疲的士兵攻打燕国坚固的城墙,想战斗恐怕不能,攻城又攻不下,情势出现危急,日久粮尽,而弱小的燕国却不能攻下,齐军又必定又乘机犯境,显示自己强大。与燕、齐两军相抗持不能攻破,刘邦项羽的实力没有分明,假如这样,这是将军的不足。我虽愚笨,也以为这是不利的。所以善于用兵的人不拿自己的短处与别人的长处相比,而拿自己的长处攻击别人的短处。"韩信说:"既然这样那么该怎么办呢?"广武君说:"现在为将军着想,不如按甲休兵,安抚赵地,安抚孤弱之人,这样几百里之内,慰劳品就会很快自动送到你面前,你把它们来犒劳将领和士兵,派兵据守燕国要冲,再派一个能言善辩的游人送书信给燕王,展露自己长处,那样燕一定不敢不服。燕服了之后,再派辩士游,齐国必定望风归顺,即使他们国家有智的人,也无办法了。像这样,天下大事就可以定了。战争前先虚张声势,而后再战说的就是这个道理。"韩信点头说:"可以"于是听从了广武君的建议,又派使者到齐国和燕国,两国果如风一样归顺了韩信。]

十二月,汉王在成皋与楚军相持,未分胜负,犒饷将士之后,想继续攻打。郎中郑忠进谏说:"大王你加固营寨,不要作战,派刘贾帮助彭越进入楚军,焚烧他们的粮草,那样一定能大破楚军。"项羽此时正向东攻打彭越,留下曹无咎当守成皋。当时汉军多次被困于荥阳、成皋,正打算放弃成皋向东进军,驻扎巩、洛之间抵挡楚军。采用郦生的计策,又得以拒守于成皋。[郦生劝说汉王:"我听说只有懂得百姓为什么是天,他夺取天下的事业才可能成功;否则,就会失败。君王以百姓为天而民以食为天。敖仓长久以来一直是运粮的枢纽,那里储藏的粮食很多。楚军离开了荥阳,不坚守住敖仓,却引兵东向,仅仅命令士兵分别把守成皋,这是上天帮助您呀。现在楚易于攻打,而汉军反而失去有利的时机,这将是个大错。况且两雄不能并立,楚汉两军长期相持不下,百姓遭受苦难,天下局势动荡,农夫不种,妇女们不织,人心难定,希望大王你快些进军,收复荥阳,占领敖仓,堵住在成皋的险要之地,太行的要道,据守飞狐隘口,白马渡口,向天下人表明你有强大的军力,那样天下人就会知道政权的归向。现在燕赵之地已经平定了,只有齐地未被攻下。齐王田广拥有土地千里,田间率领有军队二十多万人,屯兵于历城下,几个田氏的人势力都很强大,背靠有海洋又有黄河济水作天险,南边靠近楚地,人都善变狡诈。你即使派几十万军队,也不可能很快攻破。我请求捧着您的诏令游说齐王,使齐地成为汉的东方屏藩。"汉王说:"好!"听从郦生的策略,重新据守敖仓。派郦生游说齐王:"大王你知道天下的归属吗?"齐王说:"不知。"郦生又说:"大王你如果知道天下的归属,齐地可以存在,为你拥有;你假如不知道,天下归属那么齐国就不能保存。"齐王问:"天下将归于谁?"郦生说:"天下归汉。"齐王问:"你是怎么知道的呢?"郦生说:"汉王和项羽合力向西攻秦,约定先进入咸阳城的为王。汉王先入咸阳,项羽背弃和约,不给汉王关中土地,却让汉王就任王汉中。项羽放逐并杀害义帝,汉王听说,发巴、蜀的军队来攻打三秦,出武关,寻找义帝坟墓,集合天下的义兵,称王却在各诸侯之后。凡投降的城池就封赏该城将领,得到钱财就分给手下谋士,与天下人共同享有他得到的好处,英雄豪杰也都愿意为他出死力。各诸侯的士兵从四面八方归顺他,汉的粮食用上万只船也装不了。项王有背弃和约的坏名声,杀害义帝的罪行;不记别人的功劳,却对别人的罪过却常耿耿于怀;将士有功得不到封赏,攻了城池得不到封爵;只要不是亲族就不被重用。给人刻下了印绶,却不肯封授;攻城得到了好处,积蓄了钱财,也不肯奖赏;天下的人都会背叛他,天下人都怨恨他,不愿意为他卖命。所以天下的人才都归附汉王,汉王就可以主持天下大事了。汉王从蜀汉出兵,渡过西河,安定三秦,打败上党的军队,攻下井陉,杀了成安君,向北攻打魏国,连克三十二座城池,这是象蚩尤那样的神兵,不是一般军队所能办到的,是上天给予汉的好运。现在汉王已拥有了敖仓的粮食,占据成皋险要处,把守住白马渡口,堵塞了通往太行的要道,据守住飞狐险口,天下最后服从的先灭亡。大王你若先归附汉王,齐国宗祀可以保全了;如不归附,危机的事马上就到了。齐王认为郦生说得对,听从了他的建议,撤掉历城的守兵。淮阴侯韩信听说连夜引兵渡河到平原,偷袭齐国。齐王怨恨烹了郦生,率兵东逃。当初郦生进见沛公,沛公正坐在床上让两个女子给他洗脚。郦生进来,只作揖而不下拜,说:"你想要帮助秦朝攻打诸侯还是想率领义军攻打秦朝呢?"沛公大骂:"浑蛋,天下的人受秦的苦已经很久了,所以诸侯才相继起来反叛秦朝,怎么说我帮助秦朝攻打诸侯呢?"郦生说:"您想要集合义兵,诛杀无道的秦朝,就不应当坐在床上如此傲慢地接见长者。"于是沛公停止了洗脚,起身向郦生道歉。]项羽向东进军之初,嘱咐曹无咎:"汉军来挑战,千万不能出战,不要让汉军向东就行了。"曹咎没听项羽的话,领军出战结果败死。汉王于是进兵成皋。[汉军挑逗曹咎出战,楚军不出战。汉军派人侮辱曹咎好多天,曹咎大怒,引兵渡汜水,军队刚渡一半,汉军攻打,楚军大败,汉军得到许多财物。]项羽闻知曹咎战败,于是回军广武间,建一座高坛,把沛公父亲太公放在了上面准备烹了。汉王派侯公劝说项羽,请求要回太公。项羽与刘邦订立盟约:平分天下,划鸿沟以西归汉王,以东归楚王。放回汉王的父母及妻子吕氏。

项王罢兵回东边,汉王想要带兵向西,张良说:"现在汉拥有天下大半的土地,人心也都归附,楚兵疲惫,粮食尽绝,这是上天要灭亡楚国的时候,不如趁楚军撤退,攻打它。"汉王于是追击项羽的军队,与齐王韩信、魏相彭越约定联合攻击楚军,二人都未来会合。后来采用张良的计策,使韩信等人发兵,把项羽围在垓下,于是灭掉了项羽。[汉王问张良:"诸侯不听怎么办?"张良说:"楚兵将要被打败,而韩信、彭越等人却没有封地,他们不来本来是肯定的,大王如果能和他们共同拥有天下,他们就会马上出兵。齐王韩信自立,不是大王你的本意,因而他地位也不牢固。彭越本来住在梁地,当初,大王因魏王豹封他为相,现在魏豹已死了,彭越理应得到魏王的位子,而大王却不早封他们。如果能把睢阳以北至谷城的土地分给彭越,把陈以东近海的土地分给了韩信,那么联兵攻打项羽的事情就会成功。韩信家乡在楚,他想统治故乡的土地。如果你拿出这些土地分封这二人,他们为了自己作战,那楚军就容易打败了。汉王于是分封这些人,让韩信、彭越,刘贾等攻打项羽。在垓下消灭项羽。]定都于洛阳。是采用娄敬的建议,迁都长安。[娄敬劝高祖:"陛下定都于洛阳,难道要与周王朝的一比兴盛吗?"高祖说:"是。"娄敬说:"陛下你得天下与周朝不一样,周的祖先后稷,尧时分封于邰,周积德行善十几代。公刘因为逃避夏桀的暴虐,定居邠,太王因为戎狄的骚扰才离开邠地,百姓拄着拐杖、骑着马,牵老携幼迁居西岐。到文王做西伯侯时听断虞、芮的诉讼,周才开始受命于天。吕望、伯夷等人从远方海滨归顺文王。武王伐纣前,在孟津,事先没召集,诸侯八百多人聚在一起说:"现在可以攻伐商纣了。"于是武王灭掉了商纣。成王即位有周公等人辅佐他。于是营建成周的都城洛阳,把洛阳当作天下的中央。四方的诸侯都接受周朝分封,并向周朝进贡,事理非常正常。有德的人得到王位,无德的人自取灭亡。凡是居住在洛阳的人,都希望周朝用德行进行治理,不因依靠洛阳位置的险要,使其继承人骄奢淫逸,虐待百姓。到周朝全盛时期,国家和洽,四方夷族仰慕周的德化,前来依附,共同治理天下。全国不养一兵一卒,四方夷族大国的百姓都前来朝见周天子,进贡用事,为周朝效命。等到周代衰微,分裂为东、西周,天下诸侯不来朝见,周朝也没办法.这不是周朝的德行少,是势力小。现在大王你从沛县起兵,仅三千人,带领这些人一直东讨西战,席卷蜀汉,平定三秦,与项羽会战于荥阳,争夺成皋,大战七十多次,小战四十多次,天下的百姓因战争伤亡不计其数,男子尸体遍布荒野也不计其数,百姓哭声一直没有断绝,伤病的人还没有好,而你却想与成康的盛世相比,我认为这是不可能的。秦地群山包围,黄河防卫,四面边塞坚固,即使突然有紧急军情发生,上百万的士兵也可以马上征集到。这就是所说的天府之地啊。陛下入武关定都长安,太行山以东即使发生叛乱,秦朝的旧地也可以保全不失。与别人角斗,不扼住对方的咽喉而抓他的后背心,不能取胜。现在陛下入关,迁都长安,控制了秦朝旧地,这是扼住天下的咽喉并且抓住天下的脊背。"高祖又问群臣。群臣都是太行山以东的人,都说周朝江山有七百多年,而秦朝只十余年就灭亡,不如定都洛阳。洛阳东面是成皋,西面有崤山、渑池,背靠黄河,前面是伊河、洛水。洛阳的坚固可以依赖这些。张良说:"洛阳虽有这样的坚固屏障,其中小的地盘,大不过几百里,土地贫瘠,四面受敌,这不是施武力的城邑,关中东边是崤山、函谷关,右边是陇、蜀的群山,沃野千里,南面有富饶的巴蜀,北面有胡宛,有三面屏障,只需把守东面,向东可以控制诸侯。诸侯安定,黄河、渭水的漕运就能正常运输全国货物,足够供给西京的需要,即使诸侯叛乱,顺流而下,也可以正常运送这就是通常所说的'金城千里,天府之国'。娄敬的说法是正确的。"高祖于是,迁都长安。]

后有人报告楚王韩信谋反,高祖采用陈平的计谋擒获韩信,废为淮阴侯。[人告信反向高祖和诸将问平定计策,诸将说:"应当赶快发兵镇压这个小子。"高祖沉吟不语。又问陈平,陈平说:"有人上书说韩信造反,还有别人知道吗?"回答说:"没有人知道。"陈平又问:"韩信自己知道这件事吗?"高祖回答:"不知道。"陈平问:"陛下的部队与楚军相比如何呢?"高祖回答:"不如楚军。"陈平又问:"陛下你手下的大将有(才能)超过韩信的吗?"高祖回答:"没有上。"陈平说道:"现在我们士兵不如韩信精良,将帅才能又赶不上韩信,发兵攻打楚军,这是自讨苦吃,我为陛下感到担心。"高祖问:"那该怎么办?"陈平说:"古代天子常巡行各地,会盟诸侯。楚地有云梦泽,陛下姑且出假装巡游云梦泽,在楚国西部边界。陈地会盟诸侯。韩信听说你要巡行游乐,一定会到郊外迎接拜谒您,而陛下趁势捉住他,这只不过用一个力士就可以干的事。"高祖认为有道理。派遣使臣通告诸侯皇帝巡幸之事。高祖随后出发。韩信果然在路上迎接高祖。高祖预先准备好甲士,看见了韩信,就立即把他捆绑起来。田肯祝贺高祖:"太好了!陛下擒住韩信,又治理秦中。秦中,是地势优越的地方,前有黄河、太行山的险要为屏障,南北相距达千里,士兵百万,秦朝建城白余座。这里地势便利,如果发兵攻打别的诸侯,就好象住在高台之上倒水一样势不可挡。山东,东有富饶的琅琊、即墨,南面有稳固的泰山,西边有浊河为界,北面有渤海,面积二千余里,士兵也百万,相隔千里,齐国控制天下的十分之二。象齐一样重要的位置,不是自己的子弟,不可以封为齐王。"高祖说:"对。"赐田肯金五百斤。]陈豨做代地的相国,与韩信、王黄等人谋反,陈自立为代王,高祖亲自带兵镇压。[高祖赦免越、代两地被陈豨牵连的人,赵国相国上奏请求处死常山的郡守和县尉,说:"陈豨谋反,强占了常山北二十五座城池。"高祖问道:"郡守、县尉谋反了吗?"回答说:"没反。"高祖说:"这是他们力量不大啊。"于是赦免了县尉,重新授予郡守、县尉之职。高祖一到邯郸大喜,说:"陈豨在南不据守漳水,在北不把守邯郸,可知他不是有才能的人。"又问周昌:"赵地有可以拜为人将的人吗?"周昌回答:"有四个人。"四个人进见,高祖责骂道:"这些臭小子能做大将吗?"但还是封给他们每个人一千户,拜为大将。左右大臣进谏说:"自从入蜀、汉,攻打楚国,还有人没有按功行赏,现在这几个人有什么功劳获得这样厚的封赏?"高祖说:"你们不知道个中原委。陈豨谋反,占有邯郸以北。我发檄文要求天下诸侯出兵讨伐,没有人出兵,现在唯独邯郸出兵,我怎么能吝啬四千户的封赏不分封这四个人,来安慰赵国人民的心呢?"群臣都说:"对。"高祖这时又问:"谁是陈豨的大将?"有人回答说:"是王黄、曼丘臣,出身都是商人。"高祖说:"我知道了。"于是分别用重金收买王黄、曼丘臣等人。他们账下受收买的人,都能生还,因此,陈军溃败。当初,韩信知道汉王妒忌自己的才能,使与陈密谋造反,高祖亲自率兵攻打陈,韩信称病没有随行,想要趁机造反。韩信的一个舍人得罪了韩信,韩信把他抓了起来准备杀掉。舍人的弟弟把韩信要谋反的事情告诉了吕后。吕后想要抓韩信,又怕他的同党不听。于是与丞相萧何密谋,让人假称从高祖那里回来,说陈豨已失败,诸侯群臣都来贺礼,萧何欺骗韩信说:"即使有病,也应当勉强进宫祝贺。"韩信进了宫,吕后派武士抓住韩信,在长乐内杀了他。]**尉佗也在南越称王谋反,高祖派陆贾赏赐给他印绶,封之为南越王,命令他向汉称臣,服从汉朝的命令,**[陆贾到南越,尉佗傲慢地接见他。陆贾于是进谏道:"你是中原人,亲戚、兄弟、祖坟都在真定,现在你违反你的本性,脱下汉朝装束,而穿胡服,想要拿小小的南越同天子抗衡。祸患将要来。秦朝政治,腐败天下诸侯豪杰全都起兵造反,只有汉王先进攻到武关,据守咸阳。项羽背弃约约,自立为主,诸侯都归附,可以说是势如日中天。但是汉王从汉中兴起,横扫天下,制服了诸侯,灭掉项羽。五年的时间里,平定了天下。"]

高祖当了十二年皇帝,驾崩,死时六十二岁。惠帝即位,吕后临朝听政。[吕后专权时,陈平退朝闲居常深思。陆生问:"你为什么常深思?"陈平反问:"你猜猜我想什么问题?"陆生说:"你位居人臣,俸禄三万余户,可以说是富贵到了头,没有什么可忧了。即使有忧虑,左不过是诸吕与少主争权罢了。"陈平说:"是。但是该怎么办好呢?"陆生说:"天下太平,人们就靠丞相;天下危急,人们就依靠将帅。将相融合,天才就诚心归附;人心悦归附,天下即使发生变乱,权力不分散;权力不分散,那么国家就掌握在两个人的手里。你现在为什么不深结交太尉,与他交好呢?"陈平采用陆生的建议,后来终于诛杀了诸吕。当初,吕后死,大臣诛杀了吕氏家族。吕禄担任北军统帅,太尉周勃恐不能进入北军行使军权。当时郦商的儿子郦寄与吕禄交往过密。陈平于是派人绑架郦商,让他的儿子去劝说吕禄。吕禄信了郦寄的话,与郦寄一起出了北军营,太尉于是得以进入北军,诛杀吕禄。]**景帝时,吴、楚谋反。景帝派兵镇压了吴、楚。**[景帝派太尉周亚夫向东攻打吴、楚,周亚夫问父亲的门客邓都尉:"应当采用什么计策才好?"邓都尉回答:"吴军精锐,士气旺盛,而楚国的军队外强中干,不能维持太久。现在将军的权宜之计,不如率兵向东,在昌邑修建军事工事,让吴国攻打梁国,吴兵必然全力攻打梁国,将军加强防御,派少量士兵掘开淮水泗水。断绝吴国粮道,让吴、梁两国相互火并,等到粮食枯竭,再用全力攻打疲倦的吴军,一定会胜利。"条侯周亚夫说:"好!"于是对皇上说:"吴兵剽悍勇猛,难以与其争锋,希望能牺牲梁国,断楚兵粮道,才可以击败他们。"皇上同意。于是周亚夫到荣阳,吴正猛攻梁地,梁地告急,向亚夫求援。亚夫不救梁,反而率兵奔荣阳东北的昌邑,加强了防守。梁王派使臣向亚夫救援,亚夫坚持对作战有利的行动,不去救援,也不出战,派弓高侯等人带兵驻扎在吴、楚军后面攻断他们的粮道。吴、楚粮尽,士兵饥饿,想要回军,多次挑战,亚夫的军队始终不出战。吴、楚军中缺粮,于是撤退。周亚夫派出精锐部队追击,大败吴军。]**景帝驾崩,太子刘彻即位**[这是汉武帝]。**武帝驾崩,儿子弗陵即位。**[这是汉昭帝。霍光辅佐处理政事,上官桀诬告霍光骄纵,又假称是皇帝的哥哥燕王刘旦上书,说霍光自己行幸上林苑,却声言帝王出行,又私自调动兵力使用,昭帝不信。后来上官桀谋害霍光的事被人告发,上官桀被杀。]昭帝驾崩,汉武帝的孙子昌邑王刘贺即位。[刘贺是昌邑哀王刘髆的儿子,只在位二十七天,做不合礼事有一千多条,于是霍光废贺为海昏侯。]废掉昌邑王刘贺,立武帝的曾孙刘询为帝。刘询驾崩,立太子刘奭为帝。刘奭驾崩,立太子刘骜。[这是成帝。成帝把政权交付给舅舅王凤等人,即位当天,封王凤兄弟五人为侯,人称五侯。五侯都掌握人权。]成帝驾崩,大臣立宣帝的孙子定陶恭王之子刘欣为帝。刘欣驾崩,立他的弟弟中山孝王刘衍为帝。[这是平帝。平帝年幼,被王莽毒死。平帝驾崩,王莽立宣帝玄孙刘婴为帝。这就是孺子婴。后来王莽废掉刘婴,自立为帝。]

伪新朝的皇帝王莽,是成帝的舅舅王曼的儿子,元帝王皇后的侄儿。元帝驾崩,成帝即位,拜舅舅王凤为大司马,王凤兄弟五人都封受侯爵。[元帝的皇后是魏郡王禁的女儿。皇后生成帝时,王凤执政。成帝即位同一天,封兄弟五人为侯爵。]王曼死得早,王凤临死之前把侄子王莽托给太后,太后封之为新都侯。五侯都超越侯爵礼制,建造华美的宫室。只有王莽年幼,孤单贫弱,能下人,对人恭敬有礼、做事谨小慎微。所以当时的许多大臣、名士都替王莽说好话,皇上因此认为王莽是个贤能的人,便拜他为侍中。[王莽结识交将相,收罗名士,赈济施恩惠给宾客,所以有许多声誉,远远超过了他的几个叔叔。]后来,成帝废掉许皇后,立赵飞燕为皇后,赵飞燕的妹妹为昭仪。昭仪谋害了太子,皇帝没有太子,于是立定陶王刘欣为皇太子。[刘欣是宣帝的皇太孙,成帝弟弟的儿子。当初,刘欣的祖母傅太后私下为他谋求汉朝的嫡系,私下求赵飞燕、昭仪和成帝舅舅王凤几人,所以他们劝皇帝立刘欣为皇储。]王莽因为告发定陵侯淳于长与许贵人私通的事,被拜为大司马。[早些时候,淳于长与许皇后的姐姐许嬷私下勾结,于是许嬷贿赂淳于长。淳于长答应要请皇帝封许嬷为左皇后。王根当时辅佐朝政,长期卧病在家,淳于长代理王根的职务。王莽心里害怕淳于长得势,对王根说:"淳于长与许贵人私下勾结他们,见将军长期卧病,暗自高兴。"王根大怒,命令王莽弹劾淳于长。淳于长因此入狱身死。]时年三十八岁,成帝驾崩,哀帝即位,立傅后为皇后,又封傅皇后的父亲傅晏为孔乡侯,皇帝的母亲为恭皇太后,皇帝的舅舅丁明为安阳侯。王莽假装请求告老还乡,躲避丁、傅两人。哀帝驾崩,王莽由于侯爵的身份得以住在私宅里,太皇太后命王莽等主持丧事,后又封他大司马。后立中山王为帝。太皇太后临朝听政,王莽执掌了大权,文武百官听命于王莽。[归附顺从王莽的人就得到升迁,忤逆怨恨他的人就被贬杀。王莽用王寻、王邑为自己的心腹,甄丰、甄邯主管刑罚,刘歆掌管礼乐法度,平晏掌管机要,以孙建为亲信,他们都靠自己的才能官居显要职位。王莽外表矜持,言语正直,想要做什么。只要稍微用脸色和眼色暗示一下,党羽就秉承他的意思明奏皇帝。王莽假意地反复推让,表明自己不得不做这些事。上使太后感动,下取得百姓的信任。越人裳氏辗转献上白野鸡一只,黑野鸡两只。王莽暗示益州上书群臣,群臣再上奏,说自己功德可与周公相比,应封为"安汉公"。]平帝驾崩,王莽立宣帝玄孙广成侯的三岁儿子刘婴立为皇帝。于是王莽想谋划篡位,临朝理政,像以前的周公那样。[当时,元帝刘统没有后代,宣帝有曾孙五个人。王莽恶长曾孙,假托用卜筮之法选择合适善良的人,于是立了刘婴。]

东都太守翟义反叛,事败身死。王莽更以为威望功德大,得到上天和命运的帮助,于是用制铜符,称自己为代理皇帝,不久即篡位。王莽九年,赤眉军造反。王莽十四年,世祖起兵,与王匡等人拥立刘圣公为更始帝。[更始帝是世祖的同族长兄,世祖与自己的哥哥刘伯升连同新市、平林兵的起义军王匡等人联合军攻打棘阳。]王莽派王寻、王邑攻打更始的军队。二军在昆阳大败。汉军进入昆阳，城中百姓都归顺了。王莽逃到渐台。藏到屋中北墙角，致使校尉公孙宾杀了王莽，把王莽的头转交到宛地给更始皇帝。

汉世祖光武皇帝讳名秀，字文叔是南阳蔡阳人，是汉高祖的第九代孙。王莽末年，天下连年发生蝗虫灾，各地匪寇盗贼纷起造反。[王莽末年，南方又发生饥荒，百姓都到田野、水边挖荠充饥，常常互相抢夺。新市王匡为他们评理，于是大家推举王匡为渠帅。]当时世祖到新野逃避官吏通缉，因为到宛地卖粮，宛人李通拿图谶游说世祖。[李通的父亲李守爱好图谶。王说李通平素听父亲说："刘氏将兴，李氏为辅。"就私下记住了。等到他南下长江，新市人造反，李通弟弟李轶与李通商议："现在天下混乱，王莽新室将要灭亡，汉朝必当再兴。南阳的皇族宗室只有刘伯升兄弟俩仁爱宽容，能得人心。可以与他们共谋大事。"李通曰："正是我的主意。"正赶上世祖在宛地逃避官吏通缉，李通听说，于是就派李轶迎接世祖，于是三人约定联合起来。当初世祖与哥哥伯升及邓晨一同到宛，与穰地人蔡少公等人私下商议。蔡少公颇通图谶，说："刘秀能成为天子。"有人问："是国师刘秀吗？"世祖大笑曰："怎会知道是不是我呢？"在座的人也都跟着大笑，邓晨心中暗自庆幸。后来他对世祖说："王莽执政残暴，夏天斩首犯人，这是上天要灭亡他的时候了。我过去在宛地聚会说的话难道要是真的吗？"世祖微笑不语。到世祖起兵，邓晨立即率军跟了世祖。]世祖于是与李轶起兵宛城，哥哥刘伯升起兵春陵，邓晨起兵新野，各路军汇合共同攻打长聚。新市人王匡等人共立刘圣公为皇帝，杀了刘伯升。刘玄，字圣公，世祖的同族兄长。在平林逃避官吏通缉时，王匡等人拥立他为皇帝。当初，王莽篡夺汉朝王位时，刘伯升常常怨气冲天，思虑匡复社稷的事，不治家中的产业，结果倾荡家产，结交天下英雄豪杰。王莽末年，义兵蜂起，刘伯升召集各路义兵商议起兵讨伐王莽。于是派亲近之人邓晨从举兵新野，世祖、李轶从宛地反叛，伯升从春陵起兵，共有七八千人，安排归顺的人，自称为"柱天都部"，又派刘嘉利招降新市、平林兵首领王匡、陈牧等人联军前进，一同攻打长聚。众将计议立刘氏兄弟为头，来顺应众人的愿望，豪杰都立刘伯升为王。但是新市、平林的将帅都喜欢自由自在，害怕刘伯升的威严军纪，而喜欢刘圣公胆小懦弱，就预先计策，立刘圣公为帝，然后召见刘伯升，说明他们的决议。刘伯升说："你们要尊立汉朝宗室，功德不小。以我看来，还有不赞同之处。现在赤眉军发动起青徐地区的几十万人造反，听说南阳兵立汉朝宗室为帝，恐怕会又自立一个君主。这样，义军内部将要自相残杀了。现在王莽未灭，而宗室之间却相互残杀，这是让天下人对我们产生疑心，自己损害自己，不是打败王莽的好办法。况且首先起兵称立帝号的，很少有能坚持最后成功的，陈胜、项羽就是很好的例子。从春陵到宛地三百多里，没攻下多少城池，急忙自己尊立为帝，成为天下人攻击的目标，让后来起兵的人抓住我们的不利处。这不是一条好办法。但事已至此，暂且自立称王，发布檄文，假如赤眉军所拥立的君主圣明，我们就去归顺他；如若没有拥立，打败王莽后，扫荡赤眉军，再拥立皇帝也不迟。希望你们大家好好考虑。"各将领不听从刘伯升的劝告，于是立了圣公为帝。因这件事，使天下豪杰大失所望。刘伯升的部将刘稷战功显赫，听说拥立圣公为更始皇帝。大怒，说："本来起兵共同谋划天下大事的是刘伯升兄弟，更始是什么东西？"更始君臣听说了这句话后，内心害怕刘稷，派兵几千人捉住刘稷，要杀他，刘伯升据理力争。李轶、朱鲔于是怂恿更始帝把刘伯升也一起抓起来，当天就杀了他们。世祖李轶于是有了怨仇。后来李轶靠冯公孙密告给世祖，请求效忠，大家都劝世祖收留他。世祖于是拿出李轶信给众人看，说："李轶信中多含糊之词，我不能相信。"于是把李轶的信交给守尉，公开披露信的内容，朱鲔于是派人杀了李轶。建号为更始元年。更始封世祖为偏将军去攻打昆阳。王莽听说起义兵拥立了汉朝宗室为帝，非常担心，派大司徒王寻、大司空王邑带兵近百万人去昆阳镇压世祖，世祖击败王莽的军队。［当初，刘伯升带兵攻下宛地已经三天了，世祖还不知道，却假装派人到昆阳城中报信，谎称宛地援军到了，送信人假装倒地把信掉在地上，王寻、王邑抢到信，看后不高兴。世祖手下的诸将领连战连胜，士气大盛，无不以一当百，世祖于是率敢死队三千人，从城西门冲出，直入敌军的主营。王寻、王邑阵营大乱，世祖率军趁着胜利急追敌军，杀了王寻。王莽的军队大败，败兵自相践踏，一直逃跑近一百多里。又赶上大雨倾盆，风雨交急，滍河水暴涨，满漫过两岸堤坝，淹死的人成千上万，连滍水都被堵塞。］三辅地区的反兵共同诛杀了王莽，带着他的脑袋到宛地见更始帝。更始帝让世祖任大司马的职务，拿着符节北渡黄河，镇守抚慰北方州县。［邓禹骑马北渡黄河，追击世祖。世祖看见邓禹非常兴奋地说："我有任命官吏的特权，先生远来，想在我手下任职吗？"邓禹说："想。你威望德行超越四海，我邓禹如果能效力，将来就能名垂青史。"世祖大笑，于是留下邓禹。邓禹进一步劝说道："更始帝即使集军关西，大行山以东也会有战乱。赤眉、青犊这些军队常常打着起义军的旗号成千上万地聚集三辅。更始的军队还没有击败过它，它也不听更始的命令，各将领都是从平民中崛起的，目的在获得钱财，相互使用武力，只是每天寻欢作乐罢了。没有一个有深谋远虑的人想要尊立君主安抚百姓。天下分崩离析，局势是可以看出来的。你现在有建立藩国和辅佐的大功，恐怕还不能有所更大成就。如今之计，不如招顺英雄豪杰，笼络民心。重建高祖的大业，拯救天下百姓，你考虑到这些事情，天下不怕不定。"世祖听后大为高兴。及至邓随世祖到广阿，世祖展开地图指给他看，说："天下那么多郡国，我现在才得到其中的一个，你以前说想到这些事情，天下不怕不定是什么意思？"邓禹说："现在天下纷争，人民思念圣明的君主，就好象儿子思念父亲。古代君主成功的原因在于厚施给百姓，并不在地方的大小。"世祖听了非常高兴。冯异劝世祖说："百姓思念汉朝已很久了。现在更始手下的各将领骄气十足，所处，抢劫掠夺，百姓对他们很失望，但又没有可以依靠拥戴的人。现在你在北方有大权，可以不必请示，自行决定军政大事，施予百姓恩德。以前只有桀、纣的残暴，才能显出商汤、武王的功业。现在百姓长期困苦，容易让他们吃饱。当务之急应当赶快派官吏巡行天下郡县，审理冤案，广行恩惠。世祖听取了他的劝告。］王郎假称自己是成帝的儿子王舆，自立为皇帝，定都邯郸，派使臣招各郡国投降，世祖镇压王郎。［王昌又名王郎，赵国邯郸人。以卜相为业，常认为河北有王气。当时，赵缪王的儿子刘林喜好巫卜之术，在赵、魏间行侠，王郎与他们交好。当初王莽篡位，长安城中有人称自己是成帝儿子子舆，被王莽杀掉，王郎于是假称自己是真正的子舆。更始元年冬天，刘林等人带领车辆、马匹好几百，进入邯郸，立王郎为皇帝。世祖进攻邯郸，王郎派少傅李立为内应，打开城门迎接刘秀的军队，于是世祖攻克邯郸，杀了王郎。世祖收集到公文，得到官吏与王郎有关毁谤世祖的有几千章。世祖不省察，召集各将领当场烧掉它，并说："这是为让那些有疑惧之心的人放心。"］

刘秀的威望与名声渐大，更始开始忌惮，于是连忙派使臣封世祖为萧王，命令世祖交出兵权，与其他有功的将领一起返回长安领赏。派苗曾担任幽州牧，韦顺任上谷守，一起管理北方的州郡。［当时世祖住在邯郸官，耿弇请求支开左右与世祖私下谈谈，说道："现在更始朝政混乱，君臣昏聩，将领在京师外擅权，不受节制，贵族国戚在京都内飞扬跋扈，天子的命令没出城门，所任命的牧、守动就自己升迁改变，弄得百姓不知如何才好，士人不敢安心。官吏掳掠财物，劫掠妇女，有些钱财的人，到了不能活着回家的地步，百姓顿足捶胸，反而思念以前王莽当朝的时代。另外，像铜马、赤眉之类的起义军有几十起，兵力有近一百万，而刘圣公却不能统一，失败必在眼前。你最先从南阳造反，攻破了王莽的百万大军。现在你平定黄河以北，占有天府之国，凭仁义来征战天下，只要你一发令，肯定有人响应，天下可以很快地通过传递檄文就平定了。国家才是最重要的，怎能让外姓的人得到呢？听说已有使臣从西面都城过来，想要让你放下兵权，千万不能听从。现在你手下将士死伤的太多，我愿意北回幽州，多发精兵，来成就国家大计。"世祖听后大为高兴。耿弇回到上谷，杀了韦顺。]世祖便装推辞，不接受封号，也不听从征召返回长安，杀了苗曾等人，从此以后与更始朝分庭抗礼。

当时，长安政治混乱不堪，各地义军开始背叛更始，世祖平定了这些叛乱。[梁王刘永在睢阳擅自专权，不受节制，公孙述在巴、蜀称帝李宪也自立为淮南王，李丰自立为楚黎王，张步反叛于琅琊，董宪举兵于东海，岑延举兵于汉中，田戎举兵于夷陵，他们都自置将帅，入侵掠夺附近郡县。另外，象赤眉、铜马这样的起义军，更是不计其数。当初，铜马义军前来投降，投降后又心中反悔。世祖知道他们的想法后，命令他们各归阵营管理兵马，自己骑着马按照行列安排阵势，投降的人都说："萧王对咱们这么真心，怎么能不以死相报呢？"因此都真心归顺世祖。世祖派耿弇镇压张步，张步听说，就派大将费邑驻兵历下，又分一部人马兵驻守祝阿，另外在太行、钟城列几十座阵营等待耿弇的军队。耿弇渡过了黄河，先攻克祝阿。从早晨开始进攻，没到中午就攻下了，故意让开重围的一方，让祝阿的部队得以逃奔钟城。钟城人听说祝阿的军队败了，十分害怕，放弃钟城逃走了。费邑分派他的弟弟费敢守巨里。耿弇留部分兵威胁巨里，并派人扬言要填塞壕沟攻城，多伐树木。几天后，投降耿弇的舍人把这件事告诉费。费邑听说耿弇要攻打巨里，打算前来增援。耿弇于是下令："三天后将全力攻打巨里。"私下里放了俘虏，让他回费邑军中。回来的人果然把耿弇攻巨里的日期告诉了费邑。到了攻城那天，果然费邑率兵救巨里。耿弇高兴地对众将说："我之所以准备攻城的东西，是想引诱费邑他来。现在他来了正合我意。"于是分派三千人守巨里，自己带主力兵登上高坡，利用高处与费邑军大战，阵前杀了费邑。不久，把费邑的首级挂到巨里城上。城中的人害怕，费敢率军撤走，归降张步。张步当时在剧地，派自己的弟弟张蓝把守西安县，各郡太守把守临淄，两地大约四十里。耿弇进军驻扎在两城之间。耿弇见西安小，但坚固异常；临淄城虽大，却容易攻打。于是下令五天后各部攻西安城。张蓝听了后，日夜警备防守。到攻城的那天半夜，耿弇下令各军都在寝席上吃饭，等到天亮到临淄城，出其不意，半天就攻下了城池，占领了临淄。张蓝害了怕，于是率军逃回剧地。耿弇命令部下不得随意到剧地城下抢掠，必须等张步到了，才攻打，来激怒张步。张步听说后，大笑，带兵临淄攻打耿弇。耿弇先出兵临淄，想用骑兵冲击张步的军队，但怕挫了张步军的锐气，使张步不敢前进，故意表示自己软弱来放纵敌军的气焰，小败回到小城，陈兵在内。张步军气焰嚣张，直攻耿弇的大营，与刘歆大战。耿弇登上王宫残破的高台上观战，见刘歆与张步军激战，自带精兵横冲张步阵中，大败张步，张步逃跑，投降了世祖。耿弇想招降张步的旧部，命令陈俊追击。于是灭了张步的军队。]赤眉军攻进函谷关，攻打更始。世祖派邓禹带兵西进，乘更始、赤眉混乱从中取利。[赤眉军首领樊崇立刘盆子为皇帝，攻入长安，杀掉更始帝，抢劫掳掠关中。]于是诸将上尊帝号，命有司在鄗南千秋亭五城陌设立祭坛，世祖即皇帝位。[诸将上奏说："汉朝出现了王莽，宗庙废弃，天下豪杰愤怒，百姓涂炭，大王你与刘伯升首先举兵起义，更始凭借刘伯升的功绩登上帝位，但是却不能承袭汉朝大统，败坏政纲，盗贼与日增多，百姓危惧忧愁。大王初战昆阳，大败王莽，后又攻下了邯郸，北方州郡很快平定，天下三分，大王占据了其二，拥有众多土地，部众上百万，论武力，没有敢跟你抗衡的；说文德，人们简直找不到适当的词汇来形容。我们听说国家不可以一日无皇帝,希望大王您不要谦逊拒绝,以国家为重,以天下为重。"强华从关中捧着赤伏符进见:"刘秀发兵攻打无道之人,四方蛮夷聚集,群龙相斗于野,四七之时从高祖建汉至光武重建共228年,以火为主。"然后刘秀即皇帝位。]十月起驾东都洛阳,赤眉军投降。[大司徒邓禹、冯异、刘弘等人镇压赤眉军。冯异说:"我曾与敌军对峙华阴,经过几十天,虽然多次捕获敌军勇将,但是余兵还很多,可以稍微施加恩德信义,尽力引诱受难的士兵,再派兵攻打。皇上派各位将军驻守渑池,为了让敌人军向东,我带兵攻敌西军,一举就可攻下,这是必胜的计策。邓禹、刘弘不采纳冯异的建议,于是与赤眉军大战。赤眉军伴装败,抛弃粮车逃跑,车上都装着土,土上才盖着豆子,士兵饥饿了,争先抢豆吃。赤眉军四头阻击,攻击刘弘的军队,刘弘军大败,冯异和邓禹救了他。赤眉军稍向后撤退,冯异回营约定日期与赤眉军交战。冯异让战士换上与赤眉军相同的衣饰,埋伏在路边。第二天,赤眉军派一万余人攻打冯异的前锋,冯异分兵救援,敌军见对方势力软弱,于是全力攻打。冯异纵兵大战,到中午,敌军士气不振,路两边的伏兵突然冲出,衣服与赤眉军混杂,赤眉军不能识别,于是惊慌溃败。赤眉军君臣投降刘秀,捧着皇帝玺绶进献世祖。]平定了隗嚣,消灭了公孙述,天下安定。世祖驾崩南宫,时年六十三岁。

世祖的末代子孙灵帝任用宦官曹节。曹节假传圣旨杀害了太傅陈蕃和李膺,并把两人的师门子弟也都囚禁起来。中平九年,黄巾盗贼反叛。[巨鹿人张角自称"大贤良师",信奉黄老,召收弟子,连结天下郡县,约定三月五日一齐举兵,派唐周通知全国,张角于是举兵,头戴黄巾作为标志。]灵帝驾崩,太子刘辩即位。董卓人主朝政,于是废灵帝为弘农王,立献帝。李惟逼迫皇帝东迁。

曹操,字孟德,沛国谯地人。死后追封为魏武帝。灵帝在位时,曹操担任曲农的校尉。

东汉末年,宦官乱政,何进谋划诛杀宦官,但太后不听,何进于是下令四方将领进京,想要以此来胁迫威胁太后。[陈琳进谏说:"《易》称'到了山脚下就用不着守山人做向导了',谚语有'蒙住眼睛捕捉麻雀',这些都是自欺欺人的做法。小的东西,尚且不可以通过骗术得到,何况国家大事呢,怎么能用这种方法与手段办成呢?现在,将军你掌握国家重权,以龙虎之威雄视天下,决断万事。如果像你那样做的话,等于烧旺炉火而燎了毛发。应当速发你的权势,进行变通,立即决断,虽然违背常理,但是合乎天理,天上百姓也都顺着你。但现在你反而放下自己的权力,征求边将援助,大兵一旦聚集于京师,势力强大的就会称霸,所以说'倒持宝剑,以柄授人'必定不会成功,只导致祸乱。"何进没有采纳陈琳的建议。]董卓率军到京师,废灵帝为弘农王,另立献帝。京师大乱。

太祖逃出关,到陈留,散尽自己家财,召集义兵汇合于己吾。太祖与后将军袁术、冀州刺史韩馥、豫州刺史孔伷、兖州刺史刘岱、渤海太守袁绍同时起事,共有兵数万并推袁绍为盟主,[众人设置了坛场,共同盟誓,臧洪举着一盘血盟誓说:"汉朝宗室有难,帝王纲纪失去继承。贼臣贼子董卓,骄纵凶残,残害及于皇帝,流毒于百姓。天下大事荒废,群雄剪灭天下异己。兖州刺史刘岱、豫州刺史孔伷等人联合义兵,同赴国难。凡是与我同盟应齐心协力,共效人臣责任,即使脑袋掉了,也绝无二心。有背叛此盟誓的,断绝子孙。死无葬身之地。皇天后土,祖宗神灵,都来支持我们的行动吧。"臧洪在盟坛下悲壮流泪,听到结盟誓词的人也都激动不已。]曹操为奋武将军。董卓听说盟军讨伐,于是迁移定都于长安,留下军队屯于洛阳,司徒王允与吕布联手杀掉董卓。杨奉、韩暹护送皇帝返回洛阳。太祖到洛阳卫京县,韩暹逃了。太祖以为洛阳被焚烧,残损破败为由,力请天子定都许都。下诏遣责袁绍依仗地广兵强,结党营私,不为王事效劳。[袁绍当时正兼了公孙瓒四州的土地。]袁绍于是派兵进攻许都,在官渡太祖大败袁绍,袁绍吐血而死。[袁绍,字本初,汝南人。曾任司隶校尉。董卓商议废了灵帝,另立献帝,袁绍不同意。董卓大怒,袁绍把符节挂于东门,奔回冀州。董卓出重金捉拿袁绍。伍琼是董卓最信任的人,暗地对董卓游说:"废立皇帝是大事,不是一般人能够办到的。袁绍不识大体,并不是有志向。现在急着追捕他,形势必定会发生变化。袁氏家族兴盛已经四代,门生故吏遍布天下,如果袁绍招纳天下豪杰,招募士兵,英雄因此而群起,那样太行山以东就不是你所有了。不如赦免他的罪,封他一个郡守职务,袁绍听说你赦免他的罪过,肯定高兴,以后就不能成为祸患了。"董卓认为伍琼的说法很对,于是派使臣授予袁绍渤海太守之职。袁绍与孔伷等人共同起兵,偷袭夺取了韩馥所在的冀州,占领了黄河以北。拥精兵十万,骑兵一万,想要进攻许都的曹操。沮授劝道:"近来讨伐公孙瓒军队已几年,百姓疲乏困顿,税收和兵役也还很沉重,这是国家隐藏的忧患。当前,应当先向天子进贡献物,着力农业生产,安定百姓。如果这样做还行不通,向天下声明曹操挟制皇帝的命令,再进军屯守黎阳,逐渐兼并黄河以南,多多制造船只,制造修理武器,分别派遣精兵,骚扰边界地区,令他们不得安宁,我们以逸待劳。像这样,可以不用费心就击败曹操了。"审配、郭图也说:"兵书的原则是兵力十倍于敌军就围而歼之,五倍于敌军就追击攻打,力量对等只能够战斗。现在凭明公的神武,连结黄河以北强大的军队攻打曹操,易如反掌。现在如果不及时攻打,以后就难以图谋了。"沮授说:"我听说挽救混乱,诛杀残暴的军队才叫义军,依仗人多势众的只叫骄兵,义兵,所向无敌,骄兵必先溃败。曹操胁迫天子,建宫许都,现在我们起兵攻打,于义是相背离的。况且克敌制胜,不在兵力的强弱。曹操的法令已经得到实行,兵少而精,不同于公孙瓒,坐等受困困。现在放弃万无一失的战术,发无名之师,我很为明公担心。"郭图说:"周武王讨伐商纣,怎能说不义,何况现在攻打曹操,怎么能说没有名目呢!而且大王士兵精锐,将士正想要奋进立功业,如果不及早安定大业,正是所说的'天与不取,反受其咎。'这正是越国之所以成就霸业,而吴国之所以灭亡的原因。您计划,只想做到确有把握,但却不懂得权变。"袁绍于是不采纳沮授的计策。曹操屯军官渡。袁绍当时率兵向南,田丰又劝他说:"曹操善于用兵,变化无方,兵虽少,但训练有素。不如以时间来和他相持。将军你占据险固的泰山、黄河,拥有四州的人民,外面交结英雄,里面治理农业,作为资本。然后挑选精兵,分成奇兵,乘虚经常出击,骚扰黄河以南,曹操援救右边我们就攻打他的左边,援救左边就攻打他的右边,让敌人疲于奔命,人民不能生产;我军不劳苦而彼军已经困乏,不用三年,可以垂手攻克曹操了。现在放弃现成的克敌谋略,而把成败压在一次战斗,如果不成功就后悔都来不及了。"袁绍又不听,屯兵官渡攻打曹操。袁绍亲自带兵攻到黎阳。临行前,沮授把自己家财分给同族的人,并对他们说:"实力强大,声威无所不到,势力衰了就连自己的性命也保不住。可悲啊!"他弟弟沮宗闭:"曹操的兵马少于袁绍,你担心什么呢?"沮授说:"凭曹操在兖州的谋略与能力,又挟天子作为凭资,我们虽然打败了公孙瓒,士兵已经很疲乏,而且袁绍凶残骄横,大将残暴,大军的失败一定不可避免了。扬雄曾说'六国嘈嘈,为嬴弱姬',大概说的就是这种情况吧!"等到渡黄河,沮授又临舟感叹:"上者志大才疏,将帅又贪图功劳。悠悠的黄河啊,我还能回来吗?"袁绍被曹操打败。袁绍退兵保守武阳,与曹操相对峙。沮授又劝袁绍:"北方的士兵虽多,但是不如南方士兵果敢的劲头,南军谷物少缺,财物不如北军多,南军有利于速战,北军有利持久。当今之计应当长期对峙,用时间来拖垮南军。"袁绍又不听从沮授的计策,连结营寨,逐渐逼进官渡。许攸又进谏说:"曹操兵少,出动了全部兵力来攻打我军,许都留下的守卫部队,肯定必定虚弱。如果分派少量军力,连夜奔驰,偷袭许都,如攻下了,曹操就一定能够被擒获了。如果攻不下,可以让曹操两头奔走应命,打败曹操是一定的。"袁绍又不采用许攸的计策。此时正赶上许攸家族的有人犯法,审配囚禁了他们。许攸在袁绍手下不能得志,投奔了曹操。许攸劝曹操偷袭淳于琼。淳于琼当时

任乌巢督军驻军,离袁绍的军队大约有四十里。曹操亲自攻打乌巢。当时,袁绍的大将张郃劝袁绍说:"曹操士兵精良,如果攻打淳于琼,肯定会打败。淳于琼兵败,那么将军的计划就会付诸东流。应当派兵援救淳于琼。"郭图说:"张郃的计策不行。不如攻打曹操的大本营,曹操势必回兵,这样不必救乌巢之围就自然解开了。"张郃说:"曹操营地坚固,肯定无法攻破,如果淳于琼等被杀,那么我们这些人就全都要成为俘虏。"袁绍只派遣一部分部队救援淳于琼,却用主力攻打曹操的阵营,不能攻下。曹操又打败淳于琼,焚烧了袁绍乌巢的粮草。于是袁绍的军队溃败,逃回黄河以北。曹操彻底打败了袁绍,威震天下。]曹操在黎阳讨伐袁绍的儿子袁谭、袁尚,袁尚与袁熙逃往辽东。辽东太守公孙康又杀了袁尚、袁熙,奉送二人的脑袋给曹操,太祖平定了黄河以北。[当初,太祖在黎阳攻打袁谭、袁尚时,接连打了几次胜仗,各将想要乘胜进攻。郭嘉说:"袁绍喜爱这两个儿子,却没能选一个合适的继承自己的位子,郭图、冯纪分别是他们的谋士,相互间免不小争斗、离间。如果我们紧急攻打,他们就相互扶助;如果稍缓攻打,他们会开始争位。不如向南去攻打荆州刘表,等待他们的自己变乱。变化之后,再攻打,可以一举成功。"太祖说:"好!"太祖刚刚征刘表,袁谭果然与弟弟袁尚争夺冀州而开战。袁谭派辛毗向太祖投降,请求赦免他以前的罪过。太祖询问部下。群臣大多认为刘表强大,应当先征平,袁谭不值得忧虑。荀攸说:"天下正发生大变,而刘表稳坐江汉,证明他没有统治天下的志向。袁绍占有四州的地盘,有军队十万,靠宽厚得到众人拥戴,想让两个儿子和睦相处,安守自己创成的大业,这样天下就会停止。现在兄弟之间结下仇怨,势不两立。如果两人联手,那么势力就大了,势力大就难以攻打了。等到他们混乱而攻打,那么天下就不愁平不定,这个机会怎能错过。"太祖说:"好!"于是答应袁谭的投降;打败了袁尚。]太祖正攻打刘表,正赶上刘表去世,刘表的儿子刘琮投降,[刘表,字景升,山阳高平人,初平元年,皇帝下诏拜刘表为荆州刺史,管理南接五岭岭,向北包括汉水的广大地区,面积几千里,人马十余万。曹操和袁绍在官渡相交战,袁绍派人请求刘表出兵援助,刘表答应了却不派兵,也不支援曹操,想要坐观天下局势的变化。刘先劝刘表说:"现在天下群雄并立,两雄相持不分高下。天下的命运都加在将军身上。将军如果有所行动,应乘着双方疲困起兵,定会成就大业。如果不这样,就应选择一个合适的人统军,怎么能拥有十万军队却坐观不动呢? 求援不能救助,见到贤人又不能招纳,这样双方的怨恨必定会集中在您身上,恐怕不能永远保持中立。曹操善于用兵,天下英雄多归顺他,肯定会打败袁绍。打败袁绍后再进兵江汉,恐怕将军不能抵御。现在的万全之计,不如以荆州投降曹操,曹操必定重谢将军的恩德。将军才可以长享富贵,运延及后代。这是万无一失的计策。"刘表不听。汉献帝十三年,曹操亲自率军攻打刘表。曹军未到,刘表背疮发去世。曹操屯军于新野。傅巽劝刘琮归降,刘琮说:"如今我与各位占据有整个楚地,继承父亲的事业,坐观天下大事,有什么不可以?"傅巽说:"逆与顺有一定原则,强与弱有一定原则。以臣子的地位来抗拒君主,这是大逆道的;用草创的楚地来抵御中原大军自取灭亡,刘备去攻打曹操,本不合适。三方面都不行,想要抵抗君王的军队,必然自取灭亡。将军自觉才能刘备比怎么样?"刘琮说:"赶不上刘备。"傅巽说:"现在刘备都不能抵抗曹操,那么就难以保全楚地,刘备也不能够保全自己;假如刘备能够抵抗曹操,那么刘备也不能效力将军,希望将军不要再迟疑了。"刘琮于是率军投靠曹操。当时刘备正在荆州避难,看刘表不能任用。刘备听说荆州归降曹操,连忙逃亡夏口。]关中诸将马超、韩遂、成宜等在北谋反,被曹操打败了。[曹公与马超等人以潼关为界,分兵两侧。曹操急忙守住潼关,私下里派徐晃等人夜渡蒲坂津,占据黄河西边安营,曹公从潼关北部渡过黄河,但没有渡成,马超趋船急战。丁斐放牛马引诱马超的军队。马超军大乱,争抢牛、马,曹操得以渡过黄河,在渭河南部安营扎寨。马超送信给曹公,请求他割地送还人质求和。曹操假意答应了。韩遂请求与曹操相见,到了约定日期,二人坐于马上,谈话不涉及军事,只说些以前的老朋友情谊,双方拊掌谈笑。交谈后,马超问韩遂与曹操说什么,韩遂说:"没说什么。"马超开始怀疑韩遂。又一天,曹公给韩遂一封信,信中涂涂改改地方很多,好象是韩遂改定的。马超因此更加怀疑了韩遂。后曹操与马超会战,击败马超。平定关中。诸将问曹操:"当初,马超据守潼关,渭河北部的道路无兵守御,你不从黄河东部攻打冯翊,却反而守潼关,拖延好长一段时间再渡黄河,为什么?"曹操回答:"敌人据守潼关,如果我军进入黄河东部,敌军必定带兵把守住各渡口,那样,我西部的军队就不能渡黄河,所以我佯装用重兵攻打潼关;敌军全力在把守南部,西部守备虚弱,所以徐晃二人方可以占领西河,这样,我带军北渡黄河,因为有两位将军已占据了敌军就不能与我军争西河。我们连接车辆,树立栅栏,作为道路通到黄河南岸,既不能取胜就暂且向敌军表明我军的势力的不足。渡军渭河后,修固军垒,任凭敌军辱骂,坚守不战,故意使他们骄纵;所以敌军不修建营垒,反而请求割地。我假意答应了,是要敌军放松警惕,不做戒备,让我们战士养精蓄锐后,再攻打,这就是所谓的'迅雷不及掩耳,'用兵的随机应变,本来不能固定的。"]

天子下诏命曹公为魏王。[孙权称为吴王,占据江东;刘备袭击益州牧刘璋,占有西蜀,于是三天下。]献帝二十五年,曹操在洛阳去世。曹操的儿子曹丕,继承汉献帝的禅位。文帝曹丕死,他的儿子曹睿继位,曹睿死,他的儿子齐王曹芳即位。曹芳被废后,高贵乡公曹髦即位。曹髦被废后,常道乡公曹璜即位。后来,曹璜禅位于司马昭,晋朝的统治开始了。

司马懿,河内郡温地人氏,复姓司马字仲达[晋建后追封他为高祖宣皇帝]。早年跟从曹操[魏建国后追封为魏太祖武帝],魏文帝、魏明帝时官至丞相,平息了孟达的叛乱,消灭公孙度的割据势力,活捉叛军首领王凌,屡建战功,权倾一时。魏明帝将死之际,下遗诏封司马懿为太尉,和大将军曹爽一起辅佐少主曹芳,司马懿为了独揽大权,杀死了曹爽,[曹爽想图谋作乱,司马懿称病不上朝在家避开他,曹爽的私党李胜为荆州别驾。司马懿假装老病,竟说出州靠近胡人土地,应当做好战备。李胜从司马懿处回来后对曹爽说:"司马懿神情不定,已成为不值防备,不值得防备他了。"曹爽因此更加飞扬跋扈,独断专权,他憎恶太后主持政事,把她迁到永宁宫。公元249年(嘉平元年),皇帝祭拜曹操陵墓。曹爽兄弟领兵跟从着皇帝出朝。司马懿见有机可乘,于是到永宁宫奏明太后,剥夺了曹爽的权力。然后自己亲自带兵到洛水迎接皇帝回朝,弹劾曹爽及其同党谋反,一并死罪。]司马懿死后,他的儿子司马师接着替他作丞相[司马师字子元,晋立国后追封他为肃宗景皇帝],当时镇东将军毋丘俭,扬州刺史文钦谋反,司马师率军镇压了叛乱。[毋丘俭,文钦刚开始反叛的时候,司马师问王肃说:"安定国家辅佐皇上,应该怎样?"王肃回答说:"以前关羽率领荆州士卒在汉边上收服了禁,然后就有了统一天下的雄心向北扩张。后来孙权带兵活捉了他手下将士的家属,关羽的部队军心涣散。如今毋丘俭等将士的家属都在扬州,紧急情况时若用他们抵抗，使毋丘俭的将士不得近前，一定会使他们像关羽士卒那样呈军心涣散的局面。"司马师听从了王肃的建议，并因此平定了毋丘俭等叛乱]。司马师死后，他的弟弟司马昭代替他作了丞相[司马昭字子上，晋建国后追谥他为太祖文皇帝]，行使司空的职权辅佐朝政。诸葛诞据占寿春，反叛，司马昭奉皇帝诏书镇压了叛乱。征讨蜀国，俘虏了刘禅。这时魏国的大权旁落到当朝权臣的手中，皇帝不过只行使祭祀宗庙的权力而已。魏帝不能容忍，就亲自带兵围攻丞相府，司马昭用长史贾充的划画迎战，司马师舍人成济杀死了魏帝曹髦[曹髦废为高贵乡公，名髦，字士彦。于是司马昭以欺诈的手段迫使皇太后下令废掉皇帝，又把成济作为替罪羊，灭了三族]。司马昭死后，他的儿子司马炎夺取魏国的政权，夺取政权后，又用羊祜、杜预的计策进攻吴国，终于灭掉了它，统一全国。司马炎在位二十五年，他死了后，他儿子司马衷继位[司马衷字正度，就是魏惠帝，武帝司马炎的太子]。

惠帝很不聪明，立贾充的女儿为皇后，皇后独揽大权，私自杀了大臣杨骏，废掉了太后[贾皇后生活淫乱，不按礼仪对待婆婆[太后]，并且又诬陷太后的父亲杨骏谋反，怂恿皇帝杀死了他。废掉太后，又把她囚禁于金墉城，不给她食物，太后活活饿死了]，贾氏又先后杀死太宰汝南王司马亮，太保卫瓘[司马亮，卫瓘都以光明磊落的作风执政，贾后的一些主张得不到施行，贾后于是暗地指使惠帝的弟弟楚王司马玮，假传圣旨杀死了司马亮，卫瓘，后又杀人灭口，杀了司马玮]，杀死楚王司马玮，迫害死太子司马遹[贾后自己无儿女，于是谎称怀了孕，收养了贾谧的儿子作为太子。司马遹，是宫女谢氏的儿子，从小就表现出的气质不同凡响，因此贾皇后把他看作心腹大患，阴谋诬陷并让惠帝废掉了他，也把他幽禁在金墉城，又派小太监杀死了太子]，任命赵王司马伦为丞相，司马伦讨厌司空张华，仆射裴頠的正直，假托皇帝的命令杀死了他们，司马伦于是篡夺了皇位，齐王司马攸之的儿子司马冏和惠帝的弟弟成都王司马颖等首先杀死了司马伦，于是司马颖开始镇抚邺地，并州刺史东瀛公司马腾，安北将军王浚又开始讨伐司马颖，败退司马颖，并胁迫皇帝向南逃往洛阳。后来惠帝复位，惠帝的弟弟长沙王又陷害司马冏，并杀死了他，从此西北少数民族纷纷兴起，四方割据纷乱，晋的边区出现了三十六多国[刘元海作为匈奴的质子，当时住在洛阳。晋武帝和他相见，很欣赏他。武帝对王浑说："刘元海相貌威武，由余、金日磾这些人都不如他。"王浑应答说："刘元海风度相貌确实很像王者，然而他的文武才能超过由余和金日磾太多，陛下如果让他主持东南地区的政务，平定吴国不成问题。"司马炎认为王浑说得不错，孔恂、杨珧说："我看刘元海的才能，当今天下无人能与之比，如果你们轻视他们，认为不足以成立大事；如果给他们太大的权力，平定吴国之后，恐怕他就不会再回军，而会在东南割据称王了。不是我们的同族人，就不会与我们心怀一志，让他在我们的军队中担任要职，我私下里为陛下你担心。如果你真的把一个险要的战略要地交给他，任其发展，恐怕不行吧？"武帝沉默不答。以后秦、凉二地陷落，武帝向将帅们询问办法，李熹说："您如果真能发动任用匈奴五部的兵马，让刘元海指挥，擂鼓进军西，很快就可以平定敌军。孔恂说："李公的话没有讲清楚平定祸患的道理。刘元海如果真能平定凉州，真是恐怕才大难临头了。蛟龙得到云雨才会一飞冲天，不再是池水中的龙了。"于是武帝没有任用刘元海。晋惠帝失去了对国家的控制权力，天下寇贼蜂起。成都王司马颖主持邺地权力，上表请求封刘元海为宁朔将军并监管匈奴五部的军事。等到王浚等讨伐颍州的时候，刘元海劝司马颖说："如今王浚等两部人马气焰嚣张，拥有力量十多万人，恐怕不是原来的守城士兵及城市周围附近的州县所能抗拒得了的,请殿下你让我回去劝说来五部人马,以解除燃眉之急。"司马颖听从了他的建议。刘元海回到匈奴,左贤王刘宣等推戴刘元海以大单于的名号招募兵勇,二十天中,招集到了人马五万余人。于是首先进占平阳,进入蒲地,此后胡人五部开始祸乱中原了。石勒是盘踞赵地的上党羯族人氏(羯胡人),幽州长官王浚模仿汉朝廷设置了百官。石勒想兼并他,准备先派使者打探一下虚实。参与此事的人都说:"应该像羊祜、陆抗以前那样。以平等的礼节书信交往。"这时张宾正生病,石勒亲自到张宾府上商议这件事。张宾说:'王浚凭借三部的力量,图谋称王,表面上虽然是晋的藩属领地,实际上怀着谋反不二的想法,一定想要招集英雄豪杰,完成大业。将军你名闻海内,举手投足可以决定天下形势。王浚希望与你结交,好比楚王渴望得到韩信。现在如果假意派遣使者,而不用真诚的态度,反使对方怀疑,败漏图谋消灭他的心思之后,再去想办法,即使有好的计策,也没有机会了。干大事先必须表示出谦卑的态度,怕奉表臣服,不被信任,羊祜的那样的做法,我认为不值得仿效。"石勒说:"你的谋划是好的。"于是派他的舍人王子春带着珍宝和归顺的表册假意向王浚表意臣服。王浚对王子春说:"石勒是当今天下的英雄,拥有赵地,成割据的形势,为什么要向我俯首称臣,这能可信吗?"子春说:"石将军个人文武全才,手下兵马强壮,确实如你所言非同凡响。但是先生你是名门望族,出来割据一方,威武的声望在海内传播,因此,胡地越地的人钦敬你的威望,中外都歌颂你的德行,难道区区小府敢不到你门下收敛前襟,跪拜称臣吗?昔日陈婴和韩信难道是因为鄙视帝王的位置而不做帝王?只不过帝王的位置不能凭借主力争夺罢了。石将军和你相比,好比月亮和太阳、江河和大海相比。人们遗忘项籍和子阳失败的教训,这是石将军明智的抉择啊,你为什么要犹豫呢?自古以来,胡人有很多名臣,至于帝王却还没有。石勒不是因为心存对帝王的厌恶而跟你推让,而是放眼四周,觉得这样做不被天下人接受呀!希望你不要再怀疑我们的诚心。"王浚十分高兴,派人回报石勒,石勒又重新派人捧着归顺的表册送给王浚。亲自期待着到幽州拜见王浚,以表示尊敬,然后又写一封信给了枣嵩,请求做并州牧、广平公号,以此表示自己的诚心。而石勒做好战斗准备,私下准备袭击王浚,而又怕刘琨与鲜卑人乘虚袭击自己,虽打算了好久没有出兵。张宾说:"袭取敌人应当乘它不留意,部队准备好了却这么多时不出发,难道是怕别人作梗吗?"石勒说:"就是这样,应该如何呢?"张宾说:"王浚在幽州盘踞,依靠三部的力量,但如今都已和他离心离德,成了仇敌,这使他外面没有支援以抗拒我们;幽州城内发生饥荒,老百姓都以蔬菜为粮,人心不稳,士兵少而且身体素质差,这使他在内部没有强大的力量来抵挡我们。我们的军队如果抵达外城,他一定会解散。现在三方没有安定,将军便可出奇兵袭击幽州,精部队往返一次用了不到二十天的时间,即使三方做出反应,形势也有回旋余地,应该像闪电一样乘机出兵,怎么延误了时机。况且刘琨、王浚虽然名义上都是晋的部下,其实互相仇视,如果你写信给刘琨,送质子请求求和,刘琨一定因为结交了我们而感到高兴,同时私下喜于王浚的灭亡,最终不会救助王浚而袭击我们。"石勒说:"好!"于是派轻装的骑兵袭击了幽州,早晨石勒率部到了蓟的北门,呼喊看守大门的人打开城门,石勒又怕有埋伏,先赶进城里数千头牛羊,声称是礼品,其实是为了让这些牛羊填堵街巷,使王浚的士兵行动不能很方便,石勒进入城中,王浚感到很害怕,石勒进入到他的官署,命令带甲士兵逮捕王浚并押回到襄国,杀死他,这就是三十六国的大概经过。]

　　(后)晋惠帝在位十四年,驾崩后,立弟弟豫章王司马炽为皇帝[司马炽字丰度,就是晋怀帝],定都于长安,后被刘聪杀死[后来魏拓跋氏统治集团在晋怀帝永嘉三年从云中进入雁门,北近沙漠,南靠阴山,人马数十万。到(魏)孝文帝时,把姓由拓跋改为元,定都洛阳,肃宗死后,大都督尔朱荣阴谋策划立庄帝。尔朱荣迫害了太后及王公二千余人,庄帝终于继位。庄帝继位后杀死了尔朱荣,左仆射尔朱世隆率领尔朱荣所部从又晋阳叛乱袭击京师,抓到庄帝,杀死了他。又立恭帝,接着废掉了他。高欢这时开始主持广平地区的大权。王子修后来被斛律斯椿胁迫进入关内。周太祖宇文黑獭辅佐皇帝,定都长安,在很差条件下建立政权,这就是西魏。皇帝下令封宇文泰为丞相。宇文泰接着害死了出帝,另立南阳王宝炬为皇帝。文帝死后,大臣们立他儿子为皇帝,宇文泰又废掉了他,重新立了恭帝,封宇文泰为太师。宇文泰死后,他的儿子宇文觉被封为周公。后来魏帝把帝位禅给了宇文觉,即宇文泰的第三个儿子,宇文觉接受了帝位,于是改国号为周,宣帝死后又把帝位受禅给隋。以前尔朱荣杀庄帝时,晋州刺史高欢,起兵征讨尔朱荣,立了魏出帝,高欢本人也被封为丞相。后来魏向西进入关里,立了清河王的儿子善见为帝,迁都城邺城,这就是东魏。高欢死后,他的儿子齐王高洋夺取东魏皇帝的祥位,改国号为齐,到了温公高纬的时候,周灭掉北齐。后来隋灭掉周。隋文帝灭周以后向南进军灭掉了南方的陈国,统一了全国]。**晋怀帝死后,吴王司马晏的儿子司马业被立为皇帝,就是愍帝,后来刘聪杀死愍帝**[这时胡人已经进入了中原,西晋政权被迫迁到长江以东地区]。

　　晋中宗元皇帝司马睿兴起于江东。[司马睿字景文,晋宣帝的曾孙,司马睿小的时候就很聪明,到中原大乱的时候,就与王敦等渡过长江安定江东局势。很得百姓人心,后来王敦在武昌造反,进军到南京,司马睿带兵讨伐他,不能战胜,于是把政权交给王敦。于是王敦退兵重新镇守武昌],**司马睿在位十六年,死后太子司马绍继位**[司马绍字道畿,即肃宗明皇帝]。**王敦权力渐大,朝迁内外都很畏惧他。王敦想谋反,肃宗率兵征讨,战胜了他**[肃宗用温峤等人的谋划战胜王敦。当王敦谋反的时候,温峤正做他的从事中郎,整天为王敦效力,假意讨好王敦,后来京兆尹职位空缺,温峤对王敦说:"您应该多树立自己亲近的人,这样才能使皇帝众叛亲离。我看钱凤这个人应当被重用。"王敦说:"他赶不上你。"温峤假意辞让。临别的时候,温峤起身依次敬酒,假装喝醉了,用手板击落钱凤的头巾,并怒道:"钱凤什么东西,我亲自敬酒而竟然敢不喝?"钱凤不高兴,温峤用喝醉了作借口。第二天,温峤将要返回京城,钱凤就劝说王敦不要放走他。王敦说:"人家温峤常说你宽和,昨天即使他有不对,难道你就该报复说人家的坏话吗?"温峤回到京城,向皇帝奏明了王敦想谋反的情况]。**肃宗在位三年,死后,孝武帝司马昌明继大位。他是简文皇帝的第三儿。氐族人苻坚进攻淮南,东晋派军将军谢玄等率兵在淝水击败了苻坚**[苻坚百多万人马进军到淝水。谢玄精选八千勇士渡过淝水,谢玄派人对苻坚说:"两军隔着淝水列阵,一时间分不出胜负,我请你方稍稍退却一下,给我们留出作战地方。"前秦的将领们听说前边的军队后退,以为已被打败了。朱序等人又故意在后大喊秦兵被击败了。苻坚的部队在败退中因乱而互相践踏残杀,听到刮风和鹤的鸣叫声都以为东晋的军队杀过来了,因此被东晋打得大败]。**苻坚北返回长安**[苻坚因此最终也难逃灭亡的命运]。**孝武帝在位二十一年,他死后天下一直战乱不休,东晋到安帝的时候,桓玄篡夺了政权。宋太祖刘裕平定了桓玄的叛乱。到晋恭帝的时候,无奈把帝位传给了刘裕。**

　　宋高祖武皇帝刘裕,字德舆,彭城人氏。桓玄继承大统,晋政权[桓玄字敬协,谯国龙亢县人,身体和相貌都不凡。当他做江州刺史,攻打并杀死了荆州刺史殷仲堪。会稽王的儿子司马元显因为桓玄做的太甚,派兵攻打他。桓玄听说将要讨伐他,立即带领部队进军到宋城,杀死司马元显。皇帝只好下诏书封桓玄为丞相与楚王。后来不得不把帝位让给桓玄],**宋高祖刘裕和刘毅何无忌等人私下里又重建晋政权,发兵镇压了桓玄的反叛**[当时桓玄让桓弘守广陵,刘道规是桓弘的中军参军。刘裕让他攻打桓弘;桓修镇守丹徒,袭击桓修,刘裕本人也是桓修的中兵参军。到规定时期同时行动。刘毅,刘道规等袭击广陵,杀死了桓弘,率领桓弘的旧部南渡过长江。何无忌,刘裕等攻打京城,杀死了桓修,率领两州的兵马一千二百多人进军驻在竹里,向京城发布布告,说:"成败互为因果,没有什么定数。狡猾之人施行虐政,或许正是圣明的君主统治才发生的。晋建国以来,多次遭受上天降下的灾难。隆安以来,宫内很不安定,有才的人都死于非命,桓玄傲慢地割据在荆、郢两州,起兵造反,使百姓遭受战乱的践踏,不容于上天。然而他的力量确实太强大,才一年多的时间里,就推倒了我们晋朝的政权,皇上颠沛流亡,国家的政权惨遭侮辱,宗庙破坏,即使与夏代后羿遭寒浞等乱臣的欺诈,汉代遭到王莽、董卓等乱臣的破坏与之相比,桓玄对晋的危害还是要大多了。自从桓玄篡夺大权以来,大旱连年,百姓痛苦不堪,文臣武将都对现实深为不满,百姓妻离子散,悲惨的情景就像《诗经·大东》和《诗经·摽有梅》所描写的那样。考查天文,对应人事,不铲除桓玄,还有什么人该铲除呢?天下有志之士,有谁不是慨然长叹?我等之所以不敢偷懒安逸,就是要协同忠烈的志士共同为国家的重建尽我的力量,早已把生死置之度外。辅国将军刘毅,广武将军何无忌这些大臣,同心合力,决心为国家拼力死战,现在正义的力量已经集合起来,文臣武将奋勇争先,都立志为恢复大业不放弃斗争。于是率领军民,希望上借祖宗在天之灵的佑护,下尽忠勇义士的力量,打败叛乱的不义之人,使天下重新恢复往日的宁静。现在各位公侯有的世代有忠义的名声,有的本人享受国家的高官厚禄,今天却一起甘受桓玄的气,不能报效于国家,多可悲!现在时机已经成熟,我凭借自己微薄的力量,不如古代贤人的才能,在最关键的时候,接受挽救国家命运的任务,满腔忠心没等表现,心中已被感慨和愤激填满。仰首天空,内心的激动不能控制;回顾到高山大河,沉思伫立,不愿离去。发布控告敌人的檄文的时候,心神仿佛已进入杀敌报国的战场上。"桓玄让桓谦带兵驻守于东陵,卞范之驻守覆舟山。早晨刘裕让军队吃饭时加了饭量,向覆舟山东南进攻。让体力差的兵士登山时多打旗帜。刘裕亲自率领大部队朝着旗帜所指方向敌人展开进攻,士兵都争先恐后。桓谦的军队马上溃败,逃走了。桓玄单人匹马向江陵方向逃去,在将进入蜀地的时候,又改变方向逃往枚回州,正遇上益州参军费恬的部下,他们用箭射死他],**辅助皇帝重新恢复统治,因此委以刘裕将相的重任,封为豫州郡公,蜀地的叛军谯纵割据称王,刘裕派手下将领平定了叛乱**[刘裕让朱龄石率领二万士兵从江陵出发讨伐谯纵,刘裕告诫朱龄石说:"刘敬宣以前从黄武出兵,没有什么战果就回来,现在你军队从青衣江出发,敌军料想到我们,出其不意,还是从内水进军。如此,一定会有重兵把守涪城,如果你逼迫黄武,正好落入他们的圈套,现在军队从外水出击,攻取城都,派一枝疑兵向黄武进攻,这是克制敌人的上策。"把这些写成信,封面写道:"到白帝城后再打开看。"将领们虽然出发,却不知道具体的去向,一直到了白帝城,打开书信,上面说让所有部队都从外水出击,只剩臧熹率军从广汉出发,率领少量士兵乘四方加板的千余只大船向黄武进攻。果然谯纵派谯道福率领重兵把守于涪陵城。朱龄石进驻到彭模,离成都二百多里。谯纵手下大将侯晖等人驻扎在彭模。朱龄石对刘钟说:"现在天气刚开始暑热,敌方又凭借天险,难以攻打,只白白让我们的军队疲劳。我想我们暂时养精蓄锐,等机会攻打敌人,怎么样?"刘钟说:"这样不好。先前我故意放出风声说大军从内水出击,所以谯道福不敢放弃涪城。现在大兵压境,侯晖等人已经吓坏了,侯晖手下的士兵不是太难对付,乘他们恐惧的时候攻打他们,很容易攻破。攻克彭模,大张声势向前进军,轻易就能再攻下城都。驻扎不动,虚实情况暴露,涪城的敌人再来,就不好对付了。如果前不能战,后退又没有什么依靠,二万大军就会都被谯纵俘虏。"朱龄石听从了刘钟的计策。第二天才攻打彭模,杀死了侯晖,又连连攻取几城,谯纵见大势已去,就自杀了]。**以前姚泓在西京长安作乱,高祖平定了叛乱,活捉姚泓**[高祖灭掉前秦以后,进入长安。留下长子义真镇守长安,自己带兵退回江南。赫连勃勃建都于统万城,听说这件事十分高兴,对王买德说:"我想带兵攻打长安,请你说说进攻的计划?"王买德说:"刘裕消灭前秦,没给人民带来什么好处。关中是个险要的地方,却派一个一般才能的儿子把守,并不是很好的打算啊!他要急急忙忙赶回江南的,是想马上篡夺帝位,没有空闲时间争夺中原。陛下你以正义之师攻打叛逆之人,天下人都知道你是正义的,百姓都盼着这一天的早日到来。从清泥到洛阳的南,是军队必然要攻取的险要的地方,你应该派机动部队截断来往的道路。才守住潼关和崤山峡谷,断绝敌人水陆来往的道路,向长安发布告并施行恩惠德行,长安附近的人就会热烈欢迎你的到来。刘义真孤立无援,逃窜没有地方,十天不到,一定会被你擒获。这就是人们常说的兵不血刃,不用战斗而达到目的。"赫连勃勃认为他分析很对,向南攻打长安。高祖害怕了,让刘义真留守东都,派朱龄石把守长安。长安人赶走朱龄石,迎接赫连勃勃。于是高祖丢了关中]。**鲜卑人慕容超占据青州,自称燕王。高祖自己讨伐他,活捉获慕容超**[当初,慕容超的叔父慕容德窃取三齐之地,慕容德死后,慕容超继承了他的位子,于是侵入淮河以北。高祖想统一天下,抓住慕容超入侵的机会,开始向北讨伐慕容超。大将军公孙五楼劝说慕容超:"吴地的士兵骁勇善战,很难对抗。派兵把守大岘山,使刘裕军队不能靠近我们,这是上策;加固壁垒使敌人不能进来,转移人口粮草,使敌人无所获取,却掠粮草,是中策;呆在城中等待决战,是下策。"慕容超说:"派兵诱引敌人经过大岘山,我用装备重甲的骑兵攻击他们,就能活捉敌人,为什么要放弃斗争并削弱自己呢?"开始谋划这场战斗的时候,参与的人都提出如果敌人严密地把守大岘山,不轻易出来交战,那么结果就会给养不足,不能坚持下去。高祖说:"不会如此,鲜卑人贪婪,没有长远的策略,既希望胜利,也吝啬那些庄稼,不轻易收割。认为我们是孤军深入,不能坚持长久,一定会诱惑我们和他决战,我们假意答应,等到我们一过大岘山,局势就对我们有利了。"进入大岘山后,不见敌人有所动静,高祖高兴地说:"老天保佑我们呀!"众人说:"我们还没有打胜仗,你为什么这样高兴?"高祖说:"我们的军队已经通过了险要之地,将士有拼死战斗的决心,田野里遍地是粮食,军队士气高。敌人又中了我们的计策,一定打败他们了。"六月,慕容超派公孙五楼把守临朐,老弱士兵守卫广固。听说高祖大军逼近,慕容超也清醒了,离临朐四十里的地方有条巨蔑河,慕容超派公孙五楼去夺取,说:"晋的军队如果抢先就不好战胜他们了。"公孙五楼赶忙地进军。前锋孟龙符抢在公孙五楼前面占领了巨蔑河。公孙五楼被迫撤退。四千大军分两路缓缓前进,没等到临朐,慕容超的军队就已经到达。孟龙符等率兵抵抗。太阳偏西的时候,战斗正激烈。高祖对檀韶等人说:"敌人的主力都在这里了,临朐留守的士兵一定是些老弱之人并且人数不会太多。你偷偷绕到他们的后边,偷袭临朐,一定能攻下。多改变旗帜以迷惑敌人。这是韩信用来攻克赵地的计策。何况以前我声称军队从海道进发,你们到达之后一定要大加宣传。"檀韶等人擂鼓进军。敌人看见后大惊,高呼:"从海道来的军队到了!"慕容超丢了城池逃跑。于是攻占了临朐。敌军听说临朐已被攻下,一时之间不知所措。高祖亲自击鼓助威,于是士兵都奋勇争先。大败敌人。慕容超逃到广固,高祖带兵包围了广固,并攻下城,擒获了慕容超,押解到了京城,并在建康杀了他]。**卢循割据在南海郡,乘高祖北伐的机会,袭击建业。高祖返回后,打败卢循。刘毅在荆州,背叛高祖。高祖派将领讨伐并杀死刘毅**[裴子野说:"结盟树立义旗,成就大事的人,很少有善始善终的,为什么会这样呢?当时在一起共同经历了成功胜利的场景,却不知道称王为帝的艰难。互相计较轻重利害,彼此各不相让。认为别人都是没什么功劳,而自己是消灭敌人的主力,所以认为宁可自己对不起剐人,不能别人对不起自己。刘希乐和诸葛长民都是人中的佼佼者,难道是因为不知天命吗,只是形势发展才使他们这样做的?武王缔造周朝真伟大啊!八百诸侯会盟,都说:"可以讨伐纣王了"。尚且军队退回了孟津。难道是他不知道顺应民意,讨伐敌人吗?实在是因为性急就会招致很多灾难呀!高祖派往东边的部队是很快了,而侥幸的行动从此多了。哎,仁义之道衰落而达到这种的地步,更何况要建立奇功了"]。**荆州刺史司马休之反叛,讨伐他**[裴子野说:"《尚书》主张周全考虑后再采取行动,要把握好行动时机,像司马休之那样行动,没有把握好时机。老天放弃晋,谁也没办法去救助他,司马休之本人虽很得人心,能违抗天意吗?五种运势变化演进,最终没有灭亡的国家。成为衰落的家族,处在乱世,即使像商代的三位有才之人那样有才,尚且难逃颠沛流离的命运,况且豪杰侠义之士了!"过去中原曾被无道之人的践踏。现在四海之内都争着归顺中宗,难道仅仅因为他是晋的后代的缘故吗?他本人确实有才能,所以才能统一南方,生机勃勃地兴起。到司马德宗的时候,若仍旧想维持这样的局面,然而却没能做到]。晋帝封刘裕为相国,总领百官,作扬州牧,封给十个郡的地方,进官爵为宋公。晋安帝死后,大司马琅琊王继位,让刘裕入朝廷辅佐自己,迫于无奈最终把帝位交给了刘裕[刘裕捧着表册表示辞让,但没有通过。宋的谏官劝说刘裕继皇帝位,刘裕没有答应。太史令骆达陈述天文与人事的应合,说:"从晋义熙元年到元熙元年,出现金星白天,一共占卜七次,卦辞说'金星白天出现天空,要更换皇帝,异姓兴起。'义熙七年,五道彩虹出现在东方,占卜,卦辞说'出现五道彩虹,废掉皇帝,出现圣人。'义熙九年,镇星、岁星、金星、火星在东井星附近聚集。义熙十三年,镇星进入太徽区城,占卜,卦辞说'镇星把守太徽,有新立的人主,有流亡的人主。'元熙元年,黑龙四次升入天空,《易经》上说:'冬天出现龙,人主丧失国家,另有贤人受天命而做皇帝。'汉代建武元年至建安末年一共一百九十六年而把帝位让给魏国。魏国从黄初元年至咸熙末年一共四十六年而把帝位让给晋国。晋国从太始元年到今天已经有一百五十六年。三代互禅让出帝位。都发生在逢六的年数上。"刘裕于是听了他的建议]。

永初元年六月四日,在南郊登继皇帝位,建筑土坛并烧柴祭天。结束礼仪后乘车回到建康宫,到太极前殿正式宣布当上皇帝。大赦天下,采用新的年号。在位三年后死了[病危的时候,曾召见太子,告诫说:"檀道济虽然有才能却没有大的志向;徐羡之和傅亮应当不会反叛,谢晦经常跟着我出征征战在外,很善于根据形势变化而行动,如果有谋反的人,一定是他,可以安排他去会稽。后来果然不出高祖所预料],太子刘义符继位[就是荣阳王,做皇帝十分昏庸,司空徐羡之辅佐政事,废他为荣阳王],后来被废掉,宜都王立刘义隆为皇帝[就是宋文帝,宋高祖的第二个儿子,后来被太子杀死。当初,刘劭和弟弟刘濬都不遵守礼制,怕皇上知道,就用巫术诅咒皇上。皇上听说后十分愤怒,想废掉太子刘劭又杀死刘濬,重新选太子。正在犹豫的时候,把这件事告诉刘濬的母亲潘淑妃,潘淑妃又把这件事告诉了刘劭。刘劭于是杀死宋文帝,自己继承了帝位]。太子刘劭杀死文帝后,武陵王刘骏起兵讨伐刘劭,杀死刘劭后,拥戴刘骏为皇帝[刘骏就是孝武皇帝,文帝的第三个儿子,刘劭杀死文帝后,刘骏起兵征讨并杀死刘劭]。孝武皇帝死后,太子子业继位[就是废帝。子业凶残,身边侍从寿寂之杀死了他]杀死刘子业后,湘东王立刘彧为皇帝[就是宋明帝,宋文帝第十八个儿子。孝武帝的儿子们,江州刺史晋安王刘勋,寻阳王刘子房等起兵造反,宋明帝刘彧都打败了他们]。明帝死了后,太子刘昱继位[就是后废帝,在位的时候凶残而违背常理,十分想杀死杨玉夫这个人。杨玉夫很害怕。七月七日这天晚上,刘昱让杨玉夫在出现织女星的时候告诉他。王敬则与杨玉夫串通好要杀死他,杨玉夫在刘昱睡熟时候杀了他,把它的脑袋送给齐王萧道成],杀死了刘彧后,顺帝刘准继位[刘准是宋明帝的第三个儿子],刘准最后把帝位传给了齐王萧道成。宋一共经历八个皇帝,共计历时六十六年

齐太祖高皇帝萧道成是东海兰陵人氏,是宋国的辅国将军。宋明帝元年,会稽太守寻阳王刘子房以及东部各郡起兵造反。徐州刺史薛安都占据在彭城归降魏,派侄子索儿攻打淮阴。晋安王刘勋派临川内史张淹从鄱阳道进入三吴地区。萧道成一起讨伐镇压了他们,明帝让他留守淮阴。宋明帝七年,萧道成被皇帝召回京城[宋明帝认为萧道成不像臣子的样子,而民间又传言道萧道成将当天子,就更加怀疑他了。最初皇帝征召萧道成的时候,部下劝他不要去,萧道成说:"皇上杀死他的子弟,是因为太子年幼而且力量小,所以想到自己死后可能出现的不利于太子的复杂情况,要提前采取行动,这不关别人的事。应该马上去应召,迟了就会被怀疑。况且说骨肉自相残杀,本来不是有长的运势。祸患刚刚兴起,我将和你们共同努力拯救国家"]。萧到京城后,被封为常侍。宋明帝临死时下

遗诏让他和袁粲共同管执掌政权。江州刺史桂阳王休范起兵造反，萧道成讨伐平定了叛乱[当初休范反叛时候，朝廷上下都很害怕。萧道成和褚彦回聚集在中书省谋划这件事，无人开口讲话。萧道成说："以前皇亲叛乱，都是因为行动缓慢被击败。休范一定会汲收教训，派精兵急速进兵，乘我们没有准备而偷袭他。现在请让我去统帅新亭部队阻持休范的军队。"于是找来笔记下议论的决议，其他人都赞同附和，于是身穿白衣坐车到了新亭。还没等筑完堡垒，休范的骑兵就进到了新亭。萧道成脱下衣服，安闲地卧躺着，以此来使军心安定。最终打败了休范]。被封为中领军。苍梧王忌恨怀疑萧道成[萧道成白天躺在床上，苍梧王率领一行人直接闯进领军府，把萧道成从被窝中拖起来，带到宫中，让他站在地上，在他肚上画上箭靶，要拉满弓射。侍从杨玉夫劝说道："领军大人肚子太大，确实是很好的箭靶，然而一箭就会杀了他，以后没法再射了，不如用骨制箭头射他。"苍梧王只一箭就射中萧道成肚脐，然后把弓扔到地上]。苍梧王曾让杨玉夫观察织女星出现后就报告他，这天晚上正是七夕，杨玉夫害怕了，用牵牛刀杀死了苍梧王[杨玉夫和王敬则谋划好要杀苍梧王，杀了他之后把首级送到领军府，报告了萧道成。萧道成于是穿上戎装连夜进宫。次日早晨，征召袁粲等人来商议处理这件事。袁粲刚要说话，萧道成头须都张开了，眼光像闪电一样锐利。王敬则拔出刀跳出来对众人说："天下大事都应该由萧公说了算，有人敢乱说，别怪我不客气。然后自己拿出白纱帽戴在萧道成头上，请萧道成即皇位。说："应该乘势即位，不要错过机会。"萧道成假装严肃地说："你们都不明白呀！"]于是萧道成迎接并立了顺帝。荆州刺史沈攸之造反。萧道成讨伐他[开始，沈攸之打着太后的旗号叛乱，攻下都城后，袁粲刘秉等人看见萧道成名声一天比一天大，感到很不安，就和沈攸之串通，图谋在宫殿内作乱，萧道成让王敬则在宫殿内杀死了他们]顺帝于是封萧道成为相国，齐公，赐给九种器物[表册上写道："因为我没有成就，曾经遭受苦难和不幸。继位的国君没有道德，杀害了我们刘氏家族的很多子弟，遭到上天的唾弃。危险的形势实在难以描述。不仅仅象《诗经》中《小宛》和《黍离》篇所说的那样。上天帮助我们大宋，赐给我们这样一个贤良的而有才干的相国，关键时刻拯救了我们国家的命运，功绩卓著，道德崇高，自古至今找不出第二个。即使保衡辅佐商朝的功劳，博陆匡救汉朝的业绩，与相国相比，实在渺小。现在给你举办隆重的典礼，希望你好好听从我的命令。当初袁粲、刘秉叛乱，子房不依臣子的规定要求自己，率兵协同叛乱，企图篡夺帝位，险些把宫廷变为一片废墟。嘴上说是为了国家，其实是全部为了自己。这个时候，人们都丧失了原则性。而相国你赴汤蹈火，奋不顾身，身先士卒，亲率大军征讨敌人。兵戈到处，作乱的叛军像冰一样溶解灭亡，这才是成就霸业的基础，报效国君的开端，薛安都反叛，占据徐地，竟敢赶着牛羊入侵淮浦，索儿愚蠢悖谬，和他互相支援，狼狈为奸，背叛正义，投向敌人的怀抱，北部边疆地区的百姓，全部遭到洗劫的不幸，这时你接受祖宗在天之灵的安排，率军出战，气势不凡，拼死一战获得重大胜利，敌人的尸体漫山遍野，石梁地区的战斗，杀死了叛军头脑，保卫国家，安定百姓，这又是你的功劳。张淹无知而受人迷惑，不顾国家利益，妄图窃取东南的土地，这时显出你的忠义之心，在国家危急的时候越发突出，以少胜多，敌人迫于你的威名纷纷投降归顺，从而为朝廷解除了对东南的担心，闽越两地的人有从疾苦中获得重生的希望，这又是你的功劳。匈奴和鲜卑野心勃勃地要侵占我们的领土，你奉命出战，安抚百姓，打击敌人，大力宣扬皇上的恩德，使淮河淝水流域的百姓又得到我们大宋国的恩泽，这又是你的一大功劳。自此以后，匈奴气焰更加嚣张，企图侵占我们的国土，而这时由于种种变乱，我方一出兵就处于不利地位，坚固的城池不出几天就惨遭陷落的厄运，此时你心中时刻想着国家安危，废寝忘食，置生死于不顾，亲自披上铠甲，安定国界，这又是你的一大功劳。桂阳王依仗人多势众，妄图篡夺政权，进军至京城，情况十分危急，宫内妇女们都很惊慌，我军失去了主见，这时你挺身而出，历史上还从来没有过奇谋善策，手持大旗指挥

资政秘典

·反经·

图文珍藏版

作战,即使胆小之人也被你的精神感染成了杀敌的勇士,没过多久,就平息了叛乱,这又是你的功劳。苍梧王十分残暴,滥用刑罚,百姓遭殃,无辜而惨遭屠杀的人成千上万,人民悲痛不安,生活一天也不能保障,高祖的事业已经丧失,谁能继续使天下安定呢? 你追随古代的节义,遵守魏晋以来的礼仪,不顾身体虚弱,为保全国家利益出来主持大事,使一切重新安定,这又是你的功劳。袁粲、刘秉二人,怀有背叛之心,犯上作乱,阴谋分裂国家,阴险地采取行动,占据石头城,扰乱天下,你胸怀奇策,手举锋利的兵器,铲除叛军,使国家安定,这还是你的功劳。沈攸之满腹坏主意,逐渐暴露,发兵叛乱,致使国家不得安宁,虽多次出兵镇压,可仍不能让他降服悔改,这时你凛然大义,领兵征讨,终于平定了这场叛乱,使国家重新走上正轨,这还是你的功劳。你劳苦功高,再加上英明果断,安抚天下,平定国家,为王室尽忠尽力,艰难困苦都深深地经历体味过,至于说到重新恢复国家的功劳,拯救百姓安定民心的恩惠,那就像阳光驱散云雾一样,光辉灿烂,普照天下。使我重新恢复王位,从此天下永远安宁,四方的人们都仰慕你的高义而归顺我们宋朝。你的功劳真是伟大呀,实在没法给它称颂]。四月,宋帝把帝位传给了萧道成。并于甲午日这天正式登基,在南郊烧柴祭祀上天[说:"人间皇帝,你的臣子萧道成虔诚地把黑色的公牛献给伟大光明的上天,并禀告说:自从有人类以来,就建立了管理百姓的国家,用来顺应天意开创人间业绩,使正道发扬光大。但天命时时在变。当初有虞氏和夏后氏各自从上代继承了天命;自从汉魏以来,中期就有了这种天命的交接,这些都有历史的记录在案。现在水德已经衰落,天下一片混乱,实在是依靠我萧道成的拯救,才免除消解了这场大的灾难,使社会重新安定,上天常把管理人民和土地的权力交给有才能和有德行的人,我自己多次谢绝百姓的拥戴,没有接受当皇帝,然而天下人都说:'这是上天让你这样做,是不能违背的,国家不能一天没有君主,我不敢违抗上天的命令,只有顺从上天的旨意,恭敬地挑选吉祥的日子,虔诚地捧着受命的大符,登上高台接受帝位,把这些报告给上天,以表达我自己的想法,让天下人都明白,并请上天接受我的供奉]。礼仪完了,坐车回到建康宫,到太极前殿宣布赦免减免罪犯的刑期,改用新的纪年方法,四年后死去。太子萧赜继承帝位[就是世祖武皇帝]。宋武帝死后,萧道成的孙子昭业为帝。又立[后人称他为郁林王。即位后昏庸无道,武帝的棺材下葬那天,昭业在端门内按礼仪向灵车告别,灵车刚穿过了大门,就去和妓女鬼混,高宋杀死了他。]萧昭业死后,他的弟弟萧昭文又做了皇帝,[萧昭文后来就废为海陵王],萧昭文被废掉后,立西昌侯萧鸾为皇帝。[萧鸾就是齐高宗明皇帝,始安贞王萧道生之子,即位后就大肆屠杀大臣,因为他长年卧病,提前为自己准备好了棺材,齐高帝和齐武帝的儿子们被杀得一个也没有剩下。]萧鸾死后,太子萧宝卷继承帝位。[就是东昏侯。他即位后凶残暴虐,用金花贴满地面,让一个姓潘的宠妃在上面行走,说:"这就是步步生莲花",又在宫中建立了市场,亲自做市长官,让潘妃做市令大做生意,起义军队至京,左右的侍从杀死了他。]宝卷死后,立宝融为皇帝[宝融是齐明帝的第八个儿子],齐和帝萧宝融最终把帝位传给了梁。[这以前文惠太子和官中妃嫔共同做七言诗,每句诗后面都有"愁"字,这应验在了和帝身上;东昏侯宫里的人都梳有"散叛髻",东昏侯的时候天下众叛亲离;又戴一种帽子,揭开帽子口而舒展开两个帽翅,称它为"凤渡三桥",把裙子向后撤开再系在一起,称它为"反缚黄鹂",梁武帝家在三桥,有凤凰飞向那里,预示以后政权将转交给梁武帝,"黄鹂",与"皇离"谐音,而反绑上它预示以后东昏侯将被杀死,这以前,民间的老百姓和朝中的官员都用布帛填在衣服的胸部,称为"假两",假的意思是不得为"正","假两"的意思是没有得到真正的人主。东昏侯被杀后,他的儿子们被废为平民,就是"假两"的预示意义]。

梁高祖武皇帝萧衍本是巴陵王手下的法官,后来又成为竟陵王萧子良的八友之一—[当初,萧衍死了父亲,他很不走运,等到郁林王丧失为帝之德的时候,齐明帝正做他的辅政大臣,齐明帝想要废掉郁林王,萧衍想帮他一下,废齐武帝的后代郁林王,以此消除心中耻辱。齐明帝也知道他的这种想法。经常和他谋划一些重要事情。当时,齐明帝想追逐随王,又因为王敬则占据会稽,恐怕他叛乱,因为这事向萧衍询问,萧衍回答说:"虽然随王名声不坏,但其实并没什么大才能。爪牙也不过只有像司马垣历生和武陵太守卞白龙这样的人罢了,既没有能干的心腹辅佐他,况且这些人都是些眼光短浅势利小人,如果你能给他们高官,就会为你奔走效力。所以说随王那里只用封信就行了,王敬则这个人也没什么大的野心,不过想安稳地享享清福而已,可以多赏给他几个美女,以此使他欢心就行了。"齐明帝说:"我也是这样的想法。"后来果然采用了萧衍的计谋]魏国的将领王肃攻打司州,萧衍率兵击败了他,因为功劳被封为建康郡男。齐明帝死了,东昏侯继承了帝位,齐明帝遗诏要封萧衍为都督,雍州刺史[东昏侯的时候,刘暄等掌握中书大权,为人们称作"六贵";还有御刀等八个有实权的人被共称为"八要"。这些人都敢像皇帝那样行使大权,萧衍对王弘策说:"政令从很多人那儿出来,因此就要开始混乱,我们所处的是唯一能躲避灾难的好地方,如果能多行仁义,就可以坐着成为西方的霸主。然而我现在有很多兄弟住在京城,恐怕他们会遭到杀害,应该和益州共同谋划这件事,皇上罢免了萧衍的长兄萧懿益州的官职,让他仍然返回郢州主持政务。萧衍和他谋划反叛的事宜,萧懿不从。萧懿不久就被遭到了迫害]萧懿遭到杀害以后,萧衍起兵反叛[召集部下,告诉他们反叛的情况,并在这天树立反叛大旗。这以前东昏侯让刘山阳当巴西太守,让他经过荆州和荆州行事萧颖胄袭击襄阳,萧衍知道这件事后,就派王天武到江陵去,给州府的每一个人都发了信,说出这件事。王天武出发以后,萧衍又对王弘策说:"现在可以袖手获得天下了,王天武一到了荆州,一定使那里的人惊慌失措,不知道如何是好。如果不和我们一心,攻取它就像从地上捡起个草子那样简单。截断三峡的通道,占据巴蜀地盘,再派兵平定湘江中游地区,这样便占有了湘江的上游。凭借这样的形势,向江南发布檄文,平定江南就像草随风伏一样是自然的事情,甚至比这还容易。江陵人本来就惧襄阳人,加之唇亡齿寒,二者不能独存,怎么能不和我们同心协力呢?凭借荆州和雍州的军队,再平定东南地区,即使有韩信白起这样的名将,也不能有什么作为了,更何况东昏侯那样昏庸无能的君主和御刀、刘暄那样无能之人了。"萧衍等到刘山阳到达巴陵的时候,萧衍又让王天武带着书信去见萧颖胄等兄弟。王天武走后,萧衍对王弘策说:"用兵之理,最重要的是瓦解敌人的军心,其次才是攻城掠城,今天的情况就是这样,前几天派出王天武去州府,给每个人都带了书信,今天却只给萧颖胄兄弟二人发了两封书信,上面写着内容由王天武亲口传达。他们见信后就会问王天武,王天武会什么也说不出来。王天武是萧颖胄兄弟亲信,别人知道这件事后一定会说萧颖胄兄弟共同隐瞒了信的内容。这样的话人们就会怀疑。刘山阳听到其他人的议论也会怀疑迷惑,而萧氏兄弟又毫无办法向别人解释清楚这件事。这样就是用两个空信封而平定一个州的地方。"刘山阳到江安后,果然猜疑萧氏兄弟,于是萧颖胄为让他相信自己,杀死王天武送给刘山阳看。刘山阳到荆州后被陈秀杀死了。于是萧颖胄就派人把刘山阳的脑袋送给了萧衍。萧颖胄仍然用为南康王上尊号的名义来传告说:"时机不利,应当等明年二月再行动"。萧衍说:"现在已有十万大军,粮食已不够,如果再等上一百多天时间按兵不动,一定会自取灭亡,况且全军从西方出来,天赐良机有什么不利的。当初周武王讨伐商纣王,也正好犯了太岁,难道也等到来年吗?"于是没有听从奏议,发兵反叛]。戊申日,萧衍从襄阳北发兵,[萧衍派自己的弟弟守卫襄阳,对他说:"应当坚定地相信并团结襄阳百姓和官吏,千万不要怀疑他们,天下一家人的局面才会出现了,等那时我们再见面吧。],郢鲁等城以及守城将领都归降了萧衍[当初,东昏侯派吴子阳带兵救郢州,攻占了巴口。萧衍让王茂领兵突击加湖。吴子阳逃走,很多手下人淹死在江中,郢、鲁两城的驻军已被萧衍大军的声威吓破了胆,不敢出城援救。以前东昏侯让陈伯之守卫江州,同时增援吴子阳。萧衍就对将领们说："讨伐并不一定非用实力不可，有时要借助声势。现在我们在加湖打了个胜仗，敌人谁敢不服？陈伯之的儿子陈武牙狼狈地逃跑回去，他见了一定很惊慌害怕。所以说我们发布一个檄文就能平定九江。"命令搜查俘虏，找到了陈伯之手下的大将苏隆之，大大地赏赐了他，于是他甘愿为萧衍效劳。萧衍派他给陈伯之带了一封信。很快鲁、郢两城都归降了萧衍，陈伯之父子见萧衍大军到来，都脱下铠甲投降]，壬午，萧衍到达了石头城，命令部队包围六个城门，宫中卫尉张稷杀死了东昏侯，用黄油包裹东昏侯的脑袋把他送到萧衍宫中[萧衍让吕僧珍带兵封查了府库和图书存放的地方，抓住并杀死了潘妃，把二千名宫女都赏赐给手下的将士]，萧衍军队攻到首都后，齐和帝迫于无奈让出了帝位。于是萧衍继承了皇帝位。太清元年，原齐朝的司徒侯景率领十三州归顺萧衍，不久侯景反叛到京城，囚禁了萧衍，萧衍死去。[梁武帝天监中期，和尚宝志有一首诗写道："昔年三十八，今年八十三。四中复有四，城北火酣酣。"萧衍不仅查封了这本书，而且把上面的话记了下来以备检验。梁武帝萧衍三十八岁时攻克建业，八十三岁时又遇到火灾。元年四月十四日同泰寺起火，这些都与和尚宝志的诗句暗合]，侯景立梁武帝太子萧纲为帝，不久又杀死了他[后来追谥他为太宗简文皇帝]。湘东王萧绎在荆州派王僧辩等将领平定了侯景的反叛，把侯景的头送到江陵[王僧辩等人劝萧绎做皇帝，说："这个月戊子日全部集结军队到建康，分兵追击败退敌军，凶恶的敌人四散逃命，希望陛下你能忍住悲痛与哀伤。自从天下大乱以来，各种暴徒相继出现，历时已经五年多了。如今上天的威风已经兴起，冤枉和耻辱都得到了了结，朝廷内外都希望你的到来，都认为国家应该交给有才有德的人管理。而你又十分谦虚地推辞，不肯接受我们的拥戴，所以我们再一次请求你答应我们的要求，我们渴望得到你的答复，怎么能永远地不考虑我们的建议，耽误执行上天的旨意呢？"]。平定侯景叛乱以后，湘东王萧绎在江陵做了皇帝[就是梁元帝，梁武帝的第七个儿子]。魏国派万纽于谨两员大将率兵来攻打江陵，梁王萧绎率领部队与敌人联合，孝元帝俘虏了萧绎，魏国人杀死了萧绎[当初，平定武陵之后，有人建议用大船装载器物把都城迁移到建邺，宗懔黄罗汉两个都是荆州人氏，不愿迁移。说："建邺帝王的气象已经丧尽，渚宫中的陆地已经达到一百块。"于是没有迁都。不久岁星和火星分别出现在井宿和心宿上，萧绎看到后感慨万分地对朝中的大臣说："昨夜我夜观天象，恐怕将要有叛乱出现。然而命运由天，吉凶在我，躲避又有什么用呢？"不久被魏的军队围困，江陵陷落以后被魏军俘虏，惨遭杀害了，传说："洲到一百的时候，荆州就会出现皇帝。"桓玄做荆州刺史，对晋怀有二心，于是又派人凿开一个，从而凑成一百这个整数目，随即崩坏，桓玄的反叛就被平息了。宋文帝做宜都王时，一块陆地自己形成了，不久就篡夺了政权。太清末年，枝江扬闾浦这个地方生出现一块陆地来，次年，梁元帝被立为皇帝，承圣末年，这块陆地和岸连成一片]。江陵被陷落后，王僧辩，陈霸先等人商议把萧绎的儿子萧方智立为皇帝[萧方智就是梁敬帝、萧绎的第九个儿子]，把他从江州迎接到建邺当皇帝。太平二年，萧方智把帝位交给了陈。

陈高祖武皇帝陈霸先出身是吴兴县长城这个地方。梁武帝时当过直阁将军。侯景反叛，陈霸先曾率兵和侯景作战，侯景战败死了之后，湘东王萧绎做了皇帝，升陈霸先做南徐州刺史。派他回去镇守京口。承圣三年，西魏军队攻陷了西台，陈霸先和王僧辩立晋安王为皇帝。司空王僧辩又和北齐联合，迎立贞阳侯为皇帝[陈霸先说："晋安王是高皇帝的孙子，元皇帝的儿子，他有什么罪过为什么要被废掉呢？不按原则立皇帝，可以知道他的居心了]。陈霸先认为这样做不合道义，于是派兵攻打王僧辩，并在石头城打败了他。这天晚上用绳子勒死王僧辩。贞阳侯退还皇帝位，晋安王又重新做了皇帝。徐嗣徽从北面引来北齐的军队，派萧轨等四十六个将领诱兵，渡过长江到达幕府山，企图反叛，陈霸先打败了他们。从此以后陈霸先被封为丞相，并封爵位为陈王。永定三年，梁的皇帝让帝位给陈霸先。三年后，陈霸先死去[当时，陈霸先的大儿子衡阳王在周朝做人质。于是陈霸先的弟弟始兴烈王的儿子陈蒨被立为皇帝]，立他弟弟的儿子陈蒨为皇帝[就是陈世祖文皇帝]。陈文帝死后，太子伯宗被立为皇帝[后来被废掉]。后来陈伯宗被废掉，陈顼被立为皇帝[陈顼是高宗宣皇帝，是始兴烈王的第二个儿子]。陈顼死后，太子陈叔宝被立为皇帝，是为长城公。陈叔宝做皇太子的时候，还喜欢读书，很有文学和艺术的修养。即位以后，却沉湎酒色[身边受宠爱的妃子有五十多人；光穿着华丽，长相漂亮的妇女有一千多人。曾经让孔贵妃等八个女子混杂，江总、孔范等十个人参加宴会，被称为"狎客"。他先让八个妃子在彩纸上写好五言诗，然后让这十个客人接着往下续写，谁续写的慢了，就罚谁喝酒，他们就这样习以为常，整日地寻欢作乐]。

隋文帝开始接受北周皇帝让给的帝位时，很注意与周边的邻国处理好关系。陈宣帝去世，他派人前往吊唁，按照两国交往的礼节，信写得很客气。然而宣帝以后继位的陈后主却非常骄傲，回信的末尾写道："如果你统治的地区能治理好，天下就太平了。"隋文帝见到回信后很不高兴。大臣贺若弼，杨素看后认为隋文帝受到了陈后主的侮辱，请求讨伐陈后主。隋文帝说："我作为天下父母，怎能因为隔着一条衣带那样宽的河就不去拯救那里受苦难的老百姓呢？"命令制作战船[有人请求秘密制作。文帝说："我将显示出代替上天讨伐昏君的威严气势，为什么要秘密制作呢？假使陈后主听说这件事后能明白过来，表现悔改，我还有什么其他的要求呢？"]派晋王杨广领八十多员大将征伐陈后主[当初，隋朝军队把盖有三十多万份上面写着陈后主罪恶的皇帝玉玺的传单散发到江南陈国的军队手中。江镇被攻陷以后，有人把这件事向朝廷奏报，当时朝中沈客卿掌管机要事务，没有声张。隋朝军队出发，陈后主说："天子的瑞祥之气在这里，以前齐的军队来这里三次，周的军队来这里两次，都被我们摧垮消灭。今天隋的军队来这里后也难免要遭受同样的厄运。"每日仍旧喝酒作诗，不去考虑大事。隋朝军队有的已经前进攻克姑孰河附近地区，有的已经截断练湖附近的战略要道，陈后主这才颁布诏书说："羊和狗小的敌人侵入到京城附近，任其发展就会对我们有害，应该及时消灭他们。"派萧摩诃作把守京城的大都督，分兵把守重要的关口和道路。连和尚、尼姑都被抓来服役。隋的军队南北夹击，陈后主的军队迅速被击败了]韩擒虎带兵攻进南掖门，陈的文武百官纷纷逃跑，陈后主被俘虏[隋朝军队进入京城后，仆射袁宪劝陈后主端庄地坐在金銮殿上等待最后时刻的到来。但陈后主说："战刀底下，可不能闹着玩的，我自己有办法对付。"于是逃进井里，隋军士兵用绳子往上拉他，奇怪陈后主为什么这么重，拉上来一看，原来是他和张贵妃、孔贵人绑在一起的。隋文帝听说这件事后很吃惊。鲍宏应对说："井宿在天文上是秦地的分野。天象表明，陈后主投井正是上天的旨意。"在这以前江南人都唱着王献之的桃叶诗："桃叶复桃叶，渡江不用楫，但渡无所苦，吾自迎接汝。"等晋王杨广率军驻扎在六合镇的时候，见有一座叫"桃叶"山，果然坐着陈国的战船渡过了江]晋王杨广占领台城，把陈后主送往东宫，三月癸巳日这天把陈后主和他手下的贵族，大臣们一起从建邺送到长安。又用原来陈国的衣服车马接陈后主和手下王公大臣。接着让人宣读诏书责备陈后主，陈后主吓得大气也不敢出，没说出一句反驳话来，把他封为长城公[隋文帝到东方视察天象，登上了芒山，陈后主侍奉隋文帝饮酒，陈后主作诗说:"日月光天德,山河壮帝居,太平无以报,愿上东封书"等到太阳出来时,隋文帝望着远去的陈后主的背影说:"难道他的失败不就是因为饮酒作诗的缘故吗?把作诗的功夫用来思考当时如何安定天下的问题多好啊!"仁寿四年,陈后主在洛阳死去[这以前蒋山里的一群扇动翅膀的鸟儿发出声音好象在说:"奈何帝,奈何帝"陈后主在东宫时,有一只一条腿的鸟儿飞到金殿上,用嘴在地上写字的形状,地上写着字着:"独足上高台,盛草化为灰,欲知吾家处,朱关当水开。"让人解释认为:"独足"是说陈后主后来将孤单一人,失去了往日热热闹闹的场面;"盛草"是说后主荒淫污秽,隋秉承火运建国,所以陈后主被隋灭掉;等到他来到隋朝京城长安,家住在都水台,这句正对应"高台当水"。另有一个史溥是会稽人曾经梦一个戴着武士的帽子穿着红衣服的人从天上降下来,这人手中拿着一块金牌,上面有字:"陈氏五主,三十四年。"陈的情况果然正像史溥梦见的那样。梁朝末年儿童唱的歌谣道:"可怜巴马子,一日行千里。不见马上郎,只见黄尘起,黄尘污行人衣,皂荚相料理。"王僧辩被杀以后,大臣把这个童谣报告给皇上听,解释说王僧辩原来骑着巴地产的马平定侯景反叛,"马上郎"是一个"王"字,"尘"与"陈"谐音,却弄不清"皂荚"那句什么含义。等到隋灭掉陈以后,解释的人以为江南用羯羊角代替皂荚洗衣服。隋朝皇帝姓杨,"杨""羊"谐音,是说最终隋朝消灭陈。北齐末年,三省的主管官员都被称为"省主",暗示皇帝将要遭废掉。这样看来,兴亡都有预兆完全可以事先知道]。

隋高祖杨坚在周武帝初年曾经当过隋州刺史,他女儿曾是太子的妃子。周宣帝当上皇帝,又封他为大司马。宣帝死后,靖帝即位,又封他为隋王。后来靖帝把帝位禅让给了他。他改年号为开皇元年。开皇九年,灭掉了陈国,又把太子杨勇废为平民,把晋王杨广立为太子。杨坚死后,太子杨广即位做了皇帝。

隋炀帝昏庸无道,天下四处反叛。登基后十三年巡视江都,李密在巩这个地方建立高坛,自封为魏公[李密是辽东蒲山李宽的儿子,年轻时就有远大志向,一向就有当皇帝的想法。他和杨玄感是生死之交,但杨玄感却用权势欺压他,使李密十分愤怒,说:"在两军交锋的沙场,所向披靡,勇敢杀敌,功高盖世,这一点我赶不上你;但是如果从长远考虑,带领天下有才德的志士,使他们个人发挥自己的作用,你却不如我了。你怎么能因为自己的权力稍微大一点就轻视天下有才有德的人呢?"后等到杨玄感起兵反隋的时候,李密归顺了他,成为他谋臣中的得力之人。后来杨玄感失败,李密怕朝廷追查,就改换姓名,投奔到翟让的叛军队伍中。翟让封李密为魏公,然后又设立幕府。设置幕僚,拥兵达九十多万]。梁归都盘踞在夏州;刘武周杀死太原留守王恭,发兵起义,窦建德自封为夏王;朱粲自封为楚王;刘元进占据在吴都。隋炀帝听说有这么多人造反,十分害怕,让冯慈明到洛阳去招募军队[隋炀帝听说义军蜂起,召集大臣问计。大臣们都说:"这些人不过小股土匪罢了,不值得忧虑。"侍御史韦德裕说:"如今天下形势已经十分危险,各种体制都被破坏,然而内史侍郎虞世基、御史大夫裴蕴等都奉承你,隐藏真实情况不说。如堆起的干柴已经从内部烧起来了,如果您放任形势这样发展下去,我祖宗的宗庙就会因为被叛乱的军队破坏而被毁。《周书》上说:水一点一滴不断地流,就要发展成为长江大河,陛下你千万不要因为听了群臣奉承的话就不把这件事放在心上。"隋炀帝于是让冯慈明到洛阳去征集军队,准备用来镇压李密的叛军。巡逻的士兵抓获冯慈明,押送到李密那里。李密听说抓到了冯慈明,十分高兴,对冯慈明说:"老天不会无缘无故的亲近某个人,谁有德行它就帮助谁。当今皇帝昏庸无能,毒害天下百姓,这是人所共知的。我李密召集百姓和人才,是想平定定天下。如今我们手下有一百多万兵力,凭借丰富的粮草和险要的地形,再加上善战的战士,挖东海就能让它向西流,每人踏上一脚泰山就会向东倾倒。以我们这样的能量,谁能同我们抗衡?洛阳已经危急了,很快就会向我们投降,希望你能看清天下的形势,和我们一起干一番大事业。"冯慈明回答说:"你的父亲蒲山公曾经给隋朝立过大功,很受皇帝的赏识被给以重用。而如今你却不顾朝廷的恩惠，反而要起兵反叛，不顾我们大隋朝对你一家的恩德，象杨玄感等人那样顽固地作恶，积累罪恶，你很快就会失败了。以前天下那些比你有能力的叛乱者都最终难以逃避朝廷军队。凭你手下这几个人，还想成就什么人事吗？"李密见无法劝说他降服，就把他软禁在司徒府中。冯慈明私下派人去洛阳联系征兵，事情被泄露出来之后，翟让杀死了冯慈明]。颁布诏书让唐国公李渊留守太原。五月甲子日，李渊率部反叛，遥尊杨广为"太上皇"，却拥戴代王杨侑为皇帝，效仿伊尹和霍光的做法。然后向天下发布檄文，听说这件事的人纷纷起来反叛。

　　这年秋天七月，唐国公李渊想向西进攻长安，在太原郊外的原野上打着白旗誓师，当时军队有三万人。三公子李元吉留卫太原。反叛军队驻扎在霍邑。隋朝的武牙郎将宋老生率领大军抵抗李渊的叛军。当时正赶上秋雨连绵，军队的粮食供给没有保障，并且又有人谣传说突厥的军队又将要袭击太原。所以李渊很害怕，想带领军队返回太原，后因听了秦王李世民的劝说才没有这样做[李世民劝说道："隋炀帝专横独断，天下人心已失。盗贼和反叛的军队纷起，男的不能从事农业生产，女的没法进行纺织。所以我们才要挺身而出，拯救天下。我们凭借崤山和函谷关的险要地形，再加上我们控制着皇帝并以皇帝的名义命令诸侯，安定天下，所以天下人纷纷响应我们的正义之师。今天刚刚遇上这样一小股敌人的抵抗，就想退却，我恐怕军队一旦解体，前功尽弃了。再说即使回去守太原，恐怕也已经迟了。这样的话，就不如坚决地按原计划行动，孤注一掷。"李渊听从了秦王的话]。宋老生拼死与李渊的叛军作战，最终被击败，叛军攻克了霍邑[各个城池相继向叛军投降。只有屈突通在河东坚持抵抗，城池因此没有攻下]，冬季十月，叛军进驻到长乐宫，卫文升控制着代王，坚守长安不降。十一月，叛军终于攻克长安，李渊仍然让代王杨侑为帝，改年号为义宁[派使臣出去巡视各郡县的情况。隋建造的行宫，李渊都查封了；后宫的宫女妃嫔，都让亲属领回家去。这以前，隋朝的军队都扰乱老百姓，老百姓把他们作为盗贼对待。等到李渊的起义军进驻长安的时候，纪律十分严明，不动老百姓一丝一毫的东西。老百姓纷纷说："这才是我们心目中的好皇帝啊！"]。这时隋炀帝想去丹阳，而大臣和将士都是北方人，不愿意去，而想再回北方。大将宇文化及看到老百姓实在没法活下去了，就在江都杀死了隋炀帝。都同时杀死隋朝王室的王侯。宇文化及立太子杨浩为皇帝，自己做丞相[先前隋炀帝曾经梦见一个穿黑衣服的小孩说："离开也是死，去也是死，不如坐船渡过长江。"裴蕴、虞世基都是南方人，就怂恿隋炀帝去南方。但是炀帝手下的将领们都不愿去南方，想用毒酒杀死这两个人。南阳公主知道这件事，怕杀死她的丈夫，于是把这件事告诉了宇文士。宇文士又告诉了他哥哥宇文化及，宇文化及见众人都已经心怀不满，认为反叛的时机已到，就带兵反叛，拘禁了隋炀帝。隋炀帝说："我做了什么对不起天地的事而落到今天这个下场？"马义举回答说："我听人说老百姓不能没有给他们皇帝为他们做主，所以上天要立一个皇帝来管理他们。因此说皇帝是为百姓服务的，并不是老百姓非要养一个皇帝。当初高祖文皇帝免除了严酷的法律，在老百姓中间施行恩德，向南讨伐强大的陈国，向北平定了外族的侵略，过了二十多年后，天下太平，但是不久他却去世了。你做了皇帝以后，不理朝政，外出寻欢作乐，老百姓被扰乱的得不到一天安宁，为寻欢作乐方便而逼百姓修运河。老百姓困苦疲劳。高颖、贺若弼都是朝中有才能的大臣，功勋和品德都很突出；薛道衡才能出众，完全可以安定天下。然而这些人，却都被你残忍地杀害，这以后朝中有才能的人渐渐少了，而专会投机拍马的小人却一天天地多了，再加上你多次征讨辽东，人民伤亡惨重，导致国库空虚。天下死人的尸骨覆盖了原野，正是这些死去的人的冤魂到上天那里告了你的状，上天才要派人惩罚你。另外，在雁门地区,你曾被北方敌国的军队围困,解国之后,你本来应该就此罢兵,好好想想一下过去的行为,然而你却继续巡欢作乐。将领和士卒连粗布衣服都没有,而你的后宫里的人却连绮也不想穿了;将领和士卒连糟糠都吃不上,而你养的犬马却连粟肉都吃腻了。士兵们在外征战多年,铠甲上生了虱子,战马也从没有解下鞍子,再加上你听不进去大臣们的建议,总想为自己的不合礼的行为掩饰,并且没有心思返回长安管理天下,一味在外边贪图享受。从而导致天下大乱,把本来繁荣安定的局面搞得天下大乱,而你还敢自称无罪,连我都为你感到羞耻。"隋炀帝无话可说,最终被杀死]。

五月戊子日那天,杨侑把帝位传给唐国公李渊,李渊立长安为都城[大业末年,有歌谣唱道:"桃李子,洪水远杨山,宛在花园里。"李是唐皇的姓。洪水意指是"渊"字。杨是隋朝皇帝的姓,有花叶是说没有果实。"园"和"圃"字是指花园,代王姓杨名侑,侑和圃声音相同。这首歌谣意即是说杨侑虽然是帝王,但是终于因为隋朝天运已经结束。必将被李姓唐朝代替]。已巳日这一天,王世充、段达等人又在洛阳立越王杨侗为皇帝。六月,宇文化及又从江都进军到彭城,占领黎阳,称号"许"。李密也时用大军在清淇这个地方建筑军事基地。敦煌张守一听说李密拒绝并抵抗宇文化及,就劝说越王讨伐李密,越王没有听从他,而采纳了孟琮的建议和李密联合起来。[张守一劝说道:"我听说鸿鹄鸟没有展翅高飞的时候,就已经有了冲向万里长空的志向;勇猛的豹子身体还没有长大,就已经具备吃掉牛的雄心。如今陛下你拥有广大土地,面临洛水,背靠黄河,手下有十余万精兵,粮草供应充足,这是成就大事业的雄厚的资本啊!难道非要等到力量发展到一定程度才行动吗?这样把守城门,消极不动不把安定天下作为自己的志向,这与蚂蚁整天在一个巢穴不动有什么区别,你实在不应该这样。"越王回答说:"如此那么我该怎么办?"张守一说:"古代三王,五霸主当初起家的时候都是依靠武力来奠定自己事业的基础。举例吧,夏启和齐桓公都是这样,他们都是依靠军队,讨伐那些丧失民心的敌人,从而安定天下。如今天下大乱,各地叛军纷纷兴起,然而足以成为你心腹大患的,只有夏和魏。现在夏如果派军渡黄河,那么洛阳就可能不归你了;魏如果派兵渡过清河,他们控制了洛口地区的粮草,这样的话可就危险了。我听说军队作战要靠正义和奇谋才能取胜。这正是韩信、张良等人屡次打败敌人的原因。请你派我二万精锐部队把守洛阳,另外派三万人在黄河岸边巡逻防守,以防止夏军的袭击。然后你亲自率领大军走出洛口,迅速地攻击魏的军队,使他们来不及做出反应就被消灭。李密被消灭,那窦建德就一定会害怕。这时候我们再把守好边疆,找时机行动,就能建立文帝那样的伟业并重新恢复隋的统治。"越王说:"我登基不久,百姓和上天都还没有亲附帮助我,这时候却发起战乱,恐怕会遭到人民的反对和背叛吧。"张守一说:"陛下你是隋朝的继承着祖先的业绩的嫡传后代,这样的话就像夏的臣民怀念大禹时必然会辅助他的后代少康,汉的臣民留恋刘氏王朝的统治就会重新尊重并服从光武帝刘秀的领导一样,相信隋朝的臣民也一定都拥戴你。况且说李密有个被讨伐的借口,这些借口都是什么呢?第一,李密开始与翟让一同领兵起义,成功之后却杀死了翟让。因此上天和军队都对此不满;第二,他占领的土地多,手下的军队多,然而军令不严,赏罚不明,军队的战斗力很低下;第三,他的主力部队都去用来对付秦王李世民了,守卫洛阳的部队都是些老弱残兵,如果您乘虚袭击,一定能攻克洛阳。在战争中兵法说要占有主动地位,又说时机好不如地势好,地势好不如人和。如今陛下你这几方面取胜的条件都具备了,相信一定能打败敌人。"越王想听从张守一的计策。孟琮却说:"宇文化及率领想念家乡的军队,他的锋芒不可挡;李密是天下大英雄,智谋无人能比。不是李密,还有谁能消灭宇文化及的部队,如果袭击李密不能成功,反而宇文化及因为李密力量的削减而获得喘息可能。请允许我去劝说李密,让他为我们所用,帮助我们扫平前进路上的障碍。至于后事,慢慢再说也不迟。"越王说:"很好。"孟琮于是向东去游说李密,他说:"你率领着一群没什么大志向的人,又没有险要的地势作保障,正像兵法上所说,呈现出四分五裂的局面,这是兵家大忌呀。现在东面有宇文化及的军队,西面有洛阳王世充的军队。人等抵抗宇文化及吧,王世充就会带兵抄你的后路,抵抗王世充吧,宇文化及又会在后攻击你。如今六军驻扎在洛口等待攻击你的命令,宇文化及也已经攻下了武牢,恐怕你来不及反应,失败的形势已经注定了。当今天子手下兵强马壮,占据地利。而宇文化及却仿佛看不到这一点一样,不来归顺,反而反叛,我们皇上现在已经做好了进军镇压他的一切准备。你如果率领军队提前,讨伐宇文化及,那么肯定能取得稳定自己地位的结果。古代晋文公不念寺人披斩祛的旧怨;齐桓公不记管仲射钩的前仇。况且当今皇上圣明,宽和待人,请你不要过于怨恨皇上。在你面前摆着两条路,将军自己选择吧。"当初李密听到张守一的谋略,十分顾忌。等到孟琮一到,十分高兴。就派记室李俭朝拜越王,越王也十分高兴,封李密官为太尉,封爵魏国公]。由于李密不再害怕王世充部队的袭击,动用全部主力部队攻打宇文化及并打败了他。李密打败宇文化及后,更加骄横。越王派王世充攻打李密。李密因没采纳祖彦君的计策而失败。于是向西逃往长安,投奔李渊的部队。不久因背叛李渊被杀。[王世充袭击李密的时候,李密召集手下的将领商量这件事。裴仁基说:"王世充现在带领全部主力部队来攻打我们,洛阳一定很空虚,只是我们坚守战略要地,不让向东进兵。如果我们能派出几万精兵沿黄河漕向上,威胁洛阳,洛阳防守吃紧,王世充一定会再返回去援救,等待他又返回洛阳后,我们再把军队撤回。这样下去的话,敌军就会很疲劳。兵法上说:"敌退我进,敌进我退,这样使敌人疲劳,使敌人判断失误。"李密说:"你只知其一,却不知其二。如今王世充的军队不能被抵挡的原因有三个:一是士兵精锐;士气盛;二、粮食被吃尽,三、寻求速战速决。我们只要坚持守城,积蓄力量等待时机,使敌人想决战而得不到机会,想退走又没地方可去,不满十天,军心涣散,内部叛

乱,王世充就会被送到我们的营帐中来。诸位以为怎么样?"单雄信说:"敌方的士兵连饭都吃不饱,而我军又都积极表示愿意参战,这样的话,一定能打败敌人。"祖彦君说:"并非如此。军队非正义就衰弱,正义就坚强。理亏就是饥饿,不正义就是吃不饱。王世充打着隋朝的名义出兵,不能算非正义;而我们被老百姓认为反叛,不能算作正义。光禄大夫裴仁基的谋划,可以起短期的作用;主公你的谋划,才是坚持打持久战的好策略;单雄信将军的计策,将导致失败和灭亡。原因况且万事万物的不可能永远强大,优势的局面也不可能永远维持。人常说:祝贺你的人还没有走,吊唁你的人又来了。我实在是怕虽然我们能战胜宇文化及,却不一定能打败王世充。我们按兵不动,等待时机。王世充身体强壮,志向远大,又不愿自我夸耀,一定心存反叛,用不了几年就会引火烧身。到那时,我们再打着顺应天意民意的正义的旗号攻打他,凭借有利的地形地势,文臣武将同心协力,肯定能打败他。这与因一时意气用事而使已经初具规模的大事业瞬间化为乌有相比,哪个更好?想夺取他什么东西,一定要先给他点什么东西;想要削弱他的力量,一定先要使他强大一点。如一味地想夺取却什么也舍不得,一定会受到上天的责罚;只顾削弱他却不想让它先发展一下,一定会遭到上天的惩罚,我希望你能先给他点甜头让他强大一点,然

后再抓住他的短处给以致命的打击。"李密说："很好!"准备不和王世充交战。王伯当、单雄信却说："天下已太平,百姓安乐的时候,需要文臣出来处理事务,主持宗庙祭祀之类的小事情;而天下纷争每个人都想图谋称王的时候,就需要武将出来征战沙场,安定局势。所以太平来说,武将不如文臣;而战乱来说,文臣不如武将。文臣武将都各有派上用场的时候,要分清时机。越王昏庸无道,上天已经厌弃他很久了。况且上天不常把统治天下的天命交给一个人,谁有能力谁就可以取得他。哪里有什么曲直之类的说法。请你把管理百姓的任务交给文臣,而把夺取天下形势的使命交给我们。今天如果放弃作战,以后就什么也干不成了。"李密于是听从了单雄信,与王世充军队大战,结果被打得大败。王世充乘胜占领了洛口。李密手下的左长史邴元真在仓城投降。李密逃向武牢,不敢进入城里,向北渡过黄河,投奔李渊。因为王伯当,单雄信,徐世勣在李密的军队中被称作"三杰",所以李密才信任他们与王世充交战。]**唐朝武德二年,王世充又在洛阳杀死越王杨侗,自立为帝。隋朝最终被消灭**[当初梁朝的时候,一个叫宝志的和尚在书中写道:"牵三来就九,索虏下殿走。意欲东南游,厄在彭城口。"同年三月,江南有一首童谣这样唱道:"江水何冷冷,杨柳何青青,人今正好来,已复戍彭城。""牵三就九",指的是十二个年头。"戍"指的是"输",因戍与输谐音。吴地的人称北方人为"虏"。在江都的西边有个彭城村,彭城村里有条彭城河,先前杨广曾经把这条河的水引到西阁的下边。后来果然在这里被抓获。当初,杨广在江都,听说各地叛军纷纷出现的时候,手下的人们都说:"是些小偷小摸,成不了什么大气候。"后来起义军逐渐壮大发展起来,杨广才惊慌地说:"我知道了! 我杨广博见多闻却不懂得玄学,李渊作天子,他哪里有什么圣德?"他抚摸着胸口长叹了一会儿后又躺下,说:"皇帝还没有死,天下就开始成就他人了!"]

干宝曾经评论过:"历帝王的兴起,要靠天命的安排,这期间如果有更替变化,也并非人的力量所能控制。尧舜的时候把帝位传给选好继承人,是为了体现民主的讲求道德的政制;汉魏的时候把帝位传给外姓的继承人,也是为了顺应时势;商周时期的变革,到底是顺应上天和百姓的要求;汉高祖和汉光武帝时期的讨伐战争,是为了确立自己的功劳。这些人都是因为自身的伟大品德符合上天的要求而同时得到了天下的拥护和爱戴。符合时代要求的道义真是伟大啊!"范晔说:"自古以来丧失祖宗开创基业的皇帝,之所以遭到灭亡命运打击是事出有因的;夏、商和周三个朝代,都因为过分宠爱后宫的妃嫔而逐渐丧失做皇帝的道义才导致祸患的发生;秦朝因为对人民施行残暴的统治而被不堪忍受压迫的部队消灭;西汉因为外戚的势力增长而遭到灭亡的命运;东汉因为宦官的独断专权而无法摆脱国家倾覆的命运。成功和失败的关键,古代的历史作家已经研究讨论了好长时间了。从秦朝到隋朝,考察其兴盛和灭亡的根由除了天命的因素之外,还可以归结为以下两点:大多数得到天下的帝王都是因为得到德才兼备的人的辅助,为天下人争取利益免除祸害;而那些丧失帝王权力的人,都因为任用小人管理国家,再加上自己的不注意礼与德。孔子说:'因为注意自身修养,约束控制自己的行为而丧失了天下人对他的拥戴的君主几乎没有。'又说:'远离没有德行的小人,发现并修改自身的许多不好的品格。'这话说得有深刻啊![以前秦朝皇帝看到周朝最终被周分封的诸侯灭掉,因而不再分封了诸侯。然而没想到竟然会被普通百姓出身的陈胜、刘邦和项羽等人推翻了;汉高祖刘邦曾经想项羽能轻易地从函谷关进军关中,自己是从武关入秦,所以最终灭亡秦朝因而取得政权后拼命地加强对险要的关隘的把守,并不断增加军队,可是没想到汉朝最终被王莽不轻而易举地夺取了政权;王莽想到自己是因为显把持朝中大权的重要大臣才得到了篡夺政权的机会,因此登基后不断削除大臣们的权力,然而没想到他最终并不是因为朝中大臣专权才失掉了天下;更始帝刘玄看到王莽因为遭到百姓的唾弃才失了天下,于是掌权后处心积虑地想出了一些从表面上看能让百姓满意的措施,因此不采纳谏官的建言,自认为自己的这种做法能使天下安定,却没想到落得个近臣亲信背叛自己的下场,赤眉军灭了自己,从而丧失政权的下场。因此说来,祸患的种类很多,怎么可能消极地去防呢? 还是贾谊说的好:"干任何事情都有可能招来祸患,再好的统治措施和方法也难免会被奸猾的人钻空子,只有一心一意地任用有德有才的人,这样才能避免难以预料的灾难。"]

第五卷 战国七雄 纵横捭阖（霸纪中）

风云变幻 纵横天下（七雄略第十八）

【原文】

臣闻天下大器也，群生重蓄也。器大不可以独理，蓄重不可以自守。故划野分疆，所以利建侯也；亲疏相镇，所以关盛衰也。昔周监二代，立爵五等，封国八百，同姓五十五。深根固本，为不可拔者也。故盛则周召相其治；衰则五霸扶其弱，所以夹辅王室，左右厥世，此三圣制法之意。[文、武、周公为三圣。]然厚下之典，弊于尾大。

白幽、平之后，日以陵夷，爵禄多出于陪臣，征伐不由于天子。吴并于越，[越王勾践败吴，欲迁吴王于甬东，与百家君之。吴王曰："孤老矣，不能事君。"王遂自刭死。越王灭吴。]晋分为三，[晋昭公六年卒。六卿欲弱公室，遂以法尽灭羊舌氏之族，而分其邑为十县，六卿各以其子为大夫。晋益弱，六卿皆大。哀公四年，赵襄子、韩康子、魏桓子共杀智伯，尽分其地。至烈公十九年，周威王赐赵、魏、韩皆命为诸侯。晋遂灭。]郑兼于韩，[郑桓公者，周厉王少子也，幽王以为司徒。问太史伯曰："王室多故，予安逃死乎？"太史伯曰："独有洛之东土、河济之南可居。"公曰："何如？"对曰："地近虢邻，虢邻之君贪而好利，百姓不附。今公为司徒，民皆爱公，请试居之，民皆公之民也。"桓公曰："善。"竟国之。至后世，君乙为韩哀侯所灭，并其国。郑遂亡。]鲁灭于楚。[鲁顷公二年，楚考烈王灭鲁。鲁顷公亡迁于卞邑，为家人。鲁遂绝。]海内无主，四十余年而为"战国"矣。秦据势胜之地，骋狙诈之兵，蚕食山东，山东患之。

苏秦，洛阳人也，合诸侯之纵以宾秦；张仪，魏人也，破诸侯之纵以连横。此纵横之所起也。[议曰：《易》称先王建万国而亲诸侯；孔子作《春秋》为后世法。讥世卿不改制，世侯。由是观之，诸侯之制，所从来上矣。荀悦曰："封建诸侯，各世其位。欲使视人如子，爱国如家，置贤卿大夫，考绩黜陟，使有分土而无分人。而王者总其一统，以御其政。故有暴于其国者，则人叛。人叛于下，诛加于上。是以计利思害，劝赏畏威，各竞其力，而无乱心。天子失道则侯伯正之，王室微弱则大国辅之，虽无道不虐于天下。此所以辅相天地之宜，以左右人者也。"曹元首曰："先王知独理之不能久，故与人共理之；知独守之不能固，故与人共守之。兼亲疏而两用，参同异而并进。轻重足以相镇，亲疏足以相卫。兼并路塞，逆节不生也。"陆士衡曰："夫为人不如厚己，利物不如图身；安上在乎悦下，为己存乎利人。夫然则南面之君各矜其治。世治足以敦风，道衰足以御暴。强毅之国不能擅一时之势，雄俊之人无以寄霸王之志。"盖三代所以直道，四王所以垂业。夫兴衰隆替，理所固有；教之废兴，存乎其人。愿法期于必凉，明道有时而暗。故世及之制，弊于强御；厚下之典，漏于末折。浸弱之衅，遘自三季；陵夷之祸，终于"七雄"。所谓"末大必折,尾大难掉",此建侯之弊也。

苏秦初合纵,至燕。[周武定殷,封召公于燕,与六国并称王。]说燕文侯曰:"燕东有朝鲜、辽东,北有林胡、楼烦,西有云中、九原,南有呼沱、易水,地方二千余里,带甲数十万,车六百乘,骑六千匹,粟支数年。南有碣石、雁门之饶,北有枣粟之利,民虽不田作,而足于枣粟矣。此所谓天府者也!夫安乐无事,不见覆军杀将,无过燕者。大王知其所以然乎?夫燕之所以不犯寇被甲者,以赵之为蔽其南也。秦、赵相弊,而王以全燕制其后,此所以不犯寇也。且夫秦之攻燕也,逾云中、九原,过代、上谷,弥地数千里,虽得燕城,秦计固不能守也。秦之不能害燕亦明矣!今赵之攻燕也,发号出令,不至十日,而数十万之军,军于东垣矣。渡呼沱,涉易水,不至四五日,而距国都矣。故曰:秦之攻燕也,战于千里之外;赵之攻燕也,战于百里之内。夫不忧百里之患而重于千里之外,计无过于此者。是故愿大王与赵从亲,天下为一,则燕国必无事矣。"燕文侯许之。

[乐毅献书燕王曰:"此目之鱼,不相得则不能行,故古者称之,以其合两而如一也。今山东不能合弱而如一,是山东之智不如鱼。又譬如军士之引车也,三人不能行,索一人,五人而车因行矣。今山东三国弱而不能敌秦,索二国因能胜秦矣。然而山东不知相索,则智固不如军士矣。胡与越人,言语不相知,志意不相通,同舟而渡波,至其相救助如一。今山东之相与也,如同舟而济,秦之兵至,不能相救助如一,智又不如胡越之人矣。三物者,人之所能为一。山东主遂不悟此,臣之所为山东苦也,愿大王熟虑之。今韩、梁、赵三国已合矣。秦见三晋之坚也,必南伐楚。赵见秦之伐楚,必北攻燕。物固有势异而患同者,秦久伐韩,今秦之伐楚,燕必亡。臣窃为大王计,不如以兵南合三晋,约戍韩、梁之西边。山东不能为此,此必皆亡矣。"燕果以兵南合三晋。

赵将伐燕,苏代为燕说赵王曰:"今者臣从外来,过易水,见蚌方出曝,而鹬啄其肉,蚌合而挟其喙。鹬曰:'今日不雨,明日不雨,必见蚌脯。'蚌亦谓鹬曰:'今日不出,明日不出,必见死鹬。'二者不肯相舍,渔父得而并擒之。今赵且伐燕,燕赵久相支,以弊其众,臣恐强秦之为渔父也!愿大王熟计之。"赵王乃止。

齐宣王因燕衰,伐燕,取十城。燕易王谓苏秦曰:"先生能为燕得侵地乎?"秦曰:"请为取之。"遂如齐,见齐王,拜而庆,仰而吊。齐王曰:"是何庆吊相随之速也?"苏秦曰:"臣闻饥人之所以饥而不食乌喙者,为其愈充腹而与死,人同患也。今燕虽小弱,即秦之女婿也。大王利其十城而长与强秦为仇。今使弱燕为雁行,而强秦推其后,是食乌喙之类也。"齐王曰:"然则奈何?"苏秦曰:"臣闻古之善制事者,转祸而为福,因败而为功。大王诚能听臣,归燕十城,燕必大喜。秦王知以己之故而归燕之十城,亦必喜。此所谓弃仇仇而结硕友也。"齐王曰:"善。"于是归燕十城。]

苏秦如赵[赵之先与秦同祖,周缪王使造父御破徐偃,王乃赐造父以赵城,赵氏世为晋卿也],说赵肃侯曰:"臣窃为君计,莫若安民无事,且无庸有事民为也。安民之本,在于择交,择交而得则民安;择交而不得,则民终身不安。请言外患,交秦为两敌,而民不得安。倚秦攻齐,而民不得安。倚齐攻秦,而民不得安。君诚能听臣,燕必致毡裘拘马之地;齐必致鱼盐之海;楚必致橘柚之园;韩、魏、中山皆可使致汤沐之奉;而贵戚父兄皆可受封侯。夫割地包利,五伯之所以覆军擒将而求也;封侯贵戚,汤武所以放弑而争也。今君高拱而两有之,此臣之所以为君愿也。

夫秦下轵道而南阳危,劫韩包围,则赵自操兵,据卫取淇、卷,则齐必入朝秦。

秦欲已得乎山东,则必举兵而向赵矣。秦甲渡河逾漳,据番吾,则兵必战于邯郸之下矣。此臣之所为君危也。当今之时,山东之建国,莫强于赵。赵地方二千余里,带甲数十万,车千乘,骑万匹,粟支数年。西有常山,南有河漳,东有清河,北有燕。燕固弱国,不足畏也。秦之所害于天下莫如赵。然而秦不敢举兵而伐赵者,何也?畏韩、魏之议其后也。然则韩、魏,赵之南蔽也。秦之攻韩、魏也,无名山大川之险,稍稍蚕食之,傅国都而止。韩、魏不能支秦,必入臣于秦。秦无韩、魏之规,则祸必中于赵矣。此臣之所为君患也。

臣闻尧无三夫之分,舜无咫尺之地,以有天下。禹无百人之聚,以王诸侯。汤武之士,不过三千,车不过三百乘,卒不过三万,立为天子。诚得其道也。是故明主外料其敌之强弱,内度其士卒贤不肖,不待两军相当,而胜败存亡之机,固已形于胸中矣。岂掩于众人之言,而以冥冥决事哉!臣窃以天下之地图按之,诸侯之地,五倍于秦;料度诸侯之卒,十倍于秦。六国并力,西面而攻秦,秦必破矣。今西面而事之,见臣于秦!夫破人之与见破于人,臣人之与见臣于人也,岂可同日而论哉?夫衡人者皆欲割诸侯之地,以与秦。秦成则高台榭,美宫室,听竽笙之音,国被秦患而不与其忧。是故衡人日夜务以秦权恐吓诸侯,以求割地,愿大王熟计之。

臣闻明主绝疑去谗,屏流言之迹,塞朋党之门,故尊主强兵之臣,得陈忠于前矣。故窃为大王计,莫若一韩、魏、齐、楚、燕从亲,以叛秦。合天下之将相会于洹水之上,通质,刑白马而盟。约曰:秦攻楚,齐魏各出锐师以佐之,韩绝其粮道,赵涉河漳,燕守常山之北;秦攻韩魏,则楚绝其后,齐出锐师以佐之,赵涉河漳,燕守云中;秦攻齐,则楚绝其后,韩守成皋,魏塞其粮道,赵涉河博关,燕出锐师以佐之;秦攻燕,则赵守常山,楚军武关,齐涉渤海,韩魏皆出锐师以佐之;秦攻赵,则韩军宜阳,楚军武关,魏军河外,齐涉清河,燕出锐师以佐之。诸侯有不如约者,以五国之兵共伐之。六国从亲以宾秦,则秦甲必不敢出于函谷,以害山东矣!如此则霸王之业成矣。"赵王曰:"善"

[秦既破赵长平军,遂图邯郸。赵人震恐,东徙。乃使苏代厚币说秦相应侯曰:"武安君擒马服子乎?"曰:"然。""又欲图邯郸乎?"曰:"然。"代曰:"赵亡则秦王矣!夫武安君所为秦战胜攻取者,七十余城,南取鄢郢、汉中,北擒马服之军,虽周、召、吕望之功不益于此。赵亡即秦王矣。以武安为三公,君能为之下乎?欲无为之下,固不得矣。秦攻韩,图邢丘,困上党。上党之人皆归赵,不乐为秦人之日久矣。今赵北地入燕,东地入齐,南地入韩魏。君之所得,无虑几何?故不如因而割之,无以为武安君之功也。"于是应侯言于秦王曰:"秦兵疲劳,请许韩赵之君割地以和。"秦既罢兵,赵王使赵赦约事秦,欲割六城而与之。虞卿谓王曰:"秦之攻赵也,倦而归乎?其力尚能进,爱王而弗攻乎?"王曰:"秦之攻我,无余力矣,必以倦归耳。"虞卿曰:"秦以其力攻其所不能取,倦而归,王又割其力之所不能取以送之,是助秦自攻耳。来年秦复求割地,王将与之乎?弗与,则弃前功而兆后祸也;与之,则无地以给之。语曰:'强者善攻,弱者善守。'今听秦,秦兵不弊而多得地,是强秦而弱赵也。以益强之秦而割逾弱之赵,其计固不止矣。且王之地有尽而秦之求无已,以有尽之地而给无已之求,其势必无赵矣。"王计未定,楼缓从秦来,王以问之。缓曰:"不如与之。"虞卿曰:"臣言勿与,非固勿与而已也。秦索六城于王,王以六城赂齐。齐,秦之深仇也,得王之六城,并力而西击秦,齐之听王,不待辞之毕也。则王失之于齐取偿于秦。而齐赵之深仇可以报矣,且示天下有能为也。王以此发声,兵未窥于境,秦之重赂必至于赵而反请和于王。秦既请和,韩、魏闻之,必尽重王;重王,必出重宝以一于王。则是王一举而得三国之亲,而

秦益危矣。"赵王曰："善。"即遣虞卿东见齐王，与之谋秦。虞卿未及发，而秦使者在赵矣。楼缓闻之，亡去。

秦围赵，王使平原君入楚从亲而请其救。平原君之楚，见楚王说以利害，日出而言，日中不决。毛遂乃按剑历阶而上，谓平原君曰："纵之利害，两言而决耳。今日出而言，日中不决，何也？"楚王叱曰："胡不下！吾与汝君言，汝何为者！"毛遂按剑而前曰："王之所以遇遂者，以楚国之众也。今十步之内，王不得恃楚国之众，王之命悬于遂之手矣。吾君在前，叱者何也？且遂闻汤以七十里之地立为天子，文王以百里之壤而臣诸侯。今楚地方五千里，持戟百万，此霸王之资也。以楚之强，天下莫能比而不能当也。白起，小竖子耳，率数万之众，兴师以与楚战，一战而举鄢、郢，再战而烧夷陵，三战而辱王之先人。此百代之怨，赵之所羞而王不知耻焉。合纵者为楚不为赵也。"楚王曰："苟如先生之言，谨奉社稷以从。"楚于是遂出兵救赵。

赵孝成王时，秦围邯郸，诸侯之救兵莫敢击秦。魏王使晋鄙救赵，畏秦，止于汤阴不进。魏使客将军新垣衍间入邯郸，令赵帝秦。此时鲁连适游赵，会秦围邯郸。闻魏欲令赵尊秦为帝，乃见平原君曰："梁客新垣衍安在？吾请为君责而归之。"平原君曰："胜请为绍介。鲁连见新垣衍而无言。"新垣衍曰："吾视居此围城之中，皆有求于平原君。今观先生之玉貌，非有求于平原君也，曷为久居围城之中而不去乎？"鲁连曰："世以鲍焦为无从容而死者，皆非也。众人不知为一身。彼秦者，弃礼义而上首功之国，权使其上，虏使其人。彼即肆然而为帝，过而遂政于天下，则连有蹈东海而死者，吾不忍为之人也。所以见将军者，欲以助赵。"衍曰："先生助之，将奈何？"鲁连曰："吾将使梁及燕助之，齐、楚则固助之矣。"衍曰："燕则为请令从矣；若乃梁者，即吾乃梁人也，先生恶能使梁助之？"鲁连曰："梁未见秦称帝之害故耳。使梁见秦称帝之害，则必助赵矣。"衍曰："秦称帝之害何如？"连曰："昔者，齐威王尝为仁义矣，率天下诸侯而朝周。周贫且微，诸侯莫朝，而齐独朝之。居岁余，周烈王崩，齐后往。周怒，赴于齐曰：'天崩地坼，天子下席。东蕃之臣田婴后至，则斩！'齐威王勃然怒曰：'叱嗟，而母婢也！'卒为天下笑。故生则朝周，死则叱之，诚不忍其求也！彼天子固然，其无足怪。"衍曰："先生独不见夫仆乎？十人而从一人者，宁力不足而智不若耶？畏之也！"鲁连曰："呜呼！梁之比秦，若仆耶？"衍曰："然。"鲁连曰："吾将使秦王烹醢梁王。"衍怏然曰："亦甚矣，先生之言也！先生又恶使秦王烹醢梁王？"连曰："固也，待吾将言之。昔者，九侯、鄂侯、文王，纣之三公也。九侯有子而好，故献之纣。纣以为丑，醢九侯。鄂侯争之强，辨之疾，故脯鄂侯。文王闻之，喟然而叹，故拘之羑里之库，百日欲令之死。曷为与人俱称王，卒就脯醢之地？齐闵王将之鲁，夷维子谓鲁人曰：'子将何以待吾君？'鲁人曰：'吾将以十太牢待子君。'夷维子曰：'子安取礼而来？彼吾君者，天子也。天子巡狩，诸侯避舍，纳管籥，摄衽抱几，视膳于堂下，天子已食，乃退而听朝也。'鲁人投其籥，不果内，不得入于鲁。将之薛，假途于邹。当是时，邹君死，闵王欲入吊，夷维子谓邹之孤曰：'天子吊，主人必将倍殡，设几北面于南方，然后天子南面吊。'邹之群臣曰：'必若此，将伏剑而死！'故不敢入于邹。邹、鲁之大夫，生则不能事养，死则不得赙襚，然且欲行天子之礼于邹、鲁，鲁、邹之臣不果内。今秦万乘之国也，梁亦万乘之国也，万乘之国，交有称王之名，见其一战而胜，遂欲从而帝之，则且变易诸侯之大臣。彼将夺其所不肖而与其所贤，夺其所憎而与其所爱。又将使其子女谗妄为诸侯妃姬，处梁之宫，梁王安得晏乎？而将军又何得故宠乎？"于是，新垣衍起，再拜，谢曰："吾请出，不敢复言帝秦！"秦将闻之，为退军五十里。]

苏秦如韩［韩之先与周同姓，事晋，得封于韩，为韩氏。后周烈王赐韩侯，得列为诸侯也］，说韩宣王曰："韩北有巩洛、成皋之固，西有宜阳、商阪之塞，东有宛、穰、洧水，南有陉山，地方九百余里，带甲数十万。天下之强弓劲弩，皆从韩出。韩卒超足而射，百发不暇止，远者恬洞胸，近者镝掩心。韩之剑戟，则龙泉、太阿，皆陆断牛马，水截鹄雁。夫以韩卒之劲，与大王之贤，乃西面而事秦，交臂大服焉。羞社稷而为天下笑，无而于此者也！是故愿大王熟计之。大王无事秦，事秦必求宜阳、成皋。今兹效之，明年又复求割地，与之则无地以给之；不与则弃前功而受后祸。且夫大王之地有尽，而秦之求无已，以有尽之地，而逆无已之求，此所谓市怨结祸者，不战而地已削矣！臣闻鄙谚曰：'宁为鸡口，无为牛后。'今王西面交臂而臣事秦者，何异于牛后乎？夫以大王之贤，挟强韩之兵，而有牛后之名，窃为大王羞之！"韩王勃然作色，按剑叹息曰："寡人虽不肖，不能事秦！"从之。

[韩攻宋，秦大怒，曰："吾爱宋，韩氏与我交，而攻我所甚爱，何也？"苏秦为韩说秦王曰："韩氏之攻宋，所以为王也。以韩之强，辅之以宋，楚、魏必恐，恐必西面而事秦。王不折一兵，不杀一人，无事而割安邑，此韩氏之所以祷于秦也。"韩惠王闻秦好事，欲罢其人，无令东伐，乃使水工郑国来间秦，说秦王，令凿泾水以溉田。中作而觉，欲诛郑国。郑国曰："始臣为间，然渠成亦秦之利。臣为韩延数年命，为秦开万代之利也。"王从之。]

苏秦如魏[魏之先，毕公高之后，与周同姓。武王伐纣，封高于毕，以为姓。毕万事晋献公，献公封万于魏，以为大夫。后周烈王赐魏，俱得为诸侯]，说魏襄王曰："大王之地，南有鸿沟、陈汝南，东有淮、颍、煮，西有长城之界，北有河外、卷、衍。地方千里，地名虽小，然而田舍庐庑，曾无刍牧之地。人民之众，车马之多，日夜行不绝，轰轰殷殷，若有三军之众。魏，天下之强国也；王，天下之贤主也。今乃有意西面而事秦，称东藩，筑帝宫，受冠带，祠春秋。臣窃为大王耻之。臣闻越王勾践，战弊卒三千，擒夫差于干遂；武王卒三千，革车三百乘，制纣于牧野。岂其卒众哉？诚能奋其威也！今窃闻大王之卒，武士二十万，仓头、奋击二十万，厮徒十万，车六百乘，骑六千匹。此过越王勾践、武王远矣！今乃听于群臣之说，而欲臣事秦。夫事秦必割地以劝实，故兵未用而国已亏矣。夫为人臣割其主之地以外交，偷取一旦之功，而不顾其后，破公家而成私门，外挟强秦之势，以内劫其主，以求割地，愿大王孰察之！《周书》曰：'绵绵不绝，蔓蔓奈何？毫厘不伐，将用斧柯。'前虑未定，后有大患，将奈之何？大王诚能听臣，六国从亲，专心并力，则必无强秦之患，故敝邑赵王使臣效愚计，奉明约，在大王诏之。"魏王曰："谨奉教。"

[虞卿说春申君伐燕，以定身封。春申君曰："所道攻燕，非齐即魏。魏、齐新恶楚，楚虽欲攻燕，将何道哉？"对曰："请令魏王可。"虞卿遂如魏，谓王曰："夫楚亦强大矣，天下无敌！乃且攻燕。"魏王曰："何也？子云'天下无敌'，今也子云'乃且攻燕'者，何也？"对曰："今谓马力多则有矣，若曰胜千钧则不然者，何也？夫千钧，非马之任也。今谓楚强大则有矣，若夫越赵、魏而开兵于燕，则岂楚之任哉？非楚之任而楚为之，是弊楚也。弊楚即强魏。其于王孰便？"魏王曰："善。"从之。]

苏秦如齐。[齐太公望吕尚者，事周，为文武师谋伐纣。武王以平商，封尚父于齐营丘也。]说齐宣王曰："齐南有泰山，东有琅邪，西有清河，北有渤海，此四塞之国也。临淄甚富而实，其民无不吹竽、鼓瑟、弹琴、击筑、斗鸡、走狗、六博、蹴鞠者也。临淄之途车毂击，人摩肩，连衽成帷，举袂成幕，挥汗成雨。家殷人足，志气高扬。夫以大王之贤，与齐之强，天下莫能当也。今乃西面事秦，窃为大王羞之！且夫韩魏之所以畏秦者，为与秦接境壤界也。兵出相当，不出十日而战胜存亡之机决矣。韩魏战而胜秦，则兵半折，四境不守；战而不胜，则国已危亡随其后也。是故韩魏之所以重与秦战，而轻为之臣也。今秦之攻齐则不然：倍韩魏之地，过卫阳晋之道，经乎亢父之险,车不得方轨,骑不得比行,百人守险,千人不敢过也。秦虽欲深入,则狼顾,恐韩魏之议其后。是故恫疑虚喝,骄矜而不敢进。夫不深料秦之无奈齐何也,而欲西面事之,是群臣之计过也。今无臣秦之名,而有强国之实,故愿大王少留意计之。"齐王曰:"善。"

[苏秦说闵王曰:"臣闻用兵而喜先天下者忧;约结而喜主怨者孤。夫后起者,藉也;而远怨者,时也。故语曰:'骐骥之衰也,驽马先之;孟贲之倦也,女子胜之。'夫驽马女子之筋骨力劲,非贤于骐骥、孟贲也,何则? 后起之藉也。臣闻战攻之道,非师者,虽有百万之军,北之堂上;虽有阖闾、吴起之将,擒之户内;千丈之城,拔之樽俎之间;百尺之冲,折之于席上。故钟鼓竽瑟之音不绝,地可广而欲可成;和乐倡优之笑不乏,诸侯可同日而致也。故夫善为王业者,在劳天下而自佚,乱天下而自安。诸侯无成谋,则国无宿忧也。何以知其然耶? 昔魏王拥土千里,带甲三十万,从十二诸侯朝天子,以西谋秦。秦恐,寝不安席,食不甘味。卫鞅谋于秦王曰:'王何不使臣见魏王,则臣必请北魏矣。'秦王许诺。卫鞅见魏王,曰:'大王之功大矣! 令行于天下矣! 所以十二诸侯,非宋、卫则邹、鲁、陈、蔡。此固大王之所以鞭棰使也,不足以王天下。不若北取燕,东伐齐,则赵必从矣;西取秦南伐楚则韩必从矣。大王有伐齐、楚之心,而从天下之志,则王业见矣。大王不如先行王服,然后图齐楚。'魏王善之,故身广公宫,制丹衣,柱建九族,从七星之旗。此天子位也,而魏王处之。于是齐、楚怒,诸侯奔齐,齐人伐魏,杀太子,覆其十万之军。是时,秦王拱手受河西之外。故卫鞅始与秦王计也,谋约不下席,而魏将已擒于齐矣;冲橹未施,而西河之外已入于秦矣。此臣之所谓北之堂上,擒将户内,拔城于樽俎之间,折冲于席上者也。"楚怀王使柱国昭阳将兵伐魏,得八城,又移兵而攻齐。齐闵王患之。陈轸曰:"王勿忧也,请令罢之。"即往见昭阳于军,再拜,贺战胜之功,起而请曰:"取问楚之法,覆军杀将,其官爵何也?"昭阳曰:"官为上柱国,爵为上执圭。"陈轸曰:"贵于此者,何等也?"曰:"唯有令尹耳。"轸曰:"令尹贵耳! 王非置两令尹也!臣窃为君譬之,可乎?楚有祠者,赐其同舍人酒一卮,舍人相谓曰:'数人饮之不足,一人饮之有余,请画地为蛇,先成者饮酒。'一人蛇先成,引酒且饮之,乃左手持卮,右手画地,曰:'吾能为之足。'足未成,一人蛇复成,夺其卮,曰:'蛇固无足,子安能为之足乎?'遂饮其酒。为蛇者,终亡其酒。今公攻魏,破军杀将,得八城,而又移兵攻齐,齐畏公甚,以此名君足矣! 冠之上非可重也! 战无不胜而不知止,身且死,爵且归,犹为蛇足者也。"昭阳以为然,引军而去。]

苏秦如楚。 [楚之先,出自帝颛顼,帝喾、高辛时为火正,命日祝融。其后苗裔事周文王。当周成王时,举文武勤劳之后嗣,而封熊绎于楚蛮,以子男之田,姓芈氏,甚得江汉间人和。至熊通,使使随人之周,请尊其号。周不听,熊通怒,乃自立为武王。]说威王曰:"楚,天下之强国也;王,天下之贤主也。西有黔中、巫郡,东有夏州、海阳,南有洞庭、苍梧,北有陉塞、郇阳。地方五千余里,带甲百万,车千乘,骑万匹,粟支十年。此霸王之资也!夫以楚之强,大王之贤,天下莫能当也。今乃西面而事秦,则诸侯莫不西面而朝章台之下矣! 秦之所害,莫如楚。楚强则秦弱,秦强则楚弱。其势不两立,故为大王计,莫如从亲以孤秦。大王不从亲,秦必起两军:一军出武关,一军下黔中。则鄢郢动矣! 臣闻治之其未乱也,为之其未有也。患至而后忧之,则无及也! 故愿大王早熟计之。大王诚能听臣,臣请令山东之国,奉四时之献,以承大王之明诏;委社稷,奉宗庙,陈士励兵,在大王所用之。故纵合则楚王,衡成则秦帝。今释霸王之业,而有事人之名,窃为大王不取也! 夫秦,虎狼之国也,有吞天下之心。秦,天下之仇仇也,衡人皆欲割诸侯之地以事秦,此所谓养仇而仇,大逆不忠,无过此者。故从亲则诸侯割地以事楚,衡合楚割地以事秦,此两策者相去远矣,二者大王何居焉? 故敝邑赵王使臣效愚计,奉明约,在大王之诏诏之。"楚王曰:"善,谨奉社稷以从。"

[楚襄王既与秦和,虑无秦患,乃与四子专为淫侈。庄辛谏不听,辛乃去之赵。后秦果举鄢郢,襄王乃征辛而谢之。庄辛曰:"臣闻鄙谚曰:'见兔而顾犬,未为晚也;亡羊而补牢,未为迟也。'臣闻昔汤、武以百里王,桀、纣以天下亡。今楚国虽小,绝长补短,犹以千里,岂特百里哉!王独不见夫蜻蛉乎?六足四翼,飞翔乎天地之间,俯啄蚊虻而食之,承甘露而饮之,自以为无患,与人无争也。不知夫五尺童子,方将调饴胶丝,加己乎四仞之上,而下为蝼蚁之食。蜻蛉其小者也,黄雀因是以!俯啄白粒,仰栖茂树,鼓翅奋翼,自以为无患,与人无争。不知夫公子王孙,左挟弹,右摄丸,以其类为招。昼栖乎茂树,夕调乎酸咸。黄雀其小者也,蔡灵侯因是以!南游乎高陂,北陵乎巫山,饮茹溪之流,食湘波之鱼,左抱幼妾,右拥嬖女,与之驰骋乎高蔡之中,而不以国家为事。不知夫子发方受命乎灵王,系己以朱丝而见之也。蔡灵侯事其小者也,君王因是以!左州侯,右夏侯,饭封禄之粟,而载方府之金,与之驰骋乎云楚之中,而不以天下国家为事。不知夫穰侯方受命乎秦王,填黾塞之内,而投己于黾塞之外。"襄王闻之,颜色变作,身体战栗,乃执圭而授庄辛,与之谋秦,复取淮北之地。楚人有以弱弓微缴加归雁之上。楚襄王召问之,乃对以秦、燕、赵、卫为鸟,以激怒王,曰:"夫先王为秦所欺,而客死于外,怨莫大焉!今以匹夫尚有报万乘,子胥、白公是也。今以楚之地方五千里,带甲百万,犹足以踊跃于中野。而坐受伏焉,臣窃为大王弗取。"襄王遂复为纵约伐秦。]

六国既合纵,苏秦为纵约长。北报赵,赵肃侯封苏秦为武安君。乃投纵约书于秦,秦不敢窥兵函谷十五余年。

后张仪为秦连衡。[秦欲攻魏,先败韩申差军,斩首八万,诸侯震恐。而仪乃来说魏王。]说魏王曰:[秦孝公时,公孙鞅请伐魏,曰:"魏国居领厄之间,西都安邑,与秦界河,而独擅山东之利。利则西侵秦,病即东收地。今以君贤圣,国赖以盛,宜及此时伐魏。魏不支,秦必东徙。东徙则据山河之固,东向以制诸侯。此帝业也。"自是之后,魏果去安邑,徙都大梁。]"魏地方不至千里,卒不过三十万。地四平,诸侯四通,条达辐凑,无名山大川之阻。从郑至梁,二百余里;车驰人趋,不待倦而至。梁,南与楚境,西与韩境,北与赵境,东与齐境。卒戍四方,守亭障者不下十万。魏之地势,固战场也。梁南与楚,不与齐,齐攻其东;东与齐,不与赵,赵攻其北;不合于韩,则韩攻其西;不亲于楚,则楚攻其南。此所谓四分五裂之道也。且诸侯之为纵者,将以安社稷,尊主强兵显名也。今为纵者,一天下,约为昆弟,刑白马以盟洹水之上,以相坚也。而亲昆弟、同父母,尚有争钱财。而欲恃诈伪反覆苏秦之谋,其不可成亦以明矣。大王不事秦,秦下兵攻河外,据卷、衍、酸枣,去卫取晋阳,则赵不南;赵不南则梁不北;梁不北则纵道绝;纵道绝则大王之国欲无危,不可得也。秦折韩而攻梁,韩怯于秦,秦韩为一,梁之亡,立可须也,此臣之所为大王患也。为大王计莫如事秦,事秦则楚、韩必不敢动;无楚、韩之患,则大王高枕而卧,国必无忧矣。大王不听秦,秦下甲士而东伐,虽欲事秦,不可得也。且夫从人多奋辞而少可信,说一诸侯而成封侯之业。是故天下之游谈士,莫不日夜扼腕瞋目切齿以言纵之便,以说人主。人主贤其辩而牵其说,岂得无眩哉?臣闻之,积羽沉舟,群轻折轴,众口铄金,故愿大王审计定议。"魏王于是倍纵约,而请成于秦。

[范雎说秦昭王曰:"夫穰侯越韩魏而攻齐刚寿,非计也。少出师不足以伤齐,多出师则害于秦也,其于计疏矣。且齐闵王南攻楚,破军杀将,再辟地千里,而齐尺寸之地无得者,岂齐不欲得地哉?形所不能有也。诸侯见齐之凋敝,兴师伐之,士辱兵顿。故齐所以大破者,以其破楚肥韩

魏也。此所谓借贼兵而资盗粮也。王不若远交而近攻，得寸则王之寸，得尺则王之尺。今释近而攻远，不亦谬乎？昔者，中山之国五百地，赵独吞之，功成名立而利附焉，天下莫之能争。今夫韩、魏，中国之处而天下之枢。王若欲霸中国而为天下枢，以威楚、赵。楚强则附赵，赵强则附楚。楚赵皆附，齐亦惧矣。齐惧必卑辞重币以事秦。齐已附，则韩魏因可虑也。"王曰："善。"乃拜睢为客卿，谋兵事伐魏，拔怀及邢丘。

齐、楚来伐魏，魏王使人求救于秦，冠盖相望而秦救不至。魏人有唐睢者，年九十余矣，谓王曰："老臣请西说秦王，令兵先臣出。"王再拜遣之。唐睢到秦，入见秦王，秦王曰："丈人茫然而远至此，甚苦矣！夫魏之来求救数矣，寡人知魏之急也。"唐睢曰："大王知魏之急而救兵不发，臣窃以为用策之臣无任矣。夫魏万乘之国也，然所以西面而事秦，称东藩，筑帝宫，受冠带，祠春秋者，以为秦之强足以与也。今齐、楚之兵已合于魏郊，而秦救不发，亦将赖其未急也。使之而急，彼且割地而约纵，王当曳救焉？必待其急而救之，是失一东藩之魏而强三劲之齐、楚，则王何利焉？"于是秦王遽发兵救魏。]

张仪说楚怀王曰："秦地半天下，兵乱四周，被山带河，四塞以为固。[范睢说秦昭王曰："大王之国，四塞以为固，北有甘泉、谷口，南有泾渭，右陇蜀，左关阪；奋击百万，战车千乘；利则出攻，不利则入守，此王者之地。民怯于私斗，勇于公战，此王者之人。王并此二者而有之，以当诸侯，譬如放韩庐而捕蹇兔也。]虎贲之士百有余万，车千乘，骑万匹，粟如丘山。法令既明，士卒安乐。主明以严，将智以武。虽无出甲，席卷常山之险，必折天下之脊，天下后服者先亡矣！且夫为纵者，无以异驱群羊而攻猛虎。虎之与羊，不格明矣！今王不与虎而与群羊，臣窃以为大王之计过矣。

凡天下强国，非秦而楚，非楚而秦。两国交争，其势不两立。大王不与秦，秦下甲据宜阳，韩之上地不通；下兵河东、成皋，韩必入臣。则梁亦从风而动。秦攻楚之西，韩攻其北，社稷安得无危？臣闻兵不如者，勿与挑战；粟不如者，勿与持久。

秦西有巴蜀，大船积粟，起于汶山，浮江而下，至楚三千余里。舫舟载卒，一舫载五十人，日行三百里；里数虽多，然不费牛马之力，不至十日，而拒捍关矣；捍关惊则从境以东，尽城守矣，黔中、巫郡，非王之有也。秦举甲出武关，南面而伐，则北地绝。秦兵之攻楚也，危难在三月之内。而楚待诸侯之救，在半岁之外。此其势不相及也。夫待弱国之救，忘强秦之祸，此臣为大王患也。

大王尝与吴人战，五战而三胜，陈卒尽矣；偏守新城，存民苦矣。臣闻功大者易危，而人弊者怨上。夫守易危之功，而逆强秦之心，臣窃为大王危之。凡天下而信约纵亲者，苏秦封为武安君也。苏秦相燕，即阴与燕王谋伐齐，破齐而分其地。乃佯为有罪，出走入齐，齐王因受而相之。居二年而觉，齐王大怒，车裂苏秦于市。夫以一诈伪之苏秦，而欲经营天下，混一诸侯，其不可成亦明矣。今秦与楚接境壤界，固形亲之国也。大王诚能听臣，臣请使秦太子入质于楚，楚太子入质于秦，请以秦女为大王箕帚之妾，效万室之都，以为汤沐之邑，长为昆弟之国，终身无相攻。臣以为计无便于此者。"楚王乃与秦从亲。

[白起将兵来伐楚，楚襄王使黄歇说秦昭王曰："天下莫强于秦、楚，今则闻大王欲伐楚，此犹两虎相与斗，而驽犬受其弊，不如善楚。臣请言其说：臣闻之，物至则反，冬夏是也；智至则危，累棋是也。今大国之地，半天下、有三垂，此从生人已来，万世之地未尝有也。王若能持公守威，罢攻伐之心，肥仁义之德，则三王不足四，五霸不足六也；王若负人徒之众，挟兵革之强欲以力臣天下之士，臣恐其有患也。《诗》云：'靡不有初，鲜克有终。'《易》曰：'狐涉水濡其尾。'此言始之易

而终之难也。何以知其然耶？智伯见伐赵之利而不知榆次之祸；吴王知伐齐之便而不知于遂之败。此二国者非无大功也，没利于前而易患于后也。今王妒楚之不毁也，而忘毁楚之强韩魏也。臣为王虑，而不取也。王无重世之德于韩魏，而有累世之怨焉。夫韩魏父兄子弟接踵而死于秦者将十世矣。身首分离暴骸草泽者，相望于境；击颈束手为群虏者，相望于路。故韩魏之不亡，秦社稷之忧也。今王信之，与兵攻楚，不亦过乎？臣为王虑，莫若善楚。

楚秦合为一以临韩，韩必敛手。王施以山东之险，带以河曲之利，韩必为关内侯。若是，而王以十万戍韩，梁之人寒心，许、鄢陵、婴城，而上蔡召陵不往来也，如是魏亦为关内侯矣。王善楚，而关内侯两，万世之主注地于齐，齐右壤可拱手而取也。然后危动燕赵，摇荡齐楚，此四国者不待痛而服也。"秦王曰："善。"止不伐楚。

楚顷襄王谋与齐韩连和，因欲图周。周赧王使臣武公说楚相昭子。昭子曰："乃图周则无之，虽然周何故不可图。"对曰："夫西周之地，绝长补短，不过百里。名为天下共主，裂其地不足以肥国，得其众不足以劲兵，虽攻之不足以尊名。然而好事之君、喜攻之臣，发号用兵未尝不以周为终始，是何也？则祭器在焉。欲器之至而忘弑君之乱。今韩以器之楚，臣恐天下以器仇楚。"于是，楚计辍不行。

秦武王使樗里疾以车百乘入周，周君迎之甚敬。楚王让周，以其重秦客也。游胜为周谓楚王曰："昔者智伯欲伐仇犹，遗大钟载以广车，因随之以兵。仇犹卒亡，无备故也。齐桓公之伐蔡也，号曰"诛楚"，其实袭蔡。今秦者，虎狼之国，有吞天下之心，使樗里疾以车百乘入周，周君惧焉。以蔡、仇犹为戒故，使长兵居前，强弩居后，名曰卫疾而实囚之。周君岂能无爱国载？恐一旦国亡而忧大王也。"楚王乃悦。

楚襄王有疾，太子质于秦不得归。黄歇说秦相应侯曰："今楚王疾，恐不起。秦不如归太子。太子即位，其事秦必谨；若不归，则咸阳一布衣耳。楚更立太子必不事秦，失一国而绝万乘之和，非计也，愿相国虑之。"应侯以言于秦王，王不肯。乃遁也。]

张仪如韩，说韩宣王曰："韩地险恶，山居，五谷所生，非菽而麦；地方不过九百里，无二年之食料。大王之卒，悉举不过三十万，而厮徒负养在其中矣。今秦带甲百万，车千乘，骑马匹，虎贲之士，跿跔科头，贯颐奋戟者，不可胜数。山东被甲蒙胄以会战，秦人捐甲徒裼以趋敌，左挈人头，右挟生虏。秦逐山东之卒，犹孟贲之去怯夫；以轻重相压，犹乌获之于婴儿。

诸侯不料地之弱、食之寡，而听纵人之甘言好辞，比周以相饰，诳误其主，无过此者。大王不事秦，秦下甲据宜阳，断韩之地；东取成皋、荥阳，则鸿台之宫、桑林之苑，非王有也。夫塞成皋，绝上地，则王之国分矣。故为大王计，莫如为秦。秦之所欲，莫如弱楚，而能弱楚者莫如韩。非以韩能强于楚也，其势然也。今西面而事秦，以攻楚，秦王必喜。夫攻楚而私其地，转祸而悦秦，计无便于此者。"宣王听之。

[范睢说秦王曰："秦韩之地形相错如乡，秦之有韩，譬如木之有蠹，人之有腹心病也。天下无变则已，有变，其为秦患者，孰大于韩乎？王何不收韩。"王曰："吾固欲收韩，韩不听，为之奈何？"对曰："韩安得不听。王若下兵攻荥阳，则成皋之道不通；北断太行之道，则上党之师不下。王一兴兵而攻荥阳，则其国断而为三，韩必见危亡矣。安得不听！若听，则霸事可虑矣。"王曰："善。"乃从之。]

张仪说齐闵王曰："天下强国，无过齐者，大臣父兄殷众富乐，然为大王计者，皆为一时之说，不顾百代之利。纵人说大王者，必曰："齐西有强赵，南有韩梁，齐负海之国也，地广民众，兵强士勇，虽有百秦，将无奈齐何也！"大王贤其说，而不计其实。

臣闻齐与鲁三战，而鲁三胜，国以危亡随其后，虽有战胜之名，而有破亡之实，是何也？齐大而鲁小也。今秦之与齐也，犹齐之与鲁也。今秦楚嫁女娶妇，为昆弟之国；韩献宜阳，魏效河外，赵入朝歌、渑池，割河间以事秦。大王不事秦，秦驱韩梁攻齐之南地，悉赵兵渡清河，指博关，临甾、即墨非王有也。国一旦见攻，虽欲事秦，不可得也。是故愿大王孰计之。"齐王许之。

[燕攻齐，取七十余城，唯莒、即墨不下。齐田单以即墨破燕，杀骑劫。燕将惧诛而保聊城，不敢归。田单攻之岁余，聊城不下。鲁连乃为书，约之矢，以射城中，遗燕将书曰："吾闻之：'智者不倍时而弃利；勇士不怯死而灭名；忠臣不先身而后君。'今君行一时之愤，不顾燕王之无臣，非忠也；杀身亡聊城，而威不信于齐，非勇也；功废名灭，后世无称，非智也。故智者不再计，勇者不再却。今死生、荣辱、尊卑、贵贱，此其时也。愿公详计，而无与俗同。且楚攻齐之南阳，魏攻平陆，而齐无南面之心，以为亡南阳之害小，不如得济北之利大；故定计而坚守之。今秦人下兵，魏不敢东面横。秦之势成则楚国之形危。且齐弃南阳，断右壤，存济北，计犹且为之也。今楚、魏交退于齐，而燕救不至，以全齐之兵，无天下之规，与聊城共据。期年之弊，即臣见公之不能得也。齐之必决于聊，公无再计。彼燕国大乱，上下迷惑。栗腹以百万之众，五折于外。万乘之国被围于赵，壤削主困，为天下笑。国弊祸多，人无所归。今又以弊聊之人距全齐之兵，期年不解，是墨翟之守也；食人炊骨，无反外之心，是孙膑、吴起之兵也，能见于天下矣！

故为公计者，不如罢兵、休士、全车，归报燕王，燕王必喜。士民见公如见父母，攘臂而议于世，功业可明也。意者，对燕弃世东游于齐乎？请裂地守封，富比乎陶卫，世世称孤，此亦一计也。二者，显名厚实，愿公察之，熟计而审处一焉。

且吾闻之：'效小节者，不能行大威；恶小耻者，不能成荣名。'昔管仲射桓公中其钩，篡也；遗公子纠不能死，怯也；束缚桎梏，辱也。此三行者，乡里不通，世主不臣。使管仲终穷幽抑而不出，不免为辱人贱行，然而管子弃三行之过，据齐国之政，一匡天下，九合诸侯，名高天下，光照邻国。曹沫为鲁将，三战而丧地千里。使曹子计不顾后死而不生，则不免为败军擒。将曹子以一剑之任，劫桓公于坛坫之上，颜色不变，辞气不悖，三战之所丧，一朝而反之，天下震动，名传后世。若此二公，非不能行小节，死小职也。以为杀身绝世，功名不立，非智也。故去忿恚之心，而成终身之名。故业与三王争流，名与天壤相弊也。公其图之！"燕将得书曰："敬闻命矣。"遂自刭。]

张仪说赵王曰："弊邑秦王，使臣效愚于大王。大王收天下以宾秦，秦兵不敢出函谷关。是大王之威，行于山东。弊邑恐惧慑伏，缮甲厉兵，唯大王有意督过之也。今以大王之力，举巴蜀，并汉中，包两周，迁九鼎，守白马之津。秦虽僻远，然而心忿含怒之日久矣。今有敝甲凋兵，军于渑池，愿渡河，据悉吾，会战邯郸之下。以甲子合战，以正殷之事。故使臣先以闻于左右。

凡大王之所信为纵者，恃苏秦。苏秦荧惑诸侯，以是为非，以非为是，欲反覆齐国，而自令车裂于市。夫天下之不可混一亦明矣。今楚与秦为昆弟之国。而韩、梁称为东藩之臣，齐献鱼盐之地，此断赵之右臂也。夫断右臂而与人斗，失其党而孤居，求欲无危，岂可得乎？今秦发三军：其一军塞乎道，告齐使兴师，渡河军于邯郸之东；一军军于成皋，驱韩梁军于河外；一军军于渑池，约四国而击赵。赵服，必四分其地，是故不敢匿意隐情，失以闻于左右。臣窃为大王计，莫如与秦王遇于渑池，面相见而口相约。请按兵无攻，愿大王之定计。"赵肃侯许之。

[武安君破赵长平军，降其卒四十余万，皆坑之。进围邯郸，而军粮不属，乃遣卫先生言于秦昭王曰："赵国右倍常山之险，而左带河漳之阻，有代马车骑之利。民人气勇，好习兵战，常会诸

侯而一约为之纵长，明秦不弱则六国必灭。秦所以未得志于天下者，赵为之患也。今赖大王之灵，赵军破于长平，其信臣锐卒莫不毕死。邯郸空虚，百郡震怖，士兵咸怨其主。诚以此时遣转输给，足军粮，灭赵必矣！灭赵以威诸侯，天下可定，而王业成矣！"秦王欲许之，应侯妒其功，不欲使成，言于秦王曰："秦虽破赵军，士卒死伤亦众，百姓疲于远输，国内空虚。楚、魏乘虚为变，将无以自守，宜且罢兵。"王从之。

后三年复欲将白起伐赵，起不肯。王乃使应侯责之曰："楚地方五千里，持戟百万，君前率数万之众入楚，拔鄢郢，焚其郊庙，楚人震恐，东徙而不敢西向。韩、魏相率兴兵甚众，君所将不能半，而破之伊阙，流血漂橹，韩、魏已服，至今称东藩。此君之功，天下莫不闻。今赵卒之死于长平者，已十七八，是以寡君愿使君将，必欲灭之。君常以寡击众，取胜如神，况以强击弱，以众击寡乎？"武安君曰："是时楚王恃其国大，不恤其政，而群臣相妒以功，谄谀用事，良臣疏斥，百姓心离，城池不修，既无良将，又无守备。故臣得引兵深入，兵多倍城邑，发粮焚舟以专人心；掠于郊野，以足军粮。当此之时，秦之士卒，以军中为家，以将为父母，不约而亲，不谋而信，一心同力，死不旋踵。楚人自战其地，咸顾其家，各有散心，莫有斗意，是以能有功也。伊阙之战，韩顾魏，不欲先用其众；魏恃韩之锐，欲推以为锋。二军争便，其力不同。是以臣得以设疑兵，以持韩阵，专军并锐，触魏之不意，魏军既败，韩军自溃。以是之故，果能有功，皆计利形势自然之理，何神之有？今秦军破赵军于长平，不遂以时，弃其振惧而灭之，畏而释之，使得耕稼以益蓄；积养孤长幼以益其众；缮治兵甲以益其强；增浚城池以益其固。主折节以下其臣，臣推体以下死士。至平原之属，皆令妻妾补缝于行伍之间，臣民一心，上下同力，犹勾践困于会稽之时也。以今伐之赵，必固守；挑其军战，必不肯出；围其国都，必不可克；攻其列城，必不可拔；掠于郊野，必无所得。兵久无功，诸侯生心，外救必至。臣见其害，未睹其利，又病不能行。"应侯惭而退。秦乃使王龁将伐赵。楚、魏果救之也。]

张仪说燕昭王曰："大王之所亲信，莫如赵。昔赵襄子尝以其姊为代王妻，欲并代，约与代王遇于勾注之塞。乃令工人作为金斗，长其尾，令可以击人。与代王饮，阴告厨人曰：'即酒酣乐，进热啜，反斗以击之'。于是酒酣乐，取热啜。厨人进斟，因反斗击代王，杀之，肝胁涂地。其姊闻之，因磨笄以自杀。故至今有磨笄之山，天下莫不闻。"[至汉高祖时，陈豨以赵相国监赵代，边兵举兵反，上自行至邯郸，喜曰："豨不南据漳水，北守邯郸，吾知其能为也。"及豨败，上曰："代居常山北，赵乃从山南，有之远。乃立二子为代王也。]夫赵王之狼戾无亲，大王之所明见。且以赵为可亲乎？赵兴兵攻燕，再围燕都，而劫大王，大王割十城以谢，今赵王已入朝渑池，效河间事以秦。今大王不事秦，秦下甲云中、九原，驱赵而攻燕，则易水、长城，非王有也。今王事秦，秦王必喜，赵不敢妄动，是西有强秦之援，南无齐、赵之患，是故愿大王孰计之。"燕王听张仪，张仪归报秦。

[燕王使太子丹入质于秦。秦欲使张唐相燕，与共伐赵，以广河间地。张唐谓吕不韦曰："臣尝为昭王攻赵，赵怨臣。今之燕，必经赵，臣不可行。"不韦不快，未有以强之。其舍人甘罗年十二，谓不韦曰："臣请为君行之。"遂见张唐曰："君之功孰与武安君？"曰："武安君南挫强楚，北灭燕、赵，战胜攻取，破城堕邑，不可胜数。臣之功不如也。"甘罗曰："应侯之用于秦，孰与文信侯专？"唐曰："应侯不如文信侯专。"甘罗曰："昔应侯欲伐赵，武安君难之，去咸阳十里，赐死于杜邮。今文信侯自请君相燕，而不肯行，臣不知君所死处也。"张唐惧曰："请因孺子行。"

行有日矣，甘罗又谓文信侯曰："借臣车五乘，请为张唐先报赵。"文信侯遣之，甘罗如赵，说王曰："王闻燕太子丹入质秦乎？"曰："闻之。""闻张唐之相燕乎？"曰："闻之。"甘罗曰："燕太子丹入秦者，燕不欺秦也。张唐相燕者，秦不欺燕也。燕秦不相欺，无异。故欲攻赵而广河间地。

王不如赍臣五城,以广河间,臣请归燕太子,与强赵攻弱燕。"赵王曰:"善。"立割五城与秦。燕太子闻而归,赵乃攻燕,得二十城,令秦有其十也。]

于是楚人李斯、梁人尉缭,说于秦王曰:"秦自孝公已来,周室卑微,诸侯相兼,关东为六国,秦之乘势侵诸侯,盖六代矣。今诸侯服秦,譬若郡县。其君臣俱恐,若或合纵而出不意,此乃智伯、夫差、闵王所以亡也。愿王无爱财,赂其豪臣,以乱其谋。秦不过亡三十万金,则诸侯可尽。秦王从其计,阴遣谋士赍金玉以游诸侯。诸侯名士,可与财者,厚遗给之;不肯者,利剑刺之。离其君臣之计,乃使良将随其后,遂并诸侯。"

[天下之士合纵相聚于赵,而欲攻秦。应侯曰:"王勿忧也,请令废之。秦于天下之士,非有怨也,相聚而攻秦者,以欲富贵耳。王见王之狗乎? 数千百狗为群,卧者卧,起者起,行者行,止者止。无相与斗者。投之一骨,则群起相呀,何者? 有争意也。今令载五千金随唐雎,并载奇乐,居武安高会相饮,散不能三千金,天下之士相与斗也。"]

秦既吞天下,患周之败,以为弱见夺,于是笑三代,荡灭古法。削去五等,改为郡县,自号为皇帝,而子弟为匹夫。内无骨肉本根之辅,外无尺土蕃翼之卫。吴、陈奋其白梃,刘、项随而毙之。故曰:周过其历,秦不及其数,国势然也。

[荀悦曰:"古之建国或小或大者,监前之弊,变而通之也。夏、殷之时,盖不过百里,故诸侯微而天子强。桀、纣得肆其虐害,纣脯鄂侯而醢魏侯,以文王之盛德不免于羑里。周承其弊,故建大国,方五百里,所以崇宠诸侯而自损也。至其末流,诸侯强大,更相侵伐,而周室卑微,祸难用作。秦承其弊,不能正其制以求其中,而遂废诸侯,改为郡县,以一威权以专天下,其意主以自为,非以为人也。故秦得擅海内之势,无所拘忌,肆行奢淫,暴虐于天下,然十四年而灭矣。故人主失道,则天下遍被其害,百姓一乱,则鱼烂土崩,莫之匡救。汉兴,承周秦之弊,故杂而用之,然六王、七国之难者,诚失之于强大,非诸侯治国之咎。"]

汉兴之初,海内新定,同姓寡少,惩亡秦孤立之败,于是割裂疆土,立爵二等[大者王,小者侯]。功臣侯者,百有余邑。尊王子弟,大启九国,国大者,跨州兼郡,连城数十,可谓矫枉过正矣。然高祖创业,日不暇给。孝惠享国之日浅,高后女主摄位,而海内晏然,无狂狡之忧。卒折诸吕之难,成太宗之基者,亦赖之于诸侯也。

夫厚本以末大,流滥以致溢,小者淫荒越法,大者睽孤横逆,以害身丧国,故文帝采贾生之议,分齐赵;

[贾谊曰:"欲天下之理安,莫若众建诸侯而少其力,力少则易使役,国小使无邪心。今天下之制,若身之使臂,臂之使指,陛下割地定制。今齐、赵、楚各为若干国,使其子孙各受祖之分地,地尽而止。天子无所利焉。"又上疏曰:"陛下即不定制,如今之势,不过一传再传,诸侯犹且人恣

而不制，豪植而大强，汉法不得行矣。陛下所以为藩扞及皇太子之所恃者，唯淮阳、代二国耳。代北边匈奴，与强敌为邻，能自完则足矣；而淮阳之北，大诸侯仅如黑子之著面，适足以饵大国，不足以有所禁御，方今之制，在陛下，而令子适足以为饵，岂可谓万代利哉？臣之愚计，愿举淮南地以益淮阳，而为梁王立后；割淮阳北边二、三列城与东郡，以益梁。不可者，可徒代王而都睢阳。梁起于新郪以北著之河，淮阳包陈，以南揵之江。则大诸侯之有异心者，破之胆而不敢谋。梁足以捍齐、赵；淮阳足以禁吴、楚。陛下高枕，终无山东之忧，此万世之利也。臣闻圣王言问其臣，而不自造事，故使人臣得毕其愚忠，唯陛下裁幸。"文帝于是从谊计。乃徒淮阳王武为梁王，北界泰山，西至高阳，得大县四十余城；徒城阳王喜为淮南王，抚其人。后七国乱，不得过梁地，贾生之计也。]

景帝用晁错之计，削吴楚。

[晁错说上曰："昔高帝初定天下，昆弟少、诸子弱，大封同姓，故孽子悼惠王王齐七十二城，庶弟元王王楚四十城，兄子吴王吴五十余城，封三庶，孽分天下半。今吴王前有太子之隙，辄称病不朝，于古法当诛。文帝不忍，因赐几伏，德至厚也。不改过自新，乃益骄恣。公即山铸钱，煮海为盐，诱天下亡人谋作乱逆。今削之亦反，不削之亦反，削之反亟祸小，不削反迟祸大。于是汉臣庭议削吴，吴乃反矣。"]

武帝施主父之策，"推恩之令"。[主父偃说上曰："古者诸侯不过百里，强弱之形易制。今诸侯或连城数十，城方千里，缓则骄奢易为淫乱，急则阻其强而合纵以逆京师。今以法割削，则逆节萌起，前日晁错是也。今诸侯子弟或十数而嫡嗣代立，余虽骨肉，无尺地封，则仁孝之道不宣，愿陛下令诸侯得推恩，分子弟以地。侯之彼，人人喜得所愿。上以德施，实分其国，必稍自弱矣。"上从其计也。]景遭"七国之难"，抑诸侯，减黜其官；武有淮南衡山之谋，作左官之律[仕于诸侯王为左官]，设附益之法[封诸侯过限曰附益]。诸侯唯得衣食租税，不与政事。至于哀、平之际，皆继体苗裔，亲属疏远，生于帷幨之中，不为士民所尊。[割削宗子，有名无实。天下旷然复袭亡秦之轨矣。]故王莽知汉中外殚微，本末俱弱，无所忌惮，生其奸心。因母后之权，假伊周之称，专作威福。庙堂之上，不降阶序而运天下。诈谋既成，遂据南面之尊，分遣五威之吏，驰传天下，班行符命。汉诸侯王蹶角稽首，奉上玺绂，唯恐居后，岂不哀哉？及莽败，天下云扰。

[隗嚣拥众天水，班彪避难从之，嚣问彪曰："往者周失其驭，战国并争，天下分裂，数世乃定。意者，纵横之事复起于今乎？将承运迭兴在于一人也。愿先生试论之。"对曰："周之废兴与汉异矣。昔周爵五等，诸侯从政，根本既微，枝叶强大。故其末流有纵横之事，势数然也。汉承秦制，改立郡县，主有专己之威，臣无百年之柄。至于成帝，假借外家，哀、平祚短，国嗣三绝。故王氏擅朝。因窃号位，危自上起，伤不及下，是以即真之后，天下莫不引领而叹，十余年间，中外骚动，远近俱废。假号云合，咸称刘氏，不谋而同辞。方今雄杰带州跨城者，皆无七国世业之资，而百姓讴吟思仰汉德，可以知之。"]

光武中兴，纂隆皇统，而犹尊覆车之遗辙，养丧家之宿疾，仅及数世，奸宄充斥，率有强臣专朝，则天下风靡；一夫纵横，则城池自夷，岂不危哉？在周之难兴王室也，放命者七臣，干位者三子，嗣王委其九鼎；凶族据其天邑，钲鼙震于阃宇，锋镝流于绛阙。然祸止畿甸，害不覃及，天下晏然。以治待乱，是以宣王兴于共和，襄、惠振于晋、郑。岂若二汉阶阎暂扰，而四海已沸，孽臣朝入，而九服夕乱哉？远惟王莽篡逆之事，近鉴董卓擅权之际，亿兆悼心，愚智同痛，岂世乏曩时之臣，士无匡合之志欤？盖远绩屈于时异，雄心挫于卑势耳。

[陆机曰："或以诸侯,世位不必常全,昏主暴君,有时比迹,故五等以多乱也。今之牧守,皆方庸而进,虽或失之,其得固多,故郡县易以为治也。夫德之休明,罢陟日用,长率连属,梧述其职而淫昏之君,无所容过。何则?其不治哉。故先代有以之兴矣。苟或衰陵,百废自悖。鬻官之吏,以货准才,则贪残之萌皆群后也,安在其不乱哉?故后王有以之废矣。且要而言之,五等之君为己思治,郡县之长为利图物,何以徵之?盖企及进取,仕子之常志;修己安民,良士所希及。夫进取之情锐,而安民之誉迟,是故侵百姓以利己者,在位所不惮;损实事以养名者,官长所夙夜也。君无卒岁之图,臣挟一时之志。五等则不然:知国为己土,众皆我民;民安己受其利,国伤家婴其病,故上制人欲以垂后,后嗣思其堂构;为上无苟且之心,群下思胶固之义。使其并贤居治,则功有厚薄;两愚相乱,则过有深浅。然则探八代之制,几可以一理贯,秦汉之典,殆可以一言蔽之。"]

魏太祖武皇帝躬圣明之姿,兼神武之略,龙飞谯沛,凤翔兖豫,观五代之存亡,而不用其长策;睹前车之倾覆,而不改其辙迹。子弟王空虚之地,君不使之人。权均匹夫,势齐凡庶。内无深根不拨之固,外无磐石宗盟之助,非所以安社稷,为万世之业也。

且今之州牧郡守,古之方伯诸侯,皆跨有千里之土,兼军武之任,或比国数人,或兄弟并据,而宗室子弟,曾无一人间侧其间,与相维持,非所以强干弱枝,备万一之虑也。时不用其计,后遂凌夷。此周、秦、汉、魏立国之势,是以究其始终强弱之势,明鉴戒焉。[荀悦曰:"其后遂皆郡县治人,而绝诸侯。当时之制,亦未必百王之治也。"]

论曰:周有天下八百余年,后代衰微,而诸侯纵横矣。至末孙王赧降为庶人,犹能枝叶相持,名为天下共主。当是时也,楚人问鼎,晋侯请隧,虽欲阙周室,而见厄诸姬。夫岂无奸雄,赖诸侯以维持之也。故语曰:"百足之虫,至死不僵。持之者众。"此之谓乎。及嬴氏擅场,惩周之失,废五等,立郡县;君有海内,而子弟为匹夫;功臣效勤,而干城无茅土,孤制天下,独擅其利,身死之日,海内分崩。陈胜偏祖唱于前,刘季提剑兴于后,虎啸龙睇,遂亡秦族。夫齐陈诸杰,布衣也,无吴楚之势,立锥之地,然而驱白徒之众,得与天子争衡者,百姓思乱,无诸侯勤王可惮也。故曰:夫乱政虐刑,所以资英雄而自速祸也,此之谓矣。夫伐深根者难为功,摧枯朽者易为力。今五等,深根者也;郡县,枯朽者也。故自秦以下,迄于周隋,失神器者非侵弱,得天下者非持久;国势然也。呜呼!郡县而理,则生布衣之心;五等御代,则有纵横之祸。故知法也者,皆有弊焉。非谓候伯无可乱之符,郡县非致理之具,但经始图其多福,虑终取其少祸,故贵于五等耳,圣人知其如此,是以兢兢业业。日慎一日,修德以镇之,择贤而使之。德修贤择,黎元乐业。虽有汤武之圣,不能兴矣。况于布衣之细,而敢偏祖大呼哉?不可不察。

【译文】

我听说天下像一个大容器,百姓就如同其中贮存的财富。容器太大,一个人就管理不了;财富太多、太贵重,一个人就难以守护。所以要划分疆土,建立诸侯国;亲疏贵族之间要互相抑制,这是关系到国家盛衰的大事。从前周王朝接受夏、商两代的经验教训,设立五等爵位,分封八百个藩国和五十五个同姓王。这些藩国和同姓王都根基深厚坚实,是不能动摇的。因此,国运昌盛时有周公、召公来辅佐明君,国家衰败的时候就有春秋五霸扶助弱小的周王室。以此共同辅助王室,掌握那个时代,这就是三圣[指周文王、周武王、周公三人]当初制定分封制的本意。然而,厚赏臣下的制度,弊病在于尾大不掉。

自从周幽王、周平王之后,周王室日渐衰落,官员们的爵禄多由左右的大臣赐予,征战讨伐的事不由天子决定。于是吴国被越国吞并[越王勾践打败了吴王夫差,想把吴王迁往甬东,给他一百户人家让他管理。吴王说:"我老了,不能再侍奉你了。"然后自刎而死,吴国灭亡。]晋国被一分为三。[晋昭公六年时,他死了。他的六卿想要削弱昭公亲族的势力,就借着法律的名义把羊舌氏一族都杀掉了,把他们的封邑分为十个县,六卿各用他们的儿子为大夫。晋国因此更加衰弱,六卿的势力都强大起来。哀公四年,赵襄子、韩康子、魏桓子一起杀死智伯,把晋国的土地瓜分殆尽。到烈公十九年,周威王赐封赵、韩、魏三国,把他们封为诸侯。晋国就这样灭亡了。]郑国被韩国兼并。[郑桓公是周厉王的小儿子,周幽王时为司徒。他问太史伯:"周王室多灾多难,我怎样才能逃脱一死呢?"太史伯:"只有洛水的东边,黄河、济水的南面可以居住。"桓公说:"为什么到那里去呢?"太史伯回答说:"那个地方邻近虢国和郐国。虢郐的国君贪暴好财,百姓都不依附他。如今你做司徒,人民都很爱戴你,请你试试到那里居住,那里的百姓就会成为你的臣民了。"桓公说:"很好。"于是就去那里做了国君。到了后世,君乙被韩哀侯所灭,吞并了郑国。郑国也就灭亡了。]鲁国被楚国所灭。[鲁顷公二十年,楚考烈王消灭了鲁国。鲁顷公逃亡到卞邑,做了人家的仆人。鲁国于是灭亡了。]天下没有一个有权威的君主,这样的状态达四十多年,后来形成"战国"时代。其中秦国依仗形势险要,运用狡诈善战的军队,一点点地吞并山东六国,山东各国深以为忧。

苏秦,洛阳人,主张合纵,联合诸侯一起抵抗秦国;张仪,魏国人,主张拆散诸侯的联盟与让他们分别与秦国连横。这就是纵横活动的缘起。[《周易》赞许先辈的圣王们建立万国而与诸侯关系融洽,孔子创作《春秋》作为后世治国的法则。这是讥讽各代的当政者不知变通,不改换分封制,仍然要世世继承王侯爵位。由此来看,分封诸侯的制度,是从先世就有的了。荀悦说:"分封建立诸侯国,让他们各自世代继承其爵位。这些统治者想使诸侯对待别人像对待自己的子女一样,爱国家就像爱家一样,就必须任用贤能的世卿、大夫,考察他们的政绩进行罢免或提升,使他们能得到土地的封赏但不能拥有子民,由君王总揽全局,实行统治。因此如有用残暴的手段来管理国家的官员,下面就会有人反叛他。在下有百姓的反叛,在上有君王的诛杀,所以权衡利害,他们就会努力工作以争取获得奖赏,而害怕君主的权威,因此各自争相效力,而没有作乱之心。天子不守正道时有侯伯来纠正他,王室微弱时就会有强大的诸侯国来辅助。所以即使君主无道也不会使天下百姓受虐待。这就是用辅佐君王的办法来顺应天道并掌握人才的道理。"曹元首说:"先辈的圣王们知道自己一个人治理国家不能使之长久,所以和别人一起治理;知道一个人守护天下不能使之牢固,所以和别人一起守护。他们对亲近的人、疏远的人都同样委以责任,对与自己看法相同或不同的人也同样对待。使权轻与权重的人互相抑制,亲近与疏远的互相关照。扫除政治道路上的障碍,以保证国家不发生叛乱。"陆机说:"对别人好不如厚待自己,为外界东西考虑不如为自身谋算;要使上级安乐就在于使下面的人满意,为了自己打算就得先让别人占点便宜。国家治理得好时足以正风气,衰微时也可以抵御强暴。所以强大有力的国家不能专据一时的优势,雄才大略的人也不能使霸王之志得偿。"这大概就是三代可以奉行正道,四王得以成就功业的原因吧。国家的兴衰交替,正常之理礼教的废兴,在于统治者的行为。治国的法则有时也许不能正确施行,真理有时被歪曲。因此世代继承爵位的制度,弊处在于强行统治;厚赏臣下的制度,会使王室日益衰弱。王室渐弱的开端,是在三代昏王,遗祸到战国七雄时才结束。所谓"树梢大了树必定要折断,尾巴大了就难以掉转",这就是分封诸侯的弊端。]

苏秦当初组织合纵联盟，便去了燕国。[周武王平定商朝。封召公于燕地，和六国一并称王。于是有了燕国。]他游说燕文侯说："燕国东边有朝鲜和辽东，北边有林胡和楼烦，西边有云中和九原，南边有呼沱河和易水。土地方圆二千余里。拥兵几十万，战车有七百多辆，战马有六千匹，粮食够几年支用。南边有碣石和雁门的丰饶物产，北边有枣和粟米的获利收成。人民即使不从事田地耕作，而枣和栗子的果实就足以让人民吃饱。这是所谓的天府之国啊！国家安乐无事，看不到军败将亡这样忧心的事，这些有利条件没有谁比燕国更多的了。大王知道这平安的原因吗？燕国之所以不遭受战争的灾难，是因为有赵国在南方作屏障。秦、赵争战，相互都疲惫不堪了，而大王却控制燕国，占有住这个大后方，这就是燕国不遭受侵犯的原因。况且秦国如果攻打燕国，必须越过云中和九原，经过代和上谷，这就是数千里的道路，即使得到燕国的城邑，秦国也难以守住。秦国很明显是无法损害到燕国的。现在若是赵国进攻燕国，只要发出号令，不到十天数十万大军就可以进驻东垣。再渡过呼沱河，和易水，不到四五天就逼近国都了。所以说，秦国攻打燕国，须得在千里之外开战，赵国进攻燕国，就要在百里之内开战了，不考虑百里之内的祸患，却重视千里之外的邦交，没有比这更错误的计谋了。因此希望大王与赵国联合，与天下诸侯联为一体，那么国家就不会有祸患了。"燕文侯认为苏秦说得对，便答应合纵抗秦。

[乐毅写信给燕王说："比目鱼，两条不合在一起就不能游动，所以古人赞许它们，是因为它们能合二而一。现在崤山以东各国弱小而不能团结如一，这说明各国的统治者还不如比目鱼聪明啊。再比如士兵拉车，三个人不能拉动车，再找两个人，这样五个人用绳子拴在一起拉，车就可以前进了。现在山东各国弱小不能单独战胜秦国，而两个国家联合起来就能战胜它了。然而各国不知互相联合，他们的统治者就不如军士聪明了。胡人和越人，言语不通，同船渡河，却能达到互相救助如同一人。如今山东各国之间的关系，就像同船渡河，秦军来攻打了，却不能互相救助，他们又不如胡越人聪明了。比目鱼游动、军士拉车、胡越人渡河这三种情况，人人都能明白其中的一种。而山东各国的君主们却不明白这点，这是我为山东各国忧虑的，希望大王仔细地考虑。现在韩、魏、赵三国已经联合了。秦国见这三国联合，必定会向南攻打楚国。赵国见秦国攻打楚国，也一定会向北攻打燕国。万物本来有形势相异而忧患相同的情况，秦国长时间地攻打韩国，如果现在秦国转而攻打楚国，燕国一定要会灭亡。我私下为大王打算，不如向南与韩、赵、魏三国兵合一处，约定共同防守韩国、魏国的西部边界。山东各国如果不能这样做，一定都会被逐一消灭的。"燕国果然派军队向南与韩、魏、赵三国联合。

赵国准备攻打燕国，苏代(苏秦的弟弟)替燕国去劝说赵王："今天我到这里来，从易水边经过，看见河蚌正出来晒太阳，却被鹬鸟啄住蚌肉，蚌壳一合夹住了鹬鸟的嘴。鹬鸟说：'今天不下雨明天不下雨，你就成了死蚌。'河蚌也对鹬鸟说：'今天不放走你，明天不放走你，你就成了死鹬。'两方面都不肯相让，渔夫看见了，很轻易地就把它俩一起抓住了。现在赵国将要征讨燕国，燕、赵长久相持不下，让百姓疲惫不堪，我恐怕强秦就要成为渔夫了。因此希望大王仔细考虑这件事。"这样，赵王才放弃出兵攻打燕国的计划。

齐宣王因为看到燕国国力衰退了，就出兵攻打燕国，夺取了十座城池。燕易王对苏秦说："先王能为燕国要回被侵占的土地吗？"苏秦说："让我为大王取回来吧。"于是他到了齐国。见到齐王，下拜的时候向齐王称贺，站起来后却又向齐王表示哀悼。齐王说："为什么祝贺后紧接着就哀悼呢?"苏秦说:"我听说饥饿的人之所以再饿也不吃鸟嘴,是因为吃鸟嘴后肚子越饱死得越快,人人都有这样的顾虑。如今燕国虽然弱小,燕王却是秦王的女婿。大王获得了十座城池,却要与强大的秦国长久为敌了。现在假设燕国是大雁在前面飞,那么强大的秦国就紧跟在后面。所以攻打燕国和吃鸟嘴是一类情况啊。"齐王说:"那又该怎么办呢?"苏秦说:"我听说古代那些会办事儿的人能够变祸患为福泽,变失败为成功。大王果真能听从我的意见,就把十座城池归还给燕国,燕国一定是万分高兴。秦王知道是因为自己的缘故使齐国把十座城池归还给了燕国,也一定高兴。这就是所说地抛开仇恨而结成好朋友。"齐王说:"好吧。"于是把十座城池还给了燕国。]

　　苏秦从燕国到了赵国[赵国的先人和秦国是同一祖先,周缪王派造父带兵攻打徐偃,就把赵城赐给了造父。于是赵氏世代都做晋国的大夫],他对赵王说:"我私下里为大王着想,最好让人民安定闲适,不要多生战事劳累他们。而使人民得以安定的根本,首先就在于要选择友好邻邦。选择的友邦合适,人民就能得到安定;选择的友邦不合适,人民就一辈子不得平安。请允许我谈谈赵国的外患:齐国和秦国是赵国的两大敌人,这是人民不得安宁的根源所在。如果投靠秦国进攻齐国,人民就得不到安宁;投靠齐国进攻秦国,人民也得不到安宁。大王如能真正听从我的意见那么燕国一定会给你送上出产毛毡、裘皮、良狗、好马的土地;齐国一定会送上产鱼、产盐的海边土地;楚国一定会送上生长橘柚的云梦之地(洞庭湖一带);还有韩国、魏国都可以把国内封地汤沐邑送给你;这样大王的宗族亲戚都可以得到侯爵的封号。从别国获得土地,得到财物,这是从前王霸不惜损兵折将而追求的东西;给宗族亲戚封侯,就是商汤、周武王也得经过争战和拼杀才能争取得到。如今大王毫不费力,唾手而得到这两个好处,这是我对大王您的祝愿。

　　如果秦军沿轵道而下,南阳就会处于危险之中;再攻掠韩国,包围周室,赵国自身也随着会被削弱;秦国再占据卫国,夺取淇水,齐国就一定会臣服秦国。秦国的欲望既然已经得逞于崤山之东,必然会发兵攻打赵国。秦兵如果渡过黄河,跨过漳水,占据番吾,就可以打到赵国的邯郸城下了。这是我为大王担忧的。如今,山东各国没有比赵国更强的。赵国土地方圆两千里,拥兵数十万,战车千辆,战马万匹,粮食可供数年用度。西有常山,南有黄河、漳河,东有清河,北有燕国。燕国本来就是弱国,不足为虑。而在各诸侯国中,秦国最怕的就是赵国。那么,为什么秦国不敢发兵攻打赵国呢? 是因为怕韩国、魏国从后面袭击它,抄它的后路。因此,韩魏两国是赵国南面的屏障。秦国要进攻韩国、魏国就不同了。韩魏没有名山大川可做屏障,只要一点点蚕食,就能一直逼近韩魏两国的国都。如果韩魏无力抵抗,就必然臣服秦国。而韩魏臣服了秦国,秦国就扫除了进攻赵国的两个障碍,没有了后顾之忧,这样兵祸就会直接落到赵国头上。这是我为大王忧虑的。

　　我听说古代的尧一开始没有一点儿权势地位,舜没有尺寸之地,而后来都拥有了天下;禹手下的人不到一百人,而后来成为诸侯之王。商汤、周武王的甲士、军官不足三千人士兵不足三万,战车不足三百辆,而后来都成为天子。这正是因为他们都实施了正确的谋略。所以圣明的君主,对外要能判断敌国的强弱,对内要能量才而用。这样不用等到两军战场对阵,就对双方胜败、存亡胸中有数了。岂能被众人的闲言碎语所蒙蔽而糊里糊涂地决策呢? 我曾根据天下各国的地图加以考察,发现天下诸侯的土地,相当于秦国的五倍;诸侯的兵力,估计是秦国的十倍。如果六国集中力量,一致进攻秦国,秦国必定被打败。可如今各国却甘愿面西事秦。击败别人与被人击败,征服别人与被人征服,岂可同日而语?那些主张连横的人,都想割让诸侯的土地来与秦国讲和。与秦国讲和了,那些人被认为是立了大功,就可以有高大的房屋,豪华的宫室,耳听笙竽之音,一旦秦国来攻打,他们都不能与君主分忧。因此主张连横的人整天拿秦国的威势恐吓诸侯,以求分割土地。对此,希望大王仔细考虑。

我听说圣明的君主遇事不狐疑,不听信谗言,能抵御流言蜚语,堵塞结党营私之门。这样,那些愿意报效国家的贤能之臣才能尽忠于君王。我为大王着想,觉得不如联合韩、魏、齐、楚、燕、赵六国的力量一致对抗秦国。让各诸侯国的将相一齐到洹水来会盟,互相交换人质,杀白马,共订盟约。约定:如果秦国攻打楚国,齐国、魏国就各派精兵援助楚国,韩国断绝秦兵粮道,赵国渡过黄河、漳水牵制秦军,燕国把守常山之北;如果秦国攻打韩、魏两国,那么楚国就断绝秦军的后路,齐国派精兵进行援助,赵军渡过黄河、漳水,燕国把守云中;如果秦国攻打齐国,那么楚国就断绝秦的后路,韩国防守成皋,魏国堵住它的粮道,赵军渡过黄河、漳水,指向博关,燕国派精兵进行援助;如果秦国进攻燕国,赵国就防守常山,楚国驻兵武关,齐军渡过渤海(今沧州),韩国、魏国派出精兵进行支援;如果秦国进攻赵国,那么韩国就驻军宜阳,楚国驻军武关,魏国驻军河外,齐军渡过清河,燕国派出精兵进行支援。诸侯中有不遵守盟约的,其余五国就共同讨伐它。如果六国实行合纵联盟对抗秦国,秦国就必然不敢兵发函谷关以外侵害山东六国了。这样大王的霸业就成功了。"赵王说:"好!就听你的。"

[秦国在长平大败赵军后,又想进攻邯郸城。赵国人都很害怕,纷纷东逃。赵国派苏代携带厚礼去游说秦国的相国应侯范雎说:"武安君白起把赵括打败了吗?"应侯回答说:"是的。""武安君又要攻取邯郸吗?""是的。"苏代说:"如果消灭了赵国,秦国就可以称王于天下了。那武安君为秦国东征西讨,夺取了七十多座城池,在南面占领过鄢、郢、汉中,在北面战胜了赵括率领的赵军,即使是周公、召公、吕望的功勋也不过如此。赵国一灭亡,秦国就可以称王于天下了。武安君也会位比三公的,你能甘心位居白起之下吗?即使你不想位居武安君之下,也是不可能的了。秦国攻打韩国,图谋攻占邢丘,围困上党的时候,上党的百姓都愿意归顺赵国,而天下百姓不愿意归顺秦国也很久了。如果秦国灭了赵国,那赵国北方的领土就属于燕国,东面的领土属于齐国,南面的领土属于韩国、魏国。这样一来,秦国就所得无几了,而你得到的,又有多少呢?所以不如趁机让赵国给秦国割地讲和,不要让武安君获取这份功劳。"于是应侯向秦昭王进言说:"秦兵打仗打得已经很疲惫了,请大王准许韩、赵两国割地求和。"秦国就撤回了军队。赵王派赵赦去定条约服从秦国,打算割让六城给秦国。虞卿(赵国的上卿)对赵王说:"秦国攻打赵国,是因为秦兵打不动了才退军的呢?还是秦军的力量还能进攻,只是由于怜惜大王而不再进攻了?"赵王说:"秦军攻打我国,已经竭尽全力了,一定是因为打得太疲惫了才退军的。"虞卿说:"秦国用其兵力攻打它所不能得到的,士兵疲惫了只好退军。大王又想让秦国依靠武力所不能取的城邑送给它,这是帮助秦国攻打自己啊。明年秦国又要求割地,大王还给不给呢?如果不给,那就会前功尽弃而且引来后祸;如果割给它土地,那(慢慢地)就会没有土地可给了。俗话说:'强者善于攻取,而弱者善于防守。'现在如果听从于秦国,秦国就可以唾手得到土地,这是使秦国逐渐强大而使赵国逐渐衰弱啊。以此有利于强大的秦国却割削更弱小的赵国,这样的策略

怎么还能继续推行！况且大王的土地有限，秦国的欲求却无止境，以有限的土地去满足无止境的欲求，其结果必然赵国灭亡！"赵王的主意还没有拿定，楼缓从秦国来，赵王就问他的意见如何。楼缓说："不如把六城给秦国。"虞卿说："我主张不给秦国土地，并不是不割让土地给别人这么简单。秦国向大王索取六个城邑，而大王却把这六个城邑送给齐国。齐国，是秦国的死对头，得到大王的六个城邑，就可以与我们联合攻打秦国，齐王接受大王的计谋，不用等话说完，就会答应的。这样，大王虽然把城邑送给齐国，却能从秦得到补偿。这样齐、赵两国之间的深仇可以解除，又向天下证明赵国有能力做一番事情。大王以此发出号令，军队还没等到达秦国的边境，秦国的使者就会送上重重的礼物反过来向大王求和了。秦国请求讲和了，韩国、魏国听了就会敬重大王，敬重大王就一定会送上重宝与大王联合。这样一举可以和韩、魏、齐三国结成联盟，而使秦国更显孤立了。"赵王说："好。"就派虞卿到东方去见齐王，和他一起谋划攻秦。虞卿还没出发，秦国已经派使者到赵国求和了。楼缓得知这一消息，便溜走了。

秦军围攻赵都邯郸，赵王派平原君去楚国进行联盟活动，请楚国出兵相救。平原君到了楚国，见到楚王向他说明合纵的利害关系，从早晨就谈判，直到中午还没有决定下来。毛遂于是手按剑柄，登阶到了堂上，对平原君说："合纵的利害关系有两句话说明白了。现在从早晨就谈，到了中午还没有决定下来，是什么缘故？"楚王厉声呵斥："怎么还不给我下去！我是跟你的主人谈判，你来做什么！"毛遂紧握剑柄走向前去，说："大王敢呵斥我，不过是依仗楚国人多势众罢了。现在十步之内大王是不能依仗楚国人多的，大王的性命控制在我的手中。我的主人就在面前，当着他的面你为什么这样呵斥我？况且我听说商汤曾凭着七十里方圆的地方占有了天下，周文王依靠百里大小的土地使天下诸侯称臣。如今楚国有土地方圆五千里，军队百万，这是称霸天下的资本啊。以楚国的强大，天下没有能与它对抗，能抵挡得了的。秦国的白起，不过是个毛孩子罢了，他带着几万人的部队，发兵与楚国交战，第一战就攻开了鄢城、郢都，第二战烧毁了夷陵，第三战发掘了历代楚王的坟墓，使大王的先祖受到了极大的侮辱。这是楚国百世不解的怨仇，连赵王都感羞耻，可是大王却不觉得惭愧。合纵联盟可不是为了赵国，而是为了楚国啊。"楚王说："是像先生所说的那样，我一定竭尽全国的力量履行合纵盟约。"楚王于是派兵援救赵国。

赵孝成王时，秦兵围攻邯郸，各诸侯国派出的救兵都不敢向秦军进攻。魏王派晋鄙领兵救赵，因为畏惧秦军，到汤阴就停下来不走了。魏国又派别国人却做了魏国将军的新垣衍偷偷地进入了邯郸城，让赵国尊秦王为皇帝。当时鲁仲连恰好客居赵国，碰上秦军围邯郸，听说魏将叫赵尊秦为帝，就去见平原君："魏国人新垣衍在哪里？让我替你教训他一顿，让他回魏国去。"平原君："那我就把他介绍给你吧。"鲁仲连见到新垣衍，一言不发。新垣衍说："我看住在这座围城中的人，都对平原君有所求。今天我看先生的模样，并不像是对平原君有什么请求，可是为什么老留在这围城中不走呢？"鲁仲连说："世人都认为鲍焦不是从容死去的，这种看法不对。现在只有没有见识的人才仅仅为个人打算。秦国是个不讲信义、只崇尚武功的国家，用权诈之术驱使士人，又像对待奴隶一样役使它的人民。如果秦王没有顾虑地做了皇帝，就会以暴虐手段统治天下，那么我只有跳东海自杀了，我决不愿做秦国驯服的臣民。我之所以来见将军，是因为我想为赵国出点力啊。"新垣衍说："先生怎样出力帮助赵国呢？"鲁仲连说："我要叫魏、燕两国出力帮助它，这样一来齐、楚就必须答应相救了。"新垣衍说："燕国么，您可以设法说服，至于魏国，我就是魏国来的，先生怎么能使魏国帮助赵国呢？"鲁仲连说："魏国不帮助赵是因为魏国没有看到秦称帝后的害处啊；如果魏国看到这个害处，那一定会帮助赵国的。"新垣衍问："秦称帝有什么危害？"鲁仲连说："从前齐威王曾经实行仁义，倡导天下诸侯去朝见天子。那时周王室既贫又弱，诸侯都不肯去朝见，只有齐王单独去。过了一年多，周烈王死了，诸侯都去吊丧，齐使最后才到。周室大臣发怒了，在给齐国的讣告里说：'周烈王逝世，新天子罢朝守丧，齐国的大臣田婴最后才到，应该斩了他！'齐威王看了勃然大怒，说：'呸！你娘原来是个婢女啊！'终于成了天下笑柄。所以周烈王活着的时候,齐王单独去朝拜,周天子死了,就破口大骂,这实在是由于忍受不了天子的过分的要求啊。秦王既然尊为天子,这样的苛求也是理所当然,不足为怪。"新垣衍说:"先生难道没见过那些仆人吗?十个仆人要服从于一个主人,难道是力气、才智赶不上主人吗?是因为害怕主人呀!"鲁仲连说:"然而魏国对于秦国,也像奴仆对于主人吗?"新垣衍说:"对。"鲁仲连说:"既然这样,我就叫秦王把魏王剁成肉酱。"新垣衍很吃惊,说:"咳,先生的话也太离谱了吧!你又怎能叫秦王把魏王剁成肉酱呢?"鲁仲连说:"当然可以。你听我慢慢给你讲。从前九侯、鄂侯、文王,是商纣王的三个诸侯,其中九侯有个女儿很漂亮,九侯把她进献给纣王,纣王却嫌她丑,就把九侯剁成肉酱。鄂侯极力地为他辩护,话说得激烈些,纣王又杀了鄂侯,晒成肉干。文王听说了这件事,只是叹叹气,就被抓起来关进羑里的监牢里,关了一百天,想要把他杀死。为什么同样都是一地之王,其中却有人终于落得被做成肉干肉酱的下场呢?(齐国内乱),齐闵王要到鲁国去,夷维子问鲁国人:'你们准备怎样款待我们的国君呢?'鲁国人说:'我们准备用牛、羊、猪各十头来款待你们的国君。'夷维子说:'你们从哪里找来这样的礼节接待我的君主呢?我们的国君是天子,天子出来巡视,诸侯都得让出自己的宫室,交出钥匙,还得像仆人一样,撩起衣襟,端着几案,站在堂下侍候吃饭,天子吃完了,他们才退下来听政。'鲁国人一听就立即锁上城门,不让他们一行入境。齐闵王无法进入鲁国,又准备到薛国去,路过邹国,恰好邹国国君新死,齐闵王想去吊丧。夷维子对邹国新君说:'天子来吊丧,主人一定要把灵柩转个方向,坐南朝北,好让天子南面致吊礼。'邹国的群臣说:'一定要这样做,我们就自刎而死,决不受辱!'因此齐闵王也不敢进入邹国。邹国和鲁国的臣子们,国君活着的时候,不能更好地侍奉君主,死后也不能按照隆重的仪式盛敛。然而齐闵王想叫他们用对待天子的礼节来侍奉自己,却也办不到。如今秦国和魏国都是拥有万辆战车的大国,谁都可以称王。可魏国仅仅看到秦国打过一次胜仗,就想尊秦为帝。如果秦王真的称帝了,就要撤换诸侯的大臣,他将罢免他认为不行的人,而提拔他认为能干的人,他还要把自己的女儿,嫁给诸侯做妃嫔。这种人一旦进入魏王宫中,魏王怎么能平安地生活呢?而将军又靠什么保住原来的尊贵地位呢?"于是新垣衍站起身来,再拜称谢:"请允许我告辞,再不敢提尊秦为帝的事了。"秦国将领听说这件事后,随即退兵五十里。]

苏秦说服了燕国、赵国参加合纵联盟后,又来到了韩国[韩国的祖先与周同为姬姓,服侍晋国,被封于韩地,成为韩氏。后来周烈王赐封韩侯,使韩国成为诸侯国之一],他劝韩宣王说:"韩国北面有巩地、洛地、成皋那样坚固的边防,西面有宜阳、常阪那样险要的关塞,东面有宛地、穰地、洧水,南面有陉山。土地方圆千里,拥兵数十万。天下的强弓硬箭都从韩国出产。韩国士兵站稳了发射,不一会儿就可发射百箭,远处可射中胸膛,近处可射穿心脏。韩国士兵的剑和戟,都如龙泉、太阿这样的名剑那般锋利,这些剑和戟在陆上都能砍断牛马,在水上能击中天鹅和大雁。靠着韩军的勇武和大王您的英明贤良,却西向服秦,自缚臂膀去表示臣服。使国家蒙受羞辱,被天下人耻笑,没有比这更大的耻辱了。因此希望大王仔细地考虑。大王不要去服从秦国,如果去服从它,它必定要求得到宜阳和成皋。如果现在奉献上去,第二年就越发要求割让土地。如果继续割让,就将无地可给;不予割让,就将前功尽弃,而且会遭受秦国进一步侵害。况且大王的土地有限,而秦国的欲望无尽。以有尽之地去迎合没有止境的欲望,这就是所说的自己去购买怨恨和灾祸,没有经过战斗,土地就被占领了。我听俗话说:'宁可做鸡口,不可做牛尾巴。'如今大王到西方去乖乖地称臣事秦,和做牛尾巴有什么区别呢?以大王的贤能,拥有强大的韩国军队,却有牛尾巴的名声,我替大王惭愧。"韩王听了愤然变了脸色,手按宝剑仰天叹息说："我虽然平庸,也一定不去侍奉秦国!"于是韩国也参加了合纵。

[韩国攻打宋国,秦王大怒,说："我喜欢宋国,韩国与我们交好,却又去攻打我非常喜欢的国家,这是为什么?"苏秦为韩国去劝说秦王说："韩国之所以攻打宋国,是为了大王啊。凭着韩国的强大,再加上宋国的辅助,楚国、魏国一定会十分恐慌,他们害怕了,就一定会向西面来侍奉秦国。大王不折一兵一卒,不经过战争就可能占领安邑,这就是韩国要以此来为秦国祈求的事情。"后来,韩惠王听说秦国要攻打自己,想使秦国国力凋敝,不让他们东伐,于是便派水工郑国去秦国作为间谍,说服秦王让凿渠引泾水来灌溉田地。在开凿的过程中,郑国被察觉了真实身份和目的,秦王就要杀他。郑国说："起初我是做韩国的内应,但把渠凿成了也对秦国有好处。我的活动使韩国多存在了几年,但却能遗惠秦国后代子孙。"秦王认为他说的有理,便放了他。]

苏秦为赵国组织合纵联盟,又到了魏国[魏国的祖先是毕高,和周同为姬姓。周武王伐纣,封高在毕这个地方,便以毕作为姓氏。毕万侍奉晋献公,晋献公就封毕万于魏地,任命他作大夫。后来周烈王又赐封魏为诸侯,于是魏国也成为诸侯之一],苏秦劝魏襄王说："大王的土地,南面有鸿沟、陈、汝南,东面有淮水、颍水、煮枣,西面有长城为界,北面有河水、卷、衍。土地方圆千里,地方的名声虽小,然而到处都是房屋田地,只有少数是放牧牛马的地方。人民众多,车马不少,日夜往来不断,声势极大,就如同是三军将士在行动。魏国,是天下的强国;大王,是天下贤明的君主。如今竟有意臣服于秦国,自称为秦的东方属国,为秦王建筑宫室,接受秦王赐给的服饰,春秋两季给秦国进贡。我真替大王感到羞愧啊。我听说越王勾践,靠着三千名凋敝的士兵作战,在干遂捉住了夫差,周武王凭着三千名士兵,一百辆战车,在牧野把纣王战败。难道是他们的士兵多吗?实在是因为他们能振作自己威猛的气势啊!如今我听说大王的士兵,勇武刚毅的二十余万,苍头、奋击共有二十万,做杂务的十万,还有战车六百辆,战马五千匹。这远远超过了越王勾践和周武王的兵力。如今却听从了群臣的劝说,竟打算以臣子的身份去服侍秦王。而服侍秦王,一定得割让土地,送上人质,因此军队还没用上而国家就已打败了。而那些做臣子的,割让君主的土地以便对外勾结,窃取一时的功绩而不顾及国家的后患,损失国家的土地而满足个人一时的私欲。他们依仗外面强秦的权势,在国内压制自己的君主,要求割让土地。希望大王对此能够明察!《周书》上说:"微弱时不除掉,长大了就难以消灭;弱小时不拔掉,长大了就得用斧子砍。'开始时不当机立断,事后必有大祸,那将怎么办?如果大王真能听从我的意见,六国合纵联盟,专心合力,就一定不会遭到强秦侵扰。因此我们赵王派我进献愚计,奉上明定的条约,听凭大王诏令。"魏王说:"我听从你的意见。"

[虞卿劝春申君攻打燕国,从而确定自己的封地。春申君说："进攻燕国时所经过的道路,不是齐国就是魏国。魏国和齐国最近与楚国结下怨仇,楚国即使要攻打燕国,又从哪里通过呢?"虞卿回答说："还是跟魏国讲吧。"虞卿于是又到魏国去对魏王说:"楚国是很强大的,可说是天下无敌,现在准备攻打燕国。"魏王说:"怎么啦?你先说什么天下无敌,现在又说什么竟然准备攻打燕国。这是什么意思啊?"虞卿说:"现在比如说马的力气很大,这是对的,但如果说马的力气能驮千钧却是不真实的,为什么呢?因为千钧的重量不是马所能承受得住的。如今要说楚国强大是对的,如果说楚国可以跨越赵、魏与燕国交兵,难道能够承受得起吗?楚国不能承受,却偏要去做,这将导致楚国衰败。楚国衰败了,就等于使魏国强大了。这两种情况对大王说,哪一种更有利?"魏王说:"好,你说得对。"于是听从了虞卿的劝说。]

苏秦继续组织合纵联盟，来到齐国。[齐太公吕尚在周国为官，为周文王、周武王谋划出兵伐纣。周武王灭商后，封尚父在齐地营丘。]苏秦劝齐宣王说："齐国南有泰山，东有琅邪山，西有清河，北有渤海，这就是大家所说的四面皆有险阻的国家。都城临淄非常富有殷实，这里的百姓没有不吹竽鼓瑟、击筑弹琴、斗鸡赛狗、下棋踢球的。临淄的道路上，车挨着车，人挤着人，人们把衣襟连起来，就可以成为帷帐，把袖子举起来就可以成为帐幕，挥洒汗水就如同下雨。家家殷实富有，人人意气高昂。凭着大王的贤明和齐国的强盛，天下无人能够抵挡。如今却侍奉西面的秦国，我为大王感到羞耻！韩魏之所以害怕秦国，是因为他们与秦国接壤。双方出兵对阵，不到十天，胜负存亡就成定局了。韩魏战胜秦国，那么自己也要损兵过半，四面的边境就无法防守；战不胜秦国，自己就会随即灭亡。正因为如此，韩魏与秦作战极为谨慎小心，不敢用兵，而轻易地向秦国屈服称臣。现在秦国进攻齐国就不同了它要越过韩、魏的土地，卫国的阳晋是必经之路，经过亢父的险隘之地时，车马不能并行，一百人守住险要之地，千人也无法通过。秦国虽然想深入齐境，可总有后顾之忧，害怕韩、魏从后袭击。所以虚张声势，借以威吓，装腔作势，又不敢前进。不去深入考虑秦国对齐国无可奈何这一事实，却想要向秦国卑躬屈膝，这是群臣谋略的错误。如今参加合纵联盟，可以避免向秦国称臣的丑名，而获得强国的实惠，我再请大王稍加留意，仔细考虑。"齐王说："好，你说得对。"

[苏秦劝说齐闵王："我听说喜欢首先在天下挑动战争的人必有后患，不顾招人憎恨而缔结盟约的人必然孤立。所以说，后发制人应有所凭借，躲避仇恨必然得把握时势。所以谚语说：'良马衰弱时，劣马能跑到它前面；孟贲疲倦时，女子都能胜过他。'所谓驽马、女子，他们的筋骨力气，并不比骐骥、孟贲强，为什么却有这个结果呢？这是因为凭了后来居上的优势。我听说过攻战之法，决定胜负主要不在军队，即使有百万敌军，也可以使他们败在我们帷幄谋划之中；即使有阖闾、吴起那样的良将劲敌通过谋划也可以擒住他；千丈高的城池可以在酒宴应酬中夺取；百尺长的战车也可以在枕席上战胜它。结果是钟鼓竽瑟的声音不断，土地却可以得以扩展，愿望可以实现。优伶乐伎的欢笑声不绝于耳，各诸侯却可以在同一天来朝拜。所以善于成就王业的，在于使天下人效劳而自己安逸，使天下大乱而自己得保平安。如果能使各诸侯国的阴谋无法得逞，那么自己的国家就没有长久的忧患。怎么能知道是这样呢？从前魏王拥有土地千里，三十万军队，联合十二国诸侯去朝见天子，想西去攻击秦国。秦王很害怕，觉都睡不安隐，饭也食而不知其味。商鞅便与秦王商量说："大王为什么不让我去见魏王，我一定可以使魏王失算。"秦王答应了。商鞅见到魏王说："大王的势力够大的了，号令可以通行天下。可是大王率领的十二国诸侯，不是宋国和卫国，就是邹、鲁、陈、蔡，这些本来都是大王用马鞭子就可以驱使的人，不配和大王结盟。大王不如向北联合燕国，向东讨伐齐国，那么赵国必定臣服；向西联合秦国，向南讨伐楚国，那么韩国也必定臣服。大王如果有讨伐齐楚的想法，就顺从了天下人的心愿，那么王业就可以实现了。大王不如先准备天子的服饰，然后再去图谋齐楚。"魏王很喜欢商鞅的话，因此亲自指挥扩建宫殿，裁制红色龙袍，树立天子龙旗，军中都有画朱雀的旗帜。这是天子的建制，可魏王全用上了。于是齐楚愤怒了，各诸侯也起来支援齐国，齐国联合各诸侯国讨伐魏国，杀了魏国太子，击败魏国十万大军。于是秦王极其轻易地就接管了河西的土地。所以说，商鞅和秦王开始商量的时候，筹划不须走下枕席，而魏国的将帅就被齐国擒获了；兵车战船未曾使用，而西河以外的土地已归入了秦国了。这就是我所说的在厅堂上打败敌人，在帷幄中擒住敌将，在酒桌上攻下城池，在枕席上倾覆敌人的兵车啊。"

楚怀王派柱国（楚国的官名，相当于将军，是楚国最高军事长官）昭阳领兵攻打魏国，夺取了八座城池，又调动军队攻打齐国，齐闵王很忧虑。陈轸说："大王不必忧虑，请让我去说服他们罢兵。"就到楚军中去见昭阳，向他再拜致敬，祝贺他打了胜仗。起身后问昭阳："按照楚国的规定，打败敌军，杀死敌将，能得到什么样的官爵？"昭阳说："官为上柱国，爵为上执圭。"陈轸说："此外还有比这更高的官爵吗？"昭阳说："只有令尹了。"陈轸说："令尹是最尊贵的官了，楚王该不会设置两个令尹吧。我替你做个比喻可以吗？楚国有个举行祭祀的人，赏给他手下的人一壶酒。这些人商议说：'几个人喝不够，一个人喝还有余，我们比赛在地上画条蛇，谁先画成，谁就喝这壶酒。'有一个人先画好了，拿过酒壶准备喝。他左手端着酒壶，右手继续画着说：'我还能给蛇添上脚。'脚还没画完，另外有个人已经画完蛇，把酒夺了过去，说'蛇本来没有脚，你怎么能替它添上脚呢？'说着就把酒喝了。给蛇添上脚的人，终于没有喝上酒。如今将军领兵攻打魏国，击溃魏军，杀死魏将，夺取了八座城池，现在又调兵想进攻齐国，齐国很怕你。你因此取得了威名，也就够了。官爵也不能再提升了。虽然每战必胜，但不知适可而止的人，自己将会死于战场，官爵也要归于他人，就像画蛇添足一样啊！"昭阳认为这话有道理，便收兵而去。]

苏秦又来到了楚国。[楚国的祖先，出自颛顼，到帝喾、高辛时做火神，名为祝融。后来，楚国的后裔在周文王手下做官。到周武王时，熊绎被封到南方楚之蛮地，赐给他子爵应得的土地，姓芊氏，在江汉间很得民心。到熊通这一代，他派使者到周朝去，请求周朝封他尊号。周天子没有答应他的要求，熊通大怒，竟自立为楚武王。]劝楚威王说："楚国是天下的强国，大王你是天下的贤君。楚国西面有黔中、巫郡，东有夏州、海阳，南有洞庭、苍梧，北有陉塞、郇阳，国土方圆五千里，拥兵百万，战车千辆，战马万匹，粮食可供十年用，这是建立霸业的资本啊。凭着楚国的强大，加上大王的贤明，就能无敌于天下。如今却打算奉秦国为主，这样各诸侯国就不再朝拜楚国，而要去章台朝拜秦国了。秦国对诸侯国中最担忧的就是楚国，楚国强大，秦国就显得弱小，楚国弱小，秦国就显得强大，二者势不两立。所以替大王考虑，不如实行合纵以孤立秦国。大王如不实行合纵，秦国一定会兵发两路：一路出武关，一路下黔中。这样，楚国国都鄢郢就不安稳了。我听说：'未乱之时就要整治，事发之前就要预防。'等祸患发生了再为之忧虑，就来不及了。因此希望大王对此及早加以考虑。大王如真的能听从我的劝告，那我就能让山东各国按一年四季奉献礼物，遵守大王发布的诏令，把国家与宗庙委托给大王，并训练军队，磨砺兵甲，任凭大王使用。所以说合纵成功，楚国就能称王；连横成功，秦国就能称帝。如今楚国放弃了霸主的大业，却有了服从别人的名声，我认为这是大王不值得采纳的。秦国，是贪婪暴戾如虎狼的国家，有吞并天下的野心。秦国，又是天下的仇敌，主张连横的人都想割取诸侯之地来侍奉秦国，这就是所谓的奉养仇敌呀。大逆不道的行为，没有比这更严重的了。所以合纵成功，诸侯就会割地来侍奉楚国；连横成功，楚国就要割地来侍奉秦国。这两种策略之间的差距很远，对这两种策略，大王选择哪一个呢？所以敝国赵王派我向你献上合纵之计，奉上合纵盟约，以听凭大王的吩咐。"楚王说："好，我以国家的名义接受你的意见。"

[楚襄王在与秦国议和后，不再忧虑秦国的威胁，却和四个宠臣一起一味地贪图享乐，奢侈浪费。庄辛劝谏不被采纳，于是只好离开楚国去了赵国。不久秦军果然攻下鄢郢，楚襄王只好征召庄辛回国并向他谢罪。庄辛说"我听俗话说：'看到兔子，再回头招呼狗，并不算晚；羊儿丢失，再补栅栏，还不算迟。'我听说从前商汤和周武王凭那百里的地方兴旺起来；最终称王于天

下,夏桀和商纣拥有整个天下,结果反而灭亡了。如今楚国虽小,截长补短,方圆还有几千里,可不止百里啊!大王难道不曾见过蜻蜓吗?它六只脚,四个翅膀,在空中飞来飞去。啄着蚊子和苍蝇吃,吸着甜美的露水喝,自以为不会有什么灾难了,跟谁也没有冲突了。哪里知道五尺来高的小孩,正在调胶液抹丝网,把它从两丈高的地方粘下来,丢在地上给蚂蚁吃了。蜻蜓还算小的呢,那黄雀也是这样。它低下头来啄食谷米,仰着身子在树丛里栖息,扑起翅膀,随意飞翔,自以为没有灾难,跟谁也没有冲突了。哪里知道,公子王孙左手挟弓,右手取丸,正瞄着它当靶子打呢。白天还在树丛里飞,晚上已经拌上油盐酱醋了。黄雀还是小的呢,蔡灵侯也是这样。他南游高陂,北登巫山,喝茹溪的清水,吃湘江的鲜鱼,左抱年轻的妃子,右拥妖艳的侍女,跟他们驱车跃马,到高蔡去游乐,不把国家大事放在心上。哪里知道,子发正接受楚灵王的命令,正要用红绳捆绑他去见灵王呢?蔡灵侯的事还是小的呢,大王的情况也是这样。你左边有州侯,右边有夏侯,浪费仓库中的粮食,挥霍国库中的钱财,跟他们放马奔驰,到洞庭湖去游乐,而不把国家大事放在心上,哪里知道穰侯正接受秦王的命令,在黾塞之内布满秦兵,使大王不得不到黾塞之外去躲避。"楚襄王听了这番话,浑身发抖。于是任用庄辛,和他一起谋划对付秦国,夺回了淮北之地。楚国有个人用劣弓轻轻一拉弓弦,就把南飞的大雁射了下来。楚襄王听说这件事,就把这个人召来询问。他就把秦、燕、赵、卫比作鸟来回答,从而激励楚王,说:"先王(楚怀王)被秦国欺凌,客死在秦国,没有比这更大的仇恨了!现在有人身为一介草民尚且敢于向万乘之君报仇,伍子胥和白公就是这样的人。凭着楚国方圆五千里的国土,百万军队,仍然能够在广阔的战场上大战一番,却坐等着受人压制。我以为这是大王所不取的啊。"于是楚襄王又与其他国家合纵,订立盟约,共同讨伐秦国。]

齐、楚、燕、韩、赵、魏六国组成合纵联盟,苏秦被任命为纵约长,统一指挥六国的行动。把这一情况通报给赵国,赵肃侯封苏秦为武安君。然后六国把纵约书投递给秦国,从此,秦国不敢派兵出函谷关侵犯山东六国。达十五年之久。

后来张仪为秦国组织连横,使六国与秦国联合打击他国。[秦国准备攻打魏国,先打败韩国将军申差的部队,杀死八万人。诸侯大受震动,害怕极了。正是在这种形势下,张仪来劝说魏王连横。]他劝魏王说:[秦孝公时,公孙鞅就提出攻打魏国,他说:"魏国处于冲要之地,把都城定在西边的安邑,与秦国仅仅隔着黄河为界,独自占据山东的有利地势。它占据了有利地势,情况对它有利时就会向西发展势力侵入秦国,一旦情况不利,就退回东方自保。如今大王贤明圣德,国家因此强盛,应该趁此时机攻打魏国,魏国一旦支持不住,秦国就可以向东发展地盘,向东迁移。这样就据有了坚固的山河地势,控制东面的各诸侯国。这是称帝天下的大业。"自此之后,魏国果然离开安邑,迁都大梁。]"魏国的土地纵横不到一千里,士兵不过三十万人,土地平坦,四方诸侯都能通过,犹如车轮辐条都集聚在车轴上一样,更没有高山深川的拦挡。从郑国到魏国,只有二百余里,人奔马跑,还没有疲倦就已到达。魏国南与楚、西与韩、北与赵、东与齐接壤。这样魏国士兵只好防守四方,守卫边界上的守望台和城堡的兵力就得不下十万人。魏国的地势,本来就是兵家必争之地。如果魏国结交楚国而不结交齐国,齐国就要攻打魏国的东面;如果结交齐国而不结交赵国,赵国就要攻扫魏国的北面;不和韩国联合,那么韩国就会攻打魏国的西面;不和楚国搞好关系那么楚国就会攻打魏国的南面。这就是所说的四分五裂的地方啊!再说主张合纵的诸侯,说是为了使国家安定,君主尊贵,兵盛国强,这是诱人的美名。现在主张合纵的人,统一天下诸侯的行动,相约结为兄弟之邦,在洹水上杀白马立盟誓,目的是为了相互安定团结。可是即使是同父母的亲兄弟,还要争夺钱财,何况这些诸侯? 而你却要靠狡诈虚伪、反复无常的苏秦所献的计谋来保全国家,很明显这是不可能成功的。如果大王不去结好秦国,秦国就会发兵进攻河外,占领卷、衍、酸枣等地,控制卫国,夺取晋阳,这样赵国就不能南下;赵国不能南下,魏国就不能北上;魏国不能北上,那么合纵的道路就断了。合纵道路一断,那大王想躲开危险是不可能的。再有,秦国若是胁迫韩国去进攻魏国,韩国迫于秦国的压力,不敢不听。秦韩联合为一个国家,魏国就会马上灭亡,这是我为大王忧虑的原因。为大王盘算,不如结好秦国,只要结好秦国,那么楚、韩一定不敢妄动;没有楚韩的侵扰,大王就可以高枕无忧,国家也必定没有忧患了。再说如果大王不服从秦国,秦兵出动,攻向东方,那时即使想去侍奉秦国也不可能了。况且那些主张合纵的人多是言辞激奋,却不可信的。而联合一个诸侯反对秦国,就成为他封侯的基础。所以天下的游说之士,哪一个都是每天都费尽心机地高谈合纵的好处,去游说各国君主。做君主的被他们的花言巧语所打动,怎么能不被搞得晕头转向呢? 我听说:羽毛虽轻,堆积多了,也可使船沉掉;轻的东西,装得过多,也可以压断车轴;众口一词,可以熔化金。因此希望大王仔细考虑这事。”魏国于是违弃了六国的合纵盟约,而向秦求和。

[范雎劝秦昭王说:“穰侯魏冉隔着韩国、魏国去攻打齐国的刚寿,这不是好的策略。如果出兵少了,不足以损伤齐国,出兵多了又损害秦国的国力,这种计谋是不周密的。当年齐闵王向南攻打楚国,打败楚军杀死楚将,又开辟了千里土地,而齐国最终却连尺寸土地也没得到,难道是齐国不想要吗? 是因为形势变化它不能占有啊。诸侯见齐国疲惫不堪,就发兵讨伐它,使齐国打了大败仗。齐国之所以大受损害,是因为它虽然打败了楚国却使韩、魏两国得利的缘故。这就是所说的借武器给贼,向强盗资助粮食啊。大王不如与远处的国家结交而攻打邻近的国家,每得到一寸土地都是大王的。如今却放弃近的而去攻打远的国家,不是非常错误的吗? 从前,中山国方圆五百里的地方,赵国全部吞并,功成名立,获利不少,天下各国不能和它争夺。现在的韩国、魏国,处于中原而为天下的交通要道。大王如果想占有中原成为天下的枢纽,必须运用对楚国、赵国施加压力的策略。楚国强大了就让赵国依附自己。赵国强大了就让楚国依附自己。赵、楚两国都归附了,齐国必定害怕。齐国一害怕就必定会卑词重礼来侍奉秦国。齐国归附了,那韩国、魏国就更不用说了。”秦王说:“很好。”于是任命范雎为客卿,谋划出兵讨伐魏国,攻占了怀地和邢丘。

齐国、楚国一齐来攻打魏国。魏王派人向秦国求救,使派出的使者一批接着一批,可秦国的救兵还是不到。魏国有个叫唐雎的人,年纪有九十多岁了。他对魏王说:“请让老臣出使西方游说秦王,让秦兵在我回国前出发。”魏王于是又派遣他出使秦国。唐雎来到秦国,见到了秦王。秦王说:“老先生大老远地来到这里,太辛苦了! 魏国多次派人来求救,我知道魏国的情况已经很紧急了。”唐雎回答说:“大王既已知道魏国紧急而不派出救兵,这是大王的谋臣失职。魏国作为一个万乘之国,之所以向西来侍奉秦国,自称为秦国的东方属国,修建皇帝的宫室,接受秦制服饰,每年春秋送来祭祀供品,是以为秦国的强大可以帮助魏国。然而今天齐、楚的军队已经打到魏国首都的郊外了,可秦国还不派出救兵,是认为魏国还没到危急时刻。假如魏国情况紧急,就将割让土地而联合齐、楚,大王即使想去救魏国,哪里还来得及呢? 一定要等魏国危急了才去援救,那不但会失去了一个拥有万辆兵车的魏国,而且增强了齐、楚两个强国,对大王又有什么好处?”于是秦王悔悟,立即发兵援救魏国。]

张仪又去游说楚怀王:“秦国土地广阔,占有天下之半;武力强大,可与诸侯对抗；四境有险山阻隔，东边又绕着黄河，四边都有险要的屏障，国防巩固如同铜墙铁壁。[范雎游说秦昭王说："大王的国家，北有甘泉、谷口，南绕泾水、渭水，右有陇坻、蜀山的险塞，左有函谷、崤山的阻隔，有战车千辆，勇士百万，时机成熟就进攻诸侯，时机不到则退守关隘。这是统一天下所需要的根据地啊。百姓不敢寻衅殴斗，而在战场上却能英勇杀敌，这是统一天下所需要的人民啊。现在，这两样你都具备了，用它们来对抗诸侯，犹如驱使良犬追逐跛足的兔子一样。]

还有战士百多万人，战车千辆，战马万匹，粮食堆积如山，法令严明，士卒在早时也很快乐。国君明察秋毫又严格御下，将帅足智多谋而又勇武，假如秦国一旦出兵，夺得常山的险隘就像卷席那样地轻而易举。这样，就控制了诸侯要害之地，天下最后臣服的人必然最先遭到灭亡。再说，搞合纵联盟的人，无异于驱赶群羊去进攻猛虎，弱羊敌不过猛虎，这是明摆着的，现在大王不与猛虎友好，却与群羊为伍，我认为大王的主意完全打错了。

现今天下的强国，不是秦国，就是楚国；不是楚国，就是秦国。两国不相上下，互相争夺，势不两立。如果大王不与秦国联合，秦国出兵来攻，占据宜阳，韩国的上党要道就被切断；他们进而出兵河东，占据成皋，韩国必然投降秦国。韩国投降秦国，魏国也必然跟着归顺秦国。这样，秦国进攻楚国的西边，韩、魏又进攻楚国的北边，楚国怎能没有危险呢？我曾听兵法上说过：兵力不强，切勿挑战；粮食不足，切勿持久。

秦国西有巴、蜀，用船运粮，自汶山起锚，并船而行，顺长江而下，到楚都有三千多里。用大船运兵，一船载五十人，浮水而下，一日行三百多里。路程虽长，却不费车马之劳，不出十天，就到达捍关，与楚军对峙；捍关为之惊动，自竟陵以东，只有防守之力，黔中、巫郡都会不为大王所有了。秦国又出兵武关，向南进攻，则楚国的北部交通被切断，秦军攻楚，三月之内形势将十分危急，而楚国等待诸侯的援军，要在半年之后，这将无补于事，依靠弱国的救援，忘记强国的祸患，这就是我为大王所担忧的。

再说，大王曾与吴国交战，五战三胜，你的兵卒已尽，又远守新得之城，居民深受其苦。我听说：'立下很多战功的人，则易遭危险；人民疲惫穷困，则易抱怨君上。'追求易受危难的功业，而违背强秦的意愿，我暗自为大王担心。在诸侯中坚持合纵联盟的苏秦，被封为武安君而出任燕相，暗地里与燕王合谋进攻齐国，打败了它，占据了齐国的一部分土地。他假装在燕国犯了罪，逃到齐国。齐王接纳了他，并又任命他为相国。过了两年，齐王发觉他的阴谋，非常气愤，便车裂了苏秦。一贯靠着诳骗欺诈，反复无常来谋求尊荣的苏秦，想要图谋左右天下，统一诸侯，这是很明显不能成功的。现在，秦、楚两国接壤，本来是友好国家。大王果真听从我的劝告，我可以让秦太子做楚国的人质，让楚太子做秦国的人质，让秦国王族之女做大王侍奉洒扫之妾，并献出万户大邑，作为大王的汤沐邑，从此秦、楚两国永远结为兄弟之邦，互不侵犯，如果真是这样的话，我认为没有比这更有利于楚国的了。"楚王于是与秦国建立了友好关系。

[秦将白起率兵攻打楚国。楚襄王派黄歇去游说秦昭王说："天下没有比秦楚两国更强大的了，现在，听说你要攻打楚国，这好比两虎相争，而让劣犬从中获益，不如与楚国和平相处。请让

我言说其中的利害，我听说，事情发展到极点，就要走向它的反面，冬去夏来就是这样。智力用到极点，情况就很危险，累棋子就是这样。现在贵国土地广阔，几乎拥有天下之半，又把守着周天下的三面边陲，这是自有人类以来历代国家从来没有过的。你如果能严守公理正义，守住已有的威势，收敛攻伐之心，扩大仁义之道，使国家再没有后顾之忧，这样，你就不难建立称霸的大业。大王如果仗恃人力众多，想依靠武力强大，用武力使天下诸侯百姓臣服。我担心必将会有后患。《诗经》上说：'万事都有个开头，但很少能够有始有终。'《易经》上说：'小狐渡河，水漫其尾。'这就是说，开始容易而终结很难啊！

怎么知道是这样的呢？从前，智伯只看到最初攻伐赵国之利，而没有预见到在榆次有杀身之祸；吴国只看到最初攻伐齐国之利，而没有预见到在干隧有杀身亡国的失败。这两个国家并不是没有大功绩，只是因为他们都贪图眼前的利益，而不顾以后的祸患才导致失败。现在大王担心楚国不灭，却不想想灭楚反会加强韩、魏的势力。我为大王考虑，这样做是不可取的。大王历来于韩、魏无恩德，却世代和他们结有怨仇。韩、魏的宗室贵族平民百姓接连死于与秦国的战争中的快有十代了，身首异处，白骨遍野，尸体枕藉，放眼皆是；父子老弱成为俘虏，牵绳系索，满路都是。所以，韩、魏如果不灭亡，终究是秦国安危的一大忧患。现在，大王虽相信韩、魏，和他们共同发兵攻打楚国，难道我替你担心还过分吗？因此不如与楚国友好。

如果秦、楚联合，共同对外，威胁弱韩，弱韩就必然降服。秦国以山东险作为屏障，拥有河曲之利，韩国就失去了独立，只不过相当于秦国所封的一个'关内侯'而已。如此，大王以十万之众进驻韩国，魏国就会不寒而栗，如果许、鄢陵、婴城围城固守，楚国的上蔡、召陵就会与魏国隔绝，魏国也会成为秦国的'关内侯'。大王一旦与楚国结为联盟，拥有那么两个'关内侯'的万乘大国，土地就与齐国接壤了，这时大王夺取齐国的西部领土，将易如反掌。这么一来，秦国与齐国互相连接，就断绝了诸侯的合纵联盟。燕、赵无齐、赵的援助，齐、楚无燕、赵的帮助，这也就使得燕赵恐惧，从而挟持了齐、楚，因此燕、赵、齐、楚四国不用等到进攻，就只有俯首听命了。"秦王说："你说得对呀。"于是停止进攻楚国。

楚顷襄王打算与齐、韩两国联合共同进攻周室。王廷周赧王派大臣武公游说楚国宰相昭子。昭子说："没有计划攻打周室这么一回事。虽然这样，但是周也没有什么理由不可以攻打的。"（武公）回答说："西周这块地方，总共算起来，不过百里方圆，名义上是天子管辖。即使得到它的土地也开拓不了多少疆土，获得它的百姓也增强不了多少军队。即使攻下它，也提高不了多少名声。然而那些穷兵黩武的诸侯每次发动战争总是打着替周天子讨伐的旗号，这是为什么呢？因为周朝的祖先灵位祭祀器具在这里，周天子是合法的统治者。有些诸侯为了达到统治天下，竟然不怕背上弑君的罪名。如今，韩国想把象征天下权柄的祭器送给楚国，我担心天下诸侯因此而仇恨楚国。"于是，楚国放弃了伐周的打算。

秦武王派樗里疾率领一百辆战车去朝见周王室，周王派仪仗队去迎接他，很隆重。楚王大怒，责备周王，因为周王过于尊重秦国的使者。周臣游胜对楚王说："从前，智伯要攻打仇犹国，用一辆大车载了大钟送给仇犹国，大车后面紧跟着大队兵马，仇犹国措手不及，因此亡国，这是因为没有准备的缘故。齐桓公准备攻打蔡国，但他却事先扬言要攻打楚国，实际上却突然去袭击蔡国。现在秦国是狼虎之国，贪得无厌，又有吞并周室之意。如今派樗里疾以战车百辆侵入周地，周王非常害怕。由于有蔡国和仇犹国的教训作为前车之鉴，他甚为警惕，所以安排戈矛在前，强弩在后，名义上保卫樗里疾，实际上囚禁他，以防万一。周君哪能不爱国呢？他是担心一旦被灭亡，既加强了秦国，楚国又会失去了屏障。这会使大王更加担忧啊。"楚王听了这才高兴起来。

楚襄王得病，而太子作为人质呆在秦国不能回来。大臣黄歇游说秦国宰相应侯范雎："现在楚王得病，恐怕将很难痊愈，秦国不如将楚太子放回去。太子即位后，肯定会小心地听命秦国。

如果不让他回去，留在咸阳不过是一个普通老百姓罢了。假如楚国另立太子，新太子必定不会听命秦国，失去一个友好邻邦，断送与一个万乘大国的和睦，不是好的策略，希望相国你认真考虑。"应侯替楚太子求情，秦王不准。于是，楚太子只好悄悄逃回楚国了。]

张仪为组织连横阵线又去游说韩王："韩国地势险恶，百姓多居山地，出产的粮食，不是麦子就是豆子；土地方圆不到九百里，有粮不够两年。支用预料大王的士卒连烧火做饭、养马、做杂役的统统在内总共不过三十万，而秦国有战士百余万，战车千辆，战马万匹，勇猛的战士，不计其数。六国士卒作战时要穿上铠甲，戴上头盔，而秦国士卒不穿铠甲，赤膊上阵，向敌人冲锋，他们左手提着人头，右臂挟着俘虏。秦国士卒与六国士卒相比，就像无敌勇士孟贲与懦夫相比一样；秦国重兵压向六国，更像大力士乌获对付婴儿一样。

各国诸侯不估计自己兵力之弱，粮食之少，却听信主张合纵联盟的游说之士花言巧语，这些人互相勾结，自我标榜，欺骗耽误君主，没有比这更厉害的了。如果大王不结好秦国，秦国就会出兵占据宜阳，切断韩国上党的交通，东面占据成皋、荥阳，那么鸿台离宫、桑林御苑就不再为大王所有了。如果封锁了成皋，切断了上党要道，那么，大王的国家就被分裂了。因此，为大王考虑，不如去结好秦国。秦国的愿望，就是要削弱楚国，而能削弱楚国的，只有韩国。这并不是因为韩国比楚国强，而是韩国的地形使它有这种优势。现在，大王如果往西结好秦国而又去攻打楚国，秦王一定高兴。那么，进攻楚国而单独占有楚地，变灾难为福气而取悦于秦王，任何计谋也没有比这更有利的了。"韩宣王听信了张仪的话。

[范雎对秦王说："秦、韩两国接壤，地势交错。韩国对秦国来说，就像树心生了蠹虫，人患了心腹之病一样。一旦天下发生变故，对秦国危害最大的莫过于韩国，大王不如先去制服它。"秦王说："我想制服韩国，可是，韩国不服从，怎么办呢？"范雎说："可出兵进攻荥阳，这就能切断去成皋的道路；北面切断去太行的道路，就能使上党的援兵被截住。这样，大王一出兵，就可将韩国分隔为三段，互不照应。韩国见自己必定灭亡，哪有不投降之理呢？如果韩国投降大王，那么大王的霸业就可图了。"秦王说："好！"]

张仪为秦国组织连横阵线，游说齐王，说："天下强国没有哪一国能超过齐国，朝廷大臣、宗室贵族，势众而富有，可是，给大王出谋划策的人，只看到眼前利益，而不顾及后世的长远利益。主张合纵策略的人来游说大王，他们一定会说：'齐国西有强赵，南有韩、魏，是一个靠海的国家，地方广大，人口众多，军队有很强的战斗力，即使有一百个秦国，对齐国也没有办法。'大王认为他们的游说之辞很对，却不去考察实际效果。

"我听说，齐国与鲁国三次交战，鲁国虽三次取胜，可是却处境危险，亡国之祸接踵而来，虽然名义上胜利了，实际上却有亡国之祸，这是为什么呢？因为齐国大而鲁国小。现在，齐国跟秦国的情况就相当于鲁国跟齐国。现在，秦国嫁女，楚国娶妇，两国结为兄弟之国。韩国献出宜阳，魏国献出河外，赵国在渑池朝秦，献出河间，向秦国表示友好，大王如果不向秦国表示友好，秦国就会迫使韩、魏南面进攻齐国，动员赵国大军渡过清河、漳水，直指博关，而临淄、即墨就不会为大王所有了。齐国一旦遭到进攻，那时想要向秦国表示友好，也不可能了。所以，希望大王深思熟虑啊！"齐王同意了张仪的主张。

[燕国进攻齐国,夺得七十多座城,只有莒和即墨还未攻下。齐将田单就以即墨的残兵打败了燕国,杀了燕将骑劫。

燕将害怕回国后被燕王所杀,便留守在聊城,不敢返回燕国。田单进攻聊城一年多,仍攻不下。

鲁仲连于是给燕将写了一封信,把信绑在箭杆上,射进城中。信上说:"我听说。聪明的人不去做违背时势、有损利益的事;勇敢的人不去做害死而毁誉的事;尽忠的臣子不先顾自己后顾国君。现在,你为了一时的激愤,不顾燕王失掉一位大臣,这不是忠诚;牺牲了自己,失去了聊城,并没有在齐国表现出自己的声威,这不是勇敢;战功被废弃,名誉被毁灭,后世不称颂,这不是聪明。所以,聪明的人不优柔寡断,勇敢的人不胆怯怕死。现在,生死、荣辱、尊卑、贵贱,得失取舍全在于你。希望你仔细考虑,切不可听取庸俗之见。

况且楚国进攻齐国的南阳,魏国进攻齐国的平陆,齐国已无心南顾,认为失掉南阳的害处不如收回聊城的好处大,所以决计要收回聊城。现在秦国派兵帮助齐国,魏国不敢进攻齐国的平陆,这样,齐、秦连横之势已成,楚国形势就紧张。再说,齐国放弃南阳、平陆,坚决要收回聊城,他们必定要倾全国之力来实现这一计划。现在,楚、魏两国都已退兵,燕国救兵不到,诸侯中没有要图谋齐国的,齐、燕在聊城已相持一年,双方都已疲惫,我认为你是无法抵御齐国的。齐国必然要在聊城决一胜负,你千万不要心存幻想,犹豫不定。现在燕国大乱,君臣失策,上下糊涂。燕国粟腹率百万之众,却屡战屡败,丧师一半万乘的燕国,被赵国围困,国土削减,君主困窘,被别国诸侯耻笑,你可曾知道?国家疲惫,祸患日多,民心散乱,无所归向,你又以残破的聊城与齐国大军对抗,整整一年不能分出胜负,这是和墨子一样地善于防守;现在战争已十分艰苦,士兵以人为食,以骨为柴,但士卒坚守,绝无二心,这真是孙膑,吴起训练的士卒。这一切已经为诸侯所共见。

所以为你考虑,不如停战罢兵,保全战车、甲胄,去回报燕王,燕王必定欢喜。士兵看见你将如同见到父母,朋友会兴奋地众口一辞夸奖你,你的功业可以显扬。或者,你就抛弃燕国,不顾别人议论,到齐国来!我可以请求给你封地,并确保爵位,富有可以与陶朱公范蠡、子贡相比,世世代代享有诸侯的威名,与齐国共存亡,这也是一种打算。这两者,都可以显扬名声,得到实惠,希望你仔细考虑,慎重地选择一下。

而且我听说,专门注意小节的人,是做不出有大事的;不能忍受小的耻辱的人,是建立不起荣誉和美名的。从前,管仲箭射齐桓公,射中了他的带钩,这是篡逆;他不顾及公子纠的死而不殉难,这是怯懦,以后又被带上脚镣手铐,这是受辱。'篡逆'、'怯懦'、'受辱'这三件事,平头百姓都嫌卑下,因而不与他交往,诸侯也不愿意要他为臣。如果管仲终身穷困抑郁,囚居而不出门,惭愧而不见人,那么,他这一辈子做过的只是一些丢人现眼、卑贱低下的事罢了。可是管仲抛弃、忘掉了这三件丑事,仍然掌握了齐国的政权,匡正天下,纠合诸侯,并帮助齐桓公成为五霸之首,美名传扬于天下,光辉照耀于邻国。曹沫是鲁国的将军,三战三败,失地千里,如果曹沫当时不去考虑以后,出战只知拼死,不知求生,则只能做一个战败被擒的将领罢了。

而曹沫却只凭一口宝剑,便挟持桓公于会盟坛上,面不改色,义正辞严。三战三败所失的土地,一下子完全收复,天下震动,名声传于后世。象管仲、曹沫这两人,并不是不能遵行小节,为小耻而死,他们认为身先死而功名不立,这不是聪明之举。所以能暂时忘掉怨恨之心,成就了终身之名;不顾些微之耻,建立了千载功业。因此,其功业与三王争高下,名声与天地共存亡。希望你加以考虑!"燕将得到书信以后,说:"谨遵先生的命令。"说罢,就自刎而死。]

张仪为秦国组织连横阵线,去游说赵王,说:"敝国秦王特派我冒昧地给大王进言。大王统帅诸侯,对抗秦国,秦国不敢向函谷关以东出击。大王威震诸侯,秦国恐惧而顺服,我们修缮武器装备,整顿战车战马,操练骑射,只想着大王会有意责备我们的过错。现在，秦国借助大王的威势西面攻下巴、蜀，兼并汉中；东面收纳两周，据有国宝九鼎，扼守白马要津。秦国虽然地处僻远，但是久已心怀愤怒。现在敝国秦王装备着极差军械的军队驻扎在渑池，要渡过黄河，越过漳河，据守番吾，希望于甲子之日与赵军会战于邯郸城下，仿效武王伐纣的故事，所以派使节先告知你的左右臣下。

　　过去大王听信合纵之策，相信苏秦的计谋。苏秦惑乱诸侯，以是为非，以非为是，阴谋颠覆齐国，未能得逞，自己被车裂于齐国集市上。诸侯不可能结成联盟，已是显而易见的。现在，楚国与秦国结为兄弟友邦，而韩、魏两国臣服于秦，成为秦国东方的属国，齐国也贡献出产鱼、盐之地，这是断了赵国的右臂，砍断了右臂，还想要与人相斗；失去盟国，孤立无援，想要没有危险，这怎么可能呢？现在秦国派出三路大军：一路把守干道，通知齐国，让它派出大军，涉过清河，驻扎在邯郸以东；一路驻扎在成皋，命令韩、魏两国驻军于河外；一路驻军于渑池。四国相约共同进攻赵国。赵灭以后，必定四分其地，因此我不敢隐瞒，事先通知陛下。我为大王考虑，不如和秦王到渑池会谈，当面交换意见，亲自决定问题。我请求秦王停兵不进攻赵国，等候大王裁决。"赵肃侯听从了他的劝说。

　　[武安君白起在长平大败赵军，俘虏赵军四十多万，全部将他们活埋了。乘胜包围邯郸，可是军粮不足，于是派遣卫先生对秦昭王说："赵国右靠险要的常山，左侧以黄河、漳水为阻，方便的水运可代替车马运输。百姓剽悍勇猛，喜欢操习武艺、训练攻守。以前曾经召集诸侯，相约建立合纵联盟，指明秦国不被削弱，六国必定亡国。秦国之所以还没有统一天下，是因为赵国是一个大的障碍。现在，托大王的洪福，赵国军队兵败长平，忠臣、精兵全都死光了。邯郸空虚，全国震惊，人们全都痛恨国君。如果真能在这个时候给足军粮、保障供给，那么肯定能消灭赵国！以灭赵来威吓诸侯，那么天下就可以平安，霸业可成了！"秦王想要同意白起的请求。应侯范雎妒忌白起的功劳，不想让这件事成功，就对秦王说："秦军虽然打败了赵军，但我们自己的士卒伤亡也很惨重，百姓运送给养远离国土也相当疲惫，国内空虚，一旦楚、魏两国乘虚而入，我们将没办法防守，现在应该罢兵休战。"秦王听信了他的话。

　　三年以后，秦王准备再次派白起攻打赵国，白起不肯受命，秦王于是派应侯范雎责备他说："楚国方圆五千里，军队百万，你以前率领几万人马入侵楚国，就攻克楚国鄢城、郢都，火烧他们的祖庙。楚国人吓得不寒而栗，纷纷向东迁徙。魏韩联合发兵进攻我国，你所带领的部队人数连敌人的一半都不到，却在伊阙以少胜多，大获全胜，战斗激烈，血流成河。经此一战，韩、魏两国臣服到如今，这是你的功劳啊，天下人没有不知道的。现在，赵国军士经长平一战，损失十之七八，所以我想派你为将，消灭赵国。你常常是以少胜多，用兵如神，何况是以强凌弱，以众击寡呢？"白起说："那时，楚王自恃国家强大，地方广阔不理朝政，而群臣嫉贤妒能，互相倾轧，奸佞小人得宠，忠臣良将被疏远，老百姓人心涣散，城池多年不加修整，军无良将，军备松懈。因此我才得以引兵深入，士兵远离故土，每人分发口粮，然后烧掉回去的船只，以此来统一人心、鼓舞斗志，军粮都是靠着劫掠郊野而得。在这种情况下，士兵们把部队当作自己的家，把带兵的将领当作自己的父母，彼此相亲相爱，同仇敌忾，视死如归。而楚军士兵，因为在自己国家的土地上打仗，全都各顾其家，军心涣散，毫无斗志，因此才得以建功立业。伊阙之战，韩国考虑到还有魏国在后面，因而不想先消耗本国的兵力；魏国认为韩国的军队精锐，所以想让韩国做先锋。两军各怀鬼胎，不能同心协力。所以我才得以设置疑兵假装与韩国军队对峙，而暗地里调派精兵强将，出其不意地偷袭了魏国的兵营。魏军败走以后，韩国军队自然溃不成军。就因为这个，才取得了一些功劳，这都是利用了当时有利的形势啊！有什么神奇的？现在，秦国在长平打败赵国，不抓住战机，乘着敌人恐惧不敢出战时而消灭他们，结果错过了好时机，使敌人得以有时间耕种庄稼以增加它的粮食储备；扶养孤儿，培养幼童来增加它的人口；修缮兵器、铠甲以增强其作战能力；拓浚池道、修筑城郭以增强防卫力量。作君主的能礼遇其臣下，作臣下的能够推心置腹地对待他手下的勇士。平原君之流的妻、妾全部在部队中做缝缝补补的工作，臣民一心，上下合力，就像当年勾践被困在会稽时一样。在现在这种状况下去攻打赵国，赵国必定采取坚壁清野的政策；引诱其出战，也必定不肯出来；想占领它的城池，也必定难以成功；想在郊野劫掠，更是必定无功而退。领兵作战，久战无功，诸侯们肯定会产生怀疑，各国救兵必然会到。我发现了进攻赵国的种种害处，却没有发现有任何好处，再加之我生病不能行动。所以，不能接受。"应侯范雎非常惭愧，起身告退。于是，秦国派王龁为将攻伐赵国，楚、魏两国果然发兵援助赵国。]

张仪又去游说燕王："大王最亲近的诸侯莫过于赵国。从前赵襄子把他的姐姐嫁给代国国君为妻，（目的是）想要吞并代国，他约定和代王在边塞勾注会晤。就要工匠做了一把大铜勺，把勺子把儿做长了一些，可以用来打人。赵襄子和代王宴饮，事先暗中告诉厨师说：'等到酒兴正浓的时候，端上热汤，用勺底打死代王。'当时，酒兴正酣，厨师就端上热汤，在倒热汤的时候，厨师上前，乘势倒翻，用勺底打死了代王，代王的脑浆流了一地。他的姐姐听说后，把自己的簪子磨尖自杀而死。所以到现在还有个磨笄山，天下无人不知。[汉高祖时，陈豨以赵国相国的身份监管赵、代两地。他举兵谋反，高祖亲自统兵来到邯郸，得意地说："陈豨不知道北守邯郸，南恃漳水为阻，我知道他没什么本事。"等到平定了陈豨的叛乱，高祖说："代在常山以北，赵在常山以南，距首都太远，难以控制。"于是封二皇子刘恒为代王，令其镇守边关，防御匈奴。]赵襄子心狠手辣，六亲不认，大王已清楚地了解。难道以为赵王是可以亲近的吗？赵国发兵进攻燕国，两次围困燕都，威胁大王，大王割地给他十座城赔罪，这才撤兵。现在赵王已经到渑池去拜见秦王，献上河间来讨好秦国。如果您不讨好秦国，秦国出兵云中、九原，迫使赵国进攻燕国，那么，易水和长城就不会为大王所有了。如果大王投靠秦国，秦王一定高兴，而赵国又不敢轻举妄动，这样，燕国西边有强秦的支援，南边又没有了齐、赵的祸患。所以希望大王仔细考虑。"燕王听从了张仪的话，张仪回去向秦王报告情况。

[燕王送太子丹到秦国做人质。秦王想派张唐去燕国做相国，与燕国联合进攻赵国，以扩大河间地区的地盘，张唐对吕不韦说："我曾经奉昭襄王之命攻打过赵国，赵国人非常怨恨我。现在，从秦国到燕国去，必定经过赵国，我不能去。"吕不韦听了很不高兴。但也并没有强迫他去。吕不韦的门客甘罗，才十二岁，对吕不韦说："我可以让他去。"甘罗便去会见张唐说："你和武安君白起比，谁的功劳大？"张唐说："武安君在南方挫败了强大的楚国，在北方战胜了燕国、赵国，屡战屡胜，攻取城邑，不计其数，我的功劳不如他。"甘罗又问："应侯范雎在秦国掌权与文信侯相比，谁的权势更大？"张唐说："应侯不如文信侯的权力重。"甘罗说："当年应侯想攻打赵国，武安君把他责难了一番，而不受命，因此获罪，被赐死在离咸阳十里的杜邮。现在文信侯亲自请你到燕国做相国，你不肯，我不知道你将死在何处！"张唐恐惧地说："那我听你的，就去吧。"

张唐走后多日，甘罗又对文信侯说："请借给我五辆车，让我为张唐先去通知赵王。"甘罗到了赵国，游说赵王说："你听说燕太子丹到秦国做人质的事了吗？"赵王说："听说了。"又问："你听说张唐去燕国做相国的事了吗？"赵王说："听说了。"甘罗说："燕太子丹到秦国做人质，是表明燕国不欺骗秦国，张唐相燕，是表明秦国不欺骗燕国，秦、燕互不相欺，结成联盟，没有别的缘故，就是想要进攻赵国，扩大在河间的土地。大王你不如赐给我五座城池，以扩大河间土地。我请秦王放燕国太子质回去，转而与强大的赵国一道去进攻弱小的燕国。"赵王说："好的。"于是割了五座城给秦国。燕国太子丹听说这个信息后，立即回到了燕国。赵国于是进攻燕国，得了二十多座城池。秦国分得了其中的十座。]

张仪瓦解了六国的合纵联盟，各国相继与秦国建立了连横关系，在这种形势下，楚国人李斯、魏国人尉缭，劝秦王说："自从秦孝公以来，周王室日渐衰微，诸侯相互兼并，函谷关以东地区逐渐形成了六国，秦国乘势侵略诸侯各国，到如今已经六代了。现在诸侯臣服于我国，如同郡县听从中央一样。诸侯各国君主、臣子都非常害怕秦国，但是如果一旦有人提出合纵对抗秦国，那我们就前功尽弃了。智伯、夫差、闵王就是被胜利冲昏了头脑，没有提防突发情况才失败的。希望大王你不要爱惜金钱，拿出金银财宝去贿赂各国的政要，扰乱他们的国家政治。秦国花费的不过是区区三十万钱，可是换来的将是六国灭亡，天下统一的局面。"秦王采纳了他们的计策，暗地里派遣谋士携带大量的金银财宝到各国活动。诸侯各国的知名人物，愿意接收财物的，就重金交结；不肯接受的，就派人暗杀。先使六国君臣离心，然后派良将率大兵征伐。于是统一了六国。

[诸侯的谋士相聚在赵国，搞合纵联盟，准备进攻秦国。秦相应侯范雎对秦昭王说："大王不必为此担忧，现在我就要让他们的合纵联盟搞不成。秦国并没与诸侯的谋士有什么冤仇，他们聚在一起图谋攻秦，不过是想为自己谋求富贵而已。大王见过你养的狗吗？一群，好几百条，有的卧着，有的起来，有的在走动，有的在站着。它们互不干扰，和平共处。如果扔给它们一块骨头，它们马上会互相咬得不可开交。这是为什么呢？就是为了互相争夺。现在让范雎带上五千两黄金和一个乐队，住到武安，摆上筵席，招待这些谋士，还没用完三千两，他们就会自己争斗起来的。"]

秦国吞并了天下以后，考虑到周朝灭亡的原因，认为是因为周朝统治薄弱才亡国的。所以废除分封旧制，一改古法，废弃五等爵位，设置郡县。秦王嬴政自封为"皇帝"而把子弟等同于普通百姓。不加封赐。朝廷内没有骨肉同胞的辅佐，国家中缺少诸侯藩屏的守护，一旦陈胜、吴广起义在前，项羽、刘邦举兵在后，秦朝很快就土崩瓦解了。

[荀悦说："古时候建国，有大有小，都是在考察了前朝的弊端之后加以变通并选择的结果。夏朝和商朝的时候，诸侯国面积不过百里方圆，所以诸侯势弱而君主权强。桀和纣才得以残暴地统治天下，肆意残害国家。纣王曾将鄂侯做成肉干儿，把九侯剁成肉酱，就连以文德著名天下的文王也不得幸免，被关在羑里。周朝建国，克服前代的弊端，扩张领土，分封的诸侯国达到方圆五百里的规模，而君主自己管辖的土地却很小。到了周朝末年，诸侯们的势力强大，互相兼并，战乱不断，而王室力量衰微。祸难重重。

秦朝建国,虽然避免了前代的弊端,但是做得不是很适度——一下子就废除了分封制度,转而实行郡县制,用一种威势来统治天下。这样做的目的是加强君主的权力,而不是为老百姓考虑。因此,秦王才能独裁决断,无所顾忌,奢侈淫逸,暴虐骄横,然而统治仅仅十四年就灭亡了。所以说,君主如果不行仁道,那么遭殃的是普天下百姓,老百姓一乱,国家将土崩瓦解,无法挽救。汉室方兴,一改秦朝的弊端,既用分封,也设郡县,可是也发生了六王叛逆、七国之乱这样的叛乱事件。这是因为国家政权不够强大才发生的。并不是诸侯治国的错误。]

汉初,海内刚刚平定,同姓的人很少,为了不再重演秦朝由于孤立而败亡的悲剧,于是裂土封疆,分封二等爵位[大功封王,小功封侯]。开国功臣受封领地的达上百个。王室子弟被封为九个诸侯国。大的诸侯国,往往跨州连郡,拥有几十座城池,这样做就矫枉过正了。但是,也应当看到,高祖创业之初,百废待兴,一切都很忙乱,后来孝惠帝在位时间又很短,接着吕后摄政,这段时间国家一直比较太平,和分封诸侯是分不开的。后来,迅速铲除诸吕外戚集团,使太宗刘恒登上皇位,也全靠了诸侯的力量。

可是随着历史的推移,地方诸侯的权力膨胀,中央越来越难以控制。他们轻则荒淫过度,违法犯罪;重则明目张胆地举兵造反,对国家政权造成了极大的威胁。最终杀身亡国。于是,汉文帝采纳了贾谊的建议,分散齐、赵等大诸侯国的土地。

[贾谊说:"要想安定天下,最好的办法是划分出更多的诸侯国来,这样就能削弱原有诸侯国的力量,力量弱就容易控制,地盘小就不会产生反叛的念头。国家政治制度,应当像身体控制手臂,手臂控制手指那样,层层管理。陛下你应下达圣旨,命令诸侯各国划分疆土,把齐、赵、楚各自再划分成若干个小诸侯国,让他们的子孙都能享受到继承其父兄封邑的权利,直到将那块封邑全部分光为止。皇帝在这个过程中并不从中取利。"此后,贾谊再次上疏说:"陛下你还不赶快制定政策?现在的形势是,诸侯只不过传了两代,就已经越来越骄横,越来越不受管制,地方势力强硬,再这样下去,汉朝的法令就不可能再通行了。陛下你所当作屏障的和皇太子所掌握的仅仅是淮阳和代两个诸侯国罢了。代国北靠匈奴,和强敌接邻,能够保全自己已经不错了;而淮阳的北面大的诸侯国更是星罗棋布,淮阳足以作为各大诸侯的诱饵,但它绝对难以起震慑作用。如今的办法,全在主上你,让你的儿子做人家的诱饵,这怎么能叫可保千秋万代的好办法呢?我有一个主意:希望你割一块淮南王的邻地给淮阳王,扩大他的地盘;为梁王指定继承人,割淮阳以北的两、三座城池给东郡,以扩大梁的地盘。如果这些都做不到的话,可以让代王坐镇睢阳;重新划分梁国地界:西起新郪,北抵黄河,南临长江,将淮阳护卫起来。这样,大国诸侯即使心怀异志,就是吓破了他们的胆也不敢造反。因为梁国足以牵制齐、赵两国,淮阳足以控制吴、楚。陛下你就可以高枕无忧了。这才是功在千秋,利传万代的计策。我听说,圣明的君主,有事,自己先不表态,而是让大臣们议论献策,这样,臣子们就可以淋漓尽致地表达观点。我说完了,你自己裁决吧。"

汉文帝采纳了贾谊的计策,派淮阳王刘武统治梁国,扩大封地,北到泰山,西到高阳,四十多座大的城池划入他的领地。同时,封城阳王刘喜为淮南王,好言安抚。后来,七国之乱时,叛军被阻遏在梁国,这全是贾谊妙计的作用啊。]

汉景帝听从了晁错的计策,准备革削吴、楚两国同姓王的势力。

[晁错对景帝说:"过去高祖平定天下的时候,兄弟很少,孩子们也都幼小,为了国家的安定,才大封同姓为诸侯,其中悼惠王管辖着齐地七十二座城池,庶出的弟弟元王管辖着楚地四十座城池,侄子管辖着吴地五十多座城池。这三个诸侯就占领着天下一半的土地。如今吴王刘濞因为以前与您有矛盾,经常就不来朝觐,这按古法应该杀头。文帝于心不忍,打了几板子,稍微

惩罚一下了事,皇恩够大的了,可是刘濞不但不改过自新,反倒变本加厉,越发恣意妄为。开山铸钱,煮海卖盐,召集一批亡命徒,准备谋反作乱。现在,削藩是个反,不削藩也是个反。削藩,藩王们立刻就要造反,但祸患不大;不削藩,他们不过迟些造反,但祸患可就更大了。"于是关于削吴的问题被拿到朝廷上讨论。吴国立即造反了。]

汉武帝在传统的削弱地方势力、加强中央集权这个关键性政治问题上,采纳主父偃更为稳妥的策略——推恩令。[主父偃劝说皇上道:"古代的诸侯国不过方圆百里,不论其强大还是弱小,都很容易控制。现在的诸侯国,跨州连郡,占地千里,管得松点儿,他们就生活糜烂,骄侈淫逸;管得严点儿,他们就会联合起来对抗中央。如果依法强制削藩,恐怕他们会准备造反,晁错不就是这样才被害的吗?如今,诸侯子弟有的达到十几个,可是只有嫡长子才能继承爵位,其他人没能得到一寸土地。这与朝廷提倡的仁孝之道是相悖的。希望陛下你下旨,让诸侯们广行德政,让宗室子弟人人都感受到皇帝的恩泽,允许他们将自己的领地分给每一个子弟,诸侯子弟必将人人喜悦,欢呼万岁。你以行德政为名,实际上却削弱了诸侯的势力,诸侯会自己把自己削弱的。到那时,各诸侯国就再也没有能力与中央对抗了。"汉武帝听从了他的建议。]七国之乱后,汉景帝压制诸侯,罢黜大批诸侯所属的官吏。汉武帝时,又发生淮南王叛乱事件,国家制定左官律[选派官员到诸侯国辅佐侯王]和附益法[分封诸侯大过限度称作"附益"],进一步打击了诸侯势力。诸侯只能在自己的封地居住,收租纳税,不能参与国政。到哀帝、平帝时,刘氏王侯世袭相延,亲戚疏远,诸王生活在深墙大院之内,不再受到人们重视了。[削夺诸侯,使诸侯有名无实,仍然因循秦亡的覆辙。]后来汉王室衰微,气数已尽,外戚王莽居心叵测,肆无忌惮,借着太后的权力,假托伊尹、周公的名义,作威作福,骄横跋扈。把持政权,俨然一副皇帝的做派。篡夺汉朝天下以后,南面称帝,官分五等,晓谕全国。可怜一帮汉朝宗王,奴颜婢膝,俯首帖耳,奉符献印,唯恐置后!

[隗嚣拥兵天水,班彪逃难投奔他,等到王莽失败,天下又是一片混乱。隗嚣问班彪:"过去,周朝不能驾驭天下,战国纷争,群雄并起,诸侯分裂割据,几百年才安定下来。我推想难道现在又要重演战国时的混乱局面吗?国家安危也许将系于一人之身了,请先生谈谈。"班彪回答道:"周朝的兴废和汉朝不一样。周朝分爵五等,诸侯参与政治,本根衰微而枝叶却很茂盛,所以到周朝末年才会出合纵连横的混乱局面,这是历史造成的。汉朝继承秦朝的体制,设立郡县,皇帝掌握国家政权,臣子没有太多的权力。汉成帝时,开始倚重外戚,哀、平两帝享国时间很短,三世之后西汉就灭亡了。王莽篡权以后,因为皇位是篡夺来的,人心不服,皇位不稳,政令不能行于天下。王莽称帝以后,天下百姓无不摇头叹息,盼望着刘氏能够再度中兴。王莽在位的十多年间,国家动荡不宁,起义不断。这些起义军,没有一个不是打着匡扶汉室的名义起兵的。这些人都是不谋而合啊。现在的起义军首领,虽然也雄踞一方,但是他们没有战国时代诸侯的祖传基业。所以,不会再出现合纵连横的事情。老百姓对旧朝念念不忘,由此可知百姓怀恋汉朝德政的程度了。"]

光武中兴,恢复刘氏国统,可是不能吸取西汉灭亡的经验教训,汉朝由来已久的弊端在东汉没有得到根本的治理。仅仅数世,就奸臣当道,腐败不堪。一有奸臣专权,趋炎附势之人就纷纷投靠;一旦有叛乱发生,守城的官佐就不战而逃。东汉的天下还能不危险吗?周朝时,辅政大臣七人,摄政大臣三人,周王授以权柄,委以重任。叛乱分子即使占据首都,战鼓敲得连内宫都听得见,乱箭就从皇宫上方飞过,祸乱也仅仅局限在京师附近,不会波及天下,国家总得来说是太平的。通过辅

国学经典文库

资政秘典

·反经·

图文珍藏版

政的办法来防止祸患的发生,所以周宣王能在"国人暴动"之后再次振兴周室,中兴在"共和"时期,襄王、惠王才能够借助晋国和郑国的力量重振王业。不像两汉,朝廷稍有风吹草动,国家就乱成一锅粥;逆臣贼子早晨刚一作乱,文武大臣晚上就吓得手忙脚乱,不知所措了。远有王莽篡权,近有董卓专权,实在是令人感叹痛恨。难道国家缺乏治世之能臣,士大夫们没有救世之志吗? 不是,只不过时代不同了,壮志是有,无奈情况不同,地位太低,难以实现雄才大略罢了。

[陆机说:"有人认为诸侯的爵位不应该世代相袭,昏主暴君,比比皆是,所以五等封爵制容易发生变乱,现在的牧守,都是根据正常渠道选拔上来的,这种做法虽有弊端,但优点也很多。采用郡县制国家政局更易于掌握。各级官吏,都要向皇帝负责,他们的德行好坏、提拔任免、奖罚与否全都由皇帝大臣掌握,所以各级官吏不得不有所忌惮。而封建诸侯则不然,他们犯了错误,无人能制裁他。过去有靠施行郡县制兴盛的时候。可是,假如一旦朝廷政治衰微,那么国家政治生活都要产生问题。卖官鬻爵的官吏,会量财而用人,那么上行下效,贪污受贿就会成风,国家怎么能不乱呢? 所以后代有人又把这一制度废除了。"

简明扼要地讲:五等爵位,分封制下的诸侯,是为了自己才要把领地治理好,而郡县的长官是为了获取名利才去治理的。这有多么大的不同呀!仕子希望自己积极进取,而良士却更愿意修己安民。积极进取的实惠很容易得到,而经邦济世,为民请命的声誉却太难了。因此,官吏中,贪财的大肆搜刮,吸尽民脂民膏;求名的,不惜歪曲事实,大造舆论吹捧自己。采用郡县制,做国君的没有长远打算,做臣子的也只顾一时之利。而五等封建则不是这样,诸侯懂得一个道理:国土是我的国土,人民是我的人民,国兴则我兴,国衰则我亡。所以,君上治理国家,想要传及子孙;后代继承祖业,思其来之不易。做君主的不敢有丝毫懈怠,做大臣的想的只是如何使政权巩固。并денном居治,功劳有大小之分;两愚处乱,过错有深浅之别。然而探讨上古的政治制度,却用一个道理来贯穿它,秦汉两朝典章政策,也可以用一句话来概括,那就是:封建制比郡县制好。]

魏太祖曹操,英明睿智,文武兼具,英雄绝代,他出身于谯县,在兖州、豫州确立了自己的政治、军事基础。考察历史上各政权的存亡之道,却不能扬其长避其短,目睹了前朝灭亡的悲剧,却不加以警惕。没有曹氏子弟守卫的地方,他不派宗室子弟去统治。令宗室子弟势力等同于平民百姓。对内缺少大树深根一样巩固的局势,对外没有坚如磐石的宗族同盟的支持,这不是用来安定社稷、建立万世功业的长远办法啊。

现在的州牧郡守,古代的方伯诸侯,全都跨地千里,集军政大权于一身,或几个人结成一个政治同盟,或兄弟几个割据一方,而宗室子弟,没有一个人参与其中和他们相抗衡。这并不是加强中央、削弱地方,防备万一会发生的叛乱的好办法。事前不想好妥善处理的办法,事发之后恐怕要遭其祸。以上是周朝、秦朝、汉朝、曹魏立国时的形势,之所以探究历史兴亡强弱发展演变的道理,是为了让今天的人们加以借鉴。[荀悦说:"这以后,全都采用郡县制管治百姓,而废除封建。郡县制并非适应于各个朝代。"]

周朝天下八百年,后代衰微,而诸侯合纵连横,战乱不断。至周赧王被贬为庶人时,仍能代代相传,名义上还是天子。东周时代,楚人和晋人都有自称天子的打算,虽然几次想颠覆周王朝,但都被姬姓诸侯所拯救。难道这时世上没有奸雄吗? 全赖诸侯维持罢了。有句老话说:"百足之虫,虽然已死,但身体不僵,是因为扶持它的东西多。"说的就是这个道理。等到秦国建国,为了不再重蹈周朝失败的覆辙,废除五等封建制度,设置郡县,君主拥有天下,而他的子弟只是普通百姓;建功立业的功臣们,也得不到寸土的分封。秦始皇独掌大权,一个人治理天下。他死之后,国家很快分崩离析,陈胜振臂一呼于前,刘邦、项羽起兵造反在后,虎啸龙吟,很快就推翻了秦朝。

刘邦、陈胜等豪杰,平民出身,不要说没有吴、楚两国诸侯的势力,就是连立锥之地都没有,然而他们带领一班无业游民,敢与天子争夺天下,百姓思乱,又没有各诸侯可以害怕的。所以说:严刑酷法,这是国家灭亡、英雄四起的祸根。砍伐一棵根深叶茂的树木很难,而摧折一段腐朽的木头却是太容易了。五等封建好比一棵根深叶茂的大树,而郡县制就是一段已经腐朽的木头。所以自秦朝以来,直到隋朝,失掉神器的不一定被削弱,得天下的也不一定能持久,这是由国家形势决定的。五等封建,又会产生合纵连横的祸乱。任何办法,都有弊端,并非诸侯分封就没有动乱,郡县制也未必能将天下治理的最好。但从多福和少祸的角度考虑,封建制要强过郡县制。贤明的君主知道了这个道理,所以才兢兢业业,日慎一日,修德律己,择贤而使,推行德政,任用贤能,百姓安居乐业。即便是商汤、周武王那样的贤明君主,也不会成功,更何况是普通百姓,谁又敢袒露臂膀煽动造反呢? 这个问题,不能不认真考虑啊。

第六卷　三国鼎立　斗智争谋（霸纪下）

三国君臣　雄才大略（三国权第十九）

【原文】

论曰：臣闻昔汉氏不纲，网漏凶狡。袁本初虎视河朔，刘景升鹊起荆州，马超、韩遂雄据于关西，吕布、陈宫窃命于东夏，辽河、海岱，王公十数皆阻兵百万，铁骑千群，合纵缔交，为一时之杰也。然曹操"挟天子令诸侯"，六七年间，夷灭者十八九，唯吴、蜀蕞尔国也。以地图按之，才四州之土，不如中原之大都。人怯于公战，勇于私斗，轻走易北，不敌诸华之士。角长量大，比才称力，不若二袁刘吕之盛。此二雄以新造未集之国，资逆上不侔之势，然能抚剑顾眄，与曹氏争衡；跃马指麾，而利尽南海，何哉？则地利不同，势使之然耳。故《易》曰："王侯设险以守其国。"古语曰："一里之厚，而动千里之权者，地利也。"故曹丕临江，见波涛汹涌，叹曰："此天所以限南北也！"刘资称南郑为"天狱"，斜谷道为"五百里石穴"，稽诸前志，皆畏其深阻矣。虽云天道顺，地利不如人和，若使中材守之，而延期挺命可也，岂区区艾、濬得奋其长策乎？由是观之，在此不在彼。于戏，智者之虑，必杂于利害。故"不尽知用兵之害，则不能知用兵之利"，有自来矣。是以采摭其要，而为此权耶。夫囊括五湖，席卷全蜀，庶知害中之利，以明魏家之略焉。

蜀

天帝布政，房心，致理参伐。参伐则益州分野。［以东井、南股、距星为界，东井、南股、距星连钺者是也。觜星度在参右足，玉井所衔星是也。西距星即参中央三星西第一星是也。］按《职方》则雍州之境，据《禹贡》则梁州之域，地方五千里，提封四十郡，实一都会也。［常璩《国志》云："蜀其卦直坤，故多斑彩之章；其辰直未，故尚滋味。《诗》称文王之化，被于江汉之域，有文王之化焉。秦齿同诗，秦蜀同分，故有夏声"云。］故古称"天府之国"，沃野千里，其有以矣。

王莽末，公孙述据蜀。［术字子阳，扶风茂陵人也，王莽时为道江卒正，治临邛。及更始立，豪杰各起其县以应汉，南阳人宗成略汉中，商人王岑亦起兵于洛县，自称定汉将军，以应成。述闻之，遣使迎成，成等至成都，掳掠暴横，述意恶之，召县中豪杰谓曰："天下同苦新室，思刘氏久矣，故闻汉将军到，驰迎道路。今百姓无辜而妇子系狱，室屋烧燔，此寇贼，非义兵也。吾欲保郡自守，以待真主，诸卿欲并力者即留，不欲者便去。"豪杰皆叩头愿效死。述于是使人诈称汉使者自东方来，假述辅汉将军、益州牧。乃选精兵千余人而击宗成等，破之。别遣弟恢于绵竹击更始所置益州刺史张忠，又破之，由是威震益部者也。]益部功曹李熊说述曰："方今四海波荡，匹夫横议，将军割据千里，地什汤武，若奋发威德，以投天隙，霸王之业成矣。今山东饥馑，人民相食，兵所屠灭城邑丘墟。蜀地沃野千里，土壤膏腴，果实所生，无谷而饱。女工之业，覆衣天下，名材竹干，器械之饶，不可胜用。又有鱼盐、铜铁之利，浮水转漕之便。北据汉中，杜褒斜之隘；东守巴郡，拒捍关之口。地方数千里，战士不下百万。见利则出兵而略地；无利则坚守而力农；东下汉水，以窥秦地；南顺江流，以震荆扬。所谓用天因地，成功之资。今君王之声闻于天下，而位号未定，志士狐疑。宜即大位，使远人有所归依。"[述曰："帝王有命，吾何德以当之？"熊曰："天命无常，百姓与能，能者当之，王何疑焉？"遂然之也。]建武元年四月，遂自立为天子，号"成家"，色尚白。[使将军侯丹开白水关北守南郑，将军任满从阆中下江州东处捍关，于是尽有益州之地也。]

　　自更始败后，光武方事山东，未遑西伐。关中豪杰多拥众归述。其后平陵人荆邯见东方将平，兵且西向，说述曰："兵者，帝王之大器，古今所不能废也。隗嚣遭遇运会，割有雍州，兵强士附，威加山东。不及此时摧危乘胜，以争大命，而退欲为西伯之事，偃武息戈，卑辞事汉，喟然自以武王复出也。今汉帝释关陇之忧，专精东伐，四分天下而有其三。使西州豪杰，咸居心于山东。发间使，招携贰，则五分而有其四。若举兵天水，必至沮溃。天水既定，则九分而有其八。陛下以梁州之地，内奉万乘，外给三军，百姓愁困，不堪上命，将有王氏自溃之变。臣之愚计，以为宜及天人之望未绝，豪杰尚可招诱，急以此时发国内精兵。令田戎据江陵，临江南之会，倚巫山之固，筑垒坚定，传檄吴楚，长沙以南，必随风而靡；令延岑出汉中，定三辅、天水，陇西拱手自服。如此海内震摇，冀有大利。"

　　[述以问群臣，博士吴柱曰："昔武王伐纣，八百诸侯不期同辞，然犹还师以待天命，未闻有左右之助，而欲出师于千里之外，以广封疆者也。"邯曰："今东帝无尺寸之柄，驱乌合之众，跨马陷敌，所向辄平，不亟乘时与之争功，而坐谈武王之说，是效隗嚣欲为西伯也。"范晔曰："援旗纠族，假制明神迹。夫创图首事，有以识其风矣。终于孤立一隅，介于大国，陇坻虽隘，非有百二之势，区区两郡以御堂堂之锋，则知其道有足怀者，所以栖有四方之杰，夫功全则誉显，业谢则衅生，回成衰而为其议者，或未闻焉！若嚣命会符运敢非天力，坐论西伯，岂多嗤乎？"]

　　述不听邯计。光武乃使岑彭、吴汉伐蜀，破荆门，长驱入江关。

　　[岑彭为蜀刺客所杀，吴汉并将其军，入犍为界，诸县皆城守。汉乃进军攻广都，拔之，遣轻骑烧成都，市桥、阳武以东诸小城皆降。光武戒汉曰："成都十万众，不可轻也。但坚据广都待其来攻，勿与争锋。若不敢来攻，转营迫之，须其力疲，乃可击也。"汉乘利将步骑二万余人进逼成都，去城十余里，阻江北为营，作浮桥。使副刘尚将万余人屯江南，相去二十余里。光武闻之，大惊，让汉曰："贼若出兵缀公，而以大众攻尚，尚破，公即败矣！幸本无他者，急引兵还广都。"诏书未到，述果使其将谢丰攻汉，使别将劫刘尚，令不得相救。汉乃闭营三日不出，多树幡旗，使烟火不绝。夜衔枚引兵与尚军合，丰等不觉。明日，乃分兵拒水北，自将攻江南，汉破之，斩谢丰。于是引还广都，以状闻光武，报曰："公还广都甚得其宜，述必不敢略尚而击公也。若先攻尚，公从广都五十里悉步骑赴之，适当值其疲困，破之必矣！"自是，汉与述战于广都之间，八战八克，遂军其郭中。述乃悉散金帛，募敢死士五千人，以配延岑。岑于市桥伪建旗帜，鸣鼓挑战，而潜遣奇

兵出吴汉军后,袭击,破汉。汉堕水,缘马尾得出。述乃自将攻汉,三合三胜。自旦及中,军士不得食,并疲。汉固奋壮士突之,述兵大败也。]军至成都,述出战,兵败被刺,洞胸死,夷述妻子,焚其宫室。[光武闻之,怒以谴汉曰:"城降三日,吏人服从。一旦放兵纵火,良失斩将,吊人之义也。"乃下诏慰之。其忠节志义之士并蒙旌显,李育以有才干擢用之。于是西土感悦,莫不归心焉。范晔曰:"昔赵陀自王番禺,公孙亦窃带蜀汉,推其无他功能,而至于后亡者,将以边地处远,非王化之所先乎? 不能因隙立功,以会时变方,乃坐饰边幅,以高深自安,昔吴起所以惭魏侯也。及其谢群臣,审废兴之命,与夫泥首衔玉者,异日谈也。]

至灵帝时,政理衰缺,王室多故,雄豪角逐,分裂疆宇。以刘焉为益州牧。[焉,鲁恭王后也。时四方兵寇,焉以为刺史威轻,乃建议置牧伯镇安。方夏清选重臣以居其任,以焉为益州牧。是时,梁州贼马相聚疲役之人数千,先杀绵竹令,进攻洛县。州从事贾龙先领兵数百在犍为,遂纠合吏人攻相,破之。乃选吏迎焉,遂领益州牧也。]焉死,子璋立。[州大吏赵韪等贪璋温仁,立为刺史。初,南阳三辅人数万户流入益州,焉悉收以为兵,名曰:"东州兵"。璋性柔宽,无威略,东州人侵暴。赵韪因人情不缉,乃结årend中大姓。州中人畏见诛灭,乃同心并力,为璋殊死战,斩赵韪。时张鲁亦以璋懦弱,不承顺璋,遂自雄于巴蜀也。]为刘备所围,遂降。[备迁璋于公安,归其财宝。后以病卒。]

初,刘备为豫州牧也。[备,字玄德,涿郡涿县人也。少言语,善下人,喜怒不形于色。徐州牧陶谦表先主为豫州牧。后谦病,使人迎先主,先主曰:"袁公路近在寿春,此君四世三公,海内所归,君以州与之。"陈登曰:"袁公路骄豪,非治乱之主。今欲为使君合步骑十万,上可以匡主济人,成五霸之业,下可以割地守境,书功于竹帛。若使君不见听,登亦未敢听使君。"孔融谓先主曰:"袁公路岂忧国忘家者耶? 冢中枯骨何足介意? 今日之事,百姓与能,天与不取,悔不可追。"遂领徐州。陈登遣使诣袁绍曰:"天降灾戾,祸臻鄙州,州将殂殒。士人无主,恐奸雄一旦承隙,以贻盟主日昃之忧,辄共奉平原相刘府君,以为宗主,永使百姓知有依归。方今寇难纵横,不遑释甲,谨遣下吏奔告执事。"袁绍答曰:"刘玄德弘雅,有信义,今徐州乐戴之,诚副所望也。"]为曹公所破,走屯新野。

[时刘表薨,诸葛亮说攻琮,荆州可有。先主曰:"荆州临亡,托我以遗孤,吾不忍也。"荆州人多归先主,先主日行十余里。或曰:"宜速行保江陵。"先主曰:"夫济大事者以人为本,今人归吾,何忍弃去。"习凿齿曰:"刘主虽颠沛险难,而信义愈明;势逼事危,而言不失道;追景升之顾,则情感三军;恋赴义之士,则甘与同败。视其所以结物情,岂徒投醪抚寒含蓼问疾而已? 其终济大业者,不亦宜乎?]闻诸葛亮躬耕南阳,乃三诣亮于草庐之中,屏人言曰:"汉室倾颓,奸臣窃命,主上蒙尘,孤不度德量力,欲信大义行于天下,而智术浅短,遂用猖獗,至于今日,然意犹未已。君谓计将安出?"亮答曰:"自董卓已来,豪杰并起,跨州连郡者,不可胜数。曹操比于袁绍,名微而众寡,然遂能克绍,以弱为强者,非唯天时,抑亦人谋也。今操已拥百万之众,挟天子而令诸侯[《传》曰:"求诸侯莫如勤王",此之谓也。],此诚不可与争锋。孙权据有江东,已历三代,国险而民附,贤能为用,此可与为援,而不可图也。荆州北据江、汉,利尽南海,东连吴会,西通巴、蜀,此用武之国,而其主不能守,此殆天所以资将军也。益州险塞,沃野千里,天府之国,高祖因之以成帝业。刘璋暗弱,张鲁在北,民殷国富,而不知恤,智能之士,思得明后。将军既帝室之胄,信义著于四海,总览英雄,思贤如渴。若跨有荆益,保其岩阻,西和诸戎,南抚夷越,结好孙权,内修政理。天下有变,则命上将将荆州之军,以向宛、洛;将军身率益州之众,出于秦川,百姓孰不箪食壶浆,以迎将军者乎? 诚如是,则霸业可成,汉室可兴矣。"时曹公破荆州,先主奔吴。

[先主之奔吴也，论者以孙权必杀之。程昱料曰："曹公无敌于天下，初举荆州，威震江东。权虽有谋，不能独当也。刘备，英雄也，关羽、张飞皆万人之敌，权必资以御于我，难解势分，备资以成，不可得杀也。"权果多与备兵，以御太祖。时益州刺史刘璋闻曹公征荆州，遣别驾张松诣曹公，曹公时已定荆州，走先主。曹公不存录松，松劝璋自绝。习凿齿曰："昔齐桓公一矜其功，而叛者九国；曹操渐自骄伐，而天下三分。皆勤之于数十年之内，弃之于俯仰之顷，岂不惜乎？是以君子劳谦，日昃虑以下人，功高而居之以让，势尊而守之以卑，夫然后能有其功贵，保其功业，传福百代，何骄矜之有哉？君子是以知曹操之不能遂兼天下也。"]

备用亮计，结好孙权，共拒曹公于赤壁，破之。曹公北还，权乃以荆州业备。[周瑜上疏谏曰："刘备以枭雄之姿，而关羽、张飞熊虎之将，必非久屈为人用者。愚谓大计，宜徙备置吴，盛为筑室，多其美女玩好之物，以娱其耳目。分此二人，各置一方。使如瑜者得挟与攻战，大事可定也。今猥割土地，以资业之聚，此三人俱在疆场，恐蛟龙得云雨，非复池中物也。"权以曹公在北方，当广揽英雄，故不纳也。]

庞统说备曰："荆州荒残，人物殚尽。东有吴孙，北有曹氏，鼎足之计，难以得志。今益州国富人强，户口百万，郡中兵马，所出毕具，宝货无求于外。今可权借以定大事。"备曰："今指与吾为水火者，曹操也。操以急，吾以宽；操以暴，吾以仁；操以谲，吾以忠。每与操反，事乃可成耳。今以小故而失信义于天下者，吾所不取也。"统曰："权变之时，固非一道所能定也。兼弱吞昧，五伯之事；逆取顺守，报之以义；各事定后，封以大国，何负于信？今日不取，终为人利耳。"备乃使关羽守荆州，欲自取蜀。

[时孙权遗使报备，欲共取蜀，曰："米贼张鲁居王巴汉，为曹操耳目，规图益州，刘璋不能自守。若曹得蜀，则荆州危矣，今欲先攻取璋，进讨张鲁，首尾相连，一统吴楚，加有十操，无所忧也。"或说备宜报许听，备终不能越荆有蜀，蜀地可有也。主薄殷观曰："若为吴先驱，进未能克蜀，返为吴所乘，则大事去矣！"备从之，拒答权曰："益州民富国强，土地阻险，刘璋虽弱，足以自守。张鲁虚伪，未必尽忠于操。今暴师于蜀汉，转运于万里，欲使战克攻取，举不失利，此吴起不能定其规，孙武不能善其事。今曹操三分天下有其二，将饮马沧海，观兵于吴。而同盟无故自相攻伐，借枢于操，使敌乘其隙，非计也。"权知备意，乃止也。]

会刘璋闻曹公向汉中讨张鲁，内怀恐惧。别驾张松说璋曰："曹公兵强，无敌于天下。若因张鲁之资，以取蜀土，谁能御之？刘豫州，使君之宗，而曹公之深仇也。若使之讨鲁，鲁必破。鲁破则益州强，曹公虽来，无能为也。"璋然之，遣法正迎先主。[时黄权谏曰："左将军有枭名，今以部曲遇之则不满其心，以客礼待之则一国不容二君，若客有泰山之安，则主有累卵之危。愿且闭境以待河清时。"刘巴亦谏曰："备，雄杰人也，入必有为，不可内也。"既入，巴又曰："若使备讨张鲁，是放虎于山林也。"璋并不听。]

先主与璋会涪。璋既还成都，先主当为璋北征汉中。

统后说备曰："阴选精兵，昼夜兼道，径袭成都。璋既不武，又素无豫备，大军卒至，一举便定，此上计也。杨怀、高沛，璋之名将，各仗强兵，据守关头，闻数有笺来谏璋：使发遣将军。未至遣，与相闻：说荆州有急，欲还救之，并使装束，外作归形。此二子俱服将军英名，又喜将军之去，必乘轻骑来见将军，因此执之，进取其兵，乃向成都，此中计也。返还白帝，连引荆州，徐还图之，此下计也。若沉吟不去，将致大困，不可久矣。"先主然其中计。

[初，张松、法正见备，备以私意接纳，尽其殷勤。因问蜀中兵器、府库、人马众寡及诸要害，松等具为言之，又画地图，处置山川，由是尽知益州虚实。先主北到葭萌，未即讨鲁，厚树恩德以

收众心。明年，曹公征孙权，权呼先主自救。备乃从璋求兵及资宝，欲以东行救权，璋但许兵四千，其余皆半给。备因激怒其众曰："吾为益州征强敌，师徒勤瘁，不遑宁居，今积帑藏之财，而惜于赏功，望士大夫为出死力战，其可得乎？"乃召璋白水军督杨怀，责以无礼，斩之。使黄忠等勒军向璋。先主径至关，质诸将士卒妻子。引兵从忠等进到涪，据其城。璋所遣将皆破败也。]即斩怀等，自葭萌还取璋。

时郑度说璋曰："左将军袭我，兵不满万，士众未附，野谷是资，计莫若尽驱巴西、梓潼人，内涪水以西，其仓廪野谷，一皆烧除，高垒深沟，静以待之。彼请战不许，久无所资，不过百日，必将自走。走而击之，则必禽矣。"璋不用度计。先主遂长驱，所过必克，而有巴蜀。

[刘备袭蜀，丞相掾赵戬曰："刘备其不济乎？拙于用兵，每战必败，奔亡不暇，何以图人？蜀虽小国，险固四塞，独守之国，难卒并也。"征士傅干曰："刘备宽仁有度，能得人之死力；诸葛亮达理知变，正而有谋而为之相；张飞、关侯勇而有义，皆万人敌而为之将。此三人者，皆人杰也，以刘备之略三杰佐，何为不济？"先主围成都数十日，璋出降。蜀中殷盛丰乐，先主置酒大飨士卒，取蜀城中金银分赐将士，还其谷帛。初攻刘璋，备与士众约曰："若事定，府库百物孤无豫焉！"及拔成都，士众皆舍干戈赴诸藏，竞取宝物。军用不足，备甚忧之，刘巴曰："易耳！但当铸直百钱，平诸物价，令吏为官市。"备从之。数月之间，府库充实。先主领益州牧，诸葛亮为股肱，法正为谋主，关侯、张飞、马超为爪牙，许靖、糜竺、简雍为宾友。董和、黄权、李严等本璋之援用也，吴壹、费观等又璋之婚亲也，彭羕者，又璋之所排摈也，刘巴者，宿昔之所忌恨也，皆处之显任，尽其器能。有志之士无不竞劝也。]

群臣劝先主称尊号，先主未许。诸葛亮曰："昔吴汉、耿纯等劝世祖即帝位，世祖辞让，前后数四。耿纯进言曰：'天下英雄喁喁冀有所望，如不从议者，士大夫各归求主，无为从公也。'世祖感纯言深至，遂然诺之。今曹氏篡汉，天下无主，大王刘氏苗族，绍世而起，即帝位，乃其宜也。士大夫久勤苦者，亦望尺寸之功名，如纯言耳。"先主于是即帝位。[谯周等劝进云："臣父群未亡时，言西南数有黄气，直立数丈见来，积年时时有景云祥风从璇玑下应之。此为瑞异。又二十二年中，数有气如旗，从西竟东，中天而行。图书曰：'必有天子出其方。'是年，太白、荧惑、镇星常从岁星相追近。汉初兴，五星从岁星，其岁星主义。汉位在西，义之上方。故汉法常以岁星候人主，当有圣主起于此州，以致中兴。时许帝尚存，故群下不敢漏言。顷者荧惑复追岁星，见在胃昴毕。昴毕为天纲。《经》曰：'帝王处之，众邪消亡'。愿大王应天顺人，速即洪业，以宁海内也。"]

时曹公拔汉中。

[初，魏太祖破张鲁于汉中，刘晔进言曰："明公北破袁绍、南征刘表，九州百郡十并其八，威震天下，势慑海外。今举汉中，蜀人望风破胆失守，推此而前蜀可传檄而定。刘备人杰也，有度而迟，得蜀日浅，蜀人未附，人心震恐，其势自倾。因其倾而压之，无不克也。若小缓之，诸葛孔明明于治体；关侯、张飞勇冠三军，武毅以威之，文德以抚之，据险守要，不可犯矣！今时不取，必有后忧。"太祖不从。居七日，蜀降者言蜀中惊扰，虽斩之犹不禁。太祖又问晔曰："蜀可伐否？"对曰："今已小安，不可动也。"]

法正说先主曰："曹操一举降张鲁，定汉中，不因此势以图巴蜀，而留夏侯渊、张郃屯守，身遽北还，此非其智不逮，力不足也，将内有忧逼故耳。今算渊、郃才略，不胜国之将率，举众往讨，则必克之。克之日，广农积谷，观衅伺隙，上可以倾覆寇敌，尊奖王室，中可以蚕食雍、凉，广境拓土；下可以固守要害，为持久之计。此盖夫以与我，时不可失也。"先主善其策，乃率诸将进兵汉中，正亦从行。先主由阳平南渡沔水,缘山稍前,于定军兴势作营。渊将兵来争其地。正曰:"可击矣。"先主命黄忠乘高鼓噪攻之,大破渊军,渊等授首,遂奄有梁汉。

时魏使夏侯茂镇长安,蜀将魏延就诸葛亮请兵从褒中出,循秦岭而东,当子午而北,以袭长安,亮不许。

[《魏略》曰:"夏侯茂为安西将军,镇长安。诸葛亮于南郑与群下计议,魏延曰:'闻夏侯茂,先主婿也,怯而无谋,今假延精兵五千,负粮五千,直从褒中出,循秦岭而东,当子午而北,不过十日,可到长安。闻延奄至,必乘船逃走,长安唯有御史、京兆太守、横门邸阁与散人,谷足周食也。比东方相合聚,尚二十许日,而公从斜谷来,亦足以达。如此则一举而咸阳以西可定矣!'亮以为悬危不如安从,坦道可以平取陇右,万全必克而无虞,故不用延计也。延每从亮出,辄欲请兵万人与亮异道会于潼关,如韩信故事。亮制而不许。延常谓亮为怯,叹恨己才用之不尽也。"]

其后吴孙权袭关羽,取荆州。[范晔曰:"刘备令关侯镇守荆州。吴将吕蒙拜汉昌太守与关侯分土接境,知侯枭雄有兼并心,且居上流,其势难久。蒙乃密陈计策曰:'今征虏守南郡,潘璋将游兵万人循江上下,应敌所在。蒙为国家前据襄阳。如此,何忧于操?何赖于侯?'将图之,会侯讨樊,留兵将备南郡。蒙上疏曰:'某讨樊而多留备兵,必恐蒙图其后故也。蒙常有病,乞分众还建业以治病为名,某闻之必撤备兵。尽赴襄阳,大军浮江,昼夜驱上,袭其空虚,则南郡可下,某可擒也。'遂称病笃,权乃露檄召蒙还,阴与图计。侯果信之,稍撤兵赴樊。权遂行,遣蒙在前,伏其精兵于䑩舻中,使白衣摇橹作商贾服,昼夜兼行,至羽所置江边屯候,尽缚之,是故侯不闻知。蒙入据城,尽得侯将士家属,皆抚慰之,约令军不得干历人家有所求取。侯还,在道路数使人与蒙相闻,蒙辄厚遇其使。侯使人还,咸知家门无恙,见待遇于平时,故侯吏士无斗心,皆委侯而降,即父子俱获。初,孙权之讨侯也,遣使报魏云:'欲讨关某自效,乞不漏露。今某有备,群臣咸言密之是宜。'董昭曰:'军事尚权,期于合宜。宜露其事。某闻权上,即当还,护其城,围得速解,便获其利。可使两贼相持,以待其弊。若密而不露,使权得计,非计之上也。'乃使射书于围中及侯屯内。侯犹豫未去。陆逊至,破江陵。侯走至临沮,为吴将潘璋所杀也。"]

先主怒吴,伐之败绩。还蜀,至永安而崩。

[初,魏文帝闻备东下与孙权交战,树栅连营七百余里,谓群臣曰:"备不晓兵机,岂有七百里营可以距敌乎?包原隰阻险而为军者,为敌所禽,此兵忌也。孙权上事今至矣!"后七日,权破备于夷陵书至。]

后主禅即位。[下诏曰:"朕闻善积者昌,祸积者丧,古之常数也。曩者汉祚中微,网漏凶匿,董卓造难,震荡京畿;曹操阶祸,窃执天衡;子丕孤竖,敢寻乱阶,盗据神器,更姓改物,世济其凶。当此之时,天下无主,则我帝命殒越于下。昭烈皇帝光演文武,存复祖业,诞膺皇纲,不坠于地。万国未靖,早世遐殂,朕以幼冲,继统鸿业,未习保傅之训,而婴祖宗之重,光载前绪,未有攸济,朕甚惧恶。诸葛丞相弘毅忠壮,忘身忧国,今授之以旄钺之重,付之以专命之权,统领步骑二十万众,董督元戎,龚行天罚,除患宁乱,克复旧都,在此行也。伐其元帅,吊其残人,他如诏书律令者也。"]

先是,吴主孙权请和。[吴使张温使蜀,权谓温曰:"卿不宜远出,恐诸葛孔明不知吾所以与曹氏通意。故屈卿行,人之义,受命不受辞也。"对曰:"臣入无腹心之规,出无专对之用,惧无张老延誉之功,又无子产陈事之效,然诸葛亮达见计数,必知神虑屈伸之宜,加受朝廷天覆之惠。推亮之心,必无疑贰。"

温至蜀,诣阙拜章曰:"昔高宗以谅暗昌殷祚于中兴,成王以幼冲隆周德于太平。今陛下以聪明之姿,等契往古,总百揆于良佐,参列精之炳耀,遐迩望风,莫不欣赖,吴国勤任旅力,清澄江浒,愿与有道平一宇内,委心协规,有如河水。使下臣温通致情好。陛下敦崇礼义,不便耻忽。臣自入远境,及即近郊,频蒙劳来,以荣自惧。"蜀使马良使吴。良谓亮曰:"今衔国命,协穆二家,幸为良介于孙将军。"亮曰:"君试自为文。"良即草曰:"寡君遣掾马良通聘继好,以绍昆吾豕韦之勋,其人吉士,荆楚之令鲜于造次之华而有克终之美。愿降心存纳,以慰将命。"权大待之也。]。丞相诸葛亮虑权闻先主殂,有异计,乃遣邓芝修好于权。权果狐疑不时见芝,芝自表请见。权语芝曰:"孤诚愿与蜀和亲,然恐蜀主幼弱,国小势逼,为魏所乘,不自保全。以此犹豫耳。"芝对曰:"吴蜀二国,四州之地,大王命世之英,诸葛亮一时之杰也。蜀有重关之固,吴有三江之阻;合此二长,共为唇齿,进可兼并天下,返可鼎足而立,此理势之自然也。大王今若委质于魏,魏必上望大王之入朝,下求太子之内侍。若其不从,则奉辞伐叛,蜀必顺流见可而进。如此,江南之地,非复大王之有也。"权默然良久曰:"君言是也。"遂自绝魏,与蜀连和。

时司徒华歆、司空王朗等,与诸葛亮书,陈天命,欲使举国称藩。亮不答书,作正议曰:"昔在项羽,起不由德,虽处华夏,秉帝者之势,卒就汤镬,为后来戒。魏不审鉴,今次之矣。免身为幸,灭在子孙。而二三子多逞苏张诡靡之说,奉进欢兜滔天之辞,欲以诬毁唐帝,讽解禹、稷,所以徒怀文藻,烦劳翰墨,大雅君子所不为也。又《军志》曰:'万人必死,横行天下'。昔轩辕氏挈卒数万,制四帝,定海内,况以数十万之众,据正道而临有罪,可得干拟者哉!"亮死后,魏令邓艾伐蜀,蜀兵败。后主用谯周策降魏。

[议曰:国君为社稷死则死,为社稷亡则亡,谯周劝后主降魏,可乎? 孙盛曰:"春秋之义,国君死社稷,卿大夫死位,况称天子而辱于人乎? 周谓万乘之君偷生苟存,亡礼希利,要冀微荣,惑矣! 且以事势言之,理有未尽。何者? 禅虽庸主,实无桀纣之酷,战虽屡北,未有土崩之乱,纵不能君臣固守,背城一战,自可退次东鄙,以思后图。是时罗宪以重兵据白帝,霍弋以强卒镇夜郎,蜀土险狭,山水峻隔,绝巇激湍,非步卒所涉。若悉收舟楫,保据江州,征兵南中,乞师东国,如此则姜廖五将自然云从,吴之二师承命电赴,何投寄之无所而虑于必亡耶? 魏师之来,奉国大举。欲追则舟楫靡资,欲留则师老多虞,且屈伸有会,情势代起,徐因思旧之人以攻骄惰之卒,此昭王所以走阖闾、田单所以摧骑劫也。何为怱怱遽自囚房,不坚壁于敌人,致斫石之至恨哉? 葛生有云:'事不济即亡耳,安能复为之下?'壮哉斯言,可以立懦夫之志矣! 观古燕、齐、荆、越之败,或国覆主灭,或鱼悬鸟窜,终成建功立事,康复社稷。岂曰天助,抑人谋也。向使怀苟存之计、纳谯周之言,何颓基之能构,令名之可获哉? 禅既暗主,周实驽臣,方之申包胥、田单、范蠡、大夫种,不亦远乎?"]

晋时,李特复据蜀。

[初,特在蜀暴横,晋乃募取特兄弟,许以重赏。未暇,宣闻,遂不藏。李特弟骧见书,悉改其购云:"敢斩六郡人头首李、任、阎、赵等及氐侯王一人,诣官,许以重赏。"六郡人见之大骇,遂并反归特。益州牧罗尚遣隗伯攻李雄于郫城,迭有胜负。冬十月,雄与朴泰金,鞭之流血,令泰伴得罪,奔尚,欲为内应。尚信之,以兵随。泰、雄内外击之,大破尚军。雄乘胜追蹑,夜至城下,因称万岁,绐尚城中云:"已得郫城。"尚信之,开少城门,雄军得入。尚遂遁走,遂克成都称王也。]

晋桓温灭之。至宋义熙中,谯纵又杀益州刺史毛璩于成都,称成都王。

[初,毛璩使任约赴义军,军至枝江,会刘毅败,约奔桓振。璩闻约奔桓振也,自将兵三千,由外水下。谯纵为之参军,使将梁州兵五百人,从内水发。梁州人不欲东,遂推纵为主,反攻涪城,克之。璩闻难作,自洛阳步还,至成都。为纵党所杀也。]

宋使朱龄石灭之,此蜀国形也。

[议曰:吴蜀唇齿之国,蜀灭则吴亡,信乎? 陆士衡曰:"夫蜀盖蕃援之与国,而非吴人之存亡也。"何则? 其郊境之接重山,积险陆,无长谷之径,川隘流汛水,有惊波之难,虽有锐师百万,启

行不过千；夫舳舻千里，前驰不过百舰。故刘氏之伐，陆公譬之长蛇，其势然也。故黄权称曰："可以往，难以返，此兵之绝地也。"古云："夫道狭路险，譬如两鼠斗于穴，将勇者胜也。"]

吴

丑为星纪，吴越之分，上应斗牛之宿，下当少阳之位。[今之会稽、九江、丹阳、豫章、庐江、广陵、六安、临淮皆吴之分野；今苍梧、郁林、合浦、交趾、九真、日南、南海皆越之分野。]古人有言曰："大江之南，五湖之间，其人轻心，扬州保强，三代要服不及以正。国有道则后服，无道则先叛。"故《传》曰："吴为封豕长蛇，荐食上国，为上国之患，非一日之积也。"

汉高帝时，淮南王英布反[布都六安，今寿州是也]。反书闻，上召诸将，问："布反，为之奈何？"汝阴侯滕公曰："臣客故楚令尹薛公，有筹策，可问。"[初滕公问令尹，令尹曰："是故当反。"滕公曰："上裂地而王之，疏爵而赏之，南面而立万乘之主，其反何也？"令尹曰："往年杀彭越，前年杀韩信，此三人同功一体之人也，自疑祸及，故反耳。"]上乃召见，问薛公。薛公对曰："布反，不足怪也。使布出于上计，山东非汉之有也；出于中计，胜败之数未可知也；出于下计，陛下安枕而卧矣。"上曰："何谓上、中、下计？"令尹曰："东取吴，西取楚，并齐取鲁，传檄燕赵，固守其所，山东非汉之有也。[议曰：合从山东为持久之策，上计也。]何谓中计？东取吴，西取楚，并韩取魏，据敖仓之粟，塞成皋之口，胜败之数未可知也。[议曰：长驱入洛，以决一朝之战，中计也。]何谓下计？东取吴，西取下蔡，归重于越，身归长沙，陛下安枕而卧，汉无事矣。"[议曰：自广江表，无窥中原之心，下计也。桓谭《新论》曰："世有围棋之戏，或言是兵法之类也。及为之，工者遂基疏张置以会围，因而伐之，成多得，道之胜。中者则务相绝遮要，以争便求利，故胜败狐疑，预计数而定。下者则守边隅，趋作罫以自生于小地。"然亦不如察薛公之言，上计云："取吴楚、并齐鲁及燕赵者。"此广道地之谓。中计云："取吴楚、并韩魏，塞成皋、据敖仓。"此趋遮要争利者也。下计云："取吴小蔡，据长沙以临越。"此守边隅、趋作罫者也。]上曰："是计将安出？"令尹对曰："出下计。"上曰："何为废上中计而出下计？"令尹曰："布故郦山之徒也，自致万乘之国，此皆为身不顾其后，为万世虑者。故曰出下计。"上曰："善。"果如策。

是后吴王刘濞以子故而反。初发也，其大将田禄伯曰："兵屯聚而西，无他奇道，难以就功。臣愿得奇兵五万人，别循江淮而上，收淮南、长沙，入武关，与大王会，此亦一奇也。"吴王太子谏曰："王以反为名，此兵难以藉人，人亦且反王。"吴王不许。其少将桓将军复说吴王曰："吴多步兵，步兵利险阻；汉多车骑，车骑利平地。愿大王所过城邑，不下，宜弃去，疾西据洛阳武库，食敖仓之粟，阻山河之险，以令诸侯。虽无入关，天下固已定矣。即大王徐行，留下城邑，汉车骑至，驰入梁楚之郊，事败矣。"王问诸老将，老将曰："此年少摧锋之计耳，安知大虑？"吴王不从桓将军之计，乃自并将其兵。汉以太尉周亚夫击吴楚，亚夫用其父客计，遂败吴。

淮南王刘安怨望其父厉王长死，谋为叛逆，问伍被曰："吾举兵西向，诸侯必有应者，即无奈何。"被曰："南收衡山[衡州]以击庐江[庐州]，有浔阳之船，守下雉之城[在江夏，县名也。]，结九江之浦，绝豫章之口[洪州是也]，强弩临江而守，以禁南郡之下,东收江都[扬州也]、会稽[越州也],南通劲越,屈强江淮间,犹可一举得延岁月之寿。"王曰:"善。"未得发,会事泄,诛至。

后汉灵、献时,阉人擅命,天下提挈,政在家门。

[何进谋诛阉官,太后不从。进乃召董卓诣京师,以胁迫太后。密令卓上书曰:"中常侍张让等窃幸乘宠,浊乱海内。昔赵鞅兴晋阳之甲兵,以逐君侧之恶。臣辄鸣钟鼓如洛阳,讨让等罪。"卓未至,进败,及卓到,遂废立,天下乱矣。议曰:"家门,大夫也。"]

时长沙太守孙坚杀南阳太守张咨,袁术得据其郡。坚与术合纵,欲袭夺刘表荆州,坚为流失所中,死。

[初,刘表据荆州也,闻江南贼盛,谓蒯越等曰:"吾欲征兵,恐不集,其策焉出?"对曰:"众不附者,仁不足也;附而不理者,义不足也。苟仁义之道行,百姓归之如水之趋下,何患不附?袁术勇而无谋,宗贼贪暴,为下所患,若示之以利,必以众来君。诛其无道,抚而用之,人有乐存之心,必福负而至。兵强士附,南据江陵,北守襄阳,八郡可传檄而定,术等虽至,无能为也。"后果然]

孙坚死,子策领其部曲,击扬州刺史刘繇,破之,因据江东。[策闻袁术将欲僭号,与书谏曰:"昔董卓无道,凌虐王室,祸加太后,暴及弘农,天子播越,宫庙焚毁。是以豪杰发愤,沛然俱起。然而河北异谋于黑山,曹操毒被于东徐,刘表僭乱于荆南,公孙叛逆于朔北。正礼阻兵,玄德争盟,当谓使君与国同规,而舍是弗恤,茫然有自取之志,惧非海内企望之意。昔成汤伐桀犹云:'有夏多罪。'武王伐纣,曰:'殷有重罚。'此二王者,虽有圣德,假时无失道之过,无由逼而取也。今主上非有恶于天下,徒以幼小,协于强臣,异于汤武之时也。使君五世相承,为汉宰辅,荣宠之盛莫与为比。宜效忠节以报王室。"术不纳,策遂绝之]

策闻魏太祖与袁绍相持于官渡,将渡江袭许,未济,为许贡客所杀。

[初,策有是谋也,众皆惧,魏谋臣郭嘉料之曰:"策英雄豪杰,能得人死力。然轻而无备,虽有百万之众,无异于独行中原。若刺客伏起,一人之敌耳。以吾观之,必死于匹夫之手。"果为许贡客所杀]

策死,弟权领其众。[时吴割据江南,席卷交广也。]属曹公破袁绍,兵威日盛,乃下书责孙权,求质。张昭等会议不决。权乃独将周瑜,诣其母前定议。瑜曰:"昔楚国初封于荆山之侧,不满百里之地。继嗣贤能,广土开境,立基于郢,遂据荆、扬,至于南海,传业延祚九百余年。今将军乘父兄余资,兼六郡之众,兵精粮多,将士用命。铸山为铜,煮海为盐,境内富饶,人不思乱。泛舟举帆,朝发夕到,士风劲勇,所向无前。有何逼迫而欲送质?质子一人,不得不与曹氏,曹氏命召,不得不往,便见制于人也。岂与南面称孤同哉?不如勿与,徐观其变。若曹氏率义以正天下,将军事之未晚;若图为暴乱,兵犹火也,不戢,必将自焚。韬勇抗威,以待天命,何送质之有?"权母曰:"公瑾议是也。"遂不送质。[策薨,权年少,初统事。太妃忧之,引见张昭、董袭等。问曰:"江东何可保安?"袭对曰:"江东地势有山川之固,而讨逆明府,恩德在人;讨虏承基,大小用命。张昭秉众事,袭等为爪牙,此地利人和之时也,万无所忧。"众皆壮其言也]

后曹公入荆州,刘琮举众降。

[初刘表死,鲁肃进说曰:"夫荆楚与我邻接,水流顺北,外带江汉,内阻山陵,有金城之固。沃野万里,士人殷富。若据而有之,此帝王之资也。肃请得奉命,吊表二子,并慰劳军中用事者。说刘备使抚养表众,共拒曹操。肃未到,琮已降也]

操得其水军船,步卒数十万,吴将士闻之皆恐。孙权延见群下,问以计策。议者咸曰:"曹公豺虎也,托名汉相,挟天子征四方,动以朝廷为辞,今日拒之,事更不顺。且将军大势可以距操者,长江也。今操得荆州,奄有其地,刘表治水军,蒙冲斗舰乃以千数,操悉浮以沿江,兼有步兵,水陆俱下,此为长江之险,已与我共之矣。而势力众寡又不可论。愚谓大计,不如迎之。"周瑜曰:"不然。操虽托名汉相,其实汉贼。将军以神武之雄才,兼仗父兄之烈,割据江东,地方数千里,精兵足用,英雄乐业,尚当横行天下,为汉家除残去秽。况操自送死,而可迎之耶? 请为将军筹之:今使北土已安,操无内忧,能旷日持久,来争疆场,又能与我校胜负于舟楫可也;今北土既未安,马超、韩遂尚在关西,为操后患;且舍鞍马、仗舟楫,与吴越争衡,本非中国所长;又今盛寒,马无蒿草,驱中国士众远涉江湖之间,不习水土,必生疾病。此数四者,用兵之患也,而操皆冒行之。将军擒操宜在今日。瑜请得精兵三万人,进住夏口。保为将军破之。"权曰:"老贼欲废汉自立久矣,徒忌二袁、吕布、刘表与孤耳。今数雄已灭,唯孤尚存,孤与老贼势不两立。君言当击,甚与孤合,此天以君授孤也。"

[时权军柴桑,刘备在樊,曹公南征刘表,会表卒,子琮举众降。先主不知曹公卒至,至宛乃闻之,遂率其众南行,为曹公所追破。刘备至夏口,诸葛亮曰:"事急矣! 请奉命求救孙将军。"遂见,说曰:"将军起兵江东,刘豫州亦收众汉南,与曹操并争天下。今操芟夷大难,略已平矣。遂破荆州,威震四海,英雄无所用武,故豫州遁逃至此。将军量力而处之,若能以吴越之众与中国争衡,不如早与之绝;若不能当,何不按兵束甲,北面而事之? 今将军外托服从之名而内怀犹豫之计,事急而不断,祸至无日矣!"权曰:"苟如君言,刘豫州何不遂事之乎?"亮曰:"田横,齐之壮士耳,犹守义不辱,况刘豫州王室之胄,英才盖世,众士慕仰若水之归海。若事之不济,此乃天也,安得复而为人之下?"权勃然曰:"吾不能举全吴之地,十万之众受制于人。吾计决矣! 非刘豫州莫可以当曹操者。然豫州新败之后,安能抗此难乎?"亮曰:"豫州军虽败于长坂,今战士还者及关羽所将精甲万人,刘琦合江夏战士亦不下万人。曹操之众远来疲弊,闻追豫州骑一日一夜行三百里,此所谓强弩之末不能穿鲁缟者也。故兵法忌之曰:'必蹶上将军。'且北方人不习水战,又荆州之人附操者,逼兵势耳,非心服也。今将军诚能命猛将统兵数万,与豫州协规同力,破操军必矣! 操军破,必北还,如此则荆吴之势强、鼎足之形成。成败之机在于今日。"权大悦,即遣周瑜、鲁肃等随亮诣先主,并力拒曹公也。]

周瑜等水军三万,与刘备并力距曹公,用黄盖火攻策,遂败曹公于赤壁。

[初一日交战,曹公军破退,引次江北,瑜等在南岸。瑜部将黄盖曰:"今寇众我寡,难与持久。然观操军,方连船舰,首尾相接,可烧而走也。"乃取蒙冲斗舰数十艘,实以薪草,膏灌其中,裹以帷幕,上建牙旗。先书报曹公,欺以欲降,盖又预备走舸,各系火船后,因引次俱前。曹公军吏士皆延颈观望,指言盖降。去北军二里余同时发火,火烈风猛,船至如箭,飞埃绝焰,烧尽北船。延烧岸上营落,顷之,烟焰涨天,人马烧溺死者甚众。瑜率轻锐寻继其后,雷鼓大进。曹操留曹仁等守江陵,径自北归。瑜又进南郡,与曹仁相对,仁遂退。]

曹公败,径北还,权遂虎视江表。[时刘璋为益州牧,外有张鲁寇侵。瑜乃诣京见权曰:"今曹操新衄,方忧腹心,未能与将军连兵相事也。乞与奋威俱进取蜀,得蜀而并张鲁,留奋威固守其地,好与马超结援。瑜与将军据襄阳以蹙操,北方可图也。"权许之。会瑜卒,不果。]

初,周瑜荐鲁肃才宜佐时,权即引肃对饮曰:"今汉室倾危,四方云扰。孤承父兄遗业,思有桓、文之功,君既惠顾,何以佐之?"肃对曰:"昔高帝区区,欲尊事义帝而不获者,以项羽为害也。今之曹操犹昔项羽,将军何由得为桓、文乎? 肃窃料之,汉室不可复兴,犹曹操不可卒除。将军为计,唯有鼎足江东,以观天下之衅。规模如此,亦自无嫌。然后建号帝王,以图天下,此高帝之业也。"及是平一江浒,称尊号,临坛顾谓公卿曰:"昔鲁子敬尝道此,可谓明于事势矣。"

[议曰：陆士衡称孙权：执鞭鞠躬，以重陆公之威；悉委武卫，以济周瑜之师；卑宫菲食，以丰功臣之赏；披怀虚己，以纳谋士之算；屏气局促，以伺子明之疾；分滋损味，以育凌统之孤。是以忠臣尽竟其能，志士咸得肆力，而帝业固矣。"黄石公曰："贤人之政降人以体；圣人之政降人以心。体降可以图始，心降可以保终。降体以体，降心以心。"由此观之，孙权"执鞭鞠躬"，降体者也；"披怀虚己"，心降者也。善始，令终不亦宜乎！]

黄武元年，魏使大司马曹仁步骑数万向濡须，濡须督朱桓破之。

[初，曹仁欲以兵袭取中洲，伪先扬声欲东攻羡溪，朱桓分赴羡溪。既发卒，而仁奄至。诸将业恐，各有惧心。桓喻之曰："凡两军交战，胜负在将，不在众寡。诸君闻曹仁用兵孰与桓耶？兵法所以称客倍而主人半者，谓俱在平原，无城池之守，又谓士众勇怯齐等故耳。今仁既非智勇，加其士卒甚怯，又千里步涉，人马疲困。桓与诸将共据高城，南临大江，北背江陵，以逸待劳，为主制客，此百战百胜之势也。"桓因偃旗鼓，外示虚弱以诱致仁。仁果遣子泰攻濡须城，分遣诸将袭中洲。中洲者，部曲妻子所在。泰等退，桓遂枭其诸将也。]

七年，又使大司马曹休骑十万至皖城，迎周鲂。鲂欺之，无功而返。

[吴鄱阳太守周鲂谲诱曹休。休迎鲂至皖城，知见欺，当引军还，自负众盛，邀与一战。朱桓进计于元帅陆逊曰："休本以亲戚见任，非智勇名将也。今战必败；败，必走。走当由夹石、挂车。此两道地皆厄险，若以万兵柴路，则彼众必尽，而休可生虏。臣请将所部以断之，若蒙天威得以休自效，便可乘胜长驱，进取寿春，割有淮南，以窥许、洛。此万代一时，不可失也。"权先与陆逊以议，逊以为不可，故计不施行也。]

至权薨，皓即位，穷极淫侈，割剥蒸人，崇信奸回，贼虐谏辅。晋世祖令杜预等代吴灭之。

[议曰：昔魏武侯浮西河，顾谓吴起曰："山河之固，此魏国之宝也。"吴起对曰："昔三苗氏左洞庭而右彭蠡，德义不修，禹灭之；夏桀之君，左河济、右太华，伊阙在其南，羊肠在其北，仁政不修，汤放之。由此观之，在德不在险。"今孙皓席父祖之资，有天阻之固，西距巫峡，东负沧海，长江判其区宇，峻山带其封域，地方几万里，荷戟将百万。而一朝弃甲，面缚于人，则在德之言为不刊之典耶？何为其然？陆机曰："《易》曰：'汤武革命顺乎天。'《玄》曰：'乱不极则理不形。'言帝王之因天时不如地利。《易》曰：'王侯设险以守其固。'言国之恃险也。又曰：'地利不如人和，在德不在险。'言守之由人也。吴之兴也，参而由焉。孙卿所谓'合其参'者，及其亡也，恃险而已。"娄敬曰："周之衰也，分而为两，天下莫朝，周不能制。非其德薄也，形势弱也。"由此观之，国之兴亡亦资险，云：非唯在德而已矣。]

至晋永嘉中，中原丧乱，晋元帝复渡江，王江南。宋齐、梁、陈皆都焉。此吴国形也。

魏

古者天子守在四夷，天子卑弱，守在诸侯。当汉之季，奸臣擅朝，九有不澄，四郊多垒。虽复诸侯释位，以闲王政，然包藏祸心，各图非冀。魏太祖略不世出，灵武冠时。值炎精幽昧之期，逢风尘无妄之世，瞋目张胆，首建义旗。时韩暹、杨奉挟献帝自河东还洛阳。

[灵帝崩，太子辩即位。并州牧董卓入朝，因废帝为弘农王，而立献帝，以董卓为太师，迁都长安。司徒王允诛卓，卓将郭汜、李傕围长安城，城陷，杀王允。后李傕与郭汜有隙，傕质天子于

其家。催将杨奉谋杀催,事泄叛催,催衰弱,天子乃得出奔。杨奉欲以天子还洛阳,郭汜追天子于弘农之曹阳。奉等败,杀公卿略尽。天子渡河,都安邑,以韩暹为征东将军,持政还洛阳。洛阳宫室烧尽,百官披荆棘,太祖迎天子都许。韩暹、杨奉各出奔。]

太祖议迎都许,或以为山东未定,不可。荀彧劝太祖曰:"昔晋文纳周襄王,而诸侯景从,高祖东伐,为义帝缟素,天下归心。自天子播越,将军首唱义兵,以山东扰乱,未能远赴关右,然犹分遣将帅,蒙险通使,虽御外难,乃心无不在王室,是将军匡天下之素志也。今车驾旋轸,义士有存本之思,百姓感旧而增哀。诚因此时奉主上以从人望,大顺也;秉至公以服雄杰,大略也;扶弘义以致英俊,大德也。天下虽有逆节,不能为累,明矣。韩暹、杨奉其敢为害,若不时定,四方生心,后虽虑之,无及。"太祖至洛阳,奉天子都许。维其弛紊,纫其赘旒,俾我汉家不失旧物矣。于是运筹演谋,鞭挞宇内,北破袁绍,南掳刘琮,东举公孙康,西夷张鲁。[议曰:刘表诸杰虽中间自有吞并,乃扬雄所谓"六国蚩蚩,为嬴弱姬者也。"并吞虽众,适所以为吾奉也。]

九州百郡,十并其八,志绩未究,中世而殒。

[曹操,字孟德,少机警有权数,而任侠放荡,不治行业,故世人未之奇也。唯乔玄异焉,曰:"天下将乱,非命世之才不能济也,能安之者其君乎?"太祖为东郡太守,治东武阳军、顿丘。黑山贼于毒等攻东武阳,太祖引兵西入山,攻毒等本屯。诸将皆以为当还自救,太祖曰:"昔孙膑救赵而攻魏,耿弇欲走西安而攻临淄,使贼闻我西而还,是武阳自解也;不还我能败房家,房不能败武阳,必矣!"乃行,毒闻之,弃武阳还,太祖要击,大破之。

初,辽东太守公孙康恃远不服,袁尚、袁熙依之。及太祖破丸,或说公:"遂征之,尚兄弟可擒也。"公曰:"吾方使康送尚、熙首,不烦兵矣。"九月,公引军自柳城还,康即斩送尚、熙首。众将问曰:"公还,而康斩送尚、熙,何也?"公曰:"彼素畏尚等,吾急之,则并力,缓之,则自相图,其势然也。"

太祖攻吕布于下邳,不拔,欲还,荀攸曰:"布勇而无谋,今三军皆北,其锐气衰。三军以将为主,主衰则军无奋意。陈宫有智而迟。今及布气未复,宫谋未定,进急攻之,布可拔也。"乃决沂、泗灌城,城溃,生擒布。

袁绍将文丑与太祖战,荀攸劝太祖以辎重饵贼,贼竞奔竞,阵乱,斩文丑。太祖与袁绍相持于官渡时,公粮少,与荀彧书,议欲还许。彧曰:"绍悉众据官渡,欲与公决胜败,公以至弱当至强,若不能制,必为所乘,是天下之机也。且绍布衣之雄耳,能聚人而不能用。夫以公之神武,明哲而辅以大顺,何向而不济?今军虽少,未若楚汉在荥阳、成皋时也。是时刘项莫肯先退,先退者势屈。公以十分居一之众,划地而守之,扼其喉而不得进,已半年矣!情见势竭,必将有变。此用奇之时,不可失也。"又绍谋臣许攸贪财,绍不能纵,来奔说太祖:袭绍别屯,燔其粮谷。遂破绍。

张绣在南阳与荆州牧刘表合,太祖征之。谋臣进曰:"绣与刘表相恃为强,然绣以游军而食于表,表不能供也,急之,则并力;缓之,则自离。"太祖不从。表果遣兵救绣,太祖兵败。三年春,太祖还许,绣兵来追,太祖军不能进,与荀彧书曰:"贼来追吾,虽日行数里,吾策之至安众,破之必矣。"果设奇伏,攻破之。公还许,荀彧问:"前何以策贼必破?"对曰:"房遏归师,与吾死地战,吾是以知胜。"

西平曲光杀其郡守以叛,诸将欲击之。张既曰:"唯光等造反,郡人未必悉同。若便以军临之,吏人、羌胡必谓国家不别是非,更使皆相持著,此为虎傅翼也。光等欲以羌胡为援,今先使羌胡钞击,重其赏,所虏获者皆以俾之,外阻其势,内离其交,不战而定。"乃檄告喻:诸为光等所误者,原之,能斩贼帅送首者,加封。于是光部党斩送光首。

此九州百郡十并其八之大略也。]

夫能扶天下之危者,则据天下之安;能除天下之忧者,则享天下之乐;能救天下之祸者,则得天下之福。

[董昭等欲共进曹公,九锡备物,密访于荀彧,彧不许。操心不平,遂杀之。范晔论曰:"世之言荀君通塞,或过矣。常以中贤以下,遂无求备。智算有所研疏,原始未必要终,斯理之不可全诘者也。夫以卫赐之贤,一说而弊两国,彼非薄于人,而欲之,盖有全必有衰也。斯又功之不可兼者矣。方时运之遭,非雄才无以济其弱,功高势强则皇器自移矣。此又时之不可并也,盖取其归正而已,亦杀身以成仁之义也。"]

曹氏率义拨乱,代载其功,至文帝时,天人与能矣。遂受汉禅。

[刘若劝进曰:"臣闻符命不虚见,众心不可远。故孔子曰:'周公其不圣乎?以天下让,是天地日月轻去其万物也。'是以舜享天下,不拜而受。今火德气尽,炎上数终。帝迁明德,祚隆大魏,符瑞昭哲,受命既固。光天之下,神人同应。虽有虞之仪凤,周之跃鱼,方之今事未足为喻。而陛下违天命以饰小行,逆人心以守私志,上忤皇穹乃眷之旨;中忘圣人达节之数;下孤人臣翘首之望,非所以扬圣道于高衢,垂无穷之懿勋也。臣等闻事君有献可替否之道;奉上有逆鳞固争之义。臣等敢以死请。"太史丞许芝又曰:"《易传》曰:'圣人受命而王,黄龙以戊己日见。'七月四日戊寅,黄龙见。此帝王受命之符瑞最著明也。又曰:'圣人以德亲比天下,仁恩洽普,麒麟以戊己日见。厥应圣人受命。'臣闻帝王者,五行之精。易姓之符,代兴之会,以七百二十年为一轨。有德者过于八百,无德者不及四百载。是以周家八百六十七年,夏家四百数十年。汉行夏正,迄今四百二十六岁。天之历数,将以尽终。斯皆帝王受命易姓之符瑞也。夫得岁者,道始兴。昔武王伐殷,岁在鹑火,有周之分野也。高祖入秦,五星聚于东井,有汉之分野也。今此岁在大梁,有魏之分野也。而天之瑞应,并集来臻,伏惟殿下体尧舜之圣明,膺七百之禅代,天下学士所共见也。谨以上闻给事中。"苏林等又曰:"天有十二次以为分野。王公之国各有所属。天子受命,诸侯以封。周文王受命,岁在鹑火,至武王伐纣,十三年岁星复在鹑火。故《春秋传》曰:'武王伐纣,岁在鹑火,则我有周之分野也。'昔光和七年,岁在大梁,武王始受命为将,讨黄巾。建安元年,岁复在大梁,始拜大将军。十三年复在大梁,始拜丞相。今二十五年夏在大梁,陛下受命。此魏得岁与文王受命相应。舜以土德承尧之火,今亦以土德承汉之火,于行运会于尧舜之次。陛下宜改正朔,易服色,正大号,天下幸甚。"]

王室虽靖,而二方未宾,乃问贾诩曰:"吾欲伐不从命,以一天下,吴蜀何先?"对曰:"攻取者先兵权,建本者尚德化。陛下应期受禅,抚临率士,若绥之以文德,而俟其变,则平之不难矣。吴、蜀虽蕞尔小国,依山阻水,刘备有雄才,诸葛亮善治国,孙权识虚实,陆逊见兵势,据险守要,泛舟江湖,皆难卒平也。用兵之道,先胜后战,量敌论将,故举无遗策。臣窃料群臣无权、备对,虽以天威临之,未见万全之势。昔舜舞干戚,而有苗服。臣以为,当今宜先文后武。"文帝不纳,后果无功。

[三苗国,今岳州是也。蜀相诸葛亮出斜谷,屯渭南。司马宣王距之。诏宣王:"但坚壁距守,以挫其锋。彼进不得志,退无与战,久停则粮尽,虏掠无所获,则必走矣!走而追之,以逸待劳,全胜之道。"亮送妇人衣以怒宣王,宣王将出战,辛毗仗节不许,乃止。宣王见亮使,唯问寝食及事繁简,不及戎事。使答曰:"罚二十以上,皆亲览焉,啖食至数升。"宣王曰:"亮毙矣。"寻果卒也。]

甘露元年,始以邓艾为镇西将军,距蜀将姜维。维军败,退守剑阁。钟会攻维不能克,乃上言曰:"今贼摧折,宜遂乘之,从阴平由邪径经汉德阳亭,趣涪出剑阁西百里,去成都三百余里,奇兵冲其腹心,剑阁之守必还赴涪,则会方轨而进;剑阁之军不还,则应涪之兵寡矣。《军志》有之:攻其不备,出其不意。今掩其空虚,破之必矣。"冬十月,艾自阴平行无人之地七百余里,凿山通道,山高谷深,艾以毡自裹,推转而下。将士皆攀木缘崖，鱼贯而进。先登至江由，蜀将诸葛瞻自涪还绵竹，列阵待艾，艾遣子忠等出战，大破之，斩瞻。进军到洛县，刘禅遂降。

[后主用谯周策奉玺书於艾，曰："限分江汉，遇值深远，附缘蜀土。斗绝一隅，干运犯冒，渐苒历载。每惟黄初中，宣温密之诏，申三好之恩，开示门户，大义炳然。而不德暗劣，贪窃遗绪，俯仰累纪，未率大教，夫威既震，人鬼归能之。数怖骇，王师神武所次，敢不革面顺以促命？"艾大喜，报书曰："王纲失道，群英显起，龙战虎争，终归真主。此盖天命去就之道。自古圣帝爰逮，汉魏受命，而王者莫不在乎中土。河出图，洛出书，圣人则之，以兴洪业。具不由此，未有不颠覆者矣。隗嚣凭陇而亡，公孙据蜀而灭，斯实前代覆车之鉴。圣上明哲，宰相忠贤，将比隆黄轩，侔功往代。衔命来征，思闻嘉乡，果烦来使，告以德音。此非人事，乃天意也。昔微子归周，实为上宾。君子豹变，义存大易。来辞谦冲，以礼举亲，此皆前哲归命之典。全国为上，破国次之。自非通明智达，何以见王者之义乎？"

后主到洛阳，策命之为安乐公，曰："盖统天载物，以咸宁为大；光宅天下，以时雍为盛。乃者，汉氏失统，六合震扰。我太祖承运龙兴，弘济八极。是用应天顺人，抚有区夏。於时，乃考因群杰虎争，九服不靖，乘间阻远，保据庸蜀，几将五纪。朕永惟祖考，思在绥辑，四海爰整，六师曜威，梁益公恢崇德度，应机豹变，履信思顺，以享左右无疆之休，岂不远欤往钦哉！其祗服朕命，克广德心，以终乃显烈。"初，晋文王欲遣钟会伐蜀。邵第曰："今钟会率十万余众伐蜀，愚谓会单身无重任，不若余人。"文王曰："我宁当复不知此耶？若灭蜀后，如卿所虑，当何能办？凡败军之将，不可以语勇；亡国之大夫，不可以图存，心胆已破故也。若蜀已破，遗人震恐，不足与图事。中国将士各自思归，不肯与同也。若作恶，祗自族耳。"会果与姜维反，魏将士愤发，杀会及维也。]

至晋末，谯纵复窃蜀。宋刘裕使朱龄石伐蜀，声言从内水取成都，败衣羸老进水口。谯纵果疑其内水上也[议曰：内水，涪江也]，悉军新城以待之。乃配朱龄石等精锐，径从外水，[议曰：外水，泚江也。若中今洛县水是也。]直至成都，不战而擒纵。此灭蜀形也。

魏嘉平中，孙权死，征南大将军王昶、征东大将军胡遵、镇南将军毋丘俭等，表征吴。朝廷以三征计异，诏访尚书傅嘏。嘏对曰："昔夫差胜齐陵晋，威行中国，不能以免姑苏之祸；齐闵辟土兼国，开地千里，不足以救颠覆之败。有始者不必善终，古事之明效也。孙权自破蜀兼荆州之后，志盈欲满，凶宄已极，相国宣、文王先识取乱侮亡之义，深达宏图大举之策。今权已死，托孤于诸葛恪，若矫权苛暴，蠲其虐政，民免酷烈，偷安新惠，外内齐虑，有同舟之惧，虽不能终自保完，犹足以延期挺命于深江之外矣。今议者或欲泛舟径济，横行江表；或欲倍道并进，攻其城垒；或欲大佃疆场，观衅而动。此三者皆取贼之常计，然施之当机则功成；若苟不应节，必贻后患。自治兵已来，出入三载，非掩袭之军也。贼丧元帅，利存退守。若罗船津要，坚城清野，横行之计，其殆难捷也。贼之为寇六十年，君臣伪立，吉凶同患。若恪蠲其弊，天夺之疾，崩溃之应，不可卒待也。今贼设罗落，又持重密，间谍不行，耳目无闻。夫军无耳目，投察未详，而举大众以临巨险，此为希幸徼功，先战而后求胜，非全军之长策也。唯有大佃最差完牢，兵出民表，寇钞不犯，坐食积谷，不烦运士；乘衅讨袭，无远劳费。此军之急务也。夫屯垒相逼，巧拙得用，策之而知得失之计，角之而知有余不足之处。情伪将焉所逃。夫以小敌大，则役烦力竭；以贫敌富，则敛重财匮。故敌逸能劳之，饱能饥之，此之谓也。然后盛众厉兵以振之，参惠倍赏以招之，多方广似以疑之。由不虞之道，以间其不戒。比及三年，左提右挈，虏必冰散瓦解,安受其弊,可坐算而得也。昔汉氏历世常患匈奴,朝臣谋士早期晏罢,介胄之将,则陈征伐。缙绅之徒,咸言和亲;勇奋之士,思展搏噬。故樊哙愿以十万横行匈奴,季布面折其短;李信求以二十万独举楚人,而果辱秦军。今诸将有陈越江陵之险,独步虏庭,即亦向时之类也。以陛下圣德,辅相贤智,法明士练,措计于全胜之地,振长策以御之,虏之崩溃,必然之数。故兵法曰:'屈人之兵而非战也,拔人之城而非攻也。'若释庙胜必然之理,而行百一不全之略,诚愚臣之所虑也。故谓大佃而逼之计最长。"时不从龂言,诏昶等征吴。吴将诸葛恪拒之,大败魏军于东关。魏后陵夷禅晋,太祖即位。

[王昶等败,朝议欲贬黜诸将。景王曰:"我不听公休以至此,此我过,诸将何罪?"时雍州刺史陈泰讨胡又败,景王又谢朝士曰:"此我过也,非玄伯之责。"于是魏人悦睦,思报之也。]

至世祖时[即晋武帝],羊祜上平吴表曰:"先帝顺天应时,西平巴蜀,南和吴会,海内得以休息,兆庶有乐安之心。而吴复背信,使边事更兴。夫期运虽天所授,而功业必由人而成,不一大举扫灭,则众役无时得安。亦所以隆先帝之勋,成无为之化也。故尧有丹水之伐,舜有三苗之征,咸以宁静宇宙,戢兵和众者也。蜀平之时,天下皆谓吴当并亡。自此来十三年,是谓一周。平定之期,复在今日矣。议者常言吴楚有道后服,无礼先强,此乃诸侯之时耳。当今一统,不得与古同谕。夫适道之论,皆未应权,是故谋之虽多,而决之欲独。凡以险阻得存者,谓所敌者同力,足以自固。苟其轻重不齐,强弱异势,则智士不能谋,而险阻不可保也。蜀之地,非不险也,高山寻云霓,深谷肆无景,束马悬车,然后能济,皆言一夫荷戟,千人莫当。及进兵之日,曾无藩离之限,斩将搴旗,伏尸数万,乘胜席卷,径至成都,汉中诸城,皆鸟栖而不敢出。非皆无战心,诚力不足相抗。至刘禅降服,诸营堡者索然俱散。今江淮之难,不过剑阁;山川之险,不过岷汉。孙皓之暴,侈于刘禅;吴越之困,甚于巴蜀。而大晋兵众,多于前世;资储器械,盛于往时。今不于此平吴,而更阻兵相守,征夫苦役,日寻干戈,经历盛衰,不可长久,宜当时定,以一四海。今若引梁、益之兵,水陆俱下,荆、楚之众,进临江陵,平南豫州,直指夏口,徐、扬、青、兖,并向秣陵,鼓旆以疑之,多方以误之,以一隅之吴,当天下之众,势分形散,所备皆急。巴、汉奇兵,出其空虚,一处倾坏,则上下震荡。吴缘江为国,无有内外,东西数千里,以藩篱自持,所敌者大,无有宁息。孙皓恣情任意,与下多忌,名臣重将,不复自信,是以孙秀之徒,皆畏逼而至。臣疑于朝,士困于野,无有保势之计,一定之心;平常之日,犹怀去就,兵临之际,必有应者,终不能齐力致死,已可知也。其俗急速,不能持久,弓弩戟盾,不如中国,唯有水战是其所便。一入其地,则长江非复所固,还保城池,则去长人短,而官军悬进,人有致节之志。吴人战于其内,有凭城之心。如此,军不逾时,克可必矣。"帝深纳焉。乃令王濬等灭吴。天下书同文,车同轨矣。

[时吴王皓有兼上国之心,使陆抗为荆州牧。晋使羊祜与吴人相持。祜增修德政以怀吴。吴每与战,必克日而后合,间谍掩袭并不为,若临阵俘获,军正将斩之,祜辄曰:"此等死节之臣也。"为之垂涕,亲加殡,给其家,迎丧者,必厚为之礼而归之。吴将有来者,辄任其所适。若欲返吴,便为祖道。吴将有二儿,皆幼,在境上戏,为祜军所略,经月。其父谓之已死,发丧。祜亲自勉劳供养,遣归。父后感其恩,率二子来降。于是陆抗每告其众曰:"彼专为义,此专为暴,是不战而自服也。各保分界,无求细益而已。"称曰:"羊叔子虽乐毅、诸葛亮,何以过之?"陆抗将死,言于吴王皓曰:"西陵、建平国之蕃表,处在上游,受敌二境。臣父逊昔垂没陈言:西陵,国之西

门。如其有虞，当举国争之。臣愚以为，诸侯王幼冲，未尝事，乞简阅一切，以辅疆场。"

晋南征大将军羊祜来朝，密陈伐吴之计，使王濬治船于蜀，方舟百余步，皆为城郭，门施楼橹，首画怪兽，以惧江神。容二千余人，皆驰马往还。及梯流于吴，建平太守吾彦取其流梯，以呈吴王曰："晋必有攻吴之计，宣增建平兵，建平不下，终不敢渡江。"吴王皓不从。彦乃辄为铁锁，加之锥刺以断于江，阻于我也。濬闻之，乃为大筏，缚草为人，伏习流者；下施竹炬，以碍锁锥，乃兴师。果如濬策，弗之患也。太康元年，安东将军王浑击横江，破之。龙骧将军王濬克建平、丹阳二城。杜预又分遣轻兵八百，乘篅舻渡江，上乐乡岸，屯巴山，多张旗帜，起火山上，出其不意。破公安时，诸将谓百年之冠，未可全克，且春水方生，难于持久，宜待来冬更为大举。预喻之曰："昔乐毅藉济西一战以强齐，今兵威已振，譬如破竹，数节之后皆迎刃而解耳！抗表论之，上深然焉。"吴遣张悌、沈莹济江，莹谓悌曰："晋作战船于蜀久矣，今倾国大动，万里齐起，并悉益州之众，浮江而下，我上流诸军无有戒备，恐边江诸城尽莫能御也。晋之水军必至于此，宜畜力待来一战。若破之日，江西目清，上方虽坏，可还取也。今渡江逆战，胜不可保，若或摧丧，则大事去矣！"张悌不从，遂济江尽从来逼，王师不扰，其众退而兵乱，晋军乘之，大破吴师，吴王皓乃降于濬，戍卒八万，方舟鼓噪入于石头。皓面缚舆榇，濬焚榇，礼也。赐皓爵为归命侯。]

至晋惠庸弱，胡乱中原，天子蒙尘，播迁江表，当时天下复分裂矣。出入五代，三百余年。隋文帝受图，始谋伐陈矣。尝问高颖取陈之策，颖曰："江北地寒，田收差晚；江南土热，水田早熟。量彼收获之际，微征士马，声言掩袭，贼必屯兵坚守，足使废其农时。彼既聚兵，我便解甲，再三如此，贼以为常。后果集兵，彼必不信，犹豫之顷，吾乃济师登陆而战，兵气益倍。又江南土薄，舍多竹茅，所有储积，皆非地窖，密遣行人，因风纵火，待其修立，复更烧之。不出数年，自可财力俱尽。"上行其策，陈人益弊。后发兵，以薛道衡为淮南道行台尚书，兼掌文翰。及王师临江，高颖召道衡，夜坐幕下，因问曰："今师之举，克定江东与否？君试言之。"道衡答曰："凡论大事成败，先须以至理断之，禹贡所载九州，本是王者封域。后汉之季，群雄竞起，孙权兄弟，遂有吴楚之地。晋武受命，寻即吞并，永嘉南迁，重此分割。自尔已来，战争不息，否终斯泰，天道之恒。郭璞有云：'江东偏王三百年，还与中国合。'今数将满矣。以运数而言，其必克一也，有德者昌，无德者亡，自古兴灭，皆由此道。主上躬履恭俭，忧劳庶政，叔宝峻宇雕墙，酖酒荒色，上下离心，人神同愤，其必克二也。为国之体，在于任寄，彼之公卿，备员而已。拔小人施文庆，委以政事，尚书令江总，唯事诗酒，本非经略之才，萧摩诃任蛮奴，是其大将，一夫之用耳，其必克三也。我有道而大，彼无德而小。量其甲士，不过十万，西自巫峡，东至沧海，分之则势悬而力弱，聚之则守此而失彼，其必克四也。席卷之兆，其在不疑。"颖忻然曰："君言成败，理甚分明，吾今豁然也。本以才学相期，不意筹略乃至此也。"遂进兵，虏叔宝。此灭吴形也。

[议曰：昔三国时，蜀遣宗预使吴。预谓权曰："蜀土虽云邻国，东西相赖，吴不可无蜀，不可无吴。"孙盛曰："夫帝王之保，唯道与义，道义既建，虽小可大，殷周是也；苟仗诈力，虽强必败，秦项是也，况乎偏鄙之城，恃山水之固而欲连接万里，永相资赖哉！昔九国建合纵之计，而秦人卒并六合；嚣述营辅车之谋，而光武终兼陇南。夫以九周之强、陇汉之大，莫能相救，坐观屠覆，何者？道德之基不固而离弱之心难一故也。而云吴不可无蜀，蜀不可无吴，岂不诮哉！由此观之，为国之本，唯道义而已，君若不修德，舟中之人尽敌国也。有矣夫！"]

自隋开皇十年庚戌岁灭陈，至今开元四年丙辰岁，凡一百二十六年，天下统一。
论曰：《传》称"都城过百雉，国之害也。"又曰："大都偶国，乱之本。"古者诸侯不过百里,山海不以封,勿亲夷狄,良有以也。何者?贾生有言:"臣窃迹前事,夫诸侯大抵强者先反。淮阴王楚最强,则最先反;韩信倚胡则又反;贯高因赵资则又反;陈豨兵精则又反;彭越因梁则又反;鲸布用淮南则又反;卢绾最弱最后反。长沙乃在二万五千户耳,功少而最完,势疏而最忠。非独性异人也,亦形势然也。曩令樊、郦、绛、灌据数十城而王,今虽以残亡可也;令信、越之伦,列为彻侯而居,虽至今存可也。然则天下之大计亦可知已。欲诸侯之皆忠附,则莫若令如长沙王;欲臣子之勿菹醢,则莫令如樊、郦等;欲天下之治安,则莫若众建诸侯而少其力。"以此观之,令专城者,皆提封千里,有人民焉,非特百里之资也,官以才,属肺附,非特母亲之疏也。吴据江湖,蜀阻天险,非特山海之利也;跨州连郡,形束壤制,非特偶国之害也。若遭万世之变,有七子之祸,则不可讳,有国者不可不察。

[魏明帝问黄权曰:"今三国鼎峙,何方为正?"对曰:"当以天文正之。往年灾祸守心,而文帝崩,吴蜀二国主无事,由是观之,魏正统矣。"]

【译文】

我听说东汉末年朝纲不振,群雄逐鹿。袁绍想夺取河北,刘表在荆州起兵,马超、韩遂割据关西,吕布、陈宫占领东夏,辽西、渤海、山东一带,十几路诸侯屯兵百万,缔结盟约,成为一时的英雄豪杰。然而,曹操"挟天子令诸侯"。用了六七年的时间,诸侯十有八九被消灭,只剩下吴和蜀两个小国了。从地图上看,吴蜀两国只有四个州的地盘,比不上中原的 一个大都会那里的人在战场上体现不出他们的勇敢。只会私下斗狠,在战斗中动辄败退逃跑,不足以作中原人的对手。在武力和才智上他们(指吴、蜀)也不如袁绍、刘表、吕布强盛,但这两位英雄(指刘备、孙权)在劣势中,凭着刚刚建立的弱小国家的力量,能够拒守西蜀和江南,与曹操抗衡,跃马麾兵,割疆裂土。这是为什么呢? 这就是地利不同,形势所致。所以《周易》说:"王侯凭天险来固守国家。"古语说:"要夺取一里方圆的地方,却动用了夺取千里之地的权谋,这就是地利在起作用。"所以曹丕面对长江,看到汹涌的波涛,感叹说:"这是上天设置的南北界线啊!"刘资把南郑称为"天狱",把斜谷的道路称为"五百里石穴",查阅众多的史料,都记载了它的险峻幽深。然而说顺应天时,地利不如人和更重要。假如吴、蜀有一个中等才能的人统治,就完全可以避免过早灭亡的命运,怎么能让小小的邓艾、王濬攻占,建立赫赫大功呢? 由此看来,胜负的关键在于人和,不在地利。唉! 有智之士的谋划,一定会全面权衡利害关系。所以说:"不懂得用兵的危险,就不能够发挥用兵的作用。"这是自古以来的普遍规律啊! 因此,我选取了三国权谋的精要,而做了这些分析,目的是使后人从统一中原、覆灭蜀国的事件当中明白用兵的利害关系,从而懂得曹魏的权谋。

蜀

天帝布置政局,房心合该治理参伐。(注:房、心、参、伐,都是星宿名,伐包括在参星之内,房心的分野是豫州),参伐的分野就是益州。[以东边的井星、南边的股、距二星为分界,东边的井星和南边的股、距二星连接起来就是这个范围。觜星应在参星的右边,玉井星所含的就是这个星。西边的距星就是参星中心西数第一颗星。]蜀地按照《职方》记载在雍州境内,根据《禹贡》记载是梁州地域,方圆有五千余里,境内共有四十多个郡县,可以算得上一个诸侯国了。[常璩《国志》称蜀地按八卦方位论恰好属坤,所以那里多有五彩斑斓的华饰;按十二干支属未,所以那里的人喜好美味。《诗经》说周文王的德化泽及到了长江、汉水流域,因此那里已经接受了周文王的教化了。秦地和齯地有同样的诗风,秦地和蜀地是同等的,所以共有华夏的音乐"等等。]所以,古代把益州称为"天府之国",肥沃广大的土地从那时起就已经有了。

王莽统治末年,公孙述占领蜀地。[公孙述,字子阳,扶风茂陵人。王莽时是道江军中长官,管辖着临邛。刘玄称帝后,各地的英雄豪杰纷纷起兵响应汉军,南阳人宗成占据了汉中,商人王岑也在洛县起兵,自称为定汉将军,响应宗成。公孙述听说后,派使者迎接宗成到成都。宗成等人进成都后掳掠烧杀,无恶不作,公孙述十分痛恨。就把县中豪杰召集起来说:"现在天下的百姓都深受刘立,统治之苦,盼着汉室复兴,所以听说汉将军到,都奔出城迎接,但是宗成屠杀无辜百姓,所到之处变成一片废墟,这是贼寇的所作所为,并不是我们所盼的义军啊!我想守住我们的郡县等待有道明君的到来,大家想助一臂之力的就留下,不愿效力的可以离开。"豪杰们纷纷点头,表示愿意跟随公孙述效死力。公孙述于是派人诈称是从东方来的汉朝使臣,任命公孙述为辅汉将军、益州牧。然后,公孙述选派精兵一千多人去攻打宗成,打败宗成后,又派他的弟弟公孙恢打败了绵竹的汉更始帝(刘玄)所封益州刺史张忠。于是公孙述的名声便威震益州地区了。]益州功曹李熊劝公孙述说:"当今全国动荡,连普通的人都议论纷纷,胸怀大志。将军你割据的千里之地,十倍于商汤和周武王。如果能够奋发有为,取信于民,利用天赐良机,就可以成就王图霸业。现在山东正闹饥荒,老百姓骨肉相食,遭过兵祸的城邑变成了废墟。蜀地广阔的肥田沃土,盛产各种水果,百姓即使无粮也可以填饱肚子,女工纺织的衣服,足够天下人的穿用,名贵的木材、竹子和各种丰富的器械,用也用不完。人民还有打鱼、制盐、冶铜炼铁和水上运输的便利条件。在军事上,向北可以据守汉中凭借褒城、斜谷的险阻,向东可以占据巴郡,把守住捍关。我们有方圆千里的土地,有不少于百万的雄兵,抓住有利时机,可以出兵攻城略地,没有机会就坚守蜀中发展农业;出兵汉水可以伺机夺取秦地,顺江东下,可以威慑荆扬,这就是所说的取得成功所依靠的天时和地利。现在你的声名天下人都知道了,但是帝位还未建立,使跟随你的那些有才能的人犹豫不决。你应当及早建位称号,使人们找到依托。"[公孙述说:"帝王都有天命,我有什么才德去担当呢?"李熊说:"天命不是固定不变的,百姓拥护有才德的人,有才德的人就应该担当天下重任,你又有什么可犹豫的呢?"公孙述于是就同意了他的话。]东汉建武元年四月公孙述就自立为天子,改国号"成家",以白色为贵。[派将军侯丹驻守白水关北的南郑地区,派将军任满从阆中下江州镇守东边的捍关,于是公孙述全部占领了益州的地盘。]

从刘玄失败后,光武帝刘秀正在崤山之东征剿各路豪杰,还没有顾上征讨西南,关中的英雄豪杰大多归顺了公孙述。在此之后,平陵人荆邯看到刘秀将要平定中原,大军很快就会讨伐西南,劝公孙述说:"军队是古今帝王成就大业的关键,不能轻易放弃不用。隗嚣乘此机会,割据了雍州,兵强马壮,有志之士都愿意投奔,能威慑东方,你不在这个时候乘胜出兵,与刘秀一同争夺天下,却退守西蜀,迟疑不进,想效仿西伯侯的做法,偃旗息鼓,谦卑地侍奉汉君,慨叹汉君刘秀是周武王复出。现在刘秀放下汉中、益州的忧患，一心一意在平定山东之乱，天下已经得到了四分之三，致使西部州郡的英雄豪杰，都对山东的刘秀心向往之，刘秀派出离间的使者，招收心怀二心的人，天下实际已经得到了五分之四。刘秀如果派兵攻打天水，必然会使我方土崩瓦解，天水关一旦被占领，天下已经得到九分之八。君王你依靠梁州的土地，对内负担国家机构的各项开支和对外负担三军的粮饷，老百姓贫困不堪，怨声载道，将来恐怕会发生王凤那样的内乱。依我的计策，趁争夺天下的希望仍然存在，英雄豪杰还可以招纳这个时候，赶快派遣国内精兵，命令田戎镇守江陵，在江南凭借巫

山天险，坚固城池，把征讨的文书发到吴楚一带，长沙以南地区，一定会闻风归顺。命令延岑出兵汉中，平定三辅，天水，关西地区的人民必然拱手称臣，这样一来，就会使全国形势发生重大变化，就有可能形成极为有利的局面。"

　　[公孙述问计群臣，博士吴柱说："从前周武王伐纣，八百诸侯不约而同地都跟从了他，但是仍然还师等待天命。没听说过只靠左右的帮助，就想出兵千里之外以拓展疆域的。"荆邯说："现在东帝(吴王刘秀)并没有什么权力，指挥乌合之众，跨马杀敌，所向披靡。如果不立刻抓住时机与他争夺天下，却坐谈武王之事，这是效仿隗嚣，想要做西伯侯那样的人。"范晔说："举旗起兵，假借神谕，开始创业的时候，就已经显露出他的风范了。最后终于自立于西南一角，在大国之间生存。陇坻虽然地小势微，却能以区区的两个郡去抵御刘秀的大军，就知道他的政德有足以感化人的地方，所以能笼络四方的豪杰。功德圆满名誉就会显著，功业衰败则战乱兴起。回避成败的问题而进行讨论，还没有听说过！如果像隗嚣那样假借符命兴兵，而非依靠天助，坐论西伯侯周文王的德政是多么可笑啊！"]

　　公孙述不听荆邯的计策。后来光武帝刘秀派遣岑彭、吴汉讨伐蜀地，攻克荆门，大军长驱直入江关。

　　[岑彭被蜀地的刺客杀死，吴汉把岑彭的军队都收编过来，进入犍为地界，各县都坚守不战。吴汉于是进军广都，夺取了它，派遣轻骑兵火烧成都，市桥、阳武以东的各小城都投降了吴汉。光武帝刘秀告诫吴汉说："成都有十万人口，不可以轻敌。你只管坚守广都等他们来攻，不要与他硬拼。如果他们不敢来攻，就设法逼迫他们，必须等他们精疲力尽，才可以进攻。"吴汉乘有利时机，率步兵、骑兵二万多人进逼成都，在离城十多里的地方，停在江北建立营地，修浮桥。派副将刘尚率一万多人屯扎在江南，与他相距二十多里。光武帝听说，大惊失色，责备吴汉说："敌人如果出兵牵制住你，而以大队人马进攻刘尚，刘尚被攻破，你也就失败了！侥幸没有发生意外，赶快率军回广都。"诏书还未到，公孙述果然派大将谢丰攻打吴汉，另外遣将攻打刘尚，使吴、刘不得相救。吴汉就三天闭营不出，树立很多幡旗，并使烟火不绝。夜里，率军衔枚而走与刘尚的军队会合，谢丰等人都没有察觉。第二天，谢丰才分兵拒守江北，自己率军攻打江南。吴汉打

败了他，将他斩首。于是吴汉率兵返回广都，把情况报告给光武帝。光武帝回答说："你返回广都，很合时机，公孙述一定不敢分兵你和刘尚。如果先攻打刘尚，你从五十里外的广都率步兵、骑兵奔赴敌前，正好赶上它疲惫、困顿，击败它是必然的。"从此，吴汉和公孙述在广都之间交战，吴汉八战八胜，于是就驻扎在城中。公孙述分发黄金、布帛，招募敢死战士五千人，以配合延岑作战。延岑在市桥虚树旗帜，鸣鼓向吴汉军挑战，暗地里却派奇兵从吴汉军队后面袭击，打败了吴汉。吴汉堕入水中，拽着马尾才出来。公孙述于是就亲自率军攻打吴汉，三战三胜。从晨至午，军中战士没有吃饭，都疲惫不堪，吴汉于是趁机命令壮士突袭述军，述军大败。]**到达成都，公孙述出城迎战，兵败，战死，公孙述的妻子儿女都被杀死，宫室被烧毁。**[光武帝听说这件事，愤怒地谴责吴汉说："破城三天后，官吏就会投降了。一旦纵容士兵放火，斩杀良将，就偏离了道义。"于是下诏安抚百姓。那些忠臣义士都受到表彰。李育因为有才干，被提拔使用。于是西川之人都心悦诚服，人心归向。范晔说："从前赵陀自己在番禺称王，公孙述也窃取蜀汉的权柄，推想他并没有什么才能、却能最后灭亡的原因，抑或是因为地处边远地带，不能早一点受到君王德政的教化。在这种情况下他却不能趁机建立功业，因时改变策略，就只知修饰仪表，自以为谋略高深而安于现状，这是与从前吴起一番言语使魏侯惭愧地情况相同的。如果那时他拒绝群臣，而是认真审视自己兴衰的命运，又争今天顿首至地、国破投降的情形不可同日而语了。"]

到了东汉灵帝时候，中央政府软弱，王室衰微，统治不力，地方豪强势力各霸一方，斗争激烈。**灵帝封刘焉作益州牧**[刘焉是鲁恭王的后代。当时四面八方都是兵寇，刘焉认为刺史权力小，于是建议改设牧伯，进行统治。恰逢夏清挑选重臣担任这个职务。便任命刘焉为益州牧。当时，梁州反贼马相纠结几千名苦于徭役的役民，杀死绵竹令，然后进攻洛县。州从事贾龙率领数百名士兵在犍为集合吏人攻破马相，派官吏迎回刘焉，刘焉就担任了益州牧。]**刘焉死后，他的儿子刘璋承袭了益州牧。**[益州大吏赵韪等人，因刘璋温厚仁爱，把他拥立为刺史。起初，南阳三辅数万户百姓流入益州，刘焉把他们全部收为自己的士兵，名为"东州兵"。刘璋性格柔顺宽厚，没有威严和谋略，而东州人则暴虐百姓。赵韪因为在其中有人情关系，从不缉拿他们，因此他们成了州中的大姓。州中人害怕被赵韪所杀，就同心协力，为刘璋进行殊死战斗，杀死了赵韪。当时张鲁也因为刘璋懦弱，不归顺他，自己称雄于巴蜀。]**后来，刘璋被刘备围困，投降了刘备。**[刘备把刘璋放逐到公安，归还了他的财产。后来刘璋病死。]

当初，**刘备任豫州牧。**[刘备，字玄德，涿郡涿县人氏。寡言少语，礼贤下士，喜怒不形于色。徐州牧陶谦上表朝廷请求封刘备为豫州牧。后来陶谦生病，派人迎先主刘备，刘备说："袁公路近在寿春，他们家四世三公，世代为官，是天下所归附的对象，你可以把徐州给他。"陈登说："袁公路骄纵傲慢，不是能够平定乱世的君主。现在如果使君聚集步兵、骑兵十万人，使你上可以匡扶君主、救济人民，成就五霸一样的功业；下可以据守一方，功绩留传后代。如果你不听从我的话，我也就不能听从于你了。"孔融对先主刘备说："袁公路难道是忧国忧民、忘掉自身利益的人吗？他就像坟墓中的枯骨一样何足挂齿？现在的实情是，百姓拥戴贤能。天赐良机却不抓住它，会后悔莫及的。"于是刘备就接管了徐州。陈登派使者拜见袁绍说："天降灾难到我们徐州，我们徐州的守将去世了，百姓无主，恐怕奸雄会乘机作乱，使盟主你日夜忧虑。所以就尊奉平原相刘府君为宗主，使百姓有所归依。如今战乱频繁，士兵都顾不上卸下盔甲，现在（守将）派我恭谨地把情况报告给你。"袁绍回答说："刘玄德宽宏文雅，讲信义，现在徐州人乐于拥护他，确实能孚百姓的众望。"]**被曹操击败，退守在荆州新野县安身。**

[时值荆州刘表病死，诸葛亮劝说刘备攻打刘琮，可夺取荆州，刘备说："刘表死前向我托孤，我不忍心做这种事。"曹操大军南下，刘备败逃时荆州百姓跟随的很多，军队一天只能走十多里

路。有人劝刘备把百姓丢下，火速行军，固守江陵。刘备说："成就一番大事的，都是以百姓为本，现在百姓愿意跟随我，我怎么能忍心丢下不管呢?"习凿齿说："刘备越是在艰难困境中，形势危急的时刻越讲求信义，形势已经很紧急了，但说出的话还不失正道。以民为本，不忘刘表的相助之恩，不舍百姓的追随之情，甘愿和百姓同败，看他的做法已非一般对下属同甘共苦，关怀至者可比，那么他最终成就一番大事就是必然的了。"]刘备听说诸葛亮在南阳隐居，就三次去请诸葛亮出来辅佐。刘备在草庐中见到诸葛亮后说："汉王室衰败，奸臣窃取了君权，致使君王蒙受了耻辱。我不顾自己德行和能力的缺乏，想要在天下伸张正义，可是我智谋短浅，才能不够，直到现在还是无所作为，请问先生该怎么办?"诸葛亮回答说："从董卓弄权以来，豪杰纷纷起兵，能够割据州郡的诸侯也有很多。曹操和袁绍相比，名声小而且兵力少，然而曹操却能击败袁绍，由弱变强，这除了天时之外，更重要的还是人的智谋啊!现在曹操已经拥有了百万军兵，挟天子而令诸侯。"[《左传》说："谋取诸侯不如勤于王事"就是这个意思。]这种形势下就不能再和它一争高下了。孙权占有江东地区，已经经历了三代，地势险要，百姓十分拥护，有才能的人都能被重用，它可以成为我们的外援，但不可试图夺取它。荆州四通八达，北有长江、汉水，南可控制南海，东连吴，西接蜀。既是交通要道，也是战略要地，它的主人却没有能力守护，这是上天赐给将军你的宝地啊!益州险要，与周围阻隔，肥沃的千里土地，素有"天府之国"的美称，汉高祖昔日凭着它成就了帝王的霸业。刘璋懦弱，北面的张鲁时刻想伺机夺取。益州物产丰富，但刘璋不懂得体恤百姓，有智之士都在渴望得到贤明的君主来统治。将军你是王室的后代，仁德之名天下闻知，能够广召天下英雄，十分重视有才能的人，如果占有荆州和益州，向西南相邻的少数民族交好，对外与孙权缔结盟约，对内实行仁政，一旦天下形势发生变化，可以派上将率领荆州的军队进攻宛城、洛阳，将军你自己亲率益州的大军夺取秦川，百姓谁不夹道欢迎你的队伍呢?如果真能这样的话，那么霸业可以成就，汉室就可以复兴了。"后来，曹操占领了荆州，刘备败退到东吴境内。

[先主刘备投奔东吴的时候，人们都认为孙权会杀了他。程昱估计说："曹公天下无敌，现在刚刚攻破荆州，威震江东。孙权虽然有谋略，也不能单独与之相抗。刘备是个英雄，关羽和张飞都是能敌万人的勇将，孙权一定会借助他们来抵御我们。刘备便会以此成事，孙权不会杀了他。"孙权果然借给刘备许多兵马，去抵抗曹操。当时益州刺史刘璋听说曹操讨伐荆州，就派别驾张松去见曹操，当时曹操已经平定了荆州，赶走了刘备。曹操不采纳张松的意见，于是张松劝刘璋与曹操决裂。习凿齿说："从前齐桓公狂傲自大，有九个国家反叛他；曹操逐渐骄傲自满而导致天下三分，都是苦心经营几十年，却在顷刻之间毁弃，岂不可惜吗?因此君子勤劳而谦虚，日夜思虑礼贤下士，功劳虽高却谦逊、礼让，权势尊贵却以谦卑的态度守住它，然后才能拥有富贵，保住功业，传福百代，哪里有什么可骄傲自满的呢?君子以此知道曹操不能马上统一天下的原因。"]

刘备采纳了诸葛亮的策略，与孙权交好结盟，孙刘联合，在赤壁击败了曹操。曹操退回中原后，孙权就把荆州借给了刘备。[周瑜上书劝谏说："刘备是天下的枭雄，而关羽、张飞是熊虎一般的猛将，一定不肯长期屈居为人下、被人利用。我认为当务之急，应该把刘备留在吴中，给他建造华丽的宫室，多给他美女珍玩，使他玩物丧志，把关羽、张飞二人分开，让他们各守一方。派一个像我这样的人去胁迫他们一起打仗，就可奠定大业了。现在割让土地，给他们作为成就大业的资本，这三个人一旦并肩疆场，恐怕就会像蛟龙得云雨一样，不好对付了。"而孙权认为曹操雄霸北方，此时应当广揽英才，共思抗曹，所以并没有采纳周瑜的建议。]

庞统劝刘备说:"荆州由于战乱,土地荒芜,人口物产匮乏。东边有孙吴,北边有曹操,在这两大集团的夹击之下,欲三分天下恐怕很难。现在益州国富民强,老百姓超过百万,兵马、财物十分丰富,重要物产不必从外边输入。我们可以暂时借以据守,成就大事。"刘备说:"当今和我水火不能相容的是曹操,曹操的统治严厉,我的统治和缓;曹操对百姓残暴,我对百姓仁爱;曹操为人狡诈,我为人诚实。常常和曹操相反,才能成就大事。现在要让我因为一点小事在天下人面前失去信义,这是我不愿做的。"庞统说:"情况不同就需要有灵活的策略,不能被某一种固定的政策束缚。兼并小国,吞灭昏主的地盘,这是从前春秋五霸所做过的事情。以武力夺取,用文治统治,这是合乎正义的,平定天下之后再给他以封地;又怎么能叫失信呢? 你现在不夺取益州,将来恐怕要被别人得到。"刘备于是就派关羽守荆州,决定亲自率军夺取益州。

[当时孙权派使者去告诉刘备,想要和他一起攻取蜀地,说:"米贼张鲁在巴汉称王,是曹操的耳目,计划谋取益州。刘璋不能自保。如果曹操取得蜀地,那么荆州就危险了。现在我想先进攻刘璋,进而讨伐张鲁,你我首尾相连,一举统一吴楚,即使有十个曹操,也没有什么可怕的了。"有人劝刘备应该回信答应孙权,说东吴终究不能越过荆州而占领西蜀,那么蜀地就可以被我们独占了。主薄殷观说:"如果替吴国去当先锋,前进不能攻克西蜀,返回来又被东吴所乘,那么就把统一天下的大业给葬送了。"刘备听从了殷观的意见,拒绝孙权说:"益州民富国强,地势险要,刘璋虽然软弱,也足以自守了。张鲁是个狡诈的人,未必完全忠于曹操。现在把军队开赴蜀地,转战万里,想要攻无不克,战无不胜,这是吴起和孙武也没有办法做到的事。现在曹操占领天下的三分之二,蓄意饮马于沧海,陈兵于吴境,而我们同盟之间无故自相攻伐,这只会给曹操提供可乘之机,攻打我们。这不是一个好计策。"孙权明白刘备知道了他的用意,就放弃了这个计划。]

这期间,正好刘璋听说曹操派兵讨伐汉中张鲁,心里十分惶恐。别驾张松对刘璋说:"曹操军队厉害,天下无人能敌。如果曹操夺得汉中,然后凭借汉中的物产来攻打益州,谁能抵挡得了? 刘备是你的同宗兄弟,和曹操有深仇大恨,如果把他请来讨伐张鲁,一定能夺得汉中,从而加强了益州的防御力量,曹操即便来攻,也无能为力了。"刘璋同意张松的意见,派法正前去邀请利备。[当时,黄权劝告刘璋说:"刘备有天下枭雄的名望,你把他看作是部下,不会使他满意,以礼相待把他看作客人,可是一国又容不下两位君王。刘备如果安如泰山,你的处境就会十分危险,希望你不要接纳刘备。"刘巴也劝刘璋说:"刘备是个英雄豪杰,一旦到来,必然有所图谋,不能接纳。"刘备进入益州后,刘巴再次劝刘璋说:"如果让刘备讨伐张鲁是把老虎放归到山林里去啊!"刘璋都没有听从。]

刘备和刘璋在涪城会面后,刘璋回到成都,刘备就去替刘璋征讨汉中张鲁。

庞统后来劝刘备说:"我现在有三条计策夺取益州。第一,我们秘密派遣精锐部队,昼夜兼程,直接偷袭成都。刘璋武备松弛,不善军事,毫无防备,我军到达后,一战就能夺取成都,这是上策。第二,我听说刘璋的名将杨怀、高沛都握有重兵把守要地,在你还没来之前,就写信劝告刘璋不要把我们放进来。可以派人散布流言说荆州军情紧急,我们想回救荆州,使军队做出回荆州的样子,这两人都仰慕你的英名,又高兴我们回荆州,一定会来与你见面送行,那时把他们抓住,夺了他们的兵马,然后再攻取成都,这是中策。第三,我军返回白帝城,与荆州连接策应,再等机会重新回来,这是下策。你如果不当机立断,将会被困在益州,进退两难。"刘备同意了他的中策。

　　[起初，张松、法正去拜见刘备，刘备极为殷勤地接待了他们，就便询问蜀中的武器装备、库存和人马众寡及一些要害部门的情况。张松和法正都一一给他详述，又画了地图，把山川地理指点给他看，于是刘备完全知道了益州的虚实。刘备北到葭萌，没有立刻讨伐张鲁，而是广施恩德以收买人心。第二年，曹操征讨孙权，孙权恳请刘备去救援，刘备于是向刘璋提出借士兵以及钱财物资，意欲救吴。刘璋给了四千兵马，其余的军需只给了刘备所要求的一半。刘备于是就激怒众士兵说："我们为益州抵御强敌，大家也都辛苦劳累，连个安稳觉都睡不上。现在刘璋却把钱财藏在府库里，舍不得犒赏有功之人，却希望士大夫为他拼死作战，怎么可能呢？"于是召来刘璋的白水军都督杨怀，责备他无礼，以此为借口杀了他。派黄忠等人率军攻打刘璋，刘备直接进入白水关，把诸将士卒的妻子儿女扣作人质，然后率军与黄忠等人进军并占领了涪城。刘璋所派遣的部将全部大败。]很快设计杀了杨怀等人，从葭萌关南下攻打成都。

　　这时郑度劝刘璋说："刘备率领不到万人队伍攻打我们，粮草不充足，军心不稳定，依我看不如把巴西、梓潼老百姓迁走，把自涪水以西的粮食作物仓库的库存一起烧掉，挖深沟筑高墙，坚守不出。他们挑战我们也不出去。刘备军队会在百日内因供给不足。主动退却，那时我们出击追赶，一定能活捉刘备。"刘璋没有采纳郑度的意见。刘备于是长驱直入，每战必胜，很快就占领了益州。

　　[刘备攻打西蜀，蜀丞相的属官赵戬说："刘备是不会成功的，他不善用兵，每战必败，逃跑还来不及，怎么能攻取别人的土地呢？蜀国虽然小，地形险要，易守难攻，是不会被他打下来的。"征士傅干说："刘备宽厚、仁慈，做事得体，能够使将士为他效死力，有诸葛亮这样足智多谋的人为辅佐，有关羽、张飞这样忠勇、讲信义的人为大将。凭刘备的雄才大略，有这样三位豪杰帮助，怎么能不成功呢？"刘备围攻成都数十日后，刘璋出城投降。蜀中富裕，物产丰富，刘备置酒席犒劳将士，把城中的金银财宝赏赐给他们，把谷物、布帛归还百姓。起初进攻刘璋的时候，刘备和众将士约定："只要事情成功，府库里的东西我都不要！"等到攻下成都，士兵们都扔了武器到府库里争着抢财宝。军中费用不足，刘备很为此忧虑。刘巴说："这事很好办！只管铸造以一当百的钱币来平抑物价，让官吏去官市上做买卖就行了。"刘备采纳他的建议，几个月府库就充实了。刘备自封为益州牧，由诸葛亮来做他的辅相，法正作他的谋臣，以关羽、张飞、马超为大将，许靖、麋竺、简雍为宾客。董和、黄权、李严等人本是刘璋的手下，吴壹、费观等人本与刘璋是儿女亲家，彭羕从前是被刘璋排挤的人，刘巴旧日为刘备所忌恨，他们都被委以重任，以便充分发挥他们的才能。因此有志之士无不竞相效力。]

　　群臣都劝刘备立号称帝，刘备不允。诸葛亮说："过去吴汉、耿纯等人劝光武帝承继帝位，光武帝四次推辞谦让。耿纯说：'天下的英雄豪杰都希望找到可依附的明君，你如果不听从我们的意见，大家都回去寻找自己的君主，还有谁会跟随你呢？'光武帝被群臣的诚意打动，就同意了。现在曹操篡权，天下没有君王，你是帝王的后代，继承帝位是理所应当的。我们这些人跟随你千辛万苦，是像耿纯说的那样，为了做一番事业成就一番功名啊！"刘备于是就继承了帝位。[谯周等人劝刘备说："我的父亲谯𬛠活着的时候说，西南方有黄气直立几丈高，屡次出现，几年中常常有祥云瑞气从北斗中的璇玑星下与它相应，这是祥瑞的征兆。又过了二十二年，有旌旗一样的气多次出现，在中天从西向东横贯穿行。谶书称'一定有天子从那个方向兴起。'这一年，太白、荧惑、镇星常常向岁星接近。汉朝刚立的时候，五星都跟从岁星，这说明岁星执掌天命。汉室的方位在西边，是义的上方。所以，汉朝的占星术通常认为岁星等待新主，该有圣明的君主从这个州郡兴起，来中兴汉室。当时许都汉献帝还在位，所以群臣不敢泄漏这些说法。不久荧惑星又迫近岁星，出现在胃、昴、毕三宿中间。昴、毕二宿是天纲。经书说：'帝王掌权执政，一切奸邪都会消亡。'希望大王顺天应人,建立帝业,以便安定天下。"]

后来曹操夺取了汉中之地。

[曹操攻下汉中后,刘晔向曹操献策说:"你在北方击败了袁绍,在南方吞灭了刘表,天下已经得到了十分之八,你的威名天下传扬连海外也被震慑。现在一举夺取汉中,蜀地的百姓闻风丧胆,可以马上发出讨伐的檄文,刘备虽然是豪杰,但占领蜀地时间不长,民心不稳,军势、民势自然不稳,可以一鼓作气攻克。如果稍稍迟疑的话,诸葛亮足智多谋,关羽、张飞勇冠三军,用武力威慑,用文治来安抚百姓,又坚守险阻要冲,就没有办法攻克。现在不火速攻取,一定会留下后患啊!"曹操没有听从。七天之后,蜀国投降的人说,蜀国震动很大,即使严明法纪,杀掉一些惊慌失措的人,也没有办法禁止骚动。曹操再次请教刘晔能否攻打蜀国,刘晔说:"现在蜀国已经稍稍安定,不能攻打了。"]

法正劝刘备说:"曹操一鼓作气平定了汉中,迫使张鲁投降,没有趁机图谋我国,却留下夏侯渊、张郃驻守汉中,自己立即回到北方。这并不是谋略和兵力不足,而是国内有后顾之忧啊!现在分析夏侯渊、张郃的才能谋略,比不上我国的将帅,如果我们率军征讨,一定会获胜。取得汉中后一边发展农业,积累财物,一边等待机会,最好的情况是可以灭亡魏国,复兴汉室,其次可以逐渐蚕食雍州、凉州拓展我们的国土,再次可以坚守险要,作为长治久安的根本。这大概是上天要把它赐给我们,不能错过好机会啊。"刘备认为他的话很对,于是率领众将向汉中进军,法正也跟着去了。刘备从阳平关南边渡过沔水河,绕着山往前走不远,在定军山扎下营寨。夏侯渊领兵来争夺营地,法正说:"可以出击了。"刘备命令黄忠凭高呐喊进兵,很快击败了对方,夏侯渊在战斗中被杀死。从此,刘备全部占领了梁州、汉中一带地区。

当时,曹操派夏侯茂镇守长安,蜀将魏延向诸葛亮请求率军从褒中出击,顺着秦岭向东,沿子午谷而出向北偷袭长安,诸葛亮不同意。

[《魏略》上说:"夏侯茂是安西将军,镇守长安。诸葛亮在南郑和手下众人商议,魏延说:'听说夏侯茂是曹操的女婿,懦弱无谋。现在给我精兵五千,带上五千车粮草,从褒中出发,沿着秦岭向东;到子午谷后折向北,不出十天就可到达长安。夏侯茂听说我突然到达,一定会乘船逃走。长安只剩下御史、京兆太守、豪门富绅和一些乌合之众,是守不住的,那里的粮食足够用度。等到东边援军到来,还有二十天左右,而你已从斜谷带兵前来,这样就可以一举平定咸阳以西的广大地区。"诸葛亮认为这样做太危险。不如稳妥地从大路攻取陇右,这样有必胜的把握而没有危险,所以不采用魏延的计策。魏延每次跟随诸葛亮出兵,就想要请兵万人,与诸葛亮分兵而进,在潼关会合,就像当初韩信进兵关中一样,诸葛亮制止了他。魏延经常说诸葛亮胆小,感慨自己一身本事却无处可用。]

在此之后,东吴孙权偷袭荆州关羽,夺取了荆州。[范晔说:刘备命关羽镇守荆州,东吴大将吕蒙被任命为汉昌(今湖南平江)太守防备关羽。吕蒙知道关羽的勇武,且素有侵犯东吴的野心,而且关羽的军队驻扎在长江上游,双方和平相处的局面难以持久。吕蒙于是暗中向孙权献计说:"现在征虏将军关羽驻守南郡,潘璋率一万游击军队沿江上下活动,随时应敌。我去据守襄阳。这样的话,对曹操还有可什么担心的?又何必要依赖于关羽?"此计将施行的时候,恰逢关羽攻打樊城,并留兵防守南郡。吕蒙向孙权上书说:"关羽攻打樊城却留下许多防守南郡的士兵,一定是因为怕我在他的后方打主意的缘故。我时常生病,人们不以为怪,望扬言说我回建业养病,关羽得知这个消息,一定会撤掉一些南郡的守军,将他们全部调往襄阳。到那时,我们出动大军,昼夜兼程沿江而上,攻击他的防守空虚部,这样南郡即可拿下,而关羽也就会束手就擒了。"于是，吕蒙声言病重，孙权用一封不加缄封的书信将他召回，悄悄地商议计策。关羽果然信以为真，陆续把南郡守军调往樊城。孙权立即发兵，派吕蒙为先锋。在大船中埋伏下精兵，让摇橹的士兵穿上白衣，其他士兵穿着商人的服色。昼夜兼程，沿途遇到关羽设置在江边的哨兵，统统捆绑、看管起来，因此关羽全然不知。吕蒙顺利地占据了南郡，进驻江陵城，将关羽手下将士的家属全部俘获，然后挨家抚慰，并严令部众不得冒犯百姓，索取钱物。关羽从樊城班师，途中多次派人来向吕蒙探听情况，吕蒙总是热情接待他派来的人。关羽派的人回来后，大家都得知家人平安，受到的待遇与平时一样，所以将士们都丧失了斗志，纷纷离开了关羽向吕蒙投诚，吕蒙很快便将关羽父子抓获。起初，孙权准备攻打关羽的时候，派人到魏国报信说："我想讨伐关羽，以为魏国出力，希望不要把这个消息泄露。现在关羽有所提防，群臣都说应该秘密行事。"董昭说："用兵重在权变，抓住合适的机会，现在应当把这个消息泄露出去，关羽听说孙权进兵，就必定回守南郡守护城池。这样樊城之围就可迅速瓦解。我们还可使他们双方互斗，以等待他们露出破绽。如果是对这个消息秘而不宣，让孙权的计策得逞，这种结果对我们可没什么好处。"于是魏国派人把书信射进被围的樊城之中和关羽的军营里。关羽犹豫不决，没有撤军。陆逊赶到江陵。关羽逃至临沮，被东吴大将潘璋所杀。]

　　刘备听到关羽被杀的消息，十分愤怒，亲率大军讨伐东吴，大败而回，病死在永安。

　　[当时魏文帝曹丕听说刘备在密林中扎下七百里的连营，对众大臣说："刘备不懂用兵之道，怎么能用七百里长的营寨拒敌呢？春秋晋国大将包冗隰就因为凭险阻布阵而被敌军打败，这是用兵的大忌。孙权的好事现在成功了。"果然七天之后，孙权在夷陵大败刘备的书信便到了。]

　　后主刘禅继承帝位。[刘禅下诏说："我听说积累善行国家就会昌盛，积累祸患国家就会灭亡，这是从古至今常理。先前汉室衰落，法网疏漏，奸邪当道。董卓发难，使京城动荡不安。曹操趁机窃取天子的权力，其子曹丕大逆不道，竟敢趁天下大乱夺取帝位。当时天下无主，我大汉皇帝殒命归天。昭烈皇帝[刘备]发扬光大文治武德，继承复兴了祖先的基业，使它不至于灭亡。可惜天下大乱尚未肃清就不幸故世。我年纪尚幼就继承大位，没有好好接受老师的训导，担负祖先留下的重托，没有办成什么大事，所以心中常感不安。诸葛丞相抱负远大，志虑卓绝，忠心耿耿，忧国忧民。现在把国家的大权交给他，让他统率步兵、骑兵二十万，带领大军讨伐凶逆，清除国患，平定战乱，光复旧都，就在此一举了。讨伐敌军的统帅，慰问受伤的将士，其他各项事务，均照诏书和律令执行。"

　　在这以前吴国君主孙权派张温前往蜀国，表示愿意改善关系。[孙权对张温说："你本不该远去巴蜀，但我担心诸葛亮不理解我和曹操联盟的原因，所以才请你屈尊前往。为人之大义，应该是接受命令而不推辞。"张温回答说："我在朝中没有提出什么真诚的意见，在外又没有独立处理过什么事情，恐怕不能像张昭一样建立美名，也不能像当年齐国的宰相子产那样剖析事理的利害。不过诸葛亮见多识广，神机妙算，一定知道进退、屈伸的分寸。他又受到了朝廷的恩惠，相信他一定不会怀疑。"

　　张温到了蜀国，拜见后主，送上表章，说："从前殷时的高宗因为能原谅不够光明正大的昌，所以才使殷商中兴发达；周成王年纪虽轻，却使正处于太平盛世的周王朝更加兴旺。如今陛下的英明可与古代的明君相比，总揽朝政有贤良的丞相，又有诸多精英的辉煌业绩，远近之人无不闻风归顺，希望得到陛下的保护。我们吴国努力奋斗，使江东安定，正是清平盛世之际。我国愿与有道之君统一天下，像大河里的流水一样同心协力。为此，特派下臣来表达和好的希望。陛下你崇尚礼义，待人宽厚，万望不要轻视这件事。我从遥远的边境直到近郊，多次承蒙款待，受宠不安，深感荣幸。"

　　蜀国派马良出使吴国。马良对诸葛亮说："现在我身负国家的重托，协调吴蜀，使之和悦，希望你能把我好好介绍给孙将军。"诸葛亮说："你自己试着写吧。"马良就写道："我的主公派吏掾马良出使同你结好，以继承昆吾、豕韦的功勋。马良是个贤能之人，派他担当出使东吴的使命，他虽不善华丽的言辞，却能够善始善终。希望你能屈尊接待，以便让他完成使命。"孙权隆重地接待了他。]蜀国丞相诸葛亮考虑到孙权听说刘备死后必然心存犹豫，持观望态度，就派遣邓芝出使东吴，与孙权交好。邓芝到了东吴，孙权果然犹豫不定，不及时接见邓芝，邓芝便主动上书求见。孙权对邓芝说："我很想和蜀国亲善和好，但是恐怕蜀主刘禅年龄小，国家不能安定，有被魏国吞并的可能保全不了自己，所以犹豫不决。"邓芝回答说："吴、蜀两国，不过只有四个州的地盘。大王你是盖世英雄，诸葛亮也是当代的豪杰。蜀国有十分稳固的地理条件，东吴三江之险，把这些有利条件合起来，互相结为外援，进可以伺机统一天下，退可以形成三足鼎立的局面，这是理所应当的。大王现在如果委身投靠魏国，魏国必然会要求你去朝见，或者让太子去侍奉魏王，如果你不答应，魏国就会以此为名兴兵讨伐，蜀国看到有机可乘，也会顺流东下来进攻，那么江南就不属于你了。"孙权默默地想了很长时间，说："你的话说得很有道理。"于是主动和魏国断绝关系，和蜀国联合。

当时魏国的司徒华歆、司空王朗等人，给诸葛亮写信。说魏国取代刘氏天下是上天的旨意，想让蜀国举国上下向魏主称臣。诸葛亮不复信，义正词严地说："昔日西楚霸王项羽，不以仁德对待百姓，即使力量强大，身处中原，有帝王的威势，最终还是身败名裂，成为后人警醒自己的反面榜样。如今魏国不吸取项羽灭亡的教训，反而想成为第二个项羽。即使曹操不被天下人处死，他的后代子孙也必然要灭亡的。你们这些人如同战国时的苏秦、张仪，到处摇唇鼓舌，颠倒是非，妄图诋毁古今圣明的君主，这正是白白具备高超的文采，却办不成什么事，这种事是品德高尚的君子所不耻的。《军志》中说：'如果一万名士卒，抱着必死的决心，那就可以天下无敌了'。昔日轩辕黄帝率领几万士卒，就能击败四位诸侯，平定天下。何况我们有几十万兵马，正道是在我们这边，去讨伐有罪的人，那谁还能够与我们匹敌呢？"诸葛亮死后，魏国派邓艾攻打蜀国，蜀兵战败，后主刘禅听从谯周的计策投降了魏国。

[国君应该和国家共存亡，谯周劝后主投降魏国，应当吗？孙盛说："春秋时认为国君应当与国同亡，卿大夫应当从身殉职是一种义举。谯周认为君王不与国同死，应苟且偷生。这是丢弃礼德以图眼前小利的做法，太糊涂了！况且，根据当时的情况和形势来讲，蜀国照理还不至灭亡。为什么呢？后主刘禅虽然无能，但还不至于像夏桀、商纣王一样残暴；虽然屡战屡败，军事上还不至于土崩瓦解；即使不能固守，但撤退还可以保存力量，再等机会。当时，蜀将罗宪还在率领重兵把守白帝城，霍弋还有精兵镇守夜郎。加上蜀国地形险要，山水阻隔，步兵很难长驱直入，假如蜀国控制起所有的船只，在坚守不出的同时积极在南中等地招募士兵，向东吴请求援助，这样做的话，象姜维、廖化等几员大将必定会积极响应，吴国水陆二军也会迅速救援，怎么会无处投身并担心一定会亡国呢？魏军远道而来大举进攻，想追击又缺少船只，想常驻又怕军众疲惫而生不测。而且成败因时而定，形势也会不断变化，慢慢地再收取旧部来攻打曹魏的疲惫骄横之兵，这就同从前楚昭王所以能够击败吴王阖闾的大军、田单最终打败骑劫一样。何必要满心不情愿地投降，却不坚守壁垒抗击敌军而招致千古遗恨呢？葛生有句话说：'大事不成，只有一死，怎么能再待奉别人呢？'说得真是悲壮啊！这句话足可以使懦夫增添几分志气。纵观古时燕国、齐国、楚国、越国战败的情况，他们有的国破君死，有的团散流亡，却都能最终建功立业，复兴社稷。难道只能说是天助，或许也是人谋之功。由此可见，刘禅是昏庸的君主，谯周是没有骨气的大臣，与申包胥、田单、范蠡、文种这些贤人相比，相差太远了。"]

晋朝时,又有李特占据了蜀地。

[起初,李特在蜀地凶暴专横,晋廷就缉拿李特兄弟,以重金悬赏。李特听说悬赏捉拿自己,就派弟弟李骧偷偷去揭榜,把它改成:"有能斩送流民首领李、任、阎、赵等人和氏侯王一人的,送交官府有重赏。"六郡人见了非常惊骇,于是一起反叛归顺李特。益州牧罗尚派隗伯在郫城攻打李雄(李特少子),互有胜负。寒冬十月,李雄给朴泰一笔钱,把他鞭打得浑身是血,让朴泰假装犯了罪,投奔罗尚,做李雄的内应。罗尚相信了朴泰,让他为向导,派兵跟着他。朴泰、李雄内外夹击,大破罗尚的军队。李雄乘胜追击,夜里到了成都城下,军士们于是高呼"万岁"。哄骗城中的罗尚说:"已经攻下了郫城。"罗尚信以为真,打开了小城门,李雄的军队进入城中。于是罗尚逃走,李雄攻克成都称王。]

后被晋国的大将桓温率军剿灭。到了南朝宋义熙年中,谯纵又在成都杀死益州刺史毛璩,自立为成都王。

[起初,毛璩派任约去与义军联系,军队到枝江时,正赶上刘毅兵败,任约就投奔了桓振。毛璩听说任约投奔了桓振,就自己带领三千士兵,从外水顺流而下。谯纵是他的参军,毛璩派他率领梁州兵五百人从内水出发。梁州人不愿意向东去,就推选谯纵为国主,反攻涪城并占领了它。毛璩听说发生叛乱,从洛阳步行回来,到了成都,被谯纵一伙人所杀。]

宋刘裕派大将朱龄石率军剿灭了谯纵。以上就是蜀国兴亡的历史情况。

[吴国和蜀国唇齿相依,蜀国灭亡则吴国也会亡国,是这样吗?陆机说:"蜀国存在是因为屡有外部的援助,吴国的存亡并不在蜀国身上。"为什么?蜀国有崇山峻岭,地形险要,路径狭窄,山川险隘没有一条通顺的大道,河流湍急,即使有百万雄师,也只能前进千人;船只成千,能前进的不过百艘。所以刘备攻打东吴的阵势,陆士衡把它比作长蛇,形势使然。因此黄权说:"易进难退,这是兵家的绝地。"古语说:"道路狭窄险要,就像两鼠在穴中争斗,总是勇敢的一方取胜。"]

吴

丑为星纪之次,吴越的分野恰好同斗牛、少阳二星座遥相呼应。[今天的会稽、九江、丹阳、豫章、庐江、广陵、六安、临淮都是吴国分野;今苍梧、郁林、合浦、交趾、九真、日南、南海都是越的分野]古人说:"生活在长江以南及五湖之间的人比较不好控制,只能凭借扬州这一有利的政治经济要地,并以公正的态度对待子民方能统治三代。治国有道的时候他们最后归服,治国无道则率先背叛。"因此《左传》说:"吴就如同正在生长的大猪和长蛇,准备蚕食上国,是大国的忧患所在,这并不是偶然的。"

汉高祖刘邦当政时期,淮南王英布造反。高祖得知消息之后,便招集众将商议,问:"英布谋反,该怎么对付他呢?"汝阴侯滕公说:"我有一个门客是原来的楚国的令尹薛公,他有对付的办法,可以请来一问。"[起初滕公向令尹询问此事,令尹说:"此人应该谋反。"滕公说:"皇上分割土地给他,封他为王,赏赐给他官爵,使他在南方成为一国之君,他为什么还谋反呢?"令尹说:"往年杀彭越,前年杀韩信,这三个人是功劳相当的同一类人,英布怀疑同样的命运将落在自己的头上,所以才谋反的。"]高祖于是召见了薛公并向其征求意见,薛公说:"英布谋反在意料之中,如果英布使用上计,我汉朝就将失去崤山以东的地区;使用中计则胜败不可预料;若使用下计我们便可以高枕无忧了。"高祖说:"这上、中、下计该如何解释?"令尹说:"东取吴,西取楚,并齐取鲁,号令燕赵,安守现已取得的地区,这样崤山以东将归他所有。[联合山东诸侯,是保证长久的办法,这是上策。]什么是中计呢? 东取吴,西取楚,吞并韩地,取得魏地,控制住敖仓的粮食,堵住成皋这一要塞,结果如何便不可预料了。[长驱直入进入河洛,与汉军决战,这是中策。]什么是下计呢? 东取吴,西取蔡,把注意力放在越地,固守长沙,那你就可高枕无忧了,汉朝便平安无事。"[只在长江流域扩大势力范围,而没有进兵中原的心思。这是下策。桓谭《新论》说:"世上流行围棋这种游戏。有人说这也和用兵相似。当下棋的时候,工于棋艺的人便选择要点,疏布棋局,以便从整体上取得优势。依仗大势来攻击对方,会取得绝对的胜利。这是通晓棋局中运筹之道的胜利。中等的棋手则致力于硬拼,以求争夺一些利益。因此,这种棋局上的胜败就很难判断,只有通过计算子数才能判定胜负。下等的棋手往往是固守边、角,自求做活,在一块小小的地方生存下来。"这个说法还不如仔细揣摩薛公所说的话。上策是说攻取吴、楚之地,统一齐鲁和燕赵。这就像下棋中重视整体布局占据全盘优势一样。中策说攻取吴、楚之地,吞并韩魏,阻断成皋,占据敖仓。这就像中等的棋手致力于阻断和争夺微利一样。下策是说攻取吴地和小蔡,占据长沙,威胁越地,这就像围棋当中下等棋手固守边角一般。]高祖说:"他会选择哪一计呢?"令尹回答说:"用下计。"高祖问:"为什么不用上、中两计而单选下计呢?"令尹说:"英布本是骊山的一名苦役,靠自己的奋斗发展到万乘之国的确来之不易,他目光短浅,顾前不顾后,根本不作长远打算,因此说他必定使用下计。"高祖说:"非常好。"结果事实确如薛公预料那样。

这之后吴王刘濞因他的儿子被文帝所杀的事而谋反。刚开始时,大将田禄伯说:"招集兵马向西进发而没有其他的奇兵,事情不易办好。我愿带领五万人马沿江淮而上夺取淮南、长沙,进入武关,与大王会合。这是出人意料的一招。"太子进谏吴王说:"大王以谋反为名,这场战争难以令人信服,民众也有可能反对大王。"于是吴王没有答应田禄伯的请求。后来小将桓将军又对吴王说:"我们多是步兵,利于在山地作战,而汉朝多是车辆马匹,在平原地带占优势。希望大王经过的那些城池,如果夺不下,便放弃它,迅速地向西占据洛阳的军备库,以敖仓的粮食为军粮,倚仗山河的险要向诸侯发号施令。虽然没有入关,天下大势就已定了。假如大王进兵很慢,围攻那些城邑,汉朝的车马一到,进入梁楚的旷野之中,我们的事情就会失败。"吴王征求各位老将的意见,老将说:"这是年轻人追求冒险罢了,哪里考虑得周全呢?"吴王没有听从桓将军的计策,亲自统率全部兵马。汉朝派太尉周亚夫阻击吴王兵马,周亚夫使用他父亲门客的计谋,结果击败了吴军。

淮南安刘安怨恨其父厉王刘长获罪早死,打算谋反。问伍被说:"我向西发兵,诸侯肯定会有人起来响应,这样就会令皇帝没有办法。"伍被说:"占据南面的衡山[在衡州],从那里进兵庐江[在庐州],在浔阳布置战船,守住下雉[江夏县],再把守住九江的入口和洪州,在江边设置弓弩手以做防备,这样可以防范南郡的汉兵。向东边攻取江都[扬州]、会稽[越州],向南打到越地,这样不仅可制约江淮一带,而且还可以拖延时间。"淮南王说:"好吧。"还没有发兵,事情便已败露招来杀身之祸。

后来汉灵帝、献帝当政之时,太监把持朝政,天下被其控制,国家大权落在了太监和外戚之手。

[何进密谋诛杀宦官,何太后不同意。何进便命令董卓进京,以此来胁迫太后。他暗中指使董卓上书说:"中常侍张让等人窃取了皇上的恩宠,使天下一片混乱。从前,赵鞅动用晋阳的兵力来清除晋君身边的坏人。我要大张旗鼓地进入洛阳,讨伐张让等人的罪责。"董卓还没赶到,

当时长沙太守孙坚杀了南阳太守张咨,袁术乘机占据了他的南阳郡。孙坚与袁术联合,准备夺取刘表的荆州,战斗中孙坚被乱箭所伤而死。

[当初,刘表占据荆州,听说江南乱军四起。就对蒯越等人说:"我想征募军卒,却恐怕会召集不到,有什么好计策吗?"蒯越回答说:"老百姓不归顺的原因是仁政行得不够;归附了但却无法管理的原因是道义不够。假若仁义之道能够推行,老百姓就会像水往低处流一样地前来归顺。哪里还用得着担心老百姓不归顺。袁术有勇无谋,反贼的头目残暴贪婪,他的属下觉得这是祸患。如果示之以利,他的属下大部分人一定会前来归顺。你铲除他们中胡作非为的人,安抚其余的并任用他们。人都有渴望生存下来的想法,这样做就一定会使四方百姓负子携妻前来。兵力强大,上下同心,在南面占据江陵,北面据守襄阳八郡,天下很轻易地就会安定了。即便袁术率兵前来征讨,也不会有什么作为。"后来果真如此。]

孙坚死后,其子孙策率领他的部队攻打扬州刺史刘繇,打败了他,并由此而占据了江东。[孙策听说袁术将要僭越帝号,写信劝谏说:"过去董卓无道,使王室受辱,加害何太后,对弘农王施加暴行,天子逃亡在外,皇家宫殿太庙被烧毁。因此天下群雄激愤,揭竿而起。可惜河北袁绍在黑山心怀不轨,曹操在东徐荼毒生灵,刘表在荆南谋逆,公孙述在朔北叛乱。你匡正臣礼,阻止兵祸,德行高超而与人联合。人们公认你的行为与国家的制度相符合,可你却毫不可惜地抛弃了这种做法,突然间产生了自己取代汉室的想法,这恐怕不是天下百姓所企盼的。从前商汤讨伐夏桀还要说:'夏桀罪孽深重',周武王讨伐殷纣王时说:'殷纣王必须要惩罚'。这两位君王,虽然身负圣明之德,但假如当时没有夏桀和殷纣暴行天下的过错,也不能逼迫君上而自己代之。现在皇上并没有对天下百姓办过什么大的坏事,只因年纪小,被强臣压迫,这不同于商汤和周武王的时候。你祖辈五代相承,作汉朝的重臣,荣耀恩宠没有人能比得上了,应当效尽忠臣的气节,来报答汉室的厚恩。"袁术不听,孙策于是同他断绝了关系。]

孙策听说曹操与袁绍对垒官渡,准备渡江袭取许昌,还没有出发。被许贡的门客刺杀。

[当初,孙策有渡江偷袭曹操这一打算时,曹操手下的人都很恐慌。曹操的谋臣郭嘉推测道:"孙策是英雄豪杰,能使人为他效死力。但他为人轻率、鲁莽而无戒备。即便有百万大军,也不过如同独自一人行走于中原一般,如果有刺客伏击,他只是一个人就能对付的敌手。让我看,他一定会丧命于普通人的手中。"后来果真被许贡的门客刺杀。]

孙策死后,其弟孙权接着统率他的人马。[当时东吴已经占领了江南、湖广一带。]等到曹操打败了袁绍,兵力逐渐强盛起来,曹操就下书斥责孙权并要求人质。张昭等人在一起讨论,始终做不出决定。孙权于是与周瑜共去到母亲面前商议。周瑜说:"以前楚国被封于荆山之下时,方圆不足百里。它的后人贤良而能干,开拓疆土,并在郢(今湖北省)建立基业,后来又占据了荆州,扬州,向南直到南海。基业世代相传了九百多年。现在你凭借父兄的威望吞并了六郡,兵精粮足,将士个个为你效命疆场。可开山炼铜,围海晒盐,境内土地富饶,民不思变;水路畅通,交通便利,百姓都英勇善战,所向无敌。为什么要受逼迫而遣送人质呢?人质一交,便不得不服从曹操,下令召见便不得不去,这样就受制于别人,哪里能与南面称王相比呢?不如不送人质而静观其变。倘若曹操能遵循公义而统治天下,将军再归顺于他也为时不晚。如果他企图以下乱上,军队如同大火,轻举妄动,自会引火烧身。我们应保存实力抵抗外敌,又何必送人质呢?"孙权的母亲说:"公瑾说的对。"于是便没有送人质给曹操。[孙策死的时候,孙权还不大,刚开始治理政事。太后很是担忧,就召见孙权、董袭等人,太后问道:"江东可以保证长治久安吗?"董袭回答说:"江东有险要的山川地势为屏障,讨逆将军孙策为政英明,有恩德惠及于人民;讨虏将军孙权继承基业以后,群臣莫不尽心竭力。有张昭管理全局,我等做他的干将,这正是地利、人和的局面,没有什么可忧虑的。"众人都很赞赏他这番话]

后来曹操攻入荆州,刘琮率众投降。

[起初,刘表刚死,鲁肃进言劝说孙权道:"荆州与我们相邻,水流向北;外面环绕长江、汉水,内部有崇山峻岭,可谓固若金汤。沃野万里,百姓富足。如果把它据为己有,这真是成就帝业的资本。我请求奉命前往安慰刘表的两个儿子,慰劳他们手下的军官,并劝刘备让他安抚刘表的部众,共同抗击曹操。"鲁肃还没赶到,刘琮已经投降了。]

曹操得到了他的水军船只,和步兵数十万人,东吴将士闻讯都很惶恐。孙权召见部下,询问计策。这些人都说:"曹操如同豺狼一样,然而他却借着汉朝的丞相,挟持天子以征伐四方,动辄以朝廷为旗号,现在如果抗拒他,事情不会成功。况且对将军来说,可以借以抗拒曹操的,唯有长江,现在曹操已经夺得荆州,占领了它的全部土地,刘表所建立的水军,大小战船数以千计,曹操将其布置于江边,再调动步兵,水陆齐下,这便与我共同占有了长江天险。至于双方的兵势众寡,又根本不可相提并论。所以依我们的愚见,最好还是投降他。"周瑜说:"不对。曹操虽然托名是汉朝的丞相,其实是汉朝的贼子。将军英武过人、才能卓越,又依仗父兄遗留的基业,割据江东,占地数千里,军队精悍又足够调用,物资充足,英雄豪杰都愿跟随你干一番事业,所以应该立志横行天下,为汉朝扫除奸凶,况且曹操是自己来送死,怎可归顺于他? 请将军允许我分析一下形势:现在假使北方已经稳定,曹操没有内患,他可以旷日持久地和我们在战场上较量,在此情况下,他才能够同我们在大江中一决胜负。而现在北方并未平定,况且还有马超、韩遂盘踞在关西,成为曹操的后患。再说舍下鞍马,操起舟楫与吴越的人争斗本来就不是中原人的特长。现在又正值寒冬,马无草料,驱使中原的战士跋山涉水来到江南水乡,他们水土不服,必生疾病。以上几个方面都是用兵的大忌,而曹操竟然都做了。将军现在正是有了擒获曹操的机会。我请求带领精兵三万,进驻夏口,保证替将军打败曹操。"孙权说:"这个老贼早就打算废汉帝自立了,只是顾忌袁绍、袁术、吕布、刘表和我。现在他们几位都已被消灭,只有我还在,我和老贼势不两立。你认为应当抗击他很合我意,这是上天把你送给我的呀!"

[当时,孙权的军队驻扎在柴桑,刘备驻扎在樊城。曹操南征刘表,正遇刘表病逝,刘表之子刘琮率手下投降了曹操。刘备还不知道。曹操率军突然到来,到了宛城,刘备才得知消息。刘备于是率领手下南逃,被曹军追上打得大败。刘备跑到夏口,诸葛亮说:"情况很危急了,请让我去向孙权求救。"见到孙权,诸葛亮劝说孙权道:"将军在江东起兵,刘豫州也在汉南屯聚人马,共同和曹操争夺天下。现在曹操消灭北方大敌的事情,已经基本上完成,又接着攻陷荆州,威震四海。英雄没有了施展才能的地方,所以刘豫州才逃到了夏口。将军可以估计一下自己的实力然后再决定。假如凭吴、越之地的士兵能与中原兵马抗衡,那不如早点与曹操断绝来往,如果不能,那又为什么不放下武器,臣服于曹操呢! 现在将军你表面上假装服从,内心却是犹豫不决。情况危急却难以决断,我看大祸就要临头了。"孙权说:"象你所说,刘豫州为什么不投降曹操呢?"诸葛亮说:"田横不过是齐国的一个武士,尚能贞守气节不受辱于人,何况刘豫州作为皇室后裔,是盖世的英才,贤士仰慕他,有如江河归大海。假如事情不能成功,这是天意,怎么能再去顺从曹操呢!"孙权十分激动地说:"我不能使整个东吴的土地和十万将士受制于他人! 我决心已定,除了刘豫州再没有谁能与我共同抗击曹操了。不过刘豫州刚刚战败,怎么能继续作战

呢?"诸葛亮说:"刘豫州虽然在长坂战败,但现在返回的士兵连同关羽的精兵计有上万人,刘琦聚集的江夏郡的士兵也不下万人。曹操的军队,远道而来,都很疲惫,听说他为了追击刘豫州,骑兵一天一夜走了三百多里,这就是所谓'强弩之末,穿不透鲁缟'的情形。所以兵法忌讳这样做,说这样势必让主将处于危险之中。再者,北方人不熟悉水战,而且荆州的百姓归附曹操,完全是迫于兵势,而非心悦诚服。现在将军如果的确能派遣猛将率领数万士兵,和刘豫州齐心协力,打败曹操是必然的。曹军一旦战败,势必返回北方。这样荆州和东吴的力量就会增强,鼎足而立的局面就形成了。成败的关键就在今天。"孙权十分高兴,当即派周瑜、鲁肃跟诸葛亮去拜见刘备,携手共同抗击曹操。]

周瑜等统率水军三万和刘备合力抵抗曹操,他们采用了黄盖的火攻之计在赤壁战胜了曹操。

[初一那天交战,曹操的军队败退到江北扎营。周瑜的军队在长江南岸,周瑜的部将黄盖说:"现在敌兵众多,我军人少,很难与他们打持久战。但我看曹操的军队刚刚连接起战船,船与船首尾相连,可以用火烧它使曹军战败。"周瑜于是抽调几十艘战船,载满柴草,在里面浇上油,用帷幕裹上,上边悬挂牙旗。黄盖先写信给曹操,骗他说要来投降。黄盖又准备了逃走时乘坐的小船,分别系在火船之后。于是舰船一个接一个地向江中驶来。曹操的官兵都在伸长脖子观望,指指点点地说黄盖前来投降。船队距离北方曹军战船二里多,一起点火。火势猛烈,风势强劲,火船如离弦之箭,尘埃纷飞,烈焰滚滚。曹军战船全部烧毁,大火顺势烧到江岸上的营盘,一时间,浓烟大火映照天际。曹军人马被烧死、淹死很多。周瑜率轻骑、精兵马上紧随其后,擂鼓助威,大举进兵。曹操留下曹仁据守江陵,自己率大队回归北方。周瑜又进军南郡与曹仁交战,曹仁于是弃城而退。]

曹操失败之后回到北方,孙权便在长江一带稳固了基业。[当时,刘璋为益州牧。正遇到境外张鲁相侵,周瑜便去京口拜见孙权说:"现在曹操刚遭到失败,正担心内部不稳,无力与将军刀兵相见。我请求和奋威将军孙瑜一起发兵进取蜀地,夺得蜀地后再吞并张鲁,然后留下奋威将军坚守其地,以便与马超互为表里。我回来和将军据守襄阳,窘迫曹操,这样北方就可以图谋了。"孙权表示同意。可是周瑜不幸去世,这个理想未能实现。]

当初周瑜大力推荐鲁肃,认为他的才干可以担当君王有力的助手。孙权当即召见鲁肃并与他对饮。孙权说:"现在汉朝衰弱,天下大乱,我继承父兄的遗业,想建立齐桓公、晋文公那样的功绩。你既然枉驾来到我这里,能给我提供些什么帮助吗?"鲁肃回答说:"从前汉高祖一心想拥戴义帝而不能成功,原因在于项羽从中破坏。现在曹操就像从前的项羽,将军怎么能成为当世的齐桓公、晋文公呢?我认为,汉朝不会再复兴,曹操也不能一下子除掉。将军的计划只可占据江东,静观天下之变,先保持住这块地盘也就不错了。然后打出帝王的旗号以谋取天下,这是汉高祖的功业啊!"等到现在,孙权平定了长江流域,建立了自己的尊号,他登上祭坛对众公卿说:"从前鲁肃曾经谈到过现在的形势,可以说是明察世事的形势啊!"

[陆机称赞孙权以执鞭驾车、鞠躬示敬的礼节来增强陆逊的威信;把兵权全部交给周瑜,来帮助周瑜展露自己的军事才能;自己省吃俭用来增加功臣的奖赏;虚怀若谷以接受谋士的计策;屏息静气,蹲在墙根儿,来看护吕蒙的病情;吃着普通的饭菜,以便能抚养凌统的遗孤。因此,忠臣争相尽效他们的才干;志士都竭尽全力为他用命,因而帝王的基业就稳固了。黄石公说:"贤人之政,因他的英明而使臣下能尽忠职守;圣人之政,因他的仁德而使臣下心悦诚服,能够心甘情愿地为他效命。尽忠职守,众心一致可共谋霸业;心悦诚服,万民所仰可永保基业。降服人靠的是明达干练,降服心靠的是仁爱真诚。"由此看来,孙权能"执鞭鞠躬",可以招纳良臣;"披怀虚已",可以使众心归己。有了良好的开端,良好的结局不也非常合理吗?]

黄武元年，魏国派大司马曹仁率步兵、骑兵数万攻打濡须，被濡须守将朱桓击败。

[当初，曹仁要进兵攻打中州，先假装扬言，要东进攻打羡溪。朱桓分兵去守羡溪。朱桓已经把兵派出去了，曹仁大军突然开到。众多将领都很慌张。朱桓分析道："一般两军交战，胜败在战将，而不在军队的多少。诸位说我和曹仁相比，在用兵上谁更厉害？兵法上有客方兵力超过主方一倍的说法(意谓主方犹可获胜)，这指的是双方都在平原上，没有城池可以据守，又指在双方士卒的斗志相当的情况下。现在曹仁并不是智勇双全的主帅，加上他的士卒非常怯懦，又是步行上千里，人困马乏。我和各位将军同据守高城，南面是险要的长江，北靠山陵，以逸待劳，以主制客，这是百战百胜的形势。"朱桓于是偃旗息鼓，对外造成空虚软弱的假象，以此引诱曹仁。曹仁果然派他的儿子曹泰来攻打濡须城，另派其他将领去攻打中州。中州是将士家小所在的地方。曹泰等人一退兵，朱桓便斩杀了攻打中州的曹将。]

黄武七年之后，魏又派大司马曹休率兵十万到达皖城，准备接应周鲂。可惜是被周鲂所欺，只好无功而返。

[东吴鄱阳太守周鲂，诈降引诱曹休，曹休带兵接应周鲂。曹休一到皖城知道已被周鲂欺骗，应当带兵返回。可他自恃人多，主动要求打一仗。朱桓向元帅陆逊献计说："曹休本来是凭着亲戚关系被重用，并不是有智有勇的名将。现在打起来一定会战败。战败就一定会逃跑。逃跑时理当取道夹石、挂车两条路。这两条路都崎岖险要。如果用一万精兵埋伏在那里，他的军队就会全部被消灭，曹休也会被生擒活捉。请让我带领所属部下去拦截他，如果承蒙上天的神威能够消灭曹休，就可以乘胜长驱直入，进兵攻取寿春，夺得淮南，伺机攻打许都和洛阳。这是千载难逢的机会，不能失去啊！孙权先和陆逊商量，陆逊认为不可以这么办。所以，这个计策没能施行。"]

孙权死后，孙皓继位，他过度的骄奢淫逸，残忍暴虐甚至剥、蒸活人，又崇信奸臣，残忍暴虐地对待谏臣。晋世祖命杜预等发兵吴国，取而代之。

[从前魏武侯泛舟西河时对吴起说："山河险要，这是魏国的宝贝啊！"吴起回答说："从前三苗氏左有洞庭湖，右有彭蠡湖，却不修仁义道德，因而被禹灭掉。夏桀左有黄河、济水，右有太华山，伊阙在南，羊肠在北，但不行仁政，因而被商汤放逐。因此说，国家安定，在乎德政，不在山河险要。"现在孙皓承袭祖先父辈留下来的基业，有天作坚固的屏障，西邻巫峡，东临大海，长江分划了它的疆域，崇山峻岭封住边境，土地方圆几万里，拥兵百万。然而，一时间却束手就擒。这样说，国家的稳固在于德政的说法难道不是颠扑不破的真理吗？这是为什么呢？陆机说："《周易》里讲：'汤武的变革是顺应了天意。'杨雄在《太玄经》中说：'乱政不发展到极点治理之事就无法行于天下。'讲帝王治理国家顺应天时不如凭借地利。《周易》说：'君王、诸侯设置险阻来守护他的国家。'这是说国家可以仰仗天然的险阻。又说：'地利不如人和，国家的稳固在于它的德政而不在于地势险要。'这是说能否守护住国家在于统治国家的人。东吴的兴起，天时、地利、人和三个方面的原因都有。这就是孙卿所说的'合其三'。它的灭亡，则是由于单纯依靠自然险阻的原因。"娄敬说："周室衰微，分为两周，天下诸侯从此不再朝拜，周王室不能控制。这并非周王室的政治不好，而是它的统治能力减弱了的缘故。"因此说来，国家的兴盛和衰亡有时也依据有无险阻，也就是说不光在政德如何。]

到了永嘉年间，中原发生战乱，司马睿又渡过长江在江南建立东晋。以后的宋、齐、梁、陈都建都于此。这便是吴国的概况。

魏

古时候的天子掌管国家，要防范的是边疆，如果天子卑弱，要防范的就是诸侯。

到了汉末，奸臣当道，天下不宁，而多战乱，虽然恢复了诸侯的职位以协理朝政，但都各自心怀不轨，各有自己的图谋。魏太祖雄才大略，世不二出，他机智、勇武冠于当时。时值奸相佞臣擅权、天下动乱的时期，魏太祖瞋目张胆，首先竖起义旗。当时韩暹、杨奉挟持汉献帝自河东返回洛阳。

[汉灵帝驾崩，太子刘辨即位。并州牧董卓拥兵进京，就此废皇帝刘辨为弘农王，而立汉献帝，献帝以董卓为太师，迁都到长安。司徒王允设计杀死董卓，董卓手下大将郭汜、李傕兵围长安城，攻克后，杀了王允。后来，李傕与郭汜之间发生了矛盾，李傕把皇帝关在他的家中作人质。李傕的部将杨奉预谋刺杀李傕，因密谋泄露而不得不叛逃，李傕的势力也就此衰弱，皇帝得以出逃。杨奉要带着皇帝返回洛阳，郭汜在弘农追击皇帝到曹阳。杨奉等人战败，郭汜等肆意杀戮，几乎杀尽公卿。皇帝渡过黄河，暂都安邑，封韩暹为征东将军，主持朝政还都洛阳。洛阳的皇宫都已被烧毁，文武百官无处栖身。魏太祖曹操接皇帝定都许昌。韩暹、杨奉分别出逃。]

魏太祖建议迎献帝而定都在许昌。有人认为中原即崤山以东地区尚未平定，不能这样。荀彧劝太祖说："从前晋文公帮助辅佐周襄王而诸侯都来归顺听命；汉高祖东伐，为义帝戴孝，天下人都归心。自天子蒙难离京，将军你首竖义旗，在山东平讨乱臣贼子的叛乱，虽然没能亲赴长安伴驾，可以派遣兵将，冒着危险与王室联系，虽然在外抵御叛军，但你的心无时不在汉朝王室的安危上，这是将军匡正天下的一贯志向。如今皇帝回京，将士都有匡复汉室之心，百姓一想到过去，就会倍感悲伤。因此现在尊奉献帝实在是顺从众人的愿望，这叫作作大顺；依照公平原则来臣服豪杰，这叫作大略；发扬仁义来招纳天下英雄，这叫作大德。天下纵有逆贼，也不足为患，这是很明了的事。韩暹、杨奉他们胆敢作乱，若不立即平定，四方诸侯都生反叛之心，纵然以后能够考虑到也来不及了。"太祖到达洛阳，拥护天子迁都许昌。平定了叛乱，重振朝纲，使我汉室没有丢失一件旧物。接着又运用谋略，兴兵海内，北破袁绍，南掳刘琮。东服公孙康，西平张鲁。[刘表等各路豪杰虽然在其间也曾相互吞并，只是扬雄所说的："六国各自征剿都是在替秦王削弱周天子"的情形。吞并的地方虽然很多，但恰恰是给我曹魏准备下的礼品。]

国内大部分领土，十分之八都已归复，可是心愿还没有完全达到，而中道殒亡。

[曹操，字孟德。年少时，为人机灵聪敏，善于随机应变。但他为人任侠，不检点自己的行为，也不注意学习谋生手段。因此，一般人并不高看他，只有乔玄认为他不一般。乔玄对曹操说："天下将要大乱，不是身怀治国奇策的人是拯救不了这个乱世的。能安定天下的，会不会就是你呢？"曹操任东郡太守，管辖东武阳，驻军在顿丘。黑山的贼首于毒等人率兵攻打东武阳，曹操率兵西向，进入黑山攻打于毒等人的大本营。众将都认为应当回师救东武阳。曹操说："从前孙膑救援赵国而反攻打魏国，耿弇要解西安之围却反而攻打临淄。我的目的就是想让贼兵听到我们向西进兵的消息后回来，这就可以自然地解除东武阳之围了。如果贼兵不回来，我们一定能够捣毁他们的巢穴，他们却一定无法攻陷东武阳。于是开始出发西进。于毒听到这个消息，舍弃东武阳，班兵回师。曹操在半路拦腰攻击，大败贼兵。

当初，辽东太守公孙康仗其地处边远而不臣服。袁尚、袁熙投靠了他。等到曹操攻下乌丸，有人劝说曹操："趁势去征伐他们，就可以活捉袁尚兄弟了。"曹操说："我正让公孙康把袁尚、袁熙的首级送来，不烦劳将士们了。"九月，曹操率军从柳城班师还朝，公孙康马上就杀了袁尚、袁熙，送来他们的首级。众将问："你回来，而公孙康就送来袁尚、袁熙的首级，这是为什么？"曹操说："他一向害怕袁尚等人，我如果逼迫他，他们就会联合起来；我对他宽松，他们就会自相残杀。这是他们之间的矛盾纠葛和力量对比造成的。"]

曹操在下邳攻打吕布,没有攻克准备撤军。荀攸说:"吕布有勇无谋,现在他的部队都打了败仗,他的锐气已经衰弱了。三军都把主将视为支柱,支柱已经衰弱士兵就没有了斗志。陈宫虽有智谋但总是徘徊不定。现在趁吕布的元气还没有恢复,陈宫的主意还没有拿定,迅速攻打他们,吕布一定能被打败。"曹操于是决开沂水、泗水河口,水淹下邳城。守城军队溃败,生擒吕布。

袁绍的部将文丑和曹操开战。荀攸劝说曹操用辎重引诱敌兵,袁军于是纷纷抢夺辎重,军阵大乱,曹军在阵中斩杀了文丑。曹操与袁绍在官渡相持不下的时候,曹军粮食匮乏。曹操就给荀彧写信,商量撤兵回许昌的事。荀彧说:"袁绍把所有的人马都集结在官渡,要和曹公一决胜负。你以最弱小的力量抵抗最强大的力量,如果不能制服对方,一定会被对方乘机制服。这是最关键的时刻。而且袁绍只是凡夫俗子中稍有本事的,能够聚拢人才但不会使用人才。如果凭你的圣明勇武并借助于天时地利,干什么事不能成功?现在士兵虽少,还不像楚汉之间在荥阳、成皋对峙时的力量对比。那个时候,刘邦和项羽都没有谁肯后退的,先后退的一方气势肯定会泄尽。你用十分之一的兵力,坚守阵地,卡住袁军的咽喉,令其不能向前,这样的情况已经坚持半年了。眼看着袁军的兵势已经衰弱将尽,一定会发生变故。这是运用奇谋的时机,千万不能失去啊!"后来又有袁绍的谋士许攸,因贪图钱财,袁绍不能宽容他,他就来投降。他向曹操游说,让曹操偷袭袁绍的另外的屯营,烧了他的粮草。于是打败了袁绍。

张绣在南阳和荆州牧刘表联盟,曹操前往征伐他们。谋臣进言说:"张绣和刘表相互依靠自认为强大。但是张绣作为游击军队被刘表供养,刘表是养不起的。逼迫他们,他们就会团结一致;缓图他们,他们就会自己分裂。"曹操不听,刘表果然派兵来救张绣,曹操大败。初平三年的春天,曹操撤兵回许昌。张绣率兵前来追击,曹操的军队无法行军。曹操给荀彧写信说:"敌人来追击我,虽然我们一天只能走几里路,但照我的估计,到了安众,必定能打败张绣。"后来,果然利用奇兵伏击打败了张绣。曹操回到许都,荀彧问:"前几天为什么能预料到敌人被打败?"曹操回答说:"敌人阻挡住我军的退路,把我军逼到绝境同我们作战,我因此知道我们会胜利。"

西平曲光杀了西平郡守,兴兵叛乱,众将要求派兵攻他。张既说:"只有曲光等人造反,郡中其他人未必与他一心,如果此时派兵前往,当地官吏和羌人、胡人一定认为国家不辨是非,反而更加使他们更加团结。这样做就像是让他们如虎添翼。曲光等人要依靠羌人、胡人作外援,现在先让羌人、胡人从背后攻打他们,给以丰厚的奖赏。凡被俘虏的都充当羌人、胡人的奴婢。从外部挡住他们的势头,从内部分化他们的联合。这样必定会不战而平定叛军。"于是发布檄文告知那些随曲光作乱的人:"受了曲光骗的不追究,能够杀贼兵首领的人可加以封赏。"于是,曲光的部下杀了曲光,并送来首级。

以上这就是统一了九州、百郡八成以上的主要策略。]

能够治理天下危难的人,就会得到天下的安定;能够解除天下忧患的人,就会享受天下的快乐;能够解救天下灾难的人,就会得到天下的福分。

[董昭等人要汉献帝升曹操的地位,加赏九锡。他们秘密征求荀彧的意见。荀彧不赞成。曹操心中不满,于是杀了荀彧。范晔评论说:"世人都言称荀彧通晓通塞机变,大概是有些过头了。我常常想中等贤能以下的人,便不必追求智谋的圆满,在研习学业中有他的疏漏,能推究事情的起因未必也能把握住结局,这是事理不能完全穷究的原因。凭卫赐的贤能,一番话便颠覆两个国家,不是他对人太刻薄而非要如此,原因是国家有盛时就必定有衰时。这又是功业不能兼顾始终两端的情形。正遇到某种时运的时候,必须是雄才大略者才可以成功;衰弱的时候,国政王权就要落入功劳卓著、势力强大者的手中了。这又是盛时、衰时两者不能两全的情形。这大约只是使统治归于正道,也是杀身成仁的意思。"]

曹操匡扶正义平定战乱,世世代代记录着他的功绩,到魏文帝时,上天把权柄交于能人手中,于是就接受了汉献帝的禅让。

[刘若上表说："我听说过'符端不会空现,众人之心不可违背'的话,所以孔子说:'周公难道不圣明吗? 他却把天下让给了周成王。这如同天地、日月不吝惜万物一样。'因此,舜受尧禅,一点儿没有推辞。现在汉室气数已尽,炎汉皇帝命运将终,上天感念魏有明德,把气运降临魏国,祥瑞光明,受天帝之命已是必然,普天之下神人都必将响应。即便是有虞氏时出现的仪凤,西周时出现的跃渊之鱼,和今天的祥符瑞兆也无法相比。可是陛下你却违背天命而注重小节,拂逆众望而贞守私志,对上忤逆了皇天的旨意,对中忘掉了圣人知人达变的原则,对下辜负了人臣翘首以盼的心愿,这样是不能把圣人之道付诸实施于统治之中的,也不能把盖世的功勋垂继后世。我听说侍奉君主的人有进献废立君主之议的责任;事奉皇帝的臣下拥有违背帝命坚决力争的权力。我们这些臣子大着胆子冒死恳求陛下登基。"太史丞许芝又说:"《周易》说:'圣人应天命称王,黄龙在戊己日出现'。七月四日是戊寅日,有黄龙出现。这是帝王承受天命的最鲜明瑞祥之兆。《易传》又说:'圣人凭德行使天下归附,仁爱恩德广施天下,麒麟在戊己日出现。这是应验在圣人秉受天命'。我听说帝王是五行的精英。异姓的符瑞,兴衰轮回,以七百二十年为一个周期。有德政的王朝统治时间超过八百年,没有德政的王朝统治不到四百年。因此,周朝一统天下达到八百六十七年,夏朝四百几十年。汉朝开始推行夏历(指开国)至今四百二十六年。天命的时限,将要完结了。这都是帝王秉受天命改朝换代的祥瑞。得到岁星照临的,他的统治开始兴起。从前周武王伐商的时候,岁星在鹑火旁出现,鹑火正是周的分野。汉高祖进入秦地,五星都聚集在东井附近,这是汉室的分野。现在岁星照临大梁,应了魏国的分野。上天的瑞兆应显,一起都呈现并十分完美,万望陛下能体察尧舜的圣明,秉受可以七百年的禅让代兴,这是天下有学问的人的共同想法。敬请把我的想法传达给陛下。"苏林等人又说:"天上有十二星次来和地上相应成为分野。王公之国各有它的征兆。天子以此秉承天命,诸侯以此分封。周文王秉承天命,岁星是在鹑火星旁,到周武王攻伐殷纣王,这是十三年之后,岁星又出现在鹑火星旁。所以《春秋传》说:'周武王攻伐殷纣王,岁星在鹑火星旁,就应了我们周室的分野。'以前光和七年,岁星照临大梁,魏武王领命拜将,征讨黄巾军。建安元年,岁星再次照临大梁,魏武王被封为大将军。十三年后,岁星又出现在大梁,魏武王被拜为丞相。现在二十五年之后岁星又出现在鹑火星旁,陛下该秉承天命。继承大统这是魏室合于岁星,和周文王秉受天命相对应。舜以土德承继尧的火德,现在也是以魏的土德承继汉的火德,在五行运行中汉魏紧随尧舜之后。陛下应该更换年号与服色,建帝号,这是天下百姓的大幸啊!"]

朝廷内部虽然安定了,可是吴蜀二地还未归顺。文帝于是问贾诩说:"我想讨伐不听从号令的逆国,以统一天下,吴国和蜀国先取哪一个呢?"贾诩回答说:"攻城略地首重用兵权谋,建立基业崇尚道德教化。陛下应运登基,统治国家,假若抚之以礼乐教化而待其变乱,那么平定他们也就毫不困难了。吴、蜀虽然是小国,但是都有险要山水作屏障,而且刘备有雄才,诸葛亮善治国,孙权识虚实,陆逊会用兵,他们据险守要,战船往来于江湖,都很难很快地消灭掉。用兵之道是具备了必胜的条件然后出击,根据敌人情况选派将领,这样才能万无一失。我私下揣度,群臣中没有刘备、孙权的对手,尽管凭借朝廷的威严去对他们动武,仍然看不到万无一失的情势。从前舜持干戚以舞而有苗臣服,我认为眼下还是先文后武为好。"文帝没有接受。后来果然兵败,没有成功。

[三苗国就在现在的岳州。西蜀丞相诸葛亮兵出斜谷,屯扎在渭南。司马懿率兵抵抗他。朝廷诏令司马懿:"只需坚守不战,以挫败他们的锐气。蜀兵前进不得,诱敌也不和他打,这样停留时间长了就会把粮草耗尽。蜀兵掳掠无所得一定会后撤的。他们一逃跑就去追击。这样以逸待劳,是万全之策。"诸葛亮给司马懿送来女人的衣服。用以激怒他。司马懿要出兵迎战,辛毗拿着节杖制止,司马懿于是才不再出战。诸葛亮军中的使节到来,司马懿只问诸葛亮的生活

情况如何，公务忙不忙，绝口不提打仗的事。诸葛亮的使节回答说："处罚超过二十板的小事他都亲自过问，每天能吃几升。"司马懿说："诸葛亮将要死了。"不久果然死了。]

　　甘露元年(公元256年)，司马懿任命邓艾为镇西将军，抵御蜀国将军姜维的进攻。姜维军队失败，退守剑阁。钟会进攻姜维，可是未能取胜，于是就上书说："现在敌人受到了挫折，最好乘胜前进，从阴平经由小路经过汉德阳亭，向剑阁以西一百里的涪县挺进，这里距离成都三百余里，以奇兵直捣其腹地，剑阁的守军必定回援涪县，那么我就立即整军进袭；剑阁守军如若不回去救援，那么救援涪县之兵就会很少。《军志》上说：攻其不备，击其不意。现在攻击他们的空虚之处，定能破敌。"冬十月，邓艾出阴平，走一条周围荒无人烟且长达七百余里的崎岖险径。他们逢山开道，一路山高水深，甚为艰险。邓艾在最艰险的地方，用毡子裹住身体，横起身子滚下去，众将士随后都攀着树藤，抠着石缝，一个接一个地下了山坡。队伍行进到江邮，蜀将诸葛瞻从涪县还守绵竹，摆好阵势等待邓艾。邓艾派遣他的儿子邓忠等人出战，大败蜀军，并于阵前杀了诸葛瞻。邓艾进军洛县，刘禅于是向邓艾投降。

　　[蜀后主刘禅采纳谯周的决策，捧着玉玺投降魏军，向邓艾进降表说："因长江、汉水的阻隔，我们与大国相距遥远。身处蜀地，偏安一角，违逆天时，一晃之间，已有数年。曾在黄初年中，魏主下诏表示亲密恩宠，敞开大门，向我们表示出上国的大道。可是我昏愦顽劣，贪图承续先辈的余业，从那时算起已过多年，犹未接受诏命，以致天威震怒。人鬼择贤而归。我们惧怕朝廷军队的神威勇武，岂敢不洗心革面顺从天命。"邓艾非常高兴，向刘禅回信说："朝纲失统，群雄出世，龙争虎斗，结果天下终究归于真龙天子之手。这大约是天命左右兴替的必然规律。自古以来，圣明的帝王都无法与今天相比。汉魏帝王秉受天命，作君王的人无不出自中原。黄河出现《河图》，洛水出现《洛书》，圣人遵循它们来兴起宏伟的事业。如果不是这样的话，没有不亡国的。隗嚣凭靠陇山的阻隔而亡国；公孙述据守蜀险而覆灭。这些的确是前代覆车之鉴。魏皇聪明睿思，丞相忠君贤能，能和黄帝轩辕氏之时的盛况一比高低，能和历代王朝的功业一比上下。我们奉皇命来征讨，早就向往着蜀地的美好，果然麻烦你们派出使者，告知好消息。你们这样做，不是由于人谋，而是天意如此。从前微子归顺周朝，被待为上宾。君子顺应天时，是心存天下大治；来辞谦卑恭顺，是以礼相亲，这都是前代贤哲归从天命的常典。兵法上讲，保全国家为上，攻破国家次之。如果不是聪明通达的人，怎么可以显现出王者之道呢？"

　　蜀后主刘禅到了洛阳，被魏帝上诏封为安乐公。诏书说："统治天下，以天下太平为上；治理国家，以天下和睦为高。过去，汉室统治失灵，天下大乱。我魏太祖秉受天命龙兴出世，恩德播于八方。因之而顺天应人，夺得了中原，在那个时候，你的父亲因为群雄纷争，天下扰乱，伺机占据了偏远的蜀地，几乎快五代了。我继承先辈的风范，志在和平统一天下，使四海归一，六军逞威。梁益公发扬明德，随时达变，恪守信誉，顺天应人，来使天下人永享太平，岂不是永远会受到人们的称赞？你敬守皇命，尽心修德，必定会青史留名。"当初晋文王派钟会攻打蜀国。邵第说："现在钟会率十多万大军伐蜀，愚下认为，钟会单独出兵很难保证没有异心，不如派其他人去。"晋文王说："我难道还不懂这一点吗？如果蜀国被消灭后出现你所担心的情况，那该怎么办呢？一般说，败军之将，不能和他们谈论勇武；亡国的大夫，不能和他们图谋保存社稷。蜀国战败后，蜀人已被吓破了胆，因此之故，不必担心。如果蜀国被攻克，亡国之人都会被震慑住，不能和他们图谋大事。中原的将士都思乡心切，不愿和钟会他们同心协力。如果钟会想叛逆，只能是自取灭族。"钟会果然和姜维谋反。魏国将士愤起杀死了钟会和姜维。]

　　到了晋朝末年，谯纵又占据蜀地。宋主刘裕派遣朱龄石讨伐蜀地，声称从内水直取成都，却把老弱残兵派驻水口。谯纵果然怀疑是从内水发兵，结果把军队全部驻在新城待朱龄石来进攻。而刘裕却调集精兵给朱龄石,经由外水(外水即涪江),直取成都,最终谯纵不战被擒。这就是蜀国被灭的情形。

魏国嘉平年间,孙权去世。征南大将军王昶、征东大将军胡遵、镇南将军毋丘俭等人上书请求攻打吴国。因为三人攻打吴国的具体策略不同,朝廷下诏征求尚书傅嘏的意见。傅嘏说:"从前吴王夫差战胜齐国,欺凌晋国,威霸横行中原,最后却免不了姑苏败亡之祸;齐闵王开疆辟土,兼并别国,扩大千里地盘,却不能挽救被颠覆的命运。事情有一个好的开始,未必有好的结尾,古代的这些事例都是很鲜明的验证。自从打败蜀国,得到荆州之后,孙权志得意满,极度凶残堕落,相国宣王司马懿、文王司马昭最先认识到自取混乱必然导致亡国的道理,精通大展宏图的策略。现在孙权已经死了,把国家大事托付给诸葛恪,假如能规正孙权的严苛残暴除去他的虐政,使百姓免于残暴的统治,偷安于新获得的好处中,内政国防同时加以考虑,同舟共济,即使最终不能自我保全,还足以延长在江东的寿命。现在有人想坐船直接渡江,在江面战斗;有人想从陆地进兵,攻打敌军的城垒;有人想大军屯田疆场,观察动静,乘机行动,这三种想法都是攻打敌人的常用计策,但是只有捕捉到机会,方能成功;假若时机不到,必定要有后患。自从治军以来,军队已经作战三年了,不适于偷袭作战。敌军没有统帅,利在坚守。如果把战船搜罗至重要渡口,实行坚壁清野,此时再进行决战,恐怕很难取胜。敌军在江东为寇近六十年了,伪立君臣之位,上下齐心已能同患难。假如诸葛恪能消除孙权执政时的弊端,上天把它的宿疾除去,吴国的崩溃,还不可能很快到来。现在敌军设下罗网,又防守严密,间谍不能行动,探子也打听不到敌军情况。军队中没有探子,对敌情的侦察不详细,而轻率地率领大军兵临险地,这是希望能侥幸成功并得到封赏、先战斗后寻求取胜的办法,并不是保全军队的好办法。只有大军屯田疆场是最为稳妥的办法,出兵按照百姓的意愿,秋毫无犯,食用自己出产的粮食,不烦劳运输的士兵;找机会偷袭作战,没有长途跋涉的劳苦,这是行军打仗中的首要的事务。安营扎寨步步为营逼迫敌军,计策巧拙,都得以运用,计策出来知道是好是坏,战斗起来知道自己的长处和短处,敌情的伪诈可以得知。以寡敌众,差役频繁,士兵气力就会衰竭;以贫敌富,敛赋过重,国内财物就会匮乏。所以如果敌军安逸,我们就使它疲劳,粮草充足,就使它匮乏,说的就是这个意思。然后再派勇猛的大军威慑敌人,多施恩惠加倍行赏招降敌军,多方用计,广设疑军,让敌军产生怀疑,以出其不意的进军路线而攻其不备。三年之后,再加以攻击,敌军必然如冰消瓦解,我军安坐等待敌军分崩离析,成功可以由计谋取得。过去汉朝历代常以匈奴扰边为患,大臣谋士早朝晚朝,都在谈论这个问题,大将主张征战讨伐,豪门贵戚主张和亲联姻,奋勇的战士想上战场施展全力搏斗厮杀。所以樊哙愿意率军十万横行于匈奴之中,季布当面指出他的狂妄;李信请求率二十万军队攻打楚国,果然被楚军打败。现在诸将要带兵度过险要的江陵,孤军深入敌境,这也犯了樊哙、李信一样的错误。凭陛下你的圣明贤德,大臣的忠正贤良,法律分明,士兵精练,采用稳妥全胜的计策,施展长远的战略抵御敌军,敌军的崩溃失败,是必然的事。所以兵书说:'不靠战斗而使敌军屈服。不用攻打而取得敌军的城池,这是打仗的妙策。'如果违背如何战胜敌国的通常规律,采用有漏洞的策略,这是我所忧虑的事情。所以说大军屯田威逼敌军的计策最好。"当时朝廷不听傅嘏的话,命王昶等人征讨吴国。吴国将领诸葛恪率军抵抗,在东关大败魏军。魏国后来衰落,让位于晋朝,晋太祖即位。

[王昶等人兵败,朝臣提议要贬黜有关将领。景王司马师说:"我不听傅嘏的话才导致失败,这是我的过错,各位将军有什么罪过?"当时,雍州刺史陈泰征讨胡人又败归,景王又向朝臣谢罪说:"这是我的过错,没有陈泰的责任。"于是魏国的人从此都很感念他的恩德,惦着要报答司马师。]

当晋世祖(即武帝司马炎)执政时,羊祜上表请求征讨吴国,说:"先帝顺应天时,在西方平定了巴、蜀,南方的吴国与讲和,使天下战火熄灭,百姓得以安心。而吴国又背信弃义,使战事又起。运气天数虽然是上天授予的,但是成就功业必须依靠人事,如果不一次大举消灭它,百姓们一刻不得安宁。况且这也可借以光耀先帝的勋业,成就清静无为的教化。所以,尧有攻打丹水的战争,舜征伐有苗,都是为了天下安宁,百姓和乐。平定蜀国之后,天下人都说吴国也会一并灭亡。从那时到现在已经十三年了,世事循环更替,如今平定吴国的日子,就在现在。议论的人常说吴、楚之地在政治清明之时最后归顺,在国家无道时首先叛乱。这是春秋战国诸侯争霸时的事。现在一统天下,不能与古代相提并论。符合一般规律的说法,都不是顺应时宜采取变通措施,所以谋划虽然很多,而最后决定使用的只有一个。依靠地理位置的险峻得以生存的国家,只是在敌我力量相当时,才可以依险保存自己,假使双方势力不均、强弱发生变化,那么有智谋的人不能出谋划策,即使地理险峻,国家也不能保全。蜀地不可谓不险,高山耸立,直入云端,山谷幽深,只有约束马匹,悬起车辆,才能进入。都说一夫当关,万夫莫开。等到进兵攻打时,却连一点儿抵抗能力都没有。过关斩将,夺取旗帜,敌军死伤数万,我军乘胜席卷蜀地,直入成都。汉中各城池都按兵不动不敢出城决战,不是都没有抵抗之心,而是力量不足。到刘禅投降归顺,各城守将全都离散。现在攻打江淮,没有攻打剑阁之难;山川的险要,也没有岷山、汉水之险。孙皓残暴,比刘禅更甚,东吴的困境过于蜀国。但是我大晋国的兵力比以前增多,粮食器械的储备超过以往。现在不举兵平定吴国,而是按兵不动采取守势,战士苦于兵役,就会渐渐寻衅闹事,军队的战斗力就会衰竭,不能长久征战。当务之急,应当早做决定,一统天下。现在如果率梁州、益州的军队,水陆并进,荆楚的军队兵临江陵,平定南豫州郡,直达夏口,徐、扬、青、兖各州的军队齐向秣陵,多方进军以迷惑吴军,使之用兵失误。以一个小小的吴国,抵挡天下的军队,兵势一定会分散,防御会全线吃紧,巴、汉的奇兵再乘机攻其虚弱,这样,一地失守,吴国上下就会混乱。吴国沿江建国,没有内外之别。东西几千里,靠篱笆为屏障,所要抵御的地区广大,各防线一处也不会安宁。孙皓恣意残暴,为所欲为,疑忌臣子,名臣大将不再有信心,所以像孙秀这样的人都会因畏惧朝廷的逼迫而归顺。在朝廷内大臣受到猜疑,志士困顿,不得提拔,没有保存国家的计策,安定的决心;平常还想心思不定,兵临城下时,必定会有投降的,吴国上下也最终不能齐心协力共同战斗,这是可以预见的。吴军的战斗风格在于迅速,不能够持续长久。他们的器械不如中原精良,只有水战是优势,如果我军一旦进入吴地,长江就不再是屏障,吴军就会转而保卫城池。这样他们舍长用短,我军再慢慢前进,士兵有勇敢战斗的勇气。吴军在本土战斗,希望能够凭借城池固守,这样不用多久,必定大败吴国。"晋世祖采纳羊祜的建议，下令王濬率军消灭吴国。这样就很快统一天下了。

[当时，吴王孙皓心存兼并大国的念头，派陆抗作荆州牧。晋国派羊祜和吴军相持。羊祜采取加强政德的办法来感化吴国人。每当与吴军交战，一定要约定日期再交锋，不做那些偷袭的事。若是临阵抓到俘虏，军政官将要杀掉他们，羊祜经常说："这些人都是为节操而死的臣子。"一边流着眼泪，并亲自予以殡敛，接济他们的家人。家人来迎丧，一定要致以厚礼然后送他们回去。吴国的将领如有人来投奔，就遂他们的心意，想去哪里就去哪里。如果是想回吴国，就给他们放行。某吴将有两个小孩儿都很小，在边境上玩耍，被羊祜的部下俘获。过了一个月，他们的父亲以为已经死了，便为他们发丧。羊祜亲自费神养育他们，把他们送回去。

他们的父亲后来感激羊祜的恩德，带领二个孩子前来投降。这样，陆抗便常对他的部下说："人家只讲德行，我们却一味地用暴力，这样，不交战我们也输了。你们各自守卫疆界，不要贪求小利就行了。"陆抗称赞羊祜道："羊叔子[羊祜]哪怕用乐毅、诸葛亮来相比毫不为过。"陆抗临死时，对吴王孙皓说："西陵、建平是国家的门户，处在长江上游，两面受敌。我的父亲陆逊曾经在临死时嘱咐：西陵是国家的西大门，如果那里被敌人占领，就当用全国的力量把它夺回来。我冒昧地认为，众侯王年纪还小，没管理过国家大事，请求节俭他们的一切开支，以此确保战场上的支出。"

晋国南征大将军羊祜到朝中，秘密陈述伐吴的计谋，让王濬在蜀地造船。大船长上百步，上面都建造上城楼，四面开门，船头画上怪兽图案，说是要震慑江神。每条船上能容纳两千多人，都能在船上骑马来往。王濬造船时砍削的木片顺流漂到东吴，建平太守吾彦捞起木片呈给吴王孙皓，说："晋国一定有攻打吴国的计划，应当增加建平的兵马。晋国拿不下建平，就不敢渡江。"吴王孙皓不听。吾彦于是就屡次锻造铁链和锥刺拦在江上，来阻挡晋军。王濬听到这个消息，就造大木筏，上面扎上草人，其中藏着水性很好的人，遇到铁链就用大火炬烧化它。除掉这些障碍就开始发兵，结果很顺利，和王濬预料的一样，没有一点意外情况。晋太康元年，安东将军[杜预]攻陷横江，龙骧将军王濬攻克建平、丹阳二城。杜预又派遣轻兵八百人乘小船偷偷渡江，在乐乡上岸，屯在巴山上，悬张很多旌旗在山上，燃起大火，令其毫无防备。攻打公安的时候，众将都说这是百年未有的大战，不能全胜，而且春水正起，不能长久作战，应当等待冬季来临，再大举进攻。杜预做了个比喻道："乐毅凭借济西一仗打败了强大的齐国。现在军威已经大振，势如破竹。劈竹子时劈开几节后，下面的自然就迎刃而解了。陆抗上表奏于孙皓的说法，皇上深以为然。"吴国派张悌、沈莹渡江，沈莹对张悌说："晋国在蜀地造船已经很长时间了，现在倾全国的力量大举进攻，万里边境同时起兵。并且动用益州的全部军队，沿江而下，我国上游各地守军毫无防备，恐怕长江沿岸的众多城池也抵御不了晋军的进攻，晋国的水军一定会打到这里。应当保存实力等待晋军到来，打一场硬仗。如果是打败了晋军的话，长江西岸自然肃清。这样上游关隘即使被攻破，还可以再夺回来。现在渡江迎战，不能确保获胜，如果万一失败，就彻底不行了。"张悌不听。于是倾尽所有的兵力渡

江进逼。晋国军队不被扰乱,吴军后撤时乱了阵脚,晋军趁机攻打,大败吴军。吴王孙皓于是向王濬投降。八万军卒乘大船叫嚷着驶入石头城。孙皓自己绑着双手,拉着棺材来见王濬,王濬烧掉棺材,示以王者之礼。后赐予孙皓归命侯的爵位。]

到晋惠帝时,惠帝平庸软弱,胡人扰乱中原,天子蒙受侮辱,逃到长江以南,这时天下再次分裂。终始五代,又达三百多年。隋文帝得到了北方政权后,才谋划攻伐陈朝。文帝曾经向高颖询问攻取陈朝的计策,高颖说:"长江以北,土地寒冷,农田收割较晚;长江以南,土地温热,水田成熟较早。等到对方收获季节,略微征兵买马,声言要偷袭,敌军必定会屯兵坚守防御,这样就错过收割的好时节。敌军既然聚集军队,我军便解散,多次反复,敌军必然习以为常,然后我们再聚集军队,这时敌军必然不做防备,在其犹豫之际,我军再渡江登陆作战,士兵的士气必然更加高涨。又因为江南土层浅,住的多是茅舍,所有的储蓄积聚,都不是放在地窖中。我们再秘密派间谍顺风放火,等到他们再修建好,就再放火,不用几年,国内财力自然匮乏。"隋文帝采用高颖的计策,陈朝兵民益发凋散。然后文帝发兵,派薛道衡为淮南道行台尚书,并掌管公文。等到文帝的军队兵临长江,高颖召见薛道衡,在大帐中夜坐,问道:"现在进军能够打败江东吗?你试着说一说。"薛道衡回答:"凡是讨论大事的成败,必须用理论去推断。《禹贡》中记载的九州,本来是君王的疆土。后汉末期,豪杰举兵蜂起,孙权兄弟于是占据吴、楚的土地。晋武帝即位,立即吞并吴、楚,到永嘉南迁时,又分裂开来。从那时以来,战争不断,祸患到了头,必然要走向和平,这是永恒的天理。郭璞曾说:'江东偏安三百年后,还要与中原一统,现在运数将满。从运数来说,必然打败陈朝,这是一。有德的人昌盛,无德的人灭亡。自古以来兴衰盛败都没有脱离这个规律。皇上恭敬爱民,提倡节俭,整天为黎民百姓国家大事操劳,陈后主却修造宫室,雕镂宫墙,沉迷酒色,臣民不和他同心,神灵百姓都很愤怒,这是陈朝失败的第二条理由。建立国家的体制,必须任用可以托付大事的人才,而陈朝的公卿大臣,只是充数而已。提拔小人施文庆,委以重任,尚书江总,只会吟诗喝酒,不是胸有韬略的人,萧摩诃任用野蛮落后的部族为他们的大将,这样的人只有匹夫之勇。这是能大败敌军的第三条理由。我军有道,力量强大,敌军无道,力量弱小。估计敌军拥有士兵不过十万,西起巫峡,东到沧海,分兵把守,势力就孤弱,聚兵守一地,就会顾此失彼,这是能大败敌军的第四条理由。大军席卷江南的机会在于对形势不迷惑。"高颖高兴地说:"你分析作战的成败,条理很分明,我现在豁然开朗了。我本来用才能学问的事来请教你,想不到你的筹谋韬略达到这样高的程度。"于是进兵江南,俘虏了陈叔宝。这是与消灭吴国情况相类似的。

[从前三国的时候,蜀国派宗预出使东吴。宗预对孙权说:"蜀国在地理上与东吴虽然是相邻的两个国家,但东西两国都要相互依存。吴国不能没有蜀国,蜀国也不能没有吴国。"孙盛说:"帝王保卫国土,只有仰仗道义,道义如果树立起来,即使小国也能变成大国。殷、周的兴起就是这样。假若仰仗欺诈和武力,即使强国也会衰败。秦皇、项楚就是这样。更何况是地处偏远的小国,依恃山水的险固,却要联合万里之远的地方,相互永远凭靠呢?从前六国与三小国用合纵的计策,可秦国还是最终统一了天下。隗嚣、公孙述经营联合的谋略,光武帝刘秀却终究兼并了陇、蜀之地。凭六国的强大,陇汉的广阔,都不能相互救援,各自坐视盟友被杀戮和倾覆,这到底是什么原因?这是因为道德的根基不牢固,离散的人心难以一致的原因。而你却说'吴国不能

没有蜀国,蜀国不能没有吴国'的话,这不是有点谄媚之态吗!因此看来,治理国家的根本唯有道义,君王如果不修养政德,同船的人也都会成为敌国的人。有过这样的情况啊!"]

自从隋文帝开皇十年灭掉陈,到现在的开元四年已经有 126 年了,天下一直是统一的。《左传》说:"诸侯封地中的城池面积超过一百雉是国家的祸患。"又说:"诸侯的都城同国都一样大是国家祸乱的根本。"古代的诸侯国面积不过百里,不分封山海,不许亲近夷族。这些都是有的,为什么呢?贾谊说:"我私下观察前代情况,发现诸侯势力强大的先谋反。淮阴王在楚地势力最强,最先谋反;韩信依靠胡人又谋反;贯高靠赵国的资助谋反;陈豨士兵精良,因而又谋反;彭越靠梁国谋反;黥布用淮南的军队谋反;卢绾势力最弱小也最后谋反。长沙王拥有两万五千户的封赏,功劳最少却最能保全自己,势力最弱却最忠诚。这不是各人的性情不同,是形势使然。假设让樊哙、郦生、周勃、灌婴各拥有几十个城池称王,现在国家残破灭亡,也是可能的;让韩信、彭越之辈,位居彻侯,到现在他们的子孙也会存在。既然这样,那么治理天下的大计,就可以知晓了。要想让诸侯都忠诚顺服,就不如分封像长沙王那样的诸侯国;想要让臣下免受菹醢的下场,就不如让他们像樊哙、郦生那样没有太大的权力,要想让天下长治久安,就不如多分封诸侯,削弱他们的势力。"从这里可以看出,让统治一地的地方长官,统治疆域扩大到上千里,拥有了很多百姓,这就不仅仅是"都城过百里"的谋反之资了。他们居官任用贤才,培植亲信,就不仅仅是不亲和夷狄那样的孤立状态了。吴国占据长江、鄱阳湖,蜀国依靠天然的险阻,这不仅仅是依靠山河为凭借;横跨州郡,进行治理,不仅仅是城池象国都一样大所带来的害处。假如国家遇到很大变故,比如有吴楚七国之乱那样的祸患,这话就不好说了,当权的人是不可不明察的。

[魏明帝问黄权说:"现在三国鼎立,哪一方是正统?"回答说:"应当用天象勘验,从前荧惑星罩守心星,而文帝驾崩。吴、蜀二国主都平安无事,因此说,魏国是正统。"]

第七卷　居安思危　因时制宜（权宜）

安不忘危　存不忘亡（惧诚第二十）

【原文】

《易》曰："汤武革命，顺乎天而应乎人。"《书》曰："抚我则后，虐我则仇。"《尸子》曰："昔周公反政，孔子非之曰：'周公其不圣乎！以天下让，不为兆人也。'"

［议曰：昔尧称"吾以天下授舜，则天下得其利而丹朱病；授丹朱，则天下病而丹朱得其利。吾终不以天下之病而利一人，遂禅于舜"。今周公不以天下为务，而自取让名，非为圣达节者也，故孔子非之。］

董子曰："虽有继体守文之君，不害圣人之受命。"古语曰："穷鼠啮狸，匹夫奔万乘。"故黄石公曰："君不可以无德，无德则臣叛。"孙卿曰："能除患则为福，不能除则为贼。"

［孙卿子曰："昔者天子初即位。上卿进曰：'能除患则为福，不能则为贼'。授天子一策。中卿进曰：'先事虑事谓之接，接则事优成；先患虑患谓之豫，豫则祸不生；事至而后虑者谓之后，后则事不举；患至而后虑者谓之因，因则祸不御。'授天子二策。下卿进曰：'庆者在堂，吊者在闾，祸与福邻，莫知其门。豫哉！豫哉！'授天子三策。此诚之至也。"］

何以明之？昔文王在酆，召太公曰："商王罪杀不辜，汝尚助余忧人，今我何如？"太公曰："王其修身、下贤、惠人，以观天道。天道无殃，不可以先唱，人道无灾，不可以先谋。必见天殃，又见人灾，乃可以谋。与民同利，同利相救，同情相成，同恶相助，同好相趋。无甲兵而胜，无衡机而攻，无渠堑而守。利人者天下启之，害人者天下闭之。天下非一人之天下也，取天下若逐野兽，得之而天下皆有分肉。若同舟而济，皆同其利；舟败，皆同其害。然则皆有启之，无有闭之者矣。无取于民者，取民者也；无取于国者，取国者也；无取于天下者，取天下者也。

［议曰：沛公之起也，虎啸丰谷，饮马秦川，财宝无所取，妇女无所收，降城则以侯其将，得赂则以分其士而已。无私焉，所私者私于天下也。故老子曰：夫唯不私，故能成其私。是知无取人，是乃大取也。］

取民者民利之，取国者国利之，取天下者天下利之。故道在不可见，事在不可闻，胜在不可知。微哉！微哉！鸷鸟将击，卑身翕翼；猛兽将搏，俛身俯伏；圣人将动，必有愚色。惟文惟德，谁为之式？弗观弗视，安知其极？今彼殷商，众口相惑。吾观其野，茅草胜谷；吾观其群，众曲胜直；吾观其吏，暴虐残贼，败法乱利而上不觉，此亡国之则也。"文王曰："善。"

[贾子曰:"殷汤放桀,武王伐纣,此天下之所同闻也。为人臣而放其君,为人下而杀其上,天下之至逆也。而所以长有天下者,以其为天下开利除害,以义继之也。故声名称于天下而传于后世也。"太公曰:"天下者,非一人之天下,天下人之天下也,与天下同利者,得天下;擅天下之利者,失天下。天有时,地有利,能与人共之者,仁也。仁之所在者,天下归之。免人之死,解人之难,救人之患,济人之急者也。德之所在,天下归之。与人同忧、同乐、同好、同恶者,义也。义之所在,天下归之。凡人恶死而乐生,好德而归利。能生利者,道也。道之所在,天下归之也。"]

楚共王麇,子灵王即位。群公子因群丧职之族,杀灵王,而立子干。立未定,弟弃疾又杀子干而自立。[弃疾,平王也。五人皆共王子也。]

初,子干之入也,韩宣子问于叔向曰:"子干其济乎?"对曰:"难。"宣子曰:"同恶相求,如市贾焉,何难?"对曰:"无与同好,谁与同恶? 取国有五难:有宠而无人,一也;[宠须贤人而固也。]有人而无主,二也;[虽有贤人,当须内主为应也。]有主而无谋,三也;[谋,策谋也。]有谋而无民,四也;[民,众也。]有民而无德,五也。[四者既备,当以德成也。]子干在晋,十三年矣。晋、楚之从,不闻达者,可谓无人;族尽亲叛,可谓无主;[无亲族在楚。]无虑而动,可谓无谋;[召子干时,楚未有大虑也。]为羁终世,可谓无人;[终身羁客在晋,是谓无民。]亡无爱征,可谓无德。[楚人无爱念之者。]王虐而不忌,[灵王暴虐,无所畏忌,将自亡也。]楚君子干,涉五难以杀旧君,谁能济之? 有楚国者,其弃疾乎? 君陈、蔡,城外属焉。[城,方城也。时穿封戍既死,弃疾并领陈事也。]苟慝不作,盗贼伏隐,私欲不违,民无怨心。先神命之,国人信之。芈姓有乱,必季实立,楚之常也。获神,一也;[当璧拜也。]有民,二也;[人信之也。]命德,三也;[无苟慝也。]宠贵,四也。[贵妃子也。]居常,五也。[弃疾,季也。]有五利以去五难,谁能害之? 子干之官,则右尹也;数其贵宠,则庶子也;以神所命,则又远之。其贵亡矣,其宠弃矣。[父既殁矣。]民无怀焉,[非令德也。]国无与焉,[无内主也。]将何以立?"宣子曰:"齐桓、晋文不亦是乎?"[皆庶贱也。]对曰:"齐桓,卫姬之子也,有宠于僖,有鲍叔牙、宾须无、隰朋以为辅佐;有莒、卫以为外主;[齐桓奔莒,卫有舅氏之助。]有国、高以为内主;[国氏、高氏,齐上卿也。]从善如流,下善齐肃;[齐严、肃敬。]不藏贿,[清也。]不纵欲,[俭也。]施舍不倦,求善不厌。以是有国,不亦宜乎? 我先君文公,狐季姬之子也,有宠于献公,好学不贰,生十七年,有士五人。[狐偃、赵衰、颠颉、魏武子、司空季子五士从出者也。]有先大夫子余,子犯以为腹心,[子余,赵衰。子犯,狐偃。]有魏犨、贾佗以为股肱,有齐、宋、秦、楚以为外主,[齐妻以女,宋赠以马,楚王飨之,秦伯纳之。]有栾、郤、狐、先以为内主;[谓栾枝、郤穀、狐突、先轸也。]亡十九年,守志弥笃。惠、怀弃民,从而与之。献无异亲,民无异望。[献公之子九人,惟文公在。]天方相晋,将何以代之。此二君者,异于子干。共有宠子,国有奥主;[谓弃疾也]。子干无施于民,无援于外;去晋晋不送,归楚楚不迎,何以冀国?"子干果不终卒。立弃疾,如叔向言。

[初,楚共王无冢嫡。有宠子五人,无适立焉。乃大有事于群望,而祈曰:"请神择于五人者,使主社稷。"乃遍以璧见于群望曰:"当璧而拜者,神所立也。"乃密埋璧于太室之庭,使五人齐,而长幼入拜。康王跨之,灵王肘加焉,子干、子晰皆远之。平王弱,抱而入,再拜,皆压纽。平王即弃疾也。]

鲁昭公麇于乾侯。赵简子问于史墨曰:"季氏出其君,而民服焉,诸侯与之;君死于外而莫之或罪,何也?"对曰:"物生有两、有三、有五、有陪贰。故天有三辰,[谓有三也。]地有五行,[谓有五也。]体有左右,[谓有两也。]各有妃耦。[谓陪贰也。]王有公,诸侯有卿,皆其贰也。天生季氏,以贰鲁侯,为日久矣。民之服焉,不亦宜乎!鲁君世从其失,季氏世修其勤,民忘君矣。虽死于外,其谁矜之? 社稷无常奉,[奉之无常,人言唯德也。]君臣无常位,自古以然。故《诗》曰:"高岸为谷,深谷为陵。"三后之姓于今为庶,主所知也。[三后,虞、夏、商也。]在《易》卦,雷乘乾曰大壮衍,[乾下震上,大壮。震在上,故曰:"雷乘乾"也。]天之道也。[乾为天子,震为诸侯,而在乾上。君臣易位,犹人臣强壮,若天上有雷也。]政在季氏,于此君也四公矣。民不知君,何以得国? 是以为君慎器与名[器,车、服也。名,爵号也。]不可以假人。

[议曰:刘向称:"人君莫不欲安,然而常危;莫不欲存,然而常亡,失御臣之术也。"夫人臣操权柄、持国政;未有不为害者也。昔晋有六卿,齐有田、崔,卫有孙、宁,鲁有季、孟,常掌国事,世执朝柄,终复。田氏取齐,六卿分晋,崔杼弑其君光,孙林父、宁殖出其君衍,弑其君剽,季氏八佾舞于庭,三家者以雍彻并专国政,卒遂昭公,皆阴胜而阳微,下失君道之所致也。范雎说秦昭王曰:"夫三代所以亡国者,常纵溢驰骋弋猎,不听政事。其所授者,妒贤嫉能,取下蔽上,以成其私,不为主计,而主不觉悟,故失其国。今右秩以上至诸史及王左右,无非相国之人者。见王独立于朝,臣窃为王恐,恐万世之后,有秦国者非王子孙也。"由是观之,《书》称臣之有作威作福,害于而家,凶于而国。孔子曰:"禄之去公室,政逮于大夫,亡之兆也。"信哉是言也。]

孔子在卫,闻齐田常将欲为乱,[专齐国,有无君之心。]而惮鲍、晏,[鲍氏、晏氏,齐之世卿大夫。]因移其兵以伐鲁。[初,田常相齐,选国中女长七尺者三百人,以为后官,宾客、舍人出入皆不禁。田常后有七十余男,因此以盗齐国也。]

孔子会诸弟子曰:"鲁,父母之国,不忍观其受敌,将欲屈节于田常以救鲁。二三子谁使?"子贡请使,夫子许之。遂如齐,说田常曰:"今子欲取功于鲁实难,若移兵于吴则可也。夫鲁,难伐之国,其城薄以卑,地狭以泄;其君愚而不仁,大臣伪而无用,其士民又恶甲兵之事,此不可与战。夫吴,城高以厚,地广以深,甲坚以新,士选以饱,重器精兵尽在其中,又使明大夫守之,此易伐也。"田常愤然作色曰:"子之所难,人之所易;子之所易,人之所难。而以教常,何也?"子贡曰:"夫忧在内者攻强,忧在外者攻弱。今君忧在内矣。吾闻子三封而三不成,是则大臣不听也。今君破鲁以广齐,战胜以骄主,破国以尊臣,[晏等帅师,若破国则益尊。]而子之功不与焉,则交日疏于主。是君上骄主心,下恣群臣,求以成大事,难矣。夫上骄则恣,臣骄则争,是君上与主有隙,下与大臣交争也。如此,则子之位危矣。故曰不如伐吴。伐吴而不胜,民人外死,大臣内空,是君上无强臣之敌,下无民人之过,孤主制齐者唯君也。"田常曰:"善。然兵业已加鲁矣,不可更,如何?"子贡曰:"子缓师。吾请救于吴,令救鲁而伐齐,子以兵迎之。"田常许诺。

[子贡遂南说吴王曰:"王者不绝世,霸者无强敌,千钧之重加铢而移。今以万乘之齐而私千乘之鲁,与吴争强,其为患滋甚。且夫救鲁,显名也;伐齐,大利也。以抚泗上诸侯,诛暴齐以服晋,利莫大焉。存亡鲁,实困强齐,智者不疑也。"吴王曰:"善。然吾实困越,越王今苦身养士,有报吴之心。子待吴先伐越,然后乃可。"子贡曰:"越之功不过鲁,吴之强不过齐,而王置齐而伐越,则齐已平鲁矣。王方以存亡继绝为名,而畏强齐伐小越,非勇也。勇者不避难;仁者不穷约;智者不失时;义者不绝世,以立其义。今存越示天下以仁,救鲁伐齐,威加晋国,诸侯相率而朝吴,霸业成矣。且王必或恶越,臣请东见越君,令出兵以从,此则实空越,而名从诸侯以伐也。"吴王悦,乃使子贡之越。

越王郊迎,自为子贡御,曰:"此蛮夷之国也,大夫何足俨然辱临之?"子贡曰:"今者吾说吴王以救鲁伐齐,其志欲之而畏越,曰'待吾伐越乃可'。如此则破越必矣。且无报人之志而令人疑]

之，拙也；有报人之志而使人知之，殆也；事未发而先闻，危也。三者举事之大患也。吴王为人猛暴，群臣弗堪；国家疲于数战，士卒不忍；百姓怨上，大臣内变；子胥以谏死，太宰嚭用事，顺君之过以安其私：此王报吴之时也。诚能发卒佐之以激其志，而重宝以悦其心，卑辞以尊其礼，则伐齐必矣。此圣人之所谓屈节以期远者也。彼战不胜，王之福也。若胜，必以兵临晋。臣还北请见晋君，共攻之，其弱吴必也。其锐兵尽于齐，重甲困于晋，而王乘其弊，灭吴必矣。"越王许诺，乃使大夫种以三千人助吴。

吴遂伐齐于召陵，果以兵临晋，遇以黄池。越王袭吴之国，遂灭吴。孔子曰：夫其乱齐、存鲁，吾之始愿也。若乃强晋以疲吴，使吴亡而越霸，赐之说也。美言伤信，慎言哉！]

秦始皇帝游会稽，至沙丘，疾甚。始皇令赵高为书赐公子扶苏，未授使者，始皇崩。[时始皇有二十余子。长子扶苏，使监兵上郡，蒙恬为将。少子胡亥爱，请从，上许之。余子莫从。丞相李斯以为上在外崩，无真太子，故秘之。群臣莫知也。]

赵高因留所赐扶苏玺书，而谓公子胡亥曰："上崩，无诏封王诸子而独赐长子书。长子至，即位为皇帝，而子无尺寸之地，为之奈何？"胡亥曰："固然也。吾闻明君知臣，明父知子。父既捐命，不封诸子，何可言也！"赵高曰："不然。方今天下之权，存亡在子与高及丞相耳，愿子图之。且夫臣人与见臣于人，制人与见制于人，岂可同日而道哉！"胡亥曰："废兄而立弟，是不义也；不奉父诏而畏死，是不孝也；能薄而材谞，强因人之功，是不能也。三者逆德，天下不服。"高曰："臣闻汤、武杀其主，天下称义焉，不为不忠。卫君杀其父，而卫国载其德，孔子著之，不为不孝。[议曰，乱臣贼子，自古有之。生而楚言，可为痛哭者，胡亥是也。]夫大行不细谨，大德不辞让，乡曲各有宜而百官不同功。故顾小而忘大，后必有害；狐疑犹豫，后必有悔。断而敢行，鬼神避之，后有成功。愿子遂之也。"胡亥喟然叹曰："今大行未发，岂宜以此事干丞相哉！"高曰："时乎时乎，间不及谋。赢粮跃马，唯恐后时！"

胡亥既然高之言，乃谓丞相斯曰："上崩，赐长子书，与丧俱会咸阳而立为嗣。书未行，今上崩，未有知者。事将何如？"斯曰："安得亡国之言耶！"高曰："君自料能孰与蒙恬？功高孰于蒙恬？谋远不失孰于蒙恬？无怨于天下孰与蒙恬？长子旧而信之孰于蒙恬？"斯曰："五者皆不及蒙恬，而君责之何深也？"高曰："高故内官之厮役也，幸得以刀笔之吏进入秦宫，管事二十余年，未尝见秦免罢丞相、功臣有封及二世者也，卒皆以诛亡。皇帝二十余子，皆君之所知。长子刚毅而武勇，信人而奋事，即位必用蒙恬为丞相，君侯终不怀通侯之印归于乡里，明矣。高受诏教习胡亥学法，仁慈笃厚，轻财重士，秦之诸子皆莫及也，可以为嗣。君计而定之。"斯曰："斯，上蔡闾巷布衣也，上幸擢为丞相者，固将以存亡安危属臣也。岂可负哉！夫忠臣不避死而庶几，孝子不勤劳而见危，君其勿复言。"高曰："盖闻圣人迁徙无常，就变而从时，见末而知本，观指而睹归。物固有之，安得常法哉！方今天下之权悬命于胡亥，高能得志焉。且夫从外制中谓之惑，从下制上谓之贼。故秋霜降者草花落，水风摇者万物作，此必然之效也。君侯何见之晚也。"斯曰："吾闻晋易太子，三世不安；齐桓兄弟争位，身死为戮；纣残贼亲戚，不听谏者，国危丘墟。三者逆天，宗朝不血食，斯其犹人哉，安足与谋！"高曰："上下合同，可以长久；中外若一，事无表里。君听臣之计，则长有封侯，世世称孤，必有乔、松之寿，孔、墨之智。今释此而不从，祸及子孙，足为寒心。善者因败为福，君何处焉？"斯乃仰天而叹，垂涕太息曰："既已不能死，安托命哉！"乃听高立胡亥，改赐玺书，杀扶苏、蒙恬。

[初，李斯从荀卿学帝王之术，欲西入秦。辞于荀卿曰："斯闻得时无怠，今万乘争时，游者主事。今秦王欲吞天下，称帝而治，此布衣驰骛之时而游谈者之秋也。故斯将西说秦王。"至秦，为吕不韦舍人，不韦贤之，任以为郎。说秦王阴遣谋士赍金玉以游说诸侯。诸侯名士皆厚给遗之，不肯者，利剑刺之。离其君臣之计，遂吞天下，皆斯之谋也。]

秦二世末，陈涉起蕲，兵至陈。张耳、陈余说涉曰："大王兴梁、楚，务在入关，未及收河北也。臣尝游赵，知其豪杰，愿请奇兵略赵地。"于是陈王许之，与卒三千。从白马渡河，至诸郡县，说其豪杰曰："秦为乱政虐刑，残灭天下。北为长城之役，南有五岭之戍，外内骚动，百姓罢敝，头会箕敛，以供军费，财匮力尽，重以苛法，使天下父子不相聊生。今陈王奋臂为天下倡始，莫不响应。家自为怒各报其怨，县杀其令丞，郡杀其守尉。今已张大楚，王陈，使吴广、周文将卒百万西击秦。于此时而不成封侯之业者，非人杰也。夫因天下之力而攻无道之君，报父兄之怨而成割地之业，此一时也。"豪杰皆然其言。乃行收兵，下赵十余城。

[议曰：班固云："昔《诗》《书》述虞、夏之际，舜、禹受禅，积德累仁，数十年，然后在位。殷、周之王，乃由契、稷，历十余世，然后放杀。"秦起襄公始，蚕食六国，至于始皇，乃并天下。秦既称帝，患周之败，以为诸侯力争，以弱见夺。于是削去五等，堕城销刃，钳语烧书，内锄雄俊，外攘胡越，用一威权以为万世安。然十余年间，强敌横发乎不虞，谪戍强于五霸，闾阎逼于戎狄，响应瘼于谤讪，奋臂威于甲兵。向秦之禁，适所以资豪杰自速其弊也。由是观之，夫豪杰之资，在于虐政矣。]

韩信既平齐，为齐王。项王恐，使盱眙人武涉往说齐王，使三分天下。信不听。

武涉已去，蒯通知天下权在韩信，欲为奇策而感动之，以相人说韩信曰："仆尝受相人之术。"韩信曰："先生相人何如？"对曰："贵贱在于骨法，忧喜在于容色，成败在于决断，以此参之，万不失一。"信曰："先生相寡人如何？"对曰："愿请间。"信曰："左右远。"蒯通曰："相君之面，不过封侯，又危不安。相君之背，贵乃不可言。"信曰："何谓也？"蒯通曰："天下初发难，俊雄豪杰建号一呼，天下之士云合雾集，鱼鳞杂沓，烟至风起。当此之时，忧在亡秦而已。今楚汉分争，使天下无罪之人肝胆涂地，父子暴骸、骨肉流离于中野，不可胜数。楚人起于彭城，转斗逐北，至于荥阳，乘利席卷，威振天下。然兵困于京、索之间，迫西山而不能进者，三年于此矣。汉王将数十万之众，距巩、洛，阻山河之险，一日数战，无尺寸之功，折北不救，败荥阳，伤成皋，还走宛、叶之间，此所谓智勇俱困者也。夫锐气挫于险塞而粮食竭于内藏，百姓罢极怨望，无所依倚。以臣料之，其势非天下圣贤固不能息天下之祸。当今两主之命悬于足下。足下为汉则汉胜，与楚则楚胜。臣愿披腹心，输肝胆，效愚计，恐足下不用也。诚能听臣之计，莫若两利而俱存之，三分天下，鼎足而居，其势莫敢先动。夫以足下之贤圣，有甲兵之众，据强齐，从燕、赵出空虚之地而制其后，因民之欲，西向为百姓请命，则天下风起而响应矣，孰敢不听！割大弱强，以立诸侯，诸侯已立，天下服听而归德于齐。案齐之故，有胶、泗之地，怀诸侯以德，深拱揖让，则天下之君王相率而朝于齐矣。盖闻天与不取，反受其咎；时至不行，反受其殃。愿足下熟虑之。"

韩信曰："汉王遇我厚，载我以其车，衣我以其衣，食我以其食。吾闻之：乘人之车者载人之患，衣人之衣者怀人之忧，食人之食者死人之事，吾岂可向利背义乎！"蒯生曰："足下自以为善汉王，欲建万世之业，臣窃以为误矣。始常山王、成安君为布衣时，相与为刎颈之交，后争张黡、陈泽之事，二人相怨。常山王奉项婴头鼠窜，归于汉王。汉王借兵东下，杀成安君泜水之南，头足异处，卒为天下笑。此二人相与，天下至欢。然而卒相擒者，何也？患生于多欲，人心难测也。今足下欲行忠信以交于汉王，必不能固于二君之相与也，而事多大于张黡、陈泽。故臣以为足下必汉王之不危己，亦误矣。大夫种、范蠡存亡越伯勾践，立功成名而身死亡。谚曰：'野兽尽而猎狗烹，敌国破而谋臣亡。'夫以交友言之，则不如张耳之与成安君也；忠信言之，则不过大夫种之于勾践也。此二人者，足以观矣。愿足下深虑之。且臣闻勇略震主者身危，而功盖天下者不赏。臣请言大王功略：涉西河，虏魏王，擒夏说，引兵下井陉，诛成安君，徇赵、胁燕、定齐，南摧楚人之兵二十万，东杀龙且，西向以报，此所谓功无二于天下，而略不世出者也。今足下载震主之威，挟不赏之功，以归楚，楚人不信；归汉，汉人震恐：足下欲持是安归乎？夫势在人臣之位而有震主之威，名高天下，窃为足下危之。"韩信谢曰："先生且休矣，我将念之。"

后数日，蒯通复说曰："夫听者事之侯，计者事之机也，听过计失而能久安者，鲜矣。听不失一二者，不可乱以言；计不失本末者，不可纷以辞。夫随厮养之役者，失万乘之权；守儋石之禄者，[一儋，一斛之余也。]缺卿相之位。故智者决之断也，疑者事之害也，审毫厘之小计，遗天下之大数，智诚知之，决不敢行者，百事之祸也。故猛虎之犹豫，不如蜂虿之致螫；骐骥跼躅，不如驽马之安步；孟贲之狐疑，不如庸夫之必至也；虽有舜、禹之智，沉吟而不言，不如喑聋之指麾也。夫功者难成而易败，时者难得而易失也。时不再来，愿足下详察之。"韩信犹豫不忍背汉，又自以为功多，汉王终不夺吾齐，遂谢蒯生。蒯生曰："夫迫于苛细者，不可与图大事；拘于臣虏者，固无君王之意。"说不听，因去，佯狂为巫。

[议曰：昔齐崔杼弑庄公，晏子不死君难曰："君人者，岂以陵人？社稷是主；臣君者，岂为其口实？社稷是养。故君为社稷死则死之，为社稷亡则亡之，若为己死，而为己亡，非其亲昵，谁敢任之！"孟子谓齐宣王曰："君之视臣如手足，则臣视君如腹心；君之视臣如草芥，则臣视君如寇仇。"虽云君天也，天不可逃，然臣缘君恩以为等差，自古然矣。韩信以汉王遇厚而不背其德，诚足怜耳！]

吴王濞以子故不朝。[孝文帝时，吴太子入朝，侍皇太子饮博，争道，不恭，皇太子引博局投吴太子，杀之。]及削地书至，于是乃使中大夫应高挑胶西王，无文书，口报曰："吴王不肖，有宿夕之忧，不敢自外，使喻其欢心。"王曰："何以教之？"高曰："今者主上兴于奸雄，饰于邪臣，好小善，听谗贼，擅变更律令，侵夺诸侯之地，征求滋多，诛罚良善，日以益盛。语有之曰：'舐糠及米'。吴与胶西，知名诸侯也，一时见察，恐不得安肆矣。吴王身有内病，不能朝请二十余年，常患见疑，无以自白。今胁肩累足，犹惧不见释。窃闻大王以爵事有适，所闻诸侯削地，罪不至此，此恐不得削地而已。"王曰："然，有之。子将奈何？"高曰："同恶相助，同好相留，同情相成，同欲相趋，同利相死。今吴王自以为与大王同忧，愿因时循理，弃驱以除患害于天下，抑亦可乎？"王瞿然骇曰："寡人何敢如是？今主虽急，固有死耳，安得勿戴？"高曰："御史大夫晁错，荧惑天子，侵夺诸侯，蔽忠塞贤，朝廷疾怨，诸侯皆有背叛之意，人事极矣。慧星夕出，蝗虫数起，此万世一时，而愁劳圣人之所起也。故吴王内欲以晁错为讨，外随大王后车，彷徉天下，所向者降，所指者下，天下莫敢不服。大王诚幸而许之一言,则吴王帅楚王略函谷关,守荥阳敖仓之粟,距汉兵。治次舍,须大王有幸而临之,则天下可并,两主分割,不亦可乎?"王曰:"善。"七国皆反,兵败伏诛。

[太史公曰:汉兴,孝文施大德,天下怀安。至孝景,不复忧异姓。而晁错刻削诸侯,遂使七国俱起,合纵西向,诸侯大盛,而晁错为之不以渐也。及主父偃言之,而诸侯以弱。安危之机,岂不以谋哉?"]

淮南王安怨望厉王死,[厉王长,淮南王安父也。长谋反,槛车迁蜀,至雍,死。上怜之,封其三子,以安为淮南王也。]欲谋叛逆,未有因也。及削地之后,其为谋益甚。与左吴等日夜按舆地图,部署兵所从入。召伍被与谋,曰:"上宽赦大王,复安得亡国之言乎!臣闻子胥谏吴王,吴王不用,子胥曰:'臣今见麋鹿游于姑苏之台。'臣今亦见宫中生荆棘,雾露沾衣也。臣闻聪者听于无声,明者见于未形,故圣人万举万全。昔文王一动而功显于世,列为三代,此所谓因天心以化者也,故海内不期而随。此千岁之可见者。夫百年之秦,近世之吴楚,亦足以喻国家之存亡矣。臣不敢避子胥之诛,愿大王无为吴王之听。昔秦绝圣人之道,杀术士,燔《诗》《书》,弃礼义,尚诈力,任刑罚,转负海之粟致之西河。当是之时,男子疾耕不足于糟糠,女子纺织不足以盖形。遣蒙恬筑长城东西数千里,暴露兵师常数十万,死者不可胜数,僵尸千里,流血顷亩,百姓力竭,故欲为乱者十家而五。又使徐福入海求异物及延年益寿之药,还为伪辞曰:'臣见海中大神,曰'以令名振男女[振童男女也。]与百工之事,即得

之矣。"秦皇大悦,遣振男女三千人,资之种种百工而行。徐福得平原广泽,止王不来。于是百姓悲痛相思,欲为乱者十家而六,又使尉佗逾五岭攻百越。尉佗知中国劳极,止王不来,使人上书,求女无夫家者三万人,以为士卒衣补。秦皇可其万五千人。于是百姓离心瓦解,欲为乱者十家而七。客谓高皇帝曰:'时可矣。'高皇帝曰:'待之,圣人当起东南间。'不一年,陈胜、吴广发矣。高皇始于丰沛,一唱天下不期而响应者,不可胜数。此所谓蹈瑕候间,因秦之亡而动者也。百姓愿之,若旱之望雨,故起于行阵之中而立为天

子,功高三皇,德传无穷。今大王见高皇得天下之易也,独不观近世之吴楚乎?夫吴王赐为刘氏祭酒,授几杖,不朝,王四郡之众,地方数千里,内铸铜为钱,东煮海以为盐,上取江陵木为船,国富人众。举兵而西,破于大梁,败于狐父,奔走而东,至于丹徒,越人擒之,身死绝祀,为天下笑。夫以吴越之众不能成功者,何也?诚逆天道而不知时也。方今大王之兵众不能十分吴楚之一,天下安宁又万倍于秦,愿大王从臣之计。大王不从臣之计,今见大王事必不成而语先泄也。臣闻微子过故国而悲,于是作《麦秀之歌》;是痛纣之不用王子比干也。故孟子曰'纣贵为天子,死曾不若

匹夫'。是纣先自绝于天下久矣,非死之日而天下去之也。今臣亦窃悲大王弃千乘之尊,必且赐绝命之书,为群臣先,死于东宫也。"[王时所居。]于是王气怨结而不扬,涕满眶而横流,即起,历阶而去。

后复问伍被曰:"汉庭治乱?"被曰:"窃观朝廷之政,君臣之义,父子之亲,夫妇之别,长幼之序,皆得其理,上之举措遵古之道,风俗纲纪未有所缺。南越宾服,羌僰入献,东瓯入降,广长榆,开朔方,匈奴拆翅伤翼,失援不振。虽不及古太平之时,然犹为治也。王欲举事,臣见其将有祸而无福也。"王怒,被谢死罪。王曰:"陈胜、吴广无立锥之地,千人之众,起于大泽,奋臂大呼而天下响应,西至于戏而兵百万。今吾国虽小,然而胜兵者可得十余万,非直适戍之众,钑凿棘矜也[大镰谓之钑或是钺枞]公何以言有祸无福?"被曰:"秦无道,残贼天下。兴万乘之驾,作阿房之宫,收太半之赋,发闾左之戍,父不宁子,兄不便弟,政苛刑峻,天下熬然若焦,民皆引领而望,倾耳而听,悲号仰天,扣心而怨上,故陈胜一呼,天下响应。当今陛下临制天下,一齐海内,泛爱蒸庶,布德施惠。口虽未言,声疾雷霆,令虽未出,化驰如神,心有所怀,威动万里,下之应上,犹影响也。而大将军材能不特章邯、杨熊也。大王以陈胜、吴广喻之,被以为过。"王曰:"苟如公言,不可徼幸耶?"被曰:"被有愚计。"王曰:"奈何?"被曰:"今朔方之郡田地广,水草美,民徙者不足以实其地。可伪为丞相御史请书,徙郡国豪杰任侠及有耐罪以上,[轻罪不致于髡,完其耐鬓,故曰"耐"。又曰"律";耐为司寇,耐为鬼薪白粲。耐犹任也。]赦令除,家产五十万以上者,皆徙其家属朔方之郡,益发甲卒,急其会日。又伪为左右都司空上林中都官诏狱,逮诸侯太子幸臣。[宗正有左右都司空,上林有水司空,皆主囚徒官也。]如此则民怨,诸侯惧,即使辩武随而说之,倘可徼幸十得一乎?"王曰:"此可也。"欲如伍被计。使人伪得罪而西,事大将军、丞相;一日发兵,[发淮南兵。]使人即刺杀大将军青,而说丞相以下,如发蒙耳。又欲令人衣求盗衣,持羽檄,从东方来,呼曰'南越兵入',欲因以发兵。未得发,会事泄,诛。

[武帝时赵人徐乐,上书言世务曰:臣闻天下之患,在于土崩,不在瓦解,古今一也。何谓土崩?秦之末世是也。陈涉无千乘之尊,尺土之地,身非王公大人名族之后,乡曲之誉非有孔、曾、墨子之贤,陶朱、猗顿之富也。然起穷巷,奋棘矜,偏袒大呼,而天下风从,此其故何也?由其民困而主不恤,下怨而上不知,俗乱而政不修,此三者陈涉所以为资也。是谓之土崩。故曰天下之患在于土崩。何谓瓦解?曰:吴、楚、齐、赵之兵是也。七国谋为大逆,是皆乘万乘之君,带甲数十万,威足以严其境内,财足以劝其士民,然不能西攘尺寸之地,而身为禽于中原者,此其故何也?非权轻于匹夫而兵弱于陈涉也,当是之时先帝之德泽未衰,而安土乐俗之民众,故诸侯无境外之助。此之谓瓦解。

由是观之,天下诚有土崩之势,虽有布衣、穷处之士或首难而危海内,陈涉是也;况三晋之君或存乎?天下虽未有大治也,诚能无土崩之势,虽有强国劲兵,不待旋踵而身已擒矣,吴、楚、齐、赵是也,况群臣百姓,能为乱乎哉?此二体者,安危明要也,贤主之所宜留意而察度也。间者,关中五谷数不登,推数循治而观之,则又且有不安其处者。不安故易动,易动者,土崩之邻也。愿修之庙堂之上,销未形之患也。]

后汉灵帝以皇甫嵩为将军,讨破黄巾,威震天下,而朝政日乱,海内虚困。故信都令阎忠干说嵩曰:"难得而易失者,时也。时至不旋踵者,机也。故圣人顺时以动,智者因机以发。今将军遭难得之运,蹈易骇之机,而践运不抚,临机不发,将何以保大名乎?"嵩曰:"何谓也?"忠曰:"天道无亲,百姓与能。今将军受钺于暮春,收功于末冬,兵动如神,谋不再计,摧强易于折枯,消坚易于汤雪。旬月之间,神兵电扫,封户刻石,南向以报德,威名镇本朝,风声驰海外,虽汤武之举未有高将军者也。今身建不赏之功,体兼高人之德,而北面庸王,何以求安乎?"嵩曰:"夙夜在公,心不忘忠,何故不安?"忠曰:"不然。"[议曰:《记》有之亲母,为其子吮秃出血,见者以为爱子之至。使在于继母,则过者以为误也。事之情一矣,所以从观者异耳。"当今政理衰缺,王室多故,将军处继母之位,挟震主之威,虽怀至忠,恐人心自变。窃为将军危乎!且吾闻之,势得容奸,伯夷可疑;苟曰无猜,盗跖可信。今拥兵百万,势得为非,握容奸之权,居可疑之地,虽竭忠信,其能喻乎?此田单解袭所以见忌也。愿将军虑之。"阎生合将此类以破其志,便引韩信喻之,实不解公不忘忠之意,谈说之意漏于此矣。]

昔韩信不忍一飱之遇,而弃三分之业,利剑以揣其喉,方发悔毒之叹者,机失而谋乖也。今主上势弱于刘、项,将军权重于淮阴,指挥足以振风云,叱咤可以兴雷电。赫然奋发,因危抵颓,崇恩以绥先附,振武以临后服。征冀方之士,动七州之众。羽檄先驰于前,大军响振于后。蹈流漳河,饮马孟津。诛阉宦之罪,除群怨之积。虽童儿可使奋拳以致力,女子可使塞裳以用命,况厉熊黑之卒,因迅风之士哉?功业已就,天下已顺,然后请呼上帝,示以天命,混齐六合,南面称制。移宝器于将兴,推亡汉于已坠,实神机之至会,风发之良时也。夫既朽之木不雕,衰世之朝难佐。若欲辅难佐之朝,雕朽败之木,是犹逆坂走丸、迎流纵棹,岂云易哉?且今宦竖群居,同恶如市,上命不行,权归近习,昏主之下难以久居,不赏之功谗人侧目。如不早图,后悔无及。"嵩惧曰:"非常之谋不施于有常之势。创图大功,岂庸才所致?黄巾细孽,敌非秦、项,新结易散,维以济业。且民未忘主,天不佑逆。若虚造不异之功,以速朝夕之祸,孰与委忠本朝,守其臣节?虽云多谗,不过放废,犹令令名,死且不朽。反常之论所不敢闻。"

[议曰:夫明暗不相为用,能否不相为使。智士不为勇将谋,勇将不为怯将死。自古然矣。故《传》曰:"忠为令德。"非其人犹不可,况不令乎?《军势》曰:"使义士不以财。"故义者不为不仁者死,智者不为暗主谋。所以伊挚去夏,不为伤德;飞廉死纣,不可谓贤。今时昏道丧,九域焚如而委忠危朝,宴安昏宠,忠不足以救世,而死不足以成义。且为智者,固若此乎?阎忠又当持此论以相说也。]

忠知说不用,因亡去。

[董卓擅朝权,征皇甫嵩。梁衍说令讨卓。又陶谦等共推朱儁为太师,不使受。李傕征二人,皆不从。范晔评曰:"皇甫嵩、朱儁并以上将之略,受脤仓猝之时,值弱主蒙尘,犷贼放命,斯诚叶公投袂之机,翟义鞠旅之日。故梁衍献规,山东连谋,而舍格天之大业,蹈匹夫之小谅。卒狼狈虎口为智士笑,岂天之长斯乱也?何智勇之不终,甚乎!"

议曰:楚白公胜杀子西,劫惠王。叶公闻白公为乱,率国人攻白公,白公败亡也。]

王莽时,寇盗群发,莽遣将军廉丹伐山东。丹辟冯衍为掾,与俱至定陶。莽追诏丹曰:"将军受国重任,不能捐身中野,无以报恩塞责。"丹惶恐,夜召衍以书示之。衍因说丹曰:"衍闻之,顺而成者,道之所大也;逆而攻者,权之所贵也。是故期于有成,不问所由;论于大体,不守小节。昔逢丑父伏轼而使其君取饮,称于诸侯;郑祭仲立突而出忽,终得复位,美于春秋。盖以死易生,以存易亡,君之道也。诡于众意,宁国存身,贤者之虑也。故《易》曰:'穷则变,变则通,通则久。是以自天佑之,吉,无不利。'若夫知其不可而必为之,破军残众,无补于主,身死之日,负义于世,贤者不为,勇者不行。且衍闻之,'得时无怠。'张良以五代相韩,椎秦始皇于博浪之中,勇冠乎贲育,名高于太山。将军之先为汉信臣。新室之兴,英俊不附。今海内溃乱,民怀汉德,甚于诗人之恩召公也。爱其甘棠,而况子孙乎!民所歌舞,天必从之。方今为将军计,莫若屯据大郡,镇抚吏士,砥砺名节;百里之内,牛酒日赐,纳雄杰之士,询忠智之谋,要将来之心,待纵横之变,兴社稷之利,除万人之害,则福禄流于无穷,功烈著于不灭。何为军覆于中原,身膏于草野,功败名丧,耻及先祖哉?圣人转祸而为福,智士因败而为功。愿将军深计而无与俗同。"丹不能从,进,及睢阳,复说丹曰:"盖闻明者见于未形,智者虑于未萌,况其昭晰者乎?凡患生于所忽,祸发于细微。败不可悔,时不可失。公孙鞅曰:'有高人之行,必负非于世;有独见之虑,必见赘于民。'故信庸庸之论,破金石之策,袭当世之操,失高明之德。夫决者,智之君也。疑者,事之役也。时不再来,公勿再计。"丹不听,进,及无盐,与赤眉战死。[时汝南郅恽仰观天象而谓友人曰:"今镇、岁、荧惑并在汉分翼轸之域,去而复来,汉必再受命。如有顺天发策者,必成大功。"以此说丹,丹并不用其言也。]衍乃亡命河东。

[议曰:昔蒯通说韩信,阎忠说皇甫嵩,冯衍说廉丹,此三人者皆不从,甘就危亡,何也?对曰:范晔曰:"夫事苦,则矜全之情薄,生厚,故安存之虑深。登高不惧者,胥靡之人也;坐不垂堂,千金之子也。"由此观之,夫人情,乐则思安,苦则图变,必然之势也。今三子或南面称孤,或位极将相,但图自安之术,无虑非常之功,不知势疑则衅生,力倦则乱起。势已疑矣,弗能辞势以去嫌;力已倦矣,弗能损力以招福。迟回犹豫,至于危亡,其祸在于矜全反贻其败者也。语曰:"心死则生,幸生则死。"数公可谓幸生也。]

来歙说隗嚣遣子入侍,嚣将王元以为天下成败未可知,不愿专心内事,遂说嚣曰:"昔更始西都,四方响应,天下喁喁,谓之太平。一旦坏败,大王几无所措。今南有子阳,北有文伯,江湖海岱,王公十数而破。牵儒生之说,弃万乘之基,羁旅危国以求万全,此循覆车之轨,计之不可者也。今天水完富,士马最强。北取西河、上郡,东收三辅之地,按秦旧迹,表里山河,元请以一丸泥为大王东封函谷关。此万代一时也,若计不及此,宜蓄粮粮养士马。据隘自守,旷日持久,以待四方之变。图王不成,其弊犹足以霸。要之,鱼不可脱于泉,龙失势即还与蚯蚓同。"嚣然元计。虽已遣子入质,犹负于险厄,欲专制方面,遂背汉。

[贾复曰:"图尧舜之事而不能至者,汤武是也;图汤武之事而不能至者,桓、文是也;图桓、文之事而不能至者,六国是也;定六国之规而欲安守之而不能至者,亡六国是也。"]

魏太祖与吕布战于濮阳,不利。袁绍使人说太祖连和,使太祖遣家居邺,太祖许之。程昱见曰:"窃闻将军欲遣家居邺,与袁绍连和,诚有之乎?"太祖曰:"然。"昱曰:"意者将军殆临事而惧,不然,何虑之不深也?夫袁绍据燕、赵之地,有并天下之心,而智不能济。将军自度能为之下乎?将军以龙虎之威可为韩、彭之事耶?昱愚不识大旨,以为将军之志,不如田横。田横,齐一壮士耳,犹羞为高祖之臣。今将军欲遣家往邺,将北面而事袁绍。夫以将军之聪明神武而反不羞为袁绍之下,窃为将军耻之。今兖州虽残,尚有三城,能战之士不下万人。若与文若、昱等收而用之,霸王之业可成也。愿将军更虑之。"太祖乃止。

[议曰:陈寿称先主弘毅宽厚,知人待士,盖有高祖之风、英雄之器也。机权干略不逮魏武。然折而不挠,终不为下者,抑揆彼之量必不容己非,唯竟利且以避害。语曰:"一栖不两雄,一泉

无二蛟。"由此观之,若位同权均,必不容已,有自来矣。曹公欲遣家居邺,与袁绍连和,惑之甚也!]

袁绍为盟主,有骄色,陈留太守张邈正义责之。绍令曹操杀邈,操不听。邈心不自安。及操东击陶谦,令其将陈宫屯东郡。宫因说邈曰:"今天下分崩,雄杰并起,君拥十万之众,当四战之地,抚剑顾盼,亦足以为人杰。而反受制于人,不亦鄙乎? 今州军东征,其处空虚。吕布壮士,善战无前。君迎之,共处兖州,观天下之形势,俟时事之变通,此亦纵横之一时也。"邈从之而反曹公。

[议曰:曹公与邈甚相善,然邈包藏祸心者,迫于事也。故每览古今所由改趋,因缘侵寻,或起瑕衅,若韩信伤心于失楚,彭宠积望于无异,卢绾嫌畏于已郤,英布忧迫于情漏,此事之缘也。由此观之,夫叛臣逆子未必皆不忠也。或心怨意危,或威名振主,因成大业,自古然之矣。]

钟会、邓艾既破蜀,蜀主降。会构艾,艾槛车征。会阴怀异图,厚待蜀将姜维等。维见而知其心,谓可构成扰乱,徐图克复也。乃诡说之曰:"闻君自淮南以来,算无遗策,晋道克昌,皆君为之。今复定蜀,威名震世,民高其功而主畏其谋,欲以此安归乎? 夫韩信不背汉于扰攘,而见疑于既平;大夫种不从范蠡于五湖,卒伏剑而妄死。岂暗主愚臣哉? 利害使之然也。今君大功既立,大德已著,何不法陶朱泛舟绝迹,全功保身,登峨眉之岭而从赤松游乎?"会曰:"君言远,我不能行。且为今之道。或未尽于此也。"维曰:"其他则君智力之所能,无烦于老夫矣。"由是情好欢甚,自称益州牧以叛,欲授维兵五万人,使为前驱。魏将士愤发,杀会及维。

[张华外镇,当征为尚书令。冯纮疾之,侍帝,从容论魏晋故事,因曰:"臣尝谓钟会之反,颇由太祖。"帝勃然,曰:"何言也?"纮曰:"臣以为夫善御者,必识六辔缓缩之间;善治者,必审官方控带之宜。是故汉高八王,以宠过夷灭;光武诸将,以损益克终。非上有仁暴之异,下有愚智之殊,盖抑扬予夺使之然欤。钟会才见有限,而太祖奖诱太过,嘉其谋猷,盛其名位,授以重势,故会自谓算无遗策,功在不赏,辄张利害,遂构凶逆耳。向太祖录其小能,节以大礼,抑之以权势,纳之以轨度,则逆心无由而生,乱事无阶而成矣。"世祖曰:"然。"纮稽首曰:"陛下既然愚臣之言,思坚冰之道,无令如会之徒复致覆败。"世祖曰:"当今岂有如会者乎?"纮曰:"陛下谋谟之臣,总戎之任者,皆在陛下圣思耳。"世祖默然,俄而征华免官也。]

晋怀帝时,辽东太守庞本私憾杀东夷校尉李臻,鲜卑索连、木津等,托为臻兴义,实因而为乱,遂攻陷诸县将。大单于慕容廆之长子翰言于廆曰:"臣闻求诸侯莫若勤王,自古有为之君靡不仗此以成事业者也。今连、津跋扈,王师覆败,苍生屠脍,岂甚此乎? 竖子外以宠本为名,内实幸而为寇,辽东倾没垂已二周,中原兵乱,州师屡败,勤王仗义,此其时也! 单于宜明九伐之威,救倒悬之命,数连、津之罪,合义兵以诛之。上则兴复辽邦,下则并吞二部,忠义彰于本朝,私利归于我国。此则吾鸿渐之始也,终可以得志于诸侯。"廆善之,遂诫严讨连、津,斩之,立辽东郡。

[议曰:古人称始祸者死,谓首乱先唱。被奸雄不逞之辈,外托义兵以除逆节,内包荒悖因兹而起,皆勤王助顺、用时取权者,廆之谓矣。]

后秦秦王苻生杀害忠良,秦人度于一时,如过百日。权翼乃说东海王坚曰:"今主上昏虐,天下离心。有德者昌,无德受殃,天之道也。一旦有风尘之变,非君王而谁? 神器业重不可令他人取之。愿君王行汤武之事,以从民心志。"坚然之,引为谋主,遂废生,立坚为秦王。

[议曰:《传》云:"圣达节,次守节,下失节。"仲虺曰:"惟天生民有欲,无主乃乱。惟天生聪

明时乂。有夏昏德，民坠涂炭。惟王弗迩声色，弗殖货利。推亡固存，邦乃其昌。殖有礼，覆昏暴。钦崇天道，永保天命。"许芝曰："《春秋传》云：周公何以不之鲁？盖以为虽有继体守文之君，不言圣人受命而王。"京房作《易传》曰："王者主之，恶者去之，弱者夺之。易姓改代，天命无常。人谋鬼谋，百姓与能。"

由此观之，苻坚自立而废生，此圣人达节，以天下为度者也。"]

宋孔熙先者，广州刺史默之子也，有奸才，善占星气，言："江州分野出天子，上当见弑于骨肉。"及大将军彭城王义康幽于安城郡，熙先谓为其人也，遂说王詹事范晔曰："先君昔去广州，朝谤纷纭，藉大将军深相救解，得免艰危。曩受遗命，以死报德。今主上昏僻，殆天所弃。大将军英断聪敏，人神相属，失职南垂，天下愤怨。今人情骚动，星文舛错，时至则不可拒，此之谓乎？若顺天人之心，收慕义之士，内连宠戚，外结英豪，潜图构于表里，疾雷奋于肘腋，然后诛除异义，嵩奉明圣，因人之望以号令天下，谁敢不从！小人维以七尺之躯，三寸之舌，立功立事而归诸君子。丈人谓为何如？"晔甚愕然。熙先重曰："昔毛玠竭节，不容于魏武；张温毕议，见逐于孙权。彼二人者，国之信臣，时之俊义，岂疵瑕暴露，言行玷缺，然后至于祸哉？皆以廉直劲正困于邪枉，高行妙节不得久容。丈人之于本朝，不深于二主，人间雅誉有过于两臣，逸夫侧目为日久矣。比肩竞逐，庸可遂乎！殷铁一言而刘班碎首，彭城斥逐，徐童见疑，彼岂父母之仇，万代之怨？寻戈拔棘，自幼而然，所争不过荣名、势利、先后之间耳。及其末也，唯恐陷之不深，发之不早。戮及百口，犹曰不厌。是岂书籍远事可为寒心悼惧者也！今建大勋，奉贤哲，图难于易，以安易危，比之太山而去累卵，何苦不就？且崇树圣明，至德也；身享宰相，大业也；授命幽居，鸿名也；比迹伊、周，美号也。若夫至德、大业、鸿名、美号，三王五伯所以覆军杀将而争之也。一朝包括不亦可乎？又有迩于此者，愚则未敢道。"晔曰："何谓？"熙先曰："丈人奕叶清华而不得连姻帝室，国家作禽兽相处，丈人曾未耻之？"晔门无内行，故熙先以此为激。晔默然，自是情好遂密，阴谋构矣。熙先专为谋主，事露皆伏诛。

[裴子野曰："夫有逸群之才，必思冲天之举。据盖俗之量，则暗常均之下。其能导之以道，将之以礼，作而不失于义，行而不犯于礼，殆难为乎！若晔等忸志而贪权，矜才以徇逆，天方无衅，以欲干时。及罪暴刑行，父子相哭，累叶风素，一朝而殒。所谓智能翻为亡身之具。心逆而险，此之谓乎？"]

周大将军郭荣奉使诣隋高祖[高祖杨坚时为定州]，高祖谓荣曰："吾雅尚山水，不好缨绂，过藉时来，遂叨名位。愿以时归第，以保余年，何如？"荣对曰："今主上无道，人怀危惧，天命不常，能者代有。明公德高西伯，望极国华，方据六合，以慰黎庶，反效童儿女子投坑落阱之言耶！"高祖大惊曰："勿妄言，族矣。"及高祖作相，笑谓荣曰："前言果中。"后竟代周室。

[议曰：昔武王至殷，将战，纣之卒甚盛。武王惧曰："夫天下以纣为大，以周为细；以纣为众，以周为寡；以周为弱，以纣为强；以周为危，以纣为安；以周为诸侯，以纣为天子。以此五短，击彼五长，其可以济功成事乎？"太公曰："王无恐且惧。所谓大者，尽得天下之人；所谓众者，尽得天下之众；所谓强者，尽用天下之力；所谓安者，能得天下之欲；所谓天子者，天下相爱如父如子，此之谓天子。今日之为天下除残去贼也。周虽细，曾残贼一人，不当乎？"武王大喜，曰："何谓残贼？"太公曰："收天下珠玉、美女、金银、彩帛，藏之不休，此谓残也；收暴虐之吏，杀无罪之人，非以法度，此谓贼也。"

由此言之，苟为残贼之行，虽大，亡也。故知王者之势，不在众寡。有自来矣。]

隋高祖崩，葬于太陵。初疾也，玺书征汉王谅[谅时镇并州]。谅闻高祖崩，流言杨素篡位，大惧，以为诈也。发兵自守，阴谋为乱，南袭蒲州，取之[谅初反也，王颊说谅曰："王之将吏、家属尽在关西，若用此等，即宜长驱深入，直据京师，所谓疾雷不及掩耳。若但欲割据旧齐之地，宜用东人。"谅不从其言，故败也]。司兵参军裴文安说谅曰："兵以拙速，不闻巧迟。今梓宫尚在仁寿，比其征兵东进，动移旬朔。若骁勇万骑，卷甲宵征，直指长安，不盈十日，不逞之徒擢授高位，付以心膂，共守京城，则山东府县非彼之有。然后大王鼓行而西，声势一接，天下可指麾而定也。"谅不从，乃亲率大军屯于并、介之间。上闻之大惧，召贺若弼议之。弼曰："汉王，先帝之子，陛下之弟。居连率之重，总方岳之任，声名震响，为天下所服，其举事毕矣。然而进取之策有三：长驱入关，直据京师，西拒六军，东收山东，上策也——如是，则天下未可量；顿大军于蒲州，使五千骑闭潼关，复齐旧境，据而都之，中策也——如是，以力争[议曰：齐旧境，谓北齐时境土也，非今青州之齐也]；若亲居太原，徒遣其将来，下策也——如是，成擒耳。"上曰："公试为朕筹之，计将何出？"弼曰："萧摩诃，亡国之将，不可与图大事。裴文安，少年虽贤，不被任用。余皆群小，顾恋妻孥，苟求自安，不能远涉。必遣军来攻蒲州，亲居太原，为之窟穴。臣以为必出下策。"果如弼所筹。乃以杨素为将，破之。

[议曰：初，汉王阴谋为乱，声言讨素。司马皇甫诞谏曰："大隋据有天下二十余载，兆庶乂安，难以摇动，一矣；万姓厌乱，人思安乐，虽舜、禹更生，其望未从，二矣；太子聪明神武，名应图谶，素曾不得捧毂，庸敢生心，三矣；方今诸侯王列守州郡，表里相制，势不可举，四矣。以兹四固，镇临天下，得兴祸乱，未之前闻也。"汉王不从，故败。

由此观之，天下无思乱之心，土崩之衅，虽有吴、楚之众，犹不能成，而况于幺麼乎？故先王貊其德音，勤恤民隐者，盖为是也。]

隋炀帝亲御六军伐高丽，礼部尚书楚国公杨玄感据黎阳反。李密说玄感曰："天子远征辽左，地去幽州，悬隔千里，南有巨海之限，北有胡戎之患，中间一道，路极艰危。今公拥兵，出其不意，长驱入蓟，直扼其喉。前有高丽，退无归路，不过旬日，资粮必尽，举麾一召，其众自降，不战而克，计之上也[一本云今车驾在辽东，未闻斯举。分万余人电发，捍临渝关，绝其归路，不经一月，仓廪必竭。东拒大敌，西迫我师，进无所依，退无所据，百万之众，可使为鱼。此不战而屈人，上策也]；关中四塞，天府之国，有卫文升，不足为意。今若率众而入长安，天子虽还，失其襟带，据险临之，故当必克，万全之策，计之中也[一本云：自上临，天下胥怨。明公，上将之子，恩被黎元。长驱入关，中策也]；若随近逐便，先向东都，顿兵坚城之下，胜负俱未可知，此计之下也[一本云：樊子盖不达大体，奸谋雄断，据全周之地，恃甲兵之强，召之则不来，攻之则不陷。顿兵牢城之下，外无同心之师。攻洛阳，此下策也]。"玄感利洛阳宝货，曰："公之下策，我之上策也。"遂围之。玄感失利，宵溃，王师追斩之。

[议曰：玄感之反也，太白入南斗，谚曰："太白入南斗，天子下殿走。"由是天下持两端。故《三略》曰："放言过之。"裴子野曰："夫左道怪民，幻挟罔诞，足以动众，而未足以济功。"今以谚观之，左道可以动众者，信矣！故王者禁焉。]

李密乃亡，归翟让。

[议曰：太公称："利天下者取天下，安天下者有天下，爱天下者久天下，仁天下者化天下。"

《吕氏春秋》曰:"庖人调和而不敢食,故可以为庖人矣。若使庖人调和而食之,则不可为庖矣。霸王之君亦然。诛暴而不私,以封天下之贤者,故可以为霸王;若使霸王之君诛暴而私之,则亦不可为霸王矣。由是观之,夫与之为取政之宝也。今玄感利洛阳宝货,安得霸王之事哉。"]

隋炀帝初猜忌唐高祖,知之,常怀危惧[唐公为太原留守,炀帝自辽东还,征唐公。诣行在所,遇患未瘳,未得时谒。唐公外甥王氏充选后宫,炀帝问曰:"汝舅来何迟?"甥以实对,帝曰:"可得死否?"高祖知之,每怀危惧也]。为太原留守,以讨击不利,恐为炀帝所遣,甚忧之。时太宗从在军中,知隋将亡,潜图义举以安天下,乃进曰:"大人何忧之甚也?当今主上无道,百姓愁怨,城门之外皆已为贼。独守小节,必且旦暮死亡。若起义兵,实当人欲。且晋阳用武之地,足食足兵,大人居之,此乃天授,正可因机转祸,以就功业。既天与不取,忧之何益?"高祖大惊,深拒之。太宗趋而出,明日复进说曰:"此为万全之策,以救灭族之事。今王纲弛紊,盗贼逼天下,大人受命讨捕,其可尽乎?贼既不尽,自当获罪。且又世传李氏姓膺图谶,李金才位望隆贵,一朝族灭。大人既能平贼,即又功当不赏,以此求活,其可得乎?"高祖意少解,曰:"我一夜思量,汝言大有道理。今日破家灭身亦由汝,化家为国亦由汝。"于是定计,乃命太宗与晋阳令刘文静,及门下客长孙顺德、刘弘基等募兵。旬日之间,众且一万。斩留守副王威、高君雅,以其诡请高祖,祈雨于晋祠,将为不利故也。用裴寂计,准伊尹放太甲、霍光废昌邑故事,尊炀帝为太上皇,立代王侑以安隋室,传檄诸郡以彰义举。秋七月,以精甲三万,西图关中。高祖仗白旗誓众于太原之野,引师即路,遂亡隋族,造我区夏[晋阳令刘文静尝窥观太宗,谓裴寂曰:"非常人也。大度类于汉高,神武同于魏帝。年虽少,乃天纵也。"后文静以李密亲戚,被禁。太宗阴有异志,入禁所看之。文静大喜,亦觉太宗有非常之意,因叹曰:"天下大乱,非有汤武、高、光之才,不能定也。"太宗知其意,报曰:"卿安知无?但恐常人不能别耳。"文静起忻曰:"久知郎君乃潜龙也。今时事如此,正是腾跃之秋。素禀膺录之资,仍怀拨乱之道,此乃生人有息肩之望,文静得攀附之所。"太宗喜曰:"计将安出?"文静对曰:"今李密长围洛邑,主上流播淮南。大贼连州郡,小盗阻山泽者,以千万数。但须真主驱驾用之,诚能应天顺人,举旗大呼,则四海不足定也。今并州百姓,避盗贼者,皆入此城。文静为令数年,知其豪杰,一朝啸集,立地可数万人。尊公所领之兵复且数万,一言出口,谁敢不从?乘虚入关,号令天下,不盈半岁,帝业可成。"太宗笑曰:"卿言善,合人意。"于是部署宾客,阴图起义。高祖乃命文静诈为炀帝敕,发太原、雁门、马邑数郡人二十以上、五十以下悉为兵,以岁暮集涿郡。由是人情大扰,思乱者益众。又令文静与裴寂诈作符录,出官监库物,以供留守资用。因募兵集众而起,改旗帜以彰义举。又令文静连突厥。突厥始毕曰:"唐公举义,欲何为也?"文静曰:"文皇帝废冢嫡,传位后主,因致斯祸乱。唐公,国之懿戚,不忍坐观成败,欲废不当立者,愿与可汗兵马同入京师。人众、土地入唐公,财帛、金宝入突厥。"始毕大悦,即遣兵随文静而至,兵威益盛矣。]

由此观之,是知天下者非一人之天下也,天下人之天下也。所以王者必通三统,明天命所受者博,非独一姓也。昔孔子论《诗》,至于"殷士肤敏,裸将于京",喟然叹曰:"富贵无常,不如是,王公其何以诚慎,民萌其何以劝勉!"《易》曰:"安不忘危,存不忘亡。是以身安而国家可保也。"故知惧而思诚,乃有国之福者矣。

【译文】

《周易》里说:"商汤和周武王的革命,既顺乎天意又适合人们的要求。"《书经》中说:"用温和手段来统治我的,我就把他当作君王,残害我的,我就把他看作仇敌。"《尸子》说:"从前周公还政于周成王,孔子责备他说:'周公他还不是主人呀!把统治天下的权利让给成王,不为民众着想。'"

[我认为,从前尧说:"我如果把天下交给舜,那么天下人就会得利,可是对我的儿子丹朱却没有利;如果把天下交付给丹朱,那么天下人就会受害,可是丹朱却得到他利。我决不会损害天下人的利益而让丹朱一个人得到私利。"于是禅位给舜。现在周公不把治理天下作为自己的责任,自己却获取让位的名声,没有像圣人那样做到通脱,所以孔子责备他。]

董仲舒说:"即使有已经继位并遵守成法的君主,也不妨碍圣人接管天下。"古语说:"逼急了的老鼠会咬狸猫,平常人走投无路时就会奋起反抗。"所以黄石公说:"君主不可以没有道德品行,没有品行的君主,臣子就会背叛他。"荀子说,"能为天下除害的君王是天下人的福分,不能为天下除害的君王是天下人的祸害。"

[荀子说:从前,天子刚刚即位,上卿进言:荀子说,"能为天下除害的君王是天下人的福分,不能为天下除害的君王是天下人的祸害。"进献给天子一个计谋。中卿进言:"在事情发生前就考虑到,这叫作超前,超前那么事情就会圆满完成;在祸患到来之前就已经考虑到了,这就叫作预见,能预见那么灾祸就不会发生;事情已经发生才考虑,叫作滞后,滞后那么事情就不会成功;灾难临头才考虑,叫作因循,因循那么灾祸来临时就不能抵挡。"进献天子第二个计谋。下卿进言:"来庆贺的人还在厅堂,吊丧的人已经走进了大门,福祸相挨着,变幻不定,没有人知道通向它们的大门。要警惕啊!"进献天子第三个计谋。这的确是至理名言啊!]

怎么可以证明呢?从前周文王在丰(在今陕西雩县东)时,召见姜太公,说:"商纣王捏造罪名杀害无辜的人,你还得帮助我为百姓操心,现在我该怎么办呢?"姜太公说:大王你要努力提高自己的品德修养,谦下有德行的贤人,施加恩惠给百姓,同时观察时机。无道没有灾难,就不能发动起义,人道没有灾难,也不可以图谋,必须等到看见天灾,又看到人祸,才可以谋动。大王应该和百姓有共同的利益,有共同的利益就可以互相救助,有共同的情感就可以互相帮助,有共同憎恨的对象就可能互相协助,有共同的喜好就可能走到一起来。这样的话没有强劲的军队也能胜利,没有好时机也能攻占土地,没有壕沟也可以防守。给百姓带来利益的人,天下人打开门来欢迎他;给百姓带来祸害的人,天下人都关紧门拒绝他。天下并不是一个人的,争夺天下好像追赶野兽,一旦得到,那么天下人都可以分到肉。又好像同坐一条船,如果大家同心协力,那么成功后,大家就可以一齐享有利益;如果不同心协力,船翻了大家都会受到损害。如果这样,到处都有欢迎你的人,而没有拒绝你的人了。不从百姓那里获取财富的,就可以取得民心,不从国家获取利益的,就可以取得国家政权,成为诸侯;不从天下获取利益的,就可以取得天下,成为天子。

[我以为,汉高祖刘邦在丰谷起兵,占据了秦川一带,财物重宝没有拿,也没有搜罗妇女,攻下城池都拿来封赐给他手下的将领,得到财物也都分给他的士兵们。沛公没据为己有,这种无私,是因为他的私心就是把天下据为己有。所以老子说:"只有没有私心,才能完成他的私心。"由此可知不拿别人拿东西,这才是真正地拿。]

得到民心的人,百姓使他得利;得到国家的,国家使他得利;取信天下的,天下使他得利。所以,规律是见不到的,事情的变化是听不到的,是否能取胜是无法感受到的。玄妙啊!玄妙啊!凶猛的老鹰要反击时,会伏低身子收缩翅膀;猛兽要搏击时,也会先低下身子;圣人将要有所动作时,必定先韬光养晦。说到文德,谁可以作为榜样呢？不仔细观察，怎么能知道它的穷尽呢？现在殷朝，谣言四起，人人疑惑。我观察它的田地，茅草长得比谷物还茂盛；我观察它的群臣，奸佞之人，压过了正直的人；我观察它的官吏，凶恶残酷，不仁不义，败坏法纪，可是纣王没有察觉，这是国家灭亡的征兆啊。"周文王说："好。"

[贾谊说："商汤流放夏桀，周武王讨伐商纣王，这是天下都知道的事。做臣子的放逐他的君主，做人臣的杀了他的国君，这是天下最大的逆行，可是商和周之所以能够长期享有天下，是因为他们能为天下人取得利益，除去祸害，用仁义接续它，所以他们的名声被天下人称赞，并且流传后世。"姜太公说："天下并不是一个人的天下，是天下人的天下。和天下人共同享用利益的人，就能得到天下；独自享用天下的利益的人，就会失去天下。天有天时，地有地利，能够和人共有的，就是仁义。有仁爱之心的人，天下人归顺他。免除别人的死罪，解除别人的困难，拯救别人的灾难，帮助别人摆脱急难。这就是有德行的人，天下人都归附他。和别人有相同的忧愁，相同的欢乐，相同的喜好，相同的憎恶，这是道义。有道义的人，天下人归附他。人人都憎恨死亡，愿意活着；喜欢恩德，归附利益。能产生利益的就是道，拥有道义的人，天下人归附他。"]

楚共王去世，次子灵王继位，共王其他的儿子借助那些丢了官职的人杀害了灵王，又立共王三子子干为国君。子干当王没多久，子干的弟弟弃疾又杀了子干并且自立为国君。[弃疾，即楚平王。康王、灵王、子干、子晳和平王五人都是共王的儿子。]

起初，子干回国，韩宣子问叔向："子干他能成功吗？"叔向回答说："很难。"韩宣子说："人们有共同的憎恶而互相靠拢，好像商人在集市上做买卖一样，有什么难的？"叔向回答说："没有人和他有共同的喜好，谁会和他有共同的敌人？得到国家有五条难处：有了尊贵的身份而没有贤人，这是一；[尊贵的身份必须有贤人辅助才可稳固。]有了贤人而没有可依靠的人，这是二；[即使有了贤人，还应当有可依靠的。]有了可依靠的人而没有谋略，这是三；有了谋略而没有百姓，这是四；有了百姓可是没有德行，这是五。[前四条已经具备，有德行就可成功。]子干在晋国十三年了，晋国、楚国跟从他的人，没有谁是知名的贤人，可以说没有贤人；族人已经没有，亲人背叛，可以说没有主内之人；[子干没有亲人和族人在楚国。]没有想好时机而轻举妄动，可以说没有谋略；[召回子干时，楚国没有机会可利用。]一辈子在外边流亡，可以说没有百姓的支持；[一辈子在晋国流亡，所以说没有百姓。]流亡在外没有仁爱的表现，可以说没有德行。[楚国没有人爱戴、怀念他。]楚王暴虐无忌，[灵王暴虐，什么也不怕将要自取灭亡。]楚国如果以子干为国君，关系到这五条难处而又杀死原来的国君，谁能帮助他成功？享有楚国的，可能会是弃疾吧？统治着陈(在今河南淮阳)、蔡(在今河南上蔡县西南)两地，方城山(在今河南叶县南四十里)以外也归属于他。[当时穿封戍(楚国县尹)已经死了，弃疾一并处理着这几个地方的事务。]没有发生和邪恶的事情，盗贼也都躲藏起来，虽然有私欲可是不违背礼义，因此百姓没有怨恨之心。神灵挑选了他，国内的百姓相信他。芈姓发生动乱，必然就是小儿子被立为国君，这是楚国的常例。得到神灵的保佑，这是一；[弃疾正对着玉璧下拜。]有百姓支持，这是二；[百姓人人信任他。]有美德，这是三；[弃疾所统治的地方没有繁杂和邪恶的事情发生。]受宠而显贵，这是四；[弃疾是贵妃子，因此受到共王的宠爱。]年纪最小合于常例，这是五。[弃疾是楚共王最小的儿子。]有五条优势来与五个劣势对抗，谁能够伤害他？子干的官职，不过是右尹；数他的地位，不过是庶子；论起神灵的意旨，他又远离了神佑。他的显贵丧失了，他的尊荣丢掉了。[父亲共王已经去世。]百姓没有感念他的，[没有美德可让百姓怀念的。]国内没有亲附他的，[国内没有人可以让他依靠。]将要凭什么立为国君?"韩宣子说:"齐桓公、晋文公不也是这样吗?"[齐桓公和晋文公也是庶子的身份。]叔向回答说:"齐桓公，是卫姬的儿子，受到父亲齐僖公的宠爱，有鲍叔牙、宾须无、隰朋辅佐；有莒国、卫国作为外援，有国氏、高氏作为依靠；能够接受别人的好意见，就像水从高处流到低处一样，对待有才能的人齐严，肃敬，不贪财，不放纵私欲，不吝施舍，求善没有满足。凭借这些而拥有国家，不也是合适的吗? 我们的先君晋文公，是狐季姬的儿子，受到父亲晋献公的宠爱，喜欢学习，专心一志，生下来十七年，得到了五个人才。[狐偃、赵衰、颠颉、魏武子、司空季子五人跟从他逃出晋国。]有先大夫子余、子犯作为心腹，[子余指赵衰。子犯指狐偃。]有魏犨、贾佗作为臂膀，有齐国、宋国、秦国、楚国作为外援，[齐国把女儿嫁给他，宋国赠给他马匹，楚王供给他饭食，秦伯接纳他为客。]有栾氏、郤氏、狐氏、先氏作为国中的依靠，逃亡在外十九年更专一地坚守自己的意志。晋惠公、晋怀公抛弃百姓，百姓追随文公。献公没有别的亲人，百姓没有别的可期待的人。[献公有九个儿子，只有文公一个儿子活着。]上天正在保佑晋国，还有谁能来代替晋文公? 这两个国君，和子干不一样。共王还有受宠的儿子，国内还有高深莫测的君主弃疾。子干对百姓没有恩惠，在外边没有外援；离开晋国没有人送行，回到楚国没有人迎接，凭什么希冀能拥有楚国?"子干果然没有善终。立弃疾为国君，正如叔向所说的一样。

[起初，楚共王没有嫡长子，有五个宠爱的儿子，不知道该立谁。于是就邀请国中的知名人士，祈祷说:"请求神灵在五个人里选择一个，让他主持国家。"于是就把玉璧展示给各位贤人说;"正对着玉璧下拜的，是神灵所立的。"于是秘密地把玉璧埋在祖庙的院子里，然后按长幼次序下拜。康王两脚跨在玉璧上，灵王的胳膊放在玉璧上，子干、子晰都离得很远。平王还小，抱了进来，两次下拜都压在壁纽上。平王就是弃疾。]

鲁昭公死在乾侯(今直隶成安县东南)。赵简子问史墨说:"季氏赶走他的国君，而百姓服从于他诸侯亲附他，国君死在外边而没有人去向他问罪，这是为什么?"史墨回答说:"事情的存在有的成双、有的成三、有的成五、有的有主次。所以天有三辰，地有五行，身体有左右，人各有配偶，王有公，诸侯有卿，都是有辅助的。上天把季氏派给鲁侯，让他辅助鲁侯，时间已经很久了。百姓顺服他，这也是合乎情理的，鲁国的国君世代代不纠正自己的错误，季氏世世代代勤勤恳恳，百姓已经忘记他们的国君了。因此即使鲁昭公死在国外，也没有人可怜他，社稷没有固定不变的统治者，[祭祀者没有固定不变的，人们认为只有有德行的人才可承担，]君臣没有固定不变的地位，自古以来就是这样。"所以《诗经》说:"高高的堤岸变成河谷，深深的河谷变成山陵。"三王的子孙在今天成了平民，这是君主所知道的。在《易》的卦象上，代表雷的震卦在乾卦之上，叫作大壮，[乾卦在下，震卦在上，叫作大壮。震卦在上，所以叫作"雷乘乾。"]这是上天的常道。[乾卦代表天子，震卦代表诸侯，可是在乾卦之上。君主和臣子互换地位，指臣子过于强壮，好像天上有雷一样。]政权到了季氏那里，到这一位国君已经是第四代了。百姓不知道谁是国君，国君还怎么掌管政权? 因此做国君的要谨慎地对待车马、服饰和爵号。不能随便授予别人。

[刘向说:"做君主的没有谁不愿意安定，可是常常有危险发生；没有谁不想使政权常存，可是常常灭亡。"这是丧失了驾驭臣子的策略。做臣子的手握重权、把持国政，没有不为害君主的。从前晋国有韩、赵、魏、范，中行及智氏六卿，齐国有田氏、崔氏，卫国有孙氏、宁氏，鲁国有季氏、

孟氏,这些人常常负责国家大事,一代又一代地执掌朝政的权柄,最后这些国家终于覆没。田氏取代了齐国,六卿瓜分了晋国,齐国的相国崔杼杀死了他的君主齐庄公光,卫国的大臣孙林父、宁殖赶走了他们的君主卫献公衎。杀死了他们的君主卫殇公剽,鲁国的大夫季孙氏僭天子的礼乐,季孙、孟孙、叔孙三家僭用天子宗庙之祭礼,共同掌握着国家的朝政,终于赶走了他们的君主鲁昭公。以上这些例子都是因为大臣的权力远远超过他们的君主,并且这些大臣背弃了做人臣的道义造成的。范雎向秦昭王进言说:"夏、商、周三代所以会亡国的原因,就是君王整天纵酒作乐、骑马驰骋,到各处打猎,不过问政事。他以权力相托付的那个人,妒忌贤才,控制下属、欺蒙君上,以达到他个人的私利,一点都不为君王打算,可是君主却不觉悟,因此就失去了他的国家。现在从最小的官爵算起,一直到各个大官,以及君王左右的内侍,没有一个不是相国的心腹。看到君王在朝廷里孤立无援,臣不禁暗自为君王害怕,恐怕几代以后,拥有秦国的人不再是君王的子孙呀!"由此可见,《书经》说:做臣子的如果把持国政,就会给国家带来灾难。孔子说:"君王失去了权势,国家的政权把持在大臣手里,这是国家灭亡的征兆啊!"这些话太有道理了!]

孔子在卫国,听说齐国田常将要作乱[田独掌齐国大权,有夺取王位的意思],可是他惧怕卿大夫鲍牧、晏圉从中作梗,因此调拨他的士兵去讨伐鲁国。[起初,田常做齐国的相国,挑选齐国身高七尺的女子三百人,把她们当作妃子,他的门客们出入后宫都不被禁止。田常后来有七十多个儿子,因此窃取了齐国的政权。]

孔子召集众弟子说:"鲁国是我们的父母之邦,我不忍心看它受到敌人的入侵,我想要对田常放弃自己的节操来挽救鲁国。你们谁可出使齐国?"子贡请求出使,孔子答应了。子贡于是到了齐国,对田常说:"现在你想攻打鲁国以建立功业那就错了,不如移调兵力去打吴国,那么就可成功。鲁国是不容易打的国家。因为他的城墙既薄又低,土地狭小,他的君主愚昧又不行仁义,朝中大臣只会作假又不中用,士兵百姓又怕打仗,因此你不能够跟他打。那吴国的城墙又高又厚,土地广阔,兵器铠甲既坚锐又崭新的,士兵既经选训又吃得好,城里尽是宝物和精兵,又派了英明的大夫来守城,这就容易攻打了。"田常听了很生气,脸色一变,说道:"你说难的,别人倒认为容易;你认为容易的,别人却说是难的,你对我说这些话,想要干什么?"子贡说:"一个忧虑在于朝廷的人,必去攻打强国,如果忧虑百姓,才去攻击弱国。我听说你有三次受封的机会都封不成,那是朝中有反对你的大臣了。现在你要攻下鲁国来扩充齐国的领地,如果战争胜利了,使你的君主更骄傲,更是使你国中带兵打仗的大臣尊贵,[晏氏等大臣率领军队,如果攻破了鲁国,就会使他们更加尊贵]可是功劳却没你的份,你和君主的关系就一天天疏远了。这样的话,上可使君主骄傲,下会使群臣放肆,想因此来谋取大事,那是很难的。凡是主上骄傲了,他就会放肆;臣子骄傲了,他就会争夺权位,这样你上和君主有了嫌怨,下和群臣相互争夺。如果是这样,那你在齐国的地位就危险了。所以我说你不如去攻打吴国。打吴国打不赢,但人民在外战死,大臣率兵出战,朝廷也空虚了,这样你在上没强臣的对抗,下面没有百姓的怪罪,孤立主上专制齐国的只有你了。"田常说:"很好!但是我的军队已经开到鲁国了,不可能再变更,怎么办好呢?"子贡说:"你只要按兵不动,我去吴国求救,请求吴王救鲁国并且讨伐齐国,你趁机发兵迎击就是了。"田常答应了。

[子贡于是到南方见吴王夫差,说道:"一个王者是不会让诸侯属国被人灭绝的,一个霸主在天下也不会有另外的强敌出现,这是因为千钧的重量加了些微的东西就移动,是会破坏均衡的。

现在万乘的强齐要攻打千乘的弱鲁,想和吴国来争强,这种忧患正在慢慢滋长。何况救鲁,可以使名声提高;讨伐齐国,是大有好处的。这样一方面可以安抚泗水一带的诸侯;一方面诛讨蛮横的齐国,去降服强大的晋国,好处没有比这更大的了。挽救了鲁国的灭亡,同时阻扼了齐国的扩张,这个道理,聪明的人是不会怀疑的。"吴王说:"很好。但是我现在被越国的事情麻烦住了,越王现在不辞辛苦,教养士卒,有报复我的决心。你且等我打下越国再照你的话行事罢。"子贡说:"越国的势力不如鲁国,吴国的强大也比不上齐国,现在你放了齐国而去攻打越国,怕你打下越国时,齐国已经平定鲁国了。况且你正以存亡续绝的名义作号召,可是去攻打小小的越国,害怕起强大的齐国来,这不是勇者的表现。真正的勇者是不避开艰难的;仁者是不会违背约定的;智者是不肯失掉机会的,义者是不会让一个国家灭亡的,他们是借这个来显示自己的道义。现在应该借着留下越国来向各国表示你的仁德,解救鲁国,讨伐齐国,向晋国显示你的威势,到时诸侯各国必然一同来朝见你吴国,那你称霸诸侯的大业就成功了。况且你真的厌恶越国,那我可以替你去见越王,叫他出兵追随你,实际上是使他的国内空虚,而名义上是跟随着诸侯去讨伐。"吴王听了很高兴,就派子贡到越国去。

子贡到越国,越王勾践到城外迎接,并亲自给子贡驾车,问子贡说:"我们越国是个蛮夷的地方,你这贵人怎么肯自降身份郑重其事地来到这里呢?"子贡说:"现在我已说动吴王去救鲁伐齐,吴王心里愿意,只是有些担心越国,所以他说:'等我打了越国之后才可以这么做。'真这样的话,那他肯定会攻破越国。况且要是没有报仇的心意却教人怀疑,是很拙劣的;有报仇的心意却被对方知道,是很危险的;事情还没有发动就先被探知风声,更是很危险的。这三点是成事的最大忌。吴王这个人凶狠残暴,群臣都受不了;国家屡次征战,疲败得很,兵士们难以忍受;百姓们怨恨吴王,朝中大臣有不臣之心;伍子胥因进谏被杀,太宰嚭主政弄权,他只顾顺着君主错误,以图保全自己的私利。这是你报复吴王的好机会,如果你真能派兵协助吴王来发扬他的意志,用重金宝物来获取他的欢心,用谦恭的言辞和礼仪来推崇他,那他一定会去攻打齐国的。这就是圣人所说的暂时失去节操来期待长远的打算。他打输了,那是你的福气;如果打赢了必定会乘胜逼近晋国。到时就让他北上去见晋君,要他一同来攻打,那么吴国的势力一定会被削弱的。等他的精锐在齐国消耗得差不多了,重兵又被晋国牵制住,你就趁他凋敝的时候去攻打他,那是一定可以灭掉吴国的。"越王答应照计行事,于是派大夫文种带领三千士兵协助吴国。

吴国于是讨伐齐国,在召陵(今河南郾城区东三十五里)这个地方打了一仗。胜利后果真带军队向晋国进逼,和晋国人在黄池(今河南封丘县西南)发生接触,结果吴兵大败。越王听到消息后进袭吴国,于是灭亡了吴国。孔子说:"扰乱齐国,挽救鲁国,确是我最初的愿望。如果说使吴国疲败来让晋国强大,灭亡吴国却让越国称霸,这是子贡游说的结果。花言巧语会败坏信誉,说话可要小心啊!"]

秦始皇巡行天下,直至会稽山,到了沙丘(今河北省平乡县东北)的时候,病得很严重,便叫赵高写遗诏赐给公子扶苏。遗诏写好后,还没来得及交给使者,秦始皇就去世了。[秦始皇有二十几个儿子,长子扶苏当时被派到上郡(在今陕西省北部及内蒙古鄂尔多斯一带)监督军队防御匈奴。当时统帅大军的是蒙恬。秦始皇最小的儿子胡亥,最是受宠,请求跟随一同出游,始皇答应了。其他的儿子都没能跟着去。丞相李斯认为皇上在外头去世,朝廷又没有事先立定太子,唯恐有人叛乱,所以隐瞒消息,不发丧,百官都不知道秦始皇已去世。]

赵高于是扣留了赐给扶苏的玺印和遗诏,对公子胡亥说:"皇上去世,没有遗命封立诸子为王,只赐给了长子扶苏遗诏。等长子来到,就会立为皇帝,可是你却连一点儿土地也没有分封到,你看该怎么办呢?"胡亥说:"事实就是如此。我听说贤明的君王最了解他的属臣,聪睿的父亲最清楚他的儿子。我父亲他既然已经下了命令不封赐诸子,那还有什么好说的呢?"赵高说:"话可不是这么说。现在天下的大权,都在你、我和丞相李斯手中。希望你能考虑一下。况且让别人向自己称臣和自己向别人称臣,控制别人和被别人控制,这两样怎么可以相提并论呢?"胡亥说:"废弃长兄而拥立幼弟,是不合乎道义的;不遵从父亲的遗诏,或者唯恐长兄嗣位以后,自己可能被杀,因而阴谋篡位,这都是不孝的;自己才能薄劣,勉强依靠别人出力帮忙,不能算是能干。这三件都是违背道德,天下人是不会心服的。"赵高说:"我听说商汤、周武王杀了他们的君主,全天下人都称赞他们行为符合道义,不算是不忠。卫出公杀了他的父亲,卫国人因而推重他的德望,孔子还在《春秋经》中特别记载,不算是不孝顺。[心怀异志,危害邦国的恶人,从古以来就有。身为秦人,而生来就说楚国话,让人感到痛心悲愤可值一哭的,胡亥就是这种人!]做大事的人不可拘泥小的礼教,德行具备就应该当仁不让。乡里间日常的琐事各有特点,和朝廷百官所担负的工作,也并不一样。因此凡事只顾细节而遗忘大体,必有祸患;犹疑不决,日后必定后悔。要是能勇敢果断,放手去做,连鬼神也会畏惧逃避,后来必能成功。但愿你依照我的意见去做。"胡亥长叹了口气,说:"现在皇上刚去世,还没有发丧,怎么能拿这件事来打扰丞相呢?"赵高说:"时机是很要紧的啊!稍一迟缓就不允许你再作任何打算了。就像携带干粮骑着快马赶路一样,最怕的是耽误时机了。"

胡亥同意了赵高的话,赵高就对丞相李斯说:"皇上去世,赐遗诏给长子,叫他赶来参与丧事,到咸阳会齐,准备嗣位为帝。可是遗诏还没来得及送出,皇上就先去世了。现在还没有人知道皇上去世的消息。你看这事情怎么处理?"李斯说:"怎么可以说这种亡国的话呢?"赵高说:"你自己估量一下你的才能比蒙恬怎样?你对国家的功劳可比蒙恬高?你比蒙恬更能深谋远虑不致失算?你比蒙恬更不会结怨于天下人?你比蒙恬更和长子扶苏有旧情且又深得扶苏信任?"李斯说:"这五样我都比不上蒙恬,但你为什么对我如此求全责备呢?"赵高说:"我原本不过是宫禁里一个供人驱使的奴役,侥幸因为娴熟狱法,得以有机会进入秦朝宫廷,掌管事务,到今天已经二十多年了,从来没有看到秦王罢免过丞相也没见过有功臣受封,是曾经连封两代相继为官的更是没有,这些大臣最后都是被诛戮而死的。皇帝的二十几个儿子,他们的为人你都知道。长子扶苏刚强果断,威武勇敢,肯相信人,做事勤奋,他继承皇帝位后,必定任命蒙恬当丞相,你是不可能带着通侯的印绶回家享福,肯定会被杀,这是很明确的了。我接受皇上的命令,教胡亥学习法令诸事。胡亥慈祥仁爱,忠诚敦厚,轻视财物,看重士人,始皇帝其余那些儿子都比不上他,所以他可以继承皇位。你最好考虑一下。"李斯说:"我李斯原不过是上蔡(在今河南上蔡县西南)民间的一个普通百姓,皇上尧幸提拔我做丞相,并且把关系国家存亡安危的重担交托给我的。我怎能辜负皇帝对我的恩义呢?忠臣,不会因为怕死而做违背志愿的事,谨身侍亲的孝子,不做危险的事。所以请你不要再说了。"赵高说:"我听说圣人处世,凡事灵活变化,不会固执不通。他能够改变自己顺应潮流;看到事物的细枝末节,就能知道它根本;看到事物发展的动向,就能知道它最后的结果。事物的发展本来就是这样的,怎么能固执着永恒不变的准则呢?现在天下的命运掌握在胡亥手中,我有办法实现我的想法。再者说,从朝廷之外来制约朝廷内部,那是糊涂,以臣子的身份地位,挟制君上,就是乱臣贼子了。所以秋天天寒霜降,草木自然零落凋谢,春天天暖冰化,万物自然生长,这是必然的结果。你怎么到现在还不理解这种道理呢?"李斯说:"我听说晋献公废太子申生改立庶子奚齐,结果导致三代政局的不安定;齐桓公和他的弟弟公子纠争夺王位,后来公子纠给杀了;商纣王杀了许多亲戚,不听臣子劝谏,因此国都变成一片废墟,国家也灭亡了。这三件都是违背天理的例子,弄得宗庙没人祭祀。我和他们几个是一样的人,你又何必与我商量呢?"赵高说:"如果上下同心协力,事情就可以办成;结果内外互相应和,事情自然顺手,不致有差错。你要是听我的计策,你就可以长久享有侯爵,还可以传给子孙万代。而且你也可以像有王子乔和赤松子两位仙人那般的长寿,像孔子和墨子两位圣贤那样聪明智慧。现在你舍弃这个好计策不肯听从,那么连你的子孙都不免遭殃,实在是很让人失望。一个聪明的人能因祸而得福的,你打算怎么办呢?"李斯于是仰天长叹,流着泪叹息着说:"既然不能杀身来报答皇帝,要向哪儿去寄托我的命运呢?"于是李斯就听从了赵高的计谋,改立胡亥为太子,篡改秦始皇所赐的遗诏,杀了扶苏和蒙恬。

[起初,李斯跟着荀子学习儒家的治术,学业完成后,想到西方秦国去,向荀子辞别,说:"我听说一个人要是遇到时机,千万不可错过。现在各国诸侯都正在相争,希望成大事立大业,所以有谋略的游说之士都容易掌握实权,尤其秦王更是野心勃勃,想要吞并天下,治理万方,这正是普通人奔走四方,猎取富贵的时候了。更是游说之士的好时候。所以我现在就要动身到西方去游说秦王了。李斯来到秦国后,当秦国丞相吕不韦门下的舍人,吕不韦很赏识他,任命他为郎官。李斯因此得到机会,游说秦王嬴政暗地派遣有谋略的游说之士,带着金玉宝物去游说诸侯。诸侯国家内的知名之士,凡可以用财货收买过来归附秦国的,就馈赠丰厚的礼物来拉拢他;至于不肯被收买的人,就把他暗杀掉死。秦王利用李斯所献的离间诸侯君臣的计谋,来破坏诸侯各国君臣间的团结。终于吞并了天下。"]

秦二世末年,陈涉在蕲州起义(今安淮宿州),攻入陈县(今河南淮阳),张耳、陈余对陈涉说:"大王兴起于梁地和楚地,目标是要攻入关,无暇收复河北,我们曾经游历过赵国,对那里的豪俊人才非常熟悉,希望你能派遣一支军队,攻取赵国的地方。"陈涉听从了他的话,拨给他们三千军队。张耳,陈余他们从白马津(在今河南滑县北)渡过黄河,到了河北诸县,便向当地的豪杰说:"秦朝设立暴政酷刑残害天下。在北方征集很多的民夫修筑长城,在南方广召兵丁戍守五岭,弄得天下骚动,百姓们疲惫不堪,而官吏们却经常到百姓家去按照人口的多少,聚敛财物,以供应军队的费用,使百姓财力匮乏,民力凋敝。又以严刑峻法,使得民不聊生。现在陈王奋臂而起,首举义旗,天下的豪杰没有不响应的。人们各自报复和攻杀他们的怨仇,县里的令丞被杀了,郡中的守尉也被杀了。现在已经建立了大楚国,定都于陈,又派遣吴广、周文率领百万大军西出攻秦。有这么一个大好的机会,还不能成就封侯的功业,那就不是人中的豪杰了。以天下人的力量,攻击无道的暴君,报父兄的怨仇,并能成就霸业,这是豪杰之士们最好的机会了。"当地的豪杰之士都认为这话很对,于聚集军队,占领了赵地十余城。

[班固说:从前《诗经》《书经》记叙虞、夏之时,舜和禹接受禅位都是积累恩德仁义几十年,然后才当上了帝王。殷、周的王位,分别是由殷契和后稷经过十几代,到商汤赶走了暴君夏桀,周武王杀了商纣王才有的。秦朝从秦襄公开始逐渐蚕食各国,后逐渐吞灭了齐、楚、燕、韩、赵、魏六国,到秦王嬴政终于统一了天下。秦始皇当皇帝后,害怕秦朝也会重蹈周朝的覆辙遭到灭

亡。秦始皇把周朝灭亡的原因归结为周王朝王室衰微，下属诸侯国力量太强大，因此他撤除了公、侯、伯、子、男五个爵位。毁坏名城，销毁兵器，限制言论，焚烧书籍，对内铲除英雄豪杰，对外抵御胡、越等少数民族的侵入，以为凭着威力和强权就可以达到秦王朝的万世安定。可是仅仅十几年的时间，以陈胜、吴广为首的戍守边疆的士卒突然发动起义，他们的力量要比春秋五霸强大的多；普通百姓对朝廷的威胁远甚于戎、狄等少数民族；百姓们在舆论上给予的呼应远甚于少数人以前对秦王朝的讥谤；振臂一呼，他的威力强于军队。从前秦国实行的禁例正好帮助了陈胜，加速了自己的灭亡。因此可以说，陈胜的胜利是因为秦国残暴的统治啊！]

　　韩信平定齐国后，被汉王刘邦立为齐王。项羽有些惧怕，就派盱眙(今安徽淮阴道)人武涉去游说齐王韩信，让韩信和汉王、项王三分天下。韩信拒绝了。

　　说客武涉走了以后，齐国人蒯通也知道目前天下大势，关键是操在韩信手中，想要用一个特殊的计策来影响他，就用自称懂相人之术，以此来劝说韩信，他说道："在下曾经学过相人术，懂得相法。"韩信说："先生相人怎么样？"蒯通回答说："一个人的贵或贱，在于看骨骼的表象，忧或喜，在于看脸上的神色；成与败，在于看他的性情对事情有无决断力；用这三个条件来综合分析，保证万无一失！"韩信说："先生请相相我的命运究竟如何？"蒯通回答说："请屏退左右！"韩信说："都退下吧！"蒯通说："从你的面相看来，你将来最高不过封侯，而且危险，不安全；从你的脊背看来，将军真是贵不可言。"韩信说："这话怎么说？"蒯通说："天下刚开始起义时，天下的英雄豪杰们，只要有人自立为王，登高一呼，天下的有志之士，全都聚合到一处来了，其中好坏掺杂，天下风烟骤起；在那段时间里，大家所考虑的，是如何消灭暴秦罢了！现在的情况，是楚王项羽与汉王刘邦双方在争夺天下，使得天下那些无辜的老百姓，死伤遍野，父死子亡，尸骨抛弃在荒野，不计其数。楚国人从彭城(今江苏徐州)起义，转辗争杀，无往不利，直至荥阳(在今河南荥泽县西南十七里)，乘军事上的得利，席卷大部分土地，使得天下震动，然而他的军队在京与索(京在荥阳市东南二十一里，索即荥阳市)二地之间，无法动弹，受阻于西部山区而不能向前推进，已经长达三年了！汉王率领了几十万部队，据守巩(今河南巩义市)和洛阳，倚仗山区和河谷的复杂地形，来抵抗楚兵，一天好几次战斗，但是不能建些微之功；常常打败仗，以致无法挽救，甚至有荥阳之败仗，成皋(今河南汜水县西北)的箭伤，逃到宛城(今湖北荆门市南六十里)和叶县(今河南叶县南)之间，这就是智的一方无所用其智，勇的一方无所乘其勇的窘境了！锐气，被山区的险隘所挫阻；粮食又逐渐消耗殆尽，老百姓因为长期陷于战争，精疲力竭，所以十分怨恨，日夜盼望战争早日停止，因为他们已经到了无所归依的地步。照我的估量，在这种情势下，如果不是天下最贤圣的人，就一定不能平定这天下的大祸患。目前刘、项两王的命运，就悬在你的手上。你如果替汉王出力，那汉王就得胜；如果帮助楚王，那就是楚王胜了。我现在愿意把内心的真意披露给你，倾献肝胆，以诚相告，贡纳我的不成熟的意见，可是唯恐你不能采纳。如果能采纳我的意见，那就最好保持中立，不帮任何一方去消灭对方，让他们都存在下去，这样你便可以跟他们三分天下，鼎足而立，在这种形势下，刘、项双方谁都不敢先动手。以你的聪明才智，拥有最好的武装部队，占领着强大的齐国，牵制着燕国和赵国，再出兵去收复刘、项双方兵力不足的地方，牵制着他们的后方，顺从百姓们的愿望，出兵向西，去为百姓们讲话。阻止楚、汉的争斗，那这样天下百姓必定响应你，谁敢不听从你的意见呢！把大国的地盘减缩,把强国的势力削弱,用来分封已经失去土地的各国诸侯,各诸侯都分土立国,那他们没有不听命于你的,并且还会感念你对他们的恩德。根据从前的齐国故地,拥有胶河(今山东胶县西南)、泗水流域等地方,你现在用恩德来安抚诸侯,对他们礼遇谦让,那么天下的君王们,一定相率来到你齐国朝拜了!我听说'天赐给你你不取,反会受到祸患,时机来了你不去实行,反会受到灾难。'希望你好好地深思熟虑这件事。"

韩信说道:"汉王待我十分恩厚,把他的车给我乘坐,把他的衣服给我穿,把他的饭给我吃。我听古人说:乘过人家车子的人,要给人家分担患难;穿人家衣服的人,也该给人家分担忧虑;吃人家饭的人,就得为人家的事拼命。我怎么可以唯利是图而违背义气呢!"蒯通说道:"你自以为和汉王刘邦关系很好,想要帮助他建万世的功业,我认为你是错了!想当初常山王张耳和成安君陈余,二人是生死之交,后来因为张黡、陈泽事件,两人就变成了仇敌一样。常山王背叛项王,捧着项王使者项婴的头逃走,投降到汉王麾下,汉王率军东下,在泜水(今河北无氏县四群山中)之南,杀掉了成安君,结果是成安君身首异处。这样的交情,终于被天下人所耻笑;这两个人的交往,他们的感情,可以说是天下最深厚的了,然而到最后弄得你也想把我捉来杀了,我也想把你捉来杀了,这是什么原因呢?祸患就出在彼此贪欲过多,而且人心是变幻莫测的。现在你要用忠信之道来和汉王相交,势必不可能比陈余、张耳二人的相交更牢靠吧,而你们之间的事情,恐怕要比陈泽、张黡事件重大得多。所以我认为你相信刘邦不会加害到你,这也是错误的!以前大夫文种和范蠡恢复已亡的越国,使勾践重新称霸于诸侯,结果等到功成名就,一个被杀死,一个逃亡湖上。谚语说得好:野兽已经被捕完了,接着就会把猎狗给煮了!敌国已经攻破,那么谋臣就会被杀。以交朋友的情感来说,一定不如张耳和陈余之间的深厚;拿忠与信的道德标准来说,最多也不过像大夫文种与勾践的这种关系。这两类人,足够你看得了,希望你多多考虑。而且臣听说勇猛、谋略使得主上震动时那就有生命的危险,功劳、业绩超过天下所有的人,就无法赏赐了。现在我臣来报报你的功绩吧:你度过西河(今陕西同州),掳了魏王,擒了夏说,带着兵通过井陉(在直隶井陉县东北井陉山上),杀了成安君陈余,攻下赵国,威胁了燕国,平定了齐国,向南击败楚国二十万大军,又在东边杀了楚将龙且,向西边的汉王报捷,这就是前面所说的功绩第一,天下没有第二个人可以比得上,而且再也没有一个人能够超过你了。现在你负有震动主公的威势,拥有无法赏赐的大功;你去归附楚,楚人不会信赖你;去助汉,汉人又怕你,你挟着这样的功绩往哪儿去呢?至于从地位上看,你毕竟还是一个臣子,但你却有使君主感到压迫的威势,你的声誉,已经是天下第一,我真为你感到危险。"韩信对他称谢道:"先生请你别说了,让我考虑考虑吧!"

过了几天以后,蒯通又劝说韩信道:"一个善于听取意见的人,定能预先见到事情的征兆的,遇事能反复考虑,才能掌握成败的关键,听取错误的意见,或做了错误的决定却能够长久安全,不发生问题的,实在是太少了。一个人如果听取十个意见,竟连一两次失败都没有,那么是不能用闲言碎语是无法迷惑他的!一个人如果考虑问题,从来不会本末倒置,如此旁人的花言巧语是无法去搅乱他的!如果一个人甘心情愿做人家的奴仆杂役,就会失去掌握君权的机会了!留恋满足于有限的俸禄,就会失掉为卿作相的地位,所以当机立断是聪明的人,遇事迟疑不决,一定坏事!对于鸡毛蒜皮的小事,精打细算,就丧失了对天下大事的决断。如果一个人的智慧,足以预知事情的变化,却因为决心不够迟迟不做,这是导致一切事情失败的祸根。所以常言道:猛虎的犹疑不如蜜蜂,能以尾端的毒刺蜇伤人;千里马局促不前,反不如能够稳步前进的劣马,战国时的大力士孟贲,如果犹疑不定,倒不如一个有坚定目标的平庸人。即使有舜、禹一般的智慧,但却闭口一语不发,还不如又聋又哑的人打手势的效果好。功业是不容易开创的但却很容易失败,时机是很难遇到却又很容易错过的。时机错过了就不会再来,希望你仔细考虑它吧。”韩信犹疑不定,不忍心背叛汉王,又自认为自己建立了这么多的功勋,汉王终究不会把我的齐国夺去的,于是谢绝了蒯通的建议。蒯通说:“凡是拘泥于苛碎事情的人,不可以和他谋划重大的事情,局限于给别人做臣子或奴仆的人,本来就没有当君王的心愿啊。”蒯通看到建议不被韩信采纳,就离开了,因为怕此事被人发觉有杀身之祸,就装疯冒充巫者来避祸。

[从前齐国的相国崔杼弑杀齐庄公,晏子没有因为君主的死去殉葬,他说:“做君王的,难道可以凌辱臣子吗?治理国家才是最主要的。做臣子的,难道仅仅为了自己的利益吗?扶助国家才是他们的责任。所以君主为国家死,那么做臣子也可以为国家而死,君主为国家而逃亡,那臣子也要跟随他逃亡。如果君主为自己的私欲而死,不是他的亲信,谁能去陪葬呢?”孟子对齐宣王说:“君主如果对待臣子如同对待自己的手足,那么臣子就会把君主看作是心脏;君主如果把大臣看作是无用的小草,那么臣子就会把君主看成是他的仇人。”虽然说把君主比作天,天是不能躲避的,可是臣子把接受君主的恩德的厚薄,作为等级次序来相应回报给君王,从古到今都是相同的。韩信因为汉王刘邦待他有恩惠,不忍心背弃汉王的恩德,结果最终被汉王杀害,实在是够让人怜悯的!]

吴王刘濞是汉高祖刘邦的哥哥刘仲的儿子,因为儿子吴太子被皇太子杀害的缘故,称病不入朝朝晋。[汉孝文帝刘恒的时候,吴王的太子入京,陪伴皇太子喝酒下棋。为棋路发生争执,吴太子态度不恭敬,皇太子就拿起棋盘击打吴太子,把吴太子打死了。]等到汉王朝削除吴的土地的文书到达,吴王于是就派中大夫应高去挑动胶西王[刘邦长子齐悼惠王刘肥的儿子]。没有用文书,只是口头说:“我们的吴王不才,有很多难解的忧患,不敢离开本国到外地去,因此派我来告知他内心的心事。”胶西王说:“有何指教?”应高说:“现在皇上宠信奸邪被奸臣所蒙蔽,好贪小便宜,听信谗邪之人的话,擅自改变法律政令,侵夺诸侯的土地,对我们的要求愈来愈多,诛杀处罚善良的人也一天一天地厉害。俗语中有句话:‘吃糠的时候也会同时吃到米粒。’吴与胶西是有名的诸侯,同时被验察,恐怕不得安宁了。吴王有宿疾,不能上朝朝晋已有二十多年之久,曾担心被猜疑,没有办法陈说事情的真相为自己解释,即使现在敛起了肩膀,叠起双脚,表现出畏惧请罪、卑躬屈膝的样子,还是害怕不被谅解。我听说大王你因为卖官爵的事而有罪,听说诸侯被削土地,这种惩罚还没有卖爵那么大,大王此事恐怕不仅削地就可算了。”胶西王说:“是的,有此事,那么你说将怎么办呢?”应高说:“憎恶相同的互相帮助,兴趣相同的互相挽留,情致相同的互相成全,欲望相同的互相趋赴,利益相同的同赴死难。现在吴王自认为与大王有同样的忧患,希望借着时机,顺着事理,牺牲身躯,为天下除去患害,你想这样可以吗?”胶西王很惊骇地说:“本人怎敢如此呢?现在皇上虽然逼得很急,本来只有一死啊!

怎么可以不去拥戴他呢?"应高说:
"御史大夫晁错一直迷惑天子,侵夺
诸侯的土地,蔽塞忠贞贤良的臣子
的进取之路,朝廷之臣早就对他不
满,诸侯也都有背叛之意,人事已到
了困窘到了极致的地步。彗星在傍
晚出现,蝗灾不断地发生,这是万世
中也不曾有的好机会,这正是使圣
人们劳苦费心的时候。所以吴王想
对内以讨伐晁错为名,在外追随大
王车乘之后,驰驱天下,所到之地则
不会有不投降的,所往之地则都克
服,天下的人没有敢不顺服的。大
王若真能答应,那么吴王就率领楚
王攻下函谷关,守住荥阳敖仓的米
粟,来抗拒汉兵。修治军队驻扎的
房舍,以等待大王的到来。如此一
来,那么天下就可以抓在我们手中,
两个君主来分割天下,不也是可以吗?"胶西王说:"好。"于是吴、楚、赵、胶西、济
南、淄川和胶东这七国的诸侯王起兵反叛,结果失败,被诛杀。

[太史公司马迁说:"汉兴以来,孝文皇帝广施恩德,天下安宁。到了孝景皇帝刘启即位,不
再担心异姓的反叛。然而晁错削夺同姓诸侯王的封地,使得吴、楚七国都起兵反叛,联合向西进
攻朝廷。这是由于诸侯王的势力强盛,而晁错又没有采取逐步削减的办法。等到主父偃提出准
许诸侯王分封自己的子弟为侯的建议,诸侯国的势力才日益削弱。这样看来,国家安危的关键,
难道不是在于谋略吗?"]

　　淮南王刘安为厉王之死而心怀怨望,[厉王刘长,是汉高祖的少子,是淮南王刘安的
父亲,因为谋反,被孝文帝把他装进槛车中,准备流放蜀郡。不想刘长在到达雍县时因不食而
死。孝文帝怜念厉王,把当年厉王的封地分封给他的三个儿子,刘安被封为淮南王。]常常想
反,只是还没有机会。等他的封地被削之后,不但不知改过,反而更加积极的策划
反事。日夜与左吴等研究地图,部署进兵的路线,并且召伍被来计事,伍被劝说他:
"皇上宽赦大王,大王怎可仍说这等亡国之语呢?臣听说伍子胥谏吴王夫差,吴王
不听他的话。伍子胥说过'臣即将眼看着姑苏之台夷为平地,而麋鹿将游于其中
了!'如今臣亦将眼见国破人亡,宫中生满荆棘,露水沾湿衣襟了。臣听说耳朵好的
人能听到无声的声音,眼睛好的人能在事情发生之前便已看到事情的本身,所以圣
人要做的事,永远是万无一失的。从前周文王一动而功显于千世,为三王之一,这
就是所说的顺应天心而行动的人,所以天下人不经约定,自然响应。这是千年以来
都可明鉴的事。至于距今百年的秦国,近世的吴、楚,也可以说明国家存亡的道理,
臣不敢为逃避诛戮而不效伍子胥的进谏,希望大王不要像吴王一样不听从我的劝
告。从前秦朝废绝圣人之道,杀读书人,烧《诗》《书》,丢弃礼仪,崇尚奸诈和武力,

任意滥用刑罚,把海滨的粟米辗转运到西河。当时,男子虽努力耕作,却连糟糠也吃不饱,女子终日纺织,也无法蔽体。派蒙恬修长城,东西长数千里,几十万军队经常行军在外,死的人都无法计算,尸横遍野,流血千里,百姓实在受不了,想作乱的十家之中便有五家。又让徐福入海求神仙不死之药,回来后,徐福骗秦始皇说:'臣见到了海中大神,海神说:'用良家童男和童女,以及各种工匠,就可以了',秦始皇非常高兴,派遣童男女三千人,让徐福带了各种工匠出发了。徐福找到了一片平原大泽,留在那里,自立为王,再没有回来。于是百姓悲痛,思念子女,有意造反的十家之中便有了六家。秦始皇又派尉佗越过五岭攻打百越,尉佗知道中国已极度疲敝,于是留在南越称王,不再回来。尉佗派人上书给秦始皇,要求派未嫁的女子三万人,替士兵缝补衣服,秦始皇批准了一万五千人。于是百姓离心瓦解,有意作乱的人达到十分之七。有人对高祖刘邦说:'时机已经成熟了。'汉高祖说:'再等一等,应该有圣人起于东南。'不到一年,陈胜、吴广就起义了。汉高祖在丰沛起兵,义兵一举,天下不约而同响应的人不计其数。这便是所谓等待时机乘机而起,趁秦将要灭亡时而有所行动。百姓盼望,好比大旱后渴望大雨,所以才能起于军伍战阵之中而后贵为天子,功业比三王还高,德泽传到后世。现在大王只见到高皇帝得天下甚为容易,就没见到近世吴、楚的情况吗? 吴王刘濞,汉赐号为刘氏祭酒被赐予几杖,又特准许可以不入朝朝见。吴王拥有东阳、鄣、吴、豫四郡的百姓,所占土地方圆几千里,采山之铜来铸造钱币,煮海水得到盐,砍伐江陵之木造船,国家富裕,百姓众多。发动叛乱出兵向西,竟在大梁被攻破,又在狐父大败,只得向东奔逃,逃到丹徒(今江苏丹徒区东南),被越人捉住,身死在他人之手中,断嗣绝祀,被天下人耻笑。凭吴、楚的众多的人马却不能取得成功,道理何在呢? 实在是违背天意,不了解天时的缘故。现在大王的兵力,不及吴、楚的十分之一,况且天下安定又远超过秦时的万倍,希望大王听取我的建议。若不听,大王事情必然不成功,可是消息却会先走漏。我听说微子受封于微(今山西梁山西北,周朝时受封,为宋国始祖),经过故国,心里悲伤,于是作《麦秀之歌》,这是他痛惜商纣王不能任用王子比干。所以孟子说:'商纣王虽然贵为天子,他的死还比不上一个平常人。'可知这是纣王先自绝于天下之人已很久了,并不是他死的那天,天下人才背弃他。现在,大王舍弃千乘的王位,将来事败后一定被朝廷赐死,在群臣之前就死在东宫。"淮南王刘安听完,怒气郁结,泪流满面,立即起身,沿着台阶离开了。

后来淮南王刘安再次问伍被:"汉朝是安定还是混乱?"伍被说:"我观察朝廷之政、君臣之义、父子之亲、夫妇之别、长幼之序,都符合事理,皇上的政策、措施完全符合古代的礼法,社会风俗和国家的法纪没有缺失的。南越服从,羌僰入贡,东瓯来降,拓广长榆(今内蒙古托县至榆林县北一带),开拓朔方(今内蒙古鄂尔多斯地),匈奴大受挫折,得不到援助,不再能振作起来。所以目前的情形尽管比不上古代太平之时,但还算得上是安定的。大王想要发动叛乱,我认为只有祸而没有福。"淮南王大怒,伍被请求原谅自己的死罪。淮南王说:"陈胜、吴广没有立锥之地,聚集了不过千把人,起兵于大泽乡,振臂一呼,天下响应,大兵西向,到了临潼戏水西,就聚集了一百二十万人。现在我国虽然不大,但精锐士卒便有十余万,军队不是谪戍之众,武器不是镰刀凿子,你怎么说是有祸无福呢?"伍被说:"从前秦朝无道,残害天下。始皇帝屡次出行,修筑阿房宫,取百姓收入的三分之二以为赋税,很多平民百姓被派去戍守边地,父亲不能保全儿子,兄长不能保全弟弟,政令苛暴,刑法严峻,使得天下人引颈哀呼,如在火焰之中,人人都在盼望,侧着耳朵倾听,仰天悲号,捶打胸脯痛恨皇上,所以陈胜一号召,天下人都支持他。现在皇上君临天下,统一海内,对百姓仁爱,广施德行和恩惠,即使闭口不言,可是声音比雷霆还大,即使命令还未发出,可已经传及天下,心中只要有个念头,其声威就会震动万里之外,百姓响应皇上,如同影子回声一般,况且大将的才能,又比章邯、杨熊强得多。大王用陈胜、吴广的情形来做比喻,我认为是错误的。"淮南王说:"如果按照你的说法,是连侥幸的机会也没有了?"伍被说:"臣有个计策。"淮南王问:"怎么样呢?"伍被说:"现在朔方这个郡田地广大,水草丰美,从别处迁去的人数目不多,不足以填满这个地方。臣的计谋是假造一道丞相和御史的奏请书,建议凡是郡国的豪杰任侠和有半铢之罪的人,赦免他们的罪行,只要有五十万以上家产的,都要强迫他们连同他们的家属迁到朔方,并且多派士兵,到处去催促他们赶快集合起程。再假造左、右司空、都司空、上林中都官的诏狱书,逮捕诸侯的太子和宠幸的臣子。这样百姓就会怨恨,诸侯就会恐惧,然后派善辩的人接着去游说他们,或者可以侥幸有十分之一的机会罢!"淮南王说:"这方法可用。"于是准备按照伍被的计划去实行,派人假装在这里犯了罪,西入京师,侍奉大将军和丞相,一旦淮南发兵,所派去的人就刺杀大将军卫青,并且游说丞相及他的手下,使他乖乖地听话,以为这是很容易的事。又准备派人穿上追捕盗贼的士兵的衣服,手拿插着鸟羽的檄文,从东方来,大声呼喊着"南越兵入界了",想趁机发兵。结果没等到发兵,事情泄漏,淮南王等被诛杀。

[汉武帝刘彻时赵地人徐乐,向汉武帝呈上奏章谈世务说:"臣听说天下的忧患,在于土崩,不在瓦解,从古到今都是这个道理。什么叫作土崩?秦朝末年就是这种情形。陈胜没有诸侯王的尊贵的地位,没有一尺一寸的土地,也不是帝王家族或官宦人家的后代,在民间的声誉没有孔子、墨子、曾子的贤名,也没有范蠡、猗顿的财富。可是在贫穷的街巷中起兵,挥舞起简陋武器,袒露胳膊大声呼喊,天下人纷纷响应跟随,是什么原因呢?这是因为百姓困窘,可是皇帝却不体恤人民;人民怨恨皇帝,可是皇帝却不知情;民情混乱,可是皇帝却不想办法修明政治,这三点就是陈胜所凭借的。这叫作土崩。

所以说天下的忧患在于土崩。那么什么叫作瓦解呢?吴、楚、齐和赵国等七国起兵反叛就是这种情况。七国阴谋发动叛乱,这些人都是尊贵的诸侯王,带领几十万军队,他们的威势足以震慑他们的国内,他们的财富足够奖励他们的战士和百姓,可是他们不能向西侵夺一尺一寸的土地,而自己却在中原被活捉,这是什么道理呢?并不是权势比一个平民轻,兵力比陈胜弱,而是在那个时候,先帝的恩德并没衰弱,并且安居乐业的百姓还很多的缘故,所以那些起兵作乱的诸侯在国外得不到帮助,这叫作瓦解。由上面的分析看来,假如天下真有土崩的情形,虽然是穷困生活的小百姓,只要有人首先发难便能使天下处于危险之中,陈涉便是这样,何况韩、赵、魏三国国君有的还存在呢?天下虽然未能大治,假如没有土崩的情势,虽然强国大军也不能得逞,过不了多久自身便被擒,吴、楚、齐、赵便是,何况群臣百姓怎能作乱呢?这两种体势是国家安定或危险征兆也是贤明的国君应该留心深察的地方。这几年关中五谷收成不好。推演情势依照道理来看,老百姓就要有不安于住家了。百姓不安定就很容易动乱;容易动乱便已临近土崩了!希望贤明的国君在庙堂上面治理,便可消除还没有成形的祸患。]

东汉时汉灵帝任命皇甫嵩为将军,讨伐并战败了黄巾军,他的威名震动天下,可是当时朝廷的内政却一天比一天混乱,四力虚弱困顿。因此信都令阎忠于劝说皇甫嵩,说道:"难以获得而最易失去的东西便是时机。时机到来了,必须抓紧时间,就连转动脚足那样一瞬间的时候也不耽误,这便是抓住机遇。所以圣人顺着时运而开始行动,聪明人利用时机有所作为。现在将军遇到这样难得的好时机,同时它也极容易失去。可是你面临好运却不去占有,不赶紧奋发行动,这样怎么能保持你崇高美好的名声呢?"皇甫嵩说:"这怎么讲呢?"阎忠说道:"天道并不亲附某一个人,百姓从来都是跟从、归附有能耐的人。将军你在暮春时候接受皇上的任命去讨伐贼兵,在冬末时就大功告成而收兵,你用兵行动简直是神速,计谋一旦定下就不用再做更改,摧毁那样强大的敌人竟然比折断一根枯树枝都容易,销熔坚硬的金属竟然比熔化冰雪都容易,在很短的时间之内,你统领的士兵以闪电一般地速度扫荡消灭贼兵,取得了封户刻石的丰功伟绩,面向南方报答了皇上对你的恩德,你的威信名声震动当世,声誉甚至传扬到国外,即使是商汤周武王所建的功绩也没法与将军你相比啊。现在将军你立下了无法赏赐的战功,具有高尚之人的德行,可你却事奉昏庸无能的主上,靠什么来求得安全呢?"皇甫嵩说:"我早晚都在为国家的公事操劳,内心中时刻没有忘记效忠皇上,又怎么会不安全呢?"阎忠说:"不是这样,我认为:[《记》中说有一位母亲给他的儿子治突起的头疮时,把儿子的头弄破流出了血,看到的人都认为这是因为母亲太疼爱他的儿子造成的。假如这种情况发生在继母那里,那么旁观者就会认为这是她的错误。同样情况的一件事情,由于旁观者的出发点不同而使得他们认识也不一样。当今朝廷的政治衰败不堪,王室中经常出现变故,皇甫将军处在继母一样的地位,负有足以震主的高功,即使你怀有耿耿的忠心,恐怕别人却不能真正地理解你。我私下里替皇甫将军的安危担心啊!况且我听说,一个人一旦具有很高的权势地位就有图谋不轨的可能,这样就算他是像伯夷一样的好人,也会被别人误会猜疑。如果说一个人处于不会被人误会猜忌的位置,那么即使他是像盗跖一样的坏蛋,也会被别人信任。现在你拥有百万人马的军队,如此大的权势足以做一些违法的事,你手中掌握着可以涵容奸邪的大权,这样就处于被别人猜疑的位置,尽管你竭尽全力效忠天子,但别人能够正确地理解你吗?这正是田单脱去外衣照顾普通士兵而被误解遭猜忌的原因所在啊,希望将军你能好好地考虑一下这件事。"阎忠给皇甫嵩讲了不少这类的事例,为的是改变他的想法。阎忠接下来又引用韩信的事来说明这一道理,可是他却没能明白到皇甫将军这个人是始终不能抛弃效忠皇上这一念头的,这便是阎忠劝说皇甫嵩没有成功的原因所在。]

从前的韩信因为刘邦给过他像一顿饭那样小的恩惠,他便放弃了三分天下,自立一方为王的大业,直到利剑刺向他的咽喉时,他才发出悔恨的慨叹。之所以出现这样的结局,正是错过机遇和谋划失误所导致的。当今,皇上的势力要比刘邦和项羽弱小得多,将军你的权力要比淮阴侯韩信大得多,你只要一发布命令足以使得风起云涌,你怒吼一声足以使得雷鸣电闪。将军你一旦振作精神,奋发起事,趁着衰微的局势来攻击将要崩溃的朝廷,用崇高的恩德来安抚那些先来归附你的诸侯,奋发武力来消灭那些不服从你的诸侯。招集冀州地方的士人,发动全国上下的民众;先发布羽书檄文,紧跟着发动大军人马。跨过漳河,饮马孟津。诛杀掉有罪的宦官,为人们清除多年的积怨和不满。如果你能够做到这一切,那么即使是小孩子也可以使得他们挥舞拳头,为你出力。即使是女子也可以使得她们提起衣角为你效命,更何况是像熊罴一样英勇的士卒,指使疾风一样的士人呢?当功业成就,普天下都服从你的时候,你便可以请示上方的天帝,以天命告示天下人,这样就统一了全国,可以登极为帝了。把传国的宝器移至新王朝,在旧的汉王朝即将覆灭的时候推翻它,这实在是天赐良机,奋发起事的最好时候啊。况且汉朝已经像朽木一样不可雕琢了,衰败的王朝是难以辅佐的。假如想辅佐难以扶助的王朝,雕琢腐朽的木头,这就如同逆着斜坡滚动圆球、逆水行舟一样困难,谈何容易啊?况且当今朝廷中宦官小人结党,坏人狼狈为奸,皇上的命令得不到推行,他的权力都被身边亲幸的人掌握,因此想在昏庸无能的君主下面长久地做官是不可能的,你创建了无法赏赐的功绩会使那些惯于进谗的人侧目相看,如果不及早地谋划起事,那么你后悔都会来不及的。"皇甫嵩恐惧地说:"不合常规的谋划不在寻常的形势下使用。创建宏图大业,难道是庸才所能达到的吗?黄巾军那样小小的孽党,是不能与秦王朝、楚项羽相提并论的。暂时聚合起来的乌合之众很容易散乱,难以成就大事。况且老百姓并没有忘记天子,上天也不会扶助反叛者的,假如妄想建立不可能实现的功业,那么早晚将会招致大祸。哪里比得上尽心竭力地效忠现在的朝廷,保持臣子的节操,即使说会招来许多谗言,最多也不过是被贬谪流放或罢官免职,这样还能保留一个美名,死了也会永垂不朽。所以,违背常规的言语我不敢听。"

[明与暗很难混合在一起,明见的人与愚昧的人相互间不能协调共事。智慧的谋士不给勇悍的将军出谋划策,勇将不会替胆小的将官卖命,自古以来也是这样的。所以《左传》中说:"效忠是一种美德。"但是对于不值得效忠的君主来说是用不着忠于他的,何况有些臣子没有那种美德呢?《军势》中说:使用忠义之士不能依靠钱财。所以忠义之人不会替不仁义的人卖命,聪明的人也不会替愚蠢的主人出谋划策。因此伊尹离开夏桀归附商汤,不能算是伤害美德;飞廉为纣王而死,不能算是贤良。汉末世道昏暗,大道丧失,九州之内生灵涂炭,而皇甫嵩尽忠效命于濒临灭亡的朝廷,安心于昏暗的统治。他的愚忠不足以拯救天下,即使为汉朝而死亡也不可能成就忠义的美名。如果作为一个智者,真的应该这么做吗?阎忠又何必一定要用那套理论来劝说皇甫嵩呢?]

阎忠知道他的言话不能被皇甫嵩采纳,于是流亡而去。

[董卓独揽朝政的大权,征召皇甫嵩。梁衍劝说皇甫嵩,想让他讨伐董卓。还有一件事是陶谦等人共同推举朱儁做太师,朱儁不接受。李傕曾经征召皇甫嵩、朱儁两个人,他们两人都没有服从。范晔评论说:"皇甫嵩、朱儁都凭着上将的才略,在国家遭难的时候,仓促受命统军,这时正逢弱主逃亡在外尊严受辱,强悍的贼人亡命作乱,这正是叶公挥袖而起平定白公之乱的时机,是翟义[西汉末年人,曾举兵讨伐王莽,兵败被杀]誓师讨伐王莽的日子。所以梁衍为皇甫嵩献策,崤山以东的诸侯共同合谋推举朱儁为太师。皇甫嵩、朱儁舍弃另建天下的大好业绩,却去遵守匹夫之人的小义,他们最终在危险当中落得很狼狈,从而被智士所取笑,这难道是上天故意要延长汉末的战乱吗?他们不具有从始至终的智慧和勇气,确实是这样啊!

春秋时楚太子建的儿子白公胜叛乱杀死了大夫子西,劫持了楚惠王。叶公听说白公作乱,率领国内人民攻打白公,白公失败后逃跑自杀身亡。]

王莽的时候,国内盗贼成群的出现。王莽派遣将军廉丹讨伐崤山以东的盗贼。廉丹征召冯衍作为他的幕僚,和他一起到达定陶。王莽又有诏书时廉丹说:"将军你承担着国家委托的重任,如果不能为国捐躯,那么是不能报答君恩和尽忠职责的。"廉丹非常慌恐,他夜里把冯衍叫来,把诏书拿给冯衍看。冯衍于是劝说廉丹道:"我听说顺从天时以成就事业,这是常道所推崇的;逆反常规来攻伐旧体制,这是权术中所难得的。因此说如果希望有所成就,便不询问原因,论定事物的大体,就不能信守什么小节。从前齐国的逢丑父在齐、晋两国决战中,知道齐顷公可能被

·反经·

图文珍藏版

擒,所以与颍公换了座位,当晋国将领韩厥擒拿他们的时候,逢丑父冒充颍公,并让颍公借着下车取水的功夫逃走,因此他的行为在诸侯中得到称赞。春秋时郑国的祭仲,由于被宋庄公挟持,被迫废掉郑昭公扶立公子忽为郑厉公,郑昭公忽被迫逃亡。后来,祭仲又重新扶立忽归复王位。用自己的死来换取国君的活命,用暂时的妥协来换取国君的生存,这是君子所遵循的原则啊!违背了常人的思维定式,而使国家安宁,使自身得到保全,这是贤者的谋虑呀!所以《周易》中说:穷极则变化,变化就能通达,能通达那么就可以恒久。这样的话上天就自己保佑他,万事大吉,何事不成?假如明知道这样做不可能成功,还一定要去做,使军队残破,兵卒伤亡,这样对主上是没有一点帮助的,死的时候也有负于正道,像这样的事,贤明的人不会做的,勇武的人也不会干的。况且我冯衍听到过这样的说法:'获得机遇的时候千万不要懈怠。'张良因为祖上五代都在韩国为相,所以曾在博浪操铁锤谋刺秦始皇,他的勇敢精神超过了孟贲、夏育,他的美名高过了泰山。将军你的祖上是汉朝的忠信的臣属。虽然新朝兴起,但是英雄俊杰并没有归附于它。现在国内大乱,百姓们怀念汉王朝的恩惠,超过周朝诗人们对召公的思念。诗人因思念,连他拴过马,休息过的甘棠,都不忍剪伐,更何况他的子孙呢!老百姓以歌舞来称颂的人,上天一定会帮助他的。现在我为将军你出出计谋,你目前不如把部众屯据驻扎在大的郡城,安抚官吏士卒,磨炼他们的节操。百里之内的地区,每天都会有人送来牛和酒,以犒劳你手下的将士;招纳勇敢的英雄俊杰,向他们询问征求忠诚智慧的计谋,准备长远的打算,等待着天下大变,然后兴办有利于社稷的大事,替天下人除害,那么你的福禄将无穷无尽,你的功劳业绩将永垂青史。又何必使自己的军队在中原大地覆灭败亡,使自己的尸体跟草木同时腐烂,落一个功败名丧的下场,使你的先人跟你一同遭受耻辱啊!善于处理事情的圣人能转祸为福,智谋之士能把不利转化为有利,希望将军你能好好地谋算谋算,切勿与世俗的观念苟同。"廉丹不听冯衍的建议,继续进军,到达了睢阳的时候,冯衍又一次劝说廉丹道:"善于明见的人能在事物还没有形成前就能看到它,智慧的人能在事情没有发生之前就已经考虑到它,更何况是那已经清晰明白地发生了的事情呢?大凡祸患的发生都是由于极小的事情所造成的,祸患是由细小微弱逐渐发展形成的。失败后再后悔是没有用的,时机是不能丧失的。商鞅曾说:'具有比常人高的行为能力就一定会招致世人的非议,能有独到的见解的人一定会被普通人认为是多余的。'因此人们往往听信平庸的论谈,舍弃金石一样的策谋,承袭当世普通人所遵守的规范,丢弃高尚明智的德行。决断是智慧的主宰;犹豫一定会被外界所役使。时机一旦失去,是不会重新再来的,希望你别再考虑别的了呀。"廉丹仍然不听,继续进兵,到达无盐(今山东省东平县东),与赤眉军打仗,最终战死。[当时长沙太守郅恽仰观天象,对他的朋友说:"如今镇星、岁星、荧惑(指土星、木星、火星)都出现在汉的分野翼宿和井宿的区域(二十八宿中的两星宿),三星离去后又重新出现,这说明汉王朝一定会再次掌握政权,如果有人能顺应天时发动策划起事,一定能够成就大功。郅恽拿这套理论来游说廉丹,廉丹同样也没有采纳他的言论。"]冯衍于是流亡逃命到了黄河以东的地区。

[从前蒯通劝说韩信反汉,阃忠劝说皇甫嵩反叛东汉王朝,冯衍劝说廉丹反叛王莽,这三个人都没有听从那样的建议,甘心情愿临近危险与死亡,这是为什么呢?答案就如同范晔所说:

"人的事业假使极不顺利,那么他就很少求生之心;人的生活如果安逸顺利,那么他对自身的安全的顾虑就多。登高却不害怕的人是那些服劳役的刑徒;不坐在屋檐下,怕瓦片堕落打伤的人是拥有很多财富的人的公子。"从这一点来看,可知人情事理都是这样的:即快乐的时候就思求安逸,穷苦的时候就图谋变革,这是一种必然的趋势。当时那三个人中有的已是诸侯王了,有的已经达到将相的权位,可是他们只是贪图安逸享乐,不考虑琢磨那不同寻常的功绩。他们不知道权势地位高到被人猜疑的地步就会产生麻烦,不知道自己的势力达到与君主相当的地步就会产生祸乱。他们的权势已经被猜忌了,可是却不能放弃这样的地位来避免嫌疑;他们的势力已经与皇帝齐等了,可是却不能减损威望来换取福分。他们都因为迟疑徘徊、犹豫不决而导致灭亡,招致这样的祸害就是在于希求平安,这样反而带给他们惨败啊! 正如谚语所说:"抱有必死的心理就有可能存活,抱有侥幸存活的心理就会必死无疑。可以说韩信等人是抱有侥幸存活的心理呀。"〕

刘秀的大臣来歙劝说隗嚣把自己的儿子送进朝廷侍奉君主。隗嚣手下的将官王元认为天下的成败还不一定,因此不愿意一心一意地服从朝廷,于是他劝说隗嚣道:"从前更始皇帝刘玄定都长安,四方的豪杰群起响应,普天下的人都随声附和,认为已经天下太平。刘玄的功业一旦被人毁坏,将军几乎没有安身的地方。现在南方有子阳(彭修字子阳)割据称雄,北方有文伯(庐芳字文伯)称霸,江湖山海,称王称公的有十数人。假如你听从儒生的言论,舍弃足以争夺天下的基业,寄居依附在不安宁的国家,来求得万无一失,那么只能是沿着前人失败的道路走下去,这种考虑是错误的。现在天水郡完整富饶,兵马最为强壮。假如你占据此地,向北便可以攻取西河郡和上郡,向东收复长安附近的三辅所辖的地区,取法原来秦国的疆界,以山河作为屏障来防守自卫,我王元请求用一抔泥土为大王你封闭东方的函谷关。这确实是极其难得的机会呀,假如这一计划不能实现,就应该储备干粮蓄养兵士战马,占据险隘防守自卫,拖延时间,等待天下四方发生大的变故。即使不能统一天下,剩余的势力也足够用来称霸一方。总之,鱼是不可以脱离水的,龙一旦失势,就和蚯蚓一样了。"隗嚣赞同他的谋划。尽管隗嚣已经送他的儿子入朝做了人质,他还是依仗着地势的险厄,想要称霸一方,于是背叛汉朝。

〔贾复说:"谋求尧帝、舜帝那样的事业,如果不能达到,也可以成就商汤、周武王那样的功绩;谋求商汤、周武王的功业,如果不能达到,也可以成就齐桓公和晋文公那样的霸业;谋求齐桓、晋文的霸业如果不能达到,也可以达到象战国诸侯割据一方那样的事业;划定自己的国界,想割据一方以求自保,假如做不到的话,就只有像六国一样灭亡了。"〕

魏太祖曹操与吕布在濮阳打仗,曹操战败形势非常不利。这时候袁绍派人劝说魏太祖与他结盟,让曹操把自己的家眷迁居到邺地(今河北省临漳县北)。太祖同意了这一建议。程昱去见他说:"我听说将军你想把自己的家搬到邺地居住,与袁绍联合,真的有这件事吗?"魏太祖说:"是这样的",程昱说:"大概将军你怕是临事畏惧,不然你为什么考虑得这么肤浅。袁绍占据有燕赵的广大地区,有吞并天下的野心,只是他的才智却不足以使自己成功。将军自己想想,你愿意居于他的手下吗? 将军你具有龙虎一样的英雄气派,难道能像韩信、彭越一样吗? 我程昱愚笨,不懂得大体,我认为将军的志气还不如田横。田横只是齐地的一个勇士罢了,可还羞于做汉高祖的臣子。现在将军你想把家搬到邺地,侍奉袁绍。凭借将军你自己的聪明神武却不把当袁绍的下属作为一种羞耻,我替你感到惭愧啊! 目前兖州(今山东省金乡县西北)虽然被攻破,但我们仍然有三座城,能战斗的士卒也不下万人,如果加上荀彧和我们这些人,齐心协力,那么就可以成就一番霸业了。希望将军重新考虑一下吧。"魏太祖听了程昱的话后,才不准备这么做了。

[《三国志》的作者陈寿赞扬先主刘备刚强果断、宽容仁厚,能识别手下人的优缺点,总之先主具有汉高祖刘邦那样的风度和英雄的胸怀器量。机敏权变、才干谋略虽然比不上魏武帝,然而他虽然遭受挫折,可从不屈服,终究没有归附于魏武帝手下,这也可能是他估量到魏武帝的度量一定不会容纳自己不同寻常的志向,因此他那样做不仅是与魏武竞争逐利,同时也是躲避祸害。俗语说:"同一处栖息的地方容不得两只雄鹰,同一处水里容不得两只蛟龙。"从这一点来看,假如有人和自己的地位权势一样相同,那么他一定不能容纳自己,从来都是这样的。当初,曹操想把自己的家迁居到邺地,和袁绍联合,太糊涂了!]

袁绍当了讨伐董卓联军的盟主之后,骄色外露,陈留郡(今河南省开封一带)的太守张邈义正言辞地责备他。袁绍命令曹操去杀张邈,曹操不肯服从袁绍的命令。而张邈的心里很是不安。等到曹操去东方攻打陶谦的时候,派他与陈宫率兵屯据在东郡(今河南省濮阳县南),陈宫乘机劝说张邈说:"现在天下四分五裂,英雄豪杰纷纷起事,你拥有近十万的人马,正当处于战略要地,你手持宝剑虎视四方,也可称得上是人中豪杰,可是现在反而受制于人,难道不觉得太鄙陋了吗?现在兖州的军兵都东征而去,这个地方的兵力正好空虚,吕布是一位勇敢的壮士,英勇善战,你把他请来,和他共同驻守在兖州,观察天下的形势发展,等待着时局的变化,这是一个纵横天下的好时机啊。"张邈听从了陈宫的建议,反叛了曹操。

[我认为,曹操和张邈相处还很好,但是张邈的内心有反叛的想法,是因为迫于当时的形势。因此我每当观览古今历史许多变故,一些侵扰事情发生的原因,一些人之间的嫌隙。比如说,韩信由于被刘邦免去楚王的封号,非常伤心感慨,于是心生反叛之念;彭越心生非分之想,发兵造反,是因为他自负其功,却没有受到加官晋爵的赏赐;卢绾由于被刘邦怀疑,所以心生畏惧,于是投降匈奴;英布由于看到韩信、彭越等人被刘邦杀害,非常担心自己也会遭此下场,所以秘密纠合军队以防万一,后来他又以为自己暗中部署军队的事泄漏,所以被迫起兵造反。从这些事例看,那些叛臣逆子不一定都是不忠,他们有的是由于心中存有怨愤,总觉得有危险;有的由于功高震主,他们之中有人成就了一番大业。自古以来就是这样啊。]

钟会、邓艾攻破蜀国之后,蜀主刘禅投降了。钟会陷害邓艾,用囚车去押解邓艾。钟会暗怀反叛的企图,他厚待蜀国的降将姜维等人。姜维见到他以后,明白了他的用心,以为可以利用他来制造混乱,慢慢再图谋着收复失地,恢复蜀汉政权,于是假意对钟会说:"听说你从淮南领兵打仗到如今,谋算从未失误过,晋王司马氏家族的兴旺昌隆,全是你的功劳啊。如今你又安定了蜀国地区,你的威名震动当今天下,百姓们都认为你功劳极大,主上已经对你的才智产生畏惧,你想就此平安的回师吗?韩信在混乱的年代没有背弃汉王刘邦,而在天下太平的时候被猜度;越国的大夫文种不与范蠡同去五湖归隐,最终含冤自杀身亡。难道他们是昏庸的君主和愚忠的臣子吗?不是,而是由于涉及自身利害而不得不那样做。现在你已经创立了大功,德行已经显露于天下,为什么你不效法陶朱公驾一叶轻舟用隐居保全自己的功劳和自身性命呢?或者登上峨眉山的山岭与赤松子相交往呢?"钟会说:"你说得太远了,我做不到。况且目前的情况,也许还没有达到这一地步吧。"姜维说:"至于其他方面已经是你的才智和能力可以达到的了,我看就不用麻烦老夫我了。"由此钟会与姜维交情越来越好，他自称为益州牧反叛了魏国，并想给姜维五万兵马，让他作为前部先锋。魏国的将官和士兵非常愤怒，群起杀死了钟会和姜维。

[张华在京都之外镇守，当时晋武帝征召他回京担任尚书令。冯纨对此感到不安，当他在晋武帝身旁侍候时，从容不迫地与武帝谈起了魏晋时候的一些往事，他说道："我曾经说钟会之所以谋反，很大部分原因在于太祖（司马昭）啊。"晋武帝变了脸色，说："你这是什么话？"冯纨说："我认为善于驾驭马车的人，必然懂得对六匹马的掌握要缓急适度；善于管理的人，必然能够很好地察度应当如何恰当地控制管理下属。因此，汉高祖刘邦对八位异姓王因过于宽容，最终都得除掉；光武帝刘秀抑制各位将领的势力，他们因而得到善终。这并不是因为主上有仁爱、残暴的区别，臣下有愚昧、聪明的不同，这实际上是由于褒贬和与夺才使得他们这样。钟会的才能、谋略有限，但是太祖对他的赞赏太多了，称许他的智谋策略，让他担任显要的官职，把大军托付给他。因而钟会自认为谋划周密，没有遗漏，有功劳却得不到赏赐，权衡利害，于是就开始谋反。假使当初太祖任用他的才能，用大的礼法来规范他，用权力和威势抑制他，把他纳入法则制度，那么他作乱之心就没有产生的机会了，当初的叛乱之事也就没有基础了。"晋武帝说："是这样。"冯纨行稽首礼说："陛下既然同意了我的话，就应当想一想坚冰之所以形成，非一日之寒，不要让钟会那样的人再重蹈覆辙。"晋武帝说："当今难道还有像钟会那样的人吗？"冯纨说："为陛下谋划的大臣，据守一方统领兵马的武官，都在陛下你圣明的思虑之中了。"晋武帝沉默不语，不久便把张华召回京都，罢免了他的官。]

晋怀帝的时候，辽东太守庞本以私仇杀害了东夷校尉李臻，鲜卑的将领索连、木津等人假借为李臻报仇而起事，实际上是凭借这一借口反叛作乱，接着他们攻陷了辽东的各个县城。当时自封为大单于的慕容廆的长子慕容翰对他说："我听说向诸侯求援不如为王室尽力，自古以来有作为的君主没有一个不是依仗这种方式来成就一番事业的。现在索连、木津等人横行霸道，朝廷的军队屡遭失败，老百姓们也惨遭杀戮，灾难还有比这种情况更严重的吗？几个小子对外名义是讨伐庞本，其内心是要借此为寇，全辽东覆没已近两年了；目前中原地区也遭战乱，各州的军队也屡遭惨败，为王室出力来主持正义，现在正是很好的时机呀！父王你应该显赫九伐（九伐指制裁诸侯违犯王命行为的九种办法）的威灵，挽救苦难的国家的命运，数说索连、木津的罪孽，并联合正义的军队来讨伐他们，这样最好的情况是可以恢复辽东的郡制，最差还可以吞并索连、木津二路军阀，我们能把美名显扬于朝廷之中，而且私下我们还可以获得一定的利益。这正是我们逐步发展壮大力量的开端呀，最终我们便能够在诸侯竞争中实现自己的志愿。"慕容廆非常赞同这番话，于是下令严厉征讨索连、木津，终于擒获斩杀二人，重新恢复辽东郡。

[我认为，古人说最初造祸的人一定会灭亡，正是指出第一个带头倡导作乱的人是为非作歹的奸雄，他们对外假托以正义之师的名义，内心里早已包藏的叛逆之志正好趁此机会求得实现，他们都是借着为王室尽力及辅助顺从君王的名义，然后把握时机获取权力，这正是慕容廆这样的人啊。]

东晋十六国时，前秦的秦厉王苻生残害杀戮忠良，秦国人过一个时辰都像过一百天那样长，权翼于是劝说东海王苻坚说："当前皇上昏庸残暴，民心已经不归附于他。有德行的人兴盛发达，没有才德的人遭殃，这是天道的必然啊！一旦天下的局势变动，如果不是君王你还能有谁来掌权呢？帝位社稷关系重大，千万不能让别人获取，希望君王你采取商汤、周武王的举动来顺从民意。"苻坚赞同权翼的想法，把权翼当作自己智囊，终于废弃苻生，并且自立为秦王。

[《左传》中说:"圣人通达节操,其次保全节操,最下失去节操。"商汤的左相仲虺说:"老百姓天生就有七情六欲,如果没有君王治理,国家就会乱起来。而只有天资聪明的人,才能治理天下。夏桀昏庸无道,使得天下生灵涂炭。只有大王不爱歌舞,不近女色,不聚金钱,不敛财物才能使国家稳定。应该灭亡的,就促使它灭亡,应该生存的,就帮助他巩固,这样,国家才会昌盛。符合礼义的,必定能够兴盛;昏庸残暴的,终究将倾覆。因此,应该恭敬奉顺上天的意志,永远遵行上天的大道。"许芝引述《春秋传》中的话说,周公旦被封为鲁公,他为什么不去他的封地鲁而要留在京师佐理成王呢?因为他认为虽有继承并遵循先王的政体、法度的国君,但不能讲圣人受天命成为帝王那样的话,还必须勤于国事。京房写的《易传》中说:"国君有王道,就辅佐他,如果他残暴就除掉他,如果他软弱就夺取他的权位。变更姓氏,改换朝代,天命并不固定的。无论人算还是天算,老百姓是支持有能耐的人。"

从这一点来看,符坚自立为王,废掉符生,这是像圣人那样做到了通达节操,把天下的民心向背作为一个衡量的尺度。]

南朝宋的孔熙先是广州刺史孔默之的儿子,他有歪才,懂得天文,他曾经说:"从江州地区(现在江西全省和湖北省的一部分)的分野来看,这里要出一位天子,当今的皇上要被他的骨肉至亲杀害。"等到大将军彭城王刘义康被贬逐到安城郡(今江西省安福县东南)的时候,孔熙先认为这就是注定要成为天子的那个人,于是劝说彭城王的詹事范晔说:"我的父亲当初离开广州的时候,朝廷里许多人纷纷诽谤诬蔑他。多亏大将军刘义康尽力相救,才得以避免灾难。我受父亲的遗命,要以死来回报大将军的恩德。现在皇上昏庸无道,大概是上天要废弃他。大将军英明果断、聪明机智,百姓和神明都愿归心于他,但他却被罢免了职务来到这南部边陲,普天之下都为他愤恨不平。现今,天下人心骚动不宁,星象错乱,时运已经来到,这是不可以抗拒的事情。假如我们顺应上天、百姓的心愿,收罗那些仰慕正义的贤士,联合朝廷之内的宠臣,结交天下的英雄豪杰,暗中谋划里应外合,接着在宫内突然起兵,然后杀掉异己,拥戴圣明的天子,借助彭城王的名望来号令天下,有谁胆敢不听从呢!小人我只能用我这七尺之躯,三寸不烂之舌,建立大功、成就大事而归之于君子,老人家你认为怎么样呢?"范晔感到非常吃惊。孔熙先又说:"从前毛玠对魏武帝曹操赤胆忠心,却不能被曹操所容纳;张温对孙权言说心腹之事,却被孙权所疏远。那两个人都是国家的忠臣、当时的俊杰,难道他们是因为自己的缺点暴露,或是因为言行不当,而后才招致损害的吗?他们都是因为自己太廉洁正直、刚烈清正被曲解冤枉从而遭受窘困,因为其行为高尚、品节美好而不能长期被人所容纳。老人家你在本朝受到的信任程度并不比曹操、孙权对毛玠、张温信任更深,可是你在老百姓中的好名声却远远超过那两个忠臣。想要诬陷你的人对你侧目怒视已经很久了。而你却要同他们平等竞争,这哪里能够办得到呢?前一时期,殷铁只说了一句话,就能使刘班的脑袋就被砍下,彭城王被驱逐出京之后,徐童也被猜忌,他们难道只是有父母之仇或是存有万代的宿怨吗?其实他们互动干戈,视对方为眼中钉、肉中刺,早就是这样了。他们之间所争夺的实际上不过是名利、权势的问题。等争到后来的时候,双方都怕把对方诬陷得不深、下手不早,杀了一百个人还说自己并没有满足。这难道是书上所记载的遥远的古事吗?这难道不是令人心寒、恐惧的事情吗?现在,是建立大的功业的时候,崇奉贤明睿智之人把难办的事变得容易,用安逸代替危险,如同用泰山之安与累卵之危相比,为什么不前去争取呢？况且尊奉圣明，这是美德！自己拥有宰相的位置，这是很高的功业啊；接受王命，功成之后隐居，这是崇高的名声啊！与伊尹、周公那样主持国政的大臣并肩齐名，这是美好的称号啊！像那盛大的德行、高大的功业、崇高的名声、美好的称号，三王和春秋五霸之所以要冒着军队覆灭、将帅被杀的危险，就是要争夺这些东西啊！有朝一日全部占有了这些东西不也是很好的吗？还有比这更贴近的事情，可是我不敢说出来。"范晔说："是什么呢？"孔熙先说："老人家你门第高贵，可是却不能和皇室联姻，朝内一些人把你当作禽兽来对待，难道你不曾认为这是一种耻辱吗？"范晔的修身德行并不甚好，所以孔熙先就用这些话来刺激范晔。范晔默不作声，从此以后二人的关系一天比一天好，于是他们阴谋进行叛乱活动。孔熙先成了主谋，事情暴露后他们全部被杀。

[裴子野说："有超过常人才能的人，一定会怀有一飞冲天的抱负；有超越世俗胸怀的人，常常不愿碌碌无为。如果能够恪守道德规范，用礼教去约束自己的行为，所作所为不违背道义，不违反礼法，恐怕很难做到啊！像范晔等人都心高气盛，而且贪图权势；矜傲自己的才能，违背天意图谋叛乱，当时本无机缘，他们却违背时势。等到罪行被揭露，将临死刑，父子相对而哭，几代留存下来的清白家风毁于一旦。他们所谓的智慧才能，反而成了他们毁灭自身的工具。心生叛逆，就会面临危险，正是指的这啊！"]

南北朝时北周的大将军郭荣（隋代人，初仕北周，隋时官至左光禄大夫）奉命来到隋高祖杨坚那里，高祖杨坚当时是定州的长官（今河北省定县）。高祖对郭荣说："我平素喜好山水，不喜欢做官，只是被时势所迫，不得已忝居高位，徒有虚名，我希望在适当的时候退隐回家，安度晚年，怎么样啊？"郭荣回答说："当今皇上昏庸无道，人们心中觉得危险恐惧。天命并不是固定授予某一个人的，有能力的人代代出现。明公你的德行比文王还要高，你的声望超过了国中的精华，你应当占有天下来抚慰黎民百姓；可是你现在却准备效仿儿童、妇人说出丧气的话！"高祖杨坚非常惊惧，急忙说："不要乱讲！否则要灭族的。"等到杨坚当了宰相的时候，他笑着对郭荣说："从前你的话果然应验了。"到了后来，杨坚最终取代了北周王朝。

[从前周武王率兵到了朝歌附近，将要与纣王的军队打伏，纣王的士兵非常多，因此武王害怕地说："整个天下都认为商朝国土广大，周朝国土狭小；认为商朝的人口众多，周朝的人口少；认为周朝的国力弱小，商朝的国力强大；认为周朝的形势危险，商朝的形势安稳；认为周王是诸侯，商纣王是天子。我们凭着这五项劣势，去对抗商纣的五项优势，果真能够成功吗？"姜太公说："大王你不要害怕。所谓的广大，是指能够得到天下所有百姓的爱戴；所谓的众多，是指能够得到天下民众的支持；所谓的强大，是指能有号召天下人的能力；所谓的平安，是指能够使天下人满足，所谓的天子，是指能做到与天下的人相互爱戴、爱护，如同父亲与儿子相爱那样，这样才是天子。今天我们的举动是替天下的人铲除残贼之人呀！周朝虽然小，只铲除一名贪婪的强盗，还不应当吗？"周武王非常高兴，说："什么叫作残贼呢？"姜太公说："收罗天下的珠宝、玉石、美女、金银、绫罗绸缎，占有之心从不满足，这叫作残；任用残忍凶暴的官吏，杀害没有犯罪的人，从不使用律法的规章，这就叫作贼。"

从这一点来说，如果做出残贼之人所干的事，即使再强大，也会灭亡啊。知道能够称王之人的威势，并不在于所拥有人数的多少。自古以来就存在着这种情况。]

隋高祖杨坚死后，埋葬在太陵。起先，杨坚病重的时候，用御旨召杨谅进京。杨谅当时正在并州（今山西省太原周围地区）镇守，听说高祖驾崩，有流言说杨素要篡夺皇位，非常害怕，认为高祖派人召他的诏书是假的。于是他派遣军队，进行防御准备,要阴谋发动叛乱。他向南袭击蒲州(今山西省永济市),攻占了这个地方。[杨谅开始反叛的时候,王頍劝杨谅说:"大王属下的将领官吏,他们的家属都在函谷关以西,要是用这些人,就应该长驱直入,直捣京都,这就是所谓的迅雷不及掩耳;要是只打算占据过去北齐的地盘,就应该任用关东人。"杨谅没有听从他的话,因此失败了。]司兵参军裴文安劝说杨谅道:"用兵打仗应是拙而快速,没有听说过弄巧且行动迟缓能成功的。现在先皇的棺木尚存放在仁寿宫,等到朝廷派人统兵东来,得需要十天、半月的时间。假如你派几万名勇猛的骑兵,披上铠甲连夜出征,直接开向长安城,用不了十天就可占领那里,然后再提拔一些不得志的人,授予他们很高的权位,选派亲信人员作为他们的手下,让他们一同防守京城,那么崤山以东的州府县城就不归杨素等人所有了。然后大王你向西发兵,声威和气势震慑四方,那么天下就可以弹指之间平定了。"杨谅不听从裴文安的建议,他亲自统率大队人马屯据在并州和介休之间。炀帝杨广听到这一消息后,非常害怕,于是召见大将军贺若弼商议这件事情。贺若弼说:"汉王是先帝的儿子,陛下你的弟弟,身居地方最高长官,担负重任,声名远播,众所周知,普天下的人都佩服于他,所以他的起事是肯定的。他们的战略只有三种:长驱直入函谷关,直捣京都,向西抗拒朝廷的大军,向东占据崤山以东广大地区,这是上策,如果这样,那么天下归谁所有就不可知了;把大军屯据在蒲州,派五千骑兵封锁潼关,占领过去北齐的地盘,并在这个地方建都,这是中策,如果这样,那么我们就可以与他们拼一拼了[过去的地盘是指北齐时国土,不是今天青州地区的齐地];假若杨谅自己驻守在太原,只是派遣他的将领前来进攻,这是下策啊,如果是这样,他就一定会被我们俘虏的。"皇上说:"你试为我想一个办法,他们可能使用什么样的计策呢?"贺若弼说:"杨谅手下的萧摩诃是一个亡国之将,不足以与他谋划大事;裴文安虽然年轻而贤能,但不能被任用;其余的人都是一群小人,贪恋自己的妻子儿女,苟求自身的平安,他们绝不会远征,因此杨谅必定是派遣一支军队来攻取蒲州,自己留守在太原,作为他的老巢。我以为杨谅必定采取下策。"事情果然像贺若弼所预料的。皇上于是任用杨素为大将,击破了杨谅。

[最初,汉王阴谋造反,声称要讨伐杨素。司马皇甫诞劝阻他说:"大隋朝拥有天下已经二十多年了,天下百姓太平无事,民心很难动摇,这是其一;百姓都讨厌战乱,人人都想过安乐的日子,即使是舜、禹复生,他们的威望也未必能使百姓顺从,这是其二;太子杨广聪明神武,名字应验于图谶,杨素都不敢居于他的车毂之下,哪里还敢有什么妄想,这是其三;当今各诸侯王分别据守自己所属的州郡,朝廷内外相互联系,这样的形势是不可以举事的,这是其四。朝廷凭借这四项有利于安稳的条件,安抚统治天下,在这种形势下,祸乱可以兴起来,从没有听说过呀。"汉王杨谅没有听从皇甫诞的劝诫,所以最终失败。从这一点来看,如果天下的人没有愿意叛乱的心思,国家也没有土崩瓦解的征兆,那么即使拥有吴、楚(指西汉时叛乱的吴、楚等七国)等国那样众多的人数,也不可能成功,何况那微不足道者呢? 所以先王获取淡泊清净的好名声,忧心怜惜人民的痛苦,这些行为就是出于安邦的目的吧!]

隋炀帝亲率六军攻打高丽,当时任礼部尚书、楚国公的杨玄感占据黎阳[今河南省浚县]反叛。李密劝说杨玄感到:"天子远征于辽东之外,那个地方与幽州相距也有千里之遥。南面有大海的阻隔,北面有胡人的军队成为后患,中间夹着一条道路,可又极其危险。现在你率兵出其不意,长驱直入蓟地[相当今河北省蓟州区、三河市、玉田县、丰润区一带],扼住这条路的咽喉要塞。征伐高丽的隋军向前面临高丽军队，后退没有归路，不出十天，隋军的军粮必定消耗殆尽，此时举起麾盖一招，隋军的兵士自会投降，不用战斗就可以击败他们，这是上计；[一种说法称：现在隋炀帝率军在辽东，没有觉察到我们的举动，分遣一万军士迅速出击，把守住渝关，断决他们的归路，用不了一个月，他们的粮草必定耗尽。隋军东面抵抗高丽劲敌，西面又被我军攻击，前进没有依托，退兵又无可依靠，这样百万军队就要被逼到海里了。这的确是不用攻伐就可使敌军屈服，是上策。]关中之地四面都很险要，是天府之国，虽然那里有刑部尚书、京兆内史卫文升守卫，但他不足为虑，现在假如你统帅部众直取长安，天子即使从高丽返回，但失掉了他的根本之地，我们凭借险要据守长安，一定会击败他们的，这是万全之策，是中计；[一种说法称：自炀帝即位，天下民怨沸腾。你是上将之子，恩德泽及百姓，率兵长驱直捣长安，是中策。]假若贪图财货，先去攻打东都洛阳，大军聚集在坚固的城池之下，是胜是负谁都不知道，这是下计。"[一种说法是：樊子盖[洛阳守将]不识大体，有奸谋，有决断，占据全部周朝故地，自恃兵力强大，他不会投降，打又拿不下来。我们率军屯扎在坚固的城池下，又没有外援。这样攻打洛阳是下策。]杨玄感贪图洛阳的财宝货物，说道："你的下策，对我来说正是上策啊"，于是率军围攻洛阳。因此杨玄感最终失利，连夜溃败逃亡，朝廷的军队追上他并把他杀死。

[杨玄感造反的时候，太白星进入南斗六星宿内，有一句谚语说："太白入南斗，天子下殿走。"因此当时天下的人们都持观望态度。所以《三略》说："夸大的舆论是为了声讨、指责对手。"裴子野说："那些旁门左道能使人们感到奇怪，虚假惑乱荒诞不经的这种东西虽然足够用来影响民众，可是却不能靠它成就功业。"现在从那句谚语来看，旁门左道确实是可以影响民众啊！因此当政者要禁止这种东西。]

李密见自己的意见不被采纳，只好投靠翟让去了。

[姜太公说："能为天下人谋利的人才能夺得天下，能安定天下人的人才能占有天下，爱护天下百姓的人才能长久地据有天下，施德惠于天下之人的人才能化导天下人。"《吕氏春秋·去私》中说："厨师调制饮食但自己不吃，才可以请他做厨师。如果是厨师烹调食物却自己吃了，就不能用他当厨师了。称霸豪杰也是这样，诛杀暴君但并不占有他们的土地，而是将其分封给天下的贤人，这样的人才可以称霸为王；如果是称霸为王的君主诛杀了残暴的人又去谋夺他的土地，那也就不能称霸为王了。"从这一点来看，能够给予是取得政权的法宝呀。现在杨玄感贪爱洛阳的财宝货物，哪里又能成就称霸为王的业绩呢！]

隋炀帝最初猜忌唐高祖李渊，李渊知道这件事，常常怀有畏惧感。[当时唐公李渊是太原留守，隋炀帝从辽东返回后，征召唐公。李渊在到达炀帝驻跸的地方后，得病不愈，因此没有能按时朝见隋炀帝。唐公李渊的外甥女王氏被选入后宫，隋炀帝问她说："你的舅舅怎么来得那么晚？"李渊的外甥女按实情回答，炀帝说："得这种病会不会死？"唐高祖知道这件事后，很害怕。]李渊当太原留守时，因为讨击突厥，交战不利，他害怕被隋炀帝谴责惩罚，对此非常忧虑。当时唐太宗李世民也跟从在军队中，他知道隋朝将要灭亡，就秘密谋划着义举，来安定天下。他对李渊进言道："大人为什么这样忧虑呢？当今皇上荒淫无道，黎民百姓全都愁苦怨恨，城门之外就是贼人强盗，大人要是还恪守小节，早晚一天就要大祸临头。假如我们发起义兵，正好是适合人们的心愿呀。况且晋阳是用武的地方，食物、兵员都很充足，大人拥有此地，这实际上是上天授予我们的，我们正好可以凭借这一机会转祸为福，来成就功业。既然是上天赐予我们的，如果不夺取，忧虑又有什么益处呢？"高祖非常惊惧，很严厉地拒绝了李世民的建议。唐太宗快步走出去。第二天，唐太宗又劝说李渊："这是万全之策，可以挽救灭族的危险啊。如今朝廷的纲纪松弛紊乱,盗贼遍布天下,大人接受王命讨伐追捕贼人,可是贼人讨捕得尽吗?贼人既然不能捕尽,自身就必然要获罪了。况且世人又都传说李氏的姓应验图谶,所以李金才那样高的地位,虽然没罪,还是在一个早晨就被灭族了。即使大人能将贼人剿灭尽,那么功再高也不会受赏,凭这来求得名声,又怎么能得到呢?"唐高祖的脸色缓和了一些,说道:"你的话我想了一夜,觉得很有道理。今天就是家破人亡也由你了,变家为国也由你了。"李渊于是定下计划,命令太宗李世民与晋阳令刘文静,以及门下客长孙顺德、刘弘基等招募士兵。十来天内,有上万人应募。后又斩杀了副留守王威和高君雅,因为他们骗高祖去晋祠祈雨,其实是准备对高祖不利。李渊采用晋阳宫副监裴寂的计策,仿照伊尹放逐太甲、霍光放逐昌邑王的先例,尊奉隋炀帝为太上皇,立代王杨侑为皇帝,来安定隋王室;然后传布檄文到各郡县,来显示他们的举动是正义的。秋天七月的时候,派遣三万精兵,向西攻取关中地区。唐高祖李渊手执白旗在太原的郊外誓师起义,率领军队踏上起义的大路,最终灭亡了隋王室,因此缔造出我们的大唐。[晋阳县令刘文静曾经暗中观察过唐太宗的气质风度,他对裴寂说:"李世民不是一般人啊,他的度量宽大像汉高祖刘邦一样,神态威武可与魏武帝曹操相比,年纪虽轻,却是上天所赋予人世的英才。"后来刘文静因与李密有亲戚关系,被关入了监狱。唐太宗暗中怀有非常的抱负,去监狱里探望他。刘文静非常高兴,也察觉了太宗有非常的意图,于是他感慨地说道:"天下大乱,没有商汤、周武王、汉高祖、光武帝那样的才能是不能安定天下的。"太宗明白他的意思,回答说:"你怎么知道没有这样的人呢?只是恐怕一般人看不出来罢了。"文静高兴地起身说道:"早就知道公子是一条潜伏着的龙啊。现在这样的时势,正是纵横驰骋的大好时候,你平常就具有应验图谶的才资,现在仍然怀有治理乱世的本事,这样,人们就能有依附的希望,我刘文静也知道了所应效劳的地方。"唐太宗高兴地说道:"你有什么计策吗?"刘文静回答道:"如今李密包围东都洛邑已经很久了,皇上被困在南方淮南;大股贼人的占地跨连州郡,小股的强盗屯据在山泽中,他们的人数得以千以万来计算。只有真命天子驱使驾驭这些人,能够顺天应人,那么只要举旗一呼,天下是足可以平定的。现在并州一带的老百姓,为躲避盗贼都进入了晋阳城内。我刘文静作了几年地方长官,了解其中的豪杰之士,一旦把他们召集起来,马上可得到几万人马。你父亲所率领的军队又有几万人,一言出口,谁敢不服从!我们乘虚入关,号令天下,不到半年,帝王之业必然可成。"唐太宗笑着说:"你的话很对正合我这个人的心意。"于是他就部署门客,暗中图谋起义。李渊就派刘文静伪造隋炀帝的诏书,假装征发太原、雁门、马邑(今山西省朔县)等几个郡年纪在二十岁以上、五十岁以下的人全部当兵,规定年底在涿郡集结。因此人心不安,谋划造反的人越来越多。然后又派刘文静和裴寂伪造符录,取出官库内的钱财物品,来供应留守军队的军资开销。接着招募军兵而起事,改换旗帜来显示自己是正义的举动。另外又派刘文静前去联结突厥,突厥的始毕可汗说:"唐公起义,想干什么呢?"刘文静说:"隋文帝杨坚废掉嫡长子,把帝位传给了后主杨广,于是才导致这样的祸乱。唐公是皇室的亲族,不忍心坐看国家的衰败,想要废掉那个不应该立的人。因此希望与可汗你的兵马一同进入京都,到那时候,百姓和土地归属唐公,金银财宝、绫罗绸缎归属突厥。"始毕可汗非常高兴,立即派遣兵马跟随刘文静来到中原,李渊等人的兵威更加壮大了。]

从这段历史来看,就可以明白,天下不是某一个人的天下,而是普天下人的天下。所以王者一定要明白"三统"的道理[董仲舒在《春秋繁露》认为夏朝尚黑,商尚白,周尚赤。继周而兴的王朝又应尚黑。因此,三统循环指王朝更迭],认清能够承受天命的人有很多,并不只有一个人。从前孔子在评论《诗经》,讲到"殷士肤敏,裸将于京"[意为殷朝的士人品德聪敏,看出殷商将亡,纷纷去扶助周室]这一句时,感叹道:"荣华富贵不是恒久不变的。如果富贵和贫穷永不变更,那么,王公贵族还会有什么值得警惧呢?老百姓又怎么会积极进取呢?"《周易》说:"平安的时候不忘危险,幸存的时候不忘消亡。能做到这一点,生命可以保全,国家也不会沦丧了。"因此有危机感而又常常心存警觉,这实在是国家的幸福啊!

审时度势　不拘一格(时宜第二十一)

【原文】

夫事有趋同而势异者,非事诡也,时之变耳。何以明其然耶?昔秦末,陈涉起蕲民至陈。陈豪杰说涉曰:"将军披坚执锐,帅士卒以诛暴秦,复立楚社稷,功德宜为王。"陈涉问陈余、张耳两人,两人对曰:"将军瞋目张胆,出万死不顾一生之计,为天下除残贼。今始至陈而王之,示天下以私。愿将军无王,急引兵而进,遣人立六国后,自为树党。如此野无交兵,诛暴秦、据咸阳,以令诸侯,则帝业成矣。今独王陈,恐天下解也!"

及楚汉时,郦食其为汉谋挠楚权,曰:"昔汤伐桀,封其后于杞。武王伐纣,封其后于宋。今秦失德弃义,侵伐诸侯社稷,灭亡六国之后,使无立锥之地。陛下诚能复立六国后,此其君臣百姓必皆戴陛下德,莫不向风慕义,愿为臣妾。德义以行,陛下南面称霸,楚必敛衽而朝。"汉王曰:"善。"张良曰:"诚用客之谋,陛下事去矣。"汉王曰:"何哉?"良因发八难,其略曰:"昔者,汤伐桀,封其后于杞者,度能制桀之死命也。今陛下能制项籍之死命乎?其不可一也;武王入殷,表商容之闾,释箕子之囚,封比干之墓。今陛下能封圣人之墓,褒贤者之闾乎?其不可二也;发巨桥之粟,散鹿台之财,以赈贫民。今陛下能散府库以赐贫穷乎?其不可三也;殷事已毕,偃草为轩,倒载干戈,示天下不复用武。今陛下能偃武修文,不复用兵乎?其不可四也;放马华山之阳,示无所为。今陛下能放马不复用乎?其不可五也;休牛桃林之野,示天下不复输积。今陛下能乎?其不可六也;且天下游士,离亲戚,弃坟墓,去故旧,从陛下者,日夜望咫尺之地。今复六国,立韩、魏、燕、赵、齐、楚之后,余无复立者,天下游士各归事其主,从亲戚,反故旧,陛下与谁取天下乎?其不可七也;且楚惟无强,六国去者复挠而从之[惟当使楚无强,强则六国从之也],陛下安得而臣之哉?其不可八也。诚用客之谋,则大事去矣。"时王方食,吐哺,骂郦生曰:"竖儒!几败我事!"趣令销印,此异形者也。

[荀悦曰:"夫立策决胜之术,其要有三:一曰形,二曰势,三曰情。形者,言其大体得失之数也。势者,言其临时之势、进退之机也。情者,言其心志可否之实也。故策同事者,三术不同也。初,张耳说陈涉以复六国后,自为树党。郦生亦用此说。汉王所以悦,者,事同而得失异者,何哉?当陈涉之起也,天下皆欲亡秦,而楚、汉之分未有所定。今天下未必欲亡项也。且项羽力能率从六国,如秦之势则不能矣。故立六国,于陈涉所谓多己之党,而益秦弊也。且陈涉未能专天下之土也,所谓取非其有,以德于人,行虚惠而收实福也。立六国,于汉王所谓割己之有而以资

　　七国时，秦王谓陈轸曰："韩、魏相攻，期年不解。或曰救之便，或曰勿救之便，寡人不能决，请为寡人决之。"轸曰："昔卞庄子方制虎，管竖子止之，曰：'两虎方食牛，牛甘必争，争必斗。斗则大者伤、小者死。从伤刺之，一举必有两虎之名。'今韩、魏相攻，期年不解，必是大国伤，小国亡。从伤而伐之，一举必有两实。此卞庄刺虎之类也。"惠王曰："善。"果如其言。

　　初，诸侯之叛秦也，秦将军邯围赵王于钜鹿。楚怀王使项羽、宋义等北救赵。至安阳[今相州安阳县也]，留不进。羽谓义曰："今秦军围钜鹿，疾引兵渡河，楚击其外，赵应其内，破秦军必矣。"宋义曰："不然。夫搏牛之虻，不可以破虱。[虻喻秦也，虱喻章也。喻今将兵，方欲灭秦，不可尽力与章邯即战也]。今秦攻赵，战胜则兵疲，我承其弊；不胜，则我引兵鼓行而西，必举义矣。故不如斗秦、赵。夫击轻锐，我不如公。坐运筹策，公不如我。"羽曰："将军戮力而攻秦，久留而不行，今岁饥民贫，士卒半菽[士卒食蔬菜，以菽杂之半]，军无见粮。乃饮酒高会，不引兵渡河因赵食，与并力击秦，乃曰'承其弊'。夫以秦之强，攻新造之赵，其势必举赵。赵举而秦强，何弊之承？且国兵新破，王不安席，扫境内而属将军。国家安危，在此一举。今不恤士卒而循私，非社稷臣也。"即夜入义帐中斩义。悉兵渡河，沉舟破釜，示士卒必死，无还心，大破秦军。此异势者也。

　　[荀悦曰："宋义待秦、赵之弊，与卞庄刺虎事同而势异，何也？施之战国之时，临国相攻，无临时之急，则可也。战国之立，其来久矣，一战之胜败未必以亡也。其势非能急于亡敌国也。进则乘利，退则自保，故蓄力待时，承弊然也。今楚赵新起，其力与秦势不并立，安危之机，呼吸成变，进则定功，退则受祸，此事同而势异也。"]

　　韩信伐赵，军井陉，选轻骑二千人，人持一赤帜，从间道升山而望赵军，诫曰："赵见我走，必空壁逐我，若疾入赵壁，拔赵帜，立汉赤帜。"信乃使万人先行，出，背水阵。平旦，信建大将之旗鼓，行出井陉口。赵开壁击之，大战良久。于是信弃旗鼓，走水上军。水上军开入之，复疾战。赵空壁争汉旗鼓，逐韩信。韩信等已入水上军，军皆殊死战，不可败。信出奇兵二千骑，共候赵空壁逐利，则驰入赵壁，皆拔赵旗，立汉赤帜二千。赵军已不能得信等，欲还归壁，皆汉赤帜，而大惊，以为皆已得赵王将矣。遂乱，遁走，赵将虽斩之，不能禁也。于是汉兵乘击，大破之，虏赵军。诸将效首虏，皆贺信。因问曰："兵法背右山陵，前左水泽。今者反背水阵，然竟以胜，此何术也？"信曰："兵法不曰：'陷之死地而后生，置之亡地而后存？'且信非得素拊循士大夫也，此所谓驱市人而战之，其势非置之死地，使人人自为战。今与之生地，皆走，宁尚可得而用之。"

　　又高祖劫五诸侯兵入彭城。项羽闻之，乃引兵去齐，与汉大战睢水上，大破汉军，多杀士卒，睢水为之不流。此异情者也。[荀悦曰："伐赵之役，韩信军泜水，而赵不能败，何也？彭城之难，汉王战于睢水之上，士卒赴入睢水而楚兵大胜，何也？赵兵出国，能见可而进，知难而退，深怀内顾之心，不为必死之计；韩信孤军立于水上，有必死之计，无生虑也，此信之所以胜也。汉王制敌入国，饮酒高会，士众逸豫，战心不同。楚以强大之威而丧其国都，项羽自外而入，士卒皆有愤激之心，救败赴亡，以决一旦之命。此汉所以败也。且韩信选精兵以守，而赵以内顾之士攻之；项羽选精兵以攻汉，而汉王以懈怠之卒应之。此事同情异者也"]。

　　故曰：权不可预设，变不可先图。与时迁移，应物变化，计策之机也。]

汉王在汉中，韩信说曰："今士卒皆山东人，歧而望归。及其锋东向可以争天下。"后汉光武北至蓟，闻邯郸兵到，世祖欲南归，召官属计议。耿弇曰："今兵从南来，不可南行。渔阳太守彭宠，公之邑人；上郡太守，即弇父也。发此两郡，控弦万骑，邯郸不足虑也。"世祖官属不从，遂南驰，官属皆分散。

[议曰：归师一也，或败或成，何也？对曰：孙子云："归师勿遏。"项王使三王之秦，遏汉王归路，故锋不可当。又孙子称："诸侯自战其地为散地。"光武兵从南来，南行入散地，所以无斗志而分散也。故归师一也，而一成一败也。]

后汉李傕等追困天子于曹阳。沮援说袁绍曰："将军累世台辅，世济忠义。今朝廷播越，宗庙残毁。观诸州郡，虽外托义兵，内实相图，未有忧在社稷恤人之意！且今州城粗定，兵强士附。西迎大驾，即定邺都，挟天子而令诸侯，畜士马以讨不庭，谁能御之？若不早定，必有先之者。夫权不失机，功不厌速，愿其图之。"绍不从。魏武果迎汉帝，绍遂败。梁武帝萧衍起义兵，杜恩冲劝帝迎南康王，都襄阳，正尊号，帝不从。张弘策曰："今以南康置人手中，彼挟天子以令诸侯，节下前去，为人所使。此岂岁寒之计耶？"帝曰："若前途大事不捷，故当兰艾同焚；若功业克建，谁敢不从？岂是碌碌受人处分于江南，立新野郡以集新附哉？"不从。遂进兵，克建业而有江左。

[议曰：挟天子以令诸侯，其事一也，有以之成，有以之败，何也？对曰：天下者非一人之天下也，肆行凶暴，继体不足以自存；人望所归，匹夫可以成洪业。夫天命底止唯乐推，有自来矣。当火德不竟，群豪虎争，汉祚虽衰，人望未改，故魏武奉天子以从人欲，仗大顺以令宇内，使天下之士委忠霸图。《传》曰："求诸侯莫如勤王。"斯之谓矣。齐时则不然，溥天思乱，海水群飞，当百姓与能之秋，属三灵改卜之日，若挟旧主，不亦违乎？故《传》讥芟弘欲兴天之欲坏，而美蔡墨雷乘乾之说。是以其事一也，有以之成，有以之败也。]

此"情"与"形""势"之异者也。随时变通，不可执一矣。

[诸葛亮曰："范蠡以去贵为高，虞卿以舍相为功；太伯以三让为仁，燕哙以辞国为祸；尧、舜以禅位为圣，考、哀以授贤为愚；武王以取殷为义，王莽以夺汉为篡；桓公以管仲为伯，秦王以赵高丧国。此皆以趣同而事异也。明者以兴治，暗者以辱乱也。"]

【译文】

许多事情的趋向看上去很相似，但实际却迥然不同。这并不是事情本身奇特怪异，而是由于时势变化所造成的。用什么来说明这一原因呢？秦朝末年陈胜发动蕲地（今安徽宿县）民众起义，队伍攻占了陈地。陈地的豪杰父老们建议陈胜说："将军你披上坚固的铠甲，拿起锋利的武器，率领士卒讨伐无道的暴秦，重新恢复楚国的社稷，以将军你的功劳和德望应该成为帝王。"陈胜征求陈余、张耳两人的意见。他们两人回答说："将军你奋英雄怒，义愤不平，挺身而出，多次历经生命危险却不为自己的生命安全考虑，替天下清除残暴的君主。现在刚刚攻下陈地便要称王，这就向天下人显示出了自己追求个人利益的私心。希望将军最好现在不要称王，迅速率兵前进，派人扶立齐、楚、燕、韩、赵、魏六国王室的后代，为自己树立朋党。果能如此，就用不着在辽阔的原野进行大规模的战斗，讨伐残暴的秦皇，占据咸阳，来号令诸侯，你的帝王之业便能成就了。现在你只是在陈地自立为王，恐怕人心便涣散了。"

等到楚、汉相争的时候,郦食其为汉王刘邦谋划如何削弱楚国的势力,他说:"从前商汤讨伐夏桀,推翻夏朝后封夏桀的后代在杞地(今河南杞县)。周武王讨伐殷纣,推翻商朝后封纣王的后代在宋地(今河南商丘市南)。现在秦皇不仁不义,侵夺了诸侯各国的社稷,残害六国诸侯的后代,使得他们没有立锥之地。陛下你如能重新扶立六国诸侯的后代,那么六国君臣以及百姓一定感激陛下的恩德,都会闻风仰慕,愿做大王的臣民。你的恩德与仁义一旦得到推行,就可以称霸诸侯,项羽也一定会恭恭敬敬地臣服了。"张良知道后,对汉王说道:"假如真的采纳郦食其的计策,那么你的大事将会失败"。汉王说道:"什么道理呢?"张良因此提出八条不可以扶立六国后人为王的理由,他说道:"从前商汤讨伐夏桀,之所以把夏桀的后人封在杞地,是因为他估计能够制夏桀于死命。现在陛下能制项籍于死命吗?这是不可以的第一条;武王攻伐殷纣,马上用特殊的标志把商容的里门标示出来,以示对贤者的尊敬;又把箕子从监狱放出来;整修比干的坟墓。现在陛下你能够去整修圣人的坟墓,标出贤者的里门,到智者的门前去致敬吗?这是不可以的第二条;周武王把殷纣存积在巨桥仓的粮食,储积在鹿台库的钱货,分给贫穷的百姓。现在陛下你能够把你府库里的粮食、钱财散给穷人吗?这是不可以的第三条;伐殷的战事结束后,把战车改为普通官车,把兵器倒转,头朝下放置在仓库中,告示天下不再用兵动武去打仗了。现在陛下你能够放弃武装去从事文化教育,不再用兵发动战争了吗?这是不可以的第四条;把战马放到华山的南坡下,告示天下人再不打仗了。现在陛下你能够放马南山而再不用马打仗了吗?这是不可以的第五条;把牛群放归林野,向民众表示再不用运输军需、屯聚粮草了。现在陛下你能够做到这一点吗?这是不可以的第六条;况且天下的谋臣说客,离乡背井,告别朋友故人,来追随你的原因,不过早晚盼望获得一小块封地。现在如果恢复六国的旧秩序,立韩、魏、燕、赵、齐、楚六国的后代,那么天下四方来的谋士说客,一定会各自归回老家去侍奉他们自己的国君,跟他们的亲人团聚,返回他们的朋友故人那里。这样,还有谁来帮你取天下呢?这是不可以的第七条;况且楚国目前是无敌于天下的,你立的六国又被它削弱而去附庸它。只有使楚国的力量弱小时才可如此,否则,楚国强大,六国一定会附庸他。陛下你又如何能使楚国来臣服你呢?这是不可以的第八条。假如你真用了郦食其的计谋,那么你的大事就完了!"这时汉王正在进餐,听了张良的话,中止进食,把吃下去的食物吐了出来,大骂郦食其:"迂腐儒生,几乎坏了我的大事!"即刻下达命令,把那些准备复立六国的印信销毁。这正是形势与陈涉之时不同所导致的。

[荀悦说:制定政策依据的要则有三,一是"形",二是"势",三是"情"。所谓"形",是指大致对成功与失败、优势与劣势等现实情况的衡量对比。所谓"势",是指具体事件发生时对当事者前进还是后退时机的把握。所谓"情",是指当事者内心的情态。因此尽管是策划同一类事情,必须考虑到三个不同的要素。当时,张耳劝说陈胜重新复立六国的后代,为自己树立朋党。郦食其也采用这一主张游说汉王,是因为他认为二者是相类似的事情。采纳相类似的建议,前者可能成功,后者必定失败,这是为什么呢?当时,陈胜起事的时候,天下人都渴望消灭秦朝,而且楚、汉相争的局面还没有出现。现在,天下人不一定都想消灭项羽,况且项羽的能力可以统领六国之众,使六国的诸侯都服从他的命令,像秦朝那样的局势却不可能统领六国。所以扶立六国的诸侯,从陈胜的角度来说既可以增加自己的党援又加速了秦朝的失败。又何况陈胜当时还没

有占有全天下的地盘,这正是用不属于自己的东西来给别人施恩德,施舍空头的恩惠却获得真正的利益。对于汉王来说,如果也这样做的话,这是所谓用自己的所有去资助敌人,虽设置了虚名却受到真正的祸害呀。以上所说的是相类似的事情却具有不同的情况。]

　　战国时候,秦惠王对陈轸说:"韩国和魏国相互交兵已一年多了,至今还没有解除。有人告诉我解散他们有好处,有人告诉我不解散他们有好处。寡人不能决定,希望你为我出个主意。"陈轸回答说:"从前卞庄子要刺杀猛虎,旅舍中有一个童子阻止他说:'那两只老虎正要吃牛,吃得痛快时必定会引起争夺。如果发生争夺,就必定会争斗。一争斗,那么大老虎便会被咬伤,小老虎便会被咬死。这时你再将那只受伤的老虎杀掉,这样一举必可得到刺杀双虎的名声。'如今,韩、魏两国互相攻伐,战事已连续一年还不停止。这样一定会使大的遭到损失,小的甚至灭亡。那时大王再讨伐遭受损失的国家,便可一举灭掉两国,这和卞庄刺老虎是一样的道理啊。"秦惠王说:"好。"采纳了陈轸的意见,结果完全和陈轸预料一样。

　　当时,诸侯们反叛秦王朝。秦朝的将军章邯率兵把赵王包围在巨鹿。楚怀王派遣项羽、宋义[楚怀王任命宋义为上将军]等人率兵到北方去解赵国之围。出兵之后,行军到了安阳(今山东曹县东),驻扎下来不再前进。项羽对宋义说:"现在秦军在巨鹿围住赵王,我们应该尽快地带兵渡河,楚兵从外围攻打进去,赵兵在巨鹿城中做内应,内外夹攻,一定能击破秦军!"宋义说:"不能这样,要拍死牛背上大的虻虫,不可以杀牛身上小的虮虱。[虻虫用来比喻秦王朝,虮虱用来比喻章邯。比喻现在的出兵目的是要灭亡秦朝,而不可以全力与章邯打伐。]现在秦军正在全力地围攻赵国,如果秦军取得胜利,那么就一定会疲惫不堪。我们就正好趁他们的疲惫之际来灭亡秦朝;如果秦军失败,那么我们就率领大军擂鼓长驱西进,这样就一定会实现我们灭秦的大业了!所以为今之计,不如先让秦赵相斗,我们等待取利。若论身披甲胄,手持兵器,冲锋陷阵,我宋义不如你。但坐下来运用谋略,你就不如我宋义了。"项羽说:"您奉命率军全力攻秦,但却久久按兵不肯前进,而且今年收成又不好,百姓穷困,[因此我们的士兵都吃杂有豆类的蔬菜,军中没有半点存粮。]尽管这样,您还要饮酒大会宾客,不肯引兵渡河去赵国取得粮食,和他们合力攻打秦军,却说:'等待秦军疲败的时机'。像秦军那样的强大,攻击新建立的赵国,由情势上看,一定能取胜,赵国破亡而秦朝更加强大,还有什么秦军疲败的机会可乘!况且我们楚军新近失败,楚怀王坐不安席,把境内全部的兵力全数交属上将军一人统领,国家的安危,就在此一举了。现在上将军不顾念国家,不体恤士卒,而竟徇私误国指宋义派自己的儿子去齐国为相,你不是能够安定社稷的大臣。"于是项羽当晚便闯入宋义的营帐杀了宋义,然后统领全部的军队渡过漳河。军兵过河之后,便把船凿沉,又把饭锅和蒸饭的瓦甑都打碎,用以向士兵表示,如果失败,就没有逃生的希望。因此军士都没有后退之心。于是项羽率军大破秦军。以上所说的是相类似的事情却具有不同的形势和时机。

　　[荀悦说:"宋义等着秦、赵双方交战后再一举破秦,这件事与卞庄刺虎一事看似相同,其实二者是不同的。为什么呢?在战国时候,邻近国家互相攻打,暂时不会有危急,当然是可以采取卞庄刺虎的策略。战国时七国已经形成很久了,某个国家并不会因为一次战役的失败而招致亡国。这种趋势也不能使敌对的国家一下子灭亡。进取则有可能乘机得利,退后则可能保全自己。所以说保存实力以等待敌人疲惫破败之时。而当今楚国和赵国是新形成的国家,他们的实

力和秦国相比,情势根本不能相提并论,处于这样一个危险的时刻,哪怕是一呼一吸这么短的一个时间形势也会发生很大变化,进取就会取得成功,退后就会遭受祸害。这便是说相类似的事情却存在着不同的形势和时机啊!"]

韩信率兵攻打赵国,把军队驻扎在井陉[指太行山要隘井陉口,在今河北省鹿泉市西南]。他逃选出两千轻骑精兵,每人拿着一面红色的汉军旗帜,从小路前进,埋伏在可以窥视赵军动静的山坡上,并且特别叮嘱说:"赵军看到我军败退逃走,一定会全巢出动来追击我军,到那时你们快速地冲入赵军的营地,把赵国的旗帜拔掉,换立上我们汉军的旗帜。"韩信于是派遣一万人马先出发,开出营寨,背向着河水排开了阵势。等到天亮时分,韩信登上战车,排出大将的旗鼓,率领另一路人马开出井陉口的隘道,于是赵军打开营门前来迎击汉军,双方对峙交战了很长时间。韩信诈败,抛弃军旗和战鼓,迅速退回到排在水边的军阵之中。排在水边的军队,打开阵势,把他们迎入阵中后,回身与赵军疾战。赵军果然倾巢而出,大家争相掠夺汉军的军旗战鼓,追逐韩信等人。韩信等人已经与水边的队伍会合,军士们个个奋勇争先,拼命作战,一时赵军也不能占上风。韩信最先派出去的两千骑兵,正在等候赵军倾巢出动去追逐韩信,拾取战利品,看到赵军情形,他们于是冲入赵军营垒,把赵军的旗帜全部拔去,竖立起两千面汉军的旗帜。赵军此时无法击败韩信背水为战的军队,更不能俘获韩信等人,想收兵回营,却看到营垒上全是汉军的红色旗帜,大为惶恐,以为汉军已经俘获了赵王和他们的将军了。于是赵军大乱,士兵们纷纷转身逃跑。赵将虽然竭力制止,连杀好多人,但仍然不能阻止败逃的形势。因此汉军乘机进攻,大破赵军,俘虏活捉了不少赵国将领和士兵。汉军诸位将领分别把敌人的首级和俘虏等呈现给韩信,然后都向韩信称贺。有人问他:"兵法上说,排兵布阵,右边应背着山陵,左边应面对川泽,可是这一次将军你却背水为阵,竟然靠此打了胜仗,这是什么战术呢?"韩信回答说:"兵法上不是说:'必须把军队置之死地,士兵才能奋勇作战,然后才可以绝处逢生吗?把士兵放置在危险的境地才能力争活命,获得胜利'。况且我韩信并没有统领平素受我训练过而听我调度的将士,这正所谓:'驱赶着赶集的人去打仗!'在这样的情势之下,如果不把军队安排在'死地',使每个人都为了活命而奋力作战,那么是无法取胜的。现在如果把这些将士们都放置在有可能逃生的地方,他们早就都逃跑了,哪里还能够使用他们呢?"

再举一个例子,汉高祖刘邦劫夺并率领五路诸侯的兵马攻入彭城(西楚项羽的都城)。项羽得知这一消息后,便率领军队离开齐国,回师攻打汉军,双方在睢水河边大战,楚军大破汉军,杀死很多士兵,汉军士卒尸体沉入睢水河,因此河水都被堵塞而不能流动。以上说的是,由于当事者内心的情态不同而造成同类事情出现不同的结果。

[荀悦说:"攻打赵国的那一次战役,韩信把军队布在催水河边,可是赵军却不能战胜汉军,这是为什么呢?彭城那一次战役的惨剧,汉王率军战斗在河边,士卒因逃跑赴水而死在睢水河中的不计其数,因而楚军大获全胜,这又是为什么呢?赵军开出老巢,看到有前进的可能便前进,知道有困难便后退,胸中先有一个兵败便后退回营的心思,没有下定决死奋战的决心。韩信率领的孤军背向河水为阵,人人都下定了必死奋战的信心,只有死命打仗才有活命的希望,这便是韩信之所以胜利的原因。汉王攻入楚国都城彭城,饮酒大会宾客,士卒兵丁们也都贪图享乐,缺乏高昂的斗志。楚军有强大的威势,一听说首都被攻下,项羽率领他们从外面攻打回来,兵士

们人人都有愤慨激昂的斗志去挽救从前的失败，奔赴国难，以自己的性命来决一死战，这便是汉军之所以失败的原因。况且韩信选择精兵去攻打赵军，而赵国却派抱有内顾之心的士卒去攻打韩信；项羽选派精兵去攻伐汉军，而汉王却用松懈懒惰的士卒来对付项羽。这正说明同类事情由于当事者内心的情态并不相同而导致了不同的结果。"

所以说，权谋是不可能预先设置周全的，机变也是不可能预先谋划出来的，只有做到根据时机的变化而变化，依据事情的发展来变通计划，这才是制定计谋的关键所在啊。]

汉王刘邦在汉中的时候，韩信替他谋划道："现在你统领的士卒都是来自崤山以东的人，他们都踮着脚向东方张望，希望能东归回到故乡，趁着这股锐不可当的气势，率军东进可以争夺天下了。"东汉光武帝刘秀率军向北行进到蓟地（今北京市西南），听说邯郸方面的军队开到，他便想要撤军南归，召集官员谋士商量这件事情。耿弇说："现在我们的队伍从南边开来，是不可以再南归的。渔阳太守彭宠是你的老乡，上郡太守正是我的父亲，集结这两郡的士兵，可达上万人马，那样，邯郸方面攻来的军队是不值得担心的。"别的官员不听从这一建议，于是刘秀率兵南归，官员谋士们也都各自解散了。

[我认为，撤退军队是一样的，但是有的军队因此失败，有的因此而成功，这是为什么呢？孙武说："正向其本国撤退的敌军，不要去拦阻它。"项羽派遣章邯、司马欣、董翳三人到秦地来阻挡汉王的归路，所以汉军回师的气势锐不可当。可是孙武又说过"诸侯在自己的领地上与敌人作战，这样的地区叫散地。"光武帝刘秀的人马从南方北上，又退回南方，这等于说进入了散地，所以官员谋士们都丧失了斗志而最终解散了。所以说撤退军队虽属同一事情，但是前者成功，后者却失败。]

东汉末年李傕追劫汉献帝，把献帝围困在曹阳（今河南陕县西）。沮授劝袁绍说："将军你祖上四代都位居三公，世代奉行忠义的美德。现在天子四处流亡，国家的宗庙遭到摧残毁坏。我看到各地的军阀，虽然对外声称自己是义兵，内心实际各有图谋，并没有忧国忧民的想法。现在将军已基本平定冀州地区，兵强马壮，将士听命。你率军向西进发迎接皇上的銮驾，然后随即把国都定在邺都，挟持天子，以他的名义号令各路诸侯，招兵买马来讨伐那些不服从朝廷的别派军阀，这样的话，还有谁能抵御你呢？假如不及时定夺，一定会有人抢先下手。要知道实行计谋应抓住机遇，建功立业要愈速愈好。希望你尽早谋取。"袁绍没有听从沮授的建议。后来曹操果然迎取汉献帝到了自己那里，袁绍因此而失败。南北朝时，梁武帝萧衍举义兵起事，杜思冲劝说他前去迎取南康王（南康王指萧宝融，南齐朝的和帝。南康,现在江西赣州市),定都襄阳,以使把握正统,名正言顺,梁武帝没有听从他的建议。张弘策说:"现在如果把南康王放弃在别人的手中,那他就可以挟持天子来号令诸侯,将军你就得前往称臣,听别人号令。这难道是长久的打算吗?"梁武帝说:"假如我们的前途事业不能获得胜利成功的话,那么就应当像兰花与艾草一起被烧掉那样,与敌人同归于尽;假如我们能够建功立业,又有谁敢不听从我们呢? 难道只是平庸无能地在江南听从别人的号令,占据新野郡来聚集新来投靠的人吗?"萧衍不听张弘策出的主意,于是进兵攻克了建业,从而占据长江以南的广大地区。

[挟持天子以他的名义来号令诸侯,在中国历史上发生过多次。这虽属同一类事件,但有的成功,有的却失败,这是为什么呢? 因为天下不是哪一个人的天下,统治者如果肆无忌惮地施行残暴的统治,即使应该是他继位称帝,他也不可能保全自己;如果一个人能使天下百姓敬仰归附,那么即使他是一个很普通的匹夫也可以成就帝王之业。天道的运行困顿停滞的时候只有改朝换代,自古以来就是这样的。当年汉王室衰微的时候,各路诸侯豪杰像老虎一样争夺天下。汉朝皇帝的地位虽然已经下降,但是汉天子在人们心中的威望还是很高的,并没有因政权衰微而改变,因此魏武帝曹操尊奉天子汉献帝来顺从众人的心意,仰仗礼教法制的准则来号令天下,使得普天下的士子都托身投靠前来尽忠,因此魏武帝成就了一番霸业。《左传》中说:"向诸侯求援不如为王室尽力。"说的正是这个道理啊。南齐却不是这样了,普天下的人都在琢磨着反叛作乱,国家不安宁,这正当百姓归附有能耐者的时候,处于天神、地祇、人鬼三灵另行选择人君的日子,假如挟持尊奉原来的君主,那就是逆时代潮流而动。所以《左传》中讥讽苌弘想恢复周天子的地位是错误的作法,《左传》赞成使用龟筮占卜的方法来说明雷乘乾的道理。因此说挟持天子以号令诸侯虽然是同一类事件,但是有的因此成功,有的却因此而失败。]

以上所说的是当事者内心的情态,当时具体情况和事情发展的趋势三者都不相同的一类事件。所以说要随着时间的迁移变化随时变更自己的行为,不能固执不知变通啊!

[诸葛亮曾经说:"范蠡因为能抛弃富贵而名扬天下,虞卿把丢弃相印作为一种功绩;太伯由于三次让位被视为仁义,战国时燕国易王的儿子燕哙由于把国家的大权交给别人而招致祸乱;尧舜二帝由于禅让王位而被人们尊为圣人,汉孝哀帝由于任用所谓的贤人(指王莽)而被人们视为愚蠢;周武王由于推翻殷朝的统治被称作正义之举,王莽由于夺取西汉政权而被认为是篡权夺位;齐桓公因重用管仲而称霸于春秋,秦二世因为重用赵高而亡国。以上所举的这些例子都是说许多事情的表向虽然类似,但是它的形势发展却迥然不同。明见的人能取得兴盛安定,愚蠢的人只能招致屈辱祸乱。"]

第八卷　谋略智慧　众家之言(杂说)

察言观色　窥其城府(钓情第二十二)

【原文】

孔子曰:"未见颜色而言谓之瞽",又曰:"未信则以为谤己。"孙卿曰:"语而当,智也,默而当,智也。"尸子曰:"听言,耳目不惧,视听不深,则善言不往焉。"是知将语者,必先钓于人情,自古然矣。

韩子曰:"夫说之难也,在知所说之心可以吾说当之。说之以厚利,则见下节而遇卑贱,必弃远矣[所说,实为厚利则阴用其言而显弃其身,此不可不知也]。说之以名高,则见无心而远事情,必不收矣[所谓实为名高而阳收其身而实疏之。此不可不知也]。事以密成,语以泄败,未必其身泄之也,而说及其所匿之事,如是者身危[周泽未渥也,而语极知,说行而有功则德亡,说不行而有败则见疑,如是者身危]。贵人有过端,而说者明言善议以推其恶者身危。贵人或得计而欲自己为功,说者与知焉则身危。强之以其所不为,止之以其所不能已者身危。"又曰:"与之论大人,则以为间己,与之论细人,则以为鬻权。论其所爱,则以为借资,论其所憎,则以为尝己。顺事陈意则曰怯懦而不尽,虑事广肆,则曰草野而居侮,此不可不知也……彼自智其计,则勿以其失当之,自勇其断,则勿以其敌怒之。"[凡说须旷日弥久,周泽而不疑,交争而不罪,乃明计利害,以致其功。直指是非,以饰其身。以此相持,此说之成也。]

荀悦曰:"夫臣下所以难言者,何也?言出乎身则咎悔及之矣。"故曰:举过揭非,则有干忤之咎,劝励教诲,则有侵上之议。言而当,则耻其胜己也,言而不当,则贱其愚也。先己而同,则恶其夺己明也,后己而同,则以为从顺也。违下从上,则以为谄谀也,违上从下,则以为雷同也。言而浅露,则简而薄之,深妙弘远,则不知而非之。特见独智,则众恶其盖己也,虽是而不见称,与众同智,则以为附随也,虽得之不以为功。谦让不争,则以为易容,言而不尽,则以为怀隐,进说竭情,则以为不知量。言而不效,则受其怨责,言而事效,则以为固当。利于上不利于下,或便于左则不便于右,或合于前而忤于后,此下情所以常不通。仲尼发愤,称"予欲无言"者,盖为语之难也。何以明其难也?

昔宋有富人,天雨坏墙,其子曰:"不筑,且有盗。"其邻人亦云。暮而果大亡,其家智其子而疑邻人之父。郑武公欲伐胡,乃以其子妻之,因问群臣:"吾欲用兵,谁可伐者?"关其思曰:"胡可伐。"乃戮关其思,曰:"胡,兄弟之国也,子言伐之,何也?"胡君闻之，以郑为亲己而不备郑，郑人袭胡，取之。此二说者，其智皆当矣，然而甚者为戮，薄者见疑，非智之难也，处智则难。

卫人迎新妇，妇上车，问："骖马，谁马也？"御曰："借之。"新妇谓仆曰："拊骖，无苦服。"车至门，拔教："逆母，灭橹，将失火。"入室，见曰，曰："徙牖下，妨往来者。"主人大笑之。此三言，皆要言也，然而不免为笑者，早晚之时失矣。此说之难也。

说者知其难也，故语必有钓，以取人情。何以明之？

昔齐王后死，欲置后而未定，使群臣议。薛公田婴欲中王之意，因献十珥而美其一，旦日因问美珥所在，因劝立以为后，齐王大悦，遂重薛公。此情可以物钓也。

申不害始合于韩王，然未知王之所欲也，恐言而未必中于王也。王问申子曰："吾谁与而可？"对曰："此安危之要，国家之大事也，臣请深维而苦思之。"乃微请赵卓、韩晁曰："子，皆国之辩士也，夫为人臣者，言何必同？尽忠而已矣。"二人各进议于王以事，申子微视王之所悦，以言于王，王大悦之。此情可以言钓也。

吴伐越，越栖于会稽，勾践喟然叹曰："吾终此乎？"大夫种曰："汤系夏台，文王囚羑里，重耳奔翟，齐小白奔莒，其卒霸王。由是观之，何遽不为福乎？"勾践既得免，务报吴。大夫种曰："臣观吴王政骄矣，请尝之。"乃贷粟以卜其事。子胥谏勿与，王遂与之。子胥曰："王不听谏，后三年，吴其墟矣！"太宰嚭闻之，谗曰："伍员貌忠而实忍人。"吴杀子胥，此情可以事钓也。

客以淳于髡见梁惠王，惠王屏左右，再见之，终无言，王怪之，让客。客谓淳于髡，髡曰："吾前见王，王志在驰逐，后复见王，王志在音声，是以默然。"客具以报王，王大骇曰："淳于先生，诚圣人也。前有善献马者，寡人未及试，会生来。后有献讴者，未及试，又会生至。寡人虽屏人，然私心在彼。"此情可以志钓也。

智伯从韩魏之君伐赵，韩魏用赵臣张孟谈之计，阴谋叛智伯。张孟谈因朝智伯，遇智果于辕门之外。智果入见智伯，曰："二主殆将有变，臣遇张孟谈，察其志矜而行高，见二君色动而变，必背君矣。"智伯不从，智果出，遂更其姓曰辅氏。张孟谈入见赵襄子曰："臣遇智果于辕门之外，其视有疑臣之心。入见智伯而更其族，今暮不击，必后之矣。"襄子曰："诺！"因与韩魏杀守堤之吏，决水灌智伯军，此情可以视钓也。

殷浩仕晋，有盛名，时人观其出处，以卜江左兴亡，此情可以贤钓也。[《吕氏春秋》曰："夫国之将亡，有道者先去。"]

《钤经》曰："喜，色洒然以出；怒，色廪然以侮；欲，色呕然以愉；惧，色惮然以下；忧，色瞿然以静。"此情可以色钓也。[《易》曰："将叛者，其辞惭，中心疑者，其辞枝。吉人之辞寡，躁人之辞多。诬善之人，其辞游，失其守者，其辞屈。"《周礼》五听：一曰辞听，辞不直则烦；二曰色听，色不直则赧；三曰气听，气不直则喘；四曰耳听，耳不直则惑；五曰目听，目不直则眊然。]

由是观之，夫人情必见于物。[昔者晋公好色，骊姬乘色以壅之。吴王好广地，太宰陈伐以壅之。桓公好味，易牙蒸子以壅之。沉冥无端，甚可畏也。故知人主之好恶，不可见于外。所好恶见于外，则臣妾乘其所好恶以行壅制焉。故曰：人君无意见则为下饵。此之谓也。]

能知此者，可以纳说于人主矣。

孔子说:"不看对方脸色就贸然开口说话,叫作瞎子。"他还说:"还没有取得对方信任,就贸然提意见,会被认为是毁谤。"(译者按:这是孔子弟子子夏的话。原文为:"信而后谏,未信,则以为谤己也。"见《论语·子张》)荀子说:"该讲话的时候,讲话恰到好处,这就是智慧,不该讲话的时候则保持沉默,这也是智慧。"尸子说:"听别人讲话的时候,耳目不专注,精神不集中,这时候,就不要向他讲什么有价值的话。"从这些先贤的话中,我们可以明白,凡是要游说君主的人,一定要先摸清对方的心理,自古以来成功的游说者都是这样做的。

韩非子曾经说过:"游说者的困难在于,要了解你所要游说的对象的心理,然后才可以用我的话去投其所好。如果用厚利去游说他,就会被认为是品格卑下,那么他就会用卑贱的待遇对待你,你必然会被疏远了。[其实,你所游说的对象实际上是贪图厚利的,只不过为了掩饰自己的贪欲,才暗中采纳你的建议表面上却疏远你,这是不能不明白的。]如果你用清高的名声去游说他,就会被认为是头脑冬烘,不懂人情事理,必然不会采纳你的意见。[你游说的对象如果实贪厚利,而却要获取清高的名声,就在表面上亲近你,实际上却疏远你,这也是不能不明白的。]事情因保守机密而成功,而游说者往往由于泄露了君主的机密而招致失败。这倒未必是他有意识的要泄露,而是由于无意中触及了君主隐秘的事,像这样就会有杀身之祸了。[这是由于君主与游说者之间的感情未达到亲密深厚的程度,而游说者却要尽其所知来讲极知心的话,即使意见被采纳而且也收到了成效,他也不会认为这是你的功劳,如果不采纳你的意见,或采纳了而事情却办糟了,你就会受到猜疑,这样也就会有杀身之祸了。]贵人有了过失,你却明白无误地用道理来推究他的过错,这样也会有杀身之祸。贵人自认为有良谋善策,要独自建功,而游说者却预先知道了那个计谋,就会有生命危险。勉强君主做他不愿意做的事,企图制止君主正在做的事,也会有生命危险。韩非子还说:"如果与君主议论他的大臣,他就会认为你是在离间挑拨他们的君臣关系,如果向君主推荐他身边的亲信小人,他就会怀疑你出卖他的权势。称颂他所喜欢的人,会被认为要拿他本人做靠山,批评他所讨厌的人,则会被认为是试探他的态度。如果顺君主之意来陈说己见,会被认为畏惧懦弱,不敢坦诚进言而有所保留。但如果多方面的思考,放言直陈己见,毫无保留,则又被认为是粗野而傲慢。这也是不能不明白的。如果他自以为自己的决策很英明,就不要指责他的失误,使他感到窘迫,如果他为自己的果断敢为而自负时,就不能指责他的过错而惹他发怒。"[凡游说君主,须待旷日弥久,感情已经亲切深厚之后,讨论再深入也不会受到猜疑,互相争论也不会受到怪罪,这时才能明白地阐述利害关系,以达到目的。直言指出其是非对错,来完善他本人的素养,有了这样的凭借之后才会有游说的成功。]

荀悦说:"臣子难以向君主进言的根本原因是什么?话一出口,便有性命之忧,灾祸也就跟着来了。"所以人们说指摘君主的过失,就会有冒犯龙威、违逆君命之罪,劝诫教诲君主,便会受到威逼君上的责难。你说得对,他就会因你比他强而感到耻辱,你说得不对,他就会认为你愚蠢而看不起你。相同的意见,你比他说得早,他会认为你有意显示比他聪明而忌恨你,而你若在他之后发表相同的看法,他又认为你是顺风使舵,毫无主见。违背下级而顺从上级,会被认为是阿谀奉承,违背上级顺从下级,又会被认为随声附和。与众人说一样的话,就会被看作是从俗,发表与众不同的意见,又会被认为是企图独占美名。话说得通俗浅显,则被认为浅薄而受到轻视,而讲深妙宏远的大道理,则因听不懂而非难你。有杰出的独到见解,众人就会因你超过了他们而痛恨你,即使他们私下认为讲地对也绝不会被他们所称赞。与大家相同的见解又会被认为是随众从俗,即使有成效也不被承认。言语谦让不争则被认为智力贫乏,言而不尽被认为是有意留一手,而你若言无不尽又被认为不识时务。说了不见成效,就会受到怨恨责难,说了之后见到成效,则又认为本来就事该如此。有利于上的话必不利于下,有利于这一方面的必不利于那一方面,与前边的利益相附就会与后边的利益相违,这就是上下难于沟通的原因啊!孔子曾激愤地说:"我打算什么也不说了。"就是针对游说者这种难处而发的。怎么知道这种难处呢?

过去宋国有一位有钱人家,由于连降大雨,院墙被冲倒了,儿子说:"不赶快把墙垒起来,恐怕就会有盗贼进来偷窃。"他家的邻居也这样说,夜里,家中果然被盗,损失了大量财产。这个富人认为他家的儿子聪明,却怀疑邻居的老头是盗贼,偷走了他家的财产。郑武公要讨伐胡人,却把自己的女儿嫁给胡人首领,并故意问群臣:"我想对外用兵,你们说该讨伐哪个国家?"有个叫关其思的臣子说:"胡人可以做我们讨伐的目标。"郑武公便杀掉关其思并声言:"胡人,乃是兄弟般的邻邦,你却说可以讨伐,是什么用意?"胡人的国君听到后,认为郑国亲近自己而不再防备它,郑国的军队便对胡人发动突然袭击,攻占了他们的国家。富人的邻居与关其思的话都对,然而严重的结果是被杀,轻微的是受怀疑,可见使人感到为难的并不是聪明或不聪明,而是如何使用这种聪明。

卫国的一户人家娶新媳妇,新娘子上车后问仆人说:"车辕两边的马,是谁家的?"赶车人回答说:"是借来的。"新娘子便对仆人说:"抽打那两边的骏马,不要累坏驾辕的服马。"车来到夫家的门口,就立即催促:"接婆母出来,灭掉楼上灯火,防止发生火灾。"进入新房后,看到舂米石臼,就说:"移到窗子下边去,在这里会妨碍人们来往。"引得新郎家里的人大笑。新娘子的三句话都很中肯,却免不了受到嘲笑,其原因是说的时机不当。这就是说话的难处。

由于游说君主者知道游说之难,所以游说之前必须先行试探,以了解君主的态度。怎样试探呢?

以前齐威王的王后死了,打算册立新的王后但还没拿定主意,便交给群臣商议。薛公田婴想要符合威王心意,便借机献上十副耳环,其中有一副尤其精美,第二天暗中了解这副精美的耳环戴在了哪位夫人的耳朵上,于是建议威王册立这位夫人为王后。齐威王非常高兴,薛公田婴从此受到重用。这说明君主的爱憎可以用物品试探出来。

申不害刚开始受韩王信任的时候,还未弄清韩王的真实意图,生怕所言未能合韩王之意。韩王问申不害:"我与哪个国家结盟更好呢?"申不害回答说:"这是关系到国家安危的重大问题,请允许我深思熟虑之后再回答。"他私下悄悄地对赵卓、韩晁说:"你们二位先生都是能言善辩之士,但作为君主的臣子,所说何必都与君主意见相同？只要尽自己的忠心就行了。"二人便分别向韩王陈述了自己的意见,申不害暗中观察哪个人的意见韩王听了高兴,然后向韩王进言,韩王非常满意。这说明君主的好恶可以用言语来试探。

吴国打败了越国,越王勾践被困于都城会稽,勾践感慨万分,叹息说:"我真的要命丧于此了吗?"大夫文种安慰他说:"当年商汤被夏桀囚禁在夏台,周文王被商纣囚禁在羑里,晋文公重耳为公子时,受到骊姬的谗害,出逃戎狄,齐桓公为公子时曾到莒国避难,但最后都成就了王霸大业。由此看来,你今天的处境,怎么不是将来转祸为福的开端呢?"勾践在获得吴王夫差的赦免后,决心报仇雪耻。大夫文种献计说:"据我观察,吴王在政治上已经非常骄横了,请你让我试探一下。"于是就用向吴国借粮来试探吴王的态度。伍子胥劝吴王,不要借粮给越国,可是吴王不听,硬是借给了越国粮食。伍子胥说:"大王不听我的劝阻,今后三年之内,吴国将成为一片废墟。"太宰伯嚭听了这话后,向吴王进谗言说:"伍员(子胥)外貌忠厚,实际上是个残忍的人。"吴王于是杀了伍子胥。这说明君主的态度可以借某一事件来试探。

梁(魏)惠王的一位宠臣把策士淳于髡推荐给惠王,惠王屏却左右亲信,单独接见淳于髡两次,但淳于髡始终没说一句话。惠王感到奇怪,责备推荐淳于髡的那位宠臣,那位宠臣将惠王的话转告了淳于髡。淳于髡说:"我第一次见梁王,梁王内心在想着骑马驰骋;第二次见梁王,梁王内心在想着欣赏音乐,所以我才沉默不言。"宠臣把这话上报给梁王,梁王大惊道:"淳于先生真是圣人啊!第一次接见他的时候,恰好有人来献好马,我还未来得及试骑,淳于先生就来了。第二次接见他的时候,又有献歌手的,我还没来得及听,正巧淳于先生又到了。我当时虽然屏退左右亲信,然而心思确实不在这里。"这说明君主的态度可以从他的神情试探出来。

晋国,权臣智伯率领韩、魏两家讨伐赵襄子。韩、魏听从了赵襄子的家臣张孟谈的策动,暗中图谋背叛智伯。张孟谈借机要面见智伯,在营门外遇到智果。智果入见智伯说:"韩、魏两家恐怕有叛变的可能。我在营门外遇到张孟谈,见他态度傲慢,走路时脚抬得老高,同时看见韩、魏二君脸色不正常,一定是要背叛你。"智伯不听智果的告诫。智果出来后,便改智姓为辅氏。张孟谈入见赵襄子,报告说:"我在营门外遇到智果,看到他眼色里有怀疑我的神态。待到见过智伯后就改变了他的族姓,今天夜里若不发动进攻,就来不及了。"赵襄子说:"好吧。"便与韩、魏两家一起杀死守卫堤防的军官,放水冲了智伯的军队。这说明人的态度可以从眼神中试探出来。

殷浩在晋朝做官,名声很大。当时人们用他出来做官还是辞官隐居来预测东晋的兴亡。这就是说,通过智者的态度就能预测到未来的结局。[《吕氏春秋》说:"国家将要灭亡的时候,有道德的人就会事先离开朝廷。"]

《玉铃经》上说:"内心高兴,脸色就显得轻松;心中生气,脸色就变得怒气冲冲;心存私欲,脸色就显出轻薄;心怀恐惧,脸色就现出畏葸;心有忧思,脸色就现出静穆。"这就是说,内心的情感可以从脸色上揣测出来。[《易经》说:"即将背叛的人,他的话中必定流露愧疚;内心疑惑不定的人,他的话必然散乱无章;贤德的人话少,浮躁的人话多;诬蔑诽谤好人的人,他的话一定虚浮不实;失去操守的人,他的话必定不理直气壮。《周礼·秋官

·小司寇》关于断狱有五听的说法,一是根据他的话来判断,其心不正,言语必乱;二是根据脸色判断,心术不正则必因惭愧而脸红;三是根据呼吸来判断,其心不正呼吸必然急促;四是根据犯人听别人说话的反映来判断,其心不正,听别人说话则精神不集中;五是根据犯人的眼神来判断,其心不正,则眼神散乱。]

由此可以知道,人的内心情感,一定会从其言谈神色上显示出来。[从前,晋献公好色,骊姬就凭借其美貌来蒙蔽他;吴王夫差喜欢侵略扩张,太宰伯豁就以建议发动战争来蒙蔽他;齐桓公喜欢美味,易牙就把自己的儿子杀了,把头蒸熟给他享用,以达到蒙蔽他的目的。人臣蒙蔽君主的手段真可谓隐晦诡秘,无奇不有,令人毛骨悚然。由此可知,君主的好恶不可流露在外,如果好恶表露在外,那么下面的人就会因其好恶来蒙蔽、挟制君王。所以说君主无意中显露出来的好恶,就会成为臣下诱惑、蒙蔽、挟制君主的钓饵。]

明白这些道理的人,就可以向君主进行游说了。

诡信之行　见机而作(诡信第二十三)

【原文】

[议曰:"代有诡诈反为忠信者也。"抑亦通变,适时所为、见机而作而不俟终日者。]

孔子曰:"君子贞而不谅。"又曰:"近逝于义,言可复也。"由是言之,唯义所在,不在信也。[议曰:微哉!微哉!天下之事也,不有所废则无以兴。若忠于斯,必不诚于彼,自然之理矣。由是观之,则我之所谓忠,则彼之所谓诈也。然则忠之与诈,将何所取定哉?抑我闻之:夫臣主有大义,上下有定分,此百代不易之道也。故欲行忠,观臣主之义定;欲行信,顾上下之分明。苟分义不愆于躬,虽谲而不正可也。]何以明之?

叶公问孔子曰:"吾党有直躬者,其父攘羊而其子证之。"孔子曰:"吾党之直者异于是,父为子隐,子为父隐,直在其中矣。"

楚子围宋,宋求救于晋。晋侯使解扬如宋,使无降楚,曰:"晋师悉起,将至矣。"郑人囚而献诸楚,楚子厚赂之,使反其言。许之。登诸楼车,使呼宋人而告之,遂致其君命。楚子将杀之,使与之言曰:"尔既许不谷而反之,何故?非我无信,尔则弃之,速即尔刑!"对曰:"臣闻之,君能制命为义,臣能承命为信。信载义而行之为利,谋不失利,以卫社稷,民之主也。义无二信,信无二命。君之赂臣,不知命也。受命以出,有死无殒,又何赂乎?臣之许君,以成命也。死而成命,臣之禄也!寡君有信臣,下臣获考,死又何求!"楚子舍之以归。

[韩子曰:"楚有直躬者,其父窃羊而讦之,令尹曰:'必杀之!'以为直于君而曲于父,执其子而罪之。由是观之,夫君之直臣,父之暴子也。鲁人从君战,三战三北,仲尼问其故,对曰:'吾有老父,死莫之养也。'仲尼以为孝,誉而用之。以是观之,夫父之孝子,君之北人也。故令尹诛而楚奸不止,闻仲尼赏而鲁人易降。此上下之利,若是其异也,而人主兼誉匹夫之行,而求致社稷之福,必不几矣。"]

颜率欲见公仲,公仲不见。颜率谓公仲之谒者曰:"公仲必以率为伪也,故不见率。公仲好内,率曰好士。公仲啬于财,率曰散施。公仲无行,率曰好义。今以来,率且正言之而已矣。"公仲之谒者以告公仲,公仲遽起而见之。[议曰:语称"恶讦以为直"者,《易》曰"君子以遏恶扬善。"若使颜率忠正,则公仲之恶露。故颜率作伪,公仲之福。]

　　齐伐燕,得十城。燕王使苏秦说齐,齐归燕十城。苏秦还,燕人或毁之曰:"苏秦左右卖国,反复之臣也,将作乱。"燕王意疏之,舍而不用。苏秦恐被罪,入见王曰:"臣,东周之鄙人也,无尺寸之功,而王亲拜之于庙,礼之于庭。今臣为王却齐之兵而功得十城,宜以益亲。今来而王不官臣者,人必有以不信伤臣于王者。且臣之不信,王之福也。[燕王亦尝谓苏代曰:"寡人甚不喜池者言也。"代对曰:"周地贱媒,为其两誉也。之男家曰:'女美',之女家曰:'男富'。然周之俗,不自为娶妻。且夫处女无媒,老且不嫁,舍媒而自炫,弊而不售,顺而无毁则售。而不弊者,唯媒耳。且事非权不立,非势不成。夫使人坐受成事者,唯池耳。]使臣信如尾生,廉如伯夷,孝如曾参,三者天下之高行,而以事王,可乎?"燕王曰:"可也。"苏秦曰:"有此臣,亦不事主矣。孝不离其亲宿昔于外,王又得使之步行千里而事弱燕之王哉?廉如伯夷,义不为孤竹君之嗣,不肯为武王之臣,不受封侯而饿死于首阳之下。有廉如此者,王又安能使之步行千里而进取于齐哉?信如尾生,与女子期于梁柱之下,女子不来,水至不去,抱梁柱而死。有信如此,何肯扬燕、秦之威,却齐之强兵哉?[韩子曰:"夫许由、续牙、卞随、务光、伯夷、叔齐,此数人者,皆见利不喜,临难不恐,虽严刑无以威之。此谓不令之人,先古圣王皆不能臣,当今之代,将安用之?"]且夫信行者,非进取之道也。且三王代兴,五霸迭盛,皆不自覆。君以自覆为可乎?则齐于营丘,足下不窥于边城之外。[昔郑子产献入陈之捷于晋,晋人问曰:"何故侵小?"对曰:"先王之命,惟罪所在,各致其辟。且昔天子之地一圻,列国一同。自是以衰,今大国多数圻矣。若无侵小,何以至大焉?"晋人不能诘也。]且臣之有老母于东周,离老母而事足下,去自覆之术而行进取之道。臣之趋,固不与足下合者,足下皆自覆之君也,仆者,进取之臣也。臣所谓以忠信得罪于君也。"燕王曰:"夫忠信,又何罪之有也?"对曰:"足下不知也。臣邻家有远为吏者,其妻私人。其夫且归,其妻私者忧之。其妻曰:'公勿忧也,吾已为药酒待之矣。'后二日,夫至,妻使妾奉卮酒进之。妾知其药酒也,进之则杀主父,言之则逐主母,乃佯僵弃酒,主父大怒而笞之。妾之弃酒,上以活主父,下以存主母,忠至如此,然不免于笞者,此以忠信得罪也。臣之事,适不幸而类妾之弃酒也。且臣之事足下,亢义益国,今乃得罪,臣恐天下后事足下者,莫敢自必也。且臣之说齐,曾不欺之也。后之说齐者,莫如臣之言,虽尧舜之智,不敢取也。"燕王曰:"善!"复厚遇之。

　　由是观之,故知谲即信也,诡即忠也,夫谲诡之行乃忠信之本焉。

【译文】

　　[议论说:"世上有一种诡诈,反而被认为是忠实诚信的行为。"这就是所谓通权达变的智慧。抓住适当的时机,大胆去做,不要今日等明日,白白地错过机遇。]

　　孔子说:"君子坚守大信,却不讲小信。"孔子还说:"所许的诺言符合道义,就可以履行诺言。"(译者按,这是孔子的弟子有子的话,见《论语·学而》)由此看来,应当只看是否符合道义,不一定非要信守诺言。[赵子说:玄妙啊,玄妙啊!这天下的事情,无所废弃也就无所兴盛了。如果你忠于这个人,就一定对那个人不忠诚。这是不言自明的道理。由此看来,从这个人的角度看来是忠,从那个人的角度看来就是诈。那么,忠与诈又该如何界定和评判呢?我听说过这样的道理:臣子与君主的关系有公认的大义,上下级之间的关系有明确的职分。这是百代不变的大道理。所以,要行忠义,就看是否符合君臣之大义,要行诚信,就看是否符合上下级的职分。如果职分和大义不亏于身,即使使用谲诈,不那么正大光明的手段也是可以的。]怎样说明这个道理呢?

叶公曾对孔子说:"我的乡里有个坦白直率的人,他父亲偷了羊,他便告发其父。"孔子说:"我的乡里的坦白直率和你的乡里不一样,父亲为儿子隐瞒,儿子替父亲隐瞒,这才是直率。"

楚国围攻宋国,宋国向晋国求救。晋国的国君派解扬出使宋国,让宋国不要投降楚国,并告诉宋国:"晋国已全军出动,就要赶到了。"解扬途经郑国时被郑国俘获,献给了楚国,楚王用丰厚的财物收买解扬,让他对宋国传达与使命相反的话。解扬答应了。待到解扬登上攻城的楼车,唤出宋国的人,传告的却仍然是晋国国君命令他传告的话。楚王要杀他,并派使者对他说:"你已经答应了我,却又违背了你的许诺,这是什么原因? 不是我不讲信用,是你背弃了诺言,只好立即请你上断头台。"解扬回答说:"我听说过这样的道理:君王制定并发布正确的命令就是义,臣子承担并贯彻执行君主的命令就是信。臣下的信用必须以担负君主之义为前提,以此行事才于国家有利。所以臣子的一切谋划,都不能损害国家利益。以此来捍卫自己的国家,这是卿大夫的职分。国君发布的命令,不能互相矛盾。臣下也不能执行两种互相矛盾的命令。你用财物来收买我,说明你不懂这个道理。我从我的君主那里接受命令出使宋国,只有一死报国,决不会使君命毁在我的手里,岂是财富能收买得了的呢? 我所以假意应允你,是为了完成我们国君的命令,牺牲自己不辱使命,是做臣下的福分。我们君主能有诚信之臣,我作为臣下能够完成任务,是死得其所,还有什么可求的呢!"楚王便放他回晋国。

[韩非子说:"楚国有个直率的人,他父亲偷了羊,他去向官吏告发,宰相说:'一定要杀了他!'认为他对国君忠诚而对父亲不忠诚,因而把他抓起来治了罪。由此看来,一方面是国君的忠臣,另一方面却是父亲的逆子。鲁国有一个人跟随国君去打仗,打几次逃几次。孔子问他为什么逃跑,他回答说:'我家中有老父亲,我死了,就没人养活他了。'孔子认为他是孝子,向国君举荐他,并使他受到重用。由此看来,一方面是父亲的孝子,另一方面又是国家的逃兵。所以宰相杀了告发父亲的人,楚国的坏人却未减少,听到孔子的称赞的话而鲁国的人容易投降。从这可以看出,上层与下层的利益竟有如此的差异。因而国君既要推许百姓的利己行为,又企图求得国家的福泽,是必然不能实现的。"]

颜率想拜见公仲,公仲不愿见他,颜率便对公仲的近侍说:"公仲一定认为我是一个不诚实的人,所以才不见我。公仲好色,我却说他能礼贤下士;公仲吝啬小气,我却说他仗义疏财;公仲品行不好,我却说他主持正义。从今以后,我就只好说真话了。"公仲的近侍把颜率这番话告诉公仲,公仲立刻站起来,接见了颜率。[《论语》上讲过:"讨厌那些以揭发别人的恶行来显示自己正直的人。"《易经》上说:"有道德的人,要隐恶扬善。"假使颜率忠实正直,那么公仲的丑恶品德就会暴露于外。所以颜率的诡诈和不诚实恰恰是公仲的福分。]

齐国讨伐燕国,夺取了燕国十座城池。燕王派苏秦出使齐国游说齐王,齐国把十座城又归还给燕国。苏秦回到燕国后,国内有人在燕王面前诽谤苏秦说:"苏秦是一个翻云覆雨的卖国贼,玩弄权术反复无常的奸臣,恐怕将来他会作乱。"燕王内心也有意疏远他,不想再重用他了。苏秦恐怕被加罪,入见燕王说:"我本来是东周王城郊外的鄙陋之人,并无半点功劳。可是大王在宗庙之内隆重地授予官职,在朝廷上给予崇高的礼遇。如今我为大王退去齐国的军队,收回十城的国土,建立了大功,本应更加受到信任才对。可是我如今归来,大王却不给我加官晋爵,其原因,必然有人用不守信用的罪名在大王面前中伤我。然而,我的不守信用,正是大王的福分啊![燕王也曾对苏代说:"我非常不喜欢欺骗人的话。"苏代回答说:"东周的风俗是看不起媒人的,因为他们两头说好话。到了男方家中就说:'姑娘长得非常美!'到了女方家中,又说:'男方家中十分富有。'然而,东周的风俗又不能不通过媒人亲自娶妻,而且,姑娘如果没有媒人说媒,即使老了也嫁不出去。如果不用媒人,到处去自夸如何美貌,那就会招人耻笑,更嫁不出了。只有顺应这种风俗,不说坏话,只说好话。既能把姑娘嫁出去,又不致招人耻笑,也只有媒人能办到。而且,如果不懂通权达变,事情一定办不成,不懂顺应形势,一定办不好。能让人坐享其成的,只有欺骗人的人啊!]假使我像古代尾生那样守信用,像伯夷那样廉洁,孝敬父母就像曾参那样,以那样的高洁品行来侍奉大王,你认为可以吗?"燕王说:"那当然好啦!"苏秦说:"有这样品行的臣子,就不会来侍奉你了。象曾参那样的孝子,抱定不离父母身边才是孝子的道理,连在外面过夜都不肯,你又怎能让他不远千里到弱小的燕国来辅佐地位并不稳固的国王呢?像伯夷那样廉洁自好的人,为了高义的名声,连孤竹国国君的继承人都不愿做,连周武王的臣子都不愿当,甘心饿死在首阳山下,你又怎能让他步行千里到齐国游说,建功立业来博取功名富贵呢?象尾生那样死守信用的人,与女人约好在桥梁下面的柱子旁边会面,女子未能按时赴约,大水来了,他也不离开,最后抱着柱子淹死了。这样的人,他怎么肯极力吹嘘燕国、秦国的声威以吓退齐国强大的军队呢?[韩非说:"许由、续牙、卞和、隋侯、务光这几个人,都是不为厚利所动,不为危难所惧的人。如果见到厚利也不动心,那么再重的赏赐也不会对他起作用;如果遇到危难不畏惧,再严峻的刑法也不能迫使他让步。这就是人们所说的无法使用的人。连古时的圣明之君都不能使他们臣服,当今之世,他们又有什么用呢?"]再者说,讲信义,是用来完善自己的品行的,而不是为别人效力的,是为自我保存而不是为建功立业的。然而夏、商、周三代圣王相继而起,齐桓公、晋文公、秦穆公、楚庄王、越王勾践相继称霸,都不是为自我保存。你认为自我保存是对的吗?错了!齐王远在营丘(今山东临淄,当时是齐国都城)就足以使你不敢窥视边境之外的地方。这说明了他的威势。[过去郑国的子产向晋国报告入侵陈国胜利的消息。晋国的国君问他:"为什么要欺凌小国?"子产回答说:"根据先王的遗命:只看谁有罪过,而不管它是大国小国。只要有罪,就都要治它们的罪。再说,过去天子的领地方圆千里,诸侯国的领地方圆百里,以下依次递减,而如今大诸侯国的领地大都已经超过方圆千里了。假如不侵占小国的领地,怎么能扩大自己的国土呢?"晋国国君也就无法再责备他。]再者说,我还有老母亲远在东周故乡,我离开老母来侍奉你,抛开自我保存之道来建功立业,我所追求的本来就是不符合你的意愿的。你不过是求自我保存之君,而我却是建功立业之臣。我就是人们所说的因为太忠诚了才得罪了君主的人啊。"燕王说:"忠诚守信又有什么过错呢?"苏秦回答说:"你是不明白这个道理的。我有一个在远处做官吏的邻居,他的妻子和人私通,在丈夫将要回家时,那个情夫很担忧,而妻子却说:'用不着担心,我已经准备下毒酒等着他了。'过了两天,丈夫回来了,妻子就让侍妾捧着毒酒给他喝。侍妾心知这是毒酒,给男主人喝下去,就会毒死他;说出真相吧,女主人就会被赶出家门,于是假装跌倒,把酒全洒了。男主人于是大怒,用皮鞭把这个侍妾狠狠地打了一顿。侍妾泼掉药酒,对上是为保护男主人的生命,对下是为了保护女主人的地位。这样的忠心耿耿,仍不免于被主人鞭打的遭遇。这就是忠诚过度的不幸啊！我所做的事，恰恰与那侍妾倒掉药酒一样，也是好心不得好报啊。再者说，我侍奉你，是以高义希求有益于国，如今却有了罪，我怕今后来侍奉你的人，再没有谁敢坚守这样的高义了。再说，我游说齐王的时候，并没有欺骗他，今后谁再为你游说齐王，恐怕都不会像我这样老实，即使有尧舜那样的智慧，也不敢听从他的话了。"燕王说："你说得很好。"于是重新厚待苏秦。

由此就可以明白欺骗就是诚信，诡诈就是忠实，欺骗诡诈的品行就是忠实诚信的根本了。

忠而无疑　必有所因（忠疑第二十四）

【原文】

夫毁誉是非不可定矣。以汉高之略而陈平之谋，毁之则疏，誉之则亲。以文帝之明而魏尚之忠，绳之以法则为罪，施之以德则为功。知世之听者多有所尤，多有所尤，即听必悖矣。何以知其然耶？

《吕氏春秋》云："人有亡斧者，意其邻之子，视其行步、颜色、言语、动作、态度无为而不窃斧者也。窃掘其谷而得其斧，他日复见其邻之子，动作、态度无似窃斧者也。其邻之子非变也，己则变之。变之者无他，有所尤矣。"

邾之故，为甲裳以帛，公息忌谓邾之君曰："不若以组。"邾君曰："善！"下令，令官为甲必以组。公息忌因令其家皆为组。人有伤之者曰："公息忌所以欲用组者，其家为甲裳多以组也。"邾君不悦，于是乎止无以组。邾君有所尤也。邾之故为甲以组而便也，公息忌虽多为组何伤？以组不便，公息忌虽无以为组亦何益？为组与不为组，不足以累公息忌之说也。凡听言不可不察。

楼缓曰："公父文伯仕于鲁，病而死，女子为自杀于房中者二人。"其母闻之，勿哭。其相室曰："焉有子死而勿哭乎？"其母曰："孔子，贤人也，逐于鲁而是人弗随之。今死而妇人为自杀。若是者，必其于长者薄而于妇人厚。"故从母言之，是为贤母，从妻言之，是不免于妒妇也。故其言一也，言者异则人心变矣。

乐羊为魏将而攻中山，其子在中山，中山之君烹其子而遗之羹，乐羊尽啜之。文侯曰："乐羊以我故，食其子之肉。"堵师赞曰："其子且食之，其谁不食？"乐羊罢中山，文侯赏其功而疑其心。

《淮南子》曰："亲母为其子抆秃，出血至耳，见者以为爱子之至也，使在继母，则过者以为戾也。"事之情一也，所以观者异耳。从城上视牛如羊，视羊如豚，所居高也。窥面于盘水，则圆于亏，面形不变，其故有所圆有所亏者，所自窥之异也。今吾虽欲正身而待物，庸讵知世之所自窥于我者乎？是知天下是非无所定也。是各是其所是，非其所非。今吾欲择是而居之，择非而去之，不知世人所是非者，孰是孰非哉！

[议曰：夫忘家殉国，则以为不怀其亲，安能爱君？卫公子开方、吴起、乐羊三人是也。若私其亲，则曰：将受命之日则忘其家，临军约束则忘其亲，援桴鼓则忘其身。穰苴杀庄贾是也。故

《传》曰："欲加之罪，能无辞乎！"审是非者，则事情得也。]

故有忠而见疑者，不可不察。

【译文】

毁谤与赞誉，肯定与否定本来不好确定。以汉高祖刘邦那样的雄才大略和汉丞相陈平那样的足智多谋，当有人毁谤陈平时，汉高祖就疏远了他，而有人赞誉陈平时，汉高祖又亲近信任了他。以汉文帝那样的英明和云中太守魏尚那样的忠诚，只是由于呈报战绩时，多报了几颗首级，便被绳之以法，就地免职。经冯唐在文帝面前为他辩解之后，又被法外施恩，重新重用，建立了大功。由此可知，人们在做出判断时，往往出错误，一出错，结论必然相反。怎么能明白这道理呢？

《吕氏春秋》里有这样一个寓言："有一个丢了斧子的人，内心认为是邻居的儿子偷了他的斧子，因而看邻居的儿子走路的样子，脸上的神态，说话乃至他的一举一动，没有一样不像是偷斧子的。后来无意中挖坑，找到了自家的斧头，过几天再看邻居的儿子，动作、态度，没有一点儿偷斧子的样子了。他邻居的儿子并没有什么改变，而是自己的看法改变了。改变的原因不是别的，是当初的判断错了。

郱国过去缝制铠甲使用的是丝帛，公息忌对郱国的国君说："不如用丝带更好。"郱国的国君说："好吧。"于是下令制铠甲都必须使用丝带。公息忌因此也命令自己家中制作铠甲时用丝带。有人在国君面前中伤他说："公息忌所以建议用丝带，是因为他家制铠甲都用丝带。"国王听后很不高兴，于是下令不准再用丝带制铠甲。这是郱君的判断有错误。如果过去郱国制铠甲用丝带有好处，公息忌家中用丝带再多又有什么妨害呢？如果用丝带制铠甲无利而有害，公息忌即使不用丝带又有何益？无论是公息忌用丝带还是不用丝带，都不足以说明公息忌的建议有什么错。所以凡是听别人的话，不能不经思考就随随便便地相信。

楼缓说："有一个叫公父文伯的人，在鲁国做官，病死之后，有两名侍妾在家中为他自杀。公父文伯的母亲听到这个消息后却并不悲伤哭泣。"随嫁的侍妾说："哪里有儿子死了，母亲不哭的？"公父文伯的母亲说："孔子是个非常贤明的人，不为鲁国所用，去周游列国，文伯却不去追随孔子。如今他死了，却有侍妾为他而自杀。可见他对有德的长者不亲近，而对侍妾却过分宠爱。"这话出自一位母亲之口，人们就认为她是贤明的母亲，可是如果出自妻子之口，人们就不免会认为他的妻子是个嫉妒的女人。所以同样的话，出自不同人的口，人们评价的态度就不一样。

乐羊被任命为魏国大将，率军攻打中山国，而他的儿子此时正在中山国。中山国君把他儿子杀了。把他的肉做成羹汤，送给乐羊，乐羊毫不犹豫全吃光了。魏文侯知道后说："乐羊为了我国的缘故，才吃自己儿子的肉。"而堵师赞却说："连自己儿子的肉都吃的人，又有谁的肉他不敢吃呢？"乐羊灭掉中山国后，魏文侯虽然奖赏了他，却从此对他产生了猜忌之心。

《淮南子》说："亲生母亲为自己儿子治头疮，儿子的血流到耳朵上，看见的人都说这是疼爱儿子到极点了。如果是后母为前妻生的儿子治头疮，血也流到耳朵上，就会有人责备说："太暴虐了！"同样的事情，站在不同的角度，就会得出不同的结论。从城上往下看，往往把牛看成是羊，把羊看成是小猪。这是站得太高，因而

·反经·

图文珍藏版

看不清楚的缘故。在圆形的盘子里放上水，当作镜子，然后去照自己的面容，有时是圆脸，有时则不圆。自己的面型并无改变，而水中的形象却时而圆，时而不圆，这是因为你照时的角度不同。现在，我想完善自己的品德来待人接物，可怎么能知道世上的人是站在什么角度来看我呢？因此才明白，天下的是与非本来没个一定的标准。世上的人实际上是各有其是非标准的，符合自己的标准就是对的，不符合就是不对的。如今我要选择对的一面立身行事，去掉不对的那一面，可是怎么知道世上所说的对与不对是哪个标准呢？

[作者议论说：如果你为国忘家，就会有人说：一个连父母都不关心的人，还怎么能爱自己的国君呢？卫国的公子开方、吴起和乐羊这三个人都是由于为国忘家而受到猜疑的。但假如你真的舍不得离开父母，就又会有人说："大将在从接到国王的任命那天起，就应该忘掉自己的家，从到部队之后担负起指挥责任时起，就该忘掉自己的父母；待到拿起鼓槌，敲起进军战鼓后，就要忘掉自己生命的安危。司马穰苴就是以这个理由杀掉庄贾的。"所以《左传》上说："欲加之罪，何患无辞？"要判定什么是对，什么是错，只要看看以上这些事例，就全明白了。]

正是由于世间的事如此错综复杂，所以才会有忠心耿耿却被怀疑乃至受冤屈的情况出现。这个道理，是不能不仔细考察的。

无用之用　用之则能（用无用第二十五）

【原文】

古人有言曰："得鸟者，罗之一目。然张一目之罗，终不能得鸟矣。鸟之所以能远飞者，六翮之力也，然无众毛之功，则飞不能远矣。"以是推之，无用之为用也大矣。故惠子谓庄子曰："子言无用矣。"庄子曰："知无用而始可与言用矣。夫天地非不广且大也，人之所用，容足耳。然则削足而垫之至黄泉，人尚有用乎？"惠子曰："无用。"庄子曰："然则无用之为用也，亦明矣。"

昔陈平智有余而见疑，周勃质朴，忠而见信。夫仁义不足相怀，则智者以有余见疑，而朴者以不足取信矣。汉征处士樊英、杨厚，朝廷若待神明。至，竟无他异。李固、朱穆以为处士纯盗虚名，无益于用。然而后进希之以成器，世主礼之以得众。[孔子称："举逸民，天下之人归心焉。"燕昭尊郭隗，以致剧、乐；齐桓礼九九之术，所以招英俊之类也。]

原其无用亦所以为用也。而惑者忽不践之地，赊无用之功，至乃消讪远术，贱斥国华。不亦过乎？

【译文】

古人曾这样说过：捕获鸟的，只是罗网上的一个网眼，然而只张一个眼的网，永远捕不到鸟。鸟所以飞得远，是靠健羽，然而如果只有健羽而无其他的毳毛，是飞不远的。由此推究起来，看似无用的东西，却是有很大作用的。所以当惠子对庄子说："你的学问都是无用的空话"时，庄子说："明白无用的道理，才能跟他谈论有用

国学经典文库

资政秘典

·反经·

图文珍藏版

的问题。天地不是不广大辽阔，可是人们占用其间的面积，不过能容下双脚就可以了。然而假如从脚下把看似无用的土都铲削掉，直到阴曹地府，那仅可容下双脚的地面还有用吗？"惠子说："没用了。"庄子说："那么，由此可见无用就是有用。这个道理不是很明白吗？"

从前陈平由于智慧谋略有余而被刘邦疑忌，可是周勃因质朴却被认为忠诚而受到信任。在仁义不足以使人们互相信任的时候，聪明人因智谋有余而被疑忌，不聪明的人却因智谋不足而取得了信任。东汉时，征召隐士樊英、杨厚入朝做官，朝廷盼他们就像盼神明一样。可是他们到了后，并没有什么过人之处。李固、朱穆认为这种隐士纯属欺世盗名之辈，对国家毫无用处。然而随后慕名而来的都以他们为榜样，使皇帝招揽了更多的人才。[这就证明孔子说过的那句话：把隐逸的人士推举出来，天下的人都会归顺你了。燕昭王尊礼郭隗也是这个用意。郭隗虽非杰出的人才，但尊礼郭隗，剧辛、乐毅这样的英杰也就随之而来了。齐桓公尊礼九九天道之术，也是这个用意，都是为招徕天下人才的。]

推究起来，无用就是有用。不懂这个道理的人很容易忽视足下的无用之地，看不起无用之物的特殊作用，甚至于嘲笑这一理论是迂腐的空谈，轻视排斥国家的英才。这不也太过分了吗？

因恩生怨　纠缠不清（思生怨第二十六）

【原文】

《传》称谚曰："非所怨，勿怨。寡人怨矣。"是知凡怨者，不怨于所疏，必怨于亲密。何以明之？高子曰："《小弁》，小人之诗也。"孟子曰："何以言之？"高子曰："怨。"孟子曰："固哉！高叟之为诗也。有越人于此，关弓射我，我则谈笑而道之。无他，疏之也。兄弟关弓而射我，我则泣涕而道之。无他，戚之也。然则小弁之怨，亲亲也。亲亲，仁也。"[《小弁》，刺幽王也。太子之傅作。]

晋使韩简子视秦师云："师少于我，斗士倍我。"公曰："何故？"对曰："出因其资，入用其宠，饥食其粟，三施而不报，所以来也。"[观秦怨而来，则知至恩必有至怨矣。]

杜邺说王音曰："邺闻人情恩深者其养谨；爱至者，其求谨。夫戚而不见异，亲而不见殊，孰谓无怨？此《棠棣》《角弓》之所作也。"由此观之，故知怨也者，亲之也；恩也者，怨之所生也。不可不察。

【译文】

《左传》上引用了这样一句谚语："不该怨恨的不要怨恨。可是有的人我却禁不住要恨。"由此可以知道，凡是怨恨的人，不是恨他疏远的人，就是恨他亲近的人。怎么来证明这一道理呢？高子说："《诗经·小弁》一诗是小人作的。"孟子说："何以见得？"高子说："该诗充满怨恨情绪。"孟子说："高先生这样研究诗经也太机械了吧！假如有一个越国人弯弓射我，我可以一边说笑一边谈论这件事。这没有别的原因,只为我和他素不相识。可是假如我的兄弟用箭射我,我就会哭着诉说这件事,这也没别的,只为他和我是亲人。《小弁》这首诗里的怨恨情绪,正是热爱亲人的表现。热爱亲人,这是仁啊!"[《小弁》一诗是讽刺周幽王的。太子的老师所作。]

秦、晋之战,晋惠公命韩简子察看秦军军容。韩简子说:"秦军在人数上少于我军,可斗士却比我们多一倍。"晋惠公问:"这是为什么?"韩简子回答说:"我们出外流亡时,得到了秦国的资助;回国时受到秦国的护送;发生饥荒时,又得到秦国的粮食救济。三次受人家的恩惠却不报答,所以秦军才来攻打我们。"[从秦军怀恨而讨伐晋国,就可以知道,最大的恩德必然产生最大的怨恨。]

杜邺在游说王音时说:"我听说过这样的道理,人之常情一般是对恩情深的,其供养反而少;对最亲爱的人,要求也少。关系亲近却显不出与关系疏远的人有何不同,怎么能没有怨气呢?这就是《诗经》中为什么会有《棠棣》《角弓》二诗的原因。"由此即可明白,为什么关系亲近的反而要生怨恨。所以说,恩情恰恰是产生怨恨的根源。这道理不可不弄明白。

委质事人　虽诡实顺(诡顺第二十七)

【原文】

赵子曰:夫云雷世屯,瞻乌未定,当此时也,在君为君,委质事人,各为其主用,职耳。故高祖赏季布之罪,晋文嘉寺人之过,虽前窘莫之怨也,可谓通于大体矣。昔晋文公初出亡,献公使寺人披攻之薄城,披斩其袪。及反国,郤、吕畏逼,将焚公宫而杀之。寺人披请见,公使让之曰:"蒲城之役,君命一宿,汝即至。其后余从狄君以田渭滨,汝为惠公来,求杀余,命汝三宿,汝中宿至。虽有君命,何其速也?"对曰:"臣谓君之入也,其知之矣。若犹未也,又将及难。君命无二,古之制也。除君之恶,惟力是视。蒲人、狄人,余何有焉?今君即位,其无蒲、狄乎?齐桓公置射钩而使管仲相,君若易之,何辱命焉?行者甚众,岂惟刑臣!"[国君而仇匹夫,惧者甚众也。]

公见之,以难告,得免吕、郤之难。[韩子曰:"齐、晋绝祀,不亦宜乎?桓公能用管仲之功而忘射钩之怨;文公能听寺人之言而弃斩袪之罪。桓公、文公能容二子也。后世之君,明不能及二公;后世之臣,贤不如二子。以不忠之臣,事不明之君,君不知则有子罕、田常之劫;知之则以管仲、寺人自解,君必不诛而自以为有桓、文之德。是臣其仇也有桓、文,而后世之君自以为贤而不惑,则虽无后嗣,不亦可乎?"]

陈轸与张仪俱事秦惠王,惠王皆重之。二人争宠,仪恶轸于王曰:"轸重币轻使秦、楚之间,将为交也。今楚不善于秦而善于轸,轸为楚厚而为秦薄也。轸欲去秦之楚,王何不听之?"王乃召轸而问之。轸曰:"臣愿之楚。臣出必故之楚,以明臣为楚与否也。昔楚有两妻者,王闻之乎?"王曰:"弗闻。"轸曰:"楚有两妻者,人挑其长者,长者骂之;挑其少者,少者复挑之。居无何,有两妻者死,客为挑者曰:'为汝娶少者乎?娶长者乎?'挑者曰:'娶长者。'客曰:'长者骂汝,少者复挑汝。汝何故娶长者？'挑者曰：'居人之所，则欲其挑我。为我之妻，则欲其骂人。'今楚王明主，昭阳贤相。使轸为臣常以国情输楚，楚王将不留臣，昭阳将不与臣从事矣。何故之楚？臣出故必之楚，足以明臣为楚与否也。"轸出，仪入问王曰："果欲之楚否？"王曰："然。"仪曰："轸不为楚，楚王何为欲之？"王复以仪言谓轸，轸曰："然。"王曰："仪之言果信矣。"轸曰："非独仪知之，行道之人尽知之矣。子胥忠于君而天下皆争以为臣，曾参、孝己爱于亲，而天下皆恶欲以为子。故卖仆妾不出闾巷售者，良仆妾也。出妇嫁于乡曲者，必善妇也。今轸若不忠于君，楚亦何以为臣乎？忠且见弃，轸不之楚将何归乎？"

王以其言为然，遂厚待之。惠王终相张仪，轸遂奔楚。

［张仪初恶陈轸于惠王曰："轸犹善楚，为求地甚力。"左爽谓陈轸曰："仪善于魏王（译者按，应是惠王之误），魏王甚信之，公虽不说，犹不听也。公不如以仪之言为质，而得复楚。"轸曰："善。"因使人以仪之言闻于楚王，楚王喜，欲复之，轸乃奔楚。］

韩信初为齐王时，蒯通说信，使三分天下，信不听。后知汉畏其能，乃与稀谋反。事泄，吕太后以计擒之。方斩，曰："吾不听蒯通之计，乃为儿女子所诈。岂非天哉！"

［汉高祖自将，伐陈豨于钜鹿，信称疾不从，欲于中起。信舍人得罪于信，信欲杀之。舍人弟上书告信欲反状于吕后，吕后欲召，恐其党不就，乃与萧相国谋，诈令人从上所来，言豨已得死，列侯群臣皆贺。相国诈信曰："虽病，强入贺！"信入，吕后使武士缚信，斩之也。］

高祖归，乃诏齐捕通。通至，上曰："若教淮阴侯反耶？"曰："然。臣固教之。竖子不用臣之策，故令自夷如此。如彼竖子用臣之计，陛下安得夷之乎？"上怒曰："烹之！"通曰："嗟乎！冤哉也。"上曰："若教韩信反，何冤？"对曰："秦之纲弛而维绝，山东大忧，异姓并起，英俊乌聚。秦失其鹿，天下共逐之，于是高材疾足者先得焉。跖之犬吠尧，尧非不仁，狗固吠非其主，当是时，臣独知韩信，非知陛下也。且天下锐精持锋，欲为陛下所为者甚众，固力不能耳，又可尽烹耶？"高帝曰："置之！"乃释通之罪也。

［貂勃常恶田单，曰："安平君，小人也。"安平君闻之，故为酒而召貂勃曰："安得罪于先生？故常见誉于朝。"貂勃曰："跖之犬吠尧，非贵跖而贱尧也，犬固吠非其人也。且今使公孙子贤，而徐子不肖，然而使公孙子与徐子斗，徐子之狗固攫公孙子之腓而噬之哉。"安平君曰："敬闻命矣。"任之于王。后田单得免九子之谗，貂勃之力也。］

初，吴王濞与七国谋反，及发，济北王欲自杀。公孙玃谓济北王曰："臣请试为大王明说梁王，通意天子。说而不用，死未晚也。"公孙玃遂见梁王，曰："夫济北之地，东接强齐，南牵吴越，北胁燕赵，此四分五裂之国。权不足以自守，劲不足以捍寇，又非有奇佐之士以待难也。虽坠言于吴，非其正计也。昔郑祭仲许宋人立公子突，以活其君，非义也。《春秋》记之，为其以生易死，以存易亡也。向使济北见情，实示不从之端，吴必先历齐，军济北，招燕赵而总之，如此则山东之纵结而无隙矣。今吴楚之王练诸侯之兵，驱白徒之众，西与天子争衡，济北独抵节坚守不下，使吴失与而无助，跬步独进，瓦解土崩，破败而不救者，未必非济北之力也。夫以区区之济北，而与诸侯争强，是以羔犊之弱而捍虎狼之敌也。守职不挠，可谓诚一矣。功义如此，尚见疑于上，胁肩低首，累足抚衿，使有自悔不前之心，非社稷之利也，臣恐藩臣守职者疑。臣窃料之，能历西山，经长乐，抵未央，攘袂而正议者，独大王耳。

上有全亡之功,下有安百姓之名,德沦于骨髓,恩加于无穷,愿大王留意详维之。"孝王大说,使人驰以闻,济北王得不坐,徙封于淄川。

陈琳典袁绍文章,袁氏败,琳归太祖。太祖谓曰:"卿昔为本初移书,但可罪状孤而已,恶止其身,何乃上及祖父耶?"琳谢曰:"楚汉未分,蒯通进策于韩信;乾时之战,管仲肆力于子纠。唯欲效计其主,助福一时。故跖之客可以刺由,桀之狗可以吠尧也。今明公必能进贤于忿后,弃愚于爱前。四方革面,英豪宅心矣。唯明公裁之。"太祖曰:"善!"厚待之。由是观之,是知晋侯杀里克,汉祖戮丁公,石勒诛枣嵩,刘备薄许靖,良有以也。故范晔曰:"夫人守义于故主,斯可以事新主,耻以其众受宠,斯可以受大宠。"若乃言之者虽诚而闻之者未譬,岂苟进之悦,易以情纳,持正之忤,难以理求? 诚能释利以循道,居方以从义,君子之概也。

【译文】

赵子(作者自称)说:在风雷激荡,天下未定之时,在哪位主公属下,就为哪位主公服务,捐弃自己的生命,各为自己的君主效力,这乃是作臣子的职责、本分。所以汉高祖刘邦能够赦免原为项羽部将的季布之罪,晋文公重耳能够原谅寺人披的过错,尽管过去遭受过他们的困辱,也不报复他们。这可以说:他们都是明白这个大道理的人。过去,晋文公重耳刚刚从晋国逃出来,他父亲晋献公命令宦官寺人披前往蒲城暗杀他,结果斩去重耳的一只衣袖。待到重耳结束流亡生活,回到晋国成为晋国国君的时候,郤芮、吕甥等晋惠公的旧臣,怕重耳报复他们,谋划焚毁重耳居住的宫殿来杀害重耳。寺人披得知这一阴谋后,请求重耳接见他。晋文公派人斥责他说:"蒲城那一战,献公命令你一夜之后赶到,你当即便到了。这之后,我和狄国的国君在渭水边打猎,你为惠公来杀我,惠公命令你三夜之后赶到,你第二夜就赶到了。虽然有国君的命令,可是你为什么那么急迫地要杀我呢?"寺人披回答说:"我原以为,你这次返国,对如何做国君的道理该明白一些了。如果还未弄明白如何做国君,就仍会遇到危险。执行国君的命令,不能怀有二心,这是上古流传下来的法则。除掉国君所痛恨仇视的人,只看自己有多大的能力,至于对方是蒲城人还是狄国人,那与我有什么关系呢? 如今,你登上了国君的宝座了,难道就没有痛恨仇视的人了吗? 齐桓公把管仲曾为公子纠效力而射中他衣带钩的仇恨都能放在一边,不再提起,反而任用管仲为相国,如果你改变齐桓公的做法,又何劳你大驾来责备我呢? 要逃走的人太多了,岂止我这刑余之小臣呢?"[作为一国之君却记恨臣民,惧怕被迫害的人就太多了。]

晋文公便接见了他,寺人披把郤芮、吕甥即将发难的事告诉晋文公,于是晋文公才免于被害。[韩非子说:"齐、晋二国后来都异姓之臣所取代不是理所当然的事吗? 齐桓公能重用管仲而把他射中自己衣带钩的仇恨放置一边;晋文公能听信寺人披的话而不再追究过去暗杀自己的罪过,这是桓公、文公有能宽容管仲和寺人披的度量和才略。后世的君主,英明不及桓公、文公,后世的臣子,忠诚、才能不及管仲和寺人披。以不忠之臣来侍奉平庸的君主,主不知臣不忠,就会有田常弑齐简公,子罕弑宋君那样的事情发生;假如知道他们不忠,他们就会用管仲、寺人披为先例为自己辩解,一定不会杀他们而自认为有齐桓公、晋文公那样的品德和才能。这就是以仇人为臣子的君主有齐桓公和晋文公,而后世不及齐桓公、晋文公英明的君主,却要效法这样的国君,让仇敌做其臣子不但不以为自己愚蠢,反而以为自己很英明,最终导致灭亡,不是理所当然的吗?]

陈轸和张仪都为秦惠王作谋臣,秦惠王对两个人都很重用。为在秦惠王面前争宠,张仪便在惠王面前说陈轸的坏话:"陈轸带着重金,驾着轻车,往来出使楚国,本为秦楚两国的友好关系。而如今,楚国对秦并不友好,而对陈轸个人却很友好,这说明陈轸为楚国的利益考虑的多而为秦国利益考虑的少啊!陈轸打算离开秦国前往楚国,您何以不随他去呢?"秦惠王于是召见陈轸,询问他是否要离开秦国,前往楚国,陈轸说:"我愿意到楚国去。我离开秦国一定去楚国,是为表明我不是私下投靠了楚国。过去楚国有一个人娶了两个妻子,你听过他的故事吗?"秦惠王说:"没听说过。"陈轸说:"楚国有人娶了两个妻子,有个人去勾引那位年纪较大的,结果被骂了一顿。又去勾引那个年纪小的,她也反过来勾引他。过了不久,那个做丈夫的死了,有人问曾调戏过他妻子的人:'要是让你挑选其中一个的话,你要娶哪一位呢?'那人说:'要年岁较大的。'问话的人有些不解:'大老婆不是骂过你,小老婆不是勾引过你吗?为何反而要娶骂你的呢?'那人回答说:'如果作为一个外人,我当然希望她来勾引我;但要做我的妻子,我就希望她能拒绝并责骂其他挑逗她的人。'楚王是明智的君主,昭阳是有才干的贤相。假如我作为秦的臣子却经常把秦国的机密情报交给楚国,楚王将不会收留我,昭阳也不会任用我为属官。我又怎会前往楚国呢?"陈轸出去后,张仪进来了,问秦惠王:"陈轸是不是真的要往楚国了?"秦惠王说:"是这样。"张仪说:"如果陈轸没有为楚国效力,楚王凭什么接纳他呢?"秦惠王便又把张仪的话对陈轸讲了,陈轸说:"是这样的。"秦惠王说:"那么张仪说的话都是可信的了。"陈轸:"不仅仅是张仪明白,随便从路上拉个人都明白这个道理。伍子胥忠于君主,天下的所有君主都争着接纳他为自己的臣子;曾参、孝已都是孝子,而天下所有当父母的,都愿意有曾参、孝已那样的儿子。所以,假如要卖婢妾,没有出胡同就卖出去了,那一定是非常好的婢妾。被休弃的媳妇如果又嫁给了本乡本土的人家,那一定是个好媳妇。如今我假如对秦国国君不忠,楚王又怎么会把我当作忠实的臣子呢?忠心耿耿反而被抛弃不用,我不往楚国又该到哪里去找归宿呢?"

秦惠王认为他说的有道理,于是重新厚待陈轸。但最终秦惠王还是任命张仪为相。陈轸于是投奔了楚国。

[张仪最初向秦惠王说陈轸的坏话时说:"陈轸还是对楚国好,为楚国请求土地非常卖力。"左爽对陈轸说:"张仪与惠王关系好,惠王非常信任他。你虽然不愿听,我还是要奉劝你,可以把张仪的话传到楚国去,从而使你能重新到楚国去。"陈轸说:"好吧。"便派人将张仪的话捎给楚王,楚王很高兴,愿意重新接纳陈轸。陈轸便逃往楚国去了。]

韩信最初被封为齐王时,蒯通劝说他与西楚项羽、汉王刘邦三分天下。韩信不听蒯通劝告。后来听说汉王刘邦因他有才能而猜忌他,于是便与陈豨合谋叛乱。事机不密,泄露了出去,吕后用计谋逮捕了韩信,将斩之际,韩信叹道:"我悔不该不听蒯通的话,才被小人女子所欺骗,真是天意啊!"

[高祖刘邦亲自率领大军往钜鹿讨伐陈豨,韩信假称有病,没有随同前往,打算在都城起事。韩信的侍从得罪了韩信,韩信要杀他,侍从之弟上书朝廷,将韩信要发动叛乱的情形告诉吕后。吕后打算宣韩信进宫,但又怕韩信的党羽不肯就范。于是与相国萧何商议,假称有使者从高祖那里回来说陈豨已经被杀,列侯和群臣前往朝廷称贺。丞相萧何欺骗韩信说:"尽管你身体不

好，还是勉为其难，好歹走一遭，去祝贺为好。"入宫之后，吕后命武士把韩信绑起来杀了。]

高祖回到朝廷后，命令齐国逮捕蒯通。蒯通被押到长安后，高祖说："是你教唆韩信谋反的吗？"蒯通回答说："是的！我本来是那样教导他的，只是这小子不用我的计策，才使他自己落到这样的下场。如果他听我的计划，你怎么能夷灭他呢！"高祖大怒说："煮了他！"蒯通说："哎呀，煮我是冤枉的啊！"高祖说："你教唆韩信谋反，还冤枉什么？"蒯通回答说："秦朝崩溃了，华山以东大乱，群雄并起，英雄豪杰就像乌鸦聚集那么多。就好比秦国走失了一头鹿，天下的人都去追赶，看谁身材高大、跑得快，先捉到它。盗跖的狗朝着尧狂吠，并不是尧品德不好的缘故，只是因为尧不是它的主人罢了。我为韩信出谋划策之时，只知道有韩信，并不知道有你。再者说，天下人中手持锋利的武器，打算做你所做的事的人太多了，只是力量达不到罢了，你能把他们全都煮了吗？"高祖说："放了他吧。"于是赦免了蒯通的罪行。

[战国后期齐国的貂勃说田单的坏话："安平君（田单封号）是个小人。"田单听到后，置办了酒席，把貂勃请来，说："我什么地方得罪了先生呢？我还常常在朝廷上称赞你啊！"貂勃说："盗跖的狗朝着尧大声嚎叫，并不是认为盗跖尊贵而尧卑贱，狗只是朝不是他主人的人狂叫罢了。假如这里有两个人，一个叫公孙子，是个品质不错的人，另一个叫徐子，是个品质恶劣的人，他们两人打架争斗，徐子的狗必然要扑向公孙子，咬他的腿肚子。如果你能去掉恶劣的品质，成为贤明之人。那么贤明人的狗怎么还会扑向贤明的人，咬他的腿肚子呢？"安平君田单说："我明白你的意思了。"于是向齐王推荐貂勃，貂勃于是被任用为官。后来田单免于九子之祸，貂勃起了很大作用。]

汉朝时的吴王刘濞，与另外六国共谋叛乱，待到事情被揭发出来后，济北王打算自杀。大夫公孙玃对济北王说："请你允许我替你去游说梁王，请梁王向皇帝陈述我们的隐衷。假如梁王不答应，那时再自杀也不迟。"于是公孙玃便去求见梁王，说："济北这个地方，东边挨着强大的齐国，南边连着吴、越诸国，北边受燕、赵等大国胁迫，是个四分五裂的国家，形势上根本不能够自守，力量也难以抵御强敌，况且又没有奇谋之士为辅佐来准备对付吴楚七国的发难。尽管曾对吴王说了不该说的话，但那不是济北王真正的意图。过去郑国的祭仲被宋国逼迫，答应立宋女所生的公子突为国君，目的是保护郑昭公。尽管这种做法不合臣子之义，但是《春秋》一书还是把他记载下来，就是因为这样做使郑昭公保全了性命，使郑国免于灭亡。假如当初济北王露出自己的真实意图，明确表示不服从吴王刘濞，那么吴王必定会途径齐

国,将大军屯在济北,招集燕、赵两国的军队归他统一指挥。这样一来,华山以东各诸侯国的合纵联盟便会结成,而且无懈可击了。可是现在吴、楚二王指挥七国诸侯的军队,率领未经训练的乌合之众,西向进攻与皇帝争夺天下,济北国则拼死坚守不降,使吴军失去援助,只能缓慢的单独进兵,最终土崩瓦解,遭到无可挽回的失败,这难道不是济北王的贡献吗?当初,如果以微不足道的济北小国挺身而出与吴楚七国诸侯争强斗胜,那是用羊羔和牛犊般的弱小力量,去对抗猛虎和豺狼般凶狠的敌人啊。济北王已经做到了守职不失,可以称得上是忠贞不贰了。有这样的功劳和忠义,尚且被皇上所猜疑,只能缩着肩膀,低着脑袋,叠着双脚,抚弄着衣襟,畏畏缩缩等着处分,很容易就会后悔原先为什么不与吴越结盟,以求一逞了。这对国家是没有益处的,而且我怕其他作为国家屏藩之臣的诸侯王们也会怀疑自己虽然守职不失,然而也有可能受到猜疑。这时就会起二心了。我私下忖度,能够经过首阳山,到达长安,通过太后而向皇帝慷慨激昂发表公正议论的人,只有大王你了。对上有保全天下、免于亡国之功,对下有使百姓安居乐业的好名声,你的恩德将使人刻骨铭心,永远不会忘记。希望大王你把这事放在心里,仔细想一想。"梁孝王非常高兴,派人骑上快马赴长安报告给皇帝,济北王才得以不被牵连治罪,只是改封为淄川王。

三国时的陈琳负责为袁绍起草文章,袁绍失败之后,陈琳投降了曹操。曹操对陈琳说:"你过去为袁绍写檄文声讨我,只需历数我的罪状就行了,因为坏事只是自己干的,为什么向上骂起我的祖父呢?"陈琳谢罪后说:"当楚汉未分胜负的时候,蒯通向韩信献策,劝韩信与楚汉三分天下;齐鲁乾时之战(乾时,今山东益都县境内)管仲竭尽全力为公子纠效命,射中了齐桓公的衣带钩。这都是只想为其主人效力,助其主人获取一时的幸福啊。所以,盗跖的属下可以去谋刺许由,夏桀的狗可以向尧狂吠。如果现在你果真能忘却前嫌,对那些虽有旧怨但却有才能的人也加以重用,对平庸之材,即使与你亲厚也不用他,那么就会使天下的人改变态度,归顺于你了。希望你能明智地裁决这个问题。"曹操说:"讲得好啊!"于是给陈琳以很好的待遇。由此看来,晋惠公杀掉不忠于怀公的里克,汉高祖杀了不忠于项羽的丁公,石勒杀掉不忠于西晋的枣嵩,刘备看不起不忠于刘璋的许靖,确实都有他们的理由啊。所以范晔说:"人只有忠于旧日的君主,才能以忠心侍奉新的君主,只有以人云亦云而受到宠信为耻辱,才可以受到特殊的恩宠。假如进言者忠心耿耿,而在上者却听不进去,这岂不是因为阿谀奉承希图富贵的奉承话容易被接受,而立论严正却多有冒犯的逆耳忠言就难以寻求吗?如果确实能放弃功利的追求,站在大道的立场,遵循义的原则,那就是君子的风度了。

必然之势　亦有反例(难必第二十八)

【原文】

[夫忠为事君之首,而龙逢斩、比干诛;孝称德行之先,孝己忧而曾参泣。遇好文之主,贾谊被谪于长沙;当用武之时,李广无封侯之爵。又曰:"意合,异类生爱;意不合,至亲交兵。"]

夫人主莫不欲其臣之忠，而忠未必信，故伍员沉于江，苌弘死于蜀，其血三年而化为碧。凡人亲莫不欲其子之孝，而孝未必爱，故孝己忧而曾参悲。此难必者也。何以言之？［语曰：羿关弧则越人之行自若，弱子关弧则慈母入室闭户。故可必则越人不疑羿，不可必则慈母逃弱子也。］魏文侯问狐卷子曰："父子、君臣之贤足恃乎？"对曰："不足恃也。何者？父贤不过尧而丹朱放；子贤不过舜而瞽叟拘；兄贤不过舜而象傲；弟贤不过周公而管蔡诛；臣贤不过汤武而桀纣伐。望人者不至，恃人者不久。君欲理，亦从身始，人何可恃乎！"

汉时，梁孝王藏匿羊胜、公孙诡，韩安国泣说梁孝王曰："大王自度于皇帝孰与太上皇之与高皇帝及皇帝之与临江王亲？"［临江王，景帝太子也。］孝王曰："弗如也。"安国曰："夫太上、临江，亲父子间，然而高帝提三尺剑取天下者，朕也！故太上终不得制事，居栎阳。临江王，嫡长太子也，以言过废王临江。［景尝属诸姬，太子母栗姬言不逊，由是废太子，栗姬忧死也。］用宫垣事，卒自杀中尉府。何者？治天下终不以私害公。语曰：虽有亲父，安知其不为虎？虽有亲兄，安知其不为狼？今大王列在诸侯，悦一邪臣浮说，犯上禁，挠明法。天子以太后故，不忍致法于王。太后日夜泣涕，幸大王自改，大王终不觉悟。又如太后车即晏驾，大王尚谁攀乎？"语未卒，孝王出羊胜等。［景帝弟梁孝王用羊胜、公孙诡之计，求为汉太子，恐大臣不听，乃阴使人刺汉用事谋臣袁盎。帝闻诡、胜计，遣使十辈，举国大索，捕诡、胜不得。内史韩安国闻诡、胜匿孝王所，入见王，说之。王出诡、胜，诡、胜自杀。］

由是观之，安在其可必哉？语曰："以权利合者，权利尽而交疏。"又曰："以色事人者，色衰而爱绝。"此言财色不可必也。墨子曰："虽有慈父，不爱无益之子。"黄石公曰："王不可以无德，无德则臣民叛。"此言臣子不可必也。《诗》云："自求伊佑。"有旨哉！有旨哉！

【译文】

［忠诚，是臣子侍奉君主的第一条道德准则，可是忠于夏桀的关龙逢却被杀害，忠于商纣的比干也被剖心。孝敬父母，是衡量一个人道德品行最重要的标准，可是殷高宗的儿子孝己尽管事父至孝，由于担心后母的谗害而日夜忧心。曾参是有名的孝子，可还是因得不到母亲信任而悲泣。生逢文教昌明的汉文帝之时，以文著称的贾谊却被流贬到长沙；正当抗击匈奴的用武之时，英勇善战的李广却终生未得封侯。所以，有人这样说：意气相投，本不属同类的人之间也会产生深厚的友爱之情；心思不合，最亲近的父子兄弟也会刀兵相见。］

没有不希望他的臣子是忠诚的君主，可是臣子忠诚却未必能获得信任，所以忠于吴王的伍子胥却被沉入钱塘江，忠于周灵王的苌弘，却被流放蜀地，剖肠而死，过了三年他的血化为碧玉。凡是做父母的、没有不希望儿子孝顺的，然而孝子却未必获得父母的喜爱，所以孝己虽然对父亲殷高宗非常孝敬，却由于后母的谗害而忧虑，曾参对父母非常孝敬，却由于不被父母喜爱而悲泣。这就是事物难以有定准的道理。为什么这样说呢？［有这样的一句古语：后羿张弓欲射，越国之人谈笑自若的与别人说起这件事，但假如是被母亲疼爱的小儿子拿起弓想射母亲，那么老母亲就会躲进屋子里，关闭门窗。所以说，如果有定准，越人可以不怀疑后羿；无定准，慈母也会逃避自己的儿子。］魏文侯问狐卷子说："父子、君臣之间，可以依赖对方的贤德吗？"狐卷子回答说："不可以。为什么呢？父亲贤德，大约没有超过尧的了，可是尧的儿子丹朱却被尧放逐；儿子贤德，谁也比不上舜，可是舜的父亲瞽叟却把他囚禁起来；哥哥贤德，谁也比不上舜，可是舜的弟弟象却极其傲慢不懂礼节；弟弟贤德，谁也比不过周公，可是周公的哥哥管公、蔡公却被周公杀掉；臣子贤德，谁也比不上商汤和周武王，可是夏桀、商纣这两位君主正是被商汤和周武王这两位臣子讨伐消灭的。所以盼望别人时，别人偏偏不来；依赖别人是不可能长久的。你要治理天下，就要依靠自己的力量，别人又怎么能依赖呢？"

　　汉代，梁孝王把被朝廷通缉的罪犯羊胜、公孙诡窝藏在自己的王宫里，内史韩安国哭泣着劝梁孝王道："大王你自己考虑考虑，和当今皇帝的关系比当年太上皇与高祖皇帝的关系以及当今皇帝与临江王的关系，谁更亲呢？"[临江王是景帝太子。]梁孝王说："我与当今皇帝的关系是兄弟关系，所以比不上太上皇与高祖皇帝以及当今皇帝与临江王的父子关系亲。"韩安国说："太上皇与高祖皇帝，当今皇帝与临江王，是亲父子关系，然而高祖皇帝却说，'手提三尺宝剑，夺取了天下的是我。'所以太上皇最终不能掌权治理天下，只能闲住在栎阳（今陕西临潼）；临江王是当今皇帝的嫡亲长子，由于说话不谨慎[景帝曾经对他的嫔妃们说："太子亲母栗姬出言不逊，我就废掉了太子。"栗姬因此忧虑而死]，最后因为宫廷内部的家事而在中尉府中自杀。为什么这样？治理天下的君主，不因家事妨害天下国家的根本利益。所以才有这样的古语：虽有亲生父亲，怎么能知道他不是凶残的老虎？虽有亲哥哥，怎么能知道他不是凶残的豺狼？如今大王你位列诸侯王，喜欢听奸佞之臣不负责任的话，冒犯皇帝，违背祖宗的法度。当今皇帝因为太后宠爱你的缘故，不忍心动用法律手段制裁你。而太后日夜哭泣，盼望你能自我悔过，可是你却一点都不觉醒。假如有一天太后逝世，你又能依赖谁呢？"话还没有说完，梁孝王便把羊胜等人交了出来。[景帝的弟弟梁孝王听从羊胜、公孙诡的计谋，想当汉太子，恐怕朝中大臣们不同意，便暗中派人刺杀掌握大权的重臣袁盎。景帝知道了公孙诡、羊胜的阴谋，派了十个人在全国范围内展开大搜捕，未能捕获。内史韩安国听说诡、胜躲藏在梁孝王的王宫里，便进见梁孝王，用上面的话劝告他。梁孝王于是交出公孙诡、羊胜，两人因而自杀。]

　　由此看来，事情哪里有个定准而可资依赖呢？有这样一句古话说："因为权势和利益的需要而走到一起的，一旦失去了权势和利益，交情随之疏远；靠美丽的容貌侍奉别人的，一旦容貌衰退，宠爱随之断绝。这就是说钱财和美色由于没定准而不可靠。"墨子说："尽管父亲很慈爱，但他决不会疼爱没用的子女。"黄石公说："国王不能没有仁德，没有仁德，臣民就会叛离。"这是说臣下和子女不可依赖。《诗经》上说："求自己保佑吧！"真值得玩味啊！

人之运命　由天而定（运命第二十九）

【原文】

　　[《易》曰："精气为物，游魂为变。"夫人之受生，貌异音殊，苦乐愚智，尊卑寿夭，无非三世业理使之然。]

夫天道性命,圣人所希言也。虽有其旨,难得而详。然校之古今,错综其纪,乘乎三势,亦可以仿佛其略。何以言之?荀悦云:"凡三光、精气变异,此皆阴阳之精也,其本在地而上发于天。政失于此,而变现于彼,不其然乎?"

[文王问太公曰:"夫人主动作举事,有祸殃之应,鬼神之福无?"太公曰:"有之。人主好重赋敛,大宫室,则人多病瘟,霜露杀五谷;人主好田猎,不避时禁,则岁多大风,禾谷不实;人主好破坏名山,壅塞大川,决通名水,则岁多大水伤人,五谷不滋;人主好武事,兵革不息,则日月薄蚀不息,太白失行。"文王曰:"诚哉!"]

今称《洪范》,咎德则有尧、汤水旱之灾。消灾复异,则有周宣:云汉宁莫我听!《易》称:积善余庆,则有颜、冉短折之凶。善恶之报,类变万端,不可齐一,故视听者惑焉。

[《太史公书》称:"天道无亲,尝与善人。七十子之徒,仲尼独荐颜回为好学,然回也屡空,糟糠不厌而早夭。天之报施善人何如哉?盗跖日杀不辜,肝人之肉,暴戾恣睢,聚党数千人横行天下,竟以寿终,是遵何德哉?余其惑焉。"]

尝试言之:孔子曰"死生有命",又曰"不得其死",又曰"幸而免"者,夫死生有命,其正理也。不得其死,未可以死而死也。幸而免者,可以死而不死也。比皆性命三势之理也。[昔虢太子死,扁鹊治而生之,扁鹊曰:"我非能生死人者,我能治可生者耳。"然不遇扁鹊,亦不生耳。若夫膏肓之病,虽医和不能治矣。故曰:死生有命,其正理也。此荀悦论性命三势之理也。

杨子《法言》云:或问:"寿可益乎?"曰:"德。"或问曰:"回、牛之行德矣,何不益也?"曰:"德故尔。如回之残,牛之贼,焉得寿?"曰:"残贼或寿?"曰:"彼妄也,君子不妄也。"]

推此以及教化,亦如之。人有不教化而自成者,有待教化而后成者,有虽加教化而终不成者。故上智与下愚不移,至于中人则可上可下。[议曰:《传》云:"能者养之以福,不能者败之以祸。"此可上可下者也。]推此以及天道,则亦如之。

灾祥之应,无以疑焉。故尧汤水旱,天数也。[议曰:夫阴静阳动,天回地游太一,算周成百六之厄,太岁数极为一元之灾,必然之符。不可移也。故《传》曰:"美恶周必复。"又曰:"天灾流行,国家代有,言必定也。故曰天数。"汉时公孙弘则不然,以为尧遭洪水,使禹治之,未闻禹之有水也。若汤之旱,则桀余烈。桀纣行恶,受天之罚。禹汤积德,以王天下。因此观之,天无私亲。顺之兴起,逆之害生。此天文、地理、人事之纪。观公孙弘所言,以为德感水旱,非天数也。一家之谈,非为正论。]

《洪范》咎征,人事也。[议曰:《传》曰:"祸福无门,唯人自招。"谓立事以应休咎,故曰人事。]

鲁僖淫雨,可救之应也。周室旱甚,难变之势也。[议曰:孔子曰:"祭如在。"言祭法在精诚也。语曰:"应天以实,不以文言。"天不以伪动也。《易》曰:"善不积不足以成名。"古语曰:"土性胜水,掬壤不可以塞河;金性胜木,寸刃不可以残林。"《传》曰:"小信未孚,神弗福也。"此言善少不可以感物也。今零祭是同而感应异者,或为仁甚少,而求福甚多。或徒设空文,精诚不至。故不同也。]

颜冉之凶,性命之本也。[议曰:秦伯问于士鞅曰:"晋大夫其谁先亡?"对曰:"其栾氏乎?"秦伯曰:"以其汰乎?"对曰:"然栾厌汰虐已甚,犹可以免。其在盈乎?"秦伯曰:"何故?"曰:"武子之德在人,如周人之思召公焉,爱其甘棠,况其子乎?奕厌死,盈之善未能及人,武子所施没矣,而厌之怨实彰,将于是乎?"在后九年,晋灭栾氏。由是厌虽汰虐,以其父武子之德,身受其福。盈虽贤智,以其父厌之汰虐,遂遇于祸。然则祸之与福,不在我之贤虐矣。]

范晔曰:"陈平多阴谋,而知其后必废。邴吉有阴德,夏侯胜识其当封及其子孙。终孙掌失侯而邴昌绍国,虽有不类,不可致诘矣。其大致归于有德矣。袁安窦氏之间,乃精帝室。引义推正,可谓王臣之烈。及其理楚狱,未尝鞠人于脏罪。其仁心足覃乎后昆。子孙之盛,不亦宜乎?"

由是观之,夫陈平、邴吉及袁安之后衰与盛,乃在先人之德,又不在吾之得失矣。虞南曰:"夫释教有布施、持戒、忍辱、精进、禅定、智慧,与夫仁义礼智信又何殊哉?盖以所修为因,其果为报。人修此六行,皆多不全,有一缺焉,果亦随灭。"是以酆明丑于貌而慧于心。赵壹高于才而下于位,罗衷富而无义,原宪贫而有道,其不同也,如斯悬绝。兴丧得失,咸必由之。由是言之,夫行己不周则诸福不备。故吉凶祸福不得齐也。故世人有操行不轨而富贵者矣,有积仁洁行而凶夭者矣。今下士庸夫,见比干之剖心,以为忠贞不足为也;闻偃王之亡,以为仁义不足法也。不亦过乎?]

《易》曰:"有天道焉,有地道焉,有人道焉。"言其异也。"兼三才而两之。"言其同也。故天地之道,有同有异。据其所以异而责其所以同,斯则惑矣。守其所以同而求其所以异,则取弊矣。迟速、深浅,变化错乎其中,是故参差难得而均也。天、地、人、物之理莫不同之。故君子尽心焉,尽力焉,以邀命也。

[议曰:孙卿云:"天行有常,不为尧存,不为桀亡。应之以理则吉,应之以乱则凶。强本而节用,则天不能贫;养备而动时,则天不能病;循道而不惑,则天不能祸;背道而妄行,则天不能吉。故明于天人之分,则可谓至人矣。若星坠、木鸣,天地之变,怪之可也;畏之非也。唯人妖,乃可畏也。何者?政险失人,田荒稼恶,米贵人饥,道有死人,夫是之谓人妖。政令不明,举措不时,本事不理,夫是之谓人妖也。礼义不修,外内无别,男女淫乱,父子相疑,上下乖离,寇难日至,夫是之谓人妖也。三者错乱,无安国矣。"其说甚迩,其灾甚惨。《传》曰:"万物之怪,书不说。无用之辨,不急之察,弃而不治也。"墨翟曰:"古之圣王,举孝子而劝之事亲;尊贤良而劝之为善;发宪令以教诲;明赏罚以助劝。若此则乱者可使理,而危者可使安矣。若以为不然,昔者桀之所乱,汤治之;纣之所乱,武王理之。此世不渝而人不改,上变政而人易教。则安危治乱存上之发政也。岂可为有命哉?"

昔梁惠王问缭曰:"吾闻黄帝有刑德,可以百战百胜,其有之乎?"尉缭曰:"不然。黄帝所为刑德者,以刑伐之,以德守之,非世之所谓刑德也。世之所谓刑德者,天官、时日、阴阳向背者也。黄帝者,人事而已矣。何以言之?今有城于此,从其东西攻之不能取,从其南北攻之不能取。此四者,岂不得顺时乘利者哉?然不能取者,何也?城高池深,兵战备矣,谋而守之。由是观之,天官、时日不若人事也。天官之阵,曰背水阵者,为绝军;向坂阵者,为废军。武王之伐纣也,背漳水,向山之坂,以万二千击纣之亿有八万,断纣头,悬之白旗。纣岂不得天官之阵哉?然而不胜者,何也?人事不得也。黄帝曰:'先稽己智者,谓之天子。'以是观之,人事而已矣。"

按,孙卿、墨翟、尉缭之说,言吉凶祸福在于人矣。周公戒成王曰:"昔殷王中宗,治人祗惧,不敢荒宁,享国七十年。其在高宗,喜靖殷邦,至于小大,无时或怨,享国五十九年。其在祖甲,爰知小人之衣食,能保惠于庶人,弗侮鳏寡,享国三十有三年。自时厥后立王,生则佚,惟耽乐之从,亦罔或克寿。或十年,或七、八年,或三、四年。呜呼!嗣王其鉴于兹。"

《史记·陈世家》曰:"陈,舜后也。周武王封之陈。太史公云:舜之德,至矣。禅于夏,而后世血食者,历三代。及楚灭陈。而田氏得政于齐,卒为建国,百世不绝。"又《南越传》云:"越虽蛮夷,其先岂尝有大功断于人哉?何其久也?历数代尝为君主,勾践一称伯。盖禹之烈也。"又曰:"郑桓公友者,周厉王之少子也。幽王以为司徒,问太史伯曰:'王室多故,予安逃死乎?吾欲南之江上,何如?'对曰:'昔祝融为高辛火正,其功大矣。而其于周,未有兴者。楚,其后也。周衰,楚必兴,兴非郑之利也。'公曰:'周衰,何国兴?'对曰:'齐、秦、晋、楚乎?夫齐,姜姓,伯夷之后也。伯夷佐尧典礼。秦,嬴氏,伯翳之后也。伯翳佐舜,怀柔百物。及楚之先,皆尝有功于天下。而武王封虞叔于唐,其地险阻,以此有德。若周衰,必并兴矣。"

按,周公、马迁,太史伯之谈,言兴亡、长短必于德矣。此略言其本而不语其详。尝试论之曰:命也者,天之授也;德也者,命之本也。皇灵虽阴骘下人,定于冥兆。然兴亡、长短,以德为准。若德循于曩,则命定于今。然则今之定命,皆曩之德也,明矣。夫命之在德,则吉凶祸福不由天也。命定于今则贤圣、鬼神不能移也。故君子尽心焉,尽力焉,以邀命也。此运命之至矣。]

《易》曰:"穷理尽性以至于命。"此之谓也。

[议曰:夫吉凶有人,兴亡在德。稽于前载,其在德必矣。今论者以尧舜无嗣,以为在命,此谬矣。何者?夫佐命功臣,必有兴者,若使传子,则功臣之德废。何以言之?昔郑桓公问太史伯曰:"周衰,何国兴?"对曰:"昔祝融为高辛火正,其功大矣。而其子于周未有兴者。楚,其后也。周衰,楚必兴。齐,姜姓,伯夷之后也,伯夷佐尧典礼。秦,嬴姓,伯翳之后,伯翳佐舜怀柔有物。若周衰,必并兴矣。"是以班固《典引》云:"陶唐舍胤而禅有虞,有虞亦命复后,稷、契熙载,越成汤武,股肱既周,天乃归功元首,将授汉刘。"由此言之,安在其无嗣哉!又曰:"楚师屠汉卒,滩水梗其流;秦人坑赵士,沸腾若雷震。虽游、夏之英才,伊、颜之殆庶焉,孰能抗之哉!"此其弊也。

对曰:宋景公之时,荧惑在心。公惧,问子韦,子韦曰:"心者,宋野也,祸当在君。虽然,可移于人。"据此言,则君有祸,人当受之。若当君厄舍之时则生人涂炭。虽伊、颜、游、夏何所抗哉?故庄子曰:"当尧舜,天下无穷人,非智得也;当桀纣,天下无通人,非智失也。时势适然。"此之谓也。

又曰:"彼戎狄者,人面兽心,晏安鸩毒,以诛杀为道德,蒸报为仁义。自金行不竞,天地板荡,遂覆洛,倾五都。呜呼,福善祸淫,徒虚言耳。"据此论,以戎狄内侵,便谓由命,此所谓不量于德者也。何则?昔秦穆公问戎人由余曰:"中国以诗、书、礼、乐、法度为政,然尚时乱,今戎夷无此,何以为理乎?"由余笑曰:"乃中国所以乱也。夫上圣黄帝作为礼乐法度,身亦先之,仅可小理。及其后世,日以骄淫,阻法度之盛以责督于下,下疲极,则以仁义怨望于上。上下交争怨而相篡杀,至于灭宗,皆此类也。夫戎狄则不然,上舍淳德以遇于下,下怀忠信,以事其上。一国之政,犹一身之治。不知所以治,此真圣人之治。夫戎狄之德有如此者。"今晋之兴也,宗子无维城之助,而闷伯实沈之际日构;师尹无具瞻之贵,而颠坠戮辱之祸日有。宣、景遭多难之时,务伐英雄,诛庶桀以便事。其倾覆屠脍非主于诛杀也,风俗淫僻,廉耻并失。先时而昏,任情而动,皆不耻淫逸之过。不拘妒忌之恶,有逆于舅姑。有反易刚柔,有杀戮妾媵,有黩乱上下,其淫乱凶逆,非止于蒸报也。"

由是观之,晋家之德,安胜于匈奴哉!今见戎狄乱华,便以为在命不在德,是何言之过欤!]

【译文】

[《易经》上说:"人的精气是实有之物,所谓游魂是精神的变体。"人之人,相貌各异,声音不同,苦乐不均,愚智悬殊,或尊贵或卑贱,或长寿或短命。这都是三世所作之业决定的啊!]

天道、性、命等问题,孔子很少谈及。孔子不是不明白这些道理,是因为他也很难说得明白具体。然而考察古往今来错综复杂的历史,凭借"三势",也可以知道个大概。为什么这样说呢?东汉末荀悦曾说:"凡日、月、星辰与精气的变异,这都是阴阳之气的精华。它的根本在地,向上生发而达于天。国家政治有所缺失,就会在天地间显现出异变,难道不是这样吗?"

[周文王曾问姜太公:"君主做什么事情,有灾祸的预兆和应验和鬼神的福佑吗?"太公回答说:"有的。君主加重对人民的赋税盘剥,为扩修官殿而大兴土木,那么就会有疾病流行,霜露就会冻死庄稼;君主喜欢田猎,而且违背农时,那么这种年份就会多刮大风,庄稼籽粒就不饱满;君主好破坏名山,堵塞或决通大江大河,那么这种年份就会有水涝灾害,庄稼长不茂盛;君主好打仗,战争没完没了,就会出现日蚀、月蚀,金星运行也会失去轨度。"文王说:"果真是这样的啊。"]

现在人们说到《尚书·洪范》，讲到恶行的应验，就有帝尧和商汤时水旱灾害。消灾时却又与此不同，周宣王祈求降雨，望着星空，慨叹："银河听不到我的祷告。"《易经》说："积善之家，必有余庆。"可是孔子的弟子颜回、冉伯牛却很年轻就死掉了。善恶的报应千变万化，无法用统一的规律去概括，所以无论是自己观察和听别人讲，都感到迷惑不解。

[司马迁在《史记》里说："人说天道不分亲疏，总是保佑好人。孔子七十二弟子中，孔子单单赞赏颜回好学。可是颜回多次陷入穷困境地，以至糟糠都填不饱肚子，而且早早就短命而死。天之回报好人怎么是这样呢？盗跖每天都滥杀无辜，甚至吃人肉，肆意暴虐，为所欲为，聚集同伙几千人，横行天下，而最后却得了善终。这又是什么规律呢？我真是糊涂了。]

我看这个问题是否可以这样讲：孔子曾说"死生有命"，还说"不得其死"，又说"可以侥幸获免"。这是什么意思呢？"死生有命"是正理；"不得其死"是本不该死却死了；"侥幸获免"是本该死却没有死，这都是命运的三种态势。[过去虢太子死了，后来被扁鹊救活了。扁鹊说："我并不能把死人治活，我只能治活那些本来可活的人。"然而假如虢太子不遇上扁鹊，也是活不了的。假如病入膏肓，就是像医和那样的神医也是治不活的。所以说，"死生有命"是正理。"不得其死"和"侥幸获免"是偶然。这就是荀悦所说的性命的三种态势的道理。

杨雄在《法言》中说：有人问："人的寿命可以延长吗？"杨雄回答说："有道德的人，寿命可以延长。"又问："颜回、冉伯牛的品德很高尚了，为什么寿命不能延长呢？"杨雄回答："他们的命运生来如此。假若颜回不仁，冉伯牛不义，连那样的岁数也活不到，还怎么能延长寿命呢？"又问："可是不仁不义的人也有长寿的。"杨雄回答："那是因为他们虚妄，可君子却不会虚妄啊！"]

把这个道理，加以类推到教化引导百姓的问题上，也是如此。人有不待教育而自然成为良善的人；有必经教育化导才能成为良善之人的；也有虽经教育化导，却最终不能成为良善之人的。所以孔子说唯有上智和下愚两种人是没办法改变的，而普通人则是既可经教育而向善，也可能因教导的错误而向恶。[《左传》上说："积善的人不断积累，必然得到福佑；不能向善的必然走向败亡而招致祸患。"这就是可以向上为善，也可向下为恶的意思。]把这个道理加以类推，引到天道的问题上，也是这样的。

灾害和吉祥的报应，是不能怀疑的。帝尧和商汤时的水旱灾害，可以说是自然规律。[阴阳之气关于天地的运动，在宇宙中运行一周是三百六十度，这叫一周天。一周天中总会有灾厄的年份。计算一周天时，以木星为标准，所以木星称太岁。而由于每一周天都会遇到灾厄，所以把这灾荒称之为一元之灾，太岁也就成了灾星。其实它乃是客观的规律，无法改变的。所以称作天数，即自然规律。《左传》上说："善也好，恶也好，吉祥也好，灾厄也好，是周而复始循环运动的。"又说："天降灾祸，无论哪个国家，哪个时代都是有的，是必然规律，所以才叫天数。"汉代公孙弘则不这样认为。他说："尧的时代发洪水，让禹来治水，没听说禹为天子的时代有洪水。至于商汤时的旱灾，乃是夏桀作恶多端的余波。所以夏桀、商纣作恶多端，必然要受到天道惩罚，夏禹和商汤积德行善，才得以统治天下。由此看来，天对人并无偏私，君主顺应天意的天下便太平，逆天行事的就会天灾流行，这就是天文、地理、人事之间的关系的根本要素。"考察公孙弘讲的道理，是认为人的德行与水旱之灾是天人感应的关系，并不是必然规律。这只是一家之言，不是正论。]

《洪范》所说的行恶必报，指的是人事。[《左传》说："祸福没有固定的路线。不论是祸是福，都是自己招来的。"也就是说，怎样为人处事，也就会有怎样的命运。所以说命运决定于人事。]

鲁僖公时,曾经连降大雨,后经祈祷而停止,说明灾害可救的得到了救护;周宣王时的大旱祈祷无效,说明那灾难本来是不可改变的。[孔子说:"祭祀神灵的时候,应该好象神灵就在面前一样。"是讲祭祀的根本在于诚心诚意。古语说:"对天应该有诚实的态度,不应经过文饰的空话。"是说天不会被人的虚情假意所感动。《易经》上说:"善行不多加积累,不会成就你的好名声。"古语还说:"土能治水,但是用手捧起一把土,是不能堵住黄河的急流的;铁能锯断树木,可是用一把小刀却无法毁灭森林。"《左传》上说:"小恩小惠,不能取得人们的信任,神灵也不会降福给他。"这都是讲善行太少,不能感动别人。现在祈祷虽然相同,得到的感应却不同,原因就在于或是为仁很少可是希求神的降福却太多;或是只讲一些华丽好听的空话而内心并不诚心诚意啊!

颜回、冉伯牛的短命夭折,那是性命之理的根本所在。[秦王曾问士鞅:"晋国的六家大夫哪一家会最早灭亡?"士鞅说:"那一定是栾氏要最先灭亡啦。"秦王说:"是不是因为栾氏太残暴不仁了?"士鞅说:"是的。栾黡横行霸道得太过分了。但是他还可能侥幸逃过这一劫难,要亡大约亡在他儿子栾盈的手里。"秦王问:"此话怎讲?"士鞅说:"栾武子推行德政,因此他对于晋国人民来说,就像召公对于周人一样。由于怀念召公,连召公拴过马、乘过凉的棠树周人都精心保护,何况是他的儿子呢!栾黡死后,他的儿子栾盈的善德并未能及于百姓,他祖父栾武子的恩德威望又早不存在了,可对他父亲栾黡的怨恨却一天比一天强烈,所以栾氏的灭亡将在这个时候。"在这次对话后九年,晋国灭掉了栾氏。由此看来,栾黡虽然横暴,但他父亲栾武子的恩德,老百姓还记在心里,因而他身受其福。躲过了灭亡的劫数,栾盈虽有不如他父亲横暴,但由于有栾黡这样的父亲,所以终于被灭亡。可见,是祸是福不在自身是否有德,还要看他的上一代行善还是作恶。

范晔曾说:"陈平多阴谋,自知后代必然不能昌盛其至要灭亡;邴吉多积阴德,夏侯胜认为他的子孙有封侯的希望。果然到了陈平孙子陈掌的时代,陈家失去了爵位;而邴吉家族到了邴昌这一代,却被封为列侯。虽然善恶相报也有不像这样明显的,但那就难以一一推究了。大体说来,善恶的果报还是在于是否有德。袁安处在外戚窦宪家族专权的时代,却不依附窦氏,依然忠于皇室。根据道义,推求正理,可以称得上是忠臣中名声显赫的人物了。他审理楚王刘英叛乱一案时,未曾严刑逼供,胡乱判罪,而是设法查明真相,平反冤案。他的仁爱之心足以译及他的后代。他的子孙兴盛,不也是应该的吗?"

由此看来,陈平、邴吉以及袁安后代的兴盛与衰败,乃是决定于祖先的品德如何。虞世南说:"佛教教义中有布施、守戒、忍辱,精进、禅定、智慧等六度菩萨行,这与儒学中的仁义礼智信并没有什么不同,大略说来,是以修持为因,其果是回报人的修持的果。人在修持此六度菩萨行时,往往不能圆满。其中缺失一项,果报也随之而消失。"所以,翳明外貌丑陋但内心聪明,赵壹很有本事但地位低下,罗哀虽然很富有但不讲仁义,原宪贫穷但有道德。他们的不同是如此悬殊。品行不完善,就不会有完全的福报。所以说吉、凶、祸、福不能完满。因此世上就有了操行不轨反而富贵的,有积德行善、品质高洁反而短命的。现在有些见识浅陋的平庸之辈,看到比干被剖了心,就认为忠贞的事不值得去做。看到徐偃王亡了国,就认为仁义之道不值得推行。这不太过分了吗?]

《易经》上说:"有天道,有地道,有人道。"这是讲道各有不同。又说:"兼备天、地、人三道的规律,都有对立的两方面。即天有阴阳,地有柔刚,人有仁义。"这是讲道的共同之处。如果根据道的不同性质而否定道的共同之处,那就是糊涂。如果只看到守道的相通之处而否定道的差别,那也就产生了毛病。快慢、深浅种种变化错杂地存在于道之中,所以表现为参差不齐,很难表现得均衡、明显。天、地、人三道莫不如此。所以君子只能尽心尽力去积德行善,以要求命运的垂青。

[荀子曾说："天道运行有它固定的规律，这种规律，不为尧是圣明天子而存在，不为桀是昏君而消亡。用合理的行动去顺应它，就会有吉祥出现，否则就会出现灾殃。发展农业生产这个根本、节约用度，天也没法使你贫穷。讲究养生之道，凡有举动都符合时宜，天也不能使你患病。遵循大道行事而不迷惑，天也不能嫁祸于你。否则天也不能使你吉祥。所以明白天道和人道互不相干的道理，就可以称得上是圣人了。如果有星辰坠落，树木无故发出可怕的声音，天地间出现异常变化，你感到奇怪，是可以理解的。但没必要对此害怕，只有人间妖孽才是可怕的。为什么呢？政治混乱，田园荒芜，庄稼长得不好，米价暴涨，人们吃不饱肚子，路边尽是饿死的贫民，这就是人间的妖孽。政令混乱，大的举措如兴土木、田猎乃至战争都违背农时，对于国家根本的农业不给予高度的重视并关心农业的发展，这就是人间妖孽。不修礼义，使男女间也不避嫌疑，荒淫无度。父子之间还互相猜疑，上下级之间离心离德，盗贼横行于世，这就是人间妖孽。这三种情况交织着出现，国家就难得安宁了。"荀子的说法非常切近，这种实难确是太悲惨了。《左传》上说："万物精怪，圣人之书不予记载。没有用的道理，不是急迫的学问，可以弃置一边，不用去研究它。"墨子说："古代的英明君主，把孝子推举出来表彰，是为了鼓励人们都孝敬父母；尊重贤良之人，是勉励人们都去做善事。因而发布法令来教育训导人民，明定赏罚以有助于强化这种勉励的功效。像这样，混乱的政局可使它危险的国家可转危为安。过去被夏桀搞乱了的国家，不是被商汤治理好了吗？被商纣搞乱了的国家，不是被周武王治理好了吗？所以时代若不发生变动，风俗也很难改变。最高统治者转向正道，人民也就容易改变的道理。所以国家的安危和治乱都取决于最高统治者所发布的政令啊，怎么能说有定命存在呢？"

梁惠王问尉缭："我听说黄帝由于有刑德，而百战百胜，是这样吗？"尉缭回答说："不是的。黄帝的刑德，是用刑罚来讨伐不仁的人，用仁德来守卫天下。那并不是世俗所说的刑德啊。世俗所说的刑德，指的是天体上的日月星辰运行是否失序，以及阴阳向背等不经之谈。而黄帝的刑罚及仁德，都属于人为因素。为什么这样说呢？现在有一座城池，无论从东西南北四个方向都攻不下来。这四个方向，难道都不能顺应天时，凭借地利了吗？仍然攻不下来是因为城墙太高，护城河太深，武器、战法齐备，以及守卫者有卓越的见识。由此看来，天道的吉凶不如人的谋略啊。天官阵法中有一种背水阵，据说布出这种阵法会使全军覆没；有一种向坂阵，使用这种阵法就会劳而无功。可是武王伐纣的时候，背靠漳河，面对山坡，既是背水阵，又是向坂阵，仅仅一万二千的军队进攻商纣王的十八万大军。最后终于把商纣王的头颅割了下来，悬挂在白旗上示众。难道是商纣不懂天官阵法？然而他却失败了。这是为什么呢？是由于商纣在政治上不得人心的缘故。黄帝曾说：'首先考虑自己是否有智谋的可以称天子。'由此看来，决定运命的只有人事啊。"

按照荀子、墨子、尉缭的说法，吉凶祸福全在于人事。周公告诫教育周成王说："过去殷中宗治理天下，怀着恭敬、谨慎的心理，不敢荒废国事，掌握天下大权七十年。殷高宗兢兢业业地治理殷地，同各诸侯国搞好关系，无论大小，都没有对商的统治表示不满的，他治理天下五十九年。到了祖甲，关心普通百姓衣食好坏，使百姓怀念他的恩惠。不欺负鳏寡孤独的老人，坐天下三十三年。以后即位的君王，一出生就过着安逸的日子，所想的是才能怎样尽情享乐，因而也没有一个长寿的。有的十年，有的七八年，有的才三、四年就死了。可叹啊！后世为天子的人应拿这些事情来告诫自己。"

《史记·陈世家》说："陈国，是舜的后裔，周武王把他们封在陈地。司马迁说：舜的仁德，可说太伟大了，后来将天下传给夏禹，他的后代都享受王者的祭祀。历夏、商、周三代，直到被楚国灭掉。而田氏从齐国夺取政权，他建立的国家又传了好多代。"《南越传》上又说："越国是不开化的国家，他们的祖先对天下百姓有什么样的大功劳？为什么能传国这样久，经历了好多代人，曾称王，到了勾践甚至争得了天下霸主的地位。这是不是大禹的余烈呢？"又说："郑桓公名叫姬友，本是周厉王的小儿子，被幽王任命为司徒。他问大史伯说：'周王族多灾多难，我怎样逃出灭亡的命运呢？我打算南游长江，怎么样？'太史伯回答说：'过去祝融在高辛氏手下担任火正，他的功德非常大，但在周代，后裔未有兴盛的。楚国是他的后裔，周衰落之后，楚国肯定兴盛。楚国兴盛，可对郑国没好处啊。'郑桓公说：'周衰之后，哪些国家会兴盛呢？'太史伯回答：'大约是齐、秦、晋、楚这几个国家吧。齐国姓姜，本是伯夷的后代，伯夷曾辅佐尧帝治理天下。秦属嬴氏，是伯翳的后代。伯翳曾辅佐舜用文德教化万民。楚国的先祖曾对天下有大功。周武王把幼弟虞叔封在唐地，这就是晋国。那里地势险要，以此一直延续至今。如果周朝衰落，这四个国家肯定会一起兴盛起来。'"

按周公、司马迁、太史伯的说法，国家的兴亡和国运的长短，是由其祖上和现在统治者的"德"来决定。这只是概括地讲些根本道理，细致入微。我曾试着研究，所谓命，那是自然的赋予，而人的品德是命的根本。伟大的祖先虽然暗中保佑后代，那也是虚荒诞幻，无法证实的。但国家兴亡、国运长短以其德为准是正确的。德在过去，命定于现在。所以现在的运命，都是由于过去之德品。这难道不是明明白白的道理吗？命既然由德所决定，那么吉凶祸福就不决定天而在人了。命定于现在，圣贤、鬼神也不能改变。所以君子只有尽心尽力修德，力求得到好的命运。这就是关于命运的最深刻的理解。]

《易经》上说："要穷究天下道理，尽自己之所能，来求得最好的命运。"说的就是这个意思啊。

[赵子评论说：吉凶人自己通过行动自己选择的，兴亡由统治者的德行而定。考察以上种种记载，命运由德行来决定是肯定无疑的。如今有些论者，由于尧舜的后代未能继承前辈的帝业，便认为这是由命决定而不是由德决定，这就大错特错了。为什么这样讲呢？因为尧舜身边那些辅佐他们的功臣，必然会有兴盛起来的。如果尧舜把帝位传给儿子，那么功臣的德行便得不到回报了。为什么为样说呢？过去郑桓公问太史伯："周朝衰落之后，哪个国家会强大兴盛起来？"太史伯回答说："过去祝融在高辛氏手下担任火正，他的功德可大了，但在周代，后裔没有兴盛的。楚国是他的后裔，周衰落之后，楚国必定兴盛起来。楚国兴盛，可对郑国不利啊。'郑桓公说：'周衰之后，哪些国家会兴盛呢？'太史伯回答：'大约是齐、秦、晋、楚这几个国家吧。齐国姓姜，是伯夷的后代。伯夷曾辅佐尧帝治理天下。秦，嬴氏，是伯翳的后代。伯翳曾辅佐舜用文德教化万民。楚国的先祖曾对天下有大功。周武王把幼弟虞叔封在唐地，这就是晋国。那里地势险要，以此延续至今。如果周朝衰落，这四个国家必然一起兴盛起来。"所以，范晔在《后汉书·班固传·典引》中说："帝尧（陶唐氏）不把帝位传给儿子丹朱却传给了帝舜（有虞氏），帝舜不把帝位传给儿子商均却传给了夏禹。周族的先祖稷和商族的先祖契也都是在担任帝舜的佐命功臣而建立功业的，因此才奠定了后来商汤和周武王的基业。由于佐命功臣多，上天才把天下归于元首，最终授予汉代刘氏。"由此说来，岂能说尧、舜有德无嗣呢？范晔又说："西楚项羽的军队屠杀战败的汉军士卒，使他们的尸体竟然塞满了濉河，致使河水为之不流；秦将白起在长平坑杀赵国降卒四十万，当时怨愤之声惊天动地，即使有子游、子夏那样的英才，或伊尹、颜渊那样与圣人相差无几的有德之士，又怎么能抗拒得了呢？"于是有人认为命运在于德行的说法不正确。

对于这种看法，可以这样回答：宋景公的时候，火星迫近心宿，宋景公非常害怕，以为这是灾祸降临的先兆。于是问子韦有何办法攘除，子韦说："心宿是宋国的分野，灾祸将降临在宋国国君身上。尽管如此，它还是可以转移给老百姓。"根据这种说法，国君有病，百姓遭殃，假如一时各种厄运一起降临，百姓的灾难就更加深重了。虽有伊尹、颜渊、子游、子夏那样的圣贤，又怎么能抗拒呢？所以庄子说："在尧舜的时代，天下没有不走运的人，并不是因为那时的人都聪明；在桀纣的时代，天下没有幸运的人，也并不是那时的人都愚笨。这都是时势造成的。"讲的就是这个道理。

范晔还说："北方戎狄民族，人面兽心，贪图享乐，以杀人为道德，以乱伦为仁义。当太白星运行失度，天下大乱时，便乘机入侵中原，毁灭了洛阳等五大城市。哎呀！行善得福作恶招祸，只不过是一句空话罢了。"根据这种说法,似乎认为狄戎内侵,便是由命不由德了。这种说法,是由于人们不知什么是真正的德啊!为什么这样说呢?过去秦穆公曾问戎狄贤者由余说:"中原国家,用诗、书、礼、乐等法度来治理天下,然而还是经常发生动乱,而如今戎狄并没有这些典章制度,你们怎么能把国家治理好呢?"由余笑着回答:"诗书礼乐就是中原国家所以发生动乱的根本原因。上古黄帝制定礼乐法度,他自己身体力行,率先垂范,也仅仅获得一时的安定。后来的君主,一天比一天骄奢淫逸,依恃法律条文之多,来苛求。百姓困苦不堪,便以仁义的标准埋怨国君。这样上下互相怨恨,互相杀戮、篡夺,甚至于夷灭宗族,根源就在这里。戎狄则不然。君主用淳朴的道德来对待臣民,臣民则心怀忠诚信义来侍奉君主,这样治理全国就像一个人对待自身那样容易,可又不知道为什么会治理得这样好,这才是真正的圣人之治——戎狄的道德就是这个样子啊。"如今晋建国以后,嫡长子没有兄弟们相助守卫,而兄弟之间的怨恨和争斗却一天比一天厉害。卿宰没有被众人钦佩敬仰的高贵品德,可是百官倒台、黜降、杀戮、侮辱的灾祸每天都有。晋宣帝司马懿、景帝司马师当天下乱世之际,一心讨伐英雄,杀戮豪杰,以便倾覆曹魏政权。屠戮之惨,不是诛杀二字可以概括的。再后来,皇室风俗淫乱,把廉耻全数丢弃。天还没黑,便开始了昏天黑地的淫乱生活,放纵自己的情欲,个个都不以淫乱放荡为耻,不以妒忌为恶。当媳妇的忤逆公婆,做人妻子的凌虐丈夫。有杀戮妾媵的,有狎戏长辈或晚辈的,那种淫乱、凶恶、忤逆岂止是乱伦所能概括的。

由此看来,晋朝之德行岂能胜过匈奴呢!如今看到匈奴、鲜卑等民族侵扰华夏,便认为决定于命不决定于德,这种说法是多么荒谬啊!]

将欲取之　心先予之(大私第三十)

【原文】

《管子》曰:"知与之为取,政之宝也。"《周书》曰:"将欲取之,必故与之。"何以征其然耶?黄石公曰:"得而勿有,立而勿取,为者则己,有者则士,焉知利之所在?"[人多务功,鲜有让者。唯天子不与下争功名耳。故曰:有则士,焉知利之所在乎?]彼为诸侯,已为天子[天子不收功于万物,故能成其高;不竞名于众庶,故能成其大也],使城自保,令士自取。[尽与敌城之财,令自取之。所谓使贪使愚者也。]王者之道也。

《尸子》曰:"尧养无告,禹爱辜人,此先王之所以安危而怀远也。"圣人于大私之中也为无私。汤曰:"朕身有罪,无及万方;万方有罪,朕身受之。"汤不私其身而私万方。文王曰:"苟有仁人,何必周亲!"文王不私其亲而私万国。先王非无私也,所私者与人不同,此知大私者也。由是言之,夫唯不私故能成其私;不利而利之,乃利之大者矣。

【译文】

《管子》上说:"明白施予就是获得的道理,是为政的法宝啊。"《周书》上说:"将要从哪里求取,一定要先行给予。"怎样才能证明这个道理是对的呢?黄石公说:"得到一样东西却不要占有它。即使是君主建立的功业,也不要占取功名。自己尽力而为就是了,占取功名是士大夫的事,君主何必要了解功名利禄在哪里可以得到呢?"[人们都向往功名,很少有谦让的,只有皇帝不和臣下争功名。所以说占有功名的是士大夫的事,天子何必要了解功名利禄从哪里可以得到这种事呢?]他们是诸侯,自己是皇帝[皇帝不从万民那里获取功名,所以才成就了自己至高无上的地位;国君不和百姓争夺名位,所以才成就了自己的广大宽宏的名声。]要让城里的人自己保卫自己的城池,要让攻城的将士自己攻下敌人的城池[把城中的财产给予城中的人,他们自己就会拼了命去保卫自己的财产;同样,把敌城中的财产送给攻城的将士。让他们自己去拿,他们就会拼命攻城。这就是人们说的利用人的贪婪本性和愚昧。]。这才是打天下,坐天下的王者的办法。

《尸子》中说:"尧抚养哪些孤苦无告的穷人,禹可怜犯了罪的人。"这是说古代的圣君能够使处在危难中的人民安居乐业,对边远地区的人也同样给予关怀,使之归依服从。英明的皇帝在最大的私情里表现出的却是无私。商汤向上天祷告说:"我一个人有罪,不要对天下百姓进行降罪;天下百姓有了罪恶,请让我一个人来承担。"商汤不偏爱一己之身而爱天下百姓,所以能得到天下人的拥护,周文王说:"假如有仁人,一样可以成为天子,又何必非得是周族的亲属不可呢?"周文王不偏爱他的亲族而爱万国的人民。古代的圣王不是真正无私的,他的私心与一般人不同,这才是明白大私的道理。由此说来,只有不存小私之心,才能成就最大的私;只有以不贪图小利为利,才会获取最大的利益啊。

因势利导　转败为胜(败功第三十一)

【原文】

《文子》曰:"有功,离仁义者必见疑;有罪,不失人心者必见信。"故仁义者,天下之尊爵也。何以言之? 昔者楚共王有疾,召其大夫曰:"不谷不德,少主社稷,失先君之绪,覆楚国之师,不谷之罪也。若以宗庙之灵,得保首领以殁,请为灵,若厉,大夫许诸?"及其卒也,子囊曰:"不然! 夫事君者,从其善不从其过。赫赫楚国而君临之,抚征南海,训及诸夏,其宠大矣。有是宠也,而知其过,可不谓之共乎?"大夫从之。此因过以为恭者也。

魏将王昶、陈泰兵败,大将军以为已过。[魏人感将军引过,皆悦,思报之。]习凿齿论曰:"司马大将军引二败以为已过,过销而业昌,可谓智矣。"夫忘其败而下思其报,虽欲勿康,其可得乎? 若乃讳败推过,归咎万物,上下离心,贤愚释体,是楚再败而晋再克,谬之甚矣。夫人君苟统斯理,行虽失而名扬,兵虽挫而战胜,百败犹可,况再败乎! 此因败以成功者也。故知智者之举事也,因祸为福,转败为功,自古然矣。

[议曰:白起为秦坑赵降卒四十余万,使诸侯曲秦而合纵。大坑赵降卒,非胜也,乃败秦之机。商君诈魏,虏公子卬,使秦信不行于天下,乃自败之兆,非霸业也。乐毅仗义,以下齐城,败于即墨,非败也,乃是吞天下之势。刘备怜归义之人,日行十数里,败于长坡,虽奔亡不暇,乃霸王之始。故知非霸者不能用败。齐人以紫败素,而其价十倍。此言虽小,可以喻大也。]

【译文】

《文子》上说:"即使有功,但是如果失去了仁义,也一定会被猜疑;即使有罪,假如能够不失民心,也一定会受到信任。"所以说,仁义是天下最尊贵的东西。为什么这样说呢? 过去楚共王患病将死的时候,把大夫们召集到身边,说:"我品德修养不够,从年纪很小的时候便开始主持国政,却不能继承前代列祖列宗的传统,使楚国的军队连吃败仗,这都是我的罪过啊。假若由于祖宗的保佑,我能寿终正寝,我请求你们给我加上'灵'(译者按:据《谥法解》不勤成名曰灵。也就是不能勤于政事却能顺利完成统治意思。)或者'厉'(《谥法解》:杀戮无辜曰"厉")的谥号,不知诸位同意吗?"楚共王死了之后,大夫子囊说:"不能按大王的遗命来加谥号。因为侍奉国君的原则是,完成他正确的命令而不服从他不正确的命令。楚国是威名赫赫的大国,自从他身登大宝之后,对南方诸国或安抚或征伐,使他们接受我国的管辖,对于中原华夏诸国也不甘示弱,敢于兵戎相见,可见他受上天的恩宠非常大。有这么大的恩宠,尚能自知其过,难道不可以谥为'共'吗?"大夫们采纳了子囊的意见。(按《谥法解》:知过能改曰'恭',恭、共互训。)这就是由于有了过错由于知错反而尊谥为"恭"的例子。

三国时曹魏的将军王昶、陈泰先后打了败仗,大将军司马懿却把责任都自己承担起来。[魏国人对大将军主动承担责任不推诿责任非常钦佩,都想为他效力以报答他。]习凿齿在《汉晋春秋》上说:"司马大将军把二次失败的责任都自己承担起来,实际上不仅消除了过错,而且使他的事业更发达,名声威望更大了,这可以说是明智的人了。人民不计较他的失败却想为他效力,即使并未想什么事业昌盛,又怎么能不昌盛呢? 假如他们(楚共王、司马懿)讳言失败,推诿责任,找借口把失败归咎于种种客观因素,就会使上下离心离德,统治者和被统治者的关系疏远,走向对立,这样就会使楚国再次失败,曹魏的军队也会再次被敌人打垮,那样的话,错误就更大了。假如国君能够明白这个道理,即使行动失败了,但过即能改且能主动承担失败的责任美名却可扬遍天下,军事上虽受了挫折,但战略上却取得了胜利,即使打了多次败仗也没有关系,何况只打了两次败仗呢? 这就是由于失败反而成功的道理。由此可以知道明智的人办事,往往因祸而得福,转败而为胜,这是自古以来就有的道理啊。

[赵子议论说:白起打败赵国后坑杀了赵国降卒四十多万,因而使各诸侯国认为秦国太残暴,因而结成了合纵联盟一致抵抗秦国。大肆坑杀赵国降卒,并不是秦国的胜利,而是转变为打败秦国的一个机会。商鞅使用欺诈的手段,俘获了魏国统帅公子印,使不再信任秦国政府,这是自己打败自己的先兆,不是谋求霸权的正确方法。乐毅攻占齐国七十余城,最后在即墨被齐兵打败,这并不是失败,而是显示统一天下的势头。刘备怜悯那些归顺了自己的百姓,每天行军只走十几里路,最后被曹兵赶上,在长坂这个地方吃了败仗,即使逃亡的紧急关头也不抛弃百姓,这是后来刘备建立政权称霸西蜀的开端。因此可以明白,不能成就霸业的人就不会利用败势转败为胜。齐国人把紫色的绢的价格降到素色绢的价格以下,反而获取了十倍的利润,这虽然说的是小事,却可以从中悟出大道理。]

去私去欲　神智清明（昏智第三十二）

【原文】

夫神者，智之渊也，神清则智明。智者，心之符也，智公则心平。今士有神清智明而暗于成败者，非愚也，以声色、货利、怒爱昏其智矣。何以言之？昔孔子摄鲁相，齐、景公闻而惧，曰："孔子为政，鲁必霸。霸则吾地近焉，我之为先并矣。"犁且曰："去孔子如吹毛耳。君何不延之以重禄，遗哀公以女乐？哀公亲乐之，必怠于政，仲尼必谏。谏不听必轻绝鲁。"于是选定齐国中女子好者八十人，皆衣文绣之衣而舞康乐。遗鲁君，鲁君受齐女乐，怠于事，三日不听政。孔子曰："彼妇之口，可以出走。"遂适卫。此昏于声色者也。

[戎王使由余观秦，秦穆公以由余贤圣，问内史廖曰："孤闻邻国有圣人，敌国之忧也。今由余，寡人之害，将奈何？"内史廖曰："戎王处僻匿，未闻中国之声，君试遗其女乐以夺其志；为由余请，以疏其间；留而莫遣，以失其期。戎王怪之，必疑由余。且戎王好乐，必怠于政。"穆公曰："善！"以女乐二八遗戎王，戎王受而悦之，终年不迁。由余谏，不听。穆公使人间要由余，由余遂降秦。

梁王觞诸侯于范台，鲁君曰："昔帝女令仪狄作酒而美，进之禹。禹饮而甘，遂疏仪狄，绝旨酒。曰：'后世必有以酒亡其国者也。'齐桓公夜半不慊，易牙乃煎、熬、燔、炙，和调五味而进之。桓公食而饱，曰：'后世必有以味亡其国者也。'晋文公得南之威，三日不听朝，遂推南之威而远之，曰：'后世必有以色亡其国者。'楚王登强台而望崩山，左江而右湖，其乐忘死，遂废登曰：'后世必有以高台陂池亡其国者也。'今主君之尊，仪狄之酒也；主君之味，易牙之调也；左白台而右间须，南威之美也；前夹林而后兰台，强台之乐也。人有一于此，是以亡国。今主君兼此四者，可无诫钦？"梁王称善相属。由此言之，昏智者，非一途矣。]

太史公曰："平原君翩翩浊代之佳公子也。然不睹大体。语曰：'利令智昏。'平原君贪冯亭邪说，使赵陷长平四十余万，邯郸几亡。"此昏于利者也。

[《人物志》曰："夫仁出于慈，有慈而不仁者。仁者有恤，有仁而不恤者。厉者有刚，有厉而不刚者。若夫见可怜则流涕，将分与则吝啬，是有慈而不仁者。睹危急则恻隐，将赴救则畏患，是有仁而不恤者。处虚义则色厉，顾利欲则内荏，是有厉而不刚者。然则慈而不仁则吝夺之也；仁而不恤则惧夺之也；厉而不刚则欲夺之也。"]

《后汉书·班固传》评曰："昔班固伤司马迁云：'迁博物洽闻，不能以智免极刑。'然固亦自陷大戮[班固附窦氏势，窦氏败，固坐之，死洛阳狱中也]，可谓智及之而不能守。古人所以致论于目睫耶？此皆昏于势者也。[议曰：夫班固伤迁，公论也。自陷大戮，挟私也。夫心有私而智不能守矣。]

尸子曰："夫吴越之国，以臣妾为殉。中国闻而非之。夫怒，则以亲戚殉一言。夫智在公则爱吴越之臣妾，在私则忘其亲戚。非智损也，怒夺之也。[此昏于怒者也。]

好亦然矣。语曰：莫知其子之恶。非智损也，爱夺之也。"[此昏于爱者也。]

是故论贵贱，辩是非者，必自公心言之，自公心听之，而后可知也。故范睢曰：

"夫利不在身,以之谋事,则智虑不私已,以之断义,则厉,诚能回观物之智而为反身之察,则能恕而自鉴。"

[议曰:孔子曰:"吾未见刚者。"或对曰:"申枨。"子曰:"枨也欲,焉得刚?"由此言之,苟有私则人其本性矣。尸子曰:"鸿鹄在上,彀弩以待之,若友若否,问二五,曰:'不知也。非二五难讲,欲鸿之心乱也。是知情注于利则本性乱矣。"]

【译文】

大脑是智慧的源泉,大脑清醒智慧就会明朗。智慧是心志的标志,判断公正就表示心地正直。现在却有大脑清醒,心智正常而偏偏不明辨是非的人,这不是因为他愚蠢,而是因为音乐、美色、财物、利益以及一时的情绪把他的智慧弄得昏暗不明了。为什么这样说呢?过去孔子曾代理鲁国的国相,齐景公听到这件事后很担心,'说:"孔子当政,鲁国必然成为霸主。鲁国一成霸主,我国离它最近,肯定最先被它吞并。"犁且说:"除去孔子就像吹掉一根羽毛那么容易。你为什么不用重金聘请孔子来齐国,送一些歌舞美女给鲁哀公呢?鲁哀公喜欢美女和歌舞,肯定会荒于国事,孔子肯定会对他进行劝谏,哀公不听劝谏,孔子必然离开鲁国。"于是便选中八十多名美女,都穿上漂亮的衣服,并教会她们康乐之舞,然后送给鲁哀公。哀公接受齐国的女乐之后果然就荒于国事,三天没有上朝处理国事。孔子说:"有了那些妇人在那里唱歌,我可以离开鲁国了。"于是便前往卫国。这就是被音乐和美色弄昏了头脑的例证。

[戎王派由余出使秦国考察,秦穆公看到由余既有才,又有德,就问内史廖说:"我听说邻国有圣人,就是敌国的祸患。现在由余很有本事,就是我的祸患。我该怎么办呢?"内史廖回答说:"戎王处在偏远闭塞的地方,从未听过中原的音乐。你可以送给他女乐来腐蚀他的精神;在他面前替由余说好话来离间他与由余的关系;挽留由余不让他按时回国,使戎王怀疑由余的忠诚,再说,戎王喜欢女乐肯定会荒于国事。"穆公说:"这个主意好。"于是把十六部女乐赠送给戎王,戎王非常高兴地接受了,一年到头兴趣不减。由余劝谏他也不听。穆公于是派人暗中邀请由余,由余便投降了秦国。

魏王在范台宴请各国诸侯。鲁国的国君说:"过去尧帝之女、舜帝之妃命令仪狄酿酒。酒非常甘美,仪狄把酒进献给禹。禹饮了之后觉得非常好,于是便疏远了仪狄,戒了酒,说:'后世帝王一定有因为纵酒亡国的。'齐桓公半夜感到饿了,易牙便煎煮、烧烤,调和五味,做成美食献给桓公,桓公吃了觉得味道很好,说:'后世必然会有因为贪图美味而亡国的。'晋文公得到南之威为妃后,一连三天没有临朝听政,于是便疏远了南之威。说:'后世必然有贪图美色而亡国的。'楚王登上强台,眺望崩山。左边是大江,右边是大湖,高兴得连生死都忘在脑后,于是再也不登强台了,说:'后世必然会有贪恋高台美池的景色而亡国的。'如今你的坛中装的是仪狄的酒那样的美酒;你的美食像是易牙烹制的美味;左边拥着白台,右边抱着闾须,都是像南之威那样的美色;前边是夹林,后边是兰台,就像是楚国强台那样的美景。人君贪恋其中一项就足以亡国,而你现在四项全占了,怎能不警惕呢?"魏王听了,连说:"讲得太好了,讲得太好了。"由此说来,使人糊涂的并不是只有一种途径啊。]

司马迁说:"平原君是乱世中的风度翩翩的王孙公子啊。但可惜的是他不懂得大道理。由于惑于冯亭的邪说,使赵国军队失陷长平,四十余万士卒被秦国坑杀,首都邯郸险些被攻克。这都是因为被利益弄昏了智慧。"

[《人物志》上说:"仁爱出于慈悲之心,但却有慈悲心而不仁爱的;仁爱的人本应帮助困境

中的人,但却有仁爱之心而不去帮助困境中的人的。严厉的人有刚烈之气,但却有严厉而并不刚烈的人的。像那种看到别人可怜,就发生同情心但要让他捐出钱物来帮助他人就吝啬得很的,这是慈悲但不仁爱的人。看到别人处境危急,就产生怜悯之心,真要让他前往拯救便害怕给自己招来祸患,这是仁爱却不去帮助别人的人。平常无事之时讲起道义声色俱厉,一旦牵涉到自己现实的利益,便怯懦起来,这是严厉却不刚烈的人。慈悲但不仁爱,是因为吝啬;仁爱而不去拯救,是因为恐惧;严厉而不刚烈,是因为有欲望。]

《后汉书·班固传》评论说:"过去班固感叹司马迁知识渊博,却不能运用自己的智慧避免受腐刑。可是班固自己最后也身犯大罪。[班固依附外戚窦氏,窦氏势败后,班固也受到了牵连,死在洛阳监狱中。]这可以说是智力已经达到,但在行动上却不能恪守明白的道理。古人所以反复慨叹,人能明察秋毫,却看不到自己的眼睛和睫毛。班固能看清别人的祸患所在,但自己也无法逃脱身陷大祸的命运,这是因为被权势弄昏了自己的智慧。"[赵子议论说:班固慨叹司马迁的不幸,这是公平之论。身陷大罪,是由于心怀私利,这就是明白道理却不能恪守的道理。]

尸佼说:"吴越等国的风俗,用奴仆为人殉葬,中原地区的国君听了很不以为然,认为野蛮。但一旦发怒,却因一句话就可以杀自己的亲戚。出于公心时智慧发见道,可以爱及吴越等国的奴仆,由于一旦私心蒙蔽则忘了被杀的是自己亲戚。[这并不是智力消退了,而是被怒气掩盖智慧。]

喜好也是如此。有这样的说法:"人总是不知道自己儿子的过恶。"这并不是智力不够,而是因为喜爱蒙蔽了智慧。

所以评论贵贱,明辨是非时,必须出自公心来说话,出处自公心来倾听,然后才能将问题搞清楚。所以范晔说:"与自身没有利害关系时,和他商量事情,他考虑问题就没有私心,判断是非时就果断正确。如果能了解人的智慧受到各种因素影响的情形,然后反观自己,就能宽容对待别人,也就能正确了解认识自己了。"

[孔子曾说:"我没见过刚直的人。"有的人回答说:"申枨不就是个刚直的人吗?"孔子说:"申枨的欲望那样强烈,怎么会刚直呢!"由此说来,假如内心怀有私欲,就会丧失他的智慧的本性。尸佼说:"鸿雁在天上飞,有人把弩弓扯满等待射下鸿雁,好象要放箭,而又犹豫不决的时候,如果问他:'有两只还是有五只?'他必然回答:'我不知道共有几只。'并不是二只或五只这么简单的数字难于计算,而是由于想得到鸿雁,心已经乱了。由此知道心专注在利上的时候,他的本性就会迷乱。"]

好高骛远　误民误国（卑政第三十三）

【原文】

[刘安曰:"日月至光至大而有所不遍者,以其高于万物之上也。灯烛至微至小而世不可乏者,以其明之下,能昭日月之四蔽。"由是观之,政之贵卑也久矣。是以先王设官,分职而共治耳。]

《淮南子》曰:"济溺人以金玉,不如寻常之𦈌。"韩子曰:"百日不食以待粱肉,饿者不肯。"[故曰:"疗饥不期于鼎食,拯溺无待于规行也。]此言政贵卑以济事者也。何以言之？韩非曰："所谓智者微妙之言，上智之所难也，今为众人法而以为上智之所难也，则人无从识之矣。故糟糠不厌者，不待粱肉而饱；短褐不完者，不须文绣而好。以是言之，夫治世之事，急者不得而缓者非务也。今所治之政，人间之事。夫妇之所明知者不用，而慕上智之所难论，则其于人过远矣。是知微妙之言，非人务也。"[又曰："世之所谓烈士者，离众独行，取异于人。为恬淡之学而理恍惚之言，臣以为恬淡，无用之教也；恍惚，无法之言也。夫人生必事君养亲，事君养亲，不可以恬淡之人，必以言论忠信。言论忠信不可以恍惚之言。然则恍惚之言、恬淡之学，天下之惑术也。"又曰："察士而后能知之，不可以为智全也。夫人未尽察也，唯贤者而后能行之，不可以为法也。]故《尹文子》曰："凡有理而无益于治者，君子不言，有能而无益于事者，君子不为。"故君子所言者，不出于名法、权术；所为者不出于农、稼、军阵，周务而已。[故曰：小人所言者，极于儒墨是非之辩，所为者，极于坚伪偏执之行。求名而已，故明主诛之也。]

今世之人，行欲独贤，事欲独能，辩欲出群，勇欲绝众。夫独行之贤，不足以成化；独能之事，不足以周务；出群之辩，不可为户说；绝众之勇，不可与征阵。凡此四者，乱之所由生也。

[故曰：为善者使人不能得纵；为巧者使人不能得为。此独善独巧者也，未尽巧善之理。故所贵圣人之理，不贵其独治，贵其能与众共治也。所贵工倕之巧者，不贵其独巧，贵其能与众共巧也。《文子》曰："夫先知达见，人材之倕也，而治世不以贵于人。博闻强志，口辩辞给，人智之溢也，而明主不以求于下。傲世贱物，不污于俗，士之抗行也，而治世不以为人化。故高不可及者，不以为人量。行不可逮者，不以为国俗。故国治可与愚守，而军旅可与怯同。不待古之英俊而人自足者，因其所有而并用之。"议曰：文子此言，以为圣人不可用先知先达、博闻强志、傲世贱物三事，化天下百姓，使皆行此道，用为规俗。今但任其风士，化以农稼军阵，曲成于物而俯同于俗耳，非贵于独能独勇者也。]

故圣人任道以通其险。[《淮南子》曰："体道者逸而不穷，任数者劳而无功。离朱之明，察针于百步之外，而不能见泉中之鱼。师旷之聪，合八风之调，而不能听十里之外。故任一人之能，不足以理三亩之宅。循道理之数，因天地之自然，则六合不足均也。"此任道以通其险也。]

立法以理其差。[《文子》曰："农、士、工、商，乡别州异。农与农言藏，士与士言行，工与工言巧，商与商言数。是以士无遗行，工无苦事，农无废功，商无折货，各安其性。"此立法以理其差也。]

使贤愚不相异，能鄙不相遗，此至理之术。

故叔孙通欲起礼，汉高帝曰："得无难乎？"对曰："礼者，因时世人情而为之节文者也。"张释之言便宜事，文帝曰："卑之！无甚高论，令今可施行。"由是言之，夫理者，不因时俗之务而贵奇异，是饿者百日以待粱肉，假人金玉以救溺子之说矣。

[议曰：昔楚之公输，宋之墨翟，能使木鸢自飞，无益于用。汉之张衡能使参轮自转，魏之马钧能使木人吹箫，苟无益于用而为之，则费功损力，其害多矣。《庄子》曰："朱汗漫学屠龙于支离益，殚千金，技成无所用其巧。"《文子》曰："夫治国在仁义礼乐、名法刑赏，过此而往，虽弥轮天地，缠络万品，治道之外非群生所飨挹，圣人措而不言也。"由是观之，事贵于适时，无贵于远功，所自来矣。]

【译文】

[刘安说："太阳、月亮是最光明、最伟大的，然而却仍有一些照不到的地方，是因为它们高悬在万物之上的原因。油灯和蜡烛虽然非常微小，但世人却不能缺少它，因为它的光明能切实地

照到太阳、月亮所照不到的犄角旮旯。"由此看来,治国之道以能普遍实行为贵,是由来已久的道理。所以古代圣人设置官吏,使他们各司其职,从而达到分工合作,共同管理的目的。]

《淮南子》上说:"救助溺水的人,给他金玉珍宝,比不上给他一根平常的绳子来得好。"韩非子说:"很多天吃不上饭的人,却非要让他等有了黄粱米饭和肉食之后再吃,饿着的人一定不同意。"[所以说治疗饥饿填饱肚子,不寄希望于宝鼎煮出的美味;拯救溺水的人不能靠步端正的慢性子。]这就是说,治理国家以浅近易行为贵,才有可能把事情办好。为什么这样说呢? 韩非子说:"人们所说的有智慧的人讲的微妙高深的道理,即使是智力较高的人也感到难以理解的。现在为普通人立法,却尽讲即使智力较高的人也难以明了的道理,那么普通人也就更无法弄明白了。所以饿得糟糠都吃不饱的人,是不会等待有了黄粱米饭和肉食后再去吃饭的;连粗麻织的短衣都穿不上的人,是不须有了绣花的绸衣才喜欢穿的。由此说来,治理国家的时候,急迫的事还解决不了,可以缓一步的事情就没必要去做。"[韩非子还说:"现在人们所说的杰出之人都是些与众不同、行为怪僻的人。他们标举恬淡的学问,讲些玄妙的道理。我认为恬淡,是无用的道理,玄妙恍惚是没原则的说法。人生活在世界上,一定要待奉君主,孝养父母。侍奉君主、孝养父母是不能用这种恬淡无为之人的,必须用讲究忠诚信义的人。而讲究忠诚信义就不能恍惚。可见恍惚的道理,恬淡的学问,都是迷惑人的邪术。"韩非子还说过:"非要考察别的人怎样做然后才能明白,就不能认为他有完全的智能,因为人是考察不完的。有才德的人才能做的事,是不能用作制定法的标准的。"]所以《尹文子》说:"凡是虽有些道理却对于治国没有帮助的,君子不去谈论它;虽然可以做但如果没什么实际的好处,君子不必去做。所以君子所说的道理,不越出名法和权术的范围;君子所做的事情,不超出农桑耕种,行军布阵的事情。这就是说,合于实用的才努力去做。"[所以说:小人所说的都是关于儒家、墨家孰是孰非的无益争论,所做的都是些固执、偏激、伪饰的行为。这不过是追求名声而已,所以英明的君主要诛杀他们。]

现在世上有的人,品行想要比所有的人高尚,办事要比所有的人强,能言善辩想要超出众人,勇力想要超众。但是,出众的品行却并不能以之教化人民;超众的办事能力并不能合于实用;杰出的口才也不能挨门挨户地去游说;虽有过人的勇气,却不一定能和大家一起去行军打仗。总之,这四种超众之处,并不能对君主有利,不过是产生祸乱的根源而已。

[所以说,行善的,使人不能随心所欲为所欲为;弄巧的,使一般人不能插手他的工作。这独善、独巧的人,其实也未穷尽巧和善的道理。所以应该以圣人之理为贵,不以一人独自善巧为贵,以能和大家一起共同治理为贵。应该以工匠的巧技为贵,不以一人独巧为贵,而以能有和大家一样的巧技为贵。《文子》说:"先知先觉,有通达的见解,这是人才的过人,但太平盛世,并不把这当作比别人珍贵的东西。广博的知识,超人的记忆力,能言善辩的口才,这是人聪明智慧的表现,但是英明的君主不把这当作要求臣下的标准。傲视一切,自视甚高,不受流俗的污染,这是士大夫的高尚的品行,但太平盛世不把它当作教化百姓的标准。所以,那些高不可攀的表现,不能作为百姓衡量的标准。那些一般人无法达到的品德,不能当做一国的风俗。所以国家太平,可以和愚人一起守成;军队强大,可以和怯懦的人并肩作战。用不着等英俊杰出的人物出现而人可以自我充实的原因,就是按他们所现有的品质、能力兼容并用他们而已。"《文子》这些话,是认为圣明的君主不能用先知达见、博闻强记、傲视别人三事来教化天下。假如让百姓都把这作为行动的规范和风俗是行不通的。如今只要随其风土人情,以务农耕稼、行军作战为教化,委婉地附和众人,随同流俗而已。而不是以独能独勇为贵啊。]

所以古代贤明的君主随顺大道来通过险阻。[《淮南子》说："能够体悟大道的就能获得安逸而不会走入穷途末路；依仗自己的小聪明的一定劳而无功。有离朱那样明亮的眼睛，虽能看清百步之外的缝衣针，却看不到泉水中的游鱼。有师旷那样能分辨各种音调的耳朵，却不能听到十里之外的声音。所以，任用一个能力强的人，不能把三亩大的宅院治理好；遵循大道，依从天地之自然法则，宇宙六合也不难治理的平衡公正。这就是顺随大道来通过险阻的意思。"]

树立法度来缩小各种差别。[《文子》说："农民，士大夫，工匠，商人，无论在乡里、在州县，都是有差别的。农民和农民谈论农田收获；士大夫和士大夫谈论人的品行；工匠与工匠谈论巧技；商人和商人谈论利润、价格。所以士大夫不会失去品行；工匠不会有做不了的活计；农民不会花费无用的气力，总有所收获；商人做生意不会折损本钱。这就是用各安其位的方法来理顺各种差别。]

使聪明的人和愚笨的人不互相轻视，智巧的和粗俗的不互相远离，这是最好的治理国家的办法。

所以叔孙通要制定礼仪，汉高祖说："大概很难吧！"叔孙通回答说："礼这件东西，是随着时世人情的变化而制定用来节制虚文的。"张释之对文帝谈论治国的道理，文帝说："讲得浅近些，不要有太高深的道理，只要现在可以施行的就好。"由此看来，如果治理国家不依从现实急需的事去做，而以奇异为贵，那就是犯了饿了多日的人却让他等待黄粱米饭和肉食，借给别人金玉珍宝去拯救溺水者一样的错误理论。

[过去，楚国的公输般，宋国的墨翟，能使木制的风筝飞上天，但并无实际用途。汉代的张衡能使车的三个轮子自己运转而不靠马的拉力。魏国的马钧能制出会吹箫的木人。但假如没有实际用途，做这些东西，就是浪费智力、劳民伤财，它的害处太多了。《庄子》说："朱汗漫跟支离益学习杀龙的技术，花费了千金的学费，但学成之后，却没有使用这种技术的机会。"《文子》说："治国的根本在于仁义、礼乐、名法、刑赏，超出这些范围去弄别的，即使能统括天地，缠绕万物，也是属于治国之外的道理，对广大人民百姓来说，既不能吃，又不能用。所以古代圣人放在一边不予讨论。"由此看来，做事在于切合现实，不应好高骛远，这是自古以来就有的道理啊。]

积善好施　终有好报(善士第三十四)

【原文】

[议曰：世有好善而反亡者。]《易》曰："积善之家必有余庆。"又曰："善不积不足以成名。"何以征其然耶？孟子曰："仁之胜不仁也，犹水之胜火也。今之为仁者，犹以一杯水救一车薪之火也。火不熄则谓水不胜火，此又与不仁之甚者也。又，五谷种之美者，苟为不熟，不如稊稗。夫仁亦在熟之而已矣。"尸子曰："食所以为肥也，一饭而问人曰：'奚若？'则皆笑。夫治天下大事也，譬今人皆以一饭而问人'奚若'者也。"

[议曰：此善少不足以成名也。恶亦如是。何以明其然耶？《书》曰："商罪贯盈。天命诛之。余弗顺天，厥罪惟均。"由是观之，夫罪未盈，假令中有罪恶，未灭也。今人见恶即未灭，以为恶不

足惧,是以亡灭者继踵于世。故曰:"恶不积不足以灭身。"此圣人之诫。]

由是观之,故知善也者,在积而已。今人见徐偃亡国,谓仁义不足仗也;见承桑失统,谓文德不足恃也。[承桑氏之君,循德废武,以灭其国也。]是犹杯水救火、一饭问肥之说,惑亦甚矣。

【译文】

[在现实生活中,往往有的人多做好事,但却得不到好报,这是什么原因?]《易经》上说:"积善之家,肯定会有善报。"又说:"善事不经累积就不能使人成名。"怎么能证明这种说法呢? 孟子说:"仁者战胜不仁者,就像水能灭火一样是必然的道理。但是如今为仁的人就像用一杯水去熄灭一车干柴燃起的烈火,火不灭就说水不能灭火。这和用一点仁爱之心去消除不仁到极点的社会现象是同样荒谬的事。又如五谷的品种再好,假如没有成熟,那味道还不如稗的种子。所以,仁爱也要看是否成熟啊!"尸佼说:"吃饭能使人长得肥胖,假如刚吃一顿饭,就问别人说:'怎么样,我胖了吗?'那么大家都会笑话他。而治理天下,是最大的事情,更加不是一朝一夕可以看到成效的,现在人们往往急功近利,就像刚吃了一顿饭就问别人'我胖了吗?'一样。"

[这是善德积累太少,还达不到成就善名的程度啊。恶也是这样。怎么能说明这道理呢?《尚书》上说:"商纣王已是恶贯满盈了,所以上天命令武王诛灭他。其余不顺天命的人,看他罪恶的轻重如何定其罪。"由此看来,只是罪恶未满盈而已。假如有罪恶却未灭亡,就认为做坏事也不值得惧怕而心中尤所畏惧为所欲为,这就是世上因作恶而灭亡者一个接一个的原因啊。所以说:"罪恶不积累到一定程度,暂时是不会灭亡的。"这是圣人对我们的告诫啊。]

由此看来,善德在于一点一滴的积累。如果有人看到历史上徐偃王讲仁义却亡了国,就认为仁义不值得依靠;看到古代承桑国国君讲文德而国家灭亡,就认为文德不值得依靠[承桑氏的君主推进文教而放弃武备,后来导致国家灭亡],这就像用一杯水救火,吃一顿饭就问人"我胖了吗"一样糊涂了。

世俗好恶 需察其实(诡俗第三十五)

【原文】

夫事有顺之而失义,有爱之而为害,有恶于己而为美,有利于身而损于国者。何以言? 刘梁曰:"昔楚灵王骄淫暴虐无度,芊尹申亥从王之欲以殡于乾溪,殉之以二女。此顺之而失义者也。[议曰:夫君正臣从谓之顺,今君失义而臣下从之,非所谓顺也。]鄢陵之役,晋楚对战,谷阳献酒,子反以毙,此爱之而害者也。[汉文帝幸慎夫人,其在禁中尝与后同席。及幸上林,郎署长布席,慎夫人席与后同席。袁盎引慎夫人座。上大怒,袁盎前说曰:臣闻尊卑有序,上下乃和。今陛下既已立后,慎夫人乃妾耳。主妾岂可同座哉?陛下幸之,即厚赐之,陛下以为慎夫人,适所以祸之。陛下独不见人彘乎?上乃悦。由是言之,爱之为害,有来矣。]臧武仲曰:"孟孙之恶我,药石也;季孙之爱我,美疢也。疢毒滋

厚,药石犹生我。"此恶之而为美者也。[孙卿曰:"非我而当者,吾师也;是我而当者,吾友也;谄谀我者,吾贼也。"商君曰:"貌言,华也;至言,实也;苦言,药也;甘言,疾也。"]韩子曰:"谓故人行私,谓之不弃;以公财分施,谓之仁人;轻禄重身,谓之君子;枉法曲亲,谓之有行;弃官宠交,谓之有侠;离俗遁世,谓之高慠;交争逆令,谓之刚材;行惠取众,谓之得人。不弃者,吏有奸也;仁人者,公财损也;君子者,人难使也;有行者,法制毁也;有侠者,官职旷也;高慠者,人不事也;刚材者,令不行也;得人者,君上孤也。此八者,匹者之私誉,而人主之大败也。"[人主不察社稷之利害而用匹夫之私誉,家国无危乱不可得也。]

由是观之,夫俗之好恶与事相诡,唯明者能察之。[韩子曰:"君臣之利异,故人臣莫忠,故臣利立而主利灭。"此之谓异利者也。]

【译文】

事情有顺着去做却不合道义的,有本意为爱他却反而害了他的,有自己讨厌却是于自己有好处的,有利于自己却对国家有害处的。为什么这样说呢?刘梁说:"过去楚灵活王骄奢淫逸,暴虐无度,芊尹申亥按照灵王的遗愿,把他埋葬在乾溪(今安徽亳州),并用二个女子殉葬。这是顺着行事反而违背道义的。[国君的命令正确,臣子服从命令,这叫作顺。而如今国君违背道义,臣下照样服从他,并不是什么顺。]鄢陵之战,晋楚两国交兵,楚国统帅子反的仆人谷阳竖给子反敬酒,结果由于子反醉酒楚军大败,楚王逼令子反自杀,这就是因为爱他,反而害了他的例子。"[汉文帝宠爱慎夫人,在后宫时,慎夫人曾和皇后同席而坐。汉文帝游上林苑的时候,郎署长安排座位,又安排慎夫人与皇后同席而坐,袁盎便请慎夫人到另一座位坐下。文帝十分生气,袁盎上前说道:"我听说尊卑之间一定得有个次序,只有这样上下才能融洽。如今陛下已册立了皇后,慎夫人地位不过是侍妾,女主人与侍妾怎么能在同一席位上平起平坐呢?如今你宠爱她,多赏赐她财物是可以的。你认为让她与皇后同席是为她好,其实恰恰是给她制造后患。你不知道高皇帝的宠妃戚姬的下场吗?高祖死后,吕后把戚姬剁去双手双脚,扔在猪圈里,戚姬被称作'人彘'。"文帝这才不生气了。由此说来,爱他反而是害他,是古已有之的现象。]臧武仲说:"孟孙讨厌我,那是良药和针石啊。季孙喜欢我,那是讨人喜欢的病毒啊。病毒再厉害,良药和针石还能把我救活。"这就是厌恶他却对他反而有益的道理。[荀子说:"批评我而又批评得对的,是我的老师;表扬我,而又表扬得对的是我的朋友;阿谀奉承我的,是我的敌人。"商鞅说:"不实在的话,就像是花朵;真实的话,像是果实;逆耳的话,像是良药;甜言蜜语,像是病毒。"]韩非子说:"为老朋友而徇私舞弊的,人们称之为不抛弃朋友;把公家财产分给别人的,称之为有爱心;看不起官职俸禄而看重自己生命的,称之为君子;不顾法律规定而庇护亲人的,称之为有品德;宁可抛弃职务包庇朋友的,称之为有侠肝义胆;避世隐居的称之为有高风亮节;互相争斗、违抗命令的,称之为刚烈;施些小恩小惠以收买人心的,称之为得人。所谓不抛弃老朋友的官吏,一定有奸私之事;所谓爱人的,公家的财物却为之受到了损失;所谓的君子,国家难以使令他;所谓的有品德,法制就会被践踏;所谓的有侠肝义胆,就会使官位出现空缺;所谓的高风亮节,就是使人别干事;所谓的刚烈,就会使上级的命令得不到执行;所谓得人,就会使君主处于被孤立的地位。这八种称誉实际上是老百姓的私誉,是对君主利益的极大破坏。"[国君如果不清楚国家利害之所在,盲目听信百姓的私誉,即使想使国家不陷入混乱,是不可能的。]

由此看来,世俗的好恶往往与事理相反,但是只有明智的人才能看清楚这一点。[韩非子说:"君臣之间的利害刚好是对立的,所以臣子不会忠于君主。臣子的利益一旦获得满足主的利益随之就会受到破坏。"这就是君臣利害不同的道理。]

言行二者　观听结合(息辩第三十六)

【原文】

[议曰:"夫人行皆著于迹,以本行而征其迹,则善恶无所隐矣。夫辩者焉能逃其诈乎?]

《中论》曰:"水之寒也,火之热也,金石之坚刚也,彼数物未尝有言,人莫不知其然者,信著乎其体。"[故曰:使吾所行之信如彼数物,谁其疑之?今不信吾之所行,而怨人之不信也。惑亦甚矣。]故知行有本,事有迹。审观其体,则无所窜情。

何谓行本?孔子曰:"立身有义矣,而孝为本;丧纪有礼矣,而哀为本;战阵有列矣,而勇为本。"太公曰:"人不尽力,非吾人也;吏不平洁爱人,非吾吏也。宰相不能富国强兵,调和阴阳,安万乘之主,简练群臣,定其名实,明其令罚,非吾宰相。"此行本者也。

何为事迹?昔齐威王召即墨大夫而语之曰:"自子之居即墨也,毁日至,然吾使人视即墨,田野辟,人民给,官无留事,东方以宁。是子不事我左右以求誉也。"封之万家。召阿大夫而语之曰:"自夫子之守阿也,誉日闻。然吾使人视阿,田野不辟,人民贫苦。赵攻甄,子不能救。魏取薛陵,子不能知。是子常以币事吾左右,以求誉也。"是日烹阿大夫及左右常誉之者,齐国大理。

汉元帝时,石显专权。京房宴见,问上曰:"幽厉之君何以危?所任者何人也?"上曰:"君不明而所任巧佞。"房曰:"知其巧佞而用之也?将以为贤?"上曰:"贤之。"房曰:"然则今何以知其不贤也?"上曰:"以其时乱而君危知之。"[房曰:"齐桓公、秦二世亦尝闻此君而非笑。然则任竖刁、赵高,政治日乱,盗贼满山。何不以幽厉卜之而觉悟乎?"上曰:"惟有道者,能以往知来耳。"房曰:"夫前世二君亦皆然耳,臣恐后之视今,如今之视前也。"]此事迹者也。

由此言之,夫立身从政,皆有本焉;理乱能否,皆有迹矣。若操其本行,以事迹绳之,譬如水之寒、火之热,则善恶无所逃矣。

【译文】

[作者议论说：人的品行都会有迹象显现出来，根据一个人的根本品质并且参考他的行迹，那么是善是恶就无法掩饰了。即使能言善辩，又怎能用花言巧语掩饰他不善的本质呢？]

《中论》上说："水是凉的，火是热的，金石是坚硬的，这几种东西并未自己说出来，可是人们没有不了解它们确的性质的。这是什么原因呢？它的标志就附在它本体上面。"[所以说，假如我的所作所为确实像那几种东西一样，谁还会怀疑我的品行呢？如今人们确立自己的品行，却埋怨别人不相信任用自己，真是糊涂极了。]由此即可明白，个人品质有根本可察，为人做事有迹象可循，只要仔细观察，那就谁也无法掩饰其真相了。

什么叫品质的根本呢？孔子说："立身处世有一定的规范，而孝敬父母是根本；丧葬有一定的礼仪，哀痛是根本；战阵有一定的排列方式，但以勇敢为根本。"姜太公说："老百姓不尽力务国，不是我的百姓；官吏不公正廉洁、爱护百姓，就不是我的官吏；宰相不能富国强兵，调理人民活动合于阴阳四时，使国君安居王位，选拔训练群臣，使其名实相符，法令彰明、赏罚得当，就不是我的宰相。"这就是品质的根本。

什么是做事的迹象？过去齐威王召见即墨大夫，对他说："自从你到了即墨任职以后，在我面前说你坏话的每天都有。可是我派人去巡察即墨，看到荒地都开垦出来了，人民丰衣足食，官府没有积压的工作，东方一带因此清平安定。这是因为你不花钱收买我身边的亲信以求名求誉啊。"因而将万家封给即墨大夫做采邑。又召见东阿大夫，对他说："自从先生做东阿太守后，每天都能听到有人说你的好话。然而我派人巡视东阿，只见到处田地荒芜，百姓贫困。赵国攻打甄城，你不能救助；卫国攻取薛陵，你竟然不知道。这是你不理正事常用钱收买我身边的亲信，以求得荣誉啊。"当天，便烹杀了东阿大夫和身边亲信中说东阿大夫好话的人。这事以后齐国因此而治理得井井有条。

汉元帝时，石显专权。京房私下进谏皇帝，问汉元帝说："周幽王和周厉王时，国家怎么陷入危机的呢？他们信任的是些什么人呢？"元帝说："君主不英明决断，信任的都是些投机取巧、吹牛拍马的人。"京房说："皇帝是明知他们投机取巧、吹吹拍拍还任用他们呢？还是认为他们有才能才用他们呢？"元帝说："是认为他们有才能。"京房说："那么如今您怎么知道他们没有才能又不贤德呢？"元帝说："根据当时社会混乱，君主的地位受到威胁的情况知道的。"[京房说："齐桓公、秦二世也曾听到过这样的事，他们还嘲笑幽王、厉王的糊涂。然而他们仍然任用了竖刁、赵高这样的狡诈之徒，结果国家政治一天比一天混乱，造反的人到处都是。为什么他们不能以幽王、厉王作为前车之鉴，从而觉悟到自己用人不当呢？"元帝说："只有懂得大道的人，才能鉴过去以知未来啊。"京房说："陛下认为现在的朝政是清明呢而是昏乱？"元帝说："也是非常混乱的。"京房："如今受信任被重用的是些什么人呢？"元帝说："有幸的是现在被任用的石显比竖刁、赵高他们好。我认为朝政混乱责任不在他。"京房曰："过去的齐桓公、秦二世也是这样认为的。我恐怕将来的人看现在的情形就如同我们看过去的情形一样的。"]这就是事物的发生必定有迹象表现出来的道理。

由此说来，立身行事也好，从政治国也好，都有一个最根本的准则。政治清明或昏乱，人是否有才能也都有迹象表现出来。如果能把持住根本，以办事的迹象作为考核的依据，那么就像水是凉的、火是热的一样，人的善恶就无法掩饰了。

考察人才　标准适当（量过第三十七）

【原文】

[议曰：杨恽书云："明明求仁义，常恐不能化人者，士大夫之行也。皇皇求财利，常恐遗之者，庶人之行也。今奈何以士大夫之行而责仆哉？"此量过者也。]

孔子曰："人之过也，各于其党，观过斯知仁矣。"[党，党类也。小人不能为君子之行，非小人之过当恕而勿责之也。]何以言之？太史公云："昔管仲相齐，九合诸侯，一匡天下。然孔子小之曰：'管仲之器小哉！岂不以周道衰，桓公既贤，而不勉之至王，乃称霸哉？'"[议曰：夔、龙、稷、契，王者佐也，狐偃、舅犯，霸者佐也。孔子称："微管仲，吾其被发左衽矣。"是奇管仲有王佐之材矣。夫有王佐之才而为霸者之政，非小器而何？由是观之，孔子以管仲为夔、龙、稷、契之党而观过也。]

虞卿说魏王曰[虞卿说春申君伐燕以定身封，然楚之伐燕，路由于魏，恐魏不听，虞卿为春申君说魏君假道也。]："夫楚亦强大矣，天下无敌，乃且攻燕。"魏王曰："向也子云'天下无敌'，今也子云'乃且攻燕'者，何也？"对曰："今谓马多力则有之矣，若曰胜千钧则不然者，何也？夫千钧非马之任也。今谓楚强大则有矣，若夫越赵魏而开兵于燕，则岂楚之任哉？"

由是观之，夫管仲九合诸侯，一匡天下，而孔子小之；楚人不能伐燕，虞卿反以为强大，天下无敌，非诡议也，各从其党言之耳。不可不察。

【译文】

[赵子议论说：汉代杨恽在写给孙惠宗的信中说："努力追求自己品德修养的提高，常怕不能垂范教化百姓，那是士大夫的事；急急忙忙追求财富，常怕得不到，那是老百姓的事。你为什么用士大夫的标准要求我呢？"这就是衡量过错要对不同的人有不同的标准的道理。]

孔子说："人因为类别的不同犯的错误也不同。什么样的人就犯什么样的错误。仔细考察某人所犯的错误，就可以知道他是什么样的人了。"[党，就是品类。小人不能做君子做的事，当然不会犯君子所犯的错误。这并不是说小人犯错误就该宽恕，不要责备。]为什么这样说呢？司马迁说："过去管仲辅佐齐桓公，九次主持天下诸侯的会盟，使天下得以匡正，可孔子还是小看他，曾说：'管仲的器量很狭小！'为什么不在周王室衰微的情况下辅佐齐桓公使之推行王道，而反之成就了齐桓公的霸业呢？"[夔、龙、稷、契（虞舜的臣子），这是天子的辅佐，狐偃、舅犯（晋文公重耳的臣子）是霸主的辅佐。孔子曾称赞管仲说："假如没有管仲，我们就会被周边夷狄之国所灭，恐怕我也成了野蛮民族统治下的人了。"这是为孔子觉得管仲有王佐之材，却只辅佐齐桓公成就了霸业，这不是器量狭小又是什么呢？由此看来，孔子是把管仲当作夔、龙、稷、契一流人来看的，因此才批评他器量狭小。]

虞卿在游说魏王时说[虞卿本来是先劝春申君讨伐燕国，以求取自身的封赏。但楚国若要攻打燕国，必须通过魏国。虞卿怕魏国不准楚军通过，才去游说魏王以求从魏国借道通过的]："楚国很强大的，可以说天下无敌。他即将攻打燕国。"魏王说："你刚才说楚国天下无敌,现在又说即将攻打燕国,这是什么意思?"虞卿回答说:"假如有人说马很有力气,这当然是对的,但假如有人说马能驮动千钧的重量,这是不对的。为什么呢? 因为千钧之重,不是马能驮起来的。现在说楚国强大没错,假如说楚国能够越过赵国和魏国去和燕国开战,那又怎么是楚国能做到的呢?"

由此看来,管仲九次主持诸侯会盟,而孔子还小看他;楚国不能越过魏国去攻打燕国,虞卿反而认为楚国强大,这并不是随便不负责任而讲的胡话,而是根据他们各自品类来说的。这是不能不弄清楚的。

审时度势　把握机遇(势运第三十八)

【原文】

[百六之运,推迁改移,不为尧存,不为桀亡。君子小人无贤不肖,至人无可奈何。知其不由智力也。]

夫天下有君子焉,有小人焉,有礼让焉。此数事者,未必其性也,未必其行也,皆势运之耳。何以言之?《文子》曰:"夫人有余则让,不足则争。让则礼义生,争则暴乱起。物多则欲省,求赡则争止。"[议曰:《管子》云:"衣食足则知荣辱。"此有余则让者也。《汉书》曰:"韩信为布衣时,贫无行,不得推择为吏。及在汉中,萧何言于高祖曰:"韩信者,国士无双。"此不足则争者也。故傅子曰:"夫授夷、叔以事而薄其禄,父母饿于前,妻子馁于后,能有志不移者鲜矣。"]

《淮南子》曰:"游者不能拯溺,手足有所争急也,灼者不能救火,身体有所痛也。林中不卖薪,湖上不鬻鱼者,有所余也。"故世治则小人守正,利不能诱也。世乱则君子为奸,而刑不能禁也。[慎子:"桀、纣之有天下也,四海之内皆乱。关龙逢、王子比干不与焉,而谓之皆乱,其乱者众也。尧舜之有天下也,四海之内皆治,而丹朱、商均不与焉,而谓之皆治,其治者众也。]故《庄子》曰:"当尧、舜而天下无穷人,非智行也。当桀、纣而天下无通人,非智失也。时势适然。"《新语》曰:"近河之地湿,近山之木长者,以类相及也。四渎东流而百川无西行者,小象大而少从多也。"

是知世之君子,未必君子。[议曰:匡衡云:"礼恭让则人不争,好仁乐施则下不暴。尚义高节则人兴行,宽柔惠和则众相爱。此四者,明王之所以不严而成化也。"由是言之,世之君子乃上之所化矣。]世之小人,未必小人。[议曰:《尚书》云:"殷网弗小大,好草窃奸宄。卿士师师,非度网获。"此言殷之季世,卿士君子并非法,无得其中,皆从上化耳。故知世之小人,未必小人。]世之礼让,未必礼让。[议曰:《左传》云:"范宣子好让,其下皆让,栾厌为汰,弗敢违也,晋国以平,数世赖之,刑善也。"夫周之兴也,其诗曰:"仪刑文王,万邦作孚。"刑善也。及其衰也,其诗曰:"大夫不均,我从事独贤。"言不让也。由此言之,夫栾厌之让势运之耳。故知世之礼让,未必礼让也。]夫势运者,不可不察。[议曰:政论云:虽有素富骨清者,不能百一,不可为天下通变。故知天下君子小人本无定质,尽随势运者多矣。]

【译文】

[天下大事,随着时间的推移在不断地变迁流转,既不会因尧舜贤德而加速前进,也不会因

桀纣无道而停止。谁是君子？谁是小人？何为贤惠？何为愚妄？都没个定准，这是至高至明的圣人也没办法的事情。由此可知，一个人的好坏，并不完全取决于他的智力。]

天下有品德高尚的君子，有品格卑下的小人，也有尊礼谦让的人。但上述这些人，未必出于人的本性，或出于认为理所当然，都是大的形势造成的。为什么这样说呢？《文子》上说："人们富余时才会谦让，而不足时便会争斗。谦让就产生了礼义，争斗就会发生暴乱。财富多了欲望就减少，获得的多了争斗就会停止下来。[《管子》上说："丰衣足食之后，人们才会产生荣辱的观念。"这是说有余会谦让。《汉书》上说："韩信是普通人的时候，穷困潦倒，品行不端，因此不能被推举为官。待到在汉中投奔刘邦，萧何向刘邦推荐他说："韩信是国家难得的人才，天下没有比得上他的。"这是由于他是普通人时，衣食不足才品行不端啊！所以傅玄说："假如给伯夷、伯齐一个小官职，只发给他不多的俸禄，开始是父母挨饿，接着是老婆孩子吃不饱饭，在这种情况下还不改变其节操的可能性就会很少了。"]

《淮南子》上说："在水里游泳的人没办法拯救淹在水里的人，因为于他自己的手足抽不出空来救助别人。在火灾中被烧伤的人没办法救火，因为他自己的烧伤疼得厉害。在树林里没有卖木柴的，在湖上没有卖鱼的，因为当地没有人缺少这种东西。"所以太平盛世，道德恶劣的小人也会奉公守法，不义之财也不能打动他的心。但在世道混乱的时候，品格高尚的君子也难免会干坏事，法律也禁止不住他。[慎子说："夏桀、商纣当天子的时候，天下一片混乱。关龙逄，王子比干虽然是贤者，但人们还是称那时为乱世，不为别的，因为作乱的人多啊。唐尧、虞舜当天子的时候，天下太平，虽然有丹朱、商均作乱，但人们还把那时称为太平治世，就是因为守法的人多啊！]所以《庄了》说："在尧、舜的时代，天下没有不得志的人，并不是因为大家智力都很高。在桀、纣的时代，天下没有事业发达的人，并不是因为人都变愚笨了。这都是形势的不同造成的。"《新语》说："靠近河边的土地总是比较湿润的，造近山边的树木，总是长得很高，那是同类互相影响的原因。长江、黄河、淮河、济水古称四渎，都是向东流入大海的，所以众多的小河也没有向西流的，这是小河仿效大河，水少的追随水多的原因啊。"

因此可知，世上的君子，不一定本质上就是君子。[匡衡曾经说过："英明的君主礼敬谦让，百姓也就不互相争斗了；君主乐善好施，下民也就不会凶暴；君主推崇道义节操，百姓也会按道义节操行事；君主宽仁慈爱，百姓也会互相关心爱护。有这四种原因，所以有道之君不靠严刑峻法也能影响天下，使天下成为太平盛世。"由此说来，社会的君子，是明主教化引导的结果。]世上的小人，不一定本质上就是小人。[《尚书》上说："殷商的法律并非不严密，然而社会风气却很坏，草野盗贼成群，朝廷内外，大夫互相勾结，狼狈为奸，上行下效，法律都没办法。"这是说商朝的末世，大夫们都干非法的事，没有遵纪守法的，这也都是君主影响的结果，因此可以明白，世上的小人，未必本质上就是小人。]世上的礼让，也未必就是出于人们的本性。[《左传》上说："晋国的范宣子执政，他好礼让，大夫们也都跟着好礼让。栾厌虽然横暴，也不敢不跟从这种礼让之风，因而晋国安定，几代人都仰仗范宣子树立起来的民风，平稳安定地生活。这是榜样好啊。"在周朝开始兴盛的时候，那时的诗中唱道："以文王为榜样，其他众多国家也都讲诚信了。"这就是榜样好的原因。待到周朝衰落时，那时的诗中唱道："大夫不公平，让我做的事比别人都多。"这就是说不再谦让了。由此说来，栾厌那样的谦让，也是时势造成的。因此，世人的谦让，未必出于人们的本性。]所以君子也好，小人也好，谦让也好，都是时势造成的。这个道理是不能不探究明白的。[《政论》上说："世上虽然有生来就品质高尚的人,但百里不能挑一,不能作为天下的普遍标准。"因而可以明白君子、小人都不是生来就是那个样子的,大都是随着时势的推移变化而变化的。]

以傲为礼 可以重人(傲礼第三十九)

【原文】

《左传》曰:"无傲礼。"《曲礼》曰:"毋不敬。"然古人以傲为礼,其故何也? 欲彰夫人德耳。何以言之? 昔侯嬴嬴为大梁夷门监,魏公子闻之,乃置酒大会宾客,坐定,公子从车骑虚左自迎夷门侯生。侯生引公子过市及至家,以为上客。侯生谓公子曰:"今日嬴之为公子亦足矣。嬴乃夷门抱关者也,而公子亲枉车骑。稠人广众之中,不宜有所过,今公子故过之。然嬴欲就公子之名,故久立公子车骑市中,以观公子,公子愈恭。市人皆以嬴为小人,而以公子为长者,能下士也。[初,公子迎侯生,侯生曰:"臣有客在市屠中,愿枉车驾过之。"侯生下见其客朱亥,与之语,微察公子,公子色愈和。市人皆观,从骑窃骂侯生,侯生视公子色终不变,乃谢客就车也。]张释之在廷中,三公九卿尽会立,王生老人曰:"吾袜解。"顾谓张廷尉为我结袜。人或谓王生曰:"独奈何廷辱张廷尉?"王生曰:"吾老且贱,自度终无益于张廷尉。张廷尉方今天下名臣,吾故聊廷使跪结袜,欲以重之。"诸公闻之,贤王生而重廷尉。[汲黯常与大将军抗礼,或谓黯曰:"自天子常欲群臣下大将军,君不可以不拜。"黯曰:"夫以大将军有揖客,反不重耶?"大将军贤之,愈贤黯也。]

由是观之,以傲为礼,可以重人矣。

[议曰:《老子》云:"国家昏乱有忠臣,六亲不和有孝慈。"因不知昏乱,乃见其节。向使侯生不傲,则士人不知公子能下士也。使王生不据,则三公不知廷尉能折节也。故曰:不善人者,善人之资。信矣夫!]

【译文】

《左传》上说:"没有以傲为礼的。"《曲礼》上说:"不要不庄重恭敬。"然而古人确实有以傲慢为礼的,这又怎么讲? 其目的是想使对方的品德能够明显地表露在世人面前。为什么这样说呢? 过去隐士侯嬴是魏国首都大梁东门的守门人。魏公子信陵君听说了侯嬴的名声,就置办了一次宴会大请宾客。待宾客都坐好后,信陵君率领一队车马,空着车上左边的座位,亲自去迎接侯嬴。侯嬴领公子去了一趟集市,待来到信陵君家中,侯嬴被当作最尊贵的宾客。侯生对信陵君说:"今天,我为你所做的事已经很不少了。我本是东门的看门人,而你以魏国公子的身份亲自屈尊驾车迎接我。而且在稠人广众之中,我不应再去拜访谁,可是我故意让你去了一趟集市。我是为了成就你礼贤下士的声名,所以才故意让你和你的车马停在集市那么长的时间,来观察你,而你的态度却更加谦恭。集市上的人都认为我是个小人,而认为你是个有道德的人,能礼贤下士。[当初,信陵君去迎接侯嬴,侯嬴说:"我有个朋友在市集上杀狗卖肉,想借你车驾去拜访他。"侯嬴下车去见他的朋友朱亥,和朱亥聊天,暗中观察信陵君,信陵君的面色反而更加谦和。市集上的人都围着看,随从信陵君的人都暗中责骂侯嬴。侯嬴看信陵君面色仍然没有变化,还是那么谦和,这才辞别朋友上了车。]汉朝的廷尉张释之等待上朝朝见皇帝,三公九卿等高官显贵都在场,有个老人王生说:"我的袜带松开了。"回头对张廷尉说:"给我把袜带系上!"有人对王生说:"为什么你在大庭广众之中,单单要侮辱张廷尉呢?"王生说:"我年纪很老了,地位又低,自己考虑没有什么办法能对张廷尉有所帮助。张廷尉是如今天下有名望的大臣,所以才让他当着大庭广众的面跪下给我系袜带。我是想让张廷尉名声更好更被世人看重啊。"那些高官显贵听了,认为王生是个贤德的人,同时也更加尊重张廷尉了。[汉朝的汲黯,常常看见大将军卫青行平等之礼,只行个平揖礼。有人对汲黯说:"皇帝打算让群臣都以下属的礼节拜见大将军,你不应该见大将军不跪拜。"汲黯说:"以大将军那样尊贵的地位,却有平揖的朋友,不是更被世人看重吗?"大将军听了这话,也认为汲黯是贤德之人。]

由此看来,以傲为礼,可以使对方更受尊重。

[《老子》说:"国家动荡的时候才显示出忠臣来,六亲不和时才显出父母的慈爱和子女的孝顺。"这是说忠臣、孝子因为不管国家昏乱与否,仍然做自己该做的事,这才显示出节操的高尚。如果过去侯嬴对信陵君不傲慢,那么魏国人的人就不了解信陵君有礼贤下士的风度。如果王生对张廷尉不傲慢,那么三公九卿,高官显贵就不了解张迁尉能降低身份,屈己下人。所以说:不好的人,是好人得以显示出来的凭借和参照,实在可信啊!]

循名则实　名正言顺(定名第四十)

【原文】

夫理得于心,非言不畅;物定于彼,非言不辩。言不畅志,则无以相接;名不辩物,则识鉴不显。原其所以,本其所由,非物有自然之名而理有必定之称也。欲辩其实则殊其名;欲宣其志则立其称。故称之曰道、德、仁、义、礼、智、信。夫道者,人之所蹈也。居知所为,行知所之,事知所乘,动知所止谓之道。[又曰:道者,谓人之所蹈,使万物不失其所由也。]德者,人之所得也。各得其所欲谓之德。仁者,爱也。致利除害,兼爱无私谓之仁。[又曰:仁者,人之所亲,有慈悲恻隐之心,遂其生成。]义者,宜也。明是非,立可否谓之义。[又曰:义者,人之所宜,赏善罚恶以建功立事也。]礼者,履也。进退有度,尊卑有分谓之礼。[又曰:礼者,人之所履,夙兴夜寐,以成人君之序也。又曰:立善防恶谓之礼也。]智者,人之所知也。以定乎得失是非之情谓之智。信者,人之所承也。发号施令,以一人之心谓之信。见本而知末,执一而应万谓之术。[又曰:擅杀生之柄,通壅塞之途,权轻重之数,论得失之道,使远近情伪必现乎上谓之术。]

《说苑》曰:"从命利君谓之顺。[又曰:君正臣从谓之顺也。]从命病君谓之谀。[又曰:应言而不言谓之隐,应谏而不谏谓之谀。又曰:君僻臣从谓之逆也。]逆命利君谓之忠。[又曰:分人以财谓之惠,教人以善谓之忠。孙卿曰:"以德覆君而化之,大忠也;以德调君而补之,次忠也;以是谏非而怒之,下忠也。"]逆命病君谓之乱。[又曰:赏无功谓之乱。]君有过失,将危国家,有能尽言于君,用则留,不用则去谓之谏。用则可,不用则死谓之诤。能率群下以谏于君,解国之大患,除国之大害谓之辅。抗君之命,反君之事,安国之

《庄子》曰:"莫之顾而进谓之佞。希意导言谓之谄;不择是非而言谓之谀。好言人恶谓之谗。称誉诈伪,以败恶人谓之慝。不择善否,两容颊适,偷拨其所欲谓之险。"古语曰:"以可济否谓之和,好恶不殊谓之同,以贤代贤谓之夺,以不肖代贤谓之伐,缓令急诛谓之暴,取善自与谓之盗,罪不知眚谓之虐,敬不中礼谓之野,禁而不止谓之逆,[又曰:恭不中礼谓之逆。又曰:令而不行谓之障。]禁非立是谓之法,知善不行谓之狂,知恶不改谓之惑。"太公曰:"收取天下珠玉、美女、金银、彩帛谓之残。收暴虐之吏,杀无罪之人,非以法度谓之贼。[《庄子》曰:"析交离亲谓之贼。"孙卿曰:"不恤君之荣辱,不恤国之臧否,苟容以持禄养交,国之贼也。"]贤人不至谓之蔽。忠臣不至谓之塞。色取仁而实远之谓之虚。不以诚待其臣而望其臣以诚事己谓之愚。分于道谓之性[分谓始得为人]。形于一谓之命[受阴阳刚柔之性,故曰形于一也]。凡人函五常之性,而刚柔、缓急、音声不同,系水土之气谓之风。好恶、取舍、动静无常,随君上之情欲谓之俗。"

或曰:"乐与音同乎?"对曰:"昔魏文侯问子夏曰:'吾端冕而听古乐,唯恐卧。听郑、卫之音,则不知倦。敢问古乐之如彼,新乐之如此,何也?'子夏曰:'今君之所问者,乐也。所好者,音也。夫乐者与音相近而不同。'文侯曰:'敢问何如?'子夏曰:'夫古乐者,天地顺而四时当,民有德而五谷昌,疾疢不作而无妖祥,此之谓大当。然后圣人为父子、君臣以为之纪纲。纪纲既正,天下大定,天下大定,然后正六律,和五声,弦歌诗颂,此之谓德音,德音之谓乐。《诗》云:'莫其德音,其德克明。克明克类,克长克君,王此大邦。克顺克比,比于文王。其德靡悔,既受帝祉,施于孙子。'此之谓也。今君主所好者,溺音乎!郑音好滥,淫志也;宋音燕安,溺志也;卫音趋数,烦志也;齐音傲僻,骄志也。四者皆淫于色而害于德。是以祭祀弗用。此音乐之异也。[董生曰:"古者未作乐之时,乃用先王之乐宜于时者,而以深入教化于人,然后功成。作乐,乐其德也。故国风淫俗在于管弦。"《乐书》曰:"知声而不知音者,禽兽是也;知音而不知乐者,众庶是也;唯君子为能知乐。是故审声以知音,审音以知乐,审乐以知政,而理道备矣。"此又义声音之异也。]

或曰:"音与乐既闻命矣,敢问仪于礼同乎?"对曰:"昔赵简子问揖让周旋之礼于太叔,太叔曰:'夫礼,天之经也[经者,道之常也],地之义也[义者,利之宜也],民之行也[行者,民之所履也]。天地之经,民实则之。则天之明[日月星辰,天之明也],因地之性[高下刚柔,地之性也],生其六气[谓阴、阳、风、雨、晦、明也],用其五行[金木水火土也]。气为五味[酸咸辛甘苦也],发为五色[青黄赤白黑,发见于是非分别也],章为五声[宫商角徵羽也]。淫则昏乱,民失其性[滋味声色过,则伤性]。是故礼以奉之[制礼以奉其性也]。人有好恶、喜怒、哀乐,生于六气[此六者,皆禀阴阳风雨晦明之气也],是故审则宜类,以制六志[为礼以制好恶喜怒哀乐六志,使不过节也]。哀有哭泣,乐有歌舞,喜有施舍,怒有战斗。哀乐不失,乃能协于天地之性,是以长久[协和也]。故人能曲直以从礼者,谓之成人。"

或曰:"然则何谓为仪?"对曰:"养国子,教之六仪:祭祀之容,穆穆皇皇;宾客之容,俨恪矜庄;朝廷之容,济济跄跄;丧纪之容,累累颠颠;军旅之容,暨暨洸洸;车马之容,騑騑翼翼。此礼仪之异也。夫定名之弊在于钩铒析辞。苟无其弊则定名之妙也。"

论曰:班固九流,其九曰杂家,兼儒墨,合名法。《傅子》曰:"杂才以长讽议。"由是观之,杂说之益,有自来矣。故著此篇,盖立理叙事,以示将来君子矣。

【译文】

内心明白了某种道理,如果不借助语言,就不能把这道理表述出来;把某种事物用一定的名称规定下来,如果不借助语言,就无法把它与其他东西区分开来。如果语言无法表达自己内心的思想,就无法与别人沟通交流;不借助一定的名称来区分事物,就无法显现你对事物本质的认识。但如推本究源,并非事物本来就有名号称谓,也并非道理本来就有固定的概念范畴。而要区别事物的性质就必须为它们规定不同的名字;要传达你内心的思想,就必须确立一定的概念范畴。所以才有道、德、仁、义、礼、智、信等等概念范畴的出现。什么是道呢? 道,就是人一定得遵循的规律。坐在那里时,知道自己将要做什么;出行时知道要往哪里去;办事知道所需要的条件;行动起来要知道什么时候该停止——这就是道[还有一种说法是:道就是人必须遵循的,使万物各行其道的法则。]什么是德呢? 德就是人能获得的,也能够使别人各得其的品德。仁就是爱,使别人趋利避害,博爱无私就是仁。[又说:仁就是爱心。同情心和怜悯心便是仁的出发点。]义就是适宜,明确是与非,肯定与否定的界限就是义。[又说:义就是人所做一切都无不合宜,有善必赏有恶必罚,以此来建立功业就是义。]礼就是人们必须要遵循的。或进或退必须有一定的规范,尊卑、长幼、上下、贵贱都要有所差别就是礼。[又说:礼,就是人必须实行的。早起晚睡,为的都是保证君主的统治秩序。或说:褒奖善行,防止过恶就是礼。]智就是人们的知识。用来判断得失、明辨是非等等的能力就是智。信就是人们的承诺,发号施令时,都以最高统治者一人的意志为准则就是信。看到事物的开端,就能预知它的后果,掌握不变之道应对变化无常、复杂多端、各种各样的具体事物就是术。[还有一种说法是:掌握杀生之大权,能打通堵塞的渠道,有判别轻重缓急的能力,准确地评论得与失,能使远近,真假无法隐藏地表现在君主面前就是术。]

刘向《说苑》中说:"服从君主的命令,也确实有利于君主就是顺。[又说:君主命令正确,臣下因而服从就是顺。]顺从君主的命令,却对君主有害就是谀。[又说:该说的话不说是隐,该劝阻时不去劝阻就是谀。还说:君主不正确而臣下却服从就是逆。]违背君主的命令,却对君主有利那就是忠。[还说:把财物分给别人就是惠,用善来教育别人就是忠。荀子说:用高尚的德行保护君主并能感化他,这是最大的忠;用自己的品德为君主拾遗补阙是次忠;以正确的意见劝阻君主不正确的做法,激怒君主是下忠。]违背君主的命令同时不利于君主的就是乱。[还说:奖赏没有功劳的人也是乱。]君主有错误,而且即将危害到国家根本利益,这时能直言君主,陈述己见,君主采纳,便留下来继续为君主效劳,不采纳便辞职回家,这是谏臣。采纳自己的意见更好,不采纳自己的意见,便以死明志,这是诤臣。能率领群臣向君主进谏,解除国家的危急,这是辅臣。违抗君主错误的命令,改变君主的行动,使国家从危难中安定下来,消除了对于君主的耻辱,这是弼臣。"[所以说谏、诤、辅、弼之臣才是国家的忠臣,明主的财富。]

《庄子》说:"什么都不管,一味求取功名就是佞,观察君主的好恶然后说话就是谄。君主说话不分别是非一味顺从就是谀。喜欢说别人的坏话就是谗。假装称誉别人，而实际上却希望别人倒霉叫慝。不分善恶，毫无原则，都表现出和颜悦色的样子，暗中却盗取自己想要的东西就叫险。"古语说："用可行的方法补救错误的方法造成的后果就叫和。无论是自己喜欢的还是厌恶的，一概不表示反对意见就叫同。用贤者取代贤者就叫夺。用不贤者取代贤者就叫伐。法令本来宽松，可是定罪却很苛刻严酷就叫暴。把好的东西都窃为己有就叫盗。自己有罪过却不知改过就叫虐。态度虽然恭敬却不合于礼数就叫野。有禁令也不停止自己的坏事就叫逆。[又有一种说法，态度恭敬却不合于礼数就叫逆。还说：有令不行就叫障。]禁止不对的，树立正确的就叫法。明知是好事偏偏不去做叫狂。明知做了坏事却不想改正就是惑。"姜太公说："贪求搜集天下珠宝、玉石、美女、金银、彩缎就叫残。任用暴虐的官吏，滥杀无罪的百姓，完全不按法度行事就叫贼。"[《庄子》说："使亲戚朋友之间产生隔阂就叫贼。"荀子说："不体恤国君的荣辱，不体恤国家的得失，苟合取容，拿国家的俸禄送给自己的朋友，就是国家的盗贼。"]贤人不来效命朝廷就叫蔽。忠臣不来效命朝廷就是塞。表面上表现出仁爱而实际上违背仁爱就叫虚伪。不以诚心对待臣子却指望臣子以诚心报效自己就叫愚蠢。从混沌的状态中分离出来成为人就是性。秉受天地之性叫命。凡是人都有金木水火土五种天性，但不同地域的人却有刚、柔、缓、急、音、声的差别，这是与各地水土有关系的，这就叫土风。好恶、弃取、动静都没有永久不变的法则，而是随着当今统治者的情趣爱好而改变，这就叫民俗。"

有人问："乐和音相同吗？"赵子回答说：过去魏文侯曾问子夏："我把帽子戴得端端正正的来听古乐，怕就怕听着听着就瞌睡。而听郑音时则一点也不感到厌倦。请问，古乐是那样而新乐又是这样，这是什么原因呢？"子夏回答说："现在你问的是乐的问题，而你所爱好的却是音。乐与音虽然有表面上相近的地方，实质却是不同的啊。"文侯说："那请问有什么不同呢？"子夏说："古乐，是在天地正常运行，春夏秋冬四时交替有序，百姓心情舒畅，五谷丰登，没有疾疫流行，也没有什么不吉祥的兆头的时节，也就是无所不当的时代，然后圣人制定了父子，君臣的关系准则来作为治理天下的大纲。大纲端正之后，天下也完全安定了。天下完全安定之后才校正六律（即黄钟、太簇、姑洗、蕤宾、夷则、无射），调和五声（宫商角徵羽），然后配上琴瑟，演唱《诗》和《颂》，这称作德音。只有德音才能称作乐。《诗经》上说：'默然清静，显示出他的高尚品德，他的美德在于是非分明。能准确把握是非，善恶。能做人们的教育者，也能做人们的统治者。统治这个大国，使百姓都服从，上下相亲。象文王一样，他的品行没有任何值得遗憾的地方。既已享受上帝的福佑，还要延及他的子孙。'说的就是这个意思。而如今你所喜好的，是你所沉溺于其中的音啊。郑音太滥，会使人的心志不清醒；宋音安逸闲适，使人心志消沉，难于振作；卫音急促，使人心志烦躁；齐音狂傲偏邪，使人心志骄恣。这四国之音都会令人沉溺于其中，有害于品德。所以祭祀大礼时不用它们。这就是乐与音的区别。"[董仲舒说："在还没有制礼作乐的时代，便使用先王传下古乐中适合当时的，用来教育化导百姓。教化百姓的目的达到之后才制礼作乐。所谓乐，就是以圣人之德为乐。所以国风淫滥，都是由于所配的音乐不好啊。"《乐书》上说："懂得声却不懂得音的是禽兽。懂得音而不懂得乐的是一般百姓。只有君子才能真正懂得乐。"所以考察声便能懂得音；考察音便能懂得乐；考察乐便能懂得政治。懂得了乐和政治，那治理国家的大道理也就齐备了。这又是声和音的区别。]

有人又说："音与乐的问题我已经听你讲明白了，请问仪和礼相同吗？"赵子回答说：过去赵简子向太叔询问揖让进退和应酬宾客的礼节，太叔回答说："你问的是仪而不是礼。我曾听过去郑国大夫子产说过，礼是天经地义的，百姓所必须遵循的准则。天地之常经，百姓确实是当作法则来对待的。效法天的光明日月星辰的精神；依地阴阳刚柔之性来行事。生成阴阳风雨晦明六气，运用金木水火土五行，散发酸咸辛甘苦五味，化作青黄赤白黑五色，显现为宫商角徵羽五声。六气、五行、五色、五味、五声一旦过度失正，就会产生混乱，百姓因而迷失其本性。所以制礼来保持老百姓的本性。人有好恶喜怒哀乐，这都生于六气，所以要研究六气而制礼，以约束这好恶喜怒哀乐六种心志。哀表现为哭泣，乐表现为歌舞，喜表现为施舍，怒表现为争斗。无论哀伤或欢乐都不失其常才能与天地六气协调，才能长久。所以如果人能屈能伸来顺从礼的规定就可以称他为成人了。"

有人又问："但是究竟什么是仪呢？"赵子回答说：供养国中人才并教给他们六仪：祭祀时的仪容要肃穆、庄严；接待宾客时的仪容要庄重恭敬；在朝廷时的仪容要威仪整齐、繁杂而不混乱；在丧礼上的仪容要悲哀疲惫；军队的容仪要果断刚毅；车马的容仪要盛大整齐。这就是礼和仪的区别。界定名称的弊端在过于抠字眼。假如没有这种弊端，那么界定名称的方法就是一种很好的方法。

结论：班固在《汉书·艺文志》中，把学派分为九派，其中第九就是杂家。他说杂家兼取儒墨二家之长，融汇名法于一炉而自成一派。傅玄曾用九品论人，其第九品是杂才，长于讽谕论辩。由此看来，杂取各家之说的好处，古代人就知道了。所以我们此篇文章，用杂家思想阐明道理，叙述史事，目的是为对将来的君子能有所启发。

第九卷　用兵之术　制胜之谋（兵权）

【原文】

孙子曰："《诗》云'允文允武'，《书》称'乃武乃文'。"孔子曰："君子有文事，必有武备。"《传》曰："天生五才，民并用之，废一不可，谁能去兵？"黄帝与蚩尤战，颛顼与共工争，尧伐驩兜，舜伐有苗，启伐有扈，汤伐有夏，文王伐崇，武王伐纣，汉高有京索之战，光武兴昆阳之师，魏动官渡之军，晋举平吴之役，故《吕氏春秋》曰："圣王有仁义之兵，而无偃兵。"《淮南子》曰："以废不义而授有德者也。"是知取威定霸，何莫由斯。自古兵书殆将千计，若不知合变，虽多亦奚以为？故曰：少则得，多则惑，所以举体要而作兵权云。

【译文】

孙子说："《诗》说'允文允武'，《书》说'乃武乃文'。"孔子说："君子有政治上的斗争，必定有武装准备之事。"《左传》说："天生金、木、水、火、土五材，老百姓一并使用，缺一不可。谁又能离开打仗用兵呢？"当年黄帝曾与蚩尤大战，颛顼曾与共工争夺天下，尧曾讨伐驩兜，舜曾讨伐有苗，启讨伐过有扈，汤讨伐过有夏，文王讨伐过崇氏，武王讨伐过纣，汉高祖时有京索之战，光武帝在昆阳出兵夺取政权，魏动用了官渡之战的军队战胜袁绍，晋曾发动平定东吴的战役。所以《吕氏春秋》说："圣德之王为仁义而发动的战争，是不会停止的。"《淮南子》说："应当废掉不义之人，将天下授给有德者。"由此可知，要想获取威权，确定霸主地位，就必须用武力来实现。自古以来，兵书有千种之多，但如果不懂得如何综合变化，即使读得再多，又有什么用呢？所以说，看兵书要得其精要，繁杂反倒会使人迷惑。这正是我之所以要举其大体与纲要而写《兵权》这一卷的原因。

发动战争　遵守原则（出军第四十一）

【原文】

夫兵者，凶器也。战者，危事也。兵战之场，立尸之所，帝王不得已而用之矣。[凡天有白云如匹布经丑未者，天下多兵，赤者尤甚。或有云如匹布竟天，或有云如胡人行列阵，皆天下多兵。或于子日四望无云，独见赤云如旌旗，天下兵起。若遍四方者，天下尽兵。或四望无云，独见黑云极天，亦天下兵起，三日内有雨，灾解。或有赤云赫然者，所见之地，兵大起。凡有白云如仙人衣千万连结,部队相逐,罢而复兴,当有千里兵。或有如人持刀盾,此暴兵气也。或有白气广六丈,东西竟天者,亦兵起也。青者,有大丧也。]故曰:救乱诛暴,谓之义兵,兵义者王。敌加于己,不得已而用之,谓之应兵,兵应者胜。争恨小,故不胜。愤怒者,谓之忿兵,兵忿者败。利人土地宝货者,谓之贪兵,兵贪者破。恃国之大,矜人之众,欲见威于敌,谓之骄兵,兵骄者灭。

[夫禁暴救乱,曰义兵,可以礼服;恃众以伐,曰强兵,可以谦服;因怒兴师,曰刚兵,可以辞服;弃礼贪利,曰暴兵,可以诈服;国危人疲,举动动兵,曰逆兵,可以权服。]

是知圣人之用兵也,非好乐之,将以诛暴讨乱。夫以义而诛不义,若决江河而溉萤火。临不测之渊而欲堕之,其克之必也。所以必优游恬泊者,何重伤人物。故曰:"远人不服,则修文德以来之。"不以德来,然后命将出师矣。

夫将者,国之辅也,人之司命也。故曰:将不知兵,以其主与敌也;君不择将,以其国与敌也。将既知兵,主既择将,天子居正殿而召之,曰:"社稷安危一在将军,今某国不臣,愿烦将军应之。"乃使太史卜斋择日,授以斧钺。君入太庙,西面而立,将军北面而立。君亲操钺,持其首,授其柄,曰:"从是以上至天者,将军制之。"乃复操柄,授与刃,曰:"从是以下至渊者,将军制之。"将既受命,拜而报曰:"臣闻国不可从外理,军不可从中御。二心不可以事君,疑志不可以应敌。臣既受命,专斧钺之威,臣不敢还诸。"乃辞而行,凿凶门而出。故司马法曰:"进退唯时,无曰寡人。"孙子曰:"将在军,君命有所不受。"古语曰:"阃以内,寡人制;阃以外,将军制之。"《汉书》曰:"唯闻将军之命,不闻天子之诏。"

故知合军聚众,任于阃外,受推毂之寄,当秉旄之重。无天于上,无地于下,无敌于前,无君于后,乃可成大业矣。故曰:将能而君不御者胜,此之谓也。

【译文】

武器装备,是凶器;战争,是危险的事;战场,是尸体横陈的地方。因此帝王不得已才通过战争解决问题。[凡是天上有白云如匹布一样经过丑未,天下战争很多,如有赤云战事尤其多。有时云如匹布满天,有时云如胡人的行列阵势,都是天下多战事的预兆。有时在子日四望无云,唯独看见赤云如旌旗,天下会有战争兴起。如果赤云遍布四方,那么天下到处烽烟遍地,战事不断。有时四望无云,只在天边有黑云,也是天下多战事的征兆,三天里如果有雨,那么兵灾可以化解。有时天上赤云灿烂,在赤云出现的地方,会有战事大起。凡是有白云象仙人的衣裳一样片片联结,战斗双方的军队会相互追逐,疲劳之后仍会再次振奋,此时会有长达千里的持久的战争。有时天上云的形状有如人拿着刀盾,这是有不正义战争发生的征兆。有时有白色云气宽六丈,从东向西铺向天空,这也是战事将起的征兆。如有青色云气,则是有大丧的征兆。]所以说,拯救处于混乱中的人民,诛伐暴虐的坏人,称之为"义兵",统帅正义者可以称王。敌人侵犯我,不得已起而抵抗的称之为"应兵",这种反抗侵略、保卫家园的军队一定获胜;如奋争之意、愤恨之情不足,则不能取胜。因愤怒而发动战争的,称之为"忿兵",士兵心怀怨恨则要失败。贪图他国土地,财产等的,称之为"贪兵",士兵贪婪,必然要被攻破。依仗国大人多,想向敌人显威风的,称之为"骄兵",士兵骄傲自得,就会被消灭。

[禁止暴虐,拯救混乱的,称"义兵",要以礼待之使其顺服;依仗人多势众征伐的,称"强兵",要以谦逊的态度使其顺服;因为愤怒兴师动众的,称"刚兵",要以言辞使其顺服;背离道义、

贪图利益,称"暴兵",要以欺诈之计使其顺服;国家危险、众人疲惫,借机起兵作乱的,称"逆兵",要以权谋使其顺服。]

由此可知,圣人用兵打仗,不是自己喜欢,而是以此来诛杀暴虐的罪人,讨伐犯上作乱的人。以仁义之师讨伐不义,就如同放开江河水浇灭萤火一样。自己占据有利地形,在下有不测深渊的悬崖边上将敌人推下去,那是一定会成功的。所以内心自信、从容不迫的人,是不看重战场上伤了多少人的。因此说,远方边远地区的人如不顺服,那么就要完善文教德化使他们顺从。如果完善了文教德化,还不能使他们归顺,那就要命令将军出兵,用武力使他们归顺。

将帅,是国君的辅佐,负有保护人民生命财产的职责。所以说,为将的不了解军事,无异于把自己的君主交给了敌人;为君的不懂得选择将领,等于是把自己的国家交给了敌人。将帅是懂军事的人才,君主也已选好了大将,君主就要避开正殿,在偏殿召见将要任命的大将,告诉他说:"国家的安危现在都寄托在了将军身上,现在某国不愿臣服,希望将军前去讨伐。"于是命令太史准备占卜。君主先斋戒三日,选择吉日,把斧钺授给将军。国君进入太庙正殿的大门,站在东侧,面向西,站立。将军随后跟入,面向北而立,居于臣位。这时,国君亲手捧着钺,持着钺的首端,而将柄端交给将军,说:"从这里往上直到天空,都由将军全权管理。"接着又拿起斧,拿着斧柄而将斧刃授予将军,说:"从这里往下直到如同大海的深渊,也由将军全权管理。"将军接受了任命,向君主拜谢说:"臣听说国家大事,处理决断都必须依靠君王,不能受外面的干预,军队中的事,变化多端,处理决断都必须依靠将领,君王不能在内遥控作战。如果臣下不是忠心耿耿,便不能报效君王;如果臣下犹疑不决,便不能迎敌应战。臣既然接受任命,负责指挥战争,一定拼死作战不敢活着回来。"于是辞别国君出去,通过象征必死决心的凶门出发。所以在司马穰苴撰写的兵书《司马法》中说:"进攻退守完全看时机,不能考虑国君的意见如何。"孙子说:"将在外,君主的命令可以不听。"古语说:"城门以内,由国王控制;城门以外,由将帅控制。"《汉书》说:"只听将军的命令,不知道天子的圣旨。"

由此可知,集结军队,在城后组建军队,士兵,即使接受的是推动车轮的任务,也应当把它看作和持掌军旗一样重要。全军将士都要做到上不受天时的限制,下不受地形的阻隔,前边敌人不敢阻挡,后面没有君王的牵制,唯军令是从,这样,才可以建功立业。所以说,将军自由发挥自己的才能,而国君不去随意干预,才能取得胜利。这些名言说的都是这个意思。

训练军队　强化士兵(练士第四十二)

【原文】

夫王者帅师,必简炼;英雄知士高下,因能授职。各取所长,为其股肱羽翼,以成神威,然后万事毕矣。

腹心一人[主沈泉应卒,揆天消变,总撮计谋,保国全命者也],谋士五人[主国安危,豫虑未然,谕才能,明赏罚,授官位,决嫌疑,定可否者也],天文三人[主占星历,候风气,理时日,考符验,效灾异,知天心去就者也],地形三人[主军行止,形势利害,远近险易,水涸山阻,不失地理者也],兵法九人[主讲论异同,行事成败,简炼兵器,凡军阵所用,刺举非法者也],通粮四人[主广饮食,密畜积,通粮道,致五谷,令三军不困乏食者也],奋威四人[主择材士,谕兵马,风流电击,不失所由,奇状也],鼓旗三人[主佐鼓旗、符节、号令,倏忽往来,出入若神],股肱四人[主出旌杆,任重持难,修沟堑,治壁垒,四转守御者也],通材三人[主拾遗补过、集会、术数、周流、并会,应偶宾客、议论、谈语、消息结解],权士三人[主奇谲殊异,非人所识,行无穷之变也],耳目七人[主往来听言语,览视四方之事、军中之情伪,日列于前也],爪牙五人[主扬威武,激厉三军,倡难锐攻,令三军勇猛也],羽翼四人[主飞名,誉震远近,动移四境,以弱敌心者],游士八人[主相征祥,候开阖,观敌人为谋者也],伟士二人[主为谲诈,依托鬼神,以惑敌心],法算二人[主计会三军,领理万物也],方士二人[主为药,以全伤病也]。

军中有大勇、敢死乐伤者,聚为一卒[名曰冒将之士]。有勃气壮勇暴强者,聚为一卒[名曰陷阵之士]。有学于奇正、长剑、趹弧,接武齐列者,聚为一卒[名曰锐骑之士]。有破格舒钩,强梁多力,能溃破金鼓,绝灭旌旗者,聚为一卒[名曰勇力之士]。有能逾高超远,轻足善走者,聚为一卒[名曰冠兵之士]。有故王臣失势,欲复见其功者,聚为一卒[名曰死斗之士]。有死罪之人,昆弟为其将报仇者,聚为一卒[名曰死愤之士]。有贫穷忿怒,将快其志者,聚为一卒[名曰必死之士]。有故赘婿人虏,欲昭迹扬名者,聚为一卒[名曰厉顿之士]。有辩言巧辞,善毁誉者,聚为一卒[名曰间谍飞言弱敌之士]。有故胥靡免罪之人,欲逃其耻者,聚为一卒[名曰幸用之士]。有材伎过人,能负重行数百里者,聚为一卒[名曰待令之士]。

夫卒强将弱曰"弛",吏强卒弱曰"陷",兵无选锋曰"北"。必然之数矣。故曰:兵众孰强,士卒孰练,知之者胜,不知者不胜。不可忽也。

【译文】

有王者风度的人统帅军队,一定精心选择训练士兵。英雄的将帅善于了解人才,并按其才能高下授予不同的职位。让他发挥自己的才能成为自己的有力辅佐,以成就神圣威武的事业。这样,其他一切事情就都好办了。

军中要选心腹一人[主要负责帮助出谋划策,应付突发事变,观察天象以及研究如何防御灾异,负责计谋的实施,保护民众的生命安全],谋士选五人[主要负责谋划军队运动,消除隐患,品评任用人才,制定赏罚条例,决断嫌疑,讨论军令可行与否],管天文气象的三人[负责天文、历法、节候,考究天象变化的征兆,以便掌握气候的变化规律],懂地理的三人[负责决定军队行进或停止,勘察地形,判断其利害及远近、险易、水势、山形,不失掉在地利方面的优势],通晓兵法的九人[负责分析敌我双方战争态势的异同及作战成败的原因,精选武器及其他一切军需,检举行动不按军法的人],管理粮草的四人[负责计算粮食消耗,储备军需物资,开通运粮道路,运送五谷,使三军给养不出现困难],振奋军威的四人[负责选拔有才能的人,讨论研究兵车战术,如何使军队行动做到像风一样迅速,像雷电一样猛烈,使敌人摸不透军队行动的动向],执掌鼓旗的三人[负责用军旗、军鼓传达号令,让三军将士明白无误地了解指挥意图,行动迅速忽来忽往,神出鬼没,以便欺骗敌军],得力干将选四人[负责保管帅旗,担负重大任务,处理难以处理的事情,修理开挖壕沟、陷阱,整治营房、堡垒,准备防御的器具],学识渊博的三人[负责察漏补缺,应对使者,评论是非,以及集会、术数,周行各地,应对宾客,通报消息,消除疑惑],懂得权谋的三人[负责策划奇计妙想,让常人难以识破,从而施行无穷无尽的变化之术],侦探选七人[负责往来于敌我之间,探听敌方言论,收集各方面情报,及军队中的各种情况,每日不离主帅左右],爪牙选五人[负责鼓舞士气,激励三军将士斗志,让三军冒死去攻击敌人精锐],羽翼选四人[负责宣传我方声名,让我军声誉威震远近,四处散布不利于敌方流言,用以瓦解敌人的军心],间谍选八人[负责刺探敌人的军事行动,等候时机策政,掌握敌人动态,刺探敌人的计谋],伟士选二人[负责设计欺诈之计,装神弄鬼,用以迷惑敌人军心],管财务的二人[负责军中会计,管理各种物资],方士选二人[负责医药,救护伤病员]。

要把军中有超人勇气,不怕死伤的,编为一队[名叫"冒死之士"]。把士气高昂,强壮勇敢,敢于面对强敌的士兵,编为一队[名叫"陷阵之士"]。把熟悉兵书、剑法、箭法和能使队列齐整的,编为一队[名叫"锐骑之士"]。把弹跳能力好,善于使用挠钩,能打破常规作战,强悍有力,能击破敌人金鼓,拔取敌人旌旗的,编为一队[名叫"勇力之士"]。把能越高涉远,善于长途奔袭的,编为一队[名叫"冠兵之士"]。把因故失去往日功名威势的旧王公贵族,想再次建立功业的,编为一队[名叫"死斗之士"]。把阵亡将士的兄弟要杀敌报仇的,编为一队[名叫"死责之士"]。把有因贫穷而愤怒,内心抑郁,想使心志痛快的,编为一队[名叫"必死之士"]。把有的因家中男子被虏为人质,招赘为婿,想掩盖耻辱、远扬名声的,编为一队[名叫"厉顿之士"]。把能说会道,善于诋毁他人、也善于吹捧人的,编为一队[名叫"间谍飞言弱敌之士"]。把被免罪的囚徒想洗涮旧日耻辱的,编为一队[名叫"幸用之士"]。有才技过人,能背负重物,行走数百里的,编为一队[名叫"待令之士"]。

士卒强健,将军怯弱的军队叫"弛军",军官强悍,士卒怯弱的叫"陷军",没有精锐骨干的部队,叫"败军",这三类军队都会失败,那是必然的。所以说,士卒中哪些人强健,哪些人干练,带兵的人了解就胜利,不了解的就失败。这是千万不可忽视的。

出军征战　安营置阵(结营第四十三)

【原文】

太公曰:"出军征战,安营置阵,以六为法。"[六者,谓六百步,亦可六十步,量人地之宜,置表十二辰也。]将军身居九天之上[青龙亦为九天,若行止顿宿,居玉帐下,凡月建前三辰为玉帐,假令正月巳地是也]。竟一旬复徙,开牙门,常背建向破[不向太岁太阴],不饮死水,不居死地,不居地柱,不居地狱,无休天灶,无当龙首[死水者,不流水也;死地者,丘墓之间;地柱者,下中之高;地狱者,高中之下;天灶者,谷口也;龙首者,山端也]。故曰:凡结营安阵,将军居青龙,军鼓居逢星,士卒居明堂,伏兵于太阴,军门居天门,小将居地户,斩断居天狱,治罪居天庭,军粮居天牢,军器居天藏。此谓法天结营,物莫能害者也。

[假令甲子旬中,子为青龙,丑为逢星,寅为明堂,卯为太阴,辰为天门,巳为地户,午为天庭,

申为天牢，酉为天藏。甲戌旬中，戌为青龙，亥为逢星，子为明堂，丑为太阴，寅为天门，卯为地户，辰为天狱，巳为天庭，午为天牢，巳为天藏。甲申旬中，申为青龙，酉为逢星，戌为明堂，亥为太阴，子为天门，丑为地户，寅为天狱，卯为天庭，辰为天牢，巳为天藏。甲午旬中，午为青龙，未为逢星，申为明堂，酉为太阴，戌为天门，亥为地户，子为天狱，丑为天庭，寅为天牢，卯为天藏。甲辰旬中，辰为青龙，巳为逢星，午为明堂，未为太阴，申为天门，酉为地户，戌为天狱，亥为天庭，子为天牢，丑为天藏。甲寅旬中，寅为青龙，卯为逢星，辰为明堂，巳为太阴，午为天门，未为地户，申为天狱，酉为天庭，戌为天牢，亥为天藏。]

【译文】

姜太公说："出军征战，安营扎寨，排兵布阵，应当以六为法度。"[六，指六百步，也可以是六十步，衡量人地适宜的距离，置放测量时间的标杆以计量十二辰。]将军身居九天之上[青龙也是九天，如行军或宿营，居住在营帐下，要在月建前三个时辰建营帐，假定正月已地就是]。满一旬要更换地方，敞开牙门，背建向破[不能向着太岁和太阴]，不饮用不流动之水，不在墓间设账，不在低下地的高处、高地之下处、谷口或山峰的峰顶扎营[死水，就是不流动的水。死地，就是丘墓之间的地方；地柱，就是下中之高处；地狱，就是高中之下处；天灶，就是谷口；龙首，就是山峰的顶峰]。所以说，凡是结营布阵，将军居于青龙，军鼓居于逢星，士卒居于明堂，伏兵设在太阴，军门设在天门，小将居于地户，斩断设在天狱，治罪设在天庭，军粮放在天牢，军械放在天藏。这是依据天道安营扎寨。只要这样做了，外部自然条件就不能对军队构成伤害。

[如果安营的时间是在甲子旬中，那么以十二度为圆而划定的十二个地支的方位，正北方的子位就是青龙的位置，按顺时针方向，依次为逢星、明堂、太阴、天门、地户、天庭、天牢、天藏。]

为将有德　体恤下属（道德第四十四）

【原文】

夫兵不可出者三：不和于国，不可以出军；不和于军，不可以出阵；不和于阵，不可以出战。故孙子曰：一曰道。道者，令民与上同意者也。故可与之死，可与之生，而人不畏危。[危，疑也。言主上素有仁施于下，则士能致前赴敌，故与处存亡之难，不畏倾危之败。若晋阳之围，沈灶生蛙，而民无叛疑也。]

黄石公曰："军井未达，将不言渴；军幕未办，将不言倦。冬不服裘，夏不操扇，是谓礼。将与之安，与之危，故其众可合而不可离，可用而不可疲。接之以礼，厉之以辞[厉士以见危授命之辞也]，则士死之。是以含蓼问疾，越王伯于诸侯；吮疽恤士，吴起凌于敌国。阳门痛哭，胜三晋之兵；单醪投河，感一军之士。勇者为之斗，智者为之忧。视死若归，计不旋踵者，以其恩养素蓄，策谋和同也。"故曰：蓄恩不倦，以一取万。语曰：积恩不已，天下可使。此道德之略也。

【译文】

兵不可以出动有三种情况：国中不和，不可以出军；军中不和，不可以出阵；阵中不和,不可以出战。孙子说:放在第一位的是"道"。所谓"道",是使民众与国君的意愿相一致,上下同心一意,这样,民众在战争中就可以为国君出生入死而不畏惧艰难险阻。[危,是"疑"的意思。是说上级素来有仁义施给下级,那么士卒就能勇敢冲向前去向敌人进攻,与上级共赴危难,即使有全军覆灭的危险,也无所畏惧。就像当年赵襄子败走晋阳,虽然被晋国军队围困,被用水灌城,炉灶淹没在水中,日久灶里都有了青蛙。但是老百姓却没有一个背叛的。]

黄石公说:"军井还没有凿成,将帅不说口渴;军中幕账还未安扎好,将帅不说疲劳,冬天不穿皮衣,夏天不用扇子,这就是将帅的礼法。只要将帅与士卒同甘共苦,士卒就会团结一心,不可分离,这支队伍就不怕苦,不怕累,特别能战斗。将帅如果以礼对待,以言辞激励[用言辞激励士卒,告诉他危急与使命],那么士卒就愿意为报知遇之恩而不畏艰险慷慨赴死。因此,越王勾践为了报仇,口含辛辣的蓼,访贫问苦,抚慰百姓,最终称雄于诸侯;吴起为生病的士兵吸吮脓疮,体恤士卒,最终凌驾在敌国之上。看守宋国国门阳门的士卒死了,子罕入城痛哭,感动全城百姓,晋国因此不敢讨伐;楚庄王有酒不独饮,而把它投在河中,令军士迎流共饮,三军为之感动。这样,勇敢者愿为之战斗,智慧者愿为之出谋划策。在战场上视死如归,决计不退缩的原因,就是因为上级平日里有恩德于己,上下的心意相通。所以说,平日里对士卒不断地积蓄恩德,就可以在战场上得到"以一破万"的功效。有俗语说:不断地积蓄恩德,整个天下都会被你所驱使。这就是对"道德"一词的简明概括?

从严治军 令行禁止(禁令第四十五)

【原文】

孙子曰:"卒未专亲而罚之,则不服。不服,则难用。卒已专亲而罚不得,则不可用矣。"故曰:视卒如婴儿,故可与之赴深溪;视卒如爱子,故可与之俱死。厚而不能使,爱而不能令,乱而不能治,譬若骄子,不可用也。《经》曰:"兵以赏为表,以罚为里。"又曰:"令之以文[文,惠也],齐之以武[武,法],是谓必取。"故武侯之军禁有七[孙子曰:"施无法之赏,悬无政之令。"司马法曰:"见敌作誓,赡功作赏,此盖围急之时,不可格以常制。"其敌国理戎,周旋中野,机要纲目,不得不预令矣]:一曰轻,二曰慢,三曰盗,四曰欺,五曰背,六曰乱,七曰误,此治军之禁也。

若期会不到,闻鼓不行,乘宽自留,回避务止,初近而后远,唤名而不应,军甲不具,兵器不备,此谓"轻军"[有此者,斩之]。受令不传,传之不审,以惑吏士。金鼓不闻,旌旗不睹,此谓之"慢军"[有此者,斩之]。食不禀粮,军不部兵,赋赐不均,阿私所亲,取非其物,借贷不还,夺人头首,以获功名,此谓"盗军"[有此者,斩之]。若变易姓名,衣服不鲜,金鼓不具,兵刃不磨,器仗不坚,矢不著羽,弓弩无弦,主者吏士,法令不从,此所谓"欺军"[有此者,斩之]。叩金不止,按旗不伏,举旗不起,指麾不随,避前在后,纵发乱行,折兵弩之势,却退不斗。或左或右,扶伤举死,因托归还,此谓"背军"[有此者,斩之]。出军行将,士卒争先,纷纷扰扰,军骑相连,咽塞道路,后不得前,呼唤喧哗,无所听闻,失行乱次,兵刃中伤,长将不理,上下纵横,此谓"乱军"[有此者,斩之]。屯营所止,问其乡里,亲近相随,共食相保,呼召他位,越入地位,干误次第,不可呵止。度营出入,不由门户,不自启白。奸邪所起,知者不告,罪同一等。合人饮食,呵私所受,大言惊语,疑惑吏士,此谓"误军"[有此者,斩之]。

斩断之后,万事乃理。所以乡人盗笠,吕蒙先涕而后斩。马逸犯麦,曹公割发而自刑。故太公曰:"刑上极,赏下通。"孙子曰:"法令孰行,赏罚孰明,以此知胜。"此之谓也。

【译文】

孙子说:"如果在士卒亲近依附之前就处罚他,士卒就不服气。不服气,就难以使用。士卒既已亲近依附了将帅,仍不能执行军纪军法,这种士卒不能使用。"所以说,将帅对士卒能像对待婴儿一样体贴,士卒就可以跟随将帅一起赴汤蹈火;将帅对士卒能像对待自己的爱子一样,士卒就可以与将帅同生共死而不畏惧。但是,如果对士卒过分溺爱而不约束他们,一味溺爱而不以军纪军法严格要求他们,违犯了军法也不严肃处理,这样的军队,就好比"骄子"一样,是不能用来打仗的。《经》说:"士卒以奖赏为表,以惩罚为里。"又说:"要用恩惠来团结他[文,就是恩惠],以法令来约束他[武,就是法令],这样的军队就一定能取胜。"所以武侯治军有七条禁令[孙子说:"施行超出惯例的奖赏,颁发打破常规的号令。"《司马法》说:"看见敌人时发誓要给立功者奖赏,这是被围困的危急之时的做法,不可以平常的惯例来限止。敌对的国家入侵,与其周旋在原野之上,治军的具体做法,是无法事先制定的。"]一是"轻",二是"慢",三是"盗",四是"欺",五是"背",六是"乱",七是"误"。这七种情况是军队中必须禁止的。

如果有事先约定而不到,听到鼓声不进攻,部队不按时出发而滞留营中,有避忌就止步不前,开始时靠前,后来便落后,呼唤姓名不答应,盔甲没有,兵器不准备,这叫作"轻军"[有此种行为者,要斩杀]。接受命令不去传达,传达时又不详细全部,致使吏士疑惑;不听金鼓的号令,不看旌旗的指示,这叫作"慢军"[有此种行为者,要斩杀]。带兵者不储存粮草,驻扎却不部署安排士兵,赏赐、分配不公平,袒护亲信,夺取不属于自己的东西,借贷不还,抢夺他人割取的首级,用以邀功,这叫作"盗军"[有此种行为者,要斩杀]。又如改名换姓,衣冠不整,行军用品不备,兵刃不磨,武器不修整,箭不插羽毛,弓弩没有弓弦,从上到下不听命令,这叫作"欺军"[有此种行为者,要斩杀]。不服从号令听到击鼓不进攻,鸣金不收兵,按下旗帜不倒伏,举起旗帜不起立,帅旗所指却不跟随,躲在后面向前。随意放箭,行进不按法度,损折兵弩的威势,退却不斗。有时借着扶助伤者、运送死者的机会,趁机逃跑,这叫作"背军"[有此种行为者,要斩杀]。部队出发之时,士卒却争着向前,不按法度,纷纷扰扰,一片混乱。骑兵相互勾连,堵塞道路,后面的部队不能向前,呼唤喧哗,嘈杂之声四起,不按既定行列,次序混乱,兵刃误伤他人,军官也不去管理,上下一片混乱,没有军法,这叫作"乱军"[有此种行为者,要斩杀]。屯兵宿营,就四处打听同乡,亲近的彼此相随,勾结在一起,一起进食,相互担保,呼朋唤友,窜入他人的位置,破坏秩序,不听别人的制止。不从门户出入军营,有事外出,不向上级请假。奸邪之事发生,知情者却不报告，罪责是相同的。和人一同饮食，呵斥他人，故意发出惊人之语，使部队疑惑，这叫作"误军"[有此种行为者，要斩杀]。

严格执法之后，诸多事情才会有条理。所以同乡人偷盗斗笠，吕蒙悲涕之后将他斩杀；马惊踏坏了麦田，曹操割下头发表示自罚。所以姜太公说："刑罚、奖赏对上对下一视同仁，军令就能畅通了。"孙子说："只要看法令谁执行得好，谁赏罚分明，就能知谁能取得胜利。"说的就是这个道理！

平时多流汗　战时少流血（教战第四十六）

【原文】

孔子曰："不教人战，是谓弃之。"故知卒不服习，起居不精，前击后解，与金鼓之音相失，百不当一，此弃之者也。故领三军教之战者，必有金鼓约令，所以整齐士卒也。

教令操兵起居，旌旗指麾之变。故教使一人学战，教成合之十人。十人学战，教成合之百人。渐至三军之众。

大战之法，为其校阵，各有其道。左校青龙，右校白虎，前校朱雀，后校玄武，中校轩辕。大将之所处，左锋右戟，前盾后弩，中央鼓旗，兴动俱起。闻鼓则进，闻金则止。随其指麾，五阵乃理。

[夫五阵之法，鼓旗为主。一鼓举青旗，则为曲阵；二鼓举赤旗，则为锐阵；三鼓举黄旗，则为圆阵；四鼓举白旗，则为方阵；五鼓举黑旗，则为直阵。曲阵者，木也；锐阵者，火也；圆阵者，土也；方阵者，金也；直阵者，水也。此五行之阵，展转相生，以为胜负。凡结五阵之法，五五相保，五人为一长，五长为一师，五师为一帅，五帅为一校，五校为一火，五火为一柁，五柁为一军，则事备矣。

夫兵之便，务知节度。短者持旌旗，勇者持金鼓，弱者给粮牧，智者为谋主。乡里相比，五五相保。一鼓正立，二鼓起食，三鼓严办，四鼓就行，间闻听令，然后出兵，随幡所至也]。

故曰：治众如治寡，分数是也[部曲为分，什五为数]；斗众如斗少，形名是也[旌旗曰形，金鼓曰名]。言不相闻，故为鼓铎；视不相见，故为旌旗。

夫金鼓旌旗，所以一人耳目也。[是知鼓金铎，所以威耳；旌旗麾章，所以威目；禁令刑罚，所以威心。耳威于声，不可不清；目威于色，不可不明；心威于罚，不可不严。三者不立，虽胜必败。故曰："将之所麾，莫不从移；将之所指，莫不前死。纷纷纭纭，斗乱而不可乱；混混沌沌，形圆而不可败，此用众之法也。"]

卒服习矣，器用利矣，将军乃秉旌麾众而誓之[有虞氏诫于国，夏后氏誓于军，殷誓于军门之外。周将交刃而誓之所誓，不同吾从，周誓之曰："呜呼！溥天之下，莫非王土；率土之滨，莫非王臣。今某国威侮五行，怠弃三正，俾我有众，恭行天讨。用命者，赏不逾时；逗挠者，诛不迁列。死生富贵，在此一举。"嗟尔庶士，各勉乃心也]。于是气厉青云，虽赴汤蹈火，可也。此教战之法也。

【译文】

孔子说："不教老百姓学习打仗，这就等于把他丢弃了一样。"由此知道士卒不经训练，对战斗时的饮食起居之事不熟悉，前方部队刚遭到进攻后面便已瓦解，行动与金鼓的号令相违背，一百人也抵挡不了敌方一个人，这就是"丢弃"的意思。所以率领三军教导他们习武打仗，一定要有金鼓约束，统一行动。

训练部队，用旌旗来指挥他们变化。一个人学会了作战技能和方法，就由他再教另外十个人；十个人学会就可以再教一百人。由此渐渐扩展到三军。

打仗的方法，首先要懂得布阵。布阵各有其道。左边的校官的青龙旗指示东方，右校的白虎旗指示西方，前校的朱雀旗指示南方，后校的玄武旗指示北方，中校的轩辕旗居于中央。大将的所在之地，左面有矛，右面有戟，前面有盾，后面有弩，中央处是鼓与旗，一有行动，一齐高举。士兵听到击鼓声就进攻，听到鸣金声就收兵。只有跟随着大将的指挥，五阵才能有条不紊。

[五阵的方法，以鼓和旗为主。第一次击鼓举青旗，形成"曲阵"；第二次击鼓举赤旗，形成"锐阵"；第三次击鼓举黄旗，形成"圆阵"；第四次击鼓举白旗，形成"方阵"；第五次击鼓举黑旗，形成"直阵"。曲阵属木；锐阵属火；圆阵属土；方阵属金；直阵属水。这种以五行布的阵，变化相生相克，以此决定胜负。大凡五阵的布置方法，以五为基本格局：五人为一长，五长为一师，五师为一帅，五帅为一校，五校为一火，五火为一枪，五枪为一军。这样，阵法就完整了。

带兵的要旨，是务必掌握分寸、规矩的节制。矮短者持旌旗，勇敢者持金鼓，柔弱者负责供给粮草，智慧者则出谋划策。乡里相连，五五相保。第一次击鼓起身，第二次击鼓进食，第三次击鼓准备出发，第四次击鼓出发，士兵要不断地注意听命令，然后举旗出发，跟随幡旗行进。]

所以，治理百万雄兵和治理少量部队的原则相同，只要把部队以五为基数分开[部曲叫分，什五叫数]；与大部队的敌军作战与小股部队相遇的战斗原则也是相同的，只要有旌旗和金鼓作号令[旌旗叫"形"，金鼓叫"名"]。前后言语不能相互听到，所以要有鼓铃来传令；首尾不能相顾，所以要用旌旗为信号。

金鼓旌旗，是用来统一作战行动的。[因此，鼙鼓金铎，是用来作用于听觉的；旌旗麾章，是用来作用于视觉的；禁令刑罚，是用来警戒军心的。听觉是用声音振奋起来的，所以鼙鼓金铎的声音不能不清晰；视觉是用颜色来刺激的，所以军旗不能不鲜明；军心要靠刑罚来激励，所以刑罚不能不严厉。如果这种威权不确立，即使是暂时胜利了也要终归失败。所以说，将帅指挥，部队就得服从，将帅指向哪里，部队就得拼死向前。这样，阵势虽然纷乱，士兵听到的虽然是一片喧嚣，然而队伍却不会乱；战场上虽然一片混沌忙乱，但是阵势部署周密，应付自如，任何情况下都不会被攻破。这就是指挥大军作战的方法。]

士卒既已受了训练，战法熟悉了，武器锋利了，将军于是手执帅旗在众人面前宣誓[有虞氏在国中告诫，夏后氏在军前宣誓，殷则在军门外宣誓，周在即将交战时宣誓，周的誓言说："呜呼！普天之下，皆是天子的土地；四海之内，皆是天子的臣属。现在某国以武力践踏仁、义、礼、智、信，抛弃天、地、人的正道。今天，我率领大军，要替天子去讨伐。服从命令效力的，及时奖赏。贪生怕死的，就地诛杀。生死富贵，在此一举。希望诸位都要尽力尽心]。在这样的时候，将士同仇敌忾，气冲云天，即使是赴汤蹈火，也没有做不到的。这就是军训的方法。

顺天行诛　如有神助（天时第四十七）

【原文】

孙子曰：二曰天时。天时者，阴阳、寒暑时制也。"司马法曰："冬夏不兴师，所以兼爱。"吾人太公曰："天文三人，主占风气，知天心去就。"故《经》曰："能知三生，临刃勿惊，从孤击虚，一女当五丈夫。"故行军必背太阴、向太阳，察五纬之光芒，观二曜之薄蚀，必当以太白为主，辰星为候。合宿有必斗之期，格出明，不战之势。避以日耗，背以月刑。以王击困，以生击死，是知用天之道，顺天行诛，非一日也。

若细雨沐军，临机必有捷；回风相触，道还而无功。云类群羊，必走之道；气如惊鹿，必败之势。黑云出垒，赤气临军，六穷起风，三刑起雾，此皆见师之出而不见其入也。若烟非烟，此庆云也；若星非星，此归邪也；若雾非雾，此泣军也；若雷非雷，此天鼓也。庆云开，有德；归邪，有降人；泣军，多杀将；天鼓，多败军。是知风云之占，岁月之候，其来久矣。

故古者初立将，始出门，首建牙之时，必观风云之气。

［诸谋立武事，征伐四方，兴兵动众，忌大风，雷雨，阴不见日。辰午酉亥，自刑之日。夫牙旗者，将军之精。凡竖牙旗，必以制日。制日者，谓上克下也。初立牙门，祈之曰："两仪有正，四海有王，宝命在天，世德弥光。蕞尔凶狡，敢谋乱常，天子命我，秉钺专征。爰整其旅，讨兹不庭。夫天道助顺，神祇害倾，使凶丑时殄，海隅聿清。兵不血刃，凯归上京。神气增辉，永观厥成。实正直之赖，凡乃神之灵，急急如律令。"凡气出如甑上气，勃勃上升，气积为雾，雾为阴，阴气结为虹霓，晕珥之属。凡气不积不结，散漫一方，不能为灾。必和杂杀气，森森然疾起，乃可论占。常以平旦、下晡日出没时，候之期内，有风雨，灾不成也］。

若风不旁勃，旌旗晕晕，顺风而扬举，或向敌终日，军行有功，胜候也。

［凡军上气如山堤上林木，不可与战；在我军大胜。或如火光，亦大胜。或敌上白气粉拂如楼，缘以赤气，兵劲不可击；在我军必大胜。或敌上气黄白，厚润而重者，勿与战。或有云广如三匹帛，前后大军行好。遥望军上云如斗鸡，赤白相随，在气中得天助，不可击。两军相当，上有气如蛇，举头向敌者，战必胜。凡军营上有五色气，上与天连，此应天之军，不可击。有赤黄气干天，亦不可攻。或有云如日月，而赤气绕之，如日晕状，有光者，所见之地大胜，不可攻。敌上气如晕状，其军不可攻。此皆胜气也］。

若逆风来应，气旁勃，牙杠折，阴不见日，旌幡激扬，败候也。

［若云气从敌所来，终日不止，军不可出，出则不利。若风气俱来，此为败候，在急击也。凡敌上气色如马肝，如死灰，或类偃，盖皆败候也。或黑气如环山，随军上者，军必败。或军上气昏发，连夜照人，则军事散乱。或军上气半，而一绝一败，再绝再败。在东发白气者，灾深。或军上气五色杂乱，东西南北不定者，其军欲败。或军上有赤气炎炎降天，将死众乱。或军上有黑气牛马形，从气雾中下渐入军，名曰天狗下食血，败军也。或有云气盖道，蒙蔽昼冥者，释炊不暇熟，急去，此皆败候也。］

若下轻其将，妖怪并作，众口相惑，当修德审令，缮砺锋甲，勤诚晋士，以避天怒。然后复择吉日，祭牙旗，具太牢之馔，震鼓铎之音，诚心启请，以备天问，观其祥応,以占吉凶。若人马喜跃,旌旗皆前指高陵,金铎之声扬以清,鼙鼓之音宛以鸣,此得神明之助,持以安于众心,乃可用矣。

虽云任贤使能,则不占而事利;令明法审,则不筮而计成;封功赏劳,则不祷而福从;共苦同甘,则犯逆而功就。然而,临机制用有五助焉:一曰助谋,二曰助势,三曰助怯,四曰助疑,五曰助地。此五者,助胜之术。故曰:知地知天,胜乃可全。不可不审察也。

【译文】

孙子说:"第二是天时。所谓天时,是指阴阳、寒暑、阴晴等气候变化情况。"《司马法》说:"寒冬盛夏不兴师动众,是因为'兼爱'的原因。"姜太公说:"天文方面要选派三人,负责观察气候,掌握气候变化规律。"所以《经》上说:"能了解前生、今生、来生的联系,即使面对刀刃也不会害怕,跟着孤儿抗击外侮,一个妇女能顶五个男子。"所以行军一定要背向太阴、面向太阳,详察金、木、水、火、土五大行星的光芒,细观日食、月食,要以太白星为主,辰星为候。在暗夜里必定有战斗,如果天色明亮,就是没有战事的预兆。作战要躲避太阳下的消耗,月亮下的刑杀,以旺盛攻击困乏,以生气攻击衰朽。由此知道用天道、顺天意去诛伐,并不是现在才有的事,而是由来已久。

如果出师之时细雨蒙蒙,临战必能获胜;有回旋之风相触,军队将在中途返回,劳而无功;天上云如群羊,是将要逃跑的预示;云气如惊鹿,是必败的警告;黑云从营垒上升起,红色云气临降军队的上空,狂风骤起,大雾弥漫,这都是只见军队出发,而不见军队回来的失败的征兆。像烟又不是烟,叫"庆云";像星星又不是星星,叫"归邪";像雾又不是雾,叫"泣军";象雷声又不是雷声,叫"天鼓"。"庆云"出现,是有德的标志;出现了"归邪",预示有投降之人;出现了"泣军",多是大将被杀的征兆;出现了"天鼓",多是败军的征兆。由此知道查看风云,观测胜负之兆,由来已久。

所以古代任命大将,军队刚一出都门,将要竖起帅旗之时,就要观测风云之气。[准备发动战争,征伐敌国,之时,忌讳有大风、雷雨的天气,或阴霾不见天日的日子。辰、午、酉、亥,是自刑的日子,不宜有军事行动。牙旗,是军队的灵魂所在。大凡竖立牙旗,一定要选择制日。所谓制日,就是上能克下的日子。大旗刚刚竖立在牙门之外,要祭旗,主帅祈祷说:"天地有正,四海有王。神命、天命、帝命在上,世德愈加光大。无知小儿凶残狡诈,居然敢谋乱造反。天子特命我带兵出征,我于是整顿部队,讨伐无道。天道扶助正义,神祇降灾于无道的凶逆,叛军很快就会被歼灭,四海之内不久就会重见光明。不用有多少伤亡,就能胜利凯旋,使国家的灵异的祥瑞增辉,长久看到成功。这是正直之举,所有的神灵,速速前来保佑我军。"凡云气如瓦甑上的气,勃勃上升,云气积为雾,雾凝结为阴气,阴气又结为虹霓,有如太阳两边的光环。(此句下疑有脱误)凡云气不都积不凝结,散漫一方,不能成为灾祸。必须是掺杂着肃杀之气,阴森森地迅速兴起,才可以占卜,占卜经常是在早晨或下午太阳出没之时。观测期内,如果有风雨出现,灾祸就不能形成。]

如风不从旁边兴起,旌旗四周有光晕顺风飘升,或者向敌军方向终日飘扬,这是军队建立功业、大获全胜的预兆。[凡敌人军阵上空云气,像密密的树林,不可与之交战。如在我军上空,就能大获全胜。或者我军上空云气像火一样发光,亦可大获全胜。或者敌阵上空白色云气如粉白色的高楼,又联结着赤色云气,这表明敌人兵力强劲,不可攻击;如在我军,我军一定会大胜。或者敌阵上空有黄白色云气,厚润而浓重,不要与之交战。或者有云气宽大如三匹帛,这说明前后大军行进顺畅。遥望敌军上空云气形状如争斗的公鸡,赤色白色相随,这是敌军获得天助的表示,不能发动进攻。两军兵力相当,天上有云气如蛇形,举头朝向敌方,这时作战,我军一定会取胜。凡敌军上空有五色云气,与天相连,这表明敌军是顺应天命之军,不可攻击。有赤黄云气冲天,也不可攻击。或者有云气如日月灿烂,并有赤色云气缠绕,如日晕的形状,伴以光芒,见有这种云气笼罩的军队一定有战必胜,不可向它发动攻击。敌阵上空云气如光晕,其军不可进攻,这都是胜利之气。]

如果逆风吹来,云气勃兴,牙旗旗杆折断,天气阴沉不见太阳,旌幡激烈飘扬,这是失败的征兆。

[如果云气从敌方飘来,终日不止,这种情况下,不可出行,出行则不利。如风与云气俱来,这是战败的征兆,要迅速进攻。凡敌阵上空云气颜色如马肝、如死灰,或如人躺卧,都是战败的征兆。或者黑色云气像山一样跟随在军队上空,其军必败。或者军阵上空云气傍晚升发,夜间也光明照人,则预示敌军内部。或者军阵上空云气半遮,打一仗则败一仗,再打一仗再败一仗。在东方有白气,灾难深重。或者军阵上空有赤色云气,炎炎下降,这是将领死亡部队失败的征兆。或者军阵上有黑色云气,呈牛马形状从云雾中落下,渐渐进入军中,这叫天狗下来食血,是败军的征兆。或者有云气遮盖道路,蒙蔽日光,这时军队要抓紧一切时间,赶快撤离,这是战败的征兆。]

如果士卒不尊敬主将,互相谈论的都是妖言怪事,在这种情况下,应当赶紧修明德操,详审法令,修缮盔甲,磨砺武器,整顿军务,虔诚地宣誓,来避免上天的震怒,然后选择吉日,祭祀牙旗,备好全猪、全牛、全羊,军乐奏乐,诚心告启,预备回答上天的责问,同时观察有什么征兆,并占卜凶吉。如果人欢马叫,旌旗都前指向高陵,金铎的声音激扬清亮,鼙鼓的声音宛转鸣响,这就证明得到了神明的助佑,这时就可以安抚军心,军队就能用以作战了。

如果任用有德有才的人,不用占卜事情也会顺利;军令严明、法度明确严谨,不占卜计谋也能成功;封赏有功劳的人,不用祷告也能吉祥;如能与士卒同甘共苦,出兵就能成功。还有"五助"可以在指挥作战时灵活运用:一是助谋,二是助势,三是助怯,四是助疑,五是助地。这五项,是帮助夺取战争胜利的辅助方法。所以说,知地知天,才能大获全胜。不能不认真研究的。

考察地形　灵活变动(地形第四十八)

【原文】

孙子曰:"三曰地利。地利者,远近、险易、广狭、生死也。不知山林险阻、沮泽之形者,不能行军。不用向导,不能得地利。故用兵有散地、有轻地、有争地、有交地、有衢地、有重地、有汜地、有围地、有死地[九地之名]。诸侯自战其地,为散地[战其境内之地,士卒意不专,有自溃之心也。故《经》曰:"散地,吾将一其志也"]。入人之地而不深者，为轻地[入人之地未深，士卒意尚未专而轻走也。故《经》曰："轻地，吾将使之属也"]。我得则利、彼得亦利者，为争地[可以少胜众、弱胜强，谓山水厄口、有险固之利，两敌所争。故《经》曰："争地，吾将趋其后也"]。我可以往，彼可以来，为交地[道上相交错，平地上有数道往来。交通无可绝也，故《经》曰："交地，吾将固有结也"]。诸侯之地三属[我与敌相对，而旁有他国也]，先至而得天下之众者，为衢地[先至其地，可交结诸侯之众为助也。故《经》曰："衢地，我将谨其守也"]。入人难返之地深，背城邑多者，为重地[远去己城郭，深入敌地，专心意，故谓之重地。故《经》曰："重地，吾将继其食也"]；行山林、险阻、沮泽，凡难行之道者，为汜地[汜，浸洳之地。故《经》曰："汜地，我将进其途也"]；所由入者隘，所以归者迂，彼寡可以击吾众者，为围地[所欲从入厄险，欲归道远也，持久则粮乏，故敌可以少击吾众者。故《经》曰："围地，吾将塞其阙也"]。疾战则存，不疾则亡者，为死地[前有高山，后有大水，进则不得，退复有碍，又粮乏绝，故为死地。在死地者，当及士卒尚饱，强志殊死，故可以俱死。故《经》曰："死地，吾将示之以不活也"]。

是故散地则无战[士卒顾家，不可以战]，轻地则无止[入敌地浅，士意尚未坚，不可以遇敌，自当坚其心也]，争地则无攻[三道攻，当先主地利也，先得其地者，不可攻也]，交地则无绝[相及属也。交地者，俱可进退，不以兵绝也]，衢地则合交[佐诸侯也，当结交于诸侯]，重地则掠[蓄粮食也，入深，士卒坚固，则可掠取财物]，汜地则行[不可止也]，围地则谋[击其谋也，则当权谋奇谲，可以免难]，死地则战[殊死战也，未战先励之曰："无虑愚戆，用军不明，乃随围厄之地，益士大夫之忧也，皆将之罪也。今日之事，在此一举。若不用力，身当膏野草，为虫兽食，妻子无所求索，克则身荣，赏禄在焉，可不勉哉]。"

又有六地，有通、有挂、有支、有隘、有险、有远[六地名也]。我可以往，彼可以来，曰通[谓俱在平陵，往来通利也]。居通地，选处其高阳，利粮道，以战则利[宁致人，无致于人。己先处高地，分为屯守于归来之路，不使敌绝己粮道也]。可以往，难以反，曰挂[挂，相挂牵也]。挂形曰敌无备，出而胜之；敌有备，出而不胜，难以反，不利[敌无备而攻之，胜可也；有备不得胜之，则难还返也]。我出而不利，彼出而不利，曰支[支，久也。俱不便久相持也]。支形曰敌虽利我，我无出，引而去也，令敌半出而击之，利[利我也，伴背我去，无出。遂待其引而击之，可败也]。隘形曰我先居之，必盈之而待敌[盈，满也。以兵阵满厄形名，使敌不得进退]；若敌先居之，盈而勿从也，不盈而从之[隘形者，两山之间通谷也。敌怒，势不饶我也。居之，以前齐厄口，阵而守之以奇也。敌即先居此地齐口阵，勿从也。即半隘阵者，从而与敌共此利也]。险形曰我先居之，必居高阳以待敌[居高阳之地，以待敌人。敌人从其下阴来，击之，胜也]；若敌先居，则引而去之，勿从也[地险，先不可至于人也]。夫远形，钩势，难以挑战，而不利[挑，近敌也。远形，去国远也。地钩等，无独便利，先挑之战，不利]。凡此六者，地之道也。皆将之至任，不可不察。故曰：深草翁秽者，所以遁逃也；深谷阻险者，所以止御车骑也；隘塞山林者，所以少击众也[众少可以夜击敌也]；沛泽杳冥者，所以匿其形也。

丈五之沟，渐车之水[渐，浸也]，山林石径，泾川丘阜[泾川，常流之川]，草木所在，此步兵之地，车骑二不当一。丘陵漫衍相属[漫衍，犹联延也；属，续也]，平原广野，此车骑之地，步兵十不当一。平原相远[远，离也]，仰高临下，此弓弩之地，短兵十不当一。两阵相近，平原浅草，可前可后，此长戟之地，剑盾三不当一。萑苇竹箫[箫，蒿也]，草木蒙笼，林叶茂接，此矛铤之地，长戟二不当一。曲道相伏，险厄相薄，此剑盾之地。故曰:地形者,兵之助。又曰:用兵之道,地利为宝。赵奢趋山,秦师所以败。韩信背水,汉兵由其克胜。此用地利之略也。

【译文】

孙子说:"第三是地利。所谓地利,是指路程的远近,地势的险要与平易,地域的宽广和狭窄以及是否有利于攻守进退等。不了解山林的险阻、沼泽的形势,不能行军。不用向导,不可能获得完全准确的情报。用兵有散地、轻地、争地、交地、衢地、重地、氾地、围地、死地之分。诸侯在自己的领地上与敌作战,这样的地区叫"散地"[在自己领地内作战,士卒不能专意拼死与敌作战,会生溃散逃跑之心。因此《经》上说:"在散地作战,关键是要使士卒的心意专一"]。进入敌境尚未深入的地区,叫"轻地"[进入敌人之境不深的地区,士卒的心意还没有专一,因而容易逃跑。《经》上说:"在轻地,我要使各部保持协同作战"]。我先占领对我有利,敌先占领对敌有利的地区,叫"争地"[在能以少胜多、以弱胜强的地域里,可以把守重要关口,据险固守,所以敌我双方都要拼力争夺。《经》上说:"对于争地,要迅速赶在敌军之前占领它"]。我军可以去,敌军可以来的地区,叫"交地"[交地的道路相交错,平地上有数条道路可以往来,交通便利。《经》上说:"对于交地,要坚守其要道"]。敌我双方和其他诸侯国接壤的三角地区,先到就可以结交诸侯并取得援助的,叫"衢地"[先到者可以结交诸侯,得到它们的援助。《经》上说:"对于衢地,要小心谨慎地防守"]。深入道路险要难以返回的地区,背后又有许多城镇,这种地形叫"重地"[远离自己的地盘,深入敌境,士卒会心意专一地作战,所以称之为"重地"。《经》上说:"在重地,要不断地为士卒提供给养"]。山林、沼泽等道路难行的地区,叫"氾地"[《经》上说:"到了氾地,要迅速穿过它"]。进入时的道路狭隘,退出时的道路迂远,敌人以少数兵力能击败我众多兵力的地区,叫"围地"[继续前进太险恶,返回归路又遥远,时间拖延久了我军就会缺粮。所以敌军能以少胜多。《经》上说:"在围地,一定要堵塞隘口"]。拼死奋战则能生存,否则就会被消灭的地区,叫"死地"[前有高山,后有大水,前进困难,后退又有障碍,加上粮草缺乏,所以称之为"死地"。]在死地作战,趁士卒体力还好,要鼓舞士气,有拼死作战的勇气和信心,以便与敌人决一死战,以求与敌人同归于尽。[《经》上说:"在死地作战,要有必死的决心"]。

由以上分析可以得出这样的结论:在"散地"不宜作战[因士卒顾恋家乡],在"轻地"不可停留[进入敌境不深,士气不高,有惧怕之心,不要轻易开战,首先要注意坚定士卒的

斗志]，遇"争地"不可强攻[进攻就要先得地利，如果敌人已先我而占领，就不要强攻]。在"交地"则各部要互相连接，保持整体，防止被敌人切断[在"交地"，敌我双方都可以进退，不能让各部失去联络]，在"衢地"则应结交邻国[求得邻国的援助]，在"重地"则应夺取物资，就地补给[深入敌境，士卒意志坚决，可掠夺敌方财物]，在"汜地"就要迅速通过[不可停止]，在"围地"就要巧设奇谋[处于危急情况下攻击敌军要用奇谋，这样可以避免失败]，在"死地"就要迅猛奋战，死中求生[要决一死战，在战前先要这样激励士卒："鲁莽又缺乏考虑，用兵缺乏明智考虑，因此才到了这危险之地，加重了军官们的忧虑，这都是我做将领的过错。今日生死存亡，在此一举。若不用力作战，我们就会抛尸野外，为野兽所食，家中的妻子儿女也因此失去依靠。这一仗打胜了，不仅自身荣耀，赏奖俸禄均可得到。大家一定要努力向前！"]。

地理形势又可分六种：有"通""挂""支""隘""险""远"等。凡是我军可以离开，敌人可以进入的，叫作"通"[指都处在平原、丘陵地带，交通便利]。处在"通"地，要抢先占据地势高而向阳的地方，并保持补给线畅通，这样与敌交战就有利[宁可引诱敌人来攻击我，而不要我主动攻击敌人。既已占据高地，就要分兵把守重要道路，不要让敌切断我军的粮道]。凡是易进难返的地方叫"挂"，在"挂形"地区，敌军如无防备，就要主动攻击战胜它；如果敌人有防备，我出击不能取胜，又难以撤回，形势就对我不利了。凡是我出击不利，敌出击也不利的地方，叫作"支"["支"，是持久的意思，敌我双方都不便长久相持的地方]。在"支形"地区，敌人虽然引诱我出击，也不要出击，最好是带领部队假装离去，诱敌出动一半时，我突然回头发起进攻，这样有利[对我军有利。如果敌军伴装背我而去，不要出兵，要摸清情况等敌军引兵离开时，再发动进攻，就可以取胜]。在称作"隘形"的这种狭窄的山谷地带，我若先敌占据，就要用重兵堵塞隘口，等待敌人来攻[用重兵占据险要地形，使敌人不能进退]。如果敌军已先我占据隘口，并以重兵据守，那就不要进攻；而要先了解敌情如敌军没有重兵把守，就要迅速攻占。["隘形"是指两山中间的通道。占据这一地形的敌军如果士气高涨，表示不会轻易放过我军。占据了它，一定要陈兵谷口，以奇谋镇守。敌军如果占据了谷口列阵以待，这时就不要进攻。如果敌军只占领了一半，这时可以攻击，以便与敌军争夺这一有利地形]。在"险形"地区，如我先敌占领，要占据地势高而向阳的地方待击敌人[占据高而向阳的地形待敌来攻，敌军如从下面的背阴处来，攻击它可以取胜]。如果敌人已先占领，那就只能主动撤退，不要进攻[险要地带，一定不能被敌人先控制]。在"远形"地区，双方势均力敌，不宜挑战，勉强作战，于我不利["远形"，离本国较远。两军力量相当，便没有便宜可占。先挑战，才我军不利]。以上是关于利用地形的基本原则，灵活运用是将帅的重要一课，不能不认真研究。姜太公说，有让部队紧靠茂密的野草地段的，这是为撤退做准备；有占据溪水深谷险要处的，这是为了阻挡敌军的战车骑兵；有把队伍派往隘口要塞山林中的，这是为了以少击多[人数少可以乘夜色攻击敌军]；有把队伍送到杂草丛生的湖泊河泽不能明显看清的地方的，这是为了隐蔽自己的行动。

在有河、沟、山林，石路及草木茂盛的地方，适合步兵作战，在这类地段，一个步兵可相当于二辆战车或骑兵。丘陵绵延相连，平原旷野，这是适于战车、骑兵作战的地方，在这种地方，十个步兵抵挡不了一个骑兵。占据高地居高临下，远离平原，适于弓弩手作战，在这种地方，十个使用短兵器的抵挡不了一个弓箭手。两军阵地接近,平原浅草处,前进后退都方便的地方,适于使用长戟作战,在这种地方,一个使戟的可敌三个使剑盾的。芦苇竹篙丛生,草木葱茏,林莽相接之处,适于使用长矛作战,在这种地方,二个使长戟的抵挡不了一个使长矛的。到处是曲折的道路,险要的隘口,这是适于剑盾作战的地方。所以说,用兵的原则,最重要的是善于利用地形发挥地形的辅助作用。当年秦兵围困赵国的阏与,赵奢去救援,先占据了北山,秦军后至,攻山不得,赵奢乘机反攻,大败秦军。韩信背水列阵,汉军前临大敌,后无退路,都拼死作战,结果战胜了赵军。这就是善于利用地形作战的典型例证。

善用水火　出奇制胜(水火第四十九)

【原文】

《经》曰:"以火水佐攻者强,以火佐攻者明。"是知水火者,兵之助也。

故火攻有五:一曰火人[敌傍近草,因风烧之],二曰火积[烧其积蓄],三曰火辎[烧其辎重],四曰火库[当使间人,之敌营,烧其兵库],五曰火燧[燧,堕也,以火堕敌人营中也。火头之法,以铁盈灬,著箭头强弩,射敌之营中,烧绝粮道也]。

行火必有因[因奸人也],烟火素具。发火有时,起火有日。时者,天之燥也;日者,宿在箕、壁、翼、轸也,凡此四宿者,风起之日。

[肖世诚云:"春丙丁、夏戊巳、秋壬癸,冬甲乙,此日有疾风猛雨也。居勘太乙之中,有飞鸟十精,如风雨期,五子元运式,各候其时,可用火。"故曰:以火佐攻者明。何以言之?昔杨斑与桂阳贼相会,斑以皮作大排囊,如以石灰内囊中置车上,作火燧,系马尾,因从上风鼓囊吹灰,群贼迷目,因烧马尾奔突贼阵,众贼奔溃,此用火之势也。殷浩北伐,长史江迺取数百鸡,以长绳连之,脚皆系火。一时驱放,群鸡飞散羌营,营皆燃,因击之,姚襄退走,此用火之势也。李陵在大泽草中,虏从上风纵火,陵从下风缓火,以此火解火势也。吾闻敌烧门,恐火灭门开,当更积薪助火,使火势不灭,亦解火之法也]。

太公曰:"强弩长,兵所以逾水战。"孙子曰:"水可以绝,谓灌城也。"又曰:"绝水,必远水[引敌使渡]。客绝水而来,勿迎之于水内,令敌半渡而击之,利。欲战,无附于水而迎客也,谓处水上之军。"故曰:以水佐攻者强。

何以言之?昔韩信定临淄、走齐王田广,楚使龙且来救齐。齐王广、龙且并军与信合战[人或说龙且曰:"汉兵远关寇战,其锋不可当,齐楚自居其地战,兵易败散。不如深壁,令齐王使其信臣,招所亡城,城闻其王在楚来救,必反汉。汉兵二千里客居,齐城皆反之,其势无所得食,可无战而降也。"龙且曰:"吾平生知韩信为人,易与耳。且夫不战而降之,吾何功?"遂战,败。吾闻古之所谓善战者,胜易,胜者败。故善者之胜也,无知名,无勇功。龙且不用客之计,欲求赫赫之功,昧矣]。夹潍水阵,韩信乃夜令人为万余囊,盛沙壅水上流,引军半渡,击龙且,佯不胜,还走。龙且果喜曰:"固知信怯也。"遂追信渡水,信使决壅囊,水大至。龙且军大半不得渡,即急击之,杀龙且。龙且水东军散走。此反半渡之势。

[吾闻兵法:绝水必远水。令敌半渡而击之,利。韩信半渡,军佯入害地,令龙且击之,然后决壅水。此所谓:杂于利而务可伸,杂于害而患可解也,皆反兵而用兵法。微哉,微哉!]

卢绾佐彭越攻,下梁地十余城。项羽闻之,谓其大司马曹咎曰:"谨守城皋,即汉挑战,慎勿与战。"汉果挑楚军,楚军不出,使人辱之[孙子曰:"廉洁,可辱也。"]大司马怒,渡汜水。卒半渡,汉击,大破之。此欲战无附于水势也。

故知水火之变,可以制胜,其来久矣。秦人毒泾上流,晋军多死;荆王烧楚积聚,项氏以擒;曹公决泗于下邳,吕布就戮;黄盖火攻于赤壁,魏祖奔岫。此将之至任,盖军中尤急者矣,不可不察。

【译文】

《经》上说:"用水来辅助进攻,威势强大。用火来辅助进攻,效果显著。"因此说,作战中有效地运用水火助攻可收到很好的效果。

火攻有五种:一是焚烧敌军人马[敌军处在深草之侧,借风焚烧他们],二是焚烧敌军的粮草[焚烧敌军的储备],三是焚烧敌军的武器辎重,四是焚烧敌军的仓库[派遣密探,潜入敌营,焚烧其火库],五是焚烧敌军的补给线[把火堕入敌营中的方法是用铁器装满火器,绑在箭头上,用强弓将其射入敌营中,产生大火焚毁敌军的粮草]。

实施火攻要求具备一定的条件[如通过内应],发火器材必须事先准备好。发火还要选择有利的时机,起火要选准有利的日期。所谓有利的时机,指的是天气干燥的日子。所谓有利的日期,指月亮运行到"箕""壁""翼""轸"四个星宿的位置的日子,凡是月亮运行到这四个星宿位置时,就是起风的日子。

[肖世诚说:"春季的丙丁、夏季的戊巳、秋季的壬癸,冬季的甲乙,这些日子一般都会有疾风骤雨,可以用火攻"所以说:用火来辅佐进攻,效果显著。为什么这样说呢?当年陈琏与桂阳的叛军遭遇,杨琏用皮革制成大风囊,把石灰放在里边,并把风囊放在车上。又制成火燧,系在马尾上,在上风向,鼓动风囊,吹出石灰,石灰迷了叛贼的眼睛后,再点燃系绾在马尾上的火燧,让马群向敌阵奔去,众叛贼因此溃不成军,这就是用火攻的威势。殷浩北伐时,长史江逌拿来数百只鸡,用长绳将鸡连绾起来,鸡脚上都绑着烧着的燃料,同时把它们放出,鸡群飞散到了羌营之中,羌营到处起火,再乘机攻击敌人,姚襄被击溃,这也是用火攻的威势。李陵率兵驻扎在大泽中,匈奴兵在上风头纵火,李陵则在下风头也燃起了火。这是以火解火的方法。我听说假如敌军用火焚烧城门时,如果担心火灭了敌军会把城门攻破,那就要在已有的火上添柴,加助火势,使火不灭,这也是消除火势的一种方法。]

姜太公说:"弓弩射程很远,是长武器,可以用于水战。"孙武说:"可以决堤放水,用大水来淹灌敌城。"又说:"横渡江河,要在离河流稍远的地方驻扎,这样可以有进退回旋的余地[也可以引诱敌军渡河]。如果敌军渡河来攻,不要在水中迎击,而要乘它部分已渡、部分未渡时迎头痛击,这样比较有利。如果要与已渡河的敌军交战,那就不要靠近江河迎击它。这是水战的原则。"所以说,用水来辅助进攻,威势强大。

为什么这样说呢?当年韩信攻下临淄,齐王田广败走,楚国派龙且前往营救。齐王田广、龙且把军队合在一起与韩信作战[有人劝说龙且:"汉军远离家乡入侵齐地,来势凶猛,难以抵挡。齐、楚在自己的地域上作战,士兵容易败散。不如深掘沟、高垒墙,坚拒敌人,然后让齐王派出自己的亲信,招抚被敌人占领的齐城中的军民。齐人听说齐王来救援,一定会反抗汉军。汉军从二千里外来此地,齐人都起来反抗汉军,汉军就会得不到一点粮食,到那时不用作战就能使汉军投降。"龙且说:"我了解韩信的为人,这个人容易对付。况且不交战而使韩信投降，我有什么功劳可言？"于是开战，龙且大败。我听古人说，如果把胜利看得很容易就要失败。所以善战者，取得了胜利，既不求扬名，也不炫耀勇武功劳。龙且不听门客的建议，想获赫赫战功，结果一败涂地，实在是糊涂啊！]龙且与韩信在潍水两岸隔江列阵，韩信在夜里命令士兵制成万余条口袋，盛放上沙子堵在了潍水上游。让军队部分渡河，攻击龙且，假装不能取胜，撤退逃跑。龙且果然中计，高兴地说："我早就知道韩信胆怯了。"于是横渡潍水追击韩信。韩信让人拿掉河流中的沙袋，一时间河水汹涌而来，龙且的军队大半不能上岸，韩信立刻出击，乱军之中杀掉了龙且。龙且军队潍水东面的部分四散逃走。这正是反用"半渡之势"的生动战例。

[我听兵法上说：横渡江河，要在离河流稍远的地方驻扎，以便有回旋的余地。让敌人渡河但还没有完全渡过的时候发动攻势，这样有利。韩信的军队半渡河，佯装进入了灾害之地，诱引龙且攻击，然后把堵住的河水放开。这正是：在有利情况下考虑到不利的方面，事情就能顺利；在不利情况下考虑到有利的方面，祸患就可以解除。这都是违反常规使用兵法，奇妙啊！]

卢绾辅佐彭越进攻楚国，拿下梁地十余座城。项羽听说后对大司马曹咎说："坚守城池不出战，就是汉军来挑战，也千万不要和它交兵。"汉军果然来挑战，楚军坚守不出。汉军便想办法叫人羞辱曹咎[孙子说：廉洁之人，可用羞辱他的方法激怒他]，曹咎大怒，便率军渡汜水进攻汉军。士兵正在渡河，汉军发起攻击，楚军大败。这就是准备迎战时不要靠近河水的道理。

所以了解水、火的规律变化，可以出奇制胜，打败敌人由来已久了。秦人在泾水上流投毒，晋军很多人中毒死去；荆王焚烧楚的粮草，项氏因而被擒；曹操在下邳决开了泗水，吕布因此被杀；黄盖在赤壁采用火攻，曹操被迫逃窜。懂得利用水、火辅助作战，是率兵打仗的将军的重要职责，而懂得在作战中灵活巧妙地运用，尤其重要。

利用间谍 了解敌情（五间第五十）

【原文】

《周礼》曰："《巡国传》：'谍者，反间也。'"吕望云："间，构飞言，聚为一卒。"是知用间之道，非一日也。[凡有白气群行，徘徊结阵来者，为他国人来欲图，人不可应，视其所往，随而击之，可得也。或有黑气临我军上，如车轮行，敌人深入，谋乱吾国臣。或有黑气游行，中含五色临我军上，敌必谋合诸侯而伐我国，诸候反谋军，军自败。或有黑气如幢，出于营中，上黑下黄，敌欲来求战。无诚实，言信相反，九日内必觉，备之，吉。或日月阴沉无光，不雨，或十日昼夜不见日月，名曰"蒙"，臣谋主。故曰：久阴不雨，臣谋主也。]

故间有五间：有因间，有内间，有反间，有生间，有死间。五间俱起，莫知其道。因间者，因其乡人而用之者也[言敌乡邑之人，知敌表里虚实，可使伺候听察，通辞致言。故曰：因之用，赏禄为先也]。内间者，因其官人而用之者也[因其在官失职者，若刑诛之子孙与受罚之家也。因其有隙，就而用之]。反间者，因敌间而用之者也[曹公曰："敌使间来视我，我知之。因厚赂重许，反使为我间，故曰反间。"萧世诚曰："敌使人来候我，我佯不知而示以虚事，前却期会，使归相语，故曰反间也]。生间者，反报者也[择己有贤才智谋，能自开通于敌之亲贵,察其动静,知其事计所为,已知其实,还报,故曰生间也]。死间者,为诳事于外,令吾间知之,而传于敌间者也。

[作诳诳之事于外,佯漏泄之。使吾间知之。吾间至敌中,为敌所得,必以诳事输敌,敌从而备之,吾所行不然也,间则死矣。又,一云敌间来,在营间,我诳事而持归,然皆非吾所图也。二间皆不知幽隐,故曰死间。萧士诚云:"所获敌人及己军士有重罪系者,故为免,相敕勿泄,佯不秘密,令拘者窃闻之。因缓之,使亡,亡必归敌,以所闻告之,敌必信焉,往必不间。故曰死间者也。"]

昔汉西域都护班超,初为将军长史,悉发诸国步骑二万五千击莎车,莎车求救龟兹。龟兹王遣左将军发温宿、姑墨、尉头合五万人助之。超召部曲及于阗疏勒王议曰:"兵少不敌,计莫如各解散去。于阗王从此东,长史亦从此西归。夜半闻鼓声使发。"众皆以为然。乃阴缓擒得生口,生口归,以超言告龟兹。龟兹闻之喜,使左将军将万骑于西界遮超,温宿王将八千骑干东界遮于阗王。人定后,超密令诸司马,勒兵励士。至鸡鸣,驰赴莎车军营掩覆之,胡皆惊走,斩首五千级,莎车遂降。

又,耿弇讨张步,步人之,乃使其大将费邑军历下,又分兵屯,祝阿别于太山钟城,列营数十以待弇[昔刘备东下与孙权交战,魏文帝闻刘备树栅连营七百余里,谓群臣曰:"备不晓兵权,岂有七百里营可以拒敌者乎?包原隰险阻而为军者,为敌所擒,此兵忌也。"后七日,权破备。书到今张步列营数十,缓急不能相救。又,军溃,则众心难固。此黥布所以走荆王也。步非计也,败其宜也]。弇渡河,先击祝阿,拔之,故开围一角,令其众得奔钟城。钟城人闻祝阿已溃,大惧,遂空壁亡去[孙子曰:"三军可夺气,将军可夺心。"耿弇开祝阿之围,令其众奔钟城,以震怖之,亦夺气、夺心计也。妙矣夫]。费邑分遣其弟敢守巨里,弇进兵,先胁巨里,多伐树木,扬言以填塞坑堑。数日有降者,言邑闻弇欲攻巨里,谋来救之。弇乃严令军中趣治攻具,后三日当悉攻巨里。阴缓生口,令得亡归,归者以弇期告邑。邑至日果自将来救之,弇喜谓诸将曰:"吾所修攻具者,欲诱致邑耳。今来,适我所求也。"即分三千人守巨里,自引精兵止岗坂,乘高合战,大破之,临阵斩邑[或问孙子曰:"敌众而整将来,待之若何?"曰:"先夺其所爱,则听矣。"又曰:"善战者,致人而不致于人。"弇扬言攻巨里也,亦夺其所爱,令自致之计也]。此用因间之势也。

晋时,益州牧罗尚遣隗伯攻李雄于郫城,迭有胜负。雄乃募武都人朴泰,鞭之见血,使谲罗尚,欲为内应,以火为期。尚信之,悉出精兵,遣隗伯等率领从泰。李雄先使李骧于道设伏,泰以长梯倚城而举火,伯军见火起,皆争缘梯。泰又以绳汲上尚军百余人,皆斩之。雄因放兵,内外击之,大破尚军。此用内间之势也。

郑武公欲伐胡,先以子妻胡。因问群臣曰:"我欲用兵,谁可伐者?"大夫关期思曰:"胡可伐。"武公怒而戮之曰:"胡,兄弟之国,子言伐之,何也?"胡君闻之,以郑为亲己而不备郑。郑袭胡,取之[汉使郦生说齐王田广,广罢兵,与郦生纵酒。汉将韩信因齐无备,袭齐,破之。田广烹郦生,郦生偶成韩信死间。唐李靖伐匈奴,以唐俭先和亲,而己以兵乘其不备,破之。此李靖以唐俭为死间也。]此用死间之势也。

陈平以金纵反间于楚军,间范增,楚王疑之。此用反间者也。[事具《霸纪》]

故知三军之亲,莫亲于间,赏莫厚于间,事莫密于间。非圣智莫能用间,非密微莫能得间之宝。此三军之要,唯贤哲之所留意也。

【译文】

《周礼》说:"《巡国传》称:'所谓谍,就是刺探消息的人。'"吕望说:"间,就是到敌人军队制造散布流言蜚语以扰乱敌方军心的人,这些人可以组成一支独立的队伍。"由此可知,使用间谍,由来已久。[凡有白气群行,徘徊凝结如兵阵而来,是敌军派奸人前来有所图谋的预兆,先不要与来人对面,而要盯住他,看他到什么地方活动,随后袭击他,逮捕他。或者有黑气降临我军上空,如车轮行进,这是敌人深入,企图在我国大臣中制造混乱的征兆。或者有黑气游动,内含五色,降临我军上空,一定是敌人图谋联合诸侯征伐我国的征兆,如果诸侯起来反对谋乱之军,敌军自然会失败。或者有黑气象旗帜一样,从军营中飘出,上面呈黑色,下面呈黄色,是敌人要来求战的征兆。但敌人却无诚信,言行相反,在九天之内会被察觉。如能及时降备,就吉利。或者日月阴沉无光,又不下雨,或者十天内昼不见日、夜不见月,这叫作"蒙",是臣下图谋主上的征兆。所以说:久阴不雨,预兆着臣下要图谋暗害主上。]

所用间谍有五种:有"因间",有"内间",有"反间",有"生间",有"死间"。五种间谍都使用起来,就能使敌人根本无法知道到底是怎么一回事。所谓"因间",是指利用敌国百姓做间谍[是说敌人乡里的人,了解敌人的实情,可以让他伺机探听观察消息,传递消息给我。所以说,使用敌国乡里的人做间谍,要先给予赏赐使之为我效力]。所谓"内间",是指收买敌国的官吏做间谍[利用那些失掉官位的人,象受刑人的子孙与受处罚的人家。借他们和所在国之间的仇怨利用他们]。所谓"反间",是指利用或收买敌方派来的间谍为我效力[曹操说:敌方派来间谍窥探我方,我方已知晓,利用重金收买,诱使敌方间谍为我方所用,所以称"反间"。萧世诚说:敌方派间谍来刺探我方军情,我方假装不知道,故意向他提供虚假情况、没用反而有害的情报,让他回去告诉他的主人。因此称"反间"]。所谓"生间",是指派往敌方侦察后,能活着回来报告敌情的人[选择那些贤才、智谋之士,他们能打通敌方的亲信显贵之人,以此来侦察敌方的动静,了解敌方的军事谋略、所作所为。已经探清了敌方的情况,活着回来报告,所以称作"生间"]。所谓"死间",是指故意散布虚假情况,让我方间谍知道而传给敌方的间谍,敌人上当后往往将其处死。

[制造虚假情况,故意泄漏,让我方的间谍知道。我方的间谍到了敌方,被敌人俘虏之后,往往会将他了解的情况告诉敌人,敌人据此防备。但我方的实际行动却不是这样,那么敌方发现后我方的间谍就会被处死。又一种情况是敌方的间谍来,在军营中,我方故意制造假象让他回去报告,结果却不是我方真实的军事情报。以上两种间谍不管是敌方的还是我方的都不了解事实的真相,所以称作"死间"。萧世诚说:将俘获的敌人及我方犯有重罪的军士被拘留后,有意让他们听到什么所谓的秘密后,又郑重其事地叮咛他们万勿泄露,然后释放他们,让他们逃跑。他们跑到敌方,把自己听到的告诉敌人,敌人一定会相信,但实际情况并非如此,敌人明白之后,就要处死他们。所以称"死间"。]

当年汉朝西域都护班超,刚刚任将军长史,将手下的步兵、骑兵二万五千人都派出去攻打莎车国,莎车向龟兹求救。龟兹王派遣左将军把温宿王、姑墨王、尉头王共五万人组成联合部队帮助莎车。班超召集所属部下及于阗疏勒王商议说:"我军兵少不能与敌人对抗,不如先让各部解散。于阗王从这里向东,我从这里西归。半夜里听到鼓声大家就出发。"大家都同意这一意见。班超暗中释放了捉来的俘虏。俘虏回去后把班超的话报告了龟兹王。龟兹王听后大喜,派左将军带领一万名骑兵在西面伏击班超,温宿王率领八千名骑兵在东面伏击于阗王。夜深人静后,班超却秘密命令各部发动士兵，准备行动。到了鸡鸣时，一齐奔赴莎军军营，来势迅猛，胡兵惊慌失措。班超的军队斩杀了五千多敌人。于是莎车被迫投降。

同样的例子还有，耿弇讨伐张步，张步听说之后，便派遣大将费邑驻扎在历下，又分兵到别地屯守，祝阿另在太山钟城，布列了几十个兵营等待耿弇[当初刘备东下和孙权打仗，魏文帝曹丕听说刘备连营七百里，对自己的大臣说："刘备不懂得兵法，哪有军营连成七百里来抵抗敌人的？不管地势高低险阻，统统包在一处安营扎寨，要为敌人所败。这是用兵之大忌。"七天之后，刘备果然被孙权打败。张步也是这样，并列军营几十个，有了紧急情况之后别的兵营不能援救。再说，一军崩溃，众心就难以稳固，这是黥布所以打败荆王的原因。张步不懂得兵法，他的失败是必然的]。耿弇渡过黄河，先围攻、打败了祝阿，然后故意网开一面，让被围困的祝阿的士兵能奔逃到钟城。钟城的守军听说祝阿已经失败，非常惊恐，于是集团都溃逃了[孙子说："三军可以挫伤其士气，将军可以动摇其决心。"耿故意对祝阿网开一面，让祝阿的士兵奔逃到钟城，以此来威吓钟城的守军，这里用的也是"夺气""夺心"的计谋。实在是高明]。费邑派遣自己的弟弟费敢把守巨里，耿进兵，首先威胁巨里，并大量砍下树木，扬言要填塞坑堑、铺平道路，进攻巨里。不多时，有来投降耿军的人，说费邑听说耿要进攻巨里，正打算前来救助。耿于是严令军队赶快准备进攻用的器械，说三天后部队都要去进攻巨里。耿同时又把投降者释放，让他回去。投降者回去后便将耿进攻巨里的日期告诉了费邑。到了这天，费邑果然亲自带领着部队来救助巨里。耿弇高兴地对自己的将领说："我之所以要让你们准备攻城的器械，正是引诱费邑来巨里的。现在他来了，正是我求之不得的。"随即分兵三千人把守巨里，自己却率领着精锐部队驻扎在高岗、山坡，借高峻的地势和费邑交战，使费邑大败，在阵前斩了费邑[有人问孙子："面对众多又阵势严整的敌军，该怎么办呢？"孙子说："先夺敌人的要害处，敌人自然就听我指挥了。"又说："善于作战的，是诱引敌人来就我，而不是被人诱引。"耿弇扬言要进攻巨里，也是夺其所爱，是诱引费邑前来的计谋]。这是使用"因间"所产生的作用。

晋时，益州牧罗尚派遣隗伯在郫城攻打李雄，打了很久彼此都有胜负。李雄于是招募武都人朴泰，用鞭子抽得朴泰鲜血淋漓，然后让他投奔罗尚，诡称愿意在罗尚进攻时做内应，以举火为信号。罗尚相信了朴泰，调动全部精兵让隗伯等率领跟随朴泰。李雄先派李骧在道路上埋伏，朴泰登上长梯靠着城墙，举起火把，隗伯的军队看见火把以为是信号，都争着攀梯而上。朴泰又用绳子吊上来百余名罗尚的士兵，都杀掉了。李雄乘机从城内放出兵，内外夹击，使罗尚大败。这是使用"内间"所产生的作用。

郑武公准备攻伐胡人，先把女儿嫁给胡人首领和亲，然后询问大臣："我准备发动战争，谁是可以讨伐的对象？"大夫关期思说："可以讨伐胡人。"郑武公大怒，说："胡，是我的兄弟之国，你却说可以讨伐，是何用意？"于是杀掉了关期思。胡人听说后，认为郑国和自己非常友好，因此不再去防备郑国。郑国乘机袭击胡，夺取了胡的地域[汉朝派郦生去劝说齐王田广罢兵，田广依从了，并与郦生开怀饮酒庆祝。汉将韩信趁其没有防备，突袭齐，攻破了齐城。田广大怒，烹煮了郦生。郦生因偶然的原因成了韩信的"死间"。唐朝李靖讨伐匈奴，派唐俭先去和匈奴和亲，而李靖乘匈奴没有防备，大败匈奴。这是李靖将唐俭做了"死间"]。这是使用"死间"所产生的作用。

陈平用重金在楚军中大行"反间"计。离间范增，楚王因此怀疑他，范增只好愤然而去。这是使用"反间"计。

所以军队中的亲信，没有比间谍再应该亲信的了，奖赏没有比间谍更优厚的了，事情没有比间谍更机密的了。不是才智过人的将帅不能使用间谍，不是用心精细、手段巧妙的将帅不能悟得使用间谍的宝贵。这是三军的要害所在，是贤德圣哲所格外留意的。

为将之才　仁智勇信（将体为五十一）

【原文】

《万机论》曰："虽有百万之师，临时吞敌，在将也。"吴子曰："凡人之论将，恒观之于勇。勇之于将，乃万分之一耳。"故《六韬》曰："将不仁，则三军不亲；将不勇，则三军不为动。"孙子曰："将者，勇、智、仁、信、必也。"勇，则不可犯；智，则不可乱；仁，则爱人；信，则不欺人；必，则无二心。此所谓"五才"者也。

三军之众，百万之师，张设轻重，在于一人，谓之气机。道狭路险，名山大塞，十人所守，千人不过，是谓地机。善行间谍，分散其众，使君臣相怨，是谓事机。车坚舟利，士马闲习，是谓力机。此所谓"四机"者也。

夫将可乐而不可忧，谋可深而不可疑。将忧则内疑[将有忧色，则内外相疑。故曰不相信也]，谋疑则敌国奋[多疑则计乱，乱则令敌国奋威]。以此征伐，则可致乱。

故将能清能静[廉财曰清，不扰曰静。老子曰："重为轻根，静为躁君也"]，能平能整，能受谏，能听讼，能纳人[受贤于群英之中，若越纳范蠡、齐纳宁戚之类也]，能采善言，能知国俗，能图山川，能裁厄难[险、难、厄皆悉明之]，能制军权。危者安之，惧者欢之，叛者还之[将有不合去者，慰诱还之，若萧何追韩信]，冤者原之，诉者察之，卑者贵之[士卒若卑贱者，贵之。昔吴起下与士卒同衣食是也]，强者抑之，敌者残之[卑中有贱，而敌贵者，乱上下之礼，残杀之]，贪者丰之[悬赏以丰其心，所以使贪]，欲者使之[临敌将战，有欲立功名，有欲利敌人者，皆许而使之，所谓使勇使贪]，畏者隐之[士卒有所畏惧者，隐蔽于后，勿使为军锋，军败由锋怯]，谋者近之，谗者覆之[有谗斗者，覆亡之]，毁者复之[官职有毁废者，则修而复之]，反者废之，横者挫之，服者活之[首服罪者，活之]，降者说之，获城者割之[赏功臣也]，获地者裂之[赐功荣者]，获国者守之[得其国，必封贤以守之。昔吴伐越，得而不守，所以终败也]。获厄塞之，获难屯之，获财散之。敌动伺之，敌强下之[敌阵强则下之，勿与战。若齐师伐鲁，鼓之，曹刿不动。三鼓，破齐，下之]，敌凌假之[敌之威势凌吾而来，宜持重以待之，勿与战。楚凌汉，求战一决，汉祖知弱，不许之，是也]，敌暴安之[敌人为暴虐之行，则安之劝之，所以怒吾众也。昔燕伐齐，田单不下，燕师掘齐人冢墓，田单安劝之]，敌悖义之[敌为悖乱之事，则随有义以待之，彼悖我义，故克之]，敌睦携之，顺举挫之[举顺以挫逆也]，因势破之，放言过之[放过恶言，以诬诈敌人，以怒己众也]，四纲罗之。此为将之道也。

故将拒谏，则英雄散；策不纵，则谋士叛；善恶同，则功臣倦[赏罚不明，善恶无异，则有功之臣皆懈倦也]；将专己，则下归咎[专己自任，不与下谋，众皆归罪于将而责之]；将

419

自臧,则下少功[臧,善也。将自伐勋,忘下自用者,故曰少功也];将受谗,则下有离心;将贪财,则奸不禁[上贪则下益也];将内顾,由士卒淫[内顾,思妻妾也]。将有一,则众不服;有二,则军无试[试法也];有三,则军乖背;有四,则祸及国。

《军志》曰:将谋欲密,士众欲一[将众如一体也],攻敌欲疾。将谋密,则奸心闭;士众一,则群心结[结如一也];攻敌疾,则诈不及设。军有此三者,则计不夺。将谋泄,则军无势,以外窥内,则祸不制[窥,见也。谋泄,则外见己情之虚实,其祸不可制也];财入营,则众奸会[凡为军,使外人以财货入营内,则奸谋奄集其中心]。将有此三者,军必败。

将无虑,则谋士去[将无虑,不能从谋,故去之];将无勇,则吏士恐[将怯,则下无所恃,故恐也];将迁怒,则军士惧。虑也,谋也,将之所重;勇也,怒也,将之所用。故曰:必死,可杀也;必生,可虏也;忿速,可侮也,廉洁,可辱也;爱人,可烦也。此五者,将军之过,用兵之灾。

故凡战之要,先占其将而察其才。因刑用权,则不劳而功兴也。其将愚而信人,可谋而诈;贪而忽名,可货而赂;轻变,可劳而困;上富而骄,下贫而磔,可离而间;将怠士懈,可潜而袭。智而心缓者,可迫也;勇而轻死者,可暴也;急而心速者,可诱也;贪而喜利者,可袭也、可遗也。仁而不忍于人者,可劳也;信而喜信于人者,可诳也;廉洁而不爱人者,可侮也;刚毅而自用者,可事也;懦心喜用于人者,可使人欺也。此皆用兵之要,为将之略也。

【译文】

《万机论》说:"即使有百万军队,在战场上想要战胜敌人,关键还在于将领。"吴起说:"人们在评论将领时,总是把'勇'看成一个重要的衡量标准。其实,'勇'对于一个将领来说,只占他所应当具备品质的万分之一。"所以《六韬》说:"为将的不仁爱,三军就不会团结;为将的不勇猛,三军就不会勇猛直前。"孙子说:"作为一个将领,要具有勇、智、仁、信、必五种品格。"有勇,就不可侵犯;有智,就不能使他迷乱;有仁,就懂得爱人;有信,就不会欺诳自己人;有必,就不会产生二心。这就是通常所称的"五才"。

百万之众的军队,安排布置、权衡轻重,就要有一个总的指挥,这就是关系到士气之盛衰的"气机"。道路狭窄险峻,有高山要塞阻隔,十个人把守,千人也休想通过,这就是能否识别利用地形的"地机"。善于使用间谍,离间敌人,使敌国君臣相互产生怨恨和猜疑,这就是陷敌于不战自乱的"事机"。战车坚固、舟船轻便,战士武艺娴熟,战马久经教练习惯于战斗这些是发挥战斗力的"力机"。这就是人们通常所说的"四机"。

为将的要乐观,不可悲观,谋略要深藏但不可犹豫迟疑。将有忧愁,军队内部就会产生有怀疑[将有忧色,军内军外都会有疑虑,有疑虑就互不信任];实行谋略稍有迟疑,敌国就会振奋[多疑会使计谋乱,乱就会让敌人显示威风],在这种情况下作战,那只会导致失败溃乱。

所以为将的要清廉,要镇静[廉洁奉公叫"清",不受外界干扰叫"静"。老子说:"重是轻的根本,静是动的主宰"],能公平能严整,能接受意见,能判断是非曲直,能广纳人才

[在众多英才之中采纳贤德之才,像当年越国接纳范蠡、齐国接纳宁戚一样],能听取多方面意见,能了解敌国风俗,能读、画山川地形之图,能判断艰难险阻[险、难、厄诸多情况,都非常了解],能控制军权。危难者使他感到安全,恐惧者使他感到高兴,叛逃者使他回还[与将领不合、离开军队的人要安慰、诱导他,使他回来,就像当年萧何月下追韩信一样],含冤者要为他平反,申诉者要明察,位卑者要厚待他[从前吴起与士兵同衣同食就是典型的例子],强壮者要适当抑制他,敌对者要杀掉他[卑贱低下的和尊贵者对抗,混乱上下礼数,要杀掉他],贪婪者要满足他[悬赏满足其欲望,这就是利用贪婪者],有欲望的要利用他[面临敌人即将作战,有想建立功名的,有想痛杀敌人的,都要答应,这就是利用手下将士的"勇""贪"],畏惧做前锋的,要安置他到部队的后面[士卒有畏惧的,要把他隐藏在队伍后面。不要让他做前锋,一军的失败往往是由于前锋的胆怯造成],有谋略的亲近他听取他的意见,专门说别人坏话的要除掉他[有因谗言而械斗的,更要清除],缺损的官职要及时补上[官职有缺损的,要及时调整],反叛者要杀掉,横暴者要打击,顺服者要饶恕他[一开始就服罪的,要给他一条活命],投降归顺者要使之心悦诚服,占领城池者要割出一块奖给他[奖赏有功之臣],夺取别人领地的要划出一块赐给他[赏赐有功劳的人],获取敌国后要派兵守卫[占领了敌国,一定要派贤德之士去守卫。当初吴国讨伐越国,得到后却不去守卫,所以最终导致了失败]。夺取了要塞,就要防守;夺取险要之地,一定要屯兵把守;夺取了财物,就要分散给众人。敌人有行动,就要注意观察,敌人士气强盛,就要想办法消磨削弱他[要想办法削弱敌人士气,不要马上和他作战。就像当初齐国攻伐鲁国,击鼓进攻,曹刿伏兵不动。等到齐国击鼓三次后,曹刿才下令进攻,一举打败了齐国军队],敌人攻势凌厉,要避开他的锋面[敌人攻势凶猛,直扑而来,我方这时要沉稳地应对,不要和他马上交战。当初楚国攻伐汉,要求和汉决一死战,汉高祖刘邦知道自己的军队弱小,因而避战不答应,就是这种情况],敌人越是暴怒,就越要安定我军[敌人做出暴虐的行为,要安抚、劝勉我军,这样才会使我军更加愤怒。如燕国讨伐齐国的田单,久攻不胜,燕国的军队就掘开齐人的祖坟,田单劝勉齐军那样],敌人越是悖逆,我军越要有义举有仁有义[敌人悖乱,我军则要有义举,以此抗拒敌人。因为敌人悖逆,我军仁义,所以最终能战胜敌人],敌人和睦,要离间他,顺应敌人的举动挫败他,要善于分析客观形势、利用有利条件消灭敌人,要会夸大敌人的恶言[夸大恶言,用来诬诈敌人,用来激怒自己的军队],使敌人出错,然后围而歼之。上述种种,都是作为一个将领必须具备的能力。

所以说,将领不善于听从别人的意见,有才智的人就会离他而去;不采纳谋士的计策,谋士就会背叛他;不论有功无功一样看待,有功之臣就无心向上[赏罚不明,善恶不分,有功之臣就会懈怠];将专横独断,下级就会怨恨[一人专断,不与人协商,众人就会怨恨他、责怪他];将居功称能,下级就不会积极立功;将听信谗言,下面的人就会产生离异之心;将贪,奸佞之事就难以禁绝[上面贪婪,下面就更甚];将顾家,士卒就放荡。以上种种,将有其中一种,士卒就不服;占其二,军纪就无法执行;占其三,部队就会反叛作乱;占其四,祸乱就将危及国家。

《军志》上说:"将领的谋略要机密周全,全军要紧密团结如一人[将众如一个整体],攻击敌人要快速反应。"将领的谋略机密周全,奸心就无机可逞;全军上下团结如一人,就会众志成城[团结如一,攻敌疾速,奸计就来不及布设。这三条能在军中施行,计谋就不会耽误。谋略被泄漏了,军队就无威势可言;敌人刺探到我内部情况,祸患将不可制止地发生

·反经·

图文珍藏版

[计谋泄漏了,敌人对我军中情况完全了解,祸患就不可避免了];非法的财物进入军营,奸佞之人就会结党营私[大凡治军,如果让外人把财物带入军营内,那么奸邪之事也就藏在其中了]。将领如有这三种行为,军队一定要失败。

将无主见,谋士就会离去[将无谋,不能听从谋略,谋士所以要离开他];将无勇,军士就会惊恐[将领胆怯,下失依靠,所以会惊恐];将迁怒于人,军士就会惧怕。主见、谋略,是将帅所倚重的;勇气、怒气,是将帅所慎用的。所以说,有勇无谋,只知拼命打仗,就可能被敌诱杀;临阵畏怯,贪生怕死,就可能被敌俘虏;急躁易怒,一触即跳,就可能因为被敌凌侮而轻举妄动;廉洁好名,过于自尊,就可能被敌污辱而失去理智;只知爱护民众,就可能被烦扰而陷于被动。以上五点,是将帅容易犯的过失,是用兵的大忌。

所以说作战最重要的,首先是要看将领及其才能。依据用兵法度使用权力,就会不劳而功成。如敌方将领愚钝而轻信别人,可使用计谋欺诈他;如贪婪而不顾名声,可用重金贿赂他;如轻举妄动,就设法使他陷入疲劳;如上富贵而骄纵,下贫穷而有异心,就可以离间他们;如敌人将帅倦怠、士卒松懈,就可以偷袭。如将领聪明而反应迟缓,就要使他急迫;如勇猛又轻生,就欺凌他;如急躁易激动,就要诱惑他;如贪功好利,就要贿赂他。如果因仁爱而对敌不狠,就要用敌人的残暴教育他;如廉洁却又不爱他人,就要凌侮他;如刚毅又喜欢自以为是,就要假装顺从他;如果内心懦弱、喜欢被别人驱使,就要让人去欺诈他。以上所说的这些,都是用兵的要旨,为将帅者必须了解。

了解敌情　再作决定(料敌第五十二)

【原文】

夫两国治戎,交和而舍,不以冥冥决事,必先探于敌情。故孙子曰:"胜兵先胜而后战。"又曰:"策之而知得失之计,候之而知动静之理。"因形而作,胜于众,用兵之要也。

若欲先知敌将,当令贱而勇者,将轻锐以尝之。观敌之来,一起一坐,其政以理。其追北,佯为不及;其见利,佯为不知。如此者,将必有智,勿与轻敌。[凡敌上气黄白而润泽者,将有威德。或军上气发,渐渐如云,变作山形,将有深谋。或敌上气外黑中赤在前者,将精悍,皆不可击。凡气上与天连,军中将贤良。凡气如龙如虎在杀中,或如火烟之形,或如火光之状,或如山林,或如尘埃,头大而卑,或气紫黑,如门上楼,或如白粉沸,皆猛将之气也]。若其众哗旗乱,其卒自止自行,其兵或纵或横。其追北,恐不及;见利,恐不得。如此者,将必无谋,虽众可获[凡敌上气清而疏散者,将怯弱。前大而后小,将性不明也]。

故曰:敌近而静者,恃其险也;敌远而挑人者,欲人之进也;众树动者,来也众;草多障者,疑也[稠草中多障蔽者,必逃去恐吾追及,多作障蔽,使我疑其间有伏兵也];鸟起者,伏也[凡军上气浑浑圆长,赤气在其中,或有气如赤杆在黑云中,皆主有伏兵。或两军相当,有赤气在军前后左右者,有伏兵,随气所在防之。或有云绞绞绵绵,此以车骑为伏兵。或云如布席之状,此以步卒为伏兵。或有云如山岳在外,为伏兵,不可不察也];禽骇者,覆也;尘卑而广者,徒来也;散而条远者,薪来也;少而往来者,营军也[少,尘少也]。

辞卑而益备者,进也[敌增备也];辞强而进驱者,退也。无约而请和者,谋也;半进半退者,诱也;杖而立者,饥也;汲而先饮者,渴也;见利不进者,劳也;鸟集者,虚也;夜呼者,恐也;军扰者,将不重也;旗动者,乱也;吏怒者,倦也;粟马食肉,军无悬甀,不及其舍者,穷寇也;谆谆翕翕,徐与人言者,失其众也[此将失其众之意也];数赏者,害也;数罚者,困也;数顾者,失其群也;来委谢者,欲休息也。兵怒而相近,久而不合,又不相去,必谨察之。

敌来新到,行阵未定,可击也;阵虽定,人马未食,可击也;涉长道,后行未息,可击也;行坂涉险,半隐半出,可击也;涉水半渡,可击也;险道狭路,可击也;旌旗乱动,可击也;阵数移动,可击也;人马数顾,可击也。凡见此者,击之而勿疑。

然兵者,诡道也。能而示之不能,用而示之不用。故匈奴示弱,汉祖有平城之围;石勒藏锋,王浚有幽州之陷。即其效也,可不慎哉!

【译文】

两国发生了战争,两军对阵,此时形势不明,不能想当然地做出判断,一定要先侦察搞清楚敌人的情况。所以孙子说:"取胜之兵,首先是在刺探军情方面取胜,而后才在战场与敌人交锋。"又说:"认真分析判断,以求明了与敌人作战计划的优劣长短;仔细观察,以求了解敌人活动的规律。"根据敌情变化灵活运用战术,可以少胜多,这是用兵打仗的重要法则。

如果要先了解敌方将领的情况,最好是让军中地位低下又勇敢的人,带领着轻便精锐的人马去观察敌情。观察敌军初来,如果一起一坐,行动有条有理;敌军追逐败退者,假装赶不上;看见财利,假装不知道——这样的部队,它的将领一定非常精明,不可以轻视[凡敌阵上空云气黄白润泽,其将有威德。或者敌军上空有云气升发,渐渐形成云状,变化成山形,其将有深远的谋略。或者敌军上空的云气,外面黑中间赤红,飘动在前,其将精悍,上述情况,都不能攻击。凡云气上和青天相连,军中的将领必定贤德而聪明。凡云气如龙如虎,如拼杀状,或呈火烟之形,或如火光之状,或如山林,或如尘埃,前头大而低,或云气紫黑如门楼,或如白粉沸腾,这都是猛将之气]。如敌军喧哗,旌旗散乱,士卒行动随便,没有一定法度,在追击败军时,唯恐赶不上,看见财利,唯恐得不到。这样的军队,它的将领一定是无谋之辈,即使其军人数众多,与之交战,也是可以取胜的[凡敌军上空云气清淡、松散,其将多怯弱。云气前大而后小,其将领的品性不明了]。

所以说,敌军靠近我方却很安静,是有险峻的地形可依凭;敌军远道而来向我挑战,是企图引诱我军前进;树丛摇动得面积大,敌军来得多;草丛中多处设置障碍,是用来疑惑我军的[稠密的草丛中多处设置障碍,一定是敌军在逃离时担心我军追击,故作障碍,以使我军怀疑草丛中有伏兵];有鸟从林中惊起,则有埋伏[凡是军队上空云气混浊,呈圆长形,赤气含在其中,或黑云中有赤色云气如木杆一样挺立,都是有伏兵的表示。或两军对阵,有红色云气在军阵前后左右飘动,有伏兵,要随云气在所在之处设防。或有云气交扭绵延,这是以车骑为伏兵的表示。或云气如席子一样卷起,这是以步卒为伏兵的表示。或有云气的山岳在外,也有伏兵,不能不察];禽鸟惊慌害怕,是敌军大举来袭;尘土低而广的,是敌军步兵来袭;尘土分散成条状,而且前后远连,这是敌军在运送粮草;尘土少却往来飘荡,是敌军在安营扎寨。

敌军使者言辞谦卑同时却加紧战备,是要发动进攻[敌人要增加装备];言辞强硬而又做出进攻的样子,是要撤退;敌军没有事先约定就来求和,这中间肯定有计谋;敌军呈半进半退之势,是引诱我军向前;敌军持手中武器站立,是饥饿断粮之旅;敌军找水争饮,是饥渴之旅;见到财利却不向前,是因为过度劳累;敌营有鸟雀集聚,说明营中已空;敌人营中夜间有惊呼声,说明敌军心中恐惧;军营骚动,是将领没有威严不能镇压三军;旌旗摇动,是敌军中起了混乱;军吏时常发怒,是过度疲倦之症候;敌人用粮食喂马,杀牲口吃肉,收拾起炊具不再返回营地,是准备决一死战的表示;敌军将领低声下气和士兵说话,是其将领已失去人心的表现;再三奖赏士卒的,说明敌将已没有其他办法;再三重罚下属的,是敌军已陷于困境;再三环顾四方,是掉队了;敌军借故派使者来谈判,言辞委婉的,是想休兵息战。敌军盛怒前来,却久不接战,又不离去,必须谨慎观察其意图,不可轻举妄动。

凡是以下情况,均可以毫不迟疑地攻击敌军:

敌军刚刚来到,行阵还未来得及布列;行阵虽已布列,但人马还未来得及进食;长途跋涉,后到的部队还未休息;行进于岗坡险阻之地;处在半隐半显状态;半部渡水;正在狭窄危险之路上行进;旌旗乱动;敌阵频繁移动;敌军人马再三反顾。

然而,用兵打仗,是一种诡诈的行为。能攻却要显出不攻的样子,要打却要显出不打的样子。匈奴故意示弱,汉高祖不了解真情,被围困在了平城;石勒故意藏起锋芒,王浚不知道实况,被攻陷在了幽州。这都是前车之鉴,不谨慎行吗?

创造形势　有利自己(势略第五十三)

【原文】

孙子曰:"勇怯,势也;强弱,形也。"又曰:"水之弱,至于漂石者,势也。"何以明之?

昔曹公征张鲁,定汉中,刘晔说曰:"明公以步卒五千讨诛董卓,北破袁绍,南征刘表。九州百郡,十并其八,威震天下,势慑海外。今举汉中,蜀人望风,破胆失守,推此而前,蜀可传檄而定也。刘备,人杰也,有智而迟,得蜀日浅,蜀人未附。今破汉中,蜀人震恐,其势自倾。以公之神明,因其倾而压之,无不克也。若小缓之,诸葛亮明于理而为相,关羽、张飞勇冠三军而为将,蜀人既定,据险守要,则不可犯也。今不取,必为后忧。"曹公不从。居七日,蜀降者说:"蜀中一日数十惊。"备斩之而不能禁也。曹公延问晔曰:"今尚可击否?"晔曰:"今已小定,未可击也。"

又,太祖征吕布,至下邳。布败,固守城,攻不拔,太祖欲还,荀攸曰:"吕布,勇而无谋。今三军皆北,其锐气衰。三军以将为主,主衰则军无奋意。夫陈宫有智而迟,今及布气之未复,宫谋之未定,进急攻之,布可拔也。"乃引沂泗灌城,城溃,生擒布。以此观之,当是时,虽诸葛之智,陈宫之谋,吕布之勇,关张之劲,无所用矣。此谓"勇怯,势也。强弱,形也。"

故兵有三势[夫兵有三势:一曰气势,二曰地势,三曰因势。若将勇轻敌,士卒乐战,三军之众,志励青云,气等飘风,声如雷霆,此所谓气势也。若关山狭路,大阜深涧,龙蛇蟠磴,羊肠狗门,一夫守险,千人不过,此所谓地势也。若因敌怠慢,劳役饥渴,风波惊扰,将吏纵横,前营未舍,后营夹涉,所谓因势者也],善战者,恒求之于势。势之来也,食其缓颊,下齐七十余城;谢石渡淝,摧秦百万之众。势之去也,项羽有拔山力,空泣虞姬;田横有负海之强,终然刎颈。

故曰:战胜之威,人百其倍;败兵之卒,没世不复[永挫折也。言人气伤,虽有百万之众,无益于用也]。故"水之弱,至于漂石",此势略之要也。

【译文】

孙子说:"军队勇敢还是怯懦,是'形势'造成的,强弱,是由军事实力决定的。"又说:"水性是非常柔弱的,却能把冲走石块,这是由于水势强大的缘故。"怎样才能明白这个道理呢?

从前曹操征伐张鲁,平定了汉中,刘晔曾建议说:"您以五千名步兵讨伐董卓,向北攻破袁绍,向南征服刘表。天下的州郡,十有八九被兼并,因而您的军威传遍了天下。现在占领汉中,蜀人望风丧胆,城池失守,照这样向前进攻,蜀地用一纸檄文就能平定。刘备,是人中之杰,虽有智慧却比较迟钝,得到蜀地的时间短,蜀人尚未完全依附他。现在攻破汉中,蜀人得知后非常害怕,形势对刘备非常不利。以您的圣明,如果乘着形势对刘备不利加紧攻伐,没有不胜的。如果稍一松懈,有富于智慧的诸葛亮为相,有勇冠三军的关羽、张飞为将,蜀人一旦情绪稳定了,据守险要,那就不能轻易侵犯了。今日不攻取,一定会成为后患的。"曹操不听从。过了七天,投降魏的蜀人不断劝说刘备:"大势已去,蜀中人惧怕曹操,一日内造成惊恐数十次。"刘备连续斩杀劝降者,却不能禁止。这时,曹操叫来刘晔说:"现在是否还能进攻?"刘晔说:"现在蜀地已初步平定,不能进攻了。"

曹操征伐吕布,到了下邳。吕布失败后入城坚守下邳城不出。因为不能取胜,曹操准备回返,荀攸说:"吕布,有勇而无谋。现在他的各路军队都失败了,他的锐气受到挫折。三军以将领为主帅,主帅锐气衰减,他的军队必然也失去了战斗力。吕布的谋士陈宫虽有智慧却比较迟钝,现在乘着吕布的元气尚未恢复,陈宫的计谋尚未想好,只要连续进攻,吕布可以除掉。"曹操听了荀攸的建议,引来沂水、泗水灌下邳城,城被大水冲得崩溃了,于是活捉了吕布。由此来看,在那样的时候,就是有诸葛亮的智慧,陈宫的谋略,吕布的骁勇,关羽、张飞的劲健,也是没有用的。这就是所谓"勇怯,势也;强弱,形也。"

所以说,用兵打仗有"三势"["三势",一是"气势",二是"地势",三是"因势"。将领勇猛蔑视敌人,士卒奋力向前,三军上下,壮志激荡云天,豪气如同飘风,声音如同雷霆,这就是所说的"气势"。关山苍茫,长路狭险,峰高洞深,地势险要,一人据险把守,千人难以通过,这就是所说的"地势"。善于利用机会,因势进攻,如敌人疲倦迟缓,劳顿饥渴,被风波恐吓,将吏横暴,为所欲为,军心惶惶,前面军队尚未扎营,后面的军队仍在涉水渡河,这就是所说的"因势"]。善于用兵打仗的人,最会捕抓有利于我的形势。形势到来,郦食其劝说齐王田广,一举攻克了齐国七十余座城;谢安淝水一战,打垮了前秦百万大军。如果大势已去,项羽纵有拔山之力,只能与虞姬相对而泣;田横有背负大海的壮志,最终还是被迫自杀。

所以说,有胜利带来的威势,斗志会增加百倍。而败军的士卒,再难振奋[指长久遭受挫折,元气已伤,即使有百万大军,也毫无用处]。所以说,水性至柔至弱,却能冲走石块,这就是"势略"的要旨。

攻心为上　兵服为下(攻心第五十四)

【原文】

孙子曰:"攻心为上,攻城为下。"何以明之?

战国时有说齐王曰:"凡伐国之道,攻心为上,攻城为下。心胜为上,兵胜为下。是故圣人之伐国、攻敌也,务在先服其心。何谓攻其心? 绝其所恃,是谓攻其心也。今秦之所恃为心者,燕、赵也,当收燕、赵之权。今说燕、赵之君,勿虚言空辞,必将以实利,以回其心,所谓攻其心者也。"

沛公西入武关,欲以二万人击秦峣关下军。张良曰:"秦兵尚强,未可轻也。臣闻其将屠者子,贾竖易动以利。愿沛公且留壁,使人先行,为五万人具食,益张旗帜诸山上,为疑兵。令郦食其持重宝啗秦将"[贪而忽名,可货以赂]。秦将果欲连和,俱西袭咸阳,沛公欲听之。良曰:"此独其将欲叛,士卒恐不从。不从,必危,不如因其懈击之。"沛公乃引兵击秦军,大破之[诸葛亮擒孟获,七纵七擒之,南方终亮之世,不敢背叛。又,四面楚歌而项羽走;刘琨吹葭胡人散。攻心之计,非一途也]。

【译文】

孙子说:"以攻心为上策,以攻城为下策。"怎样明白这个道理呢?

战国时有人劝说齐王:"攻打敌国的方法,以攻心为上策,以攻城为下策。心胜为上,兵服为下。所以有大智慧的人讨伐他国、战胜敌人,最要紧的是先使其心服。什么叫"攻心"呢? 断绝他的依恃就是"攻心"。现在秦所依恃为心的,是燕国、赵国的同盟,应收回燕、赵的权力。如今劝说燕国、赵国的国君,不要只用空言虚辞,一定要给他们实利,用来使他们回心转意,这就是所说的'攻心'。"

沛公刘邦向西进入武关,想用二万人攻打峣关的守军,张良进言说:"秦兵还很强盛,因此不能轻敌。我听说峣关的军官是屠户的儿子。商贩出身的子弟容易利诱。希望沛公暂且安寨不动,派人先去,准备五万人的供给以张声势,再在一些山头上布满旗帜,以为疑兵,然后叫郦食其带着值钱的珍宝去贿赂秦军的将领。"秦军将领果然同意联合起来一同西进袭击咸阳。沛公准备按这个计划办事,张良说:"这不过是那些将领想叛变罢了,恐怕部下的兵士是不会听从指挥的。部下不听从肯定会出现混乱,不如乘其懈怠进攻。"沛公于是领兵袭击,大破秦军[当初诸葛亮擒拿孟获,七次放了又七次擒拿,因此南方一直到诸葛亮在世时,不敢背叛。四面楚歌使项羽败逃,刘琨吹笳,胡人解围散去。采用攻心的计谋,并非只有一种方法]。

分化瓦解　散敌同盟(伐交第五十五)

【原文】

孙子曰:"善用兵者,使交不得合。"何以明之?

昔楚莫敖将盟贰、轸[贰、珍二国名也],郧人军于蒲骚,将以随、绞、州、蓼伐楚师,莫敖患之。斗廉曰:"郧人军于其郊,必不诫,且日虞四邑之至[虞,度也,四邑,随、绞、州、蓼也]。君次于郊郢,以御四邑。我以锐师宵加于郧,郧有虞心而恃其城,莫有斗志。若败郧师,四邑必离。"莫敖从之,遂败郧师于蒲骚。

汉宣帝时,先零与罕、开、羌解仇,合党为寇。帝命赵充国行诛罕开,充国守便宜,不从,上书曰:"先零,羌虏,欲有背叛,故与罕开解仇,然其私心不能忘,恐汉兵至而罕开背之也。臣愚以为其计,常欲赴罕开之急,以坚其约。先击罕、羌,先零必助之,今虏马肥粮方饶,击之,恐不能伤害,适使先零得施德于罕羌也,坚其约,合其党,虏交坚党合,诛之用力数倍,臣恐国家忧累,由十数年,不二三岁而已。先诛先零,则罕开之属,不烦兵,服矣。"帝从之,果如策。

魏太祖伐关中贼,每一部到,太祖辄喜。贼破之后,诸将问其故。太祖曰:"关中道远,若各依险阻片之,不一二年不可定也。皆来集,众虽多,莫能相服,军无适主,一举可灭,为攻羌易,我是以喜。"语曰:连鸡不俱栖,可离而解。曹公得之矣。比伐交者也。

【译文】

孙子说:"善于用兵打仗者善于破坏敌国的同盟外交,使其无法与他国结盟。"为什么这样说呢?

从前楚国的莫敖要与贰国、轸国结盟,郧人却在蒲骚埋伏军队,准备和随、绞、州、蓼几国联合起来讨伐楚军,莫敖非常担忧。斗廉说:"郧人在其城郊驻军,一定不会严加戒备,况且他们日日等着随、绞等国军队的到来。不妨您在城郊驻军,以抵御随、绞等国的军队。我率领精锐部队乘着黑夜攻打郧人,郧人有担忧之心同时依凭其城,因而不会有高昂的斗志。如果能打败郧人的军队,随、绞等国就会和郧解除盟约。"莫敖听从了这个建议,于是在蒲骚打败了郧人的军队。

汉宣帝时,先零部落与罕、开、羌化解了仇怨,联合起来为寇贼反叛汉朝。宣帝命令赵充国先去讨伐罕、开,赵充国出于对国事的考虑,因而不行动,于是上书给宣帝:"先零,是羌的敌人,想背叛,所以和罕、开解开了仇怨,然而其内心却不能完全解除戒备,担心汉朝军队到来,罕、开背叛了它。我以为先零是这样打算的,它要为罕、开解急,使其同盟更坚固。如果先攻击罕、羌,先零一定要来协助他们,现在敌人正处在马肥粮足之时,如果攻击它,恐怕也不能给罕、羌以致命打击,反倒使先零有机会施恩惠给罕、羌，使其盟约更牢固，团结更紧密，这样一来，要想打败他们，就得花更多的力气。我担心国家因此出现困难，会长达十数年，而不是二三年。如果先讨伐先零，那么罕、开等用不着发兵，也会顺服。"宣帝听从了赵充国的建议，果然不出所料。

魏太祖曹操讨伐关中叛贼，每当一个地方的贼寇出来，太祖就非常高兴。贼寇被消灭之后，各路将领问太祖高兴的原因，太祖说："关中道路遥远，如果贼寇各自据守险要地形抵抗，要讨伐它，不用一二年时间是不能平定的。现在他们自动聚集前来，人虽多，但彼此都不服气，如此则各部没有统一的指挥，这样就可以一举消灭他们，比攻打羌人容易得多，我因此高兴。"谚语说：如果用绳子绑在一起的鸡不能一起上架栖息，那就可以分开它们，逐个瓦解。曹操是深得此中道理的。这就是所谓的"伐交"。

攻敌必救　调动敌军（格形第五十六）

【原文】

孙子曰："安能动之。"又曰："攻其所必趋。"何以明之？

昔楚子围宋，宋公使如晋告急。晋狐偃曰："楚始得曹，而新婚于卫，若伐曹、卫，楚必救之，则齐、宋免矣"〔前年楚成谷以逼齐〕。果如其计。

魏伐赵，赵急请救于齐。齐威王以田忌为将，以孙膑为师，居辎车中为计谋，田忌欲引兵之赵，孙子曰："夫解杂乱纠纷者，不控拳；救斗者，不博戟。批亢捣虚，形格势禁，则自为解耳。今梁赵相攻，轻兵锐卒必竭于外，老弱疲于内。君不若引兵疾走大梁，据其街路，冲其方虚，彼必释赵而自救，是我一举解赵之围，而弊于魏也。"田忌从之，魏果去邯郸。

又，曹操为东郡太守〔东郡，今魏州是〕治东武阳，军顿丘，黑山〔黑山，今卫州界也〕贼于毒等攻东武阳。太祖欲引兵西入山，攻毒本屯，诸将皆以为当还自救，曹操曰："昔孙膑救赵而攻魏，耿弇欲走西安攻临淄。使贼闻我西而还，则武阳自解。不还，我能破虏家，虏不能拔武阳，必矣。"乃引毒闻之，果弃武阳还，曹操要击，大破之。

初，关侯围楚襄阳，曹操以汉帝在许，近贼，欲徙都。司马宣王及蒋济说曹操曰："刘备、孙权外亲内疏，关侯得志，权必不愿也。可遣人劝蹑其后，许割江南以封权，则楚围自解。"曹操从之，侯遂见擒。

此言攻其所爱，则动矣。是以善战者，无知名，无勇功。不争白刃之前，不备已失之后。此之谓矣。

【译文】

孙子说："怎么样才能使敌军移动位置呢？那就要攻击他肯定要去援救的地方"。为什么这样说呢？

过去楚国军队围攻宋国,宋王派使者到晋国告急求救。晋国的大夫狐偃说:"楚刚刚得到曹国,又刚刚和卫国缔结婚姻,如果攻打曹、卫,楚军一定会救援,这样宋国和齐国就可解围了。"后果果如狐偃所料。

魏国攻打赵国,赵国急忙向齐国求救。齐威王让田忌为将、孙膑为军师去救齐,在去救齐行军路上的战车中,二人商量计策,田忌打算领兵直接去解救赵国。孙膑则说:"解开乱丝,不能用拳头;劝人停止斗殴,不能伸手。只要抓住要害,造成一种阻止争斗的形势,纷争就会自己解开。现在魏国正在进攻赵国,它的精锐部队一定全开往国外,只留下年老体弱的士兵留守国土。您不如带兵直扑大梁,占据通往魏都的大路,冲击它空虚的后方。这样,魏军一定会放弃赵国,返回来拯救自己。这样一来,我们既救赵国,又击败了魏国。"田忌听从孙膑的建议,带兵急奔大梁,魏军果然解除了包围离开了邯郸。

曹操担任东郡的太守,治理东武阳,屯兵在顿丘,黑山的贼寇于毒等攻击东武阳。曹操打算领兵从西面入山,攻击于毒的大本营,部下的将领都认为应该返回东武阳自救。曹操说:"当年孙膑围魏救赵,耿弇想奔向西安却去攻打临淄。如果使贼寇听说我向西攻击其大本营而撤退,那么东武阳的危急状况就可以解除了。如果贼寇不撤退,我能攻破敌人的老窝,而敌人却不能拨取东武阳。就这样定了。"于毒听说后,果然放弃了进攻东武阳西还,曹操派遣伏兵半路拦截,大败于毒。

关羽围困襄阳,曹操因为汉帝在许都靠近贼寇,打算迁都。司马宣王、蒋济都劝说曹操:"刘备和孙权是表面亲密实则疏远。关羽得志,孙权肯定心里不痛快。可以派人游说孙权紧随关羽之后,攻击关羽,答应割取江南给孙权,这样襄阳之困就可以解除了。"曹操听从了这个建议,关羽果然被孙权擒获。

这里说的是要进攻敌人的要害之处,敌人肯定要服从我的调遣而有所行动。所以,善于打仗的人,他取得胜利,既显不出智谋的名声,也看不出勇武功劳。不在白刃博杀之前争斗,不在进攻机会已失之后才防备,说的就是这个道理。

深入敌内 制造矛盾(蛇势第五十七)

【原文】

语曰:"投兵散地,则六亲不能相保;同舟而济,胡越何患乎异心。"孙子曰:"善用兵者,譬如率然。"何以明之?

汉宣帝时,先零为寇,帝命赵充国征之。引兵至先零所在,虏以屯聚解弛,望见大军,弃车重,欲渡湟水,道厄狭,充国徐驱之。或曰:"逐利行迟。"充国曰:"此穷寇,不可迫也。缓之,则走不顾;急之,则还致死。"诸校皆曰:"善。"果赴水溺死者数百,于是破之。

袁尚既败,遂奔辽东,众有数千。初,辽东太守公孙康恃远不服,曹公既破乌丸,或说公:"遂征之,尚兄弟可擒也。"公曰:"吾方使康斩送尚、熙首,不烦兵矣。"公引兵还。康果斩送尚、熙,传其首。诸将或问曰:"公还而斩尚、熙,何也?"公曰:

"彼素畏尚、熙,其急之,则并力,缓之,则自相图,其势然也。"

曹公征张绣,荀攸曰:"绣与刘表相恃为强,然绣以游军仰食于表,表不能供也,其势必离。不如缓军以待之,可诱而致也。若急之,则必相救。"曹操不从,进至穰,与绣战。表果救之,军不利矣。

故孙子曰:"故善用兵者,譬如率然;率然者,常山之蛇,击其头则尾至,击其尾则首至,击其中则首尾俱至。"或曰:"敢问兵可使如率然乎?"孙子曰:"可矣。夫吴人与越人相恶,当其同舟而济,如左右手。是故放马埋轮,不足恃也;齐勇若一,政之道也。"此之谓矣。

【译文】

谚语说:"把士卒放在他们容易溃逃的地方内和敌人作战,士卒在危急时就容易四处逃散,因此在这种情况下,即使是亲人也不能彼此相保。而在风雨飘摇中同处一只船上,即使是相互仇视的胡人和越人,也不用担心他们在此时会有异心。"孙子说:"善于打仗的人,就像能首尾相顾的常山蛇'率然'一样。"为什么这样说呢?

汉宣帝时,先零部落反叛,宣帝命令赵充国去讨伐。赵充国领兵到先零的所在地,先零看到汉军逼近,他们便慌忙丢弃了装备物质而逃跑,想渡过湟水,先零败逃的道路险狭,赵充国在后面慢慢地驱赶他们。有人说:"为什么追逐敌人这样缓慢?"赵充国说:"这是'穷寇',不能把他们逼急了。如果慢慢地追逐,他们就逃跑了不再回头作战;如果逼急了,他们会狗急跳墙,拼死一战的。"听了赵充国的话后,部下都说"没错"。果然,在渡河时就有数百名先零人淹死,赵充国于是发起攻势,先零被赵充国打得大败。

三国时,袁尚因为失败,投奔到了辽东,手下仍有数千人。当时的辽东太守公孙康依仗着自己地方僻远,不顺服曹魏。曹操这时已经打败了乌丸,有人劝说曹操:"我军紧接着讨伐辽东,袁尚兄弟就能被擒获。"曹操说:"我要让公孙康自己杀掉袁尚、袁熙,送来他们的首级,不用动兵。"曹操于是领兵班师。后来公孙康果然杀掉了袁尚兄弟,并送来了首级。将领中有人问曹操:"您领兵返回,公孙康却杀了袁熙、袁尚,这是因为什么?"曹操说:"公孙康平时就畏惧袁尚兄弟。我如果逼急了,公孙康就会和袁尚兄弟合起来抵抗;如果松缓一下,他们马上就会自相残杀。这是形势决定的。"

曹操要征伐张绣,荀攸劝谏说:"张绣与刘表相互依靠而逞强,然而张绣是领着的散兵游勇向刘表求食。长久下去,刘表是不会提供的,最终两人一定会离异。不如先暂缓征伐,看一下情况,引诱他前来。如果逼急了,刘表一定会来救援。"曹操不听,进军到了穰,与张绣作战。刘表果然来救助张绣,两面夹击使曹操非常被动。

孙武说:"善于用兵打仗的人,就像'率然'一样。'率然'是常山的一种蛇,打它的头,尾就来救应;打它的尾,头就来救应;打它的中部,头和尾都来救应。"有人说:"请问军队可以使它象'率然'一样吗?"孙子回答:"可以。吴国人和越国人虽然相互仇视,可是,当他们同船渡河时,如遇到大风,就能如左右手一样相互援救。

因此，想用系住马匹、埋住车轮的办法来稳定军队，那是靠不住的。要使士卒整齐一致，奋勇杀敌，只能靠组织指挥得法。"说的正是这个道理。

不战屈人　战则必胜（先胜第五十八）

【原文】

孙子曰："善用兵者，先为不可胜，以待敌之可胜。"何以明之？

梁州贼王国围陈仓，乃拜皇甫嵩、董卓，各率二万人拒之。卓欲速进赴陈仓，嵩不听。卓曰："智者不缓时，勇者不留决。速战则城全，不救则城灭。全灭之势，在于此也。"嵩曰："不然。百战百胜，不如不战而屈人之兵。是以先为不可胜，以待敌之可胜。不可胜在此，可胜在彼〔范蠡曰："时不至，不可强生；事不容，不可强成。"此之谓也。〕彼守不足，我攻有余。有余者，动于九天之上；不足者，陷于九地之下。今陈仓虽小，城守固备，非九地之陷也；王国虽强，而攻我之所不救，非九天之势也。夫势非九天，攻者受害；陷非九地，守者不拔。国今已蹈受害之地，而陈仓保不拔之城。我可不烦兵动众，而取全胜之功，将何救焉？遂不听。王国围陈仓，自冬迄春八十余日，城坚守固，竟不能拔。贼众疲弊，果自解去。

嵩进兵击之，卓曰："不可。兵法：穷寇勿迫，归众勿追。今我追国，是迫归众、追穷寇也。困兽犹斗，蜂虿有毒，况大众乎？"嵩曰："不然，前吾不击，避其锐也。〔实而备之，强而避之，锐卒勿攻，兵之机也〕今而击之，待其衰也。所击疲师，非归众也；国众且走，莫有斗志。以整击乱，非穷寇也。"遂独进兵击之，使卓为后拒。连战，大破。国走而死。卓大惭恨〔孙子曰："怒而挠之"，言待其衰也。又曰："卑而骄之"，言敌怒而进兵，则当外示屈弱，以高其志，待其归，随而击之。又曰："引而劳之"，言因其进退以观其变，然后攻其不备，出其不意。此兵家之胜，不可传也。〕

青州黄巾众百余万人，东平刘岱欲击之。鲍永谏曰："今贼众百万，百姓皆震恐，士卒无斗志，不可敌也。观贼众，群辈相随，军无辎重，唯以抄掠为资。今若畜士众之力，先为固守，彼欲战不得，攻则不能，其势必离散。然后选精锐，既据其害击之，可破也。"岱不从，果为贼所败。

晋代王开攻燕郫城，慕容德拒战代师，败绩，德又欲攻之，别驾韩潭进曰："昔汉高祖云：吾宁斗智，不能斗力。是以古人先胜庙堂，然后攻战。今代不可击者四，燕不宜动者三：代悬军远入，利在野战，一不可击也；深适近畿，顿兵死地，二不可击也；前锋既败，后阵方固，三不可击也；彼众我寡，四不可击也。官军自战其地，一不宜动；动而不胜，众心难固，二不宜动；城郭未修，敌来无备，三不宜动。比皆兵机也。深沟高垒，以逸待劳。彼千里馈粮，野无所掠，久则三军靡费，攻则众旅多弊，师老衅生，详而图之，可以捷也。"德曰："韩别驾之言，良、平之策也。"〔孙子曰："以远待近，以逸待劳，以饱待饥，此治力者。"此先胜而后战者也。〕

【译文】

孙子说："善于用兵打仗的人,首先要造成我军不可被敌方战胜的态势,然后等待敌人可能被我军战胜的时机。"为什么这样说呢?

梁州贼寇王国围困陈仓,皇上于是任命皇甫嵩、董卓为将,各率领二万人去讨伐。董卓想迅速领军奔赴陈仓,皇甫嵩不同意。董卓说:"聪明人不会放弃时机,勇敢者不会迟留不决。速战就能保全陈仓,不去援救,陈仓就会被攻占。陈仓被保全或被攻占,都在此一举了。"皇甫嵩说:"不是这样的。百战百胜,也不如不战就使敌人投降。所以首先要创造条件,使自己不致被敌人战胜,然后等待和寻求机会,战胜敌人。创造条件使自己不被敌人战胜,主动权在于自己;可要战胜敌人,关键在于敌人有可乘之机[范蠡说:"节令不到,不可以勉强植物生长;事情条件不具备,不能勉强成功。"说的正是这个道理。]采取守势,是因为要取胜条件不足;我们进攻,是因为取胜条件有余。取胜条件有余的,就要像动作于高不可测的天上一样,使敌人无从防备;取胜条件不足的,就像陷在深深的地下一样,牢固稳定难有大的进展。现在,陈仓虽然小,但防守牢固,并没有到了'九地之陷'的困境;王国虽然强盛,进攻我军不准备去援救的小城,也没有具备'九天之势'。如果没有具备'九天之势',那么进攻者就要受挫;如果还不到'九地之陷'的困境,那么陈仓就不会被攻下。这样,我军不用兴师动众,就可以大获全胜,又有什么必要迅速进攻呢?"皇甫嵩因此没有听董卓的建议。王国围困陈仓,从冬到春有八十余天,但陈仓防守牢固,始终不能攻破。久战不胜,王国的军队疲惫不堪,最终还是撤退了。

这时候,皇甫嵩要进兵攻击王国。董卓说:"不行,兵法上说:'穷寇勿迫,归众勿追。'现在我们追击王国,是逼迫要回故乡的士兵,追击到了穷途末路的敌军,困境中的野兽还要垂死挣扎,马蜂蝎子是有毒的,更何况是众多的人呢?"皇甫嵩说:"不对,以前我不攻击王国,是为了回避他的锐气。对方有实力因此要多防备,军势强盛要避开,精锐的士卒不要轻易进攻,这都是用兵打仗的要旨。现在进攻他,是因他已衰微。我们现在进攻的是疲乏之师,而不是'归众';王国的人虽多但都想四散逃走,我们以严整之师攻击混乱之军,并非追击穷寇。"皇甫嵩于是单独领兵攻击王国,让董卓在后掩护。皇甫嵩连战告捷,大败敌军,王国在逃跑中被杀。董卓因此心里惭愧,忌恨皇甫嵩。[孙子说:"对于易怒的敌人,要挑逗他激怒他。"是说要等待其颓败之时。又说:"对于鄙视我方的敌人,要让他更加骄傲。"是说被激怒的敌人如果要进兵,那么就要外表上显出屈从软弱的样子,以麻痹敌人,等敌人放松了警惕,就可以及时进攻他。又说:"要引诱敌人,使其劳顿。"是说要通过敌军进退来观察敌人的应变。最好是在敌人意想不到的情况下采取行动。这都是军事家取胜的奥妙所在,都是不可以事先加以具体规定的。]

青州的黄巾起义军有一百多万人,东平的刘岱打算对他们发起进攻。鲍永劝谏说:"现在黄巾有百万之众,百姓都惊恐害怕,我方士兵也没有斗志,这样是不可能取胜的。我看黄巾军人数众多,一群群相随着,军中却缺乏物质装备,唯以四处抢掠为物质来源。现在我们如果积蓄士卒的力量,先稳固防守,黄巾不能交战、不能进攻,其凶猛之势就会逐渐消退瓦解。然后我们选取精锐部队,占据险要地势乘机攻击它,就可以战胜敌人。"刘岱不听从鲍永的建议,强行发动进攻,结果被黄巾打败。

晋代王攻打燕的邺城,慕容德抵御代王的军队,结果大败。慕容德还准备进攻,别驾韩潭说:"当年汉高祖说:我宁可去较量智慧,不愿去和对手较量力气。因此古人先在庙堂上出谋划策,有必胜的把握,然后才采取军事行动。现在代王不可攻击的原因有四个,燕不宜采取行动的原因有三个:代王孤军深入,这样的军队有利于旷野作战,这是一不可攻;敌军进入到对方首都附近,把士兵布置在了'疾战则存,不疾战则亡'的'死地',必定拼死作战,这是二不可攻;前锋虽然失败,后面阵地仍然牢固,这是三不可攻;敌人众多,我军兵力少,这是四不可攻。我军在自己的地域作战,兵心散乱这是不能行动的原因之一;行动了却不能取胜,士兵就会怀疑军心难以稳定,这是不能行动的原因之二;城郭未能修整,防守力量不足敌人来进攻不能防备,这是不能行动的原因之三。这些都是用兵的机要。我建议不如深挖沟,高垒墙,让士兵充分得到休整后再迎击敌人。敌人从千里外运输粮食,田野里又难有所获,时间长了敌军耗费巨大,进攻多有不便。我们现在要尊老护幼,小心谨慎地策划攻破敌人,才能获胜。"慕容德说:"韩潭的建议,有如当年张良、陈平的计策。"[孙子说:"以自己的靠近战场补给方便来对待敌人长途跋涉,以自己的从容休整来对待敌人的奔走疲劳,以自己的粮足食饱来对待敌人的粮尽人饥。这就是提高部队战斗力的方法。"这是首先创造稳操胜算的条件,然后再作战的方法。]

围师之法　网开一面(围师第五十九)

【原文】

孙子说:"围师必阙。"何以明之?

黄巾贼韩忠据宛,朱俊、张超围之。结垒起土山以临城,因鸣鼓攻其西南,贼悉众赴之,乃掩其东北,乘城而入。忠退保小城乞降,诸将欲听之。俊曰:"兵有形同而势异者。昔秦项之际,民无定主,故赏附以劝来耳。今海内一统,唯黄巾造寇,纳降无以劝善,讨之足以惩恶。今若受之,更开逆意。贼利则进,战钝则乞降,纵敌长寇,非良计也。"因急攻之,不克。俊登土山顾谓张超曰:"吾知之矣。贼今外围周固,连营逼急,乞降不受,欲出不得,所以死战也。万人一心,犹不可当,况十万乎?

其害甚矣！不如撤围，并兵入城，忠见解围，势必自出，出则意散易，破之道也。"既而解围，忠果出战，遂破忠等。

魏太祖围壶关，下令曰："城拔皆坑之。"连月不下，曹仁言于太祖曰："围城必示之门，所以开其生路也。今公许之必死，将人人自为守，且城固而粮多，攻之则士卒伤，守则引日持久，今顿兵坚城之下，以攻必死之虏，非良计也。"太祖从之，城降。此围师之道也。

[凡降人之气如人十五五，皆叉手低头。又，云相向，或有气上黄下白，名曰善气。所临之军欲求和退。凡城中有白气如旗者，不可拔。或有黄云临城，有大喜庆。或有青色如牛头触人者，城不可屠。或城中气出东方，其色黄，此天钺也，不可伐，伐者死。或城上气如火烟，主人欲出战，其气无极者，不可攻。或有气如杵形，从城中向外者，内兵欲突出，主人胜，不可攻。或城上有云分为两彗状者，攻不可得。或有蒙气绕城不入者，外兵不得入。凡攻城有诸气从城中出入吾军上者，敌气也。凡攻城围邑，过旬且不雷雨者，城有辅，疾去之，勿攻也，此皆胜气也。凡攻城围邑，赤气在城上，黄气四面绕之，城中有大将死，城降。或城上有赤气如飞鸟，急攻之，可破。或有气出入者，人欲逃。或有气如灰，气出而覆其军上者，士多病，城屠。或城上无云气，士卒散。或城营上有赤气如众人头，下多死丧流血。攻城有白气绕城而入者，急攻可得。若有屈虹从城外入城者，三日内城屠。此皆败气也。]

【译文】

孙子说："包围敌人，一定要留有缺口。"怎样明白这个道理？

黄巾军的首领之一韩忠占据宛城，朱俊、张超包围了他们，并垒土成山、居高临下，于是打着鼓攻打宛城的西南，敌人全数向西南奔赴救援，朱俊、张超于是进攻宛城的东北，攀上城墙进入城中。韩忠退进了小城中要求投降，其他将领准备答应。朱俊说："用兵有表面相同而实质不同的。当初秦政暴虐、项羽起兵，百姓没有固定的君主，所以用奖赏归附的人这样的办法来争取民众。现在海内统一，只有黄巾反叛，如果同意投降就不能达到让人从善的目的，讨伐韩忠，足以达到惩恶的目的。现在如果接受了敌人的投降，就再次纵容了叛逆。再说，叛贼看形势有利就进攻，失利便乞降，纵容助长叛乱行为，也不是好的主意。"于是加紧了进攻，不能取胜。朱俊登上土山观察敌情回头对张超说："我现在知道敌人拼死抵抗的原因了。叛贼眼下被四面严密围困、逼迫，乞求投降又不被接受，想出逃又不行，所以才拼死抵抗。万众一心，尚且不可抵抗，更何况是十万人呢？这样下去危害很大。不如撤去包围，合并各路部队入城。韩忠看见包围已解除，他的部队一定会自己出来，出来之后其斗志就会减弱，这正是打败叛贼的途径。"解围之后，韩忠果然率部从小城中出来作战，结果被朱俊、张超打得大败。

曹操包围壶关，下达命令说："如果攻取了壶关城，要把城里的人都活埋了。"结果接连几个月攻不下壶关。曹仁这时对曹操说："包围城池的同时一定要指出逃跑的缺口在什么地方，这是为了给逃跑者一条活路。现在您宣布说要活埋全部守城人，这样城中人人都会一心一意坚守阵地。况且壶关城固，城中粮食又多，强攻就会造成我方士卒的更大伤亡，相持下去又会旷日持久。现在屯兵在坚固的城墙下，进攻发誓死战的敌人，这不是上策。"曹操听从了曹仁的建议，改变策略于是壶关城的守军便投降了。这就是围困敌人应采取的正确办法。

[大凡敌军意欲投降,就会有云气如人形,十十五五,叉手低头出现在营盘上。又,云和云相对,上黄下白,名叫"善气",表示被这种云气笼罩的军队想讲和撤退。凡城中有白云如旗,这样的城不可攻。或有黄云临降城中,有大的喜庆事要发生。或有青云像牛头触人,此城不可屠杀。或城中黄颜色云从东方升发,这是"天钺",不可讨伐,伐则我方亡。或城上云如火烟,是预示守城之军要出战;若云气无际,不能攻伐。或云气如杵状,从城中向外涌出,表示城内敌军要突围并能得胜,因此不要攻伐。或城有云气分成两彗星状,攻伐不胜。或有蒙蒙云气环绕却不入城,表示城外的兵不能回城。凡攻城时有云气从城中飘入我军阵地上,是"敌气"。凡攻围城,过了十天还没有雷雨,就预示着此城有辅佐,要快速离去,不要进攻。以上都是于敌有利的"胜气"。凡攻围城,有赤气在城上,黄气四面环绕,表示城中有大将死,城中军队要出来投降。或城上有像鸟一样地赤色云气,要加紧进攻,此城可破。或城中有云气出入,预示城中军队要外逃。或有云如灰覆盖在军营上,表示士卒多发生疾病,城必被屠。如城上无云气,士卒多逃散。或城上有赤云如许多人头,表示下面多有死伤流血光灾。攻城时有白云环绕着进入城内,加紧攻打可破此城,若有曲虹从城外入城,表示三日内此城将被屠。以上都是于敌不利的"败气"。]

察机在目　因形而变(变通第六十)

【原文】

孙子曰:"善动敌者,形之,敌必从之。"何以明之?

魏与赵攻韩,齐田忌为将而救之,直走大梁。魏将庞涓去韩而归,齐军已过而西矣。孙膑谓田忌说:"彼三晋之兵,素悍勇而轻齐,齐号为怯。善用兵者,因其势而利导之。兵法曰:百里而趋利者蹶其将军。使齐军入魏地为十万灶,明日为五万灶,明日为三万灶。"涓喜曰:"吾固知齐卒怯也。入吾地三日,士卒亡已过半。"乃弃其步兵,与轻锐倍日并行逐之。膑度其暮至马陵,道狭而多险,可伏兵。乃斫大树白书之曰:"庞涓死树下"。令善射者万弩夹道而伏,期曰"见火举而发"。涓夜至斫木下,见白书,乃钻火烛之读书。齐军万弩俱发,魏军大乱,涓乃自刭,曰:"果成竖子之名也。"

虞诩荐武都郡,羌率众遮诩于陈仓崤谷,诩令吏士各作两灶,日增倍之,羌不敢逼。或问曰:"孙子减灶而君增之,兵法,日行三十里,以戒不虞。今且行二百里,何也?"诩曰:"虏众既多,吾徐行则易为所及,疾行则彼不测之。且虏见吾灶多,谓郡兵来至。孙子见弱,吾示强,势不同也。"[昔王濬在蜀,作船欲代吴,预流柿江中以威之。及至唐,李靖欲伐荆州袭萧锐,乃投柿于江中,使萧见之,靖寻以兵,随柿而下,萧锐不备,遂虏之,平荆关。夫兵法变通,不可执一,诸君得之矣。]

故曰:料敌在心,察机在目,因形而作,胜于众,善之善者矣。此变通之理也。

【译文】

孙子说:"善于调动敌人,使敌人行动的人,会用假象欺骗敌人,敌人一定会上当的。"怎样才能明白这一道理呢?

魏国与赵国联合攻打韩国。田忌率兵救援直奔大梁。魏国大将庞涓知道以这时,齐国的军队已经开到西边去了。孙膑对田忌说:"那三晋的军队,素日勇猛凶悍,轻视齐国;而齐国的军队却号称怯懦。善于作战的人,应该顺应形势,对它进行正确的引导。兵法上说:走一百里路程争利,如果没有后援,就一定会使领兵的大将受挫。因此应该让我们的军队在进入魏国境内的第一天,筑十万个大灶台;第二天筑五万个灶台,第三天筑三万个灶台。"庞涓看到这种情况后高兴地说:"我早就知道齐军怯懦,进入魏国以后只有三天,逃跑的就超过半数。"庞涓于是扔下他的步兵,带着精锐的轻装骑兵,昼夜兼程,追赶齐军。

孙膑估计庞涓以这样的速度行军,在天黑的时候就会赶到马陵这个地方。马陵的道路狭窄,两边尽是绝壁,可以埋伏军队。孙膑把一棵大树的皮砍下一块,露出白色的木质,在上面写下了"庞涓死树下"的字样。又命令一万名弓弩手,埋伏在道路两边,约定说:"晚上看见点起火来,就一起放箭。"庞涓率部果然在夜里来到了这棵树下,看见白色的木质上有字,就钻木取火,照着去看。这时,齐军万箭齐发,魏军于是一片混乱。庞涓知道败局已定,就举剑自杀了。临死前他说:"这一仗可成就了孙膑这小子的名声。"

虞诩被举荐为武都郡守,羌族头目率领着人马在陈仓的崤谷拦截虞诩。虞诩让手下每人各筑两个灶台,一天增加一倍。羌兵看到日渐增多的灶台,心里害怕,不敢向前追赶。有人问虞诩说:"孙膑当年是每天减少灶台,您却每天增加。兵法上说,每天行进三十里,以防备不测。您却行进了二百里,这是什么原因?"虞诩说:"敌军人数众多,我如行军缓慢,就会被追上,而疾速行军,敌军难测我军的行动,况且敌人看到我们的灶台不断增多,以为是郡里的救援兵马来了。孙膑是故意显示其弱小,我则是故意显示强大,形势各有不同。"

[当年,王濬在蜀造船,准备攻打吴国之需,有意把造船砍下的碎木片放置在江中,使之顺流而下,用来威吓吴国。到了唐朝,李靖要攻打荆州,袭击萧锐,故意把碎木片投入江中,让萧锐看见,事先产生恐惧李靖随即率领军队顺流而下,在萧锐毫无防备的情况下,俘虏了他,由此平定了荆州。兵法有变有通,关键是不可偏执一端,要懂得灵活运用。以上战例中的胜利者,都是掌握了兵法要领的人。]

所以说,要用心估量对手,用眼观察关键之所在,然后根据不同的情况制定不同的应对策略,这样就会避免因追随别人、因循旧例而失败。这就是变通的道理。

置之死地　转危为安（利害第六十一）

【原文】

孙子曰:"陷之死地而后生,投之亡地而后存。"又曰:"杂于利而务可伸,杂于害而患可解。"何以明之?

没将韩信攻赵,赵盛兵井陉口。信乃引兵未至井陉口三十里,止舍。夜半传发,选轻骑二千人,持一赤帜,从间道萆山而望见赵军。诫之曰:"赵见吾走,必空壁逐吾,若疾入赵壁,拔赵帜,立汉赤帜。"令其裨将传飧,曰:"今日破赵会食。"诸将皆莫信,佯应曰:"诺。"信谓军吏曰:"赵已先据便地为壁,且彼未见我大将旗鼓,未肯击前行,恐吾至阻险而还。"信乃使万人出行,倍水阵。赵军望见大笑之。[太公曰:"智与众同,非人师也;伎与众同,非国士也。动莫神于不意,胜莫大于不识。"使赵军识韩信之势,安得败哉?故笑之而败也。]平旦,信建大将之旗鼓,鼓行出井陉口。赵开壁攻击下,大战良久。于是信与张耳弃旗鼓,走水上。水上军开壁入之,复疾战。赵空壁争汉旗鼓,逐韩信、张耳。韩信、张耳已入水上军。军皆殊死战,不可败。信所出奇兵二千骑,共候赵空壁逐利,则驰入赵壁,皆拔赵帜,立汉赤帜两千。赵军不得信等,欲还归壁,壁皆汉赤帜,而大惊[太公曰:"夫两阵之间,出俾阵矣。纵卒乱行者,所以为变。"此之谓矣],以为汉皆已得赵主将矣,遂乱,遁走,赵将虽击斩之,不能禁也[孙子曰:"以治待乱,以静待哗,此治心者。"夫众心已乱,虽有良将,亦不能为之计矣]。于是汉兵夹击,大破之,斩成安君泜水上,擒赵王歇。

诸将效首虏,留贺,因问信曰:"兵法:右背山陵,前左水泽。今者将军令臣等反背水阵,曰破赵会食,臣等不服。然竟以胜,此何术也?"信曰:"此在兵法之中,顾诸君不察耳。兵法不曰'陷之死地而后生,置之亡地而后存'?[夫处死地者,谓力均势敌,以死地取胜可也。若以至弱当至强,投弱兵于死地,自贻陷矣。故孙子曰:"兵恐不可敌。"又《经》曰:"大众陷于害,然后能为胜败。是知死地之机,必用大众矣。"]且信非能素抚循士大夫也,所谓'驱市人而战',使人人自为战,今与之生地,皆走,宁尚可得而用之乎?"诸将曰:"善。非所及也。"

[孙子曰:"兵甚陷,则不惧,不得已,则斗。"是故其兵不修而戒,不求而得,不约而亲,不令而信,投之无往者,诸将之勇也。此之谓矣。]

魏太祖征绣,一朝引军退,绣自追之。贾诩曰:"不可追也。"绣不从,果败而还。诩谓绣曰:"促更追之,战必胜"。绣收散卒,赴追太祖,战果胜。还,问诩曰:"绣以精兵追退军,而公曰必败;退以败卒击胜兵,而公曰必克。皆如公之言,何其反而皆验也。"诩曰:"此易知耳。军势百途,事不一也。将军虽善用兵,非曹公敌也。魏军新退,曹公必自断其后,追兵虽精,将既不敌,彼士亦锐,故知必败。曹公攻将军无失策,力未尽而还,必国内有故也。既破将军,必轻军速进,留诸将断后,诸将虽勇,亦非将军敌也。故虽用败兵而胜也。"绣乃服其能。

此利害之变,故曰:"陷之死地而后生,杂于害而患可解。"此之谓也。

【译文】

孙子说:"让士卒处于不奋力死战就要阵亡的境地然后可以得生;把士卒投入危亡之地,然后可以保存军队。"又说:"在有利情况下考虑到不利的方面,事情就可以顺利进行;在不利的情况下考虑到有利的方面,祸患就可以解除。"怎样才能明白这个道理呢?

汉朝大将韩信攻打赵国,赵国在井陉口列兵。韩信于是率军行进在距离井陉口三十里的地方,安营扎寨。到了半夜,韩信下达命令,准备出发。韩信选出了两千名轻装骑兵,让他们每人手持一面红旗,从小道上山,隐蔽在山中林莽丛中,窥望赵军。他嘱咐说："赵军望见我军逃走,一定会全军出营追赶,这时,你们就迅速扑入赵军营垒,拔掉赵军的旗帜,把我军的红旗插上。"他又让他的副将给战士们分发干粮,并说："今天打败赵军后会餐。"各部将领都不相信会这么容易就取得胜利,心里怀疑嘴上却答应说:"好。"韩信又对军吏说:"赵军已经抢先占据了有利的地势,并筑起了壁垒。他们在没有看见我军主帅的大旗和听到我军主帅的鼓声确证是我方大部队的时候,是不肯攻击我军的先头部队的,他们怕我军行进到险阻的地方就向后撤退。"韩信于是让一万战士先头开拔,背着河水排兵布阵。赵军望见,大笑起来,[姜太公说:"智力与众人一样,不能做别人的老师;技艺与大众一样,不能做国家级的人才。没有比出人意料的行动更神奇的,最伟大的胜利是让人难以识破。"如果让赵军识破韩信的计谋,赵军哪会失败? 所以赵军嘲笑韩信,对韩信的轻视最终导致了自己的失败]。第二天天明,韩信竖起汉军主帅的旗帜,击起了主帅的战鼓,率领大军出了井陉口,赵军马上打开营门,出来攻击。双方恶战了很久不分胜负。这时,韩信与张耳故意扔掉了军旗和战鼓,向背河列阵的汉军逃去。背河列阵的汉军打开营门,把韩、张部队放了进去。赵军见韩信退逃,果然全营出动,争着抢夺汉军的战鼓和军旗,追赶韩信与张耳。韩、张已经进入背河扎营的阵地,汉军官兵,人人拼死冲杀,威力无比不可战胜。韩信事先派出去的两千名骑兵,看到赵军全体出动争功夺利,迅速攻入赵军留下的空营,把赵军的旗帜全部拔掉,树立起两千面汉军的红旗。赵军不能抓住韩信等人,打算放弃退回自己的营中,可近前一看,营垒上插的都是汉军的红旗,十分惊恐慌乱[姜太公说:两阵之间,出现了"俾阵",将帅放纵士卒四处乱行,出现了"变"的阵势],认为汉军已经把赵王及其身边的将领都活捉了。于是赵军军心大乱,纷纷逃窜。赵军的将官虽然斩了几个逃兵,也不能约束[孙子说:"以自己的平静严整来对待敌人的混乱,以自己的镇静来对待敌人的喧哗与慌乱,这是掌握军心的方法。"军心已经混乱,即使有高明的将领,也不会有办法]。汉军两路夹攻,大败赵军,在泜水河边斩杀成安君,活捉赵王赵歇。

各部将领献上斩杀敌军首级和俘虏,都前来祝贺胜利,他们问韩信:"按兵法上说,陈兵列阵要右背山陵,前离水泽。现在将军反而命令我们背水列阵,还说等战胜赵军后会餐,我们心里当时都不相信会这么快打败敌人。然而却胜利了,这是使用的什么战术啊?"韩信说:"这种战术兵法上也讲过,只是各位没有注意罢了。兵法上不是说'陷之死地而后生,置之亡地而后存'吗? [处在'死地'中作战,是指双方势均力敌,将士卒置于'死地'的一方就可以取胜。但是如果把特别弱的当成特别强的,把弱兵投向'死地',那是自找失败。所以孙子说:"士兵恐惧是难以使用他们打仗的。"《经》上也说:"把部队放在地形险要的地方,然后才能决定胜败'。因此知道,使用'死地'的战术,必须要使用大部军队。]况且我不是能平素做安抚工作的人,仿佛驱赶赶集的人打仗,没有多大战斗力。只有使人人各自为战。现在如果把士卒投放在可以逃生的地方,遇到死亡的威胁,就会都溃散逃走。我还能指挥他们吗?"各位将领说:"实在高明。我们是难以赶上的。"

[孙子说:部队陷入"不战则亡"的境地,士兵就不恐惧了。因为迫不得已,只能苦斗。所以,这样的军队不用整治就加强战斗力,不用要求就能完成任务,不用约束就能互相亲近相助,不用申令就能信守纪律。把他们投放不战就不能返回的绝境作战,需要将领有非凡的勇气。说的就是这个道理。]

曹操征伐张绣,胜负未决不多时便领兵撤退。张绣去追击,贾诩说:"不能去追击。"张绣不听,果然失败而回。贾诩说:"赶快再去追击,这次肯定能取胜。"张绣于是集合起散乱的士卒,再次去追击曹操,果然取胜了。胜利归来后张绣问贾诩:"第一次我用精兵追击曹操的退军,而您却说一定要输。我失败回来,第二次又以失败的士卒追击胜兵,您却说一定能取胜。两次的结果都跟您说的一样,为什么两次都不合常理,却都应验了呢?"贾诩说:"这个很容易解释。军事形势复杂纷纭,具体情况各不相同。将军虽然善于用兵打仗,但却不是曹操的对手。魏军刚刚撤退,曹操一定守在部队后面。你的追兵虽然精锐,但为将的既然不是对方的对手,对方的士卒何况也非常精锐,因此可以知道你一定会失败。曹操进攻你的时候并无失策,但还没有全力进攻就撤退了,这一定是因为曹操后方出现了问题。曹操既已打败了你,一定会轻军快进,只留下大将守在后面。留在后面的将领虽然勇敢,但不是你的对手。所以即使用失败之兵追击也能取胜。"张绣因此非常佩服贾诩的才能。

这就是利与害的相互转化。所以让士卒陷于"不战则亡"的"死地",然后可以得生;在不利的情况下考虑到有利的方面,祸患就可以解除。说的正是这个道理。

兵不厌诈 出奇制胜(奇兵第六十二)

【原文】

太公曰:"不能分移,不可语奇。"孙子曰:"兵以正合,事以奇胜。"何以明之?

魏王豹反汉,汉王以韩信为左丞相击魏。魏王盛兵蒲坂,塞临晋。信乃益为疑兵,陈船欲渡临晋,而伏兵从夏阳以水罂渡军,袭安邑[孙子曰:"近而示之远,远而示之近。"此之谓也]魏王豹惊,引兵迎信,信遂虏豹,定魏为河东郡。

是知奇正者,兵之要也。《经》曰:"战胜不过奇正。奇正之变,不可胜穷,如环之无端,孰能穷之?"此之谓也。

【译文】

姜太公说:"作战不能使部队分开转移,不能与之言奇。"孙子说:"大凡作战,以主力部队和敌人正面交战,以奇兵包抄、偷袭,这就叫出奇制胜。"怎样才能明了这个道理呢?

魏王豹反叛汉王,刘邦让韩信做左丞相去讨伐魏王豹。魏王在黄河东岸的蒲坂布置重兵,堵塞了通往临晋的道路,韩信于是布置疑兵,假装要乘船偷渡到临晋,与此同时,让一部分士兵借助能漂浮的木桶为工具,从夏阳渡河,偷袭魏王的后方重镇安邑[孙子说:"本来要攻击近处,却要显出远攻的样子。"说的正是这个道理],魏王非常惊恐,于是率军出来迎战韩信,韩信大获全胜,俘虏了魏王豹,把他所占据的土地改为河东郡。

由此可知,"奇""正"是用兵打仗的要旨。《经》说:"行军打仗,不过'奇'、

'正'两种,然而'奇'、'正'的变化,却是不可穷尽的。奇正的变化,就像圆环一样无头无尾,没有起点也没有终点,谁又能穷尽它呢?"说的就是这个道理。

掩己锋芒　骄敌之气(掩发第六十三)

【原文】

孙子说:"善战者,其势险,其节短。""以利动之,以卒待之。"又曰:"善动敌者,形之,敌必从。"何以明其然耶?

燕平齐,围即墨城。即墨城中推田单为将,以拒燕。田单欲激怒齐卒,乃宣言曰:"吾唯恐燕将劓所得其卒,及掘城外坟墓。擢先人,可为寒心。"燕将如其言,即墨人皆涕泣,共欲出战,怒皆十倍。单乃收人金,得千镒,令即墨富豪遗燕将,书曰:"即墨即降,愿不虏吾家族。"燕将大喜,益懈。乃收牛得千头,束苇于尾,烧其端,凿数十穴,夜纵牛出。以壮士五千人随其后,牛尾热而奔燕,燕军大惊,所随五千因衔枚击之,燕军大败,杀其将骑劫,复齐七十余城。

吕蒙西屯陆口,关侯讨樊,留兵备公安、南郡。蒙上疏曰:"关侯讨樊而多留备兵,恐蒙图其后故也。蒙常有病,乞分众还建业,以治病为名,某闻之,必撤备兵,尽赴襄阳。大军浮江,昼夜驰上,袭其空虚,则南郡可取而某可擒之。"遂称病笃,权乃露檄召蒙,侯果信之。稍撤兵赴樊,权闻之,遂行。先遣蒙在前,伏其精兵于商船中,使白衣摇橹,作商贾服,昼夜兼行,至侯所置江边屯候,尽收缚之,是故侯不闻知[太公曰:"伪称使者,所以绝粮食;谬号令,与敌同服者,所以备走北也。"由此言之,衣服、号令之中不可不审也]。遂到南郡,士仁、糜芳皆降。蒙入据城,尽得侯将士家属,皆抚慰,约令军中不得干历人家,道不拾遗[昔秦伯见袭郑之利,不顾崤函之败。吴王矜伐齐之功,而忘姑苏之祸。故曰:不能尽知用兵之害者,则不能尽知用兵之利。此之谓矣。《经》曰:"役诸侯者,以业。"语曰:"因其强而强之,敌乃可折。"关侯讨樊,虽不被人计,亦自役自强者也]。

侯还,在道路,数使人与蒙相闻,蒙厚遇其使,使周旋城中,家家致问,或手书示信。侯使人还,私相参讯,咸知家间无恙,相待过于平时,故侯士卒无斗心。权至获侯,遂定荆州。

此掩发之变。故曰:"始如处女,敌人开户。后如脱兔,敌不及距。"此之谓矣。

【译文】

孙子说:"善于用兵打仗者,能给敌军造成严峻的形势,同时他的行动节奏是短促而猛烈的。""他会以小利引诱调动敌人,然后以伏兵待机掩击敌人。"又说:"善于调动敌人的,会制造假象欺骗敌人,敌人必定上当。"

燕国进攻齐国,包围了即墨城,城中的居民公推田单为将,率众抗击燕国。田单为激励士卒,故意对外放风说:"我最担心燕军割去被俘士卒的鼻子,还要挖开城外的即墨城人的祖坟,凌辱人们已死去的先人,这是最让人担忧惊惧的了。"燕军将领听信了流言,果然这样做了,即墨人都十分伤心,要求出战,对燕人的愤怒之情超过了平日的十倍。田单又收集了千镒黄金,让城中豪富出面送给燕国将领,同时附了一封信说:"即墨立即投降,只希望不要抢掠我们的亲人。"燕将见状大喜,于是放松了警惕。田单于是搜集了一千余头牛,把苇草系在牛尾上点燃,在城墙上凿了许多洞,在夜里将牛放出,并让五千名壮士跟在牛的后面,牛被点燃的苇草烧得疯狂奔跑,直向燕军阵地冲去,燕军惊恐万状。跟随在牛后面的五千名壮士悄没声地击杀燕军,燕军由是大败。即墨人杀了燕将骑劫,收复了被燕军占领的七十余城。

吕豪西面驻扎于陆口。关羽去讨伐樊城,留下一部分人马防守公安和南郡。吕蒙上书给孙权:"关羽去征讨樊城,又留下了许多人马防守,怕我会袭击他的后方。我平日有病,希望您以我治病为名分出一部分队伍跟我回建业。关羽听到这一消息,肯定会抽调守备部队,全力进攻襄阳。这时,我军就可以乘船昼夜西上进攻,袭击蜀国的空城,南郡即可夺取,关羽也可擒获。"孙权同意了吕蒙的建议,吕蒙于是假装病得很重,孙权公开传令召吕蒙回建业,关羽果然上当,调出守南郡的部队帮助进攻樊城。孙权听说后,立即出发,先派吕蒙在前,把精兵埋伏在船里,让人身穿白衣,装作商人,昼夜兼行,到关羽设置在长江边上的关卡伺机行动,悄悄把守关卡的全部拿获捆绑起来,因此关羽一点都不知情[姜太公说:"假称使者,是用以断绝粮食的;假传号令,与敌穿同样服装的,是为失败逃走准备的。"由此看来,对于衣服、号令这些事,不能不小心]。吕蒙顺利地到了南郡,守城的士仁、糜芳等人都投降了。吕蒙入城后,对于关羽及其他将士的家属抚慰关心备至,并下令军队不准去骚扰这些人家,军纪非常严明[从前秦伯只看到袭击郑国的利益,却不顾在崤函等地的失败。吴王为讨伐齐国成功而骄傲,却忘记了在后方姑苏城的灾难。所以说,不完全了解用兵的害处,也就不能了解用兵的利处。《经》上说:"指挥诸侯的是利益"。古语说:"只有让敌人强大更强大,才能将其摧毁。"关羽伐樊,虽未遭人算计,却因其强大才导致了失败]。

关羽从樊城返回,还在路上就几次派使者和吕蒙联系,吕蒙厚待使者,让他在南郡城中四处察看,到每个被俘的家中慰问考察,有的还捎信表示这一切都是真实可信的。关羽的使者返回军队后,军士纷纷向他打听家中情况,当他们了解到家中一切平安,待遇甚至超过了平时后,都没有参加战斗的斗志了。孙权后来领兵前来,关羽被迫败走麦城,最终被孙权俘获,荆州因此被吴国收复。

这就是"掩"与"发"的相互转变,所以孙子说:"开始要像处女一样娴静,使敌人放松戒备,门户大开,然后像奔跑的兔子一样迅速行动,使敌人来不及抗拒。"说的正是这个道理。

还师之后　全身而退(还师第六十四)

【原文】

孙子曰:"兴师百万,日费千金。"王子曰:"国人用虚,国家无储。"故曰:运粮百里,无一年之食;二百里,无二年之食;三百里,无三年之食,是谓虚国。国虚则人贫,人贫则上下不相亲。上无以树其恩,下无以活其身,则离叛之心生。此为战,胜而自败。"

故虽破敌于外,立功于内,然而战胜者,以丧礼处之。将军缟素,请罪于君。君曰:"兵之所加,无道国也。擒敌致胜,将无咎殃。"乃尊其官,以夺其势。故曰:"高鸟死,良弓藏。敌国灭,谋臣亡。"亡者非丧其身,谓沈之于渊。沈之于渊者,谓夺其威,废其权,封之于朝。极人臣之位,以显其功;中州善国,以富其心。仁者之众,可合而不可离;威权可乐,而难卒移。

是故还军罢师,存亡之阶[尉陀、章邯是也]。故弱之以位,夺之以国。故霸者之佐,其论驳也[驳,不纯道也]。人主深晓此道,则能御臣将[汉祖袭夺齐军之类];人臣深晓此道,则能全功保首[张良学辟谷人间事之类]。愿弃此还师之术也。

论曰:奇正之机,五间之要,天地之变,水火之道,如声不过五,五声之变,不可胜听;色不过五,五色之变,不可胜观。因机而用权矣,不可执一也。故略举其体之要[此皆诸兵书中语也]。

【译文】

孙子说:"发动百万之师打仗,一日就要耗费千金的巨资。"王子说:"国内人民物资匮乏,整个国家没有多少储备。"所以说,运送粮食给一百里外的军队,国家就会在一年里缺粮;给二百里外的军队,就会在二年里缺粮;给三百里外的军队,就会在三年里缺粮。这就叫作国库空虚。国库空虚,就会导致百姓贫穷;百姓贫穷,君臣上下就不会相亲。上层不能树立恩德,百姓不能养活自己,离异叛逆之心就会滋生。在这样的情况下发动战争,即使胜利了也等于失败。

所以说,虽然在外打败了敌人,对于国家而言建立了功勋,然而作为胜利者,仍要像举行丧礼一样,将军身穿白色的丧服,向国君请罪。国君说:"将军你讨伐的是天道的叛逆擒获敌人,夺取胜利,你没有罪过。"于是让他光荣退职,以去除他的威势。高飞的鸟死了,精良的弓箭就该收藏起了;敌对的国家被灭亡了,谋臣也到了除掉的时候了。除掉并非是要杀掉他,而是把他沉在深渊之中。所谓沉在深渊之中,是指除去他的威望,收回他的权力,在朝廷中封赏他,让他位极人臣,以彰显他的功劳;给他肥沃的田地作为封邑,让他享受安乐的生活,使他心满意足。仁爱者的下属,可以交合而不可离异;掌有威重之权是让人高兴的,但交出去则很难。所以说,战争停止,还师于朝之时,也是存亡的关键时刻。所以要用没有实权的官位来削弱将军权力,要用封侯赐爵去掉将军的威势。对于辅佐称霸者的人,向来的评价就不一致。人主深明此道,就能驾驭下面的大臣将领[如汉高祖袭夺齐军一类];为臣的深明此道,就能全其功劳、保其性命[如张良学道求仙、远离朝政一类]。真希望能废弃这种还师回朝的权术。

结论:"奇"与"正"的机谋,使用五种间谍的要旨,天时地利的权变,水战火战的利用之道,凡此种种,如同声音虽然只有五音,但是五音的交互变化,就能谱写出变化无穷的乐曲;颜色不过五种,然而五种颜色互相调配,就能产生出五彩缤纷的美丽。根据机变使用权谋,而不偏执一端,这就是用兵的艺术。我这里也只不过是根据各种兵书,举其大要罢了。